OEUVRES

COMPLÈTES

DE BOILEAU.

2.

Imp. d'Ad. Moessard et Jousset;
rue de Furstemberg, n. 8.

PASSAGE DU RHIN.

OEUVRES

COMPLÈTES

DE BOILEAU,

COLLATIONNÉES SUR LES ANCIENNES ÉDITIONS ET SUR LES MANUSCRITS;

avec

DES NOTES HISTORIQUES ET LITTÉRAIRES,

ET DES RECHERCHES SUR SA VIE, SA FAMILLE ET SES OUVRAGES;

PAR M. BERRIAT-SAINT-PRIX.

NOUVELLE ÉDITION,

Ornée du *fac-simile* de l'écriture de Boileau, et d'un tableau généalogique de sa famille, contenant plus de 500 parens ou alliés de ce poète.

TOME DEUXIÈME.

PARIS,

CHEZ PHILIPPE, LIBRAIRE,
RUE DE FURSTEMBERG, N.º 8.

1837.

ÉPITRES.

OBSERVATIONS

sur les épitres considérées en général.

I. « Les lettres (*épîtres*) de Boileau sont misérables en toutes sortes de manières, et c'est par là qu'on reconnaît qu'elles sont véritablement de lui. » *Sainte-Garde*, page 57.

II. Selon Marmontel (*Élém. de littérature*, III, 252) les défauts dominans des épîtres de Boileau sont la sécheresse et la stérilité, des plaisanteries parasites, des vues courtes et de petits dessins. On lui a appliqué ce vers (*Art poét., ch.* 1) :

> Dans son génie étroit il est toujours captif.

« Son mérite est dans le choix heureux des termes et des tours. Il se piquait surtout de rendre avec grâce et avec noblesse des idées communes qui n'avaient point encore été rendues en poésie... » ... Une des choses, par exemple, dit ailleurs Marmontel (*Encyclopédie, Grammaire, mot Épître*), qui flattaient le plus Boileau comme il l'avoue lui-même, était d'avoir exprimé poétiquement sa perruque [1]...

Les fragmens suivans dispensent de toute observation sur la critique injuste de Marmontel.

III. « Les épîtres de Boileau sont des chefs-d'œuvre de raison autant que de poésie. » *Voltaire, Dict. phil., mot art poét.*

IV. « Dans les épîtres et le Lutrin les éloges unanimes qu'on accorde au poète ne peuvent plus être mêlés d'aucune plainte, d'aucune chicane contre le critique. S'il est inférieur à Horace dans les satires (excepté la ixe), il est pour le moins son égal dans les épîtres. Je ne crois pas même que les meilleures du favori de Mécène puissent soutenir le parallèle avec l'épître à M. de Seignelay *sur le vrai* (épître ix) et avec celle qui est adressée à

---

[1] Allusion à ce que Boileau écrit à Maucroix (*lettre du 29 avril* 1695, au tome IV), en lui envoyant les vers 25 à 28 de l'épître x.

M. de Lamoignon sur les *plaisirs de la campagne* (épître VI) mis en opposition avec la vie inquiète et agitée qu'on mène à la ville. Auguste, dans les épîtres d'Horace, n'a jamais été loué avec autant de finesse, ni chanté avec un ton si noble, si élevé et si poétique, que Louis XIV l'a été dans celles de Despréaux. Enfin celles d'Horace n'ont pas un seul morceau comparable au passage du Rhin : il y a plus de mérite encore dans la louange délicate que dans la satire ingénieuse, et notre poète possède éminemment l'un et l'autre... Si la versification de ses épîtres est plus forte que celle de ses satires, elle est aussi plus douce et plus flexible. Le censeur s'y montre moins et l'homme s'y montre davantage : c'est toujours le même fond de raison, mais elle éclaire souvent sans blesser..... Quand Boileau introduit dans ses épîtres un interlocuteur, il dialogue bien mieux que dans ses satires. Il supprime toute formule de liaisons, ces *dis-tu, poursuis-tu, diras-tu*, qui reviennent si fréquemment dans sa satire contre les femmes et ailleurs, et jettent de la langueur dans le style... Ce progrès est d'autant plus louable, que dans les nombreuses critiques où l'on épluchait vers par vers toutes les poésies de l'auteur, on ne lui avait point reproché ce défaut, et cela prouve que les réflexions d'un bon écrivain l'instruisent mieux que toutes les censures. » *La Harpe, Lyc.* VI, 230 *et suiv.*

V. « Boileau produisit ces ouvrages qui assurent à jamais sa renommée. Il fit ses belles épîtres, où il a su mêler à des louanges finement exprimées, des préceptes de littérature et de morale rendus avec la vérité la plus frappante et la précision la plus heureuse. » *D'Alembert*, I, 45.

VI. Combien de vers des épîtres à Lamoignon, à Guilleragues, à Seignelay, sont devenus proverbes et se répètent tous les jours ! Il faut bien qu'ils n'expriment pas des idées triviales. L'épître au grand Arnauld n'a-t-elle pas un but très moral, malgré les réflexions critiques d'un littérateur très distingué (Marmontel)?... *Fontanes, Disc. prélimin. de la traduction de l'Essai sur l'homme de Pope.*

VII. Lorsque Boileau composait une épître, dit Dussault (*Annal. littér.*, II, 151 et suiv.), il y traitait une question générale et ne s'amusait pas, comme certains auteurs modernes, à faire catégoriquement l'inventaire des productions et l'histoire de la vie de celui à qui il s'adressait. Prenons pour exemple l'épître VII..... Boileau se propose de consoler Racine des chagrins que lui causaient ses ennemis, et particulièrement de l'injustice qu'il venait d'essuyer à l'occasion de la tragédie de Phèdre. Un auteur de notre temps n'aurait voulu perdre aucun des avantages de son sujet : il eût énuméré longuement tous les succès que Racine avait obtenus au théâtre, et lui eût présenté la liste fidèle de ses tragédies ; Boileau n'en nomme que trois : *Iphigénie, Britannicus* et *Phèdre* ; il aime mieux lui montrer par des raisonnemens et par des exemples quel a toujours été, quel a dû toujours être le sort des grands talens, et quelle utilité l'homme de génie peut tirer de ses ennemis mêmes. Son épître, s'il l'avait composée à la manière actuelle, n'eût été qu'un fade panégyrique de Racine; telle qu'il l'a conçue et exécutée, cette consolation adressée à son ami devient une leçon pour tous les âges. » [1]

Dussault cite encore pour exemple l'épître XI (son analyse est ci-après à la note 1 de cette épître), et ajoute : « Qu'on parcoure ainsi toutes les épîtres de cet écrivain accusé par nos penseurs de manquer d'idées et de n'être qu'un habile enfileur de mots, on verra qu'elles renferment des points très importans de philosophie morale, soit que l'auteur fasse voir (épit. v) que la véritable félicité consiste dans la connaissance de soi-même, soit qu'il approfondisse (épître IX) la nature du vrai, soit qu'il expose (épître III) les dangers de la mauvaise honte, soit enfin qu'il montre (épître I) à un roi guerrier et conquérant les avantages de la paix et les écueils d'une ambition déréglée... » *Annal. littér.* II, 153.

VIII. « Despréaux possède sans doute au plus haut degré le talent d'écrire ; mais il n'y a pas moins de correction dans ses dessins que dans son style ; et c'est à la noblesse et à la vérité des pensées qu'il doit le plus souvent la beauté, la grâce et l'é-

---

[1] *Voy.* ci-après, note 1 de l'épître VII, une autre analyse de la même épître, par M. Andrieux.

nergie de ses vers. Il est superflu d'ajouter ici aucune réflexion sur ses épîtres : elles valent mieux que ses satires, dont plusieurs sont excellentes. L'épître première, la quatrième, la septième et la neuvième, se défendront assez d'elles-mêmes contre la critique, ou plutôt contre les injures de Marmontel. *M. Daunou (édit. de 1809, I, 216).*

« Les épîtres, observe encore M. Daunou, qui toutes sont postérieures à la neuvième satire, sont le fruit d'un talent plus mûr; la versification y offre plus de souplesse et de grâce, le style plus d'égalité, de consistance, de plénitude : des pensées plus fortes, plus étroitement enchaînées, y sont exprimées avec plus de vérité, de couleur et d'énergie. » *Disc. prélim.*,[1] *édit. de 1825, p. xx.*

Enfin, après un coup-d'œil sur les épîtres I, III, IV, V, VI, VII, VIII et IX, il ajoute : « C'est en des sujets si divers que Despréaux, prenant tous les tons avec justesse, ennoblit, agrandit le genre de l'épître, et remplace au moins par des beautés sévères l'enjoûment gracieux d'Horace, son abandon inimitable et sa négligence si parfaite. » *Même disc., p. xxj.*

IX. « Emule d'Horace dans la satire, Boileau le fut avec plus de succès encore dans l'épître. L'épître, qui n'exclut aucun sujet, admet aussi tous les tons. Dans ce genre moins borné, moins uniforme, Boileau, tour-à-tour littérateur et moraliste, censeur et courtisan, a déployé le talent le plus flexible. On distingue dans les épîtres un fond de raison plus étendu, plus approfondi que dans les satires; l'intérêt y est plus général, plus varié, plus soutenu; la poésie y a plus de mouvement, de souplesse et de grâce. Les seules épîtres de Boileau placeraient leur auteur au premier rang de ceux qui ont orné la raison du charme des beaux vers. » *M. Auger, Éloge, p. 8.*

---

[1] Il n'applique pas ces éloges aux trois dernières épîtres.

AVIS AU LECTEUR.[1]

Je m'étais persuadé que la fable de l'huître que j'avais mise à la fin de cette épître au roi, pourrait y délasser agréablement l'esprit des lecteurs[2] qu'un sublime trop sérieux peut enfin fatiguer, joint que la correction que j'y avais mise[3] semblait me mettre à couvert d'une faute dont je faisais voir que je m'apercevais le premier; mais j'avoue qu'il y a eu des personnes de bon sens qui ne l'ont pas approuvée. J'ai néanmoins balancé long-temps si je l'ôterais, parce qu'il y en avait plusieurs qui la louaient avec autant d'excès que les autres la blâmaient; mais enfin je me suis rendu à l'autorité d'un prince[4], non moins considérable par les lumières de son esprit que par le nombre de ses victoires. Comme il m'a déclaré franchement que cette fable, quoique très bien contée, ne lui semblait pas digne du reste de l'ouvrage, je n'ai point résisté; j'ai mis une autre fin[5] à ma pièce, et je n'ai pas cru, pour une vingtaine de vers, devoir me brouiller avec le premier capitaine de notre siècle. Au reste, je suis bien aise d'avertir le lecteur qu'il y a quantité de pièces impertinentes qu'on s'efforce de faire courir sous mon nom, et entre

---

[1] V. E. Texte de la seconde édition séparée (1672) de l'épître 1re (tome I, Not. Bibliog., n° 28)... On lit : *Avertissement sur l'épître 1*, dans plusieurs éditions, telles que 1800, 1815 et 1819, Did.; 1808 et 1814, Le Br.; 1814, Bod.; 1820, Men.; 1823, Lev.; 1824, Fro.; 1829, A. L., etc.

F. N. R. Dans les mêmes éditions on a joint à cet avis trois notes explicatives sans annoncer qu'elles ne sont point de Boileau, de sorte que le lecteur est induit à les lui attribuer; et c'est ce qui est arrivé même à un éditeur (1824, Fro.), car il y a ajouté le signe B (Boileau).

[2] V. E. Texte de 1672 sép... dans les éditions déjà citées et dans celles de Saint-Marc et autres, telles que 1788 et 1789, Did.; 1821, Am.; 1825, Aug.; 1826, Mar.; 1829, B. ch., on lit : *agréablement les lecteurs*.

[3] Elle commençait au vers *mais quoi!* etc... (*voy*. la note du v. 150).

[4] Le grand Condé.

[5] V. E. Texte de 1672 sép... On lit, dans les mêmes éditions, *une nouvelle fin...* (il s'agit des vers 151 à 190).

autres une satire contre les maltôtes ecclésiastiques [1]. Je ne crains pas que les habiles gens m'attribuent toutes ces pièces, parce que mon style, bon ou mauvais, est aisé à reconnaître; mais comme le nombre des sots est fort grand [2], et qu'ils pourraient aisément s'y méprendre, il est bon de leur faire savoir que, hors les onze pièces [3] qui sont dans ce livre, il n'y a rien de moi entre les mains du public, ni imprimé, ni en manuscrit.

[1] La même qu'il désigne dans son catalogue (il est au tome I, à la suite des préfaces), comme faite contre les *frais des enterremens;* car la pitoyable farce connue sous le nom de satire ou diatribe contre les maltôtes (Not. Bibl., § 1, n° 20), a surtout pour objet ces frais. L'auteur (même catalogue, aux notes) y dit entre autres qu'il souffre à regret

... que les ornemens qui servent à l'église
Soient de différens prix, comme la marchandise.
Si vous voulez les beaux à votre enterrement
Il faut tant, vous dit-on, pour un tel parement.
Et pour l'argenterie, un crieur vous demande
Si vous voulez avoir la petite ou la grande;
Le prix est différent, il vous coûtera tant;
Et si l'on ne fait rien, si l'argent n'est comptant.
Jamais aucun crédit ne se fait à l'église :
N'avez-vous point d'argent? la croix de bois est mise...

[2] *V. E.* Texte de 1672 sép... Tous les éditeurs omettent *fort*.

[3] Il veut sans doute parler seulement des pièces de vers (Discours au roi, neuf satires, épître 1)... On peut induire de là, comme nous l'avons déjà fait (tome I, Not. Bibl., § 1, n° 27), que Boileau donna en 1672 une édition nouvelle, que l'on contrefit deux fois la même année à Cologne et qui a été inconnue jusqu'ici. Avec une autre hypothèse d'ailleurs, il serait difficile d'expliquer comment on trouve pour la première fois dans ces contrefaçons plusieurs changemens reproduits dans l'édition originale suivante (1674... *Voy.* entre autres tome I, sat. III, v. 19 et 136)... A moins de supposer, ou que Boileau les avait envoyés aux contrefacteurs, ce qui est improbable, puisqu'ils ne le désignent pas même par son vrai nom, et qu'ils lui attribuent de mauvais ouvrages qui ne sont pas de lui (même n° 27)... Ou bien qu'il s'était borné à faire relier l'épître 1 avec les dix premières pièces, en mettant des cartons à celles-ci pour leurs changemens; et nous avons en effet un exemplaire ancien où l'épître 1re est réunie à ces pièces par une reliure du même genre qu'un autre où les dix pièces sont seules; mais il n'y a point de carton à cet exemplaire non plus que dans six autres que nous avons examinés... Ou enfin, que Boileau avait adopté dans la suite (1674) les changemens faits par les contrefacteurs eux-mêmes.

ÉPITRE I.[1]

AU ROI.

Grand roi, c'est vainement qu'abjurant la satire
Pour toi seul désormais j'avais fait vœu d'écrire.
Dès que je prends la plume, Apollon éperdu
Semble me dire : Arrête, insensé; que fais-tu ?[2]
Sais-tu dans quels périls aujourd'hui tu t'engages ? 5
Cette mer où tu cours est célèbre en naufrages.[3]

Ce n'est pas qu'aisément, comme un autre, à ton char,
Je ne pusse attacher « Alexandre » et « César »;[4]

---

[1] Boileau fait dans cette épître l'éloge du souverain ami de la paix et la critique du conquérant : il la composa après la paix de 1668, et à la sollicitation de Colbert, pour détourner Louis XIV de recommencer la guerre. ...*Bross.*—On a vu (tome I, *Essai*, n. 148) que, loin d'applaudir à cette intention si louable, ses ennemis l'en blâmèrent avec aigreur.

[2] Im... Cum canerem reges et prælia, Cynthius aurem
  Vellit, et admonuit. (*Virg.*, egl. VI, v. 3, 4.)

Fais-tu? méchante rime d'une seule lettre. *Desmarets*, 54; *Pradon*, 54.

[3] P. C. Où vas-tu t'embarquer ? Regague le rivage.
  Cette mer où tu cours est célèbre en *naufrage*.

Telle est, selon Brossette, la première leçon; mais à l'impression, Boileau mit les deux rimes au pluriel (*les rivages... naufrages*) et on les lit ainsi aux éditions de 1672 à 1698. Desmarets, p. 54 à 56, observa, 1° que *rivages* au pluriel ne valait rien, parce qu'il suffit à un vaisseau en danger de gagner un port ou un rivage; 2° que dès que le poète n'était pas encore embarqué, il ne pouvait regagner le rivage... Pradon, p. 54, renouvela cette critique, dont on voit que Boileau a profité. (*Édit.* 1701.)

[4] Ces deux vers sont facilement jetés. *Le Brun.*—Ils font allusion à ceux-ci

Qu'aisément je ne pusse, en quelque ode insipide,
T'exalter aux dépens et de « Mars » et « d'Alcide, » [1]   10
Te livrer le « Bosphore », et, d'un vers incivil, [2]
Proposer au « sultan » de te céder le Nil;
Mais, pour te bien louer, une raison sévère
Me dit qu'il faut sortir de la route vulgaire;
Qu'après avoir joué tant d'auteurs différens,   15
Phébus même aurait peur s'il entrait sur les rangs; [3]
Que par des vers tout neufs, avoués du Parnasse,
Il faut de mes dégoûts justifier l'audace;
Et, si ma muse enfin n'est égale à mon roi,
Que je prête aux Cotins des armes contre moi.   20

de Corneille (*Prologue d'Andromède*, 1650), dit Voltaire, *Commentaire...*

    Il lui (*au roi*) montre Pompée, Alexandre, César,
    Mais comme des héros attachés à son char.

Cette assertion est d'autant plus plausible que, six ans avant l'épître de Boileau, Corneille rappela ainsi (*Remercim. au roi*, 1663) sa prédiction :

    Qu'un jour Alexandre et César
    Sembleraient des vaincus attachés à ton char.

[1] V... Vers 7 à 10, dans les éditions de 1672 à 1698, on lit :

    Ce n'est pas que ma main, comme un autre, à ton char,
    Grand roi, ne pût lier Alexandre et César;
    Ne pût, sans se peiner, dans quelque ode insipide,
    T'exalter aux dépens, etc.

Saint-Marc croit que Boileau changea ces vers, parce qu'il semblait que c'était la *main* qui *exaltait*.

Imitation de Boil... Gâcon, Discours au roi :

    Ils ne peuvent souffrir qu'on t'égale aux Césars,
    Et veulent te placer au-dessus du dieu Mars.

[2] L'épithète ingénieuse *d'incivil* rend le dernier hémistiche très piquant. *Le Brun.*

[3] Vers 13 et suiv. Desmarets, p. 54, accuse à ce sujet Boileau d'ambition. Brossette essaie de le justifier; Dumonteil soutient que Brossette n'a compris ni Boileau ni Desmarets; Saint-Marc critique à son tour Dumonteil... Que de paroles perdues !

Est-ce là cet auteur, l'effroi de la Pucelle,
Qui devait des bons vers nous tracer le modèle,
Ce censeur, diront-ils, qui nous réformait tous?
Quoi! ce critique affreux n'en sait pas plus que nous! [1]
N'avons-nous pas cent fois en faveur de la France, 25
Comme lui dans nos vers pris «Memphis» et «Byzance,»[2]
Sur les bords de «l'Euphrate» abattu le «turban,»
Et coupé, pour rimer, «les cèdres du Liban?»[3]
De quel front aujourd'hui vient-il, sur nos brisées,
Se revêtir encor de nos phrases usées? 30

Que répondrais-je alors? Honteux et rebuté,
J'aurais beau me complaire en ma propre beauté,
Et, de mes tristes vers admirateur unique,
Plaindre, en les relisant, l'ignorance publique :
Quelque orgueil en secret dont s'aveugle un auteur, 35
Il est fâcheux, grand roi, de se voir sans lecteur,[4]
Et d'aller du récit de ta gloire immortelle

---

[1] Critique affreux signifie-t-il ici quelque chose? *Saint-Marc*, V, 468. — Oui, c'est une allusion aux épithètes que lui prodiguait Cotin dont il vient de parler. (*Voy.* tome I, Essai, n° 81.)

[2] La France ne pouvait être louée ni plus délicatement, ni en vers mieux rimés. *Le Brun.*

[3] Allusion aux mauvaises imitations qu'on avait faites de ces vers de l'ode de Malherbe à Marie de Médicis. *Bross.*

> O combien lors aura de veuves
> La gent qui porte *le turban!*
> Que de sang rougira les fleuves
> Qui lavent les pieds du *Liban*...!
> Et que de mères à *Memphis*,
> En pleurant, diront la vaillance
> De son courage et de sa lance
> Aux funérailles de leur fils...!

[4] Naïveté charmante, et qui ne serait pas venue à un poète moins sûr que Boileau *de trouver des lecteurs. Le Brun.*

Habiller chez Francœur le sucre et la canelle.[1]
Ainsi, craignant toujours un funeste accident,
J'imite de Conrart le silence prudent :[2] 40
Je laisse aux plus hardis l'honneur de la carrière,
Et regarde le champ, assis sur la barrière.

[1] *V. O.* ou *E.* (en partie). Fameux épicier. *Boil.*, 1672 à 1713.
Si, dans un ouvrage adressé à une personne illustre, on doit ennoblir les petites choses, à plus forte raison n'y doit-on pas avilir les grandes ; et c'est ce que fait à tout moment, dans les épîtres de Boileau, le mélange de Cotin avec Louis-le-Grand, *du sucre et de la canelle* avec la gloire de ce monarque. Un mot plaisant est à sa place dans une épître familière : dans une épître sérieuse et noble, il est du plus mauvais goût. *Marmontel, Encyclopédie, Grammaire et Littér.*, mot *Épître*.

MM. Amar et Daunou répondent qu'Horace, dont le goût et le sentiment des convenances sont connus, avait dit (liv. II, ép. 1, v. 266) avant Boileau :

> Ne rubeam pingui donatus munere, et unâ
> Cum scriptore meo capsa porrectus aperta,
> Deferar in vicum vendentem thus et odores,
> Et piper, et quidquid chartis amicitur ineptis !

Le père Tarteron (*Lett. avant sa traduct. d'Horace*) va plus loin. Il dit, au sujet des mêmes vers d'Horace : « C'est ce que M. Despréaux a si heureusement et si élégamment exprimé en tant de diverses manières, et en vers tout neufs et qui le seront long-temps... *Habiller chez Francœur*, etc. — *Autour d'un caudebec* j'en ai lu la préface (*Épître* VI). — « Et j'ai tout Pelletier roulé dans mon office en cornets de papier » (*Sat.* III). — « Le reste, aussi peu lu que ceux de Pelletier, n'a fait de chez Sercy qu'un saut chez l'épicier (*Art poét.*, ch. II). — Voilà des cornets de toutes sortes, petits et grands, et l'épicier qui les débite. Ce n'est là ni copier ni imiter ; c'est produire. »

M. Viollet-le-Duc pense au contraire, et nous sommes du même avis, que Boileau a trop répété cette plaisanterie.

[2] Fameux académicien qui n'a jamais rien écrit. *Boil.*, 1701 *et* 1713. — On a publié en 1825 des Mémoires de Conrart, in-8°, qui font partie de la collection Petitot. — V.. 1672 à 1682.

J'observe sur ton nom un silence prudent.

Prudent. Cet attribut, accordé au silence, montre tout le parti que Boileau savait tirer de sa langue. *Le Brun.*

Malgré moi toutefois un mouvement secret
Vient flatter mon esprit, qui se tait à regret.
Quoi! dis-je tout chagrin, dans ma verve infertile,[1] 45
Des vertus de mon roi spectateur inutile,
Faudra-t-il sur sa gloire attendre à m'exercer
Que ma tremblante voix commence à se glacer?
Dans un si beau projet, si ma muse rebelle
N'ose le suivre aux champs de Lille et de Bruxelle, 50
Sans le chercher au nord de l'Escaut et du Rhin,
La paix l'offre à mes yeux plus calme et plus serein.
Oui, grand roi, laissons là les sièges, les batailles :
Qu'un autre aille en rimant renverser des[2] murailles;
Et souvent, sur tes pas marchant sans ton aveu, 55
S'aille couvrir de sang, de poussière et de feu.
A quoi bon, d'une muse au carnage animée,
Échauffer ta valeur, déjà trop allumée?[3]
Jouissons à loisir du fruit de tes bienfaits,
Et ne nous lassons point des douceurs de la paix. 60
   Pourquoi ces éléphans, ces armes, ce bagage,[4]
Et ces vaisseaux tout prêts à quitter le rivage?
Disait au roi Pyrrhus un sage confident,[5]
Conseiller très sensé d'un roi très imprudent.
Je vais, lui dit ce prince, à Rome où l'on m'appelle. — 65
Quoi faire? — L'assiéger. — L'entreprise est fort belle,

---

[1] Épithète trop peu usitée de nos jours. Par oubli ou par dédain, nous négligeons souvent nos richesses. *Le Brun.*

[2] *V. E.* Texte de 1672 à 1713, et non pas LES, comme dans quelques éditions, telles que 1821, S.-S.; 1825, Dau.; 1828, Th.

[3] Vers 53 à 58. Expressions dignes de la plus haute poésie. *Clément, Obs.*, 110.

[4] Mouvement bien noble et digne d'un grand poète. *Le Brun.*

[5] Plutarque, dans la vie de Pyrrhus. *Boil.*, 1713.

Et digne seulement d'Alexandre ou de vous :
Mais, Rome prise enfin, seigneur, où courons-nous ?[1] —
Du reste des Latins la conquête est facile. —
Sans doute, on les peut vaincre[2] : est-ce tout ?—La Sicile
De là nous tend les bras; et bientôt sans effort,
Syracuse reçoit nos vaisseaux dans son port. —
Bornez-vous là vos pas[3] ?—Dès que nous l'aurons prise,
Il ne faut qu'un bon vent, et Carthage est conquise.
Les chemins sont ouverts : qui peut nous arrêter ?— 75
Je vous entends, seigneur, nous allons tout dompter :
Nous allons traverser les sables de Libye,
Asservir en passant l'Égypte, l'Arabie,
Courir de là le Gange en de nouveaux pays,
Faire trembler le Scythe aux bords du Tanaïs, 80
Et ranger sous nos lois tout ce vaste hémisphère;
Mais, de retour enfin, que prétendez-vous faire ?—
Alors, cher Cinéas, victorieux, contens,

---

[1] V. 1672 à 1682. On lisait le vers ci-dessous que Desmarets, p. 58, critiqua (ainsi que ceux des deux notes suivantes) comme trop familier et digne de Jodelet (*voy.* la remarque du vers 86) :

    Mais quand nous l'aurons prise, *et* bien que ferons-nous ?

[2] *V. E.* 1672, 1re éd. (*Bross.*).. Fort bien, ils sont à nous.
    1672, 2e éd. Sans doute ils sont à vous.
    1674 à 1682... Sans doute ils sont à nous.

M. de S. S. reprend mal-à-propos Brossette et Saint-Marc, quant au mot *vous* de la seconde leçon : c'est lui qui se trompe en lisant *nous.* (*Voy.* à la note 1 la critique de Desmarets.)

[3] V.. 1672, 1re éd. (*Bross.*) Nous y voilà, suivons : dès que...
    Id. 2e..... Vous arrêtez-vous là...? Dès que...
    1674 à 1697. En demeurez-vous là...? Dès que...

En demeurez-vous là ne vaut pas mieux que *nous y voilà, suivons*, qui était dans la première impression de la lettre (*épître*) au roi. *Desmarets*, 59. (*Voy.* ses raisons aux notes des vers 68 et 86.)

Nous pourrons rire à l'aise,[1] et prendre du bon temps. —
Eh! seigneur, dès ce jour, sans sortir de l'Épire,   85
Du matin jusqu'au soir qui vous défend de rire?[2]
    Le conseil était sage et facile à goûter.
Pyrrhus vivait heureux s'il eût pu l'écouter;
Mais à l'ambition d'opposer la prudence,
C'est aux prélats de cour prêcher la résidence.[3]   90
    Ce n'est pas que mon cœur, du travail ennemi,
Approuve un fainéant sur le trône endormi,[4]
Mais, quelques vains lauriers que promette la guerre,[5]

[1] V.. 1672, 1ʳᵉ édit. (*voy.* Brossette et Desmarets, p. 60, qui critique aussi ce ton familier). *Nous pourrons chanter, rire...*

[2] Vers 65 à 86. Ce dialogue de Cinéas et de Pyrrhus a été critiqué d'un bout à l'autre par Desmarets (p. 56 à 63) et Pradon (p. 56 et 57)... Le début AU ROI *Pyrrhus* est bien bas et bien cheville, car les enfans disent eux-mêmes au ROI *Arthus*... Il est contre le bon sens de faire faire par Cinéas tant de questions sur des projets qu'il devait très bien connaître... C'est ignorer l'histoire que de faire dire à Pyrrhus qu'il va à Rome, tandis qu'il n'allait qu'à Tarente... *Faire trembler le Scythe aux bords du Tanaïs* est aussi mal parler que de dire faire trembler les Romains *aux bords du Tibre.* Les discours de Cinéas sont indignes de lui; on lui prête le ton familier de Jodelet envers son maître (on voit aux notes des v. 68, 73 et 84, que Boileau a profité des critiques). Desmarets refait en entier ce morceau (Desmarets refaire des vers de Boileau!). — M. Amar, moins difficile que les Desmarets, etc., s'exprime ainsi au sujet du passage critiqué : « Cette excellente leçon de sagesse donnée à l'imprudence ; ce modèle achevé de dialogue... »

[3] Beaucoup d'évêques vivaient alors à la cour au lieu de résider dans leurs diocèses. *Boil. classique.* C'est aussi la remarque de Boursault (*lettres*, 1709, II, 282), et Saint-Simon (XV, 459) en cite un (le cardinal de Polignac) qui n'avait jamais *mis le pied* dans son archevêché.

[4] Voltaire (*Henr.*, I, 33) a dit (Clément fait à ce sujet la même observation qu'au tome I, satire x, v. 481):

    Endormi sur le trône, au sein de la mollesse.

[5] Im. de B... J.-J. Rousseau, Verger des Charmettes.

    Mais ce n'est pas assez d'épouvanter la terre,
    Il est d'autres devoirs que les soins de la guerre.

On peut être héros sans ravager la terre.
Il est plus d'une gloire. En vain aux conquérans 95
L'erreur, parmi les rois, donne les premiers rangs;
Entre les grands héros ce sont les plus vulgaires.
Chaque siècle est fécond en heureux téméraires;
Chaque climat produit des favoris de Mars;
La Seine a des Bourbons, le Tibre a des Césars:[1] 100
On a vu mille fois des fanges Méotides[2]
Sortir des conquérans goths, vandales, gépides.
Mais un roi vraiment roi, qui, sage en ses projets,[3]
Sache en un calme heureux maintenir ses sujets;
Qui du bonheur public ait cimenté sa gloire, 105
Il faut pour le trouver courir toute l'histoire.
La terre compte peu de ces rois bienfaisans;
Le ciel à les former se prépare long-temps.
Tel fut cet empereur[4] sous qui Rome adorée
Vit renaître les jours de Saturne et de Rhée; 110
Qui rendit de son joug l'univers amoureux;
Qu'on n'alla jamais voir sans revenir heureux;[5]
Qui soupirait le soir, si sa main fortunée[6]

---

[1] Imitation de Boileau. Gâcon, épître au maréchal de Villeroi :

> Chaque siècle a fourni de ces cœurs généreux,
> Toujours prêts à tenter un combat dangereux...
> Rome eut son Fabius, et la France a le sien...

[2] *Fanges* est plus poétique et plus noble que *palus* ou *marais* méotides... Féraud, mot *méotides*.

[3] *Roi vraiment roi...* façon de parler en vers, peu digne de la poésie. Desmarets, 63.

[4] Titus. *Boil.*, 1701 *et* 1713.

[5] Im. de B... Voltaire (*Henr.*, III, 78) dit de Guise :

> Le pauvre allait le voir et revenait heureux.

[6] *Fortuné* est plus noble que *heureux*... Roubaud, II, 113.

N'avait par ses bienfaits signalé la journée. ¹
Le cours ne fut pas long d'un empire si doux. ²

    Mais où cherché-je ailleurs ce qu'on trouve chez nous ? ³
Grand roi, sans recourir aux histoires antiques,
Ne t'avons-nous pas vu dans les plaines belgiques,
Quand l'ennemi vaincu, désertant ses remparts,
Au-devant de ton joug courait de toutes parts,
Toi-même te borner, au fort de ta victoire, ⁴
Et chercher dans la paix une plus juste gloire ? ⁵
Ce sont là les exploits que tu dois avouer;
Et c'est par là, grand roi, que je te veux louer. ⁶

---

¹ Le sentiment seul a fait éclore ces deux beaux vers. *Le Brun.*

² Vers 107 à 115. D'Alembert, III, 67, montre que Vigneul de Marville (d'Argonne) est un mauvais juge en matière de goût, lorsqu'il préfère à ces beaux vers le distique suivant d'Ausone (*Cæsares*, n° XI), sur Titus :

    Felix imperio, felix brevitate regendi,
    Expers civilis sanguinis, orbis amor.

Vigneul paraît en effet d'autant moins excusable qu'il avoue que le portrait contenu dans le couplet ci-dessus, est magnifique, et les vers extrêmement beaux. » *Saint-Marc*, V, 158.

³ *Chez nous*, expression qui n'est tolérable que dans le style familier. *Ménage* et *Féraud.*

⁴ *Au fort* ne s'unit qu'à des substantifs qui, s'alliant avec des adjectifs, expriment des idées de force, de violence... On dit au fort de sa douleur pour dans sa plus forte douleur; on ne dit pas au fort de la victoire. *Saint-Marc*, V, 469. — Cette expression pour être énergique n'en est pas moins correcte, et serait admissible même en prose. *M. Daunou.*

⁵ La paix de 1668. *Boil.*, 1713.

Vers 117 à 122... Qu'y a-t-il de plus beau et de plus noble que ces six vers? *Bouhours*, 155.

⁶ Im. de B... Regnard, après s'être déclaré dans les deux premiers vers ci-après (*Épître à Quinault*) l'élève de Quinault, se présenta au bout de quelques années dans les deux autres (*Epit. dédicat. des Ménechmes*) comme celui de Boileau.

    Et pour élève enfin si tu veux m'avouer,
    C'est par cet endroit seul qu'il faudra me louer...

ÉPITRE I.

Assez d'autres, sans moi, d'un style moins timide,[1] 125
Suivront aux champs[2] de Mars ton courage rapide;
Iront de ta valeur effrayer l'univers,
Et camper devant Dôle au milieu des hivers.[3]
Pour moi, loin des combats, sur un ton moins terrible,
Je dirai les exploits de ton règne paisible : 130
Je peindrai les plaisirs en foule renaissans;
Les oppresseurs du peuple à leur tour gémissans.
On verra par quels soins ta sage prévoyance
Au fort de la famine entretint l'abondance;[4]
On verra les abus par ta main réformés, 135
La licence et l'orgueil en tous lieux réprimés,[5]

> Et pour *disciple* enfin si tu veux m'avouer,
> C'est par cet endroit seul *qu'on pourra* me louer.

Autre im. de B... Gâcon, Disc. au roi :

> Mais puisque je me vois réduit à te louer,
> Au moins voici des vers que tu peux avouer.

Autre im. de B... Clément, Sat. vi, v. 369 :

> J'aspire à des succès que je puisse avouer,
> Et je veux qu'on m'estime avant de me louer.

[1] Ce tour est heureux, mais c'est une répétition de la pensée exprimée au vers 54 (*qu'un autre*, etc.). *Le Brun.* — Le besoin de transitions, et la difficulté de les trouver toujours heureuses, amènent ces répétitions qui jettent dans le style une langueur inévitable. *M. Amar.*

[2] *V. E* Texte de 1672 à 1713, et non pas *au champ*, comme on lit dans plusieurs éditions modernes, telles que 1821, S.-S.; 1821, 1824 et 1828, Am.; 1825, Daun., Aug. (in-8° et in-32) et Font.; 1826, Mar.; 1829, B. ch. et Boul...

[3] Le roi venait de conquérir la Franche-Comté en plein hiver. *Boil.*, 1713. — En février 1668. *Bross.*

[4] Ce fut en 1663. *Boil.*, 1713. — En 1662 on fit venir beaucoup de blé de Prusse et de Pologne. *Bross.*

[5] Plusieurs édits donnés pour réformer le luxe. *Boil.*, 1713. — Brossette n'en indique pas les dates.

ÉPITRE I.

Du débris des traitans ton épargne grossie,[1]
Des subsides affreux la rigueur adoucie;[2]
Le soldat, dans la paix, sage et laborieux;[3]
Nos artisans grossiers rendus industrieux;[4]   140
Et nos voisins frustrés de ces tributs serviles
Que payait à leur art le luxe de nos villes.[5]
Tantôt je tracerai tes pompeux bâtimens,[6]
Du loisir d'un héros nobles amusemens.
J'entends déjà frémir les deux mers étonnées   145
De voir leurs flots unis aux pieds des Pyrénées.[7]
Déjà de tous côtés la chicane aux abois
S'enfuit au seul aspect de tes nouvelles lois.[8]
Oh! que ta main par là va sauver de pupilles!
Que de savans plaideurs désormais inutiles![9]   150

---

[1] La chambre de justice. *Boil.* 1713. — En 1661. *Bross.*

[2] Les tailles furent diminuées de quatre millions. *Boil.*, 1713.

[3] Les soldats employés aux travaux publics. *Boil.*, 1713.

[4] Établissement en France des manufactures. *Boil.*, 1713. — Gobelins et points de France, en 1665; Glaces, en 1666. *Bross.*

[5] Les vers 141 et 142 sont ceux de Boileau que La Fontaine estimait le plus. (Tome IV, lett. 29 avr. 1695, à Maucroix.)

V.. 1672. Il y avait ensuite ceux-ci (supprimés en 1683) :

> Oh! que j'aime à les voir, de ta gloire troublés,
> Se priver follement du secours de nos blés,
> Tandis que nos vaisseaux, partout maîtres des ondes,
> Vont enlever pour nous les trésors des deux mondes!

[6] Colonnade du Louvre; palais de Versailles, etc. *Bross.* — Le poète met *tracer les bâtimens* pour les *décrire;* mais on ne dit tracer un bâtiment que pour *en tracer les fondemens. Desmarets*, 63.

[7] Le canal de Languedoc. *Boil.*, 1713 (entrepris en 1665. *Bross.*).

[8] L'ordonnance de 1667. *Boil.*, 1713. — L'évènement a prouvé que ce que dit Boileau est une *fiction poétique.*

[9] V.. 1672, 1re éd., après le vers 150, il y avait, 1. Ces deux-ci :

> Muse, abaisse ta voix : je veux les consoler;

Qui ne sent point l'effet de tes soins généreux?
L'univers sous ton règne a-t-il des malheureux?
Est-il quelque vertu, dans les glaces de l'Ourse,
Ni dans ces lieux brûlés où le jour prend sa source,
Dont la triste indigence ose encore approcher, 155
Et qu'en foule[1] tes dons d'abord n'aillent chercher?

> Et d'un conte, en passant, il faut les régaler.

2. Les vers 41 à 52 de l'épître II (fable de l'huître)... 3. Les 18 suivans qui terminaient l'épître I. — Boileau retrancha ces 32 vers dans la seconde édition (1672), par les raisons qu'il donne à l'avis ci-devant, p. 7, ou plutôt parce qu'il sentait que cette fin de son épître n'était pas en harmonie avec le commencement : et il leur substitua les 40 beaux vers (151 à 190) qui terminent aujourd'hui l'épître... La seconde épître, dit Brossette, ne fut composée que pour y placer la fable de l'huître, qui faisait partie des vers supprimés.

> Mais quoi! j'entends déjà quelque austère critique,
> Qui trouve en cet endroit la fable un peu comique.
> Que veut-il? c'est ainsi qu'Horace dans ses vers,
> Souvent délasse Auguste en cent styles divers,[*]
> Et, selon qu'au hasard son caprice l'entraîne,
> Tantôt perce les cieux, tantôt rase la plaine.
> Revenons toutefois. Mais par où revenir?
> Grand roi, je m'aperçois qu'il est temps de finir.
> C'est assez, il suffit que ma plume fidèle
> T'ait fait voir en ces vers quelque essai de mon zèle :
> En vain je prétendrais contenter un lecteur
> Qui redoute surtout le nom d'admirateur ;
> Et souvent, pour raison, oppose à la science
> L'invincible dégoût d'une injuste ignorance :
> Prêt à juger de tout, comme un jeune marquis
> Qui, plein d'un grand savoir chez les dames acquis,
> Dédaignant le public que lui seul il attaque,
> Va pleurer au Tartufe et rire à l'Andromaque.

La pièce méritait assurément de mieux finir. *M. Daunou.*

[1] Le roi, en 1663, donna des pensions à beaucoup de gens de lettres de

---

[*] Il n'est pas vrai qu'Horace ait jamais raillé en vers avec Auguste *Desmarets*, 64.

C'est par toi qu'on va voir les muses enrichies
De leur longue disette à jamais affranchies.[1]
Grand roi, poursuis toujours, assure leur repos.
Sans elles un héros n'est pas long-temps héros :[2]   160
Bientôt, quoi qu'il ait fait, la mort, d'une ombre noire,
Enveloppe avec lui son nom et son histoire.
En vain, pour s'exempter de l'oubli du cercueil,
Achille mit vingt fois tout Ilion en deuil;
En vain, malgré les vents, aux bords de l'Hespérie,   165
Enée enfin porta ses dieux et sa patrie :
Sans le secours des vers, leurs noms tant publiés
Seraient depuis mille ans avec eux oubliés.
Non, à quelques hauts faits que ton destin t'appelle,
Sans le secours soigneux d'une muse fidèle,   170
Pour t'immortaliser tu fais de vains efforts.[3]

---

toute l'Europe. *Boil.*, 1713. (La liste est citée au t. I, *Not. Bibl.*, § 2, n° 58.)

V. E. Dans les éditions citées ci-devant, avis, note 1, page 7, on a mis mal-à-propos DANS toute l'Europe.

[1] V. 153 à 158. *Voy.* pour ces beaux vers, *Art poét.*, IV, 192.

[2] Quels *mauvais* vers (159 et 160)! Le dernier hémistiche du premier rime avec le premier hémistiche du second, et le premier hémistiche du second avec le dernier. *Mermet*, 40. — Un même mot pris dans la même signification, ne faisant jamais rime, loin de rendre l'hémistiche défectueux, lui donne une grâce et une force particulière, lorsque la répétition en est faite à propos, comme dans ce vers le mot héros... *Fontenai*, I, 223. (*Mermet*, sans s'apercevoir qu'il se contredit, porte, p. 210, le même jugement de ces deux *mauvais* vers.)

[3] L'orgueil, quand il se manifeste ainsi, prend la place de la franchise, et loin d'être un vice devient presque la vertu du génie. *Le Brun.* — Horace (lib. IV, od. 9, v. 25) avait dit :

> Vixere fortes ante Agamemnona
> Multi, sed omnes illacrymabiles
>   Urgentur, ignotique longa
>   Nocte, carent quia vate sacro.

Apollon te la doit : ouvre-lui tes trésors.
En poètes fameux rends nos climats fertiles :
Un Auguste aisément peut faire des Virgiles.¹
Que d'illustres témoins de ta vaste bonté   175
Vont pour toi déposer à la postérité !
 Pour moi qui, sur ton nom déjà brûlant d'écrire,
Sens au bout de ma plume expirer la satire,
Je n'ose de mes vers vanter ici le prix.
Toutefois si quelqu'un de mes faibles écrits   180
Des ans injurieux peut éviter l'outrage,
Peut-être pour ta gloire aura-t-il son usage;
Et comme tes exploits, étonnant les lecteurs,
Seront à peine crus sur la foi des auteurs,

 Im. d'Horace et de B... J.-B. Rousseau (*Ode au prince Eugène,* après la paix de Passarowitz) :

> Mais combien de grands noms, couverts d'ombres funèbres,
> Sans les écrits divins qui les rendent célèbres,
> Dans l'éternel oubli languiraient inconnus...!
>
> Non, non, sans le secours des filles de mémoire,
> Vous vous flattez en vain, partisans de la gloire,
> D'assurer à vos noms un heureux souvenir :
> Si la main des neuf sœurs ne pare vos trophées,
>   Vos vertus étouffées
> N'éclaireront jamais les yeux de l'avenir.

¹ Hyperbole adulatrice et fausse : Boileau, si fidèle ami du vrai, aurait dû rayer cette figure. *M. Lemercier*, III, 27. — Martial (VIII, épigr. 55), avait dit, il est vrai :

> Sint Mecœnates, non deerunt, Flacce, Marones.

Mais, outre que c'est dans une épigramme, on voit que par le mot *aisément* Boileau étend beaucoup l'idée du poète latin.

 Im. de B.. Gâcon, épît. XV :

> Les héros tant vantés, et leur rare vaillance,
> Dans un profond oubli seraient tous demeurés,
> Si les vers, du tombeau, ne les avaient tirés.

Si quelque esprit malin les veut traiter de fables,   185
On dira quelque jour, pour les rendre croyables :
Boileau[1], qui, dans ses vers pleins [2] de sincérité,
Jadis à tout son siècle a dit la vérité,
Qui mit à tout blâmer son étude et sa gloire,
A pourtant de ce roi parlé comme l'histoire.[3]   190

[1] *V. O.* 1672 à 1697. B***. (Au sujet de cette variante, *Voy.* tome I, *Not. Bibl.*, § 1, n° 90, obs. 5.)

[2] *V. E.* Texte de 1672 à 1713, au lieu de *plein*, qu'on lit dans quelques éditions modernes, telles que 1821, S.-S.; 1825, Daun.; 1826, Mar.; 1828, Th.

[3] Quel misérable vers et dans le sens et dans l'expression... ! Ce *pourtant* surtout est bien déplacé. *Pradon*, 79. — *Pourtant*, au commencement d'une phrase, a sans doute vieilli, et doit être remplacé dans le style poétique par *toutefois, cependant...* Mais on peut, comme ici, l'insérer dans le vers. *Clément*, obs., 136.

Vers 179 à 190. Il semble que Boileau fait un grand effort pour louer le roi, et qu'il lui a fait grâce en ne le déchirant pas... Son 186ᵉ vers (*on dira*, etc.) est surtout fort insolent. *Pradon*, 78. — Il ne se peut rien imaginer de plus délicat que ces vers sur ce sujet. *Bouhours*, 228. — Qui jamais pourra se flatter de manier l'éloge avec cette grâce et cette finesse ? *Le Brun.* (La Harpe et MM. Amar, Daunou, etc., sont à-peu-près du même sentiment, ainsi que d'Alembert, cité à l'épît. VIII, note sur le vers 80.)

ÉPITRE II.[1]

A MONSIEUR L'ABBÉ DES ROCHES.[2]

A quoi bon réveiller mes muses[3] endormies,
Pour tracer aux auteurs des règles ennemies?
Penses-tu qu'aucun d'eux veuille subir mes lois,
Ni suivre une raison qui parle par ma voix?[4]
O le plaisant docteur, qui, sur les pas d'Horace,   5
Vient prêcher, diront-ils, la réforme au Parnasse!
Nos écrits sont mauvais; les siens valent-ils mieux?
J'entends déjà d'ici Linière[5] furieux
Qui m'appelle au combat sans prendre un plus long terme.
De l'encre, du papier! dit-il; qu'on nous enferme![6] 10
Voyons qui de nous deux, plus aisé dans ses vers,
Aura plutôt rempli la page et le revers.[7]

---

[1] Pour sa composition, *voy.* ci-dev., ép. 1, note du v. 150, p. 19 et 20.

[2] V. O. 1674 à 1682. L'abbé D***. (*Voy.* note du vers 22.)

[3] Boileau emploie ce mot tantôt au singulier, tantôt au pluriel (*sat.* 1, v. 82 ; *Art poét.*, ch. 11, v. 45) : serait-ce à cause de la gêne de la mesure, comme le dit Féraud?

[4] Vers 2 et 4. Tracer aux auteurs des règles ennemies... Une raison qui parle par ma voix.. Galimatias. *Desmarets*, 74.

[5] V. O. 1674 à 1685. L***. — Il venait de critiquer l'épît. IV (publiée en 1672). *Bross.* (*Voy.* tome I, Essai, n° 128.)

[6] Mouvement impétueux. Le vers suit l'action. Boileau, en se laissant emporter par l'inspiration satirique, entraîne avec lui son lecteur, qui brûle de savoir comme il finira. *Le Brun.*

[7] Horace, liv. 1, sat. IV, v. 14 :

   Crispinus minimo me provocat : accipe, si vis,

Moi donc, qui suis peu fait à ce genre d'escrime,
Je le laisse tout seul verser rime sur rime,
Et, souvent de dépit contre moi s'exerçant,
Punir de mes défauts le papier innocent. [1]
Mais toi, qui ne crains point qu'un rimeur te noircisse,
Que fais-tu cependant seul en ton bénéfice?
Attends-tu qu'un fermier, payant, quoiqu'un peu tard,
De ton bien pour le moins daigne te faire part?
Vas-tu, grand défenseur des droits de ton église,
De tes moines mutins réprimer l'entreprise? [2]
Crois-moi, dût Auzanet [3] t'assurer du succès,
Abbé, n'entreprends point même un juste procès.
N'imite point ces fous dont la sotte avarice
Va de ses revenus engraisser la justice; [4]
Qui, toujours assignans [5], et toujours assignés,
Souvent demeurent gueux de vingt procès gagnés. [6]

Accipe jam tabulas; detur nobis locus, hora,
Custodes; videamus uter plus scribere possit.

[1] Ici le papier est vraiment *innocent :* ailleurs (*Art poét.*, IV, 95), Boileau le qualifie de *coupable*, c'est qu'il y fait écrire des choses contre la vertu. Ces figures, dit avec raison M. Amar, lorsqu'elles sont sagement employées donnent au style de la dignité et de la force.

[2] Des Roches avait dans le midi trois abbayes commendataires assez considérables (d'environ 30,000 fr. de rentes). Cela sert à nous expliquer, 1. Le sens de ces vers et de quelques-uns des suivans; car les droits assez obscurs de ces abbés amphibies donnaient souvent lieu à des différends avec leurs moines; 2. Pourquoi Boileau lui dédia cette épitre contre la chicane. Voilà ce que Brossette et ses copistes auraient dû nous dire plutôt que la généalogie fort inutile de ce Des Roches.

[3] Fameux avocat au parlement de Paris. *Boil.*, 1713. — Recherché dans les principales affaires comme conseil ou arbitre. *Bross.*

[4] *Engraisser* la justice; expression plaisante. *Le Brun.*

[5] Texte de 1674 à 1713. Il faudrait aujourd'hui *assignant.*

[6] Si le ridicule corrigeait, quel plaideur ne le serait par ces deux vers aussi fermes que précis? *Le Brun.*

Soutenons bien nos droits : sot est celui qui donne.
C'est ainsi devers Caen que ¹ tout Normand raisonne. 30
Ce sont là les leçons dont un père Manceau
Instruit son fils novice au sortir du berceau.
Mais pour toi, qui, nourri bien en deçà de l'Oise,
As sucé la vertu picarde et champenoise,
Non, non, tu n'iras point, ardent bénéficier, 35
Faire enrouer pour toi Corbin ni Le Mazier. ²
Toutefois si jamais quelque ardeur bilieuse
Allumait dans ton cœur l'humeur litigieuse,
Consulte-moi d'abord, et, pour la réprimer,
Retiens bien la leçon que je te vais rimer. 40

Un jour, ³ dit un auteur, n'importe en quel chapitre,
Deux voyageurs à jeun rencontrèrent une huître.
Tous deux la contestaient, lorsque dans leur chemin

---

¹ *Devers Caen...* Expression employée à dessein parce que c'est un *Normanisme. Bross.; Féraud.* — *Caen que* est un peu dur, dit M. Amar. M. Daunou pense au contraire que le choc de ces deux syllabes, et l'expression *devers Caen* donnent de la force et de la vérité à ce vers.

² Deux autres avocats. *Bcil.*, 1713. — Très criards. *Bross.*

³ Vers 41 à 52. On ne peut raconter ni plus rapidement ni plus *naïvement* (*voy.* ci-après). *Le Brun.*

D'Alembert (III, 86) pense que, dans sa fable sur le même sujet, La Fontaine a conservé sa supériorité sur Boileau, quoiqu'il ne l'y laisse pas aussi loin derrière lui que dans celle du Bûcheron (*Poés. div.*, n° XXVIII). D'Alembert critique surtout cette expression *la justice..., la balance à la main*, qui ne peut représenter exactement tous les gens de justice, ainsi que Boileau en avait l'intention. (Il accusait en effet La Fontaine de manquer de justesse en ne présentant dans sa fable qu'un juge sous le nom de Perrin-Dandin, observant que ce sont tous les gens de justice qui causent des frais aux plaideurs. *Bross.*)

« Boileau, dit Chamfort (*Not.* sur La Fontaine, édit. de Gail, IV, 319), a, il est vrai, plus de précision, mais en la cherchant il n'a pu éviter la sécheresse. *N'importe en quel chapitre* est froid, et visiblement là pour la

La justice passa, la balance à la main.
Devant elle à grand bruit [1] ils expliquent la chose. 45
Tous deux avec dépens veulent gagner leur cause.
La justice, pesant ce droit litigieux,
Demande l'huître, l'ouvre, et l'avale à leurs yeux,
Et par ce bel arrêt terminant la bataille :
Tenez, voilà, dit-elle, à chacun une écaille. 50
Des sottises d'autrui nous vivons au palais :
Messieurs, l'huître était bonne. Adieu. Vivez en paix.

rime*. *Tous deux avec dépens veulent gagner leur cause :* cela n'a pas besoin d'être dit et les deux parties ne sont point par là distinguées des autres plaideurs... Les deux derniers vers dans Boileau sont plus plaisans que dans La Fontaine; mais le mot *sans dépens* de La Fontaine, équivaut, à-peu-près, à *messieurs, l'huître était bonne* **... Dans La Fontaine, le discours des plaideurs anime la scène; l'arrivée de *Perrin Dandin* lui donne un air plus vrai que celle de *la justice* qui est un personnage allégorique. Je voudrais seulement que les deux pèlerins de La Fontaine fussent *à jeun* comme ceux de Boileau. »

En résumé, nous adopterions volontiers cette conclusion de M. Amar : « La fable de La Fontaine est parfaite d'un bout à l'autre; ce qui n'empêche pas celle de Boileau d'avoir aussi son mérite; mais le genre naïf n'était pas le sien... »

[1] V. 1674 à 1682. Devant elle aussitôt.

* Même remarque dans Bonnecorse, ch. III, p. 32.
** C'est ce que je n'aperçois point. Dans le récit de Boileau non-seulement les plaideurs n'obtiennent point de dépens, puisqu'on les renvoie *en paix*, mais ils apprennent que l'huître était *bonne*, ce qui doit accroître leurs regrets.

ÉPITRE III.[1]

A MONSIEUR ARNAULD,[2]

DOCTEUR DE SORBONNE.[3]

Oui, sans peine, au travers des sophismes de Claude,[4]
Arnauld, des novateurs tu découvres la fraude,
Et romps de leurs erreurs les filets captieux.
Mais que sert que ta main leur dessille les yeux,
Si toujours dans leur âme une pudeur[5] rebelle,   5
Prêts[6] d'embrasser l'église, au prêche les rappelle?
Non, ne crois pas que Claude, habile à se tromper,
Soit insensible aux traits dont tu le sais frapper;
Mais un démon l'arrête, et, quand ta voix l'attire,
Lui dit : Si tu te rends, sais-tu ce qu'on va dire?   10
Dans son heureux retour lui montre un faux malheur,

---

[1] Composée en 1673. *Bross.* — Elle ne vaut rien du tout. *Brienne*, 89. (Des avis bien différens sont aux notes suivantes.)

[2] *V. O.* (en part.) 1674 à 1701, in-4°. *Arnaud.* — L'édit. de 1701, in-12, a la première, *Arnauld*.

[3] V. O. 1674 à 1694. Cette qualité y est omise. Il fallut attendre la mort d'Arnauld pour lui donner un titre qu'il avait tant illustré par ses écrits !

[4] Il était alors occupé à écrire contre le sieur Claude, ministre de Charenton. *Boil.*, 1713.

Quel vers, bon dieu! *Brienne*, 89. — Ce *oui* est bien en l'air... et *au travers des*, une bien méchante césure. *Desmarets*, 75.

[5] Boileau emploie *pudeur* comme traduction de *pudor*, qui signifiait honte bien ou mal entendue. D'autres écrivains en ont fait autant. C'est une faute contre l'usage. *Saint-Marc*, V, 470 (*voy.* v. 37). — M. Daunou paraît approuver cette critique.

[6] *V. E. sic*, 1674-1713, et non *près de*. *Voy.* ép. XII, note du vers 10.

Lui peint de Charenton l'hérétique douleur ; 1
Et, balançant Dieu même 2 en son âme flottante,
Fait mourir dans son cœur la vérité naissante.

Des superbes mortels le plus affreux lien, 15
N'en doutons point, Arnauld, c'est la honte du 3 bien.

¹ Charenton... Lieu près de Paris où ceux de la R. P. R. (religion prétendue réformée) avaient un temple. *Boil.*, 1713.

Hérétique douleur pour *douleur des hérétiques* : expression ridicule. *Saint-Marc*, V, p. 470. — Galimatias. *Desmarets*, 75. — Ce langage n'est ni chrétien ni français. *Pradon*, 58 (mais voyez la note suivante).

² Expression impropre... Galimatias... On ne *balance* point Dieu, mais les raisons qui prouvent un Dieu. *Desmarets* et *Pradon*, *ib.*

M. Fabre (note 15) est bien éloigné de partager l'opinion de Saint-Marc, de Desmarets et de Pradon au sujet des vers précédens. « On ne fait pas, dit-il, assez attention aux nobles hardiesses dont fourmille Boileau. Elles étaient si justes, si heureuses, qu'après avoir enrichi la langue, la plupart ont passé pour lui être naturelles; et cependant, s'il m'est permis de m'exprimer ainsi, jamais hardiesses ne furent plus hardies. Il faut aujourd'hui, pour en sentir tout le prix, analyser la formation de notre langue poétique, ou, ce qui n'est pas moins difficile, lire les anathèmes lancés autrefois contre ses hérésies grammaticales. Pour preuve de ce que j'avance, je citerai quelques-uns de ces heureux péchés : ainsi isolés, on pourra les considérer plus attentivement. » — M. Fabre cite ensuite au nombre de ces nobles et heureuses hardiesses : 1° ces expressions l'*hérétique douleur* (*idem*, M. Amar, Monit. 28 mars 1808, et M. Daunou) et *balançant Dieu* réprouvées par Saint-Marc et compagnie...; 2° des vers des satires V (v. 52), VIII (v. 220) et X (v. 200, 396 et 473); et de l'épît. IV, v. 121 et 145... Nous les rappelons dans les notes de ces mêmes vers, en renvoyant à celle-ci pour les détails.

Hérétique douleur... épithète plaisante, ellipse audacieuse. *Le Brun.*—Ici, dit La Harpe, l'épithète, la figure et l'inversion forment un vers élégant et nombreux. *Lyc.* VIII, 129.

Imitation de B... Voltaire (*Zaïre*, acte V, sc. 10) :

Tu *balançais son dieu* dans son cœur alarmé.

³ Inexactitude. On ne peut pas dire la honte du mal, la *honte du bien* pour dire la crainte de commettre le mal, de pratiquer le bien, le respect humain. *Féraud.* — En prose, non sans doute; mais en vers, non-seulement ces ellipses sont permises, mais sont une des grandes beautés de la poésie.

Des plus nobles vertus cette adroite ennemie
Peint l'honneur à nos yeux des traits de l'infamie,
Asservit nos esprits sous un joug rigoureux,
Et nous rend l'un de l'autre¹ esclaves malheureux.   20
Par elle la vertu devient lâche et timide.²
Vois-tu ce libertin en public intrépide,
Qui prêche contre un Dieu que dans son âme il croit?
Il irait embrasser la vérité qu'il voit;
Mais de ses faux amis il craint la raillerie,   25
Et ne brave ainsi Dieu que par poltronnerie.³

   C'est là de tous nos maux le fatal fondement.
Des jugemens d'autrui nous tremblons follement;
Et, chacun l'un de l'autre adorant les caprices,
Nous cherchons hors de nous⁴ nos vertus et nos vices.   30
Misérables jouets de notre vanité,
Faisons au moins l'aveu de notre infirmité.⁵
A quoi bon, quand la fièvre en nos artères brûle,⁶

---

¹ *F. N. R.* Brossette (in-4° et in-12) a mis *l'un* ET *l'autre*, et cette lourde bévue a été reproduite dans une foule d'éditions, telles que 1717, Vest.; 1721, Vest. et Bru.; 1735 et 1745, Souch.; 1749, A; 1750, 1752, 1757, 1766, 1767, 1768 et 1775, P; 1777, Cas.; 1778, P; 1780, Lon.; 1782, P; 1784, Evr.; 1787, 1789, 1793, 1798 et 1803, P; 1805, Ly.; 1810, Caill.; 1814, Ny.; 1815, Ly.; 1816, Avi..

² Après *lâche*, *timide* est un peu faible, et le contraste de ces deux mots n'est pas assez saillant. *Le Brun.* (M. Fontanier reproduit à-peu-près cette remarque.)

³ *Braver Dieu par poltronnerie*, est une pensée heureuse soutenue par une belle alliance de mots. *Le Brun.*

Voltaire (*Henriade*, III, 140) a aussi dit:

   Et par timidité me déclarait la guerre.

⁴ Perse (sat. 1, v. 7) dit: *Nec te quæsiveris extrà.*

⁵ Naïveté touchante. M. *Viennet*, p. 179.

⁶ Cette description de la fièvre est belle, mais il la répète tout entière

Faire de notre mal un secret ridicule ? [1]
Le feu sort de vos yeux pétillans et troublés, 35
Votre pouls inégal marche à pas redoublés : [2]
Quelle fausse pudeur à feindre vous oblige ? [3]
Qu'avez-vous?-Je n'ai rien.-Mais...-Je n'ai rien, vous dis-je, [4]
Répondra ce malade à se taire obstiné.
Mais cependant voilà tout son corps gangrené; [5] 40
Et la fièvre, demain se rendant la plus forte,
Un bénitier aux pieds va l'étendre à la porte. [6]
Prévenons sagement un si juste malheur. [7]
Le jour fatal est proche, et vient comme un voleur.
Avant qu'à nos erreurs le ciel nous abandonne, 45
Profitons de l'instant que de grâce il nous donne.

dans l'épître ix. *Pradon*, 59. — Faux... *Voy.* cette épître, vers 40 à 42.

[1] Horace, liv. I, ép. xvi, v. 21.

> Neu, si te populus sanum, rectequé valentem
> Dictitet, occultam febrem sub tempus edendi
> Dissimules, donec manibus tremor incidat unctis.

[2] Vers 35 et 36. *Voy.* la même pensée rendue d'une autre manière, mais avec une variété admirable d'expression, aux vers 41 et 42 de l'épître vi.

[3] Le terme *pudeur* est pris ici dans une acception très fine. Il peint très bien au figuré l'espèce de honte qui fait rougir. *Le Brun* (*voy.* notes des vers 5 et 54, p. 28 et 32).

[4] Perse (sat. iii, v. 94 et 95).

> Heus! bone, tu palles. — Nihil est. — Videas tamen istud,
> Quidquid id est.

[5] *V. O.* Texte de 1674, 1675 et 1713. — Il y a *Cangréné* à 1683, 1685, 1694 et 1701. — Selon Vaugelas il fallait écrire *gangrené* et prononcer *cangrené*. *Féraud*.

[6] Perse (Ib. vers 105)... In portam rigidos calces extendit.

C'est l'usage à Paris, comme ce l'était chez les Grecs et les Romains, d'exposer les morts à l'entrée des maisons. *M. Fontanier*.

[7] Peut-on dire un juste malheur ? *Chapat*, 77.

Hâtons-nous ; le temps fuit, et nous traîne [1] avec soi :
Le moment où je parle est déjà loin de moi. [2]
  Mais quoi ! toujours la honte en esclaves nous lie.
Oui, c'est toi qui nous perds, ridicule folie : 50
C'est toi qui fis tomber le premier malheureux,
Le jour que, d'un faux bien sottement amoureux,
Et n'osant soupçonner sa femme d'imposture,
Au démon, par pudeur, il vendit la nature. [3]
Hélas ! avant ce jour qui perdit ses neveux, 55
Tous les plaisirs couraient au-devant de ses vœux.
La faim aux animaux ne faisait point la guerre ; [4]

---

[1] Perse, sat. v. *Boil.*, 1713. — C'est le vers (153) que voici :

Vive memor lethi, fugit hora : hoc quod loquor inde est.

[2] Ces deux vers, et surtout le dernier, sont composés de syllabes brèves qui les font courir, si l'on peut s'exprimer ainsi. L'effet qu'ils produisirent sur l'esprit du grave et savant docteur Arnauld, lorsque Boileau lui lut cette épître (*voy. Brossette*), fut tel qu'il se leva rapidement de son siège, et fit le tour de la chambre en courant et en les répétant. *Dubois Fontanelle, mss. et* tome I, p. 326. — Une foule d'auteurs tels que Louis Racine (ci-apr. *note du v.* 58), Clément (*Nouv. obs.*, 394), La Harpe (*Lyc.*, éd. *in-*12, tome II, p. 360), etc., ont aussi fait l'éloge du dernier vers. — Sélis (*Dissert. sur Perse*, p. 58) prétend qu'il est moins rapide que le vers de Perse ; mais M. Amar observe avec raison que les repos trop fréquens, et la chute un peu lourde *indè est*, nuisent à l'effet de ce vers.

[3] Saint-Marc (vers 471) dit qu'il ne comprend pas ce que *pudeur* signifie ici... Le Brun observe également que ce mot contrarie le sens de l'auteur (*voy.* ci-dev., note des vers 5 et 38). — Prétendre qu'Adam n'a été malheureux que pour n'avoir pas osé soupçonner sa femme, voilà de la déclamation. *Marmontel, Elém. littér.*, mot *épître*.

[4] Faim aux animaux... Véritable hiatus que l'euphonie ordonne de fuir. *Le Brun.* — Je serais presque tenté de croire que ce hiatus a été fait dans le dessein de fixer davantage l'attention sur le mot (faim) qui exprime l'idée principale du vers.

Vers 57 à 70. Ce passage est imité en partie de plusieurs autres d'Horace, Epode, XVI, v. 43 et 44 (*Reddit ubi Cererem* etc.), d'Ovide, Méta-

ÉPITRE III.

Le blé, pour se donner, sans peine ouvrant [1] la terre,
N'attendait point qu'un bœuf pressé de l'aiguillon,
Traçât à pas tardifs un pénible sillon; [2]   60

morphoses, I, v. 100 à 102, et 119 à 121 (*Mollia securæ peragebant, etc.*), de Virgile, Eglogue IV, v. 28 à 33 (*Molli paulatim flavescet, etc.*), et Géorgiques, I, v. 150 à 152 (*Mox et frumentis labor, etc.*) : et surtout des vers suivans (127 à 131) du même livre :

> (*Ante Jovem*). . . . . . ipsaque tellus
> Omnia liberiùs, nullo poscente, ferebat.
> Ille malum virus serpentibus addidit atris,
> Prædarique lupos jussit, pontumque moveri,
> Mellaque decussit foliis, ignemque removit,
> Et passim rivis currentia vina repressit.

[1] Boileau, voyant qu'on ne pouvait exprimer avec la même grâce en français ce passage de Virgile (*voy.* note du vers 57), *Ipsaque tellus omnia liberiùs, nullo poscente, ferebat*, et surtout ce *nullo poscente* qui est admirable, et qu'il est presque impossible de prendre au latin, a donné une autre attitude à la même image, en disant :

> Le blé, pour se donner, sans peine ouvrant la terre,

Dans Virgile, c'est *la terre qui donne ;* dans Boileau c'est *le blé* lui-même *qui ouvre la terre*, sans peine, pour se donner. Je ne sais laquelle de ces images mérite la préférence, mais je trouve dans celle de Boileau une hardiesse qui est de la plus belle poésie. *Pour se donner* vaut le *nullo poscente.* Ce qui mérite aussi d'être remarqué dans ce vers, c'est son harmonie. Par l'heureux arrangement des mots, il semble voir le *blé* poindre et sortir doucement de la terre. *Clément, Nouv. obs.*, 165 (*voy.* la note du vers 70).

[2] Vers 59 et 60. Cette image est toute à Boileau, surtout ce vers (60) si fameux par son harmonie imitative, dont Virgile n'a point donné l'exemple : *Traçât à pas tardifs...* Dans toute autre occasion, ce premier hémistiche, composé de syllabes lourdes et gênées, serait insupportable ; dans cet endroit il fait la plus belle image. *Clément, ib.*, 166. — La monotonie de ces *a* multipliés imite l'uniformité pesante de la marche du bœuf. *De Belloy*, VI, 95. — L'harmonie imitative est portée dans ces deux vers à son dernier période. *Le Brun* (*voy.* la note du vers 70). *Id., M. Daunou.*

Vers 59. Virgile (*Georg.*, I, 45) et Delille ont dit :

> Depresso incipiat jam tum mihi taurus aratro
> Ingemere. . . . .
> Que j'entende le bœuf gémir sous l'aiguillon.

La vigne offrait partout des grappes toujours pleines,
Et des ruisseaux de lait serpentaient dans les plaines. ¹
Mais dès ce jour Adam, déchu de son état,
D'un tribut de douleurs paya son attentat.
Il fallut qu'au travail son corps rendu docile   65
Forçât la terre avare à devenir fertile.
Le chardon ² importun hérissa les guérets,
Le serpent venimeux rampa dans les forêts,
La canicule en feu désola les campagnes,
L'aquilon en fureur gronda sur les montagnes. ³   70

¹ Vers 62. Voltaire (discours VI, v. 150) a dit aussi :

De longs ruisseaux de lait serpentaient dans nos bois.

Vers 61 et 62. Quelle variété d'harmonie dans ces deux vers...! Le premier est plein et nourri, il peint l'abondance ; le second fait l'image du *rivis currentia vina*. Le mot *serpentaient* ajoute même à l'expression, il offre une peinture plus riante aux yeux et à l'esprit. *Clément, ib.,* 167.

² La rencontre d'une nasale avec une voyelle est un hiatus permis en poésie ; mais c'est peut-être le plus dur à l'oreille, et celui de tous qu'on doit éviter avec le plus de soin... Toutefois moins la nasale est sonore (comme *on*, *un*), moins l'aspiration de la voyelle suivante est dure. *Marmontel, Encycl.,* mot *harmonie*. — Il cite pour exemple les vers ci-dessus, dont M. Daunou trouve au contraire l'hiatus fort désagréable. Tel n'est pas l'avis de Clément. « L'*n*', dit-il, du mot *chardon* devant la voyelle *i* d'*importun*, fait pour ainsi dire, une prononciation *importune* qui est beauté dans cet endroit. Mettez *les chardons importuns hérissent*, et le vers devient commun ». *Ib.*, 167 (M. Fontanier est du même avis).

³ Vers 55 à 70. Si l'on compare ces vers avec ceux de Virgile ci-devant rapportés (note du vers 57), « On voit, observe Clément (*Nouv. obs.*, 165), que Boileau s'est pénétré de l'idée générale du poète latin, et qu'il l'a traitée à sa manière, en y ajoutant plusieurs beautés, qui non-seulement compensent celles qu'il n'a pu rendre, mais qui font mettre l'imitateur au-dessus de l'original, pour la variété, la richesse des images, et pour l'harmonie de la versification ». (A la suite de ceci, Clément fait diverses observations de détail, dont nous avons rapporté la plupart aux notes des vers 58, 60, 62 et 67.)

« Il me paraît, dit M. Fabre (note 10), que l'ordonnance de ce tableau est plus parfaite dans Boileau que chez le poète latin ; qu'en donnant une

Alors, pour se couvrir durant l'âpre saison,
Il fallut aux brebis dérober leur toison.
La peste en même temps, la guerre et la famine, [1]
Des malheureux humains jurèrent la ruine :
Mais aucun de ces maux n'égala les rigueurs   75
Que la mauvaise honte exerça dans les cœurs.
De ce nid à l'instant sortirent tous les vices. [2]

étendue plus égale à la peinture de l'état de bonheur où il nous représente d'abord le monde, et à celle de l'état de peine qui vient ensuite, il fixe avec plus de précision dans l'esprit du lecteur l'idée de ces deux états, et en fait plus vivement ressortir le contraste. En effet, Virgile ne termine la description du premier qu'en parlant du second : ainsi, en nous faisant connaître le mal qui s'est répandu dans la nature, il nous montre encore le bien qui en a été exilé : *mella decussit foliis*, etc. Boileau, au contraire, ayant décrit une fois ce que nous avions et que nous n'avons plus, n'a pas besoin de nous dire ce qu'on nous a ôté. Il peut, par cela même, s'étendre avec plus de liberté sur les maux qui en ont suivi la perte, et c'est ce qu'il fait dans ces vers où il peint toute la nature dégradée : *Le chardon importun*, etc. (vers 67 à 70)."

« Nous admirons surtout dans les vers de Virgile rapportés ci-dessus l'heureux choix des expressions, l'élégance, l'harmonie des vers ; mais en est-il, en peut-il être, où les expressions soient plus vraies, plus pittoresques, où l'on trouve plus d'élégance et de force que dans les quatre vers qu'on vient de citer (*le chardon importun*, etc., vers 67 à 70)? En est-il où l'expression et l'harmonie concourent avec plus de fidélité à donner aux images l'âme et la vie...? Oui. Lisez les vers 58 à 60 (*le blé*, etc.).

« Qu'est-ce qui a fait naître les deux derniers vers, où notre esprit est forcé par l'harmonie de suivre pas à pas le bœuf pesant? Ce qui les a fait naître? Deux mots de Virgile, *nullo poscente*. Heureux qui peut *hériter* des pensées d'un si grand maître et les parer si richement! »

Louis Racine observe aussi, au sujet de ces deux vers, « qu'on est contraint de les prononcer avec peine et lenteur, au lieu qu'on est emporté malgré soi dans une prononciation douce et rapide par celui-ci (*voy*. note du vers 48): Le moment où je parle est déjà loin de moi (*voy*. aussi note du vers 60). *Réflexions sur la poésie*, Œuvres, II, 255.

[1] (Hor., lib. I, od. 3, v. 30)... Macies et nova febrium
    Terris incubuit cohors...

[2] *Nid à* forment un *hiatus* parce que le *d* de *nid* ne se prononce point.

L'avare, des premiers en proie à ses caprices,
Dans un infâme gain mettant l'honnêteté,
Pour toute honte alors compta la pauvreté : [1]   80
L'honneur et la vertu n'osèrent plus paroître;
La piété chercha les déserts et le cloître. [2]
Depuis on n'a point vu de cœur si détaché
Qui par quelque lien ne tînt à ce péché.
Triste et funeste effet du premier de nos crimes!   85
Moi-même, Arnauld, ici[3], qui te prêche en ces rimes,
Plus qu'aucun des mortels par la honte abattu,
En vain j'arme contre elle une faible vertu.
Ainsi toujours douteux, chancelant et volage, [4]
A peine du limon où le vice m'engage   90

M. *Girault Duvivier*, *Grammaire des gramm.*, p. 34. — Cela peut être vrai dans la conversation, mais non pas dans le discours soutenu.

Sortir veut souvent dire *naître*, comme dans ce vers. *Clément, Lett.* 6, p. 124.

[1] Allusion à l'archevêque de Reims, Le Tellier, qui ne faisait cas d'un homme qu'à proportion de son bien. *Bolœana*, 90; *Brossette, aux lett. famil.*, III, 185; *Saint-Marc*. — Un écrivain moderne dit que Le Tellier était d'ailleurs recommandable par *toutes les vertus* de son état. Cela ne s'accorde guère avec ce que nous en rapportent des contemporains tels que madame de Sévigné, Brossette, etc.; surtout avec le propos qu'il tint à l'arrivée de Jacques II (allons voir ce bonhomme qui a quitté trois royaumes pour une messe), et avec ce passage de la notice qu'en donne Saint-Simon (VIII, 128): « Son amitié pour sa nièce n'était pas sans scandale... Il lui laissa deux millions, ce qui ne leva pas le scandale. »

[2] *Paroître, cloître*, mauvaises rimes. *Saint-Marc*, V, 474; *Chapat*, 77. — Mais au temps de Boileau on rimait pour les yeux (*voy.* tome I, Essai, n° 118 *b*.

[3] *Ici* est dur et forme d'ailleurs pléonasme avec *en ces rimes*. *Chapat, ib.*

[4] *Douteux*, appliqué aux personnes, signifie celui *dont on doute*, et non pas celui *qui doute*. — *Incertain* se dit des personnes et des choses; *douteux*, en ce sens, ne se dit que des choses. Si *Boileau* avait parlé en prose, il aurait dit probablement : « Ainsi, toujours *incertain*, chancelant et volage. » *Féraud.*

J'arrache un pied timide, et sors en m'agitant,
Que l'autre m'y reporte et s'embourbe à l'instant. [1]
Car si, comme aujourd'hui, quelque rayon de zèle
Allume dans mon cœur une clarté nouvelle, [2]
Soudain, aux yeux d'autrui s'il faut la confirmer,   95
D'un geste, d'un regard, je me sens alarmer;
Et, même sur ces vers que je te viens d'écrire,
Je tremble en ce moment de ce que l'on va dire.

---

[1] Vers 90 à 92. Horace, liv. II, sat. VII, v. 27 :

Nequicquam cœno cupiens evellere plantam.

Boileau fit d'abord les vers 90 et 92 et le premier hémistiche du vers 91 (j'arrache un pied timide). Racine, qu'il consulta, jugea qu'il était très difficile d'achever le vers. Boileau y réussit le lendemain de la manière la plus heureuse... *Et sors en m'agitant* fait une image qui n'est pas dans le vers d'Horace. *Bross.* — Le Brun reproduit à-peu-près la remarque de Brossette et ajoute que cet hémistiche rend le vers supérieur à celui d'Horace. — Clément (*Obs. crit.*, 318) fait aussi l'éloge de ces trois vers.

[2] Il fallait dire *Dans mon âme :* la clarté convient à l'esprit et non pas au cœur. *Saint-Marc*, V, 474.

AU LECTEUR.[1]

Je ne sais si les rangs de ceux qui passèrent le Rhin à la nage devant Tholus sont fort exactement gardés dans le poëme que je donne au public ; et je n'en voudrais pas être garant, parce que franchement je n'y étais pas, et que je n'en suis encore que fort médiocrement instruit. Je viens même d'apprendre en ce moment que monsieur de Soubise[2], dont je ne parle point, est un de ceux qui s'y est[3] le plus signalé. Je m'imagine qu'il en est ainsi de beaucoup d'autres, et j'espère de leur faire justice[4] dans une autre édition. Tout ce que je sais, c'est que ceux dont je fais mention ont passé des premiers. Je ne me déclare donc caution que de l'histoire du fleuve en colère, que j'ai apprise d'une de ses naïades, qui s'est réfugiée dans la Seine. J'aurais bien pu aussi parler de la fameuse rencontre qui suivit le passage ; mais je la réserve pour un poëme à part. C'est là que j'espère rendre aux mânes de monsieur de Longueville[5] l'honneur que tous les écrivains lui doivent, et que je peindrai cette victoire qui fut arrosée du plus illustre sang de l'univers ; mais[6] il faut un peu reprendre haleine pour cela.[7]

---

[1] *V. E.* Texte de la première édition séparée (1672) ; et non pas *avertissement sur l'épître* IV, comme on lit dans les éditions citées ci-devant, p. 3, avis, note 1.

F. N. R. On y fait aussi, pour les notes de l'avis, l'omission indiquée au même endroit.

[2] Allié de Boileau (*voy.* tome III, § des Erreurs de Bross., n° 12).

[3] *Qui s'y sont*, au pluriel, serait plus correct. *Bross.* — Oui, mais le singulier est autorisé par l'usage. *Saint-Marc ; M. Daunou.*

[4] *Faire justice* ne se prend qu'en mauvaise part. *Saint-Marc.* — Oui, *faire justice de*, mais non pas *leur faire justice. M. Daun.*

[5] L'avant-dernier rejeton de l'immortel Dunois.

[6] V. E. *Mais* manque à quelques éditions modernes.

[7] Il n'a point exécuté ce projet.

ÉPITRE IV.[1]

AU ROI.

—

En vain, pour te louer, ma muse toujours prête,
Vingt fois de la Hollande a tenté la conquête.
Ce pays, où cent murs n'ont pu te résister,
Grand roi, n'est pas en vers si facile à dompter.
Des villes que tu prends les noms durs et barbares   5
N'offrent de toutes parts que syllabes bizarres,
Et, l'oreille effrayée, il faut depuis l'Issel,[2]
Pour trouver un beau mot courir jusqu'au Tessel.[3]

---

[1] *V. O.* 1672, 2ᵉ édition séparée... IIᵉ *Épître au roi.*
Elle fut composée le mois (juillet 1672) qui suivit le passage du Rhin, et publiée deux mois après (août). *Bross.* — Boileau y a traité fort sèchement cette matière si riche et si abondante. *Pradon*, 59 (*voy.* aussi Desmarets, 65). — Il y a de beaux vers dans cette épître, mais considérée du côté de l'esprit et de l'invention, ce n'est point un bel ouvrage. *Saint-Marc, note sur l'Art poét.*, III, vers 225.
On a déjà vu (*observations sur les épîtres considérées en général*, n° IV, p. 4) que La Harpe est bien éloigné de partager cette opinion. — Le Brun observe aussi que cette épître s'élève à la hauteur de l'épopée (ci-ap., note du vers 172). — Le jugement de Dubois Fontanelle ne lui est pas moins favorable (ci-apr., note du vers 60).

[2] *Et l'oreille effrayée* prépare très bien le vers. *Le Brun.* — L'ellipse de ce vers est très heureuse. *Lévizac.*

[3] V. E. Vers 7 et 8. Les leçons suivantes sont, savoir : 1°, aux édit. 1674 à 1682... 2°, 1683 (Saint-Marc met par erreur 1688)... 3°, 1685 et 1694 (Brossette, Dumonteil et Saint-Marc se trompent en la reculant à 1694).

    1° Pour trouver un beau mot, des rives de l'Issel
       Il faut, toujours bronchant, courir jusqu'au Tessel.

    2° Pour trouver un beau mot, il faut depuis l'Issel,
       Sans pouvoir s'arrêter, courir jusqu'au Tessel.

Oui, partout de son nom chaque place munie
Tient bon contre le vers, en détruit l'harmonie. 10
Et qui peut sans frémir aborder Voërden?[1]
Quel vers ne tomberait au seul nom de Heusden?[2]
Quelle muse à rimer en tous lieux disposée
Oserait approcher des bords du [3] Zuiderzée?
Comment en vers heureux assiéger Doësbourg, 15
Zutphen, Wageninghen, Harderwic[4], Knotzembourg?
Il n'est fort, entre ceux que tu prends par centaines,
Qui ne puisse arrêter un rimeur six semaines :
Et partout sur le Whal, ainsi que sur le Lech,[5]

> 3° On a beau s'exciter : il faut depuis l'Issel,
> Pour trouver un beau mot, courir jusqu'au Tessel.

Issel, rivière et Tessel (Texel), île de la Hollande.

[1] Voltaire, épit. à la duchesse du Maine, v. 15 :

> Boileau pâlit au seul nom de Voërden ;
> Que dirait-il si, non loin d'Helderen,
> Il eût fallu suivre entre les deux Nèthes
> Bathiani si savant en retraites ;
> Avec d'Estrée à Rosmal s'avancer !
> La gloire parle, et Louis me réveille ;
> Le nom du roi charme toujours l'oreille ;
> Mais que Lawfelt est rude à prononcer !

[2] V. 1674 à 1682. *Narden* au lieu de *Heusden.*

[3] *V. O.* 1694 à 1698. DE *Zuiderzée.* On retrouve cette leçon aux éditions étrangères jusques 1701 A, d'où elle est passée dans 1713 A et ses copies, jusques à 1793, Pal. (une quinzaine d'éditions).

[4] On ne saurait trop admirer l'art avec lequel Despréaux a employé cette suite de mots durs et barbares. *Lévizac.* — Plus ces noms sont durs, plus ils servent l'intention du poète. *Le Brun.*

V. O. 1672 à 1685. Wagheningen... Harderviick...

F. N. R. On lit *Hardewic* à 1716, in-4° et in-12, Bross.; 1717 A, Mort. et Vest.; 1721 A, Vest. et Bru.; 1735 et 1745, Souch.; 1749, 1751, 1762 et 1766 A; 1750, P; 1769, 1772 et 1789, Lon.; 1793, Pal.; 1800, Dét.

[5] Deux branches du Rhin à son embouchure.

ÉPITRE IV.

Le vers est en déroute, et le poète à sec.¹
  Encor si tes exploits, moins grands et moins rapides,
Laissaient prendre courage à nos muses timides,
Peut-être avec le temps, à force d'y rêver,
Par quelque coup de l'art nous pourrions nous sauver.
Mais, dès qu'on veut tenter cette vaste carrière,   25
Pégase s'effarouche et recule en arrière;²
Mon Apollon s'étonne; et Nimègue est à toi,
Que ma muse est encore au camp devant Orsoi.³
  Aujourd'hui toutefois mon zèle m'encourage :
Il faut au moins du Rhin tenter l'heureux passage.   30
Un trop juste devoir veut que nous l'essayons.⁴
Muses, pour le tracer, cherchez tous vos crayons :
Car, puisqu'en cet exploit tout paraît incroyable,
Que la vérité pure y ressemble à la fable,

---

¹ Vers 19 et 20. La difficulté vaincue rend ces deux vers doublement plaisans; j'ai osé dire de la difficulté vaincue qu'elle était une dixième muse. *Le Brun.*

  Vers 5 à 20. Selon Desmarets, p. 66, et Sainte-Garde, p. 6, tout ce début est mauvais à cause de sa discordance avec le ton élevé que le poète va prendre. M. Amar se borne à reprocher à Boileau de trop insister sur la difficulté d'enchâsser des noms barbares dans ses vers, et d'y attacher trop de prix. — On vient de voir que Le Brun est d'un avis différent, et tel est aussi celui de M. F. (*Mercure*, 7 oct. 1809, p. 543.) — Enfin, Voltaire (*Disc. prélim. du poème de Fontenoi*) pense que Boileau a pu, dans une épitre, mêler le plaisant à l'héroïque et que ce mélange a même de la grâce (*voy.* note du vers 152).

² Pégase volait, et rien de ce qui vole ne recule en volant... L'auteur a fait la même faute lorsqu'il dit ailleurs (*Art poét.*, ch. 1, v. 5) que Pégase est rétif. *Desmarets*, 66.

³ Orsoi pris le 3 juin, et Nimègue le 6 juillet 1672. *Bross.*

⁴ V. 1ʳᵉ 1672 à 1685. — 2ᵉ 1694 à 1697.

  1ʳᵉ. Le malheur sera grand, si nous nous y noyons.

  2ᵉ. Il fait beau s'y noyer si nous nous y noyons.

De tous vos ornemens vous pouvez l'égayer.
Venez donc, et surtout gardez bien d'ennuyer :
Vous savez des grands vers les disgrâces tragiques;
Et souvent on ennuie en termes magnifiques. [1]
 Au pied du mont Adule, entre mille roseaux, [2]
Le Rhin tranquille, et fier du progrès de ses eaux, 40
Appuyé d'une main sur son urne penchante,
Dormait au bruit flatteur de son onde naissante, [3]
Lorsqu'un cri tout-à-coup suivi de mille cris, [4]

---

[1] Remarque très plaisante, et malheureusement trop vraie. *Le Brun.*
[2] Montagne où le Rhin prend sa source. *Boil.*, 1672 à 1713.
Virgile, Énéide, VIII, 31 à 34.

> Huic deus ipse loci, fluvio Tiberinus amœno,
> Populeas inter senior se attollere frondes
> Visus. Eum tenuis glauco velabat amictu
> Carbasus, et crines umbrosa tegebat arundo.

 MM. Michaud (note sur la traduction de Delille) et Amar trouvent l'expression *entre mille roseaux* un peu vague et lui préfèrent *crines umbrosa tegebat arundo*. Mais, dit M. de S. S., la première expression n'est pas plus vague que les mots *populeas inter frondes*, auxquels il faut plutôt la comparer.

[3] Vers 39 à 42. C'est par le *nombre* qui y règne, qu'un vers est doux, coulant, sonore. Ces quatre vers sont par exemple très coulans. *Encyclopédie*, mot *Nombre* (*voy.* aussi note du vers 43).
 Quand Boileau nous dit *Au pied*, etc. (mêmes vers), l'oreille attentive jouit de l'harmonie des sons qu'elle entend; l'imagination est arrêtée devant le tableau qu'on lui montre, tandis que la réflexion admire la savante méthode qui en a disposé les parties avec tant de goût. M. Laromiguière, *Leçons de philos.*, 1826, I, 44.
 Ces vers parfaits (vers 39 et suiv.), ces vers admirables par la richesse d'expression, par le choix des épithètes, et par la cadence, ces vers dignes de Virgile, valent mieux pour un connaisseur que trois ou quatre cents vers d'une facilité quelquefois brillante, et le plus souvent fautive, et de plus tout le reste de l'épisode répond à ce début. *La Harpe*, *Lyc.*, VIII, 205.

[4] Cette savante répétition des *i* produit ici un son monotone et terrible pour l'oreille. *Le Brun.*

EPITRE IV.

Vient¹ d'un calme si doux retirer ses esprits.
Il se trouble, il regarde, et partout sur ses rives ²   45
Il voit fuir à grands pas ses naïades craintives, ³
Qui, toutes accourant vers leur humide roi, ⁴
Par un récit affreux redoublent son effroi. ⁵
Il apprend qu'un héros, conduit par la victoire, ⁶

Vers 39 à 43. Quelle rapidité succède dans ce vers (*Lorsqu'un cri*, etc.) à la molle nonchalance des vers précédens. *De Belloy*, VI, 61 (*voy.* aussi la note du vers 46).

¹ *V. O.* ou *E.* (en part.). 1672 sép., 1674, in-4° et pet. in-12; 1675, pet. in-12 (*id*, 1674 Dur. et 1675 A.) *Vint...* à 1674, gr. in-12, il y a déjà *vient*.

² *Il se trouble, il regarde*, beau mouvement. *Le Brun*.

³ Vers 39 à 46. « Quelle douceur dans cette période! Le second vers (le 40ᵉ) coupé avant le premier hémistiche par ces mots : *le Rhin tranquille*, imite heureusement le repos de ce dieu. Le reste du vers, où il y a quatre syllabes longues, est coulant et soutenu. Le troisième (le 41ᵉ) est plein de mollesse, et tombe négligemment par trois longues. Le dernier (le 42ᵉ) est enchanteur par l'expression. Il est presque tout composé de longues. Outre cela, le premier hémistiche a trois pieds égaux qui rendent très bien cette douce monotonie du bruit de l'eau qui endort. Le second hémistiche coule et entraîne doucement la voix pour marquer le cours paisible de ce fleuve. Voyez comme cette mélodie tranquille est interrompue brusquement, pour représenter le sursaut d'une personne éveillée par un grand bruit : *Lorsqu'un cri*, etc. v. 43 à 46.

N'est-on pas obligé de précipiter son haleine et sa voix pour prononcer ces vers où il n'y a presque rien que des syllabes brèves? Peut-on ne pas sentir le contraste du mouvement lent et calme des premiers »? *Clément, N. obs.*, 362.

Voltaire, *Henriade*, II, 181 à 184 :

> Soudain de mille cris le bruit épouvantable
> Vient arracher ses sens à ce calme agréable :
> Il se lève, il regarde, il voit de tous côtés
> Courir des assassins à pas précipités.

⁴ Humide roi : épithète ridicule en français. *Saint-Marc*, V, 476. — Le Brun n'est point de cet avis. *Vers leur humide roi...* On ne l'avait point encore dit, s'écrie-t-il : cet hémistiche est glissé bien heureusement.

⁵ *Affreux* et *effroi* répandent bien de la terreur! Il répète en bien des endroits le mot affreux. *Pradon*, 60.

⁶ Il serait bien plus glorieux pour le roi d'entraîner la victoire que de se

A de ses bords fameux flétri l'antique gloire ; [1]   50
Que Rhinberg et Wesel, terrassés en deux jours,
D'un joug déjà prochain menacent tout son cours.
Nous l'avons vu, dit l'une, affronter la tempête
De cent foudres d'airain tournés contre sa tête.
Il marche vers Tholus [2], et tes flots en courroux   55
Au prix de sa fureur sont tranquilles et doux.
Il a de Jupiter la taille et le visage ; [3]
Et, depuis ce Romain, dont l'insolent passage [4]
Sur un pont en deux jours trompa tous tes efforts,
Jamais rien de si grand n'a paru sur tes bords. [5]   60

laisser conduire par elle. Ce sont des délicatesses que Boileau n'a point vues. *Pradon*, 60.

[1] Molière n'approuva pas ce vers, parce qu'il signifie que la présence du roi a déshonoré le fleuve du Rhin. L'auteur lui représenta que ce sont les naïades de ce fleuve qui parlent du héros de la France comme d'un ennemi qui veut soumettre à son joug leur empire ; qu'ainsi il est naturel qu'elles disent que Louis a flétri l'ancienne gloire du Rhin. Mais Molière ne se rendit pas. *Bross.*
— M. Amar paraît approuver la critique de Molière, qu'au contraire M. Daunou trouve étrange, et qui, au reste, pourrait bien avoir été imaginée par Brossette.

Flétri est peut-être trop fort : un héros peut faire oublier la gloire par une gloire plus grande, mais il ne la flétrit pas. *Le Brun.*

[2] Lieu sur la rive du Rhin (près du fort de Skinck), où était un bureau (*Tol-huis*) de péage. *Bross.*

[3] Jupiter n'a jamais été représenté ni beau ni de belle taille par les poëtes païens. Boileau n'est pas pardonnable de comparer un héros chrétien à Jupiter que nul ne vit jamais. *Desmarets*, 68.

C'est une imitation de deux vers d'Homère (*Iliade*, II, 478) traduits ainsi par L. Racine (*Réflex. sur la poés.*) :

  Il a de Jupiter le front et les regards,
  La force de Neptune et la taille de Mars.

[4] (*Ce romain*) Jules César. *Boil.*, 1672 à 1713.

Temps employé pour ce passage (vers 59) ; critique et réponse... *Voy.* tome IV, lett. du 8 avril 1703, à Brossette.

[5] Vers 39 à 60. Les Avant-Scènes peuvent avoir plus ou moins d'étendue,

Le Rhin tremble et frémit à ces tristes nouvelles;
Le feu sort à travers ses humides prunelles. [1]
C'est donc trop peu, dit-il, que l'Escaut en deux mois
Ait appris à couler sous de nouvelles lois;
Et de mille remparts mon onde environnée   65
De ces fleuves sans nom suivra la destinée?
Ah! périssent mes eaux! ou par d'illustres coups,
Montrons qui doit céder des mortels ou de nous. [2]
　A ces mots essuyant sa barbe limoneuse, [3]

suivant la nature du sujet et l'espèce de poème dans lequel elles sont employées. Boileau nous présente un exemple de précision et un modèle de grande poésie dans son épître sur le passage du Rhin par l'armée de Louis XIV. Il veut chanter cet évènement : il remonte à la source même du fleuve pour venir au lieu où le passage s'est effectué; et embouchant la trompette héroïque, il en tire ces sons doux et harmonieux qui seront bientôt remplacés par ceux qui accompagnent la guerre, le carnage et la mort. *Dubois-Fontanelle*, II, 102.

Les vers de Boileau dans ce couplet ont toute l'énergie des belles tirades de Corneille, et leurs épithètes ont quelque chose qui rappelle les riches descriptions d'Homère. M. P., *Mercure*, plur. XII, p. 355. — *Voy.* aussi M. *Viennet*, p. 269.

[1] *Humides prunelles* se dit des yeux prêts à verser des larmes; il ne peut s'appliquer au Rhin, uniquement parce que ce dieu règne sur un fleuve *Saint-Marc*, V, 476.

Imit. de B... M. Parseval-Grandmaison (*Amours épiques*) :

　Le feu sort à travers son humide prunelle.

[2] V. 39 et suiv. Cette image, que l'auteur forme du dieu du fleuve, n'a point d'art et est inutile. *Sainte-Garde*, 7.

[3] *Limoneuse*... Est-ce que le dieu du Rhin est le dieu d'un marais bourbeux? *Desmarets*, 68.

L'image grotesque du fleuve *essuyant sa barbe*, choque la décence. *Marmontel*, *Élém. littér.*, III, 250 (copié par Mermet, 42). — Boileau ne dit point *essuyant sa barbe*, mais essuyant sa *barbe limoneuse*; et il y a trop peu d'équité à omettre en citant ce trait, l'épithète qui l'ennoblit et le rend digne du style poétique. M. *Daunou*, 1809 (copié par MM. de S.-S. et Planc.) et

Il prend d'un vieux guerrier la figure poudreuse.   70
Son front cicatricé ¹ rend son air furieux;
Et l'ardeur du combat étincelle en ses yeux.
En ce moment il part; et, couvert d'une nue,
Du fameux fort de Skink prend la route connue. ²
Là, contemplant son cours, il voit de toutes parts   75
Ses pâles défenseurs par la frayeur épars :
Il voit cent bataillons qui, loin de se défendre,
Attendent sur des murs l'ennemi pour se rendre.
Confus, il les aborde; et renforçant sa voix :
Grands arbitres, dit-il, des querelles des rois, ³   80
Est-ce ainsi que votre âme, aux périls aguerrie,
Soutient sur ces remparts l'honneur et la patrie? ⁴

1825. — Barbe *limoneuse*... Expression supérieure au *Rheni luteum caput* d'Horace (l. I, sat. x, v. 37) dont elle est imitée. *Le Brun.*

¹ Texte de 1672 à 1701... Il y a *cicatrisé* à 1713.

Cicatricé est un mot qui fait horreur. *Desmarets*, 68. — *Cicatricé* signifie plein de cicatrices, recousu en divers endroits; au lieu que *cicatrisé* ne se dit que d'une plaie qui est presque guérie et fermée. *Brossette*, note 19 sur la satire II de Regnier, édit. de 1733. — MM. Daunou, Thiessé et quelques lexicographes, tels que Féraud et Boiste, approuvent cette distinction de Brossette, quoiqu'elle soit réprouvée formellement par Richelet (*voy. Féraud*) et tacitement par l'Académie, puisqu'elle n'admet que le mot *cicatrisé* et dans les deux sens (*Voy.* aussi Gattel et M. Amar, édit. de 1824).

² Dès qu'il n'y a pas de route *secrette*, route *connue* est une cheville. *Chapat*, 78.

³ *V. E.* (en partie) 1672, 1ʳᵉ édit. sép... *Du destin de deux rois* (la 2ᵉ édit. sép. porte déjà *des querelles des rois*).

Allusion à une médaille frappée en Hollande à la paix de 1668, et où on lisait CONCILIATIS REGIBUS. *Bross.*

⁴ Il y avait sur les drapeaux des Hollandais : *pro honore et patriá. Boil.*, 1672 à 1713 (un éditeur omet *des*).

C'est peu, dit M. Lemercier, d'avoir prêté des traits, une voix, un maintien au fleuve, il l'agite de sentimens, et par cette allégorie annonce une lutte entre un dieu et le héros. Voilà le Rhin qui agit, et qui, de plus, se

Votre ennemi superbe, en cet instant fameux,
Du Rhin, près de Tholus, fend les flots écumeux :
Du moins, en vous montrant sur la rive opposée,   85
N'oseriez-vous saisir une victoire aisée?
Allez, vils combattans, inutiles soldats;
Laissez là ces mousquets trop pesans pour vos bras :
Et, la faux à la main, parmi vos marécages,
Allez couper vos joncs, et presser vos laitages ; [1]   90
Ou, gardant les seuls bords qui vous peuvent couvrir,
Avec moi, de ce pas, venez vaincre ou mourir.

Ce discours d'un guerrier que la colère enflamme
Ressuscite l'honneur déjà mort en leur âme;
Et, leurs cœurs s'allumant d'un reste de chaleur,   95
La honte fait en eux l'effet de la valeur.
Ils marchent droit au fleuve, où Louis en personne,
Déjà prêt à passer, instruit, dispose, ordonne.

revêt d'un déguisement : *à ces mots essuyant*, etc. (vers 69 à 82)... Qui ne croirait pas assister à l'action, entendre les exhortations du dieu, et voir son visage irrité ? Qui ne conçoit nettement sous ces images la résistance qu'un grand fleuve oppose au passage des troupes, et la protection qu'en reçoivent celles qui le défendent » ? *Ib.*, III, 64 *et suiv.*

[1] La *faux* ne peut servir à presser les laitages... Voilà ce qu'on objecta dès le principe à Boileau, et ce que Chapat (p. 78), Cizeron-Rival (*Récréat. littér.*, 139), Lévizac, M. Fontanier et d'autres ont répété depuis, et ce que paraissent approuver MM. Daunou, Amar et de Saint-Surin. Boileau, selon Brossette, après avoir tenté de corriger cela, disait : « Non-seulement je n'ai pu venir à bout de le dire mieux, mais je n'ai pas pu le dire autrement ».
—Cizeron-Rival et Chapat, plus habiles, lèvent la difficulté en changeant, comme il suit, l'un, le premier hémistiche du vers 89 :

Et loin des champs de Mars, parmi les marécages,

et l'autre, le dernier hémistiche du vers 90 :

Allez couper vos joncs *et les autres herbages*.

Le Brun loue Boileau de n'avoir point gâté son vers en corrigeant cette

Par son ordre Grammont [1] le premier dans les flots
S'avance soutenu des regards du héros :   100
Son coursier écumant sous son maître intrépide
Nage tout orgueilleux de la main qui le guide. [2]
Revel [3] le suit de près : sous ce chef redouté
Marche des cuirassiers l'escadron indompté.
Mais déjà devant eux une chaleur guerrière   105
Emporte loin du bord le bouillant Lesdiguière, [4]
Vivonne, Nantouillet, et Coislin [5], et Salart;
Chacun d'eux au péril veut la première part.
Vendôme, que soutient l'orgueil de sa naissance,
Au même instant dans l'onde impatient s'élance :   110
La Salle, Béringhen, Nogent, d'Ambre, Cavois,
Fendent les flots tremblans sous un si noble poids. [6]

faute prétendue. Selon lui le sens du vers est : « Allez couper vos joncs, la faux à la main, et puis après, vous presserez vos laitages ». Voilà ce qu'on entend et ce que le poète a voulu dire.

[1] M. le comte de Guiche. *Boil.*, 1672 à 1713. — Ce nom (*Grammont*) est ainsi écrit aux mêmes éditions. Un moderne écrit *Gramont*, avec Moreri et Anselme; cependant, dans les mémoires de son oncle (le fameux comte), ce nom est toujours écrit *Grammont*.

Il paraît que Grammont n'avait ordre de passer que dans le cas où il reconnaîtrait un gué. Quoiqu'il n'en eût point trouvé, il s'élança *dans les flots*; le succès couronna son audace. *Madame de Sévigné, lett. du 3 juillet* 1672.

[2] Description courte et vive. *Rollin, Traité des études, liv.* 3, *ch.* 3, *art.* 2, § 5. — Boileau, dans ces deux vers où l'action est si présente, semble avec Grammont traverser le Rhin sur les ailes du génie. *Le Brun.*

[3] Broglio... (*voy.* tome IV, lettre du 17 avril 1702.)

[4] M. le comte de Saux. *Boil.*, 1672 à 1713. — François de Blanchefort-Bonne-Créqui-Lesdiguières. *Bross.* — Son aïeul avait obtenu la fille unique du connétable de Lesdiguières, sous la condition de joindre ce nom au sien.

[5] *V. O.* 1672 à 1701. *Coëslin.*

[6] Vers 97 à 112. Tout ceci n'est autre chose qu'une relation de gazette écrite en vers... beaucoup plus insupportable que le burlesque décrié par l'auteur. *Sainte-Garde,* 7.

ÉPITRE IV.

Louis, les animant du feu de son courage, [1]
Se plaint de sa grandeur qui l'attache au rivage. [2]
Par ses soins cependant trente légers vaisseaux   115
D'un tranchant aviron déjà coupent les eaux :
Cent guerriers s'y jetant signalent leur audace.
Le Rhin les voit d'un œil qui porte la menace;
Il s'avance en courroux. Le plomb vole à l'instant,
Et pleut de toutes parts sur l'escadron flottant. [3]   120
Du salpêtre en fureur l'air s'échauffe et s'allume, [4]

[1] Voltaire, *Henriade*, VIII, 303 :

> Il rassemble avec eux ces bataillons épars
> Qu'il anime en marchant du feu de ses regards.

[2] Prior, dans un poème sur la bataille d'Hochstet, fait aux vers ci-dessus une allusion que Voltaire (XXIIe lett. philosoph.) traduit ainsi :

> Satirique flatteur, toi qui pris tant de peine
> Pour chanter que Louis n'a point passé le Rhin.

Boileau, dit le prince de Ligne (*OEuvres choisies*, 1809, II, 321) a eu plus de peine à décrire le passage du Rhin que Louis XIV à le traverser; car la grandeur de ce roi ne devait pas l'attacher au rivage; c'était une opération bien facile, où le poète a dû mettre toute son imagination.

D'Alembert, après avoir observé que Boileau était obligé, dans les louanges qu'il donnait au roi, d'user de détours et presque de palliatifs lorsque l'objet en était équivoque, ajoute que dans ce vers *se plaint*, etc., il a sauvé très finement le reproche qu'on faisait à Louis XIV d'avoir été simplement spectateur du passage (*id.*, III, 65). — Boileau, avec adresse, voile le héros pour illustrer le roi. *Le Brun*. — Cette tournure est très ingénieuse. *Bouhours*, 403.

[3] Boileau, selon Brossette, disait avoir le premier parlé en vers de l'artillerie moderne et de ce qui en dépend. Saint-Marc lui donne à cet égard un devancier qu'il ne nomme point, et qui est sans doute quelque rimeur obscur... Le Brun observe avec raison que la nullité ne laisse point de traces, et que c'est le génie qui consacre. Au reste, selon Louis Racine (p. 123), ce n'était pas d'avoir le premier parlé en vers de l'artillerie que Boileau se vantait, mais d'en avoir le premier parlé poétiquement, et cela est plus vraisemblable.

[4] Noble et heureuse hardiesse (*voy.* p. 29, note 2). *M. Fabre*.

Autres remarques sur ce vers. L'art des gradations (*voy.* épit. V, note du

Et des coups redoublés tout le rivage fume.
Déjà du plomb mortel plus d'un brave est atteint. [1]
Sous les fougueux coursiers l'onde écume et se [2] plaint.
De tant de coups affreux la tempête orageuse [3]   125
Tient un temps sur les eaux la fortune douteuse;
Mais Louis d'un regard sait bientôt la fixer :
Le destin à ses yeux n'oserait balancer. [4]

vers 131) ne consiste point seulement dans une adroite combinaison de rapports plus ou moins éloignés entre les diverses expressions dont se compose une phrase; il peut trouver place en un seul vers, dans un hémistiche, surtout quand le poète veut unir entre elles deux expressions qui semblent d'abord peu faites pour s'allier, comme dans ce vers : Du salpêtre en fureur *l'air s'échauffe et s'allume*; alors il faut souvent avoir recours à une troisième expression, amie commune des deux autres, et qui vienne pour ainsi dire, en médiatrice, se placer entre elles pour les rapprocher. C'est là précisément ce qu'a fait Boileau. Qu'on mette Du *salpêtre* en fureur, aussitôt *l'air s'allume*; la figure ne paraîtra-t-elle pas un peu hardie...? Comment allumer l'air...? Comme l'a fait Boileau, en commençant par l'échauffer; en reportant à sa place cette dernière expression, car alors celle qui suit redevient naturelle. *M. Fabre, Observat.* (*voy.* épit. ix, note du vers 53.)

[1] Voltaire, Henr., II, 85 (mais *voy.* sat. x, v. 481) :

    D'un plomb mortel atteint par une main guerrière.

[2] *L'onde écume*, à la bonne heure, mais *se plaint* n'est évidemment là que pour la rime. *Mermet*, 42. — Erreur grossière; *se plaint* est ici pour le complément de l'idée et l'expression poétique qui donne à tout un corps, une âme, un esprit, un visage, et prête des sentimens aux choses inanimées. *M. F., Mercure*, 7 octobre, 1809, p. 542. — *Se plaint* est admirable; il imprime au vers le sentiment et la vie. *Le Brun.*

[3] Qu'est-ce que la tempête de tant de coups? Une *tempête de coups* ne s'est jamais dit en français... Ensuite y a-t-il des tempêtes qui ne soient pas *orageuses? Pradon*, 61. — Epithète oiseuse et seulement pour la rime. *Lévizac.* — *Orageuse*, dit Le Brun, uni à *tempête*, est ici une épithète habilement hasardée.

[4] Ces deux vers (127, 128) sont très hardis... Ils ne sont pourtant point fanfarons; ils ne sont que forts, et ils ont une vraie noblesse qui les autorise. Le poète ne dit pas que les destins en général dépendent du roi; il ne parle

ÉPITRE IV. 51

Bientôt avec Grammont courent Mars et Bellone :
Le Rhin à leur aspect d'épouvante frissonne,   130
Quand, pour nouvelle alarme à ses esprits glacés,
Un bruit s'épand qu'Enghien et Condé sont passés ; [1]
Condé, dont le seul nom fait tomber les murailles, [2]
Force les escadrons, et gagne les batailles ; [3]
Enghien, de son hymen le seul et digne fruit,   135
Par lui dès son enfance à la victoire instruit. [4]
L'ennemi renversé fuit et gagne la plaine ;
Le dieu lui-même cède au torrent qui l'entraîne ;
Et seul, désespéré, pleurant ses vains efforts,
Abandonne à Louis la victoire et ses bords. [5]   140

que du destin de la guerre. Comme le système de sa pensée est tout poétique, il a le droit de mettre la fortune en jeu ; et comme la présence d'un prince tel que le nôtre rend les soldats invincibles, il a pu dire poétiquement, *mais Louis*, etc. Bouhours, 369.

[1] *S'épand* a vieilli, surtout au figuré ; *se répand* vaudrait mieux ici. *Féraud.*
— Est-ce seulement comme moins usité que *s'épand* nous paraît ici beaucoup plus poétique que *se répand ?* M. *Daunou.*
Et Condé sont passés, hémistiche un peu prosaïque, mais que la rapidité des sons fait pardonner. *Le Brun.*
Vers 131 et 132. Ils expriment bien noblement la haute réputation du grand Condé. *Lévizac.*

[2] Voltaire, Henriade, VIII, 94 :
    Biron, dont le seul nom répandait les alarmes.

[3] Corneille (*Illusion*, acte II, sc. 2) avait dit :
    Le seul bruit de mon nom renverse les murailles,
    Défait les escadrons et gagne les batailles.

[4] Voltaire, Henr., I, 26 (mais *voy.* sat. x, note du vers 480) :
    Aux combats, dès l'enfance, instruit par la victoire.

[5] Vers 132 à 140. Dans les précédens (83 et suiv.) le poète raconte avec autant de feu que de précision les périls, les mouvemens de l'armée ; il en nomme les chefs, il décrit les moindres circonstances de l'attaque et de son succès ; puis, terminant le sujet sans altérer le charme qu'il a fait naître, il ramène ainsi l'auditeur à l'illusion de sa fable, et la soutient jusqu'au bout avec

Du fleuve ainsi dompté la déroute éclatante [1]
A Wurts[2] jusqu'en son camp va porter l'épouvante.
Wurts, l'espoir du pays, et l'appui de ses murs;
Wurts..Ah!quel nom, grand roi, quel Hector que ce Wurts![3]
Sans ce terrible nom, mal né pour les oreilles, [4]   145
Que j'allais à tes yeux étaler de merveilles!
Bientôt on eût vu Skink dans mes vers emporté
De ses fameux remparts démentir la fierté; [5]
Bientôt..... Mais Wurts s'oppose à l'ardeur qui m'anime.
Finissons, il est temps : aussi bien si la rime   150
Allait mal-à-propos m'engager dans Arnheim,
Je ne sais pour sortir de porte qu'Hildesheim. [6]

le même art. *Un bruit s'épand*, etc. (vers 132 à 140)... Admirable conclusion en tout conforme à l'exorde et au nœud allégoriquement formé dans le goût antique; notre glaciale méthode ne supporte pas la concurrence avec celle-ci. On a chanté de plus grands exploits militaires que le passage du Rhin, sans leur attacher une célébrité si durable. *M. Lemercier*, III, 65.

[1] Qui a jamais ouï parler de la déroute éclatante d'un fleuve? Cette épithète est plus propre à la victoire qu'à la déroute. *Desmarets*, 68. — La déroute d'un fleuve, quand le fleuve est personnifié déjà, devient une belle expression. *Le Brun*.

[2] Commandant de l'armée ennemie. *Boil.*, 1713.

[3] Il s'effraie ici d'avoir à prononcer le nom du général Wurts, comme ci-devant (v. 5 à 16) celui des villes hollandaises : mais il renchérit cette sottise par une nouvelle impertinence. C'est qu'il fait rimer ce mot dont il nous représente la prononciation comme effroyable, avec Murs, qui est une diction française où personne jusqu'ici n'a rien trouvé de rude. *Sainte-Garde*, 7.

[4] Un nom *mal né* est admirable... Au reste quand Boileau a fait une centaine de vers, il est à bout et plus épuisé que nos guerriers. *Desmarets*, 69; *Pradon*, 61, 62. — M. Fabre (*voy.* p. 29, note 2) range cette expression *mal né*, au nombre des heureuses hardiesses de Boileau.

[5] Voilà un grand malheur pour le roi! *Pradon*, 62. — *Démentir la fierté* : *Démentir* est heureux... *Le Brun*.

[6] C'est au sujet de ces vers (147 à 152) comparés aux vers 132 à 40 (*un bruit s'épand*, etc.), que Voltaire fait l'observation rapportée à la note du vers 20 (p. 41).

ÉPITRE IV.

Oh! que le ciel, soigneux de notre poésie, [1]
Grand roi, ne nous fit-il plus voisins de l'Asie!
Bientôt victorieux de cent peuples altiers,   155
Tu nous aurais fourni des rimes à milliers.
Il n'est plaine en ces lieux si sèche et si stérile
Qui ne soit en beaux mots partout riche et fertile.
Là, plus d'un bourg fameux par son antique nom
Vient offrir à l'oreille un agréable son.   160
Quel plaisir de te suivre aux rives du [2] Scamandre;
D'y trouver d'Ilion la poétique cendre; [3]
De juger si les Grecs, qui brisèrent ses tours,
Firent plus en dix ans que Louis en dix jours! [4]
Mais pourquoi sans raison désespérer ma veine?   165
Est-il dans l'univers de plage si lointaine
Où ta valeur, grand roi, ne te puisse porter,
Et ne m'offre bientôt des exploits à chanter?
Non, non, ne faisons plus de plaintes inutiles:
Puisqu'ainsi dans deux mois tu prends quarante villes, 170
Assuré des beaux [5] vers dont ton bras me répond,

---

[1] *Soigneux de notre poésie*, me paraît un peu faible. *Le Brun.*

[2] V.. 1701, in-12, DE Scamandre: c'est une faute, dit Brossette. *Voy.* à ce sujet tome III, l'article de ses erreurs, n° 22.

[3] La *poétique cendre*; expression qui enrichissait la langue poétique pour la première fois. *Le Brun.*

[4] Louange inattendue, et par cela même encore plus admirable. *Le Brun.*

[5] *V. O. et E.* Texte de toutes les éditions de 1672 à 1713 (quarante, dont quatorze originales).

Brossette, sans en donner aucun motif, a le premier substitué *bons* à *beaux*, et a été suivi par tous les éditeurs, excepté Schelte, 1726; Fabry, 1732; Brunel, 1736; Souchay, 1740; Vestein, 1741; Didot, 1781, et Auger, in-32, 1825 (on a remis *bons* dans l'in-8°, qui est postérieur... *Voy.* tome I, *Not. Bibl.*, § 1, nᵒˢ 243 et 246). Il est possible que cette expression soit aussi bonne que l'autre (tel est du moins l'avis d'un de nos premiers poètes,

Je t'attends dans deux ans aux bords de l'Hellespont.[1]

que nous avons consulté), mais enfin Boileau n'en a point jugé ainsi, et ce sont les vers de Boileau et non pas ceux de Brossette que nous devons donner au public.

[1] Boileau tombe ici dans le ridicule qu'il avait reproché aux poètes médiocres (*Voy.* épît. 1, v. 25 et 26, ci-dev., p. 11).

> N'avons-nous pas cent fois, en faveur de la France,
> Comme lui dans nos vers, pris Memphis et Byzance?

C'est la remarque de l'auteur des Réflexions sur la critique déjà citées (Voy. *Saint-Marc*, V, 448)... Il nous semble que l'exagération de Boileau ne choque point ici, parce qu'elle est amenée avec beaucoup d'art par les vingt vers qui précèdent.

Le même auteur dit que la fin de cette épître sent la déclamation et est ennuyeuse par le jeu de mots qui la termine.

Cette épître, observe Le Brun, est couronnée par un vers extrêmement énergique ; *je t'attends*, etc... Les consonnances du premier hémistiche, loin d'être désagréables, donnent de l'attitude à ce vers d'autant plus heureux, qu'il semble commander la destinée du héros : le monarque est alors comme subordonné à l'inspiration du poète. — M. Amar (*Monit.* 28 mars 1808), rappelant qu'on a reproché au même hémistiche ses consonnances désagréables, doute qu'on puisse souscrire à ce jugement de Le Brun (dans son édition de Boileau il ne reproduit point cette remarque).

ÉPITRE V.[1]

À MONSIEUR DE GUILLERAGUES,

SECRÉTAIRE DU CABINET.[2]

Esprit né pour la cour, et maître en l'art de plaire,
Guilleragues, qui sais et parler et te taire,[3]
Apprends-moi si je dois ou me taire, ou parler.
Faut-il dans la satire encor me signaler,
Et, dans ce champ fécond en plaisantes malices, 5
Faire encore aux auteurs redouter mes caprices?
Jadis, non sans tumulte, on m'y vit éclater,
Quand mon esprit plus jeune, et prompt à s'irriter,
Aspirait moins au nom de discret et de sage;
Que mes cheveux plus noirs ombrageaient mon visage.[4] 10
Maintenant, que le temps a mûri mes desirs,[5]
Que mon âge, amoureux de plus sages plaisirs,

---

[1] Composée en 1674 et publiée en 1675. *Bross.* — Erreur : c'est en 1674. *Voy.* tome I, *Not. bibl.*, § 1, n°ˢ 39 et 38, obs. 4.

[2] Texte de 1701 et 1713. — *V. O.* (en part.). 1674 (in-12) à 1682. Secrétaire du cabinet du roi... 1683 à 1698, point de qualité. — *Voy.* quant à Guilleragues, tome I, Essai, n° 8.

[3] Perse, sat. IV, v. 5... Dicenda, tacendaque calles.

Voilà bien la grâce et la facilité de l'épître : Boileau ne confond jamais les genres. *Le Brun.*

[4] Ses chéveux commençaient à blanchir. *Bross.*

[5] *Maintenant* que le *temps*, faute légère qui pouvait se corriger en mettant *aujourd'hui*; mais l'auteur avait besoin plus bas de ce dernier mot. *Le Brun* (*voy.* note du vers 18).

Bientôt s'en va frapper à son neuvième lustre, [1]
J'aime mieux mon repos qu'un embarras illustre. [2]
Que d'une égale ardeur mille auteurs animés   15
Aiguisent contre moi leurs traits envenimés;
Que tout, jusqu'à Pinchêne, et m'insulte [3] et m'accable :
Aujourd'hui vieux lion, je suis doux et traitable; [4]

---

[1] A la quarante-et-unième année. *Boil.*, 1683 à 1713. — Il n'avait alors que 38 ans. *Bross.*
Imit. de B... J.-J. Rousseau, épître à Parisot :

> Me voici presque au bout de mon sixième lustre.

[2] Embarras *illustre* : l'expression est hardie; est-elle heureuse? *Saint-Marc,* V, 478. — Oui, illustre se prend pour *glorieux*, *célèbre* (M. Amar est du même avis), et cette épithète n'est point vague lorsqu'elle est bien placée, comme dans ce vers, où il serait impossible d'en mettre une meilleure. *Clément*, lett. vi, p. 309. — Le Brun s'est bien gardé de louer l'*alliance* de ces deux mots : il s'en faut qu'elle soit heureuse. *M. Daunou.*

[3] Pinchesne était neveu de Voiture. *Boil.*, 1713.
Brossette, après un renvoi au chant v du Lutrin où est (vers 163) un trait contre Pinchesne, ajoute que Pinchesne ne sentit point la force de celui qui est ci-dessus au vers 17; qu'il crut au contraire que Boileau lui demandait grâce dans cet endroit. M. Amar, trompé sans doute par la tournure un peu obscure qu'emploie Brossette, dit que Pinchesne « prit très sérieusement ce vers pour une rétractation de ce que l'auteur du Lutrin avait dit de lui ». C'est une erreur, Boileau ne pouvait en 1674 (*voy.* ci-dev., p. 55, note 1re) paraître rétracter ce qu'il ne publia qu'en 1683, date de la première édition du chant v.
Au reste, Pinchesne, presque aussitôt après la publication de l'épître v (tome I, *Not. bibl.*, § 2, n° 16, obs. 5), répondit ainsi au vers 17. De quoi te plains-tu, dit-il (p. 55) à Boileau;

> Si le commun persécuteur
> Des beaux esprits en toi je fronde,
> Je n'insulte qu'un insulteur.

[4] *Aujourd'hui*, etc. Cet adverbe ainsi placé est préférable à *maintenant* (*voy.* vers 11), parce qu'il est plus positif. *Le Brun.*
Im. de B... Clément, sat. vii, v. 109.

> Aujourd'hui sans humeur, j'endure leurs outrages.

Je n'arme point contre eux mes ongles émoussés.
Ainsi que mes beaux jours mes chagrins sont passés : [1] 20
Je ne sens plus l'aigreur de ma bile première,
Et laisse aux froids rimeurs une libre carrière. [2]

Ainsi donc, philosophe à la raison soumis,
Mes défauts désormais sont mes seuls ennemis : [3]
C'est l'erreur que je fuis; c'est la vertu que j'aime. [4] 25
Je songe à me connaître, et me cherche en moi-même : [5]

---

[1] Texte de 1674 à 1713. — *F. N. R.* Brossette lit :

Ainsi que mes chagrins mes beaux jours sont passés.

Et cette bévue inouïe, dont on ne peut guère accuser l'imprimeur, a été reproduite dans plus de quarante éditions, telles que 1717 A, Mort. et Vest.; 1721 A, Vest. et Bru.; 1735 et 1745, Souch.; 1749, A; 1750, 1752, 1757, 1766, 1767, 1768, 1769 et 1775, P; 1777, Cas.; 1778, P.; 1780, Lon.; 1782, id. et P. et Avr.; 1784, Evr.; 1787, 1789, 1792, 1793; 1798 et 1803, P; 1805, Ly.; 1810, id. et Caill.; 1812, Tu.; 1814, Verd.; 1815, Ly.; 1816, Avi.; 1818, P; 1822 et 1824, Jeunesse; 1824, Rou.; 1826, Du... et, ce qui est assez curieux, par Féraud, quoiqu'il ait, comme on va le voir, fait une remarque sur ce vers.

Chagrins, au pluriel, ne se dit que du mécontentement. Boileau s'en sert ici pour *humeur chagrine*; je ne l'en blâme point, mais cela ne serait pas bon en prose. *Féraud.*

Im. de B... J.-J. Rousseau, épît. à Parisot :

La moitié de mes jours dans l'oubli sont passés.

[2] Im. de B... Clément, satire VII, v. 113.

Je ne sens plus en moi cette critique audace
Qui brûlait d'immoler le tyran du Parnasse.

[3] Mes défauts désormais *sont* : faute grossière pour un philosophe qui raisonne avec tant de flegme. Il fallait *seront* : désormais veut dire à venir; il exige le futur. *Pradon*, R. 63. — Erreur grossière, tous les jours en pareil cas on emploie le présent. *M. de S.-S.*

[4] Ce vers, par la beauté du sentiment qu'il renferme, fait estimer davantage son auteur. *Le Brun.*

[5] Vers 24 à 26. Vers sublimes. *M. Viennet*, p. 179.

C'est là l'unique étude où je veux m'attacher.[1]
Que, l'astrolabe en main, un autre aille chercher[2]
Si le soleil est fixe ou tourne sur son axe,
Si Saturne à nos yeux peut faire un parallaxe;[3]   30
Que Rohaut[4] vainement sèche pour concevoir
Comment, tout étant plein, tout a pu se mouvoir;
Ou que Bernier[5] compose et le sec et l'humide
Des corps ronds et crochus errans[6] parmi le vide:[7]

---

[1] Vers 23 à 27. Clément, sat. VII, v. 117.

> Par d'utiles leçons ma raison affermie
> Me devient pour moi-même une juste ennemie;
> C'est à régler mon âme enfin que je m'instrui
> Et je mets à profit jusqu'aux erreurs d'autrui.

[2] Perrault a démontré que c'est une faute, parce que l'astrolabe ne sert pas à ce qui est indiqué par ces vers. *Saint-Marc*, sat. x, vers 429. Mais *voy.* la note suivante.

[3] Parallaxe est féminin. Comme la faute est aisée à corriger, on présume que Boileau croyait que ce mot était du genre masculin. *Saint-Marc* et *Féraud*.

D'Alembert (note 25, tome III, p. 119) observe au sujet des deux fautes précédentes, que dans un ouvrage (la satire x) où l'on reprochait à quelques femmes l'affectation du savoir, il n'était pas messéant au poète qui les en reprenait, de paraître ignorer lui-même jusqu'à la langue d'une science (l'astronomie) si opposée aux agrémens de la poésie, comme à ceux de leur sexe.

Au reste, Perrault, et cela est assez remarquable puisqu'il critiquait jusqu'à l'orthographe de Boileau, ne lui fit aucun reproche sur le genre qu'il attribue au mot parallaxe.

[4] Fameux cartésien. *Boil.*, 1713.

[5] Célèbre voyageur qui a composé un abrégé de la philosophie de Gassendi. *Boil.*, 1713.

[6] *V. E.* Presque tous les éditeurs modernes mettent ici *errant*, et n'avertissent point (excepté M. de S. S.) qu'il y a *errans* dans les éditions originales (1674 à 1713). Au reste, nous parlons ailleurs (tome I, sat. VI, vers 138) des discussions sur l'indéclinabilité de ce *participe*.

[7] Boileau a donné un exemple fort utile, mais que ne suivirent pas tou-

Pour moi, sur cette mer qu'ici-bas nous courons,
Je songe à me pourvoir d'esquif et d'avirons,[1]
A régler mes desirs, à prévenir l'orage,
Et sauver, s'il se peut, ma raison du naufrage.
C'est au repos d'esprit que nous aspirons tous;
Mais ce repos heureux se doit chercher en nous.   40
Un fou rempli d'erreurs, que le trouble accompagne,
Et malade à la ville ainsi qu'à la campagne,
En vain monte à cheval pour tromper son ennui:
Le chagrin monte en croupe et galope avec lui.[2]

jours ses premiers disciples eux-mêmes, celui de transporter quelquefois dans la poésie la description des procédés des arts, et les résultats des recherches savantes... En voici un exemple sur des sujets très élevés, puisqu'il s'agit d'exposer les systèmes alors rivaux de la physique de son temps: *Que Rohaut*, etc. (vers 31 à 34): voilà de ces beautés dont on ne trouve point de trace chez J.-B. Rousseau, qui pourtant dut les apprécier chez son maître... Qu'on relise ces vers et qu'on nous dise ensuite si lors même que les systèmes de Rohaut et de son rival viendraient un jour à être ignorés, on ne les retrouverait pas tout entiers dans ces vers admirables de vérité, et si remarquables par cette précision que Boileau a portée (voy. *Art. poét.*, ch. iv, note du vers 17) au plus haut degré où elle puisse jamais atteindre. *M. Fabre, Observat.* (voy. épît. ix, note du vers 58).

M. Amar pense au contraire que ces vers ne valent guère mieux que les vains systèmes dont ils s'occupent. Il leur oppose le couplet où Voltaire (épît. à madame du Châtelet) décrit le système de Newton sur les couleurs, et qui est sans doute d'une poésie bien plus élevée; mais cela n'empêche pas que les vers de Boileau n'aient le mérite de la vérité et surtout de la précision, reconnu par M. Fabre.

[1] Métaphore inspirée par le génie et le goût, et qui enrichit la pensée de toutes les couleurs de la poésie. *Le Brun.*

[2] Dans ce vers, il n'y a qu'une syllabe longue, toutes les autres sont brèves. S'il avait été obligé de finir par un spondée, son vers devenait lourd, s'il eût mis, par exemple:

Le chagrin monte en croupe, et galope *après* lui.

Clément, Nouv. obs., 360. Il parle ailleurs (*Obs. crit.*, 318) de la rapidité de ce vers. — On verra ci-après (note du vers 58) d'autres éloges du même

Que crois-tu qu'Alexandre, en ravageant la terre,   45
Cherche parmi l'horreur, le tumulte et la guerre ?
Possédé d'un ennui qu'il ne saurait dompter,
Il craint d'être à soi-même, et songe à s'éviter.[1]
C'est là ce qui l'emporte aux lieux où naît l'aurore,
Où le Perse est brûlé de l'astre qu'il adore.[2]   50
    De nos propres malheurs auteurs infortunés,
Nous sommes loin de nous à toute heure entraînés.
A quoi bon ravir l'or au sein du nouveau monde ?
Le bonheur tant cherché sur la terre et sur l'onde,
Est ici comme aux lieux où mûrit le coco,[3]   55
Et se trouve à Paris de même qu'à Cusco :[4]
On ne le tire point des veines du Potose.[5]
Qui vit content de rien possède toute chose.[6]

vers (44). M. Amar a le premier, je crois, observé qu'il n'est pas tiré seulement du vers d'Horace (liv. III, ode 1, v. 40) cité à la même note (*voyez* aussi tome I, *Essai*, n. 104), mais encore de celui-ci (liv. II., sat. VII, v. 115) : *Comes atra premit, sequiturque fugacem.*

[1] Vers 45 à 48... *Voy.* la note du vers 58.

[2] Le contraste ingénieux de *brûlé* et *d'adore*, imprime à ce vers une beauté suprême. *Le Brun.*

Vers 45 à 50. La Harpe fait l'éloge de ce couplet en le comparant à une strophe de La Motte qui en est imitée. *Lyc.* XIII, 149.

[3] Voltaire, premier Discours, v. 152 :

   Hélas ! où donc chercher, où trouver le bonheur ?
   En tous lieux, en tout temps, dans toute la nature.

[4] *V. O.* (en partie). Capitale du Pérou. *Boil.*, 1674 à 1701. — Les éditeurs de 1713 ont mis *Potosi, ville du Pérou.*

Vers 53 à 56... *voy.* la note du vers 58.

[5] *V. O.* (En partie). Montagne où sont les mines d'argent. *Boil.*, 1674 à 1701. — Les plus riches de l'Amérique. *Id.*, 1713.

V. O. (En part.). 1674 à 1682... *de* Potose.

[6] Vers 41 à 58. Voici un extrait des observations que M. Fabre (note 10) présente au sujet de ce passage.

« On retrouve dans ce morceau plusieurs traits dont l'idée première ap-

Mais, sans cesse ignorans de nos propres besoins, ¹
Nous demandons au ciel ce qu'il nous faut le moins.

partient à Horace. On y reconnaît même deux imitations visibles de ce poète...
1° *Le chagrin*, etc. (vers 44). Horace avait dit (*voy*. la note de ce vers) :
Post equitem sedet atra cura : mais le latin ne présente qu'une image ; il n'a
rien de remarquable dans l'harmonie ; on voit, en le lisant, le chagrin qui
vient s'asseoir derrière le cavalier et rien de plus ; dans Boileau, au contraire,
l'esprit du lecteur « *monte* en croupe et *galope* avec lui » : le vers lui-même
prend le galop (*voy*. ci-dev. note de ce vers).—2° Ce vers *A quoi bon ravir*, etc. et les trois suivans (vers 53 à 56) rappellent ceux d'Horace (lib. I ,
ép. XI, vers 28) :

. . . . Navibus atque
Quadrigis petimus bene vivere. Quod petis, hic est,
Est Ulubris, animus si te non deficit æquus.

« Il y a peut-être dans le latin plus de vivacité, dans le français plus de
noblesse ; jusque-là les choses sont à-peu-près égales : mais on ne trouve plus
rien dans Horace à opposer à Boileau, lorsqu'on en vient au vers suivant
(57) où le précepte se fond en image, comme cela arrive souvent chez ce
grand poète : *On ne le tire point*, etc... Trait charmant qui n'est pas plus
dans l'original que cette dernière pensée : *Qui vit content*, etc. (v. 58).

« Si je continue maintenant de donner attention aux beautés de ce morceau qui n'appartiennent qu'à Boileau, je remonterai à cet endroit où il cite
l'exemple d'Alexandre (vers 45 à 48), et d'un mot nous développe toute
sa conduite... Pourquoi ce prince porte-t-il sa marche du Strimon au Gange,
à travers onze cents lieues, au milieu des périls, du tumulte et de la
guerre...? « *Il craint d'être à soi-même* ».—Alexandre ! tu es engagé dans la
carrière, *undè pedem referre pudor vetat*. »

« On retrouve la même vigueur, la même élévation de pensée dans ce
qui suit, et toujours une poésie pleine d'images, de nerf et d'harmonie. »

Batteux (IV, 68) et d'après lui, Jaucourt (*Encycl.*, mot *pensée*) citent
également ce vers : *Le chagrin*, etc. (vers 44), comme une pensée infiniment hardie. — « N'est-il pas, dit Louis Racine, n'est-il pas plus rapide
dans sa cadence et plus expressif par la double image qu'il présente, que
celui d'Horace, *post equitem*, etc. Œuvres, II, 256.—J'avoue, dit Bouhours,
p. 432, que le vers français est plus vif et plus beau que le latin (Lévizac
est du même avis).—Le Brun remarque également que *galope* est plus hardi
que le *sequitur* d'Horace, et ajoute que Boileau combat en imitant, et que
souvent il remporte la victoire (*voy*. encore note du vers 44).

¹ *Ignorans de*... Faute de langue qui a échappé à l'auteur, à ses critiques

Oh! que si cet hiver un rhume salutaire,
Guérissant de tous maux mon avare beau-père,
Pouvait, bien confessé, l'étendre en un cercueil,
Et remplir sa maison d'un agréable deuil!
Que mon âme, en ce jour de joie et d'opulence,   65
D'un superbe convoi plaindrait peu la dépense![1]
Disait le mois passé, doux, honnête et soumis,
L'héritier affamé de ce riche commis[2]
Qui, pour lui préparer cette douce journée,
Tourmenta quarante ans sa vie[3] infortunée.   70
La mort vient de saisir le vieillard catarrheux :[4]
Voilà son gendre riche; en est-il plus heureux?
Tout fier du faux éclat de sa vaine richesse,
Déjà nouveau seigneur il vante sa noblesse.

et à ses commentateurs. *Saint-Marc* (*voy.* aussi Lévizac et M. Planche). — Erreur : on dit très bien, et surtout en poésie, ignorant des grands desseins du ciel, pour dire ne pas connaître les desseins du ciel... *Le Brun.* — Cette phrase (ignorans de) était admise alors. *M. de S. S.* — Ce n'est pas une faute dans Boileau, mais une manière de parler que l'usage n'admet plus, et qu'il ne convient ni d'imiter ni de censurer. *M. Daunou.* — Nous pencherions pour l'avis de Le Brun, qu'adopte aussi M. Fontanier.

[1] Perse, sat. II, v. 9. . . . . . ô si

> Ebullit patrui præclarum funus! et, ô si
> Sub rastro crepet argenti mihi seria, dextro
> Hercule! pupillumve utinam quem proximus hæres
> Impello, expungam!

[2] *Affamé*, épithète heureuse... Il faut souvent à un poëte vulgaire une périphrase entière pour exprimer ce qu'un grand poète dit avec un mot. *Le Brun.*

[3] Heureuse expression pour dire : «Se tourmenta pendant quarante ans de sa vie.» *M. Fontanier.*

[4] *V. O.* (En partie). On lit, suivant l'usage ancien, *Catherreux* dans les éditions de 1674 à 1713, ainsi que dans celles de Brossette, Dumonteil, Souchay, Saint-Marc, etc. L'édition de Londres, 1772, est la première où nous ayons vu *catharreux*.

ÉPITRE V.

Quoique fils de meunier, encor blanc du moulin,[1]
Il est prêt à fournir ses titres en vélin.
En mille vains projets à toute heure il s'égare :
Le voilà fou, superbe, impertinent, bizarre,
Rêveur, sombre, inquiet, à soi-même ennuyeux.
Il vivrait plus content, si, comme ses aïeux,   80
Dans un habit conforme à sa vraie origine,
Sur le mulet encore il chargeait la farine.
  Mais ce discours n'est pas pour le peuple ignorant,
Que le faste éblouit d'un bonheur apparent.
L'argent, l'argent, dit-on, sans lui tout est stérile :   85
La vertu sans l'argent n'est qu'un meuble inutile ;[2]
L'argent en honnête homme érige un scélérat ;
L'argent seul au palais peut faire un magistrat.
Qu'importe qu'en tous lieux on me traite d'infâme ?[3]
Dit ce fourbe sans foi, sans honneur et sans âme ;   90
Dans mon coffre tout plein de rares qualités,
J'ai cent mille vertus en louis bien comptés.[4]

---

[1] Heureuse ellipse pour dire : « Blanc par l'effet du moulin, ou blanc de la farine du moulin ». *M. Fontanier.*

[2] Horace, liv. I, ép. 1, v. 53 :

    O cives, cives, quærenda pecunia primum est :
    Virtus post nummos.

[3] Juvénal, sat. 1, v. 48 .. Quid enim salvis infamia nummis.

[4] Horace, liv. I, sat. 1, v. 66.

    . . . . . . Populus me sibilat, at mihi plaudo
    Ipse domi, simul ac nummos contemplor in arca.

Ici la figure est dans la pensée ; mais si, ôtant toute figure, on faisait dire au financier :

    Puis-je ne point avoir cent bonnes qualités,
    Moi ! j'ai cent mille écus en louis bien comptés.

On aurait deux vers de comédie qui ne pourraient plus garder leur place dans cette épître. Cependant quand on la lit, on ne remarque point cette

Est-il quelque talent que l'argent ne me donne?
C'est ainsi qu'en son cœur ce financier raisonne. [1]
Mais pour moi que l'éclat ne saurait décevoir,   95
Qui mets au rang des biens l'esprit et le savoir,
J'estime autant Patru [2] même [3] dans l'indigence,
Qu'un commis engraissé des malheurs de la France. [4]

  Non que je sois du goût de ce sage [5] insensé
Qui, d'un argent commode esclave embarrassé,   100
Jeta tout dans la mer pour crier : Je suis libre.
De la droite raison je sens mieux l'équilibre ;
Mais je tiens qu'ici-bas, sans faire tant d'apprêts,

---

figure dans laquelle l'art se dérobe sous sa perfection même, puisque la vérité du sentiment et la simplicité de l'expression, font illusion au point qu'on croit entendre, non le poète, mais le personnage qu'il introduit ». *M. Fabre, Observat.* (voy. la note du vers 131, et surtout épit. IX, note du vers 58).

[1] *V. O.* (En part.) 1674 à 1682. Cet *avare* raisonne.

[2] Fameux avocat et le meilleur grammairien de notre siècle. *Boil.*, 1701... et un des bons grammairiens, etc. *Id.*, 1713.

[3] *V. O.* 1683 à 1694, *mêmes.* Chose assez remarquable, la faute a d'abord été corrigée dans les éditions d'Amsterdam, de 1686 à 1697.

[4] V.. Vers 97 et 98. Dans les éditions de 1674 à 1682, il y a :

    Je sais que dans une âme où manque la sagesse
    Le bonheur n'est jamais un fruit de la richesse.

Vers 98. Voltaire a dit dans Nanine (III, sc. 6) :

    Qu'un important, que sa lâche industrie
    Engraisse en paix du sang de sa patrie.

Engraissé des malheurs est plus hardi et plus poétique.. *Le Brun.*

[5] *V. O.* (En partie). Cratès, philosophe cynique. *Boil.*, 1674 à 1701. — Aristippe fit cette action, et Diogène conseilla à Cratès, philosophe cynique, de faire la même chose. *Id.*, 1713.

Horace, liv. II, sat. III, v. 99 à 102.

    . . . . Quid simile isti
    Græcus Aristippus? qui servos projicere aurum
    In media jussit Libya, quia tardius irent
    Propter onus segnes? Uter est insanior horum?

La vertu se contente et vit à peu de frais.
Pourquoi donc s'égarer en des projets si vagues ? 105
Ce que j'avance ici, crois-moi, cher [1] Guilleragues,
Ton ami dès l'enfance ainsi l'a pratiqué.
Mon père, soixante ans au travail appliqué, [2]
En mourant me laissa, pour rouler et pour vivre,
Un revenu léger, et son exemple à suivre. 110
Mais bientôt amoureux d'un plus noble métier,
Fils, frère, oncle, cousin, beau-frère de greffier, [3]
Pouvant charger mon bras d'une utile liasse,
J'allai loin du palais errer sur le Parnasse.
La famille en pâlit, et vit en frémissant 115
Dans la poudre du [4] greffe un poète naissant :
On vit avec horreur une muse effrénée
Dormir chez un greffier la grasse matinée. [5]

---

[1] Boileau a employé en rime le nom de *Guilleragues*, qui n'est pas trop harmonieux ; mais il voulait sans doute rendre hommage à l'amitié, et savait qu'un nom consacré par lui de la sorte ne s'oublierait jamais. *Le Brun.*

[2] M. Fontanier demande si Boileau père pouvait avoir travaillé pendant soixante ans dès qu'il n'en vécut que soixante-treize (*voy.* tome III, *Explic. généal.*, n° 164)... Mais outre qu'en poésie, comme M. F. en convient, il ne faut pas prendre les nombres à la lettre, on a des exemples d'hommes qui se sont livrés au travail même avant treize ans.

[3] Explication de ce vers : fautes de Brossette et d'autres éditeurs ; *voy.* tome III, article de ses erreurs, n° 3.

Racine avait déjà dit (Britannicus, acte I, sc. 2) :

> Moi fille, femme, sœur et mère de vos maîtres.

[4] *V. O.* ou *E.* (en partie). 1674, sép. (1re édit.), *du* greffe. — 1674, gr. in-12, à 1682, *d'un* greffe.

Voltaire, 1er Discours, vers 27 et 28 :

> Sous un triple mortier n'est-on pas plus heureux
> Qu'un clerc enseveli dans un greffe poudreux ?

[5] Il était grand dormeur et se levait fort tard. *Bross.*

ÉPITRE V.

Dès-lors à la richesse il fallut renoncer :
Ne pouvant l'acquérir, j'appris à m'en passer ; 120
Et surtout redoutant la basse servitude,
La libre vérité fut toute mon étude.¹
Dans ce métier funeste à qui veut s'enrichir,
Qui l'eût cru?² que pour moi le sort dût se fléchir?
Mais du plus grand des rois la bonté sans limite,³ 125
Toujours prête à courir au-devant du mérite,⁴
Crut voir dans ma franchise un mérite inconnu,
Et d'abord de ses dons enfla mon revenu.
La brigue ni l'envie à mon bonheur contraires,
Ni les cris douloureux de mes vains adversaires, 130
Ne purent dans leur course arrêter ses bienfaits.⁵
C'en est trop : mon bonheur a passé mes souhaits.
Qu'à son gré désormais la fortune me joue ;

Imitat... Regnier, satire VI, vers 177, avait déjà dit :

>   Ha! que c'est chose belle et fort bien ordonnée,
>   Dormir dedans un lit la grasse matinée !

¹ V. O. 1674 à 1701. Fut mon *unique* étude.
² Ponctuation de 1674 à 1701. Elle nous paraît préférable à la virgule mise depuis 1713.
³ *Limite* ne se dit point au singulier. *Pradon*, R., 64. — *Voy.* la note du vers 131.
⁴ *Voy.* la même note.
⁵ On trouve dans ce vers et les deux précédens l'artifice de style qu'on a fait remarquer dans la note du vers 92. Voilà les bienfaits animés ; les voilà qui *courent*: l'image est hardie, mais elle est si juste et l'expression si naturelle, qu'il faut réfléchir sur la cause du plaisir que donnent ces vers avant de la trouver. Ce qui rend ici cette figure plus parfaite, c'est qu'elle a déjà été annoncée d'une manière délicate ; c'est que Boileau venait de dire : *Mais du plus grand des rois la bonté*, etc. (v. 125 et 126)... Quand on a vu *courir* la bonté du roi, *la course de ses bienfaits* en paraît la suite naturelle. Ainsi se prépare une hardiesse par une hardiesse moins grande ; ainsi dans une période, une page entière d'un grand écrivain, les mots s'appellent l'un l'au-

On me verra dormir au branle de sa roue. [1]
Si quelque soin encore agite mon repos,   135
C'est l'ardeur de louer un si fameux héros.

tre, et se prêtent par leur enchaînement un mutuel appui. Voilà encore un des secrets du style de Boileau, l'art des préparations, celui de tous qu'on néglige le plus aujourd'hui, et qui peut-être est le plus nécessaire, comme il est le plus difficile. *M. Fabre, Observat.* (*Voy.* épît. IX, note du vers 58, et épît. IV, note du vers 121).

M. Amar loue aussi cette expression par laquelle Boileau *anime* les bienfaits. Nous les avons déjà vus, dit-il, *aller en foule* chercher le mérite (épît. I, v. 156); ils *courent* ici (v. 126 et 131) au-devant du mérite... — Personnifier ainsi le bienfait, dit Le Brun, en lui prêtant, pour ainsi dire, des ailes, c'est louer le monarque d'une manière bien neuve.

[1] *Au branle de sa roue*, expression qui fortifie la pensée. *Le Brun.* — Beau vers, et non pas maxime. *M. F.*, Merc. 7 oct. 1809 (*voy.* tome I, Essai, n° 109).

« On sent assez, dit M. de Jaucourt, ce que c'est qu'une pensée brillante; son éclat vient le plus souvent du choc des idées. » Il cite alors les vers 133 et 134, et il ajoute : « Les secousses de la fortune renversent les empires les plus affermis, et elles ne font que bercer le philosophe. » *Encyclop.*, mot *pensée*.

Cette observation a été copiée dans Batteux, tome IV, p. 68... Ce dernier cite ailleurs (tome I, p. 146) les deux mêmes vers comme un exemple de ces cadences sensibles que nos bons poètes se sont plu à faire pour produire une harmonie imitative. Ce n'est pas, ajoute-t-il, qu'on veuille dire par là que Boileau, Racine, etc., aient compté, pesé et mesuré chacune de leurs syllabes. « Je ne les en soupçonne pas, dit-il avec d'Olivet (*Prosod. française*, art. 5), non plus qu'Homère ni Virgile, quoique leurs interprètes soient en possession de le dire. Mais ce que je croirais volontiers, c'est que la nature, quand elle a formé un grand poète, le dirige par des ressorts cachés, qui le rendent docile à un art dont il ne se doute point, comme elle apprend au petit enfant du laboureur, sur quel ton il doit prier, appeler, caresser, se plaindre. »

Mêmes vers 133 et 134. Imitation (fort embellie, dit M. Amar) de Corneille (*Illusion comique*, acte V, sc. 5). *Bross.*

> Ainsi de notre espoir la fortune se joue :
> Tout s'élève ou s'abaisse au branle de sa roue.

Baron dans l'*Andrienne* (acte III, sc. 9), représentée en 1703, a copié

Ce soin ambitieux me tirant par l'oreille, [1]
La nuit, lorsque je dors, en sursaut me réveille;
Me dit: [2] que ces [3] bienfaits, dont j'ose me vanter,
Par des vers immortels ont dû se mériter. 140
C'est là le seul chagrin qui trouble encor mon âme.
Mais si, dans le beau feu du zèle qui m'enflamme,
Par un ouvrage enfin des critiques vainqueur
Je puis sur ce sujet satisfaire mon cœur,
Guilleragues, plains-toi de mon humeur légère, 145
Si jamais, entraîné d'une ardeur étrangère,
Ou d'un vil intérêt reconnaissant la loi,
Je cherche mon bonheur autre part que chez moi.

sans cérémonie le vers 133 de Boileau : Regnard moins hardi, a imité comme il suit, les vers 133 et 134 (*Légataire*, IV, 8, représenté en 1708) :

> Avec quelle constance, au branle de sa roue,
> La fortune ennemie et me berce et me joue!

Enfin, Parny a développé ainsi la même pensée (*Ma retraite*, Élég., III) :

> Je suis au port, et je me ris
> De ces écueils où l'homme échoue.
> Je regarde avec un souris
> Cette fortune qui se joue
> En tourmentant ses favoris;
> Et j'abaisse un œil de mépris
> Sur l'inconstance de sa roue.

[1] Pour dire un *soin* qui m'excite, qui m'anime... Ce tirement d'oreilles est bien *tiré* et bien bas. *Pradon*, 64.

[2] *V. E.* Ponctuation de 1674 à 1713. Brossette et à son imitation les autres éditeurs, excepté Souchay (1740), ont supprimé, et peut-être mal-à-propos, les deux points.

[3] *V. E.* Texte de 1674 à 1713. On lit *ses* (peut-être est-ce une faute typographique) dans quelques éditions, telles que 1821, S. S.; 1825, Dau...

ÉPITRE VI.[1]

A MONSIEUR DE LAMOIGNON,

AVOCAT GÉNÉRAL.[2]

Oui, Lamoignon, je fuis les chagrins de la ville,
Et contre eux la campagne est mon unique asile.[3]
Du lieu qui m'y retient veux-tu voir le tableau?
C'est un petit village[4] ou plutôt un hameau,

---

[1] Composée en 1677 après l'épître vii. *Bross.* — Reguard l'a imitée en partie dans son épître à M*** (III, 318).

La Harpe fait l'éloge de l'épître vi, en lui comparant celle de Colardeau à Duhamel. Nous voyons, dit-il, dans celle de Boileau, un choix bien plus heureux d'idées et d'images; et quant à l'espèce de sensibilité que ce genre exige, n'est-elle pas dans ces vers (39 à 42) si bien imités d'Horace: *O fortuné séjour*, etc.? *Lyc.* XIII, 372. (On a aussi vu, p. 4, n. iv, qu'il met cette épître au-dessus des meilleures d'Horace.)

[2] Chrétien-François de Lamoignon, depuis président à mortier (en 1698), fils de Guillaume de Lamoignon, premier président du parlement de Paris. *Boil.*, 1713.

V. O. 1683 (*id.* 1683 A, 1685 A, 1686 A et C, 1688 et 1689 A, 1692, C.), *Lamognon* sans *i*; et il en est de même dans les vers 1, 21, 129, 153, et dans la note du vers 152 et l'avis du libraire (après le privilège).

[3] Imit. de B... Clément, sat. vii, v. 31, 32 et 34.

> C'est là qu'en des vallons de Pomone chéris,
> Non loin des murs bruyans du superbe Paris...
> J'oublie et le tumulte et l'ennui de la ville.

[4] Hautisle, proche la Roche-Guyon. *Boil.*, 1683 à 1698. — *Proche* et la *Roche* forment une consonnance que Brossette dit avoir fait remarquer à Boileau. Celui-ci mit en 1701 : « Hautile [*], petite seigneurie près de la

---

[*] Voilà une seconde manière d'écrire ce mot; on en verra d'autres au tome IV, pièces justif. 48, 51, 53 et 100.

Bâti sur le penchant d'un long rang de collines, 5
D'où l'œil s'égare au loin dans les plaines voisines. ¹
La Seine, au pied des monts que son flot vient laver,
Voit du sein de ses eaux vingt îles s'élever,
Qui, partageant son cours en diverses manières,
D'une rivière seule y forment vingt rivières. 10
Tous ses bords sont couverts de saules non plantés,
Et de noyers souvent du passant insultés. ²
Le village au-dessus forme un amphithéâtre :
L'habitant ne connaît ni la chaux ni le plâtre;
Et dans le roc, qui cède et se coupe aisément, 15
Chacun sait de sa main creuser son logement. ³

Roche-Guyon, appartenant à mon neveu l'illustre M. Dongois. » A quoi on ajoute dans l'édition de 1713 : « greffier en chef du parlement. »

L'épithète *illustre* a choqué Voltaire (*Epître à Boileau*, note du vers 11), et D'Alembert. Ce dernier se récrie sur ce que Boileau l'accorde si facilement à un simple greffier. *Hist. de l'Acad.*, III, 27. — Ils avaient sans doute oublié qu'on donnait alors cette épithète à tout individu jouissant de quelque réputation. C'est ce que nous apprend Furetière, qui, après avoir qualifié d'illustre une lingère, ajoute: « Je dis *illustre*, et ne vous étonnez pas, car le siècle est si fertile en illustres qu'il y en a qui ont acquis ce titre à faire des mouches. » *Roman bourgeois* (publié en 1666), édit. 1704, p. 61.
— *Illustre* est aussi employé dans le même sens, soit par Furetière (*ib.*, p. 136, 137, 150), soit par Molière (*Pourceaugnac*, acte I, scène 2), etc.
Quant à Dongois, *voy*. tome I, Essai, n. 12 et ses renvois.
¹ Pradon a critiqué ce vers (Même Essai, n° 112).
² Ovide, élég. *de Nuce*, vers 1 et 2.

>Nux ego juncta viæ, cum sim sine crimine vitæ,
>A populo saxis prætereunte petor.

Vers (11 et 12) pitoyables : qu'est-il besoin que le passant jette des pierres pour remplir ses poches de noix...? D'ailleurs les saules non plantés sont une autre cheville. *Chapat*, 79 (il refait les deux vers). — Ces détails sont d'une naïveté charmante. Le saule, comme on sait, ne se *plante* point, et il n'y a pas d'écolier dont le caillou n'*insulte* le noyer. *Le Brun*.
³ Ce roc est une espèce de craie blanche très tendre. Il existe encore quel-

ÉPITRE VI.

La maison du seigneur, seule un peu plus ornée,
Se présente au-dehors de murs environnée.
Le soleil en naissant la regarde d'abord,
Et le mont la défend des outrages du nord. [1] 20

   C'est là, cher Lamoignon, que mon esprit [2] tranquille
Met à profit les jours que la Parque me file.
Ici, dans un vallon bornant tous mes desirs, [3]
J'achète à peu de frais de solides plaisirs.
Tantôt, un livre en main, errant dans les prairies, 25
J'occupe ma raison d'utiles rêveries :
Tantôt, cherchant la fin d'un vers que je construi,
Je trouve au coin d'un bois le mot qui m'avait fui ; [4]

---

ques édifices de ce genre, mais le plus remarquable est l'église creusée en entier dans le même roc aux frais de Dongois et de son épouse, seigneurs du lieu. *Voy.* tome IV, pièce justif. 52, et ci-apr. note du vers 20.

[1] Horace, liv. I, ép. XVI, v. 6.

   . . . . . Ut veniens dextrum latus adspiciat sol.

Position géographique heureusement exprimée. *Le Brun.*

Vers 4 à 20. Rien de plus frais, de plus naturel et de plus agréable que la description de cette maison de campagne... *Clairfons*, p. 37.

Ajoutons que sauf l'amplification permise aux poètes (*vingt* îles ou rivières au lieu de plusieurs), elle est très exacte, comme nous le fit remarquer le maire (M. Chevalier), au mois de septembre 1828. Pendant que nous cherchions dans les registres d'Hautile les traces que Boileau avait pu y laisser de son séjour (*voy.* tome IV, pièce just. 118), ce vieillard nonagénaire nous récitait d'une voix ferme et sonore, l'épître VI, en indiquant au travers des croisées, les lieux décrits dans le couplet précédent (*voy.* aussi la note du vers 16).

[2] Il y a quelques idées semblables dans Horace, livre II, sat. VI. — *Editeur de 1701 A.*

[3] Imit. de B... à la note du vers 2, p. 69

[4] *D'un vers que je construi* est une fort méchante construction, et n'est là que pour rimer à *fui*... Pradon. R., 67. — Le Brun observe que la suppression de l'*s* dans *construis* est une espèce de licence que tous les poètes n'auraient pas le droit de prendre, mais qui est rachetée par le naturel du

Quelquefois, aux appas [1] d'un hameçon perfide;
J'amorce en badinant le poisson trop avide; [2]   30
Ou d'un plomb qui suit l'œil, et part avec l'éclair, [3]
Je vais faire la guerre aux habitans de l'air. [4]

second vers qui se sent de l'inspiration du lieu dont parle l'auteur. — M. Amar paraît regretter que Boileau ait pris cette licence. — Mais M. Daunou demande pourquoi les poètes se priveraient d'une utile liberté (la suppression de l'*s*) autorisée par de grands exemples.

[1] Texte de 1683 à 1713. — Il faudrait *à l'appât*, disent Brossette, Saint-Marc, et MM. Daunou, Amar, Viollet le Duc et Fontanier. M. de Saint-Surin pense que si le singulier eût été plus conforme à l'usage, le pluriel n'est pas moins français. Enfin l'éditeur de la Bibliothèque choisie (1829) soutient qu'il faut *appas*. « Ce mot est, observe-t-il, dans le dictionnaire de l'académie, de 1694, où, au contraire, on ne trouve point *appât*. Ici Boileau a pu dire les *appas* d'un hameçon, parce que rien n'empêche d'en suspendre plusieurs à-la-fois... »
On pourrait citer à l'appui de cette opinion les vers suivans de l'*Ecole des Maris* (III, 2) et de *Don Garcie* (I, 2), joués en 1661 :

Quelques doux sentimens dont l'*appas* le retienne...
A l'*appas* dangereux de sa fausse équité...

Souchay pensait bien différemment, puisqu'il s'est permis (édit. 1735) de corriger le texte (sans en avertir) et d'écrire *à l'appât*, ce qui a été imité dans plus de trente éditions (presque toutes celles qu'on a citées à l'épit. v, note du vers 20, p. 43... Quelques modernes ont mis *aux appâts*).

[2] Saint-Lambert, *Saisons* (Automne, vers 135):

Ils couvrent d'un long cercle un peuple trop avide
Qu'attira vers la rive une amorce perfide, etc.

[3] Il faut qui *suit* et non pas qui *fuit*, comme quelques-uns l'on cru. *Bross.* — Nous ne connaissons aucune édition ancienne, où il y ait *fuit*.
Qui *suit l'œil* est rapide : le second hémistiche l'est encore davantage. Clément, *Obs. crit.*, 325.
Delille (*Homme des champs*, 1800, p. 44) a dit :

Aux habitans de l'air faut-il livrer la guerre?
Le chasseur prend son tube, image du tonnerre;
Il l'élève au niveau de l'œil qui le conduit :
Le coup part, l'éclair brille et la foudre le suit.

[4] Tous ces *r* ainsi répétés soutiennent bien l'harmonie poétique. *Le Brun.*

ÉPITRE VI.

Une table au retour, propre et non magnifique,
Nous présente un repas agréable et rustique.
Là, sans s'assujétir aux dogmes du Broussain, [1]   35
Tout ce qu'on boit est bon, tout ce qu'on mange est sain;
La maison le fournit, la fermière l'ordonne, [2]
Et mieux que Bergerat [3] l'appétit l'assaisonne. [4]
O fortuné séjour! ô champs aimés des cieux!
Que, pour jamais foulant vos prés délicieux,   40
Ne puis-je ici fixer ma course vagabonde,
Et connu de vous seuls, oublier tout le monde! [5]

[1] V. O. 1683 et 1685. du B*** (*voy.* tome I, Essai, n° 55).
[2] Martial, liv. I, épigr. LVI :

> Pinguis inæqualès onerat cui villica mensas,
> Et sua non emptus præparat ova cinis.

[3] Fameux traiteur. *Boil.*, 1683 à 1713.
[4] Vers 31 à 38. Regnard (épître à M**) dit : Ces héros...

> Ont souffert un repas simple et non préparé,
> Où l'art des cuisiniers, sainement ignoré,
> N'étalait point au goût la funeste élégance
> De cent ragoûts divers que produit l'abondance.

Saint-Lambert (Automne, v. 333) a dit aussi :

> Souvent dans un salon propre et non fastueux,
> Il admet à sa table un ami vertueux.
> Son domaine a produit le festin qu'il ordonne,
> Et sans l'art de Comus, le besoin l'assaisonne.

[5] Vers 39 à 42. Ils sont imités d'Horace, liv. II, sat. VI, v. 60 à 62, et ép. XI, v. 9, liv. I :

> O rus! quando te adspiciam? Quandoque licebit
> Nunc veterum libris, nunc somno et inertibus horis
> Ducere sollicitæ jucunda oblivia vitæ ?....
> Oblitusque meorum, obliviscendus et illis.

On a vu (note 1, p. 69) que La Harpe (et il n'est certes pas le seul) fait l'éloge de cette imitation. Delille, qui qualifie mal-à-propos ce quatrain de traduction, en fait au contraire la critique. Le premier vers ne vaut pas, dit-il (*Homme des champs*, ch. IV, note 10), la simplicité touchante de ces

Mais à peine, du sein de vos vallons chéris
Arraché malgré moi, je rentre dans Paris,
Qu'en tous lieux les chagrins m'attendent au passage. 45
Un cousin [1], abusant d'un fâcheux parentage, [2]
Veux qu'encor tout poudreux, et sans me débotter,
Chez vingt juges pour lui j'aille solliciter :

mots : *O rus, quando te adspiciam!* — Horace ne demande pas de « fortuné séjour », des « champs aimés des cieux »; il demande *la campagne* : la campagne quelle qu'elle soit suffit à ses desirs. On est fâché de ne pas retrouver dans les vers de Boileau cette voluptueuse distribution du temps entre le sommeil, la lecture des anciens et la paresse. Quelle douceur à-la-fois et quelle hardiesse dans l'*inertibus horis*...! Enfin, Horace a trouvé ses vers dans son âme, et Boileau a pris les siens dans Horace.

Voici en substance les réflexions judicieuses que fait à ce sujet M. Ch. D... (Delalot), *Mercure*, an XIII, tome XXI, p. 203 : Il me semble que le poète français ne mérite ici que des éloges. Il est aisé de comprendre qu'il n'aurait pu, sans choquer toutes les bienséances, développer la doctrine épicurienne d'Horace, dans une épître adressée à un des premiers magistrats du parlement. Les Lamoignon, les Daguesseau allaient à la campagne sans doute pour s'y délasser des fonctions sérieuses de la société, mais aussi pour y chercher un repos occupé, un loisir studieux. Boileau qui vivait avec eux, Boileau qui était plein de leur esprit, n'aurait pas eu bonne grâce, apparemment, à leur aller proposer ce partage voluptueux entre le sommeil et la paresse...

Au reste, voici la *traduction* de Delille.

> O champs! ô mes amis! quand vous verrai-je encore?
> Quand pourrai-je, tantôt goûtant un doux sommeil,
> Et des bons vieux auteurs amusant mon réveil;
> Tantôt ornant sans art mes rustiques demeures,
> Tantôt laissant couler mes indolentes heures,
> Boire l'heureux oubli des soins tumultueux,
> Ignorer les humains, et vivre ignoré d'eux!

Boire l'*oubli*, dit M. de Saint-Surin, est une expression étudiée et qui manque de clarté.

[1] *Voy.* tome III, art. des erreurs de Brossette, n° 7.

[2] Il paraît que ce mot, qui a vieilli, plaisait à Racine (*voy.* au tome IV, lett. du 5 sept. 1687), et M. Daunou pense qu'il mérite d'être conservé.

ÉPITRE VI.

Il faut voir de ce pas les plus considérables ;
L'un demeure au Marais et l'autre aux Incurables. [1] 50
Je reçois vingt avis qui me glacent d'effroi :
Hier, dit-on, de vous on parla chez le roi,
Et d'attentat horrible on traita la satire.
— Et le roi, que dit-il?— Le roi se prit à rire. [2]
Contre vos derniers vers on est fort en courroux : 55
Pradon [3] a mis au jour un livre contre vous ; [4]
Et, chez le chapelier du coin de notre place, [5]

---

[1] La distance des lieux, adroitement choisie, rend le trait plaisant. *Le Br.*
Vers 46 à 50. Horace, liv. II, ép. II, v. 68.

.... Cubat hic in colle Quirini.;
Hic extremo in Aventino, visendus uterque.

[2] C'est bien saisi, pour faire ressortir l'heureux caractère de Louis XIV.
Le Brun.
Horace, liv. II, sat. I, vers dern.

Solventur risu tabulæ, tu missus abibis.

[3] *V. O.* 1683 et 1685 (id., 1683 à 1692 A et C) P***.

[4] *Vers 55 et 56. Contre vos derniers vers...* Il s'agit de l'épître VII, disent Brossette et presque tous les éditeurs, sans faire attention que la preuve même que Brossette donne de son assertion montre l'erreur où il est tombé. Selon lui en effet, Pradon répondit à l'épître VII par son *Triomphe*, d'où il faudrait conclure que cet opuscule aurait paru dans l'intervalle qui sépare la composition de l'épître VII de celle de l'épître VI, tandis que le *Triomphe* ne parut que sept ans après (1684) la composition et un an après la publication des deux épîtres (*voy.* tome I, *Not. bibl.*, § 2, n° 21).

Pradon a mis au jour etc. La *préface* de sa Phèdre, dit cette fois avec raison, Brossette. Elle parut en effet en 1677, six ans avant les épîtres VI et VII, et, loin d'y répondre à une attaque faite contre lui par Boileau comme le faisait supposer la note précédente de Brossette, c'est lui-même qui attaque Boileau, sous prétexte qu'on le menace d'une satire de la part de ce dernier...
Nous croyons devoir insister sur ces détails parce qu'il en résulte cette conséquence importante, que, comme nous l'avons dit (même § 2, n° 20), Pradon fut l'agresseur.

[5] Méchante variation de sa phrase usée (sur l'épicier). *Pradon*, 67.

Autour d'un caudebec¹ j'en ai lu la préface.
L'autre jour sur un mot la cour vous condamna;
Le bruit court qu'avant-hier on vous assassina;² 60
Un écrit scandaleux³ sous votre nom se donne:
D'un pasquin⁴ qu'on a fait, au Louvre on vous soupçonne.
— Moi? — Vous; on nous l'a dit dans le Palais-Royal.⁵
Douze ans sont écoulés depuis le jour fatal⁶
Qu'un libraire, imprimant les essais de ma plume, 65
Donna, pour mon malheur, un trop heureux volume.
Toujours, depuis ce temps, en proie aux sots discours,⁷

¹ Sorte de chapeaux de laine, qui se font à Caudebec en Normandie. *Boil.*, 1713.

V. 1683 à 1697. *A l'entour d'un castor* (cela fut corrigé sur l'avis de Pradon... *Voy.* tome I, Essai, n° 163).

² Tallemant aîné fit courir ce faux bruit... Pradon dit aussi que Boileau avait reçu des coups de bâton. *Bross.*

Hier dans ce vers n'a qu'une syllabe, tandis que Boileau lui en a donné deux au vers 52, et au v. 19 de la satire III; c'est, disait-il, parce que le mot *hier* ne serait pas assez soutenu si on ne le faisait que d'une syllabe quand il est seul, au lieu qu'il l'est assez quand il est précédé d'*avant*... *Bross.*

³ Un sonnet satirique contre le duc de Nevers. *Bross.*

⁴ Il eût été plus exact de dire une pasquinade. *Mermet*, 47. — Mais on disait alors pasquin pour pasquinade. *Féraud.*

⁵ Allusion aux nouvellistes qui s'assemblent dans le jardin de ce palais. *Boil.*, 1713.

⁶ La douzième année commençait seulement à courir, la première édition étant de mars 1666 (*voy.* tome I, *Not. bibl.*, §, 1, n° 7).

⁷ Vers 64 à 67. Horace, liv. II, sat. VI, v. 40, 47.

> Septimus octavo propior jam fugerit annus,
> Ex quo Mœcenas me cœpit habere suorum
> In numero. . . .
> Per totum hoc tempus, subjectior in diem et horam
> Invidiæ.

Im. de B.. Gâcou, épît. à Pavillon:

> Depuis le jour fatal où ma muse insensée
> Sans contrainte et sans fard exprima sa pensée,
> Par les plus froids auteurs je me vois assailli.

Contre eux la vérité m'est un faible secours.
Vient-il de la province une satire fade,
D'un plaisant du pays insipide boutade ?[1]
Pour la faire courir on dit qu'elle est de moi ;
Et le sot campagnard le croit de bonne foi.
J'ai beau prendre à témoin et la cour et la ville : —
Non ; à d'autres, dit-il ; on connaît votre style.
Combien de temps ces vers vous ont-ils bien coûté ? —
Ils ne sont point de moi, monsieur, en vérité :[2]
Peut-on m'attribuer ces sottises étranges ? —
Ah ! monsieur, vos mépris vous servent de louanges.[3]

    Ainsi de cent chagrins dans Paris accablé,
Juge si, toujours triste, interrompu, troublé,
Lamoignon, j'ai le temps de courtiser les muses :[4]
Le monde cependant se rit de mes excuses,[5]

---

[1] Im. de B.. Gâcon, satire VIII (contre les auteurs du Mercure Galant).

    Vient-il de la province un ouvrage insipide?

[2] Voilà un vers bien harmonieux. *Pradon*, R., 71.

[3] Voilà d'étranges sottises, des choses fades et des complimens de la place Maubert. *Pradon*, R., 71. — Quant aux satires attribuées à Boileau et aux désaveux qu'il en fit, *voy.* tome I, Essai, n° 159, et le catalogue de ses œuvres, n° VII.

    Gâcon (ép. à Fléchère) dit au sujet de ces désaveux :

        En vain même Boileau désavoue aujourd'hui
        Mille insipides vers qui ne sont pas de lui :
        Il suffit qu'on les voie imprimés dans son livre,
        Et que pour vrais Boileau le marchand vous les livre,
        Mille faux connaisseurs les croyant de sa main
        Admirent sous son nom le plus froid écrivain.

[4] Horace, liv. II, épît. II, v. 79.

        Tu me inter strepitus nocturnos atque diurnos
        Vis canere, et contracta sequi vestigia vatum?

[5] *Le monde*, pris pour le *public*, paraîtrait un peu néologique. *Le Brun.*

Croit que, pour m'inspirer sur chaque évènement, [1]
Apollon doit venir au premier mandement. [2]

Un bruit court que le roi va tout réduire en poudre, 85
Et dans Valencienne est entré comme un foudre ; [3]
Que Cambrai, des Français l'épouvantable écueil,
A vu tomber enfin ses murs et son orgueil ;
Que, devant Saint-Omer, Nassau, par sa défaite,
De Philippe vainqueur rend la gloire complète. [4] 90
Dieu sait comme les vers chez vous s'en vont couler !

---

[1] La conjonction *et*, pour la pureté du langage, devrait, il me semble, précéder *croit que*. Le Brun.

[2] *Mandement* a vieilli : *ordre* serait l'expression propre. *Lévizac.* — *Au premier mandement*, jeté après *Apollon*, est plaisant et produit son effet. Le Brun.

[3] *Valencienne*. Ce grand mot de quatre syllabes traînantes détruit un peu la prosodie, et forme contraste avec la rapidité de la foudre, qui sert à peindre le monarque. *Le Brun.* — « Est entré comme un foudre ; » il nous semble que cette expression est à-la-fois faible et enflée. *D'Alembert*, III, 63. — Elle est *faible*, dit M. Am., parce que l'action rapide *de la foudre* n'est point caractérisée par le verbe entrer ; et *enflée*, parce qu'il y a exagération dans la métaphore. — M. de S.-S. trouve au contraire cette critique peu fondée, ou au moins, trop rigoureuse.

[4] La bataille de Cassel, gagnée par Monsieur, Philippe de France, frère unique du roi, en 1677. *Boil.*, 1713 (le 11 avril).

L'auteur m'a fait remarquer qu'en décrivant les conquêtes du roi dans ces quatre vers (*Un bruit*, etc., v. 85 à 88), il avait employé tout ce que la poésie a de plus magnifique ; et qu'en parlant des exploits de Monsieur dans les deux vers *De Philippe*, etc., il avait pris un ton plus modeste pour éviter de mettre ce prince en parallèle avec le roi. *Bross.* — *Voy.* aussi la note du vers 133 de l'ode sur Namur.

Boileau pouvait encore y faire sentir (dans ces six vers) l'art du poète dans la dégradation des teintes ; il pouvait se faire un mérite du soin qu'il avait eu, après les deux vers *foudroyans* qui ouvrent cette tirade, de commencer déjà à baisser un peu le ton dans les deux vers du milieu, afin que le passage ne fût pas trop tranchant et trop brusque, de la *fierté* des premiers vers à la *modestie* des derniers. *D'Alembert*, I, 55.

Dit d'abord un ami qui veut me cajoler, [1]
Et, dans ce temps guerrier et fécond [2] en Achilles,
Croit que l'on fait les vers comme l'on prend les villes.
Mais moi, dont le génie est mort en ce moment,   95
Je ne sais que répondre à ce vain compliment;
Et, justement confus de mon peu d'abondance,
Je me fais un chagrin du bonheur de la France. [3]

[4] Qu'heureux est le mortel qui, du monde ignoré,
Vit content de soi-même en un coin retiré!   100
Que l'amour de ce rien qu'on nomme renommée
N'a jamais enivré d'une vaine fumée;
Qui de sa liberté forme tout son plaisir,
Et ne rend qu'à lui seul compte de son loisir! [5]

---

[1] *V. O.* Orthographe de 1701, in-12, dernière édition revue par l'auteur. Brossette et plusieurs éditeurs ont mis comme dans les éditions de 1683 à 1701, in-4°, et 1713, *cageoler*.

[2] *V. E.* Texte de 1683 à 1713, et non pas *si fécond*, comme on lit à 1809 et 1825, Dau.; 1821, Am.; 1825, Aug. (in-8 et in-32); 1826, Mar.; 1828, Th.; 1829, B. Ch.; et comme l'avait déjà mis l'illustre Chapat (p. 80), car Chapat a refait ce vers, comme tant d'autres de Boileau.

[3] Beau vers : heureux contraste d'expression et de pensée. *Le Brun.*

Vers 91 à 98... On ne peut louer plus finement un monarque victorieux, que le fait dans ce passage l'auteur de cette belle épître. *Bouhours*, 267.

[4] *V. E.* Texte de 1683 à 1713. Brossette omet l'alinéa et presque tous les éditeurs indiqués à épît. v, v. 20, p. 57, l'ont imité.

[5] Racan (stances sur la retraite) avait dit :

> O bienheureux celui qui peut de sa mémoire
> Effacer pour jamais les vains desirs de gloire
> Dont l'inutile soin traverse nos plaisirs,
> Et qui loin, retiré de la foule importune,
> Vivant dans sa maison, content de sa fortune,
> A selon son pouvoir mesuré ses desirs.

C'est, dit La Harpe (*Lyc.*, IV, 27), c'est un objet de comparaison assez curieux que de voir précisément les mêmes idées renfermées dans le même nombre de vers, par le grand versificateur Despréaux »... Il cite ensuite ce pas-

Il n'a point à souffrir d'affronts ni d'injustices, 105
Et du peuple inconstant il brave les caprices.
Mais nous autres faiseurs de livres et d'écrits,
Sur les bords du Permesse aux louanges nourris,
Nous ne saurions briser nos fers et nos entraves,
Du lecteur dédaigneux honorables esclaves. 110
Du rang où notre esprit une fois s'est fait voir,
Sans un fâcheux éclat nous ne saurions déchoir.
Le public, enrichi du tribut de nos veilles,
Croit qu'on doit ajouter merveilles sur merveilles.
Au comble parvenus il veut que nous croissions : 115
Il veut en vieillissant que nous rajeunissions.[1]
Cependant tout décroît; et moi-même à qui l'âge
D'aucune ride encor n'a flétri le visage,

sage *Qu'heureux*, etc. (v. 99-104), et ajoute : Peut-être serait-il difficile de choisir. L'expression est certainement plus poétique dans les derniers (ceux de Boileau); mais il règne dans les autres je ne sais quel abandon qui peut balancer l'élégance.

[1] Vers 107 à 116. Corneille avait dit (*Horace*, acte V, sc. 1), au sujet de l'appréciation que le peuple fait de la vertu :

> Il veut que ses dehors gardent un même cours,
> Qu'ayant fait un miracle elle en fasse toujours :
> Après une action pleine, haute, éclatante,
> Tout ce qui brille moins remplit mal son attente :
> Il veut qu'on soit égal en tout temps, en tous lieux;
> Il n'examine point si lors on pouvait mieux,
> Ni que, s'il ne voit pas sans cesse une merveille,
> L'occasion est moindre, et la vertu pareille :
> Son injustice accable et détruit les grands noms;
> L'honneur des premiers faits se perd par les seconds;
> Et quand la renommée a passé l'ordinaire,
> Si l'on n'en veut déchoir il faut ne plus rien faire.

Ces vers ont un fond admirable de raison et de vérité; mais ils sont trop diffus et trop peu élégans, tandis que ceux de Boileau sont pleins de précision et d'élégance. *Clément*, lett. IX, p. 265.

Déjà moins plein de feu, pour animer ma voix,
J'ai besoin du silence et de l'ombre des bois :   120
Ma muse, qui se plaît dans leurs routes perdues,
Ne saurait plus marcher sur le pavé des rues.[1]
Ce n'est que dans ces bois, propres à m'exciter,
Qu'Apollon quelquefois daigne encor m'écouter.
Ne demande donc plus par quelle humeur sauvage   125
Tout l'été, loin de toi, demeurant au village,
J'y passe obstinément les ardeurs du Lion,[2]
Et montre pour Paris si peu de passion.
C'est à toi, Lamoignon, que le rang, la naissance,
Le mérite éclatant et la haute éloquence   130
Appellent dans Paris aux sublimes emplois,
Qu'il sied bien d'y veiller pour le maintien des lois.
Tu dois là tous tes soins au bien de ta patrie :
Tu ne t'en[3] peux bannir que l'orphelin ne crie ;
Que l'oppresseur ne montre un front audacieux :   135

---

[1] Ainsi il préfère les bois aux villes, non comme Horace (liv. II, ép. II, v. 77), à cause du tumulte des villes, mais parce qu'il ne peut plus aller à pied dans les rues !.. Il n'y a rien là de poétique. *Rosel*, p. 11. — La simplicité de l'idée est relevée par l'énergie poétique du vers. *Le Brun.*

[2] Hor., lib., I, ép. x, v. 15. . . . . . Ubi gratior aura
 Leniat et rabiem Canis, et momenta Leonis,
 Quum semel accepit Solem furibundus acutum ?

Passer les ardeurs du Lion, pour le temps des ardeurs du Lion, ellipse peu élégante. *Le Brun.*

[3] *Tu dois là tous tes soins... Tu ne t'en peux*, etc. La multiplicité des *t* rend ces vers durs ; *tu ne peux t'en bannir* valait mieux, il me semble, pour la douceur et l'harmonie, que « tu ne t'en peux bannir ». *Le Brun.*

J.-B. Rousseau, ode à Zinzindorf.

 Bientôt l'état privé d'une de ses colonnes
 Se plaindrait d'un repos qui trahirait le sien ;
 L'orphelin vous crîrait : Hélas, tu m'abandonnes !
  Je perds mon plus ferme soutien.

Et Thémis pour voir clair a besoin de tes yeux.¹
Mais pour moi, de Paris citoyen inhabile,
Qui ne lui puis fournir qu'un rêveur inutile,
Il me faut du repos, des prés et des forêts.
Laisse-moi donc ici, sous leurs ombrages frais,   140
Attendre que septembre ait ramené l'automne,
Et que Cérès contente ait fait place à Pomone.
Quand Bacchus comblera de ses nouveaux bienfaits
Le vendangeur ravi de ployer sous le faix,²
Aussitôt ton ami, redoutant moins la ville,   145
T'ira joindre à Paris, pour s'enfuir à Bâville.³
Là, dans le seul loisir que Thémis t'a laissé,⁴
Tu me verras souvent à te suivre empressé,
Pour monter à cheval rappelant mon audace,
Apprenti cavalier galoper sur ta trace.⁵   150

¹ Vers 132 à 136. Ils expriment les principales fonctions d'un avocat général. *Bross.* — Il est en effet chargé de veiller à la juste application et à l'exécution des lois, d'agir dans les causes de l'état, d'intervenir dans celles des mineurs, de poursuivre les prévenus de délits.

² L'harmonie imitative se fait sentir dans ce dernier hémistiche. *Le Brun.*

³ Maison de campagne de M. de Lamoignon. *Boil.*, 1713.

⁴ *Dans le seul*, pour *pendant le seul :* l'usage de la préposition au lieu de l'adverbe, est souvent plus élégant en poésie. *Le Brun.*

⁵ V. O. Texte de 1683 à 1701, adopté par Saint-Marc. — Brossette, Dumonteil et Souchay lisent *apprentif*, comme à 1713.

Vers 148 à 150. Quel vers latin avec tous ses dactyles est plus léger et plus rapide..? *Clément*, *Obs. crit.*, 318. — Je ne vois là que trois vers des plus traînans... embarrassés des quatre chevilles suivantes : 1. *A te suivre empressé...* Pour galoper souvent sur les traces d'un homme, il faut être empressé à le suivre... 2. *Pour monter à cheval* nous explique, en prose vulgaire, qu'avant de galoper l'auteur montait à cheval... 3. *Rappelant mon audace :* cet autre remplissage ne sert qu'à donner l'idée d'un homme qui tremble en approchant de sa monture... 4. *Apprentif cavalier :* autre circonstance indifférente... *Lenoir-Dulac*, *Lett.*, 41. — Loin de se jeter dans une semblable critique, M. Amar rappelle la remarque déjà faite, que le

Tantôt sur l'herbe assis, au pied de ces coteaux,
Où Polycrène[1] épand ses libérales eaux,
Lamoignon, nous irons[2], libres d'inquiétude,
Discourir des vertus dont tu fais ton étude;[3]
Chercher quels sont les biens véritables ou[4] faux,   155
Si l'honnête homme en soi doit[5] souffrir des défauts;
Quel chemin le plus droit à la gloire nous guide,
Ou la vaste science, ou la vertu solide.[6]

temps de galop du cheval était aussi bien exprimé par le mouvement et la cadence du dernier vers, que par celui-ci de Virgile (*Énéide*, VIII, 596) :

>   Quadrupedante putrem sonitu quatit ungula campum.

[1] Fontaine à une demi-lieue de Bâville, ainsi nommée par feu monseigneur le premier président de Lamoignon. *Boil.*, 1683 et 1685. — ...Feu M... *Id.*, 1694 à 1713. — Ce nom dérivé du grec désigne l'abondance de ses eaux. *Bross.*

[2] Lamoig*non*, nous i*rons*... consonnances qui blessent l'oreille par un son désagréable et nasal. *Le Brun.*

[3] Vers 153 et 154. Voltaire (Henriade, I, 201) :

>   Aux humains inconnu, libre d'inquiétude,
>   C'est là que de lui-même il faisait son étude.

[4] V. O. (par Bross.)... 1683 à 1701. Véritables *et* faux, cela ne présentait pas assez nettement la pensée de l'auteur. *Saint-Marc.*

[5] *Doit* est un peu faible, et amollit la pensée. *Le Brun.*

Vers 154 à 156. J.-J. Rousseau (*Verger des Charmettes*) :

>   Tantôt en méditant dans un profond repos
>   Les erreurs des humains, et leurs biens et leurs maux.

[6] Vers 157 et 158. Pour dire, ou le chemin de la science, ou celui de la vertu; l'ellipse est ici, peut-être, un peu forte. *Le Brun.* — Il me semble que non parce qu'il n'est personne qui ne supplée sur-le-champ les mots sous-entendus.

Vers 153 à 158. Horace, liv. II, sat. VI, vers 72.

>   . . . . Quod magis ad nos
>   Pertinet, et nescire malum est, agitamus : utrumne
>   Divitiis homines, an sint virtute beati;

C'est ainsi que chez toi tu sauras m'attacher.
Heureux si les fâcheux, prompts à nous y chercher, 160
N'y viennent point semer l'ennuyeuse tristesse!
Car, dans ce grand concours d'hommes de toute espèce,
Que sans cesse à Bâville attire le devoir,
Au lieu de quatre amis qu'on attendait le soir,
Quelquefois de fâcheux arrivent trois volées, 165
Qui du parc à l'instant assiègent les allées.
Alors, sauve qui peut : et quatre fois heureux
Qui sait pour s'échapper quelque antre ignoré d'eux! [1]

> Quidve ad amicitias, usus, rectumve, trahat nos;
> Et quæ sit natura boni, summumque quid ejus.

Clément (sat. VII, v. 174) a aussi imité Horace, ou plutôt Boileau.

> Nous aimons à chercher des vérités utiles ;
> Si l'amitié de l'âme est un pur sentiment,
> Ou si notre intérêt nous entraîne en aimant,
> Si le souverain bien que promet la richesse
> Ne se trouve en effet qu'en la seule sagesse.

[1] *Alors sauve qui peut;* expression proverbiale, mais qui n'est pas sans quelque sel dans la circonstance où elle se trouve placée. *Le Brun.*

ÉPITRE VII.[1]

A MONSIEUR [2] RACINE.

—

Que tu sais bien, Racine, à l'aide d'un acteur,[3]
Émouvoir, étonner, ravir un spectateur!

---

[1] On a parlé de l'époque et du but de la composition de l'épître vii, ci-dev. p. 69, note 1 et tome I, Essai, n°s 126 et 150. — Voltaire la cite assez souvent, et en parle toujours avec de grands éloges.

On y admire ces vers heureux mais hardis, ces expressions fières et généreuses que les Cotin, les Desmarets, les Pradon, les Perrault, s'étaient acharnés à flétrir. *Le Brun*, *Œuv.*, IV, 324.

Elle est un vrai modèle en ce genre (des épîtres). *Dussault*, II, 151 et suiv. (la suite de cette remarque est aux *Observations sur les épîtres*, n° vii, page 4).

Boileau en a disposé les diverses parties avec un art admirable : on en jugera par cette analyse de M. Andrieux (*Journ. polyt.*, tome IV, 103).

1. Vers 1 à 7. Le poète commence par un éloge du talent de Racine. — 2. Vers 7 à 15. Mais le talent ne désarme pas l'envie, au contraire, il l'irrite. — 3. Vers 15 à 40. La mort seule met les grands hommes à leur véritable place. Exemple de Molière, mort peu d'années auparavant. — 4. Vers 40 à 46. Racine ne doit donc pas s'étonner s'il a des envieux et des ennemis. — 5. Vers 46 à 71. Mais ces ennemis mêmes sont utiles puisqu'ils font faire au talent de nouveaux efforts et l'engagent à se surpasser lui-même. — 6. Vers 71 à 85. D'ailleurs les clameurs d'une cabale sont impuissantes contre les auteurs et les ouvrages qui ont un véritable mérite. Ceux-ci auront toujours pour eux l'équitable avenir. *Phèdre* est un de ces ouvrages qui seront loués par la postérité. Eloge de cette tragédie. — 7. Vers 85 à 101. Il faut savoir dédaigner les censeurs injustes et ignorans, et ne desirer les suffrages que des hommes éclairés, tels que, etc. — 8. Vers 101 à 106. Quant à la foule grossière qui ne sait priser que de mauvais ouvrages, elle est toute faite pour admirer le savoir de Pradon.

[2] Texte de 1683 à 1713.

[3] *A l'aide d'un acteur* n'est pas une belle expression. Il semble qu'on crie

Jamais Iphigénie, en Aulide immolée,
N'a coûté[1] tant de pleurs à la Grèce assemblée,
Que dans l'heureux spectacle à nos yeux étalé
En a fait sous son nom verser la Champmêlé.[2]
Ne crois pas toutefois, par tes savans ouvrages,
Entraînant tous les cœurs, gagner tous les suffrages.
Sitôt que d'Apollon un génie inspiré
Trouve loin du vulgaire un chemin ignoré,
En cent lieux contre lui les cabales s'amassent;
Ses rivaux obscurcis autour de lui croassent :[3]
Et son trop de lumière importunant les yeux,[4]

à l'aide, comme la populace. *Secours* eût été plus noble et plus naturel ; par malheur il ne pouvait entrer dans ce vers. *Pradon*, R., 72. Il est inutile de répondre, soit à de telles inepties, soit à cette autre critique de Pradon, qu'il résulte du vers de Boileau que les pièces de Racine ne réussissent qu'à l'aide des acteurs (*voy.* tome I, Essai, n° 150), quoiqu'un éditeur de Racine (M. Germ. Garnier) ait eu à-peu-près la même idée que Pradon.

[1] Il vaudrait mieux *ne coûta*, pour éviter la fréquence du son *é*... C'est avec cette version que Boileau récitait le vers, comme me l'a confirmé Louis Racine. *Le Brun.* — Cependant *n'a coûté* est dans toutes les éditions anciennes (1683 à 1713) soit françaises, soit étrangères, et M. Daunou trouve cette expression meilleure.

[2] Célèbre comédienne. *Boil.*, 1713.

On ne dirait pas aujourd'hui *la* en parlant d'une comédienne ; mais alors cette désignation s'employait quelquefois, même pour des dames d'un très haut rang. Saint-Simon, par exemple, dit (XI, 69) *la* Bournonville, *la* Isenghien.

V. 1683. *N'en a fait*, ce qui était plus correct, mais moins harmonieux. M. *Daunou*, 1809 ; et (d'après lui) M. de S. S. — La leçon actuelle est plus harmonieuse et peut-être aussi plus correcte. *M. Daunou*, 1825.

Vers 1 à 6. Beaux vers. *M. Lemercier*, I, 254.

[3] *Croassent*... Ce mot rauque tombe à la fin du vers d'une manière singulière et inusitée, qui rend son effet plus énergique... *M. Nodier, Dictionn. des Onomatopées*, 1808.

[4] Mermet (p. 48), mécontent de ce beau vers, en refait ainsi le premier hémistiche : *Et l'éclat qu'il répand...*

ÉPITRE VII.

De ses propres amis lui fait des envieux;
La mort seule ici-bas, en terminant sa vie,   15
Peut calmer sur son nom l'injustice et l'envie;
Faire au poids du bon [1] sens peser tous ses écrits,
Et donner à ses vers leur légitime prix. [2]

  Avant qu'un peu de terre, obtenu par prière,
Pour jamais sous la tombe eût enfermé Molière, [3]   20

---

[1] V. 1683 à 1698 (Saint-Marc ne cite que la première). *Du droit sens.*
[2] Vers 17 et 18. P. C. d'après Brossette :

> Et (*syllabe omise par des éditeurs*) réprimer...
> Des sots de qualité l'ignorante hauteur.

Vers 9 à 18. Cette pensée est dans plusieurs auteurs, tels que Properce (liv. III, él. 1, v. 21), Ovide (*Amours*, liv. I, él. xv, v. 39) et Horace (liv. II, ép. 1, v. 12), surtout dans les vers suivans (31 et 32, liv. III, ode 24) si bien traduits par Le Brun (2ᵉ ode à Buffon) :

> Virtutem incolumem odimus,
>   Sublatam ex oculis quærimus invidi.

> On n'aime que la gloire absente ;
> La mémoire est reconnaissante,
> Les yeux sont ingrats et jaloux.

[3] Il mourut le 17 février 1673. L'archevêque de Paris, Harlay de Champvallon, défendit de l'inhumer, mais à la *prière* (dit M. Amar) de Louis XIV, il permit de faire des obsèques, pourvu que ce fût sans pompe et sans bruit. Deux prêtres seulement les conduisirent et en silence, mais tous les amis de Molière y assistèrent tenant chacun un flambeau. *Bross.* — C'est que Molière était soumis à l'excommunication dont l'autorité ecclésiastique a frappé en France les comédiens. *Boil. de la jeunesse.* — On peut croire que sans cette considération impérieuse la mémoire d'un Molière n'eût pas éprouvé un tel outrage de la part d'un homme au sujet de l'oraison funèbre duquel on disait vingt ans après : On prétend qu'il n'y a que deux petites bagatelles qui rendent cet ouvrage difficile : c'est la vie et la mort.* *Lett. de Sévigné,*

---

* Malgré ces petites difficultés, Champvallon ne manqua point de panégyriques. Nous en avons vu trois dans un recueil du temps, dont deux en latin, et un en français par le chanoine Legendre.

Mille de ces ¹ beaux traits, aujourd'hui si vantés,
Furent des sots esprits à nos yeux rebutés.
L'ignorance et l'erreur à ses naissantes pièces,
En habits de marquis, en robes de comtesses, ²
Venaient pour diffamer son chef-d'œuvre nouveau, 25
Et secouaient la tête à l'endroit le plus beau.
Le commandeur voulait la scène plus exacte;
Le vicomte indigné sortait au second acte. ³
L'un, défenseur zélé des bigots mis en jeu,
Pour prix de ses bons mots le condamnait au feu. ⁴ 30

1818, XI, 240 (*voy.* aussi Saint-Simon, I, 319). Est-il bien sûr d'ailleurs que ce motif fût celui qui détermina le refus de Champvallon? ce qui nous porterait à en douter, c'est que, quoique la participation aux sacremens soit interdite aux excommuniés (Bergier, *Encycl., Théolog., h. v.*), 1° Molière fut admis plusieurs fois sans difficulté à tenir des enfans sur les fonds baptismaux (*Voy.* tome IV, pièces justif., 204 et 205)... 2° Sa belle-sœur, Magdelaine Béjart, également comédienne, avait été, une année auparavant, portée à l'église et inhumée avec la permission du même archevêque (*M. Taschereau*, p. 396).

¹ *V. E.* Texte de 1683 à 1713, suivi jusques au milieu du xviiiᵉ siècle. On y a substitué ses dans la médiocre édition de 1757, et cet exemple a été imité dans toutes les autres éditions à l'exception des copies de Saint-Marc et de 1713 A, telles que 1759, 1762, 1766, 1769, 1772, 1775 et 1776, A; 1767, Dr.; 1769, 1772, 1776 et 1789, Lon.; 1793, Pal.... En un mot, voilà un changement qui s'est reproduit dans plus de *quatre-vingts* éditions.

² Mauvaises rimes : dans pièce l'*è* est long, et dans comtesse, hardiesse, bref. *Mermet*, 226.

En habits de marquis. Ce costume masculin, dont le poète affuble l'ignorance et l'erreur, rend sa peinture encore plus piquante. *Le Brun.* — M. Amar admire aussi cette manière de personnifier l'ignorance et l'erreur.

³ Le bonheur de la rime ajoute beaucoup au mérite de ces deux vers d'une précision admirable. *Le Brun.* — Ces vers qui s'appliquaient au commandeur de Souvré et au comte du Broussin (*voy.* Brossette et Bret, avertiss. sur l'Ecole des femmes) prouvent aussi que notre poète, loin d'être un vil flatteur, ne ménageait pas les grands lorsqu'il s'agissait de rendre justice au mérite.

⁴ Bourdaloue, disent MM. Daunou et Amar, avait tonné en chaire contre *le Tartufe*. (M. Lemercier, II, 456, rapporte le passage.)

ÉPITRE VII.

L'autre, fougueux marquis, lui déclarant la guerre,
Voulait venger la cour immolée au parterre.
Mais, sitôt que d'un trait de ses fatales mains, [1]
La Parque l'eut rayé du nombre des humains,
On reconnut le prix de sa muse éclipsée.   35
L'aimable comédie, avec lui terrassée,
En vain d'un coup si rude espéra revenir,
Et sur ses brodequins ne put plus se tenir. [2]
Tel fut chez nous le sort du théâtre comique.
  Toi donc qui, t'élevant sur la scène tragique,   40
Suis les pas de Sophocle, et, seul de tant d'esprits,
De Corneille vieilli sais consoler Paris,
Cesse de t'étonner si l'envie animée, [3]
Attachant à ton nom sa rouille envenimée,
La calomnie en main quelquefois te poursuit. [4]   45

---

[1] *Mais sitôt que;* on trouve plus haut (v. 9): *Sitôt que d'Apollon.* N'était-il pas possible d'employer un autre mot? *Le Brun.* — Ils sont assez éloignés, ce me semble, pour que leur répétition ne choque pas; d'autant plus que le second n'est pas, comme le premier, au commencement du vers.

[2] *Ne put plus* est un peu rude à l'oreille. *Voltaire, Dict. phil.,* mot *Art dramatique.* — Ne put plus se tenir, loin d'être dur, fait beauté; le vers est chancelant comme le personnage. *Le Brun.* — MM. Amar (*Monit.*, 28 *mars* 1808) et Daunou sont de l'avis de Voltaire.

[3] L'épithète d'*animée* manque d'un peu de force. *Le Brun.* — Il me semble que non : en voyant *l'envie* animée nous nous attendons aux attaques les plus dangereuses.

[4] *La calomnie en main*, belle expression, mais que Boileau doit peut-être à Corneille (*Polyeucte*, acte I, sc. 3)... *Le Brun.*

> Je l'ai vu cette nuit, ce malheureux Sévère,
> La vengeance à la main, l'œil ardent de colère.

Ce qu'il fallait remarquer ici, c'est que l'expression, pleine de force et de justesse dans Corneille, n'est pas à beaucoup près aussi heureuse dans Boileau; que *la vengeance à la main* présente l'image d'une main armée de l'in-

ÉPITRE VII.

En cela, comme en tout, le ciel qui nous conduit,
Racine, fait briller sa profonde sagesse.
Le mérite en repos s'endort dans la paresse :
Mais par les envieux un génie [1] excité
Au comble de son art est mille fois monté. [2]   50
Plus on veut l'affaiblir, plus il croît et s'élance. [3]
Au Cid persécuté Cinna doit sa naissance,
Et peut-être ta plume aux censeurs de Pyrrhus
Doit les plus nobles traits dont tu peignis Burrhus.

   Moi-même, dont la gloire ici moins répandue   55
Des pâles envieux ne blesse point la vue,
Mais qu'une humeur trop libre, un esprit peu soumis,

---

strument qui va servir sa vengeance, et qu'il n'est pas aussi facile de se faire une idée prompte et juste de l'arme de la calomnie. Il reste trop de vague, et la peinture est manquée. *M. Amar, Moniteur*, 23 *mars* 1808 (M. Fontanier (p. 231) reproduit à-peu-près ces remarques).

On pourrait, ce me semble, répondre qu'il est bien peu d'hommes à qui une expérience fâcheuse n'ait pas fait connaître l'arme de la calomnie, et que d'ailleurs les vers qui précèdent en préparent en quelque sorte l'idée : la calomnie n'est-elle pas l'arme ordinaire de l'envie ?

N. B. La remarque précédente était écrite depuis plus de dix ans, lorsque nous avons lu avec un vif plaisir cette nouvelle explication de M. Amar (*Édit. de Boil.*, 1821, I, 354) : « La calomnie en main, c'est-à-dire armée de l'écrit réputé *calomnieux*, comme Sévère du glaive destiné à venger son affront. »

[1] Sur ce mot, *voy. Art poét.*, ch. II, note du vers 194.
[2] Vers 43 à 50. Voltaire, épître au président Hénault.

> L'envie est un mal nécessaire ;
> C'est un petit coup d'aiguillon
> Qui vous force encore à mieux faire.
> Dans la carrière des vertus
> L'âme noble en est excitée :
> Virgile avait son Mevius,
> Hercule avait son Eurysthée.

[3] Vers mâle et rapide. *Le Brun.*

De bonne heure a pourvu d'utiles ennemis,
Je dois plus à leur haine, il faut que je l'avoue,
Qu'au faible et vain talent dont la France me loue. [1]   60
Leur venin, qui sur moi brûle de s'épancher, [2]
Tous les jours en marchant m'empêche de broncher. [3]
Je songe, à chaque trait que ma plume hasarde,
Que d'un œil dangereux leur troupe me regarde.
Je sais sur leurs avis corriger mes erreurs,   65
Et je mets à profit leurs malignes fureurs.
Sitôt que sur un vice ils pensent me confondre,
C'est en me [4] guérissant que je sais leur répondre :
Et plus en criminel ils pensent m'ériger, [5]
Plus, croissant en vertu, je songe à me venger. [6]   70
Imite mon exemple; et lorsqu'une cabale,

---

[1] Voltaire (Henr., II, 109) a dit aussi (mais *voy.* sat. x, v. 481) :

> Je lui dois tout, madame, il faut que je l'avoue;
> Et d'un peu de vertu si l'Europe me loue...

[2] C'est la personne et non le venin qui brûle de s'épancher. *Pradon*, 74. — Personnifier ainsi le *venin* est d'un vrai poète. *Le Brun.*

[3] Un critique ridicule dirait que, par la construction de la phrase, c'est le venin qui marche. *Le Brun.*

[4] V. O. 1683 à 1701. C'est en m'en guérissant.

[5] On dit bien ériger en héros, mais peut-on dire *ériger en criminel?* Je ne le crois pas. Après le verbe ériger, on attend ordinairement une qualification honorable. *Le Brun.* — « Vos scrupules font voir trop de délicatesse, » pourrait-on dire ici à Le Brun... Non sans doute on ne le dirait pas (ériger en criminel) en langage vulgaire, et c'est pour cela que la poésie peut et doit le dire. *M. Amar, Moniteur,* 23 mars 1808. (Il est revenu en 1824 à l'avis de Le Brun.)

[6] Vers 69 et 70. Ils ont été critiqués par Pradon (*voy.* tome I, Essai, n° 112), et imités par Voltaire (3ᵉ *Disc.*, vers 65).

> La gloire d'un rival s'obstine à t'outrager,
> C'est en le surpassant que tu dois t'en venger.

Un flot de vains auteurs follement te ravale, [1]
Profite de leur haine et de leur mauvais sens,
Ris du bruit passager de leurs cris impuissans.
Que peut contre tes vers une ignorance vaine ? 75
Le Parnasse français, ennobli par ta veine,
Contre tous ces complots saura te maintenir,
Et soulever pour toi l'équitable avenir. [2]
Et qui [3], voyant un jour la douleur vertueuse
De Phèdre malgré soi perfide, incestueuse, 80
D'un si noble travail justement étonné,
Ne bénira d'abord le siècle fortuné [4]
Qui, rendu plus fameux par tes illustres veilles,
Vit naître sous ta main ces pompeuses merveilles? [5]

---

[1] *V. E.* 1683 et 1685 (et non pas seulement 1683, comme disent Brossette, Dumonteil et Saint-Marc). Un *tas* de vains. — Saint-Marc (V, 482) préfère *tas* à *flots*, comme plus méprisant et surtout plus exact. M. de S. S. n'est pas de ce dernier sentiment, qui paraît au contraire adopté par MM. Daunou et Amar. — A l'égard de la *cabale* et du mot *ravale*, *voy.* tome I, Essai, n° 150, et sat. x, note du vers 258.

[2] Im. de B... J.-B. Rousseau, 1re ode au prince Eugène, v. 71.

> Mais la déesse de mémoire,
> Favorable aux noms éclatans,
> Soulève l'équitable histoire
> Contre l'iniquité du temps.

[3] *V. E.* Texte de 1683 à 1713. On lit eh! *qui*, dans plusieurs éditions modernes, telles que 1821 et 1823, Viol.; 1821, 1824 et 1829, Am.; 1825, Daun. et Aug. (in-8° et in-32); 1826, Mart.; 1829, B. ch...

[4] Que dira-t-il donc pour le roi dont il faut bénir le siècle fortuné? *Pradon*, R., 76.

[5] Ces merveilles étaient plus touchantes que pompeuses. *Volt., Comm. sur Pulchérie.* — Il me semble qu'elles sont l'un et l'autre, et ce que je viens de citer le prouve assez. *La Harpe, Lyc.*, V, 99. — Voltaire n'a pas pris garde à l'idée du poète qui voulait faire sentir le mérite particulier à la tragédie de *Phèdre*, où ce que la passion a de plus tragique est sans cesse accompagné des merveilles les plus pompeuses de la poésie. *Clément, Tragéd.*, II, 327.

Cependant laisse ici gronder quelques censeurs,
Qu'aigrissent de tes vers les charmantes douceurs. [1]
Et qu'importe à nos vers que Perrin [2] les admire;
Que l'auteur du Jonas [3] s'empresse pour les lire;
Qu'ils charment de Senlis le poète idiot, [4]
Ou le sec traducteur du français d'Amyot : [5]

90

---

[1] Boileau, en traitant des sujets simples, ne tombe point dans le bas; il est familier, mais toujours élégant... Lisez ces deux vers (85 et 86) dans cette belle épitre à Racine : *Cependant,* etc. Vous ne verrez dans cette simplicité que les termes les plus nobles. *Voltaire, Mélanges, Utile examen sur Rousseau.*

L'opposition d'*aigrissent* et de *charmantes* donne à ce vers (le 86ᵉ) une grâce inexprimable. *Le Brun.*

[2] Il a traduit l'Enéide, et a fait le premier opéra qui ait paru en France. *Boil.,* 1713. — *Voy.* un exemple de sa manière de traduire, au tome IV, lettre du 8 avril 1700 (*à Brossette*).

[3] V. Selon Brossette, « Lorsque Boileau préparait l'édition de 1701, on lui rapporta qu'un magistrat avait soutenu que ses vers sentaient le travail. Il changea alors cet hémistiche et mit : *que . . . au palais,* etc., ajoutant en note : *Conseiller au parlement qui fait peu de cas de mes ouvrages ;* mais à l'épreuve, regrettant d'avoir cédé à ce mouvement de dépit, il rétablit la première leçon »... Une anecdote aussi peu vraisemblable aurait besoin d'être appuyée d'un autre témoignage que celui de Brossette, qui d'ailleurs n'était pas alors à Paris. *V.* tome III, art. de ses erreurs, n. 22, et quant à l'*Auteur du Jonas*, tome I, *Notice bibl.*, § 2, n° 9.

[4] Linière. *Boil.,* 1713. — Il avait l'air d'un idiot, et il ne réussissait que dans les couplets impies (ci-apr. épig. x). *Brossette.*

[5] Paul Tallemant de l'Académie française, traducteur de Plutarque. On prétendait qu'il n'avait fait que changer le langage de la traduction d'Amyot. *Brossette.*

Telle est en effet, l'opinion de plusieurs écrivains..... « Je n'aime pas la médisance... Je ne puis néanmoins m'empêcher d'admirer ces deux vers de Boileau... Se peut-il rien de plus heureux que le second pour faire entendre que Tallemant, dans ce qu'il nous a donné des vies de Plutarque, s'est plus servi de la traduction d'Amyot que du texte grec ?» *Menagiana*, III, 179 (est aussi dans Saint-Marc, V, 167). — Quoi qu'il en soit, la traduction d'Amyot est toujours lue avec délices, tandis que celle de Tallemant est oubliée

Pourvu qu'avec éclat leurs rimes débitées, [1]
Soient du peuple, des grands, des provinces goûtées;
Pourvu qu'ils sachent plaire au plus puissant des rois, [2]
Qu'à Chantilli Condé les souffre quelquefois;
Qu'Enghien en soit touché; que Colbert et Vivonne, 95
Que la Rochefoucauld, Marsillac et Pomponne,
Et mille autres qu'ici je ne puis faire entrer,

et mérite de l'être. Elle eut toutefois, lorsqu'elle parut, beaucoup de réputation, grâce au mauvais goût du temps. « Le traducteur, dit-on dans le Journal des Savans du 16 février 1665, prend si bien le sens de son auteur et en exprime les pensées avec tant de justesse et d'élégance qu'il ne faut pas s'imaginer qu'on puisse rien faire de plus achevé »... Lorsque la suite de la même traduction parut, on répéta ces éloges (Journal du 25 avril 1672), et l'on censura le travail d'Amyot.

V. O. Au reste, ces deux vers et les deux suivans (v. 89 à 92) n'étaient point dans les éditions antérieures à 1701... L'abbé Tallemant, parent du traducteur, se plaignit vivement de cette addition. (Lettre du 3 mai 1701, dans Louis Racine, II, 263... Nous en parlons à l'*Art poét.*, ch. IV, note des vers 33 à 36.)

[1] Vers 91 et 92... V. E. Brossette, Dumonteil, Saint-Marc, etc., disent qu'ils étaient ainsi dans les *premières* éditions:

> Pourvu qu'avec honneur leurs rimes débitées
> Du public dédaigneux ne soient point rebutées.

Mais ce ne peut être dans les premières, ni même dans plusieurs éditions, puisque ces vers et les deux précédens parurent pour la première fois (*voy*. note du vers 90) dans les deux éditions de 1701, les dernières qu'ait revu Boileau, et à peu de mois d'intervalle... Il s'agit donc ici tout simplement d'une première composition.

[2] *V. E... Qu'ils sachent plaire...* Texte de 1683, 1685, 1694, 1698, et de 1701, ainsi que de 1683 à 1708 A, C, R, (vingt-cinq éditions, dont six originales). Nous le préférons à la leçon *qu'ils puissent plaire*, de l'édition posthume et suspecte de 1713, adoptée par Brossette et les autres éditeurs. Nous doutons que Boileau eût préféré lui-même l'expression prosaïque *puissent* à l'expression poétique *sachent*, et que son oreille sensible n'eût pas été blessée de l'addition d'un *p* dans un vers où il y en avait déjà quatre, et surtout de la consonnance désagréable que forment les mots *puissent* et *puissant*. — *Voy*. aussi, quant au vers 92, la note du vers 98.

ÉPITRE VII.

A leurs traits délicats se laissent pénétrer ?[1]
Et plût au ciel encor, pour couronner l'ouvrage,
Que Montausier voulût leur donner son suffrage![2]   100

[1] *Se laisser à...* Tous les bons écrivains, entre autres Racine (*Phèdre*, acte I. sc. 3, et *Athalie*, acte II, chœur), ont employé dans ce cas, *à* pour *par*... *Clément*, lett. VI, p. 300.

Vers 87 à 98. Im. d'Horace, liv. I, sat. X, v. 79 et suiv.

> Men' moveat cimex Pantilius? aut cruciet, quod
> Vellicet absentem Demetrius, aut quod ineptus
> Fannius Hermogenis lædat conviva Tigelli?
> Plotius et Varius, Mæcenas, Virgiliusque,
> Valgius, et probet hæc Octavius optimus, atque
> Fuscus; et hæc utinam Viscorum laudet uterque!....
> Complures alios, doctos ego quos et amicos
> Prudens prætereo; quibus hæc, sint qualiacumque,
> Arridere velim : doliturus, si placeant spe
> Deterius nostrâ. Demetri, teque, Tigelli,
> Discipularum inter jubeo plorare cathedras.

J'avoue que j'aime mieux le *Mæcenas, Virgiliusque* (vers 4 ci-dev.) dans Horace, que *le plus puissant des rois*, dans Boileau, parce qu'il est plus beau, ce me semble, et plus honnête de mettre Virgile et le premier ministre de l'empire sur la même ligne, quand il s'agit du goût, que de préférer le suffrage de Louis XIV et du grand Condé à celui des Coras et des Perrin; ce qui n'était pas un grand effort. *Voltaire, Ép. dédic. de don Pèdre.* — Mais, dit judicieusement M. de S.-S., vu le découragement où le peu de succès de Phèdre avait jeté Racine, il était utile pour le rassurer, d'opposer les plus imposans suffrages aux menées des partisans de Pradon, tels que le duc de Nevers et la duchesse de Bouillon sa sœur.

L'objection suivante de M. Daunou contre le vers 93 est moins susceptible de réponse. Après avoir rappelé le *complures alios* (vers 7) d'Horace, il dit : Le vers de Boileau est moins élégant: *mille* peut, à beaucoup d'égards, sembler un nombre excessif; il s'agit de juges d'élite : c'est rabaisser un peu ceux qu'on nomme, que de multiplier si fort leurs pareils qu'on ne *puisse* tous les nommer. — Mais Gacon n'en a pas jugé ainsi. Après avoir cité plusieurs des esprits sublimes des anciens, tels qu'Homère, Euripide, Virgile, Horace, il ajoute (épit. XV), en imitant Boileau, par un trait encore plus exagéré :

> Et mille autres encor qu'en ces vers je supprime,
> Pour être trop gêné du côté de la rime.

[2] Ce vers amena la réconciliation de Montausier avec Despréaux. *Bros-*

C'est à de tels lecteurs que j'offre mes écrits;
Mais pour un tas grossier de frivoles esprits,
Admirateurs zélés de toute œuvre insipide,
Que, non loin de la place où Brioché [1] préside,
Sans chercher dans les vers ni cadence ni son, [2]
Il s'en aille admirer le savoir de Pradon! [3]

sette. — Plusieurs écrivains, tels que D'Alembert (I, 43) et Le Brun, ont fait remarquer combien la louange qu'il contient est délicate, habilement amenée, etc. — Au reste, quant à l'austère et *facile* Montausier, et à sa réconciliation avec Boileau, *Voy.* tome III, discours sur la satire, aux notes, et art. des Erreurs de Brossette, n° 41.

[1] Fameux joueur de marionnettes (*Boil.*, 1713) logé proche des comédiens. *Id.*, 1701. — Vis-à-vis l'extrémité nord de la rue Guénégaud... Le théâtre où l'on jouait la Phèdre de Pradon était vis-à-vis l'autre extrémité, rue Mazarine. *Bross.*

[2] Immodulata poemata... (Hor., *Art poét.*, v. 263). *Bross.*

[3] V. O. 1683 et 1685. P***.

On lui reprochait d'avoir transporté une ville d'Asie en Europe; il s'excusa sur ce qu'il ne savait pas bien la chronologie. *Bross.*

ÉPITRE VIII.[1]

AU ROI.

Grand roi, cesse de vaincre, ou je cesse d'écrire. [2]
Tu sais bien que mon style est né pour la satire;
Mais mon esprit, contraint de la désavouer,
Sous ton règne étonnant ne veut plus que louer.
Tantôt, dans les ardeurs de ce zèle incommode,   5
Je songe à mesurer les syllabes d'une ode;

---

[1] Cette épître, que l'auteur appelait son *remerciment*, fut composée en 1675, mais publiée seulement en 1676, parce que les revers qu'on éprouva à la fin de 1675 (mort de Turenne; défaite et prise de Créqui) auraient obligé de changer surtout le beau vers par lequel commence l'épître, et que Boileau fut mécontent de celui qu'il essaya (*voy.* note du vers 1er) d'y substituer. *Bross.* — Ce récit nous paraît inexact quant à l'époque de la composition. Il faudrait en effet supposer que Boileau a refait dans la suite la plus grande partie d'un ouvrage dont les idées sont si bien liées les unes aux autres, puisqu'il y a plusieurs vers qui se rapportent à des faits mêmes postérieurs à 1676 (*voy.* notes des vers 60, 64 et 83). — Quoi qu'il en soit, on voit d'après cela que Brossette se trompe au moins quant à la publication, qui ne peut avoir eu lieu avant la fin de 1677. Un catalogue cite, il est vrai, une édition des épîtres v, viii et ix avec la date de 1675, mais il est probable que les exemplaires des deux dernières étaient sans date, et auront été joints à celui de l'épître v, ce qui aura occasioné l'erreur du catalogue.

« Cette épître est fort belle, mais on trouve de grandes fautes de jugement dans ces comparaisons éternelles que l'auteur fait du roi et de lui, » comme au 1er vers. *Pradon*, 77.

[2] Le début de cette épître se sent de l'inspiration poétique. *Le Brun.* — L'artifice que Boileau emploie ici pour prodiguer un encens détourné est fort ingénieux. *Nivernois*, I, p. 241.

Voici le vers qu'il voulait substituer (note 1) à celui-ci :

Grand roi, sois moins louable, ou je cesse d'écrire.

Tantôt, d'une Énéide auteur ambitieux,
Je m'en forme déjà le plan audacieux :
Ainsi, toujours flatté d'une douce manie,
Je sens de jour en jour dépérir mon génie ; 10
Et mes vers en ce style[1], ennuyeux, sans appas,
Déshonorent ma plume, et ne t'honorent pas.

Encor si ta valeur, à tout vaincre obstinée,
Nous laissait, pour le moins, respirer une année,
Peut-être mon esprit, prompt à ressusciter, 15
Du temps qu'il a perdu saurait se racquitter.[2]
Sur ses nombreux défauts, merveilleux à décrire,
Le siècle m'offre encor plus d'un bon mot à dire.[3]
Mais à peine Dinan et Limbourg sont forcés,
Qu'il faut chanter Bouchain et Condé terrassés.[4] 20
Ton courage, affamé de péril et de gloire,[5]
Court d'exploits en exploits, de victoire en victoire.

---

[1] *V. E.* Texte de 1683 à 1701. La suppression de la virgule opérée dans l'édition de 1713 et dans toutes les suivantes, change le sens du vers.

[2] *Saurait se racquitter...* Hémistiche prosaïque... *Le Brun.* — *Se racquitter*, mot qui n'a pas assez de dignité. *Mermet*, p. 50. — Il signifie au figuré *se dédommager... Lévizac.*

[3] V. 1683 à 1701, au lieu des vers 17 et 18, il y avait :

Le Parnasse français, non exempt de tous crimes,
Offre encore à mes vers des sujets et des rimes.

On fit remarquer à Boileau que le 1er de ces vers était dur, et que c'était d'ailleurs trop borner la satire, que de la réduire à la censure des mauvais auteurs. Il fit plus de quarante vers avant de trouver les deux vers du texte. *Bolœana*, p. 133.

[4] P. C. Mais à peine Salins et Dole sont forcés,
Qu'il faut chanter Bouchain et Condé terrassés.

Telle était la 1re composition des vers 19 et 20 ; Boileau la changea parce que Bouchain et Condé furent pris en 1676 (août et mai) et que Salins et Dôle l'avaient été en 1674, et Dinan et Limbourg en 1675. *Bross.*

[5] *Affamé de péril* est très bien, surtout précédant la *gloire. Le Brun.*

Souvent ce qu'un seul jour te voit exécuter
Nous laisse pour un an d'actions à compter. [1]
 Que si quelquefois, las [2] de forcer des murailles,   25
Le soin de tes sujets te rappelle à Versailles,
Tu viens m'embarrasser de mille autres vertus : [3]
Te voyant de plus près, je t'admire encor plus.
Dans les nobles douceurs d'un séjour plein de charmes,
Tu n'es pas moins héros qu'au milieu des alarmes :   30
De ton trône agrandi portant seul tout le faix,
Tu cultives les arts; tu répands les bienfaits;
Tu sais récompenser jusqu'aux muses critiques.
Ah! crois-moi, c'en est trop. Nous autres satiriques,
Propres à relever les sottises du temps,   35
Nous sommes un peu nés pour être mécontens :
Notre muse, souvent paresseuse et stérile,
A besoin, pour marcher, de colère et de bile.
Notre style languit dans un remercîment;
Mais, grand roi, nous savons nous plaindre élégamment.
 Oh! que si je vivais sous les règnes sinistres
De ces rois nés valets de leurs propres ministres,
Et qui, jamais en main ne prenant le timon,
Aux exploits de leur temps ne prêtaient que leur nom;
Que, sans les fatiguer d'une louange vaine,   45
Aisément les bons mots couleraient de ma veine!

---

[1] Vers peu digne de Boileau. La pensée méritait d'être mieux encadrée. *Le Brun.* — M. de S.-S. rejette cette critique, qu'approuve au contraire M. Daunou.

[2] *Que si quelquefois, las*, etc., n'est ni heureux ni flatteur pour l'oreille. *Le Brun.* — Il l'est peut-être encore moins dans les éditions anciennes, où *las* n'est pas séparé par une virgule, de *quelquefois*.

[3] *M'embarrasser de vertus*, expression recherchée. *Le Brun.* — Autre critique approuvée par M. Daunou et blâmée par M. de S.-S.

Mais toujours sous ton règne il faut se récrier;
Toujours, les yeux au ciel, il faut remercier.
Sans cesse à t'admirer ma critique forcée,
N'a plus en écrivant de maligne pensée; 50
Et mes chagrins sans fiel et presque évanouis,
Font grâce à tout le siècle en faveur de Louis.
En tous lieux cependant la Pharsale [1] approuvée,
Sans crainte de mes vers, va la tête levée; [2]
La licence partout règne dans les écrits. 55
Déjà le mauvais sens, reprenant ses esprits, [3]
Songe à nous redonner des poèmes épiques, [4]
S'empare des discours mêmes [5] académiques;
Perrin [6] a de ses vers obtenu le pardon,
Et la scène française est en proie à Pradon. [7] 60

[1] La Pharsale de Brébeuf. *Boil.*, 1683 à 1713.

[2] L'attitude de ce vers exprime bien l'action que le poète veut peindre; mais les quatre qui le suivent manquent de vigueur et de coloris. *Le Brun.*

[3] Un mauvais sens qui reprend ses esprits, et les écrits d'un mauvais sens, ne se peuvent payer. *Pradon*, 81.

[4] Childebrand et Charlemagne, poèmes qui n'ont point réussi. *Boil.*, 1713. — La mémoire de Boileau l'a mal servi en cette occasion, et c'est ce qu'on n'a point remarqué. Le Charlemagne (par Louis le Laboureur) avait paru en 1664, et le Childebrand (par Sainte-Garde) en 1666 ou 1667.

[5] *S'emparent*, faute grossière de 1713, in-12.

Mêmes académiques est bien peu académicien, et n'est qu'une pure cheville. *Pradon*, 81; *Chapat*, 80. — *Mêmes* ne doit être considéré que comme adverbe malgré l's finale, car cet adverbe s'écrivait quelquefois ainsi... Aujourd'hui, *même*, quand il est adverbe, s'écrit toujours sans *s*. *MM. Daunou et Fontanier.* — Depuis Malherbe jusqu'à Voltaire, tous nos poètes, sans exception, ont employé ou supprimé l's finale de *même*. *Palissot, Œuvres*, III, 495.

[6] *Voy.* sat. VII, v. 44; épit. VII, v. 87, note, et son renvoi, p. 93.

[7] V. O. 1683 et 1685. P***.

La pensée riche est celle qui présente à-la-fois, non-seulement l'objet, mais la manière d'être de l'objet, mais d'autres objets voisins, pour faire,

ÉPITRE VIII.

Et moi, sur ce sujet loin d'exercer ma plume,
J'amasse de tes faits le pénible volume,
Et ma muse, occupée à cet unique emploi,
Ne regarde, n'entend, ne connaît plus que toi.[1]
  Tu le sais bien pourtant, cette ardeur empressée   65
N'est point en moi l'effet d'une âme intéressée.
Avant que tes bienfaits courussent me chercher,
Mon zèle impatient ne se pouvait cacher.
Je n'admirais que toi. Le plaisir de le dire
Vint m'apprendre à louer au sein de la satire;   70
Et, depuis que tes dons sont venus m'accabler,
Loin de sentir mes vers avec eux redoubler,
Quelquefois, le dirai-je? un remords légitime,
Au fort de mon ardeur, vient refroidir ma rime.[2]

par la réunion des idées, une plus grande impression; ce vers (et la scène, etc.) en offre un exemple... Quel homme que ce Pradon, ou plutôt quel animal féroce qui déchire impitoyablement la scène française! elle expire sous ses coups. *Jaucourt, Encycl.,* mot *pensée* (note copiée dans Batteux, IV, 68).
  Ce vers est admirable, il fait tableau. *Lévizac.*
  On pourrait induire de ce vers que l'épître VIII est postérieure aux premiers mois de 1677, époque où, d'après l'espèce de triomphe que la Phèdre de Pradon obtenait sur celle de Racine, on pouvait dire que la scène française était en proie à ce rimeur (*voy.* note 1, p. 97).

[1] Vers 63 et 64. Cet entassement de verbes qui se pressent les uns sur les autres, montre l'empressement, le zèle et tous les autres sentimens dont il est pénétré pour un roi qui l'occupe tout entier. Voltaire a saisi heureusement la même figure, en parlant de Henri IV, absorbé et concentré dans son amour (*Henriade*, IX, 237). *Clément, Nouv. obs.,* p. 384.

    Sa vertu l'abandonne, et son âme enivrée
    N'aime, ne voit, n'entend, ne connaît que d'Estrée.

Ces vers prouvent encore que l'épître VIII ne fut pas composée avant 1677 (*voy.* note 1, p. 97), puisque Boileau ne fut nommé historiographe que dans le courant de cette année (*voy.* aussi les vers 83 et 97).

[2] *Refroidir ma rime;* l'épithète est d'un poète qui sent tout le prix de son art. *Le Brun.*

Il me semble, grand roi, dans mes nouveaux écrits, 75
Que mon encens payé n'est plus de [1] même prix.
J'ai peur que l'univers, qui sait ma récompense,
N'impute mes transports à ma reconnaissance,
Et que par tes présens mon vers décrédité [2]
N'ait moins de poids pour toi dans la postérité. [3] 80
 Toutefois je sais vaincre un remords qui te blesse.
Si tout ce qui reçoit des fruits de ta largesse
A peindre tes exploits ne doit point s'engager, [4]
Qui d'un si juste soin se pourra donc charger?
Ah! plutôt de nos sons redoublons l'harmonie : 85
Le zèle à mon esprit tiendra lieu de génie.
Horace tant de fois dans mes vers imité,
De vapeurs [5] en son temps, comme moi tourmenté,

---

[1] *V*. Texte de 1701, in-12, dernière édition revue par Boileau. Il nous paraît préférable à DU, qu'on lit dans toutes les autres, soit anciennes, soit modernes. Il semble par cette expression, qui d'ailleurs forme consonnance avec *plus*, que le roi eût déjà fixé un certain prix à l'encens de Boileau, tandis que *de* offre seulement l'idée vague du prix qu'on attachait en général à cet encens.

[2] C'est mal parler, il fallait dire *bienfaits*. Un roi ne fait point de présens à ses sujets; il fait des grâces, il répand des bienfaits. Un ami fait un présent à un ami, etc. *Pradon*, 80.

[3] Vers 67 à 80. On comparait l'éloge du roi qu'ils contiennent à celui qui est à la fin de l'épître 1 (v. 183 à 190, p. 15). Des amis de Boileau se partageaient sur celui de ces deux morceaux qui méritait la préférence. L'auteur paraît en avoir jugé mieux que personne : *Le premier*, disait-il, *fait plus d'honneur au roi, puisqu'il y est loué, pour ainsi dire, par la satire même ; le second fait plus d'honneur au poète, parce qu'il y annonce ses éloges comme entièrement désintéressés... D'Alembert*, III, 62. — Tel est aussi l'avis de Saint-Marc. — On ne connaît ce prétendu jugement de Boileau que par Brossette. *M. Daunou.*

[4] Même observation qu'à note du vers 64, p. 101.

[5] Ce mot signifie ici humeur chagrine et satirique. *Brossette* (explication adoptée par Lévizac).

Pour amortir le feu de sa rate indocile, [1]
Dans l'encre quelquefois sut égayer sa bile. [2] 90
Mais de la même main qui peignit Tullius, [3]
Qui d'affronts immortels couvrit Tigellius, [4]
Il sut fléchir Glycère, il sut vanter Auguste, [5]
Et marquer sur la lyre une cadence juste. [6]
Suivons les pas fameux d'un si noble écrivain. 95
A ces mots, quelquefois prenant la lyre en main,

[1] Le mot d'*amortir* est savamment escorté de celui d'*indocile*. On croirait que c'est pour ce dernier mot que Boileau a fait son vers. *Le Brun.*

[2] L'expression d'*égayer sa bile dans l'encre* est plaisante et originale; mais c'est dommage qu'il n'y eût point d'encre du temps d'Horace. *Le Brun.* — Erreur : les anciens avaient de l'encre ; seulement elle était moins fluide que la nôtre. Les manuscrits d'Herculanum, ville qui ne fut détruite que 86 ans après la mort d'Horace, sont écrits avec de l'encre (*Encycl.*, *Antiquités*, mot *encre*). Il est étonnant que plusieurs éditeurs, qui rapportent la note de Le Brun, n'aient pas relevé cette erreur.

[3] Sénateur romain (*Boil.*, 1683 à 1701). César l'exclut du sénat, mais il y rentra après sa mort. *Id.*, 1713.

Tullius, mot imaginé pour la rime ; il n'y a point de Tullius dans Horace. *Rosel*, p. 11. — On lit, il est vrai, dans des manuscrits, Tillius au lieu de Tullius (*voy.* Sanadon, *Traduct.*, v. 66, et *Rosel*, p. 12) : mais Boileau n'a pas même commis la faute *énorme* d'écrire un *u* pour un *i*, car Dacier, traducteur contemporain (1687, tome VII, sat. VI, liv. 1, v. 24) lit *Tullius* et parle de la dégradation de ce sénateur.

[4] Fameux musicien * le plus estimé de son temps et * fort chéri d'Auguste. *Boil.*, 1683 à 1701 (ce qui est entre des * manque à 1713).

[5] Quant à Glycère, *voy.* Horace, liv. I, ode XIX.
Oppositions très nobles. *Le Brun.* — Cet éloge n'a pas fait trouver grâce à ce vers : un éditeur l'a d'abord refait ainsi (*Boil. jeun.*) :

Il sut chanter le vin, il sut vanter Auguste.

Un autre, un peu moins scrupuleux, a mis ensuite (*Boil. Classique*) :

Il sut louer Glycère, il sut vanter Auguste.

[6] *Une cadence juste*; l'adjectif est très bien jeté à la fin du vers ; il marque la précision de la cadence. *Le Brun.*

ÉPITRE VIII.

Au récit que pour toi je suis prêt[1] d'entreprendre,
Je crois voir les rochers accourir pour m'entendre ;
Et déjà mon vers coule à flots précipités, [2]
Quand j'entends le lecteur qui me crie : Arrêtez : 100
Horace eut cent talens ; mais la nature avare
Ne vous a rien donné qu'un peu d'humeur bizarre :
Vous passez en audace et Perse et Juvénal ;
Mais sur le ton flatteur Pinchêne[3] est votre égal.
A ce discours, grand roi, que pourrais-je répondre ? 105
Je me sens sur ce point trop facile à confondre ;
Et, sans trop relever des reproches si vrais,
Je m'arrête à l'instant, j'admire et je me tais.

---

[1] *V. E.* Texte de 1683 à 1713... Dans la très médiocre édition de Paris, de 1766 (2 in-12), on y a substitué près, sans aucun avis, et cet exemple a été imité dans presque toutes les éditions suivantes, telles que 1768, 1782, 1789 et 1793, P.; 1788, 1789, 1800, 1815 et 1819, Did.; 1809 et 1825, Daun.; 1820, Men.; 1821, S.-S.; 1821 et 1823, Viol.; 1821, 1824 et 1829, Am.; 1824, Fr.; 1825, Aug.; 1826, Mar.; 1828, Th.

Aujourd'hui, il est vrai, comme on le verra dans la note du vers 10, épître xii, les grammairiens soutiennent qu'il faut dire près *de*, et non *prêt de..* ; mais ce n'était pas un motif suffisant pour corriger le texte de Boileau, dès que ni lui ni la plupart des écrivains de son temps ne se servaient de cette locution ; ou au moins aurait-on dû en informer les lecteurs.

N. B. Dans les mêmes éditions on a fait un changement semblable et également sans avis, au vers 6 de l'épître iii (ci-dev., p. 28).

[2] Harmonie imitative. *Clément.* (*Voy.* sat. iii, note du vers 216).

F. N. R. On trouve cette faute grossière dans Souchay, 1740 :

Et déjà mon vers coule à *pas* précipités.

[3] *Voy.* tome I, *Not. bibl.*, § 2, n° 16, obs. 7.

Mermet, p. 50, fait l'application de ce vers à Boileau, qui, dit-il, loue le roi outre mesure et quelquefois *sans esprit.*

ÉPITRE IX.[1]

A M^r.[2] LE MARQUIS DE SEIGNELAY,[3]

SECRÉTAIRE D'ÉTAT.

—

DANGEREUX ennemi de tout mauvais flatteur,
Seignelay, c'est en vain qu'un ridicule auteur,
Prêt à porter ton nom « de l'Èbre [4] jusqu'au Gange, »[5]

[1] C'est Boileau bien plus que monseigneur de Seignelay qui est le héros de cette pièce... Il s'y prodigue de l'encens... Au reste, on la trouve bien ennuyeuse et bien languissante... *Pradon*, R., 81 à 83.—Elle est d'une tournure fine et spirituelle : elle fait connaître en fort beaux vers la juste dose d'encens qu'il faut donner, et c'est en même temps la louange la plus adroite et la plus délicate. On y trouve une critique enjouée et légère, des portraits saillans, beaucoup de vers devenus proverbes, tels que les 84, 113, 114 et 133e. *Clairfons*, p. 38. (La Harpe en fait aussi l'éloge ci-dev., p. 3, n° IV.) — A l'exception de quelques détails inexacts (comme au vers 109) cette épitre est admirable par la profonde vérité des pensées, par leur étroit enchaînement, par la justesse, l'élégance et l'énergie des expressions. *M. Daunou*, note du vers 139.

[2] Texte de 1713, in-12. V. O. ou E. 1683 à 1698, *à monseigneur*. — 1701, in-4° et in-12, et 1713, in-4°, *à monsieur*...

[3] Jean-Baptiste Colbert, ministre et secrétaire d'état, mort en 1690, fils de Jean-Baptiste Colbert, ministre et secrétaire d'état. *Boil.*, 1713.

[4] Rivière d'Espagne. *Boil.*, 1713.

[5] Rivière des Indes. *Id.*, *ib.*

De l'Èbre jusqu'au Gange. « L'auteur fit imprimer ces mots en italiques pour marquer qu'il frondait une expression qui, bonne la première fois qu'on l'avait employée, était devenue triviale et ridicule par le fréquent usage que les plus mauvais poètes en avaient fait... » Voilà ce qu'assurent Saint-Marc et (d'après lui) M. de S.-S., sans citer aucune autorité. Les mots cités sont, il est vrai, en caractères différens du texte aux éditions de 1683 à 1701 (non en 1713); mais Boileau ne paraît pas ici avoir suivi une marche particulière; c'est toujours une application du système qu'il s'était fait d'in-

Croit te prendre aux filets d'une sotte louange. ¹
Aussitôt ton esprit, prompt à se révolter, 5
S'échappe, et rompt le piège où l'on veut l'arrêter. ²
Il n'en est pas ainsi de ces esprits frivoles,
Que tout flatteur endort au son de ses paroles;
Qui, dans un vain sonnet, placés au rang des dieux,
Se plaisent à fouler l'Olympe radieux; ³ 10
Et, fiers du haut étage où La Serre ⁴ les loge,
Avalent sans dégoût le plus grossier éloge.
Tu ne te repais point d'encens à si bas prix.
Non que tu sois pourtant de ces rudes esprits
Qui regimbent toujours, quelque main qui les flatte. ⁵ 15
Tu souffres la louange adroite et délicate,
Dont la trop forte odeur n'ébranle point les sens.

diquer soit les intercallations, soit les passages remarquables, par des caractères spéciaux (*voy.* tome I, notre avertissement, n° 12).

¹ Vers élégant et bien fait : *le filet d'une sotte louange* est ingénieux. *Le Brun.*

² Horace, liv. II, sat. 1, vers 18 à 20.

> . . . . Nisi dextro tempore, Flacci
> Verba per attentam non ibunt Cæsaris aurem,
> Cui male si palpere, recalcitrat undique tutus.

³ Pour varier l'arme du ridicule, Boileau emploie ici bien adroitement le style noble. *Le Brun.* — Virg., egl. v, v. 56 :

> Candidus insuetum miratur limen Olympi,
> Sub pedibusque videt nubes et sidera Daphnis.

⁴ Auteur d'éloges, publiés sous le titre de *portraits... Bross.*

⁵ Mermet (p. 52) blâme comme basse l'expression *regimbent :* il ne sait pas que l'épître comme la satire admet tous les tons, depuis le ton noble et élevé jusqu'au ton simple et familier. Horace, qu'il oppose souvent à Boileau, ne dit-il pas lui-même que ses vers se rapprochent du langage commun et familier ? *Sermoni propiora.* N'est-ce pas le poète latin qui a donné au poète français l'idée des vers et de l'expression censurée ? (*cui male... recalcitrat...* ci-dessus note du vers 6) M. F., *Merc.* 7 oct. 1809, p. 543.

Mais un auteur novice à répandre l'encens,
Souvent à son héros, dans un bizarre ouvrage,
Donne de l'encensoir au travers du visage ; [1]   20
Va louer Monterey [2] d'Oudenarde forcé,
Ou vante aux électeurs Turenne repoussé. [3]
Tout éloge imposteur blesse une âme sincère.
Si, pour faire sa cour à ton illustre père,

---

[1] Ce vers est devenu proverbe... *Brossette* et *Lévizac* (M. Viollet le Duc croit le proverbe plus ancien).

A travers le visage ne serait pas aussi bien qu'*au travers du visage*, qui est plus fort et plus positif. *Le Brun.*

[2] Gouverneur des Pays-Bas. *Boil.*, 1713. — Condé le força (1674) de lever avec précipitation le siège d'Oudenarde. *Bross.*

Le poète pour démasquer la flatterie, la suppose stupide et grossière, absurde et choquante au point de louer un général d'armée sur sa défaite..... Est-ce là présenter le miroir aux flatteurs..? *Marmontel, Élém. de littér.*, III, 255. — M. Daunou (1809) répond avec raison que le poète a pu attribuer à la flatterie qu'il qualifie de *novice* (vers 18), quelques faux pas et quelques bévues.

Ajoutons : 1° que la flatterie était alors vraiment absurde et choquante, comme on le voit entre autres, soit dans un passage de l'épître (*voy.* vers 146 et sa note), soit dans les autres exemples que nous allons rapporter, soit dans ce que nous avons exposé à l'Essai (tome I), n° 144 à 148... 2° Que les censeurs de Boileau lui reprochaient de ne pas savoir louer, c'est-à-dire de ne point employer les hyperboles extravagantes dont ils semaient leurs ouvrages... 3° Que quelques années auparavant on avait osé dire, dans une relation de l'expédition malheureuse de Gigery (1664), que cette affaire pouvait être mise en parallèle avec les plus belles actions du roi (*D'Alembert*, II, 413)... Louer un général de ce qu'il a été forcé de lever un siège, est-il d'ailleurs plus choquant que d'en louer un qui à la tête de cent mille hommes a laissé prendre une ville très forte, sans faire aucune tentative pour la délivrer ? Cette conduite de Villeroy, en 1695, à la reprise de Namur par le roi Guillaume, fut pourtant célébrée par le satirique le plus mordant de ce siècle, Gâcon, dans deux épîtres (IV et V, p. 93 et suiv.) où il a l'impudence de donner à Villeroy le titre de *Fabius moderne* (ci-dev., épître I, note du vers 100, p. 16).

[3] Il les avait au contraire battus (5 janvier 1675). *Bross.*

Seignelay, quelque auteur, d'un faux zèle emporté, 25
Au lieu de peindre en lui la noble activité,
La solide vertu, la vaste intelligence,
Le zèle pour son roi, l'ardeur, la vigilance,
La constante équité, l'amour pour les beaux-arts,
Lui donnait les vertus d'Alexandre ou de Mars, [1] 30
Et, pouvant justement l'égaler à Mécène,
Le comparait au fils de Pélée [2] ou d'Alcmène : [3]
Ses yeux, d'un tel discours faiblement éblouis, [4]
Bientôt dans ce tableau reconnaîtraient Louis ; [5]
Et, glaçant d'un regard la muse et le poète, 35
Imposeraient silence à sa verve indiscrète.
Un cœur noble est content de ce qu'il trouve en lui,
Et ne s'applaudit point des qualités d'autrui.
Que me sert en effet qu'un admirateur fade

---

[1] *V. O.* 1683 (*id.*, 1683 A, 1685 A, 1686 A. et C. etc.)... *Et de Mars.*

[2] Achille. *Boil.*, 1713.

[3] Hercule. *Boil.*, 1713.

[4] Des yeux *éblouis d'un discours!* c'est-il bien français? On n'est point, il me semble, ébloui de ce qu'on ne voit pas. *Le Brun.* — Il n'est pas possible de motiver plus faussement une plus fausse remarque : on peut dire, on dit chaque jour un discours qui a de l'éclat, un discours éclatant, enfin un discours éblouissant. Chaque jour on emprunte des mots à un ordre de sensations, pour les appliquer à un autre; on transporte aux objets qui agissent sur l'ouïe, des expressions primitivement affectées aux objets qui frappent la vue et réciproquement. *M. Auger, Mercure, mars* 1808, p. 601; *M. Amar,* 1824 (il a extrait ce passage).

Au reste, Racine (*Plaideurs*, acte III, scène 3) avait déjà dit :

L'éloquence... de maître Petit-Jean *m'éblouit.*

[5] Vers 24 à 34... Horace, liv. I, épître XVI, vers 25 à 29 :

Si quis bella tibi terra pugnata marique
Dicat, et his verbis vacuas permulceat aures...
. . . . . Augusti laudes agnoscere possis :
Cum pateris sapiens emendatusque vocari.

Vante mon embonpoint, si je me sens malade, 40
Si dans cet instant même un feu séditieux
Fait bouillonner mon sang et pétiller mes yeux ? ¹
Rien n'est beau que le vrai : le vrai seul est aimable; ²
Il doit régner partout, et même dans la fable : ³
De toute fiction l'adroite fausseté 45
Ne tend qu'à faire aux yeux briller la vérité.

   Sais-tu pourquoi mes vers sont lus dans les provinces,
Sont recherchés du peuple, et reçus chez les princes?
Ce n'est pas que leurs sons, agréables, nombreux,
Soient toujours à l'oreille également heureux; 50
Qu'en plus d'un lieu le sens n'y gêne la mesure, ⁴

---

¹ Boileau s'est imité ici admirablement (*voy.* ép. III, v. 36, p. 24), et l'a été, dit Clément (*Obs. crit.*, 134), par Delille (*Géorg.*, ch. III, p. 24) :

> Même quand la douleur pénétrant jusqu'aux os,
> D'un sang séditieux fait bouillonner les flots.

² Vers d'une beauté éternelle : non-seulement le poète dit que le vrai est *beau;* mais pour le faire chérir davantage, il dit qu'il est *aimable...* Le Brun (*voy.* la note suivante).

³ Vers 43 et 44. Il ne faut jamais oublier ce précepte. *Bouhours*, 40. — Même dans les panégyriques sacrés. *Maury*, I, 223. — C'est un oracle inspiré par la nature. *Clément*, lett. IX, p. 39.

Boileau a été le premier à observer cette loi qu'il a donnée. Presque tous ses ouvrages respirent ce vrai; c'est-à-dire qu'ils sont une copie fidèle de la nature. Ce vrai doit se trouver dans l'historique, dans le moral, dans la fiction, dans les sentences, dans les descriptions, dans l'allégorie. *Voltaire, Mélang. littér.*, art. *Du vrai dans les ouvrages.*

⁴ Boileau disait que les meilleurs auteurs ne peuvent se défendre de certaines transpositions forcées, mais qu'ils tâchent d'en sauver la dureté par toutes les souplesses de leur art. C'est cet art qu'ignorait Chapelain, témoin ce vers : *Les dents, tout lui manquant, dans les pierres il plante.....* Bolœana, p. 69 à 71. On a vu, et l'on verra encore dans beaucoup de notes, que Desmarets, Pradon, Perrault, etc., imputaient le même défaut d'art à Boileau, qui semble ici reconnaître en partie la justesse de quelques-unes de leurs critiques (*voy.* tome I, Essai, n° 110 et 162).

Et qu'un mot quelquefois n'y brave la césure : [1]
Mais c'est qu'en eux le vrai, du mensonge vainqueur,
Partout se montre aux yeux, et va saisir le cœur; [2]
Que le bien et le mal y sont prisés au juste;
Que jamais un faquin n'y tint un rang auguste;
Et que mon cœur, toujours conduisant mon esprit,
Ne dit rien aux lecteurs, qu'à soi-même il n'ait dit. [3]

[1] Même remarque à l'égard des critiques et de l'aveu de Boileau sur les défauts de quelques-unes de ses césures.

[2] Vers 53 et 54. Tout en effet (dans les ouvrages de Boileau) y concourt à montrer le *vrai* dans sa pureté; l'idée toujours nette et précise, l'image modelée sur l'idée, et qui, sans l'affaiblir ni l'outrer, ne sert qu'à la réfléchir dans l'esprit du lecteur comme dans une glace fidèle; l'expression revêtue, en quelque sorte, des couleurs de l'image. Voilà comment, toujours égal à son sujet, il n'est jamais en deçà ni au-delà du but qu'il se propose. Jamais sa richesse n'est du faste, sa grandeur de l'exagération, et la perfection de son art paraît surtout en ce qu'il n'a que les beautés qu'il doit avoir... Toujours nouvelles (ses poésies) quand on les relit, elles semblent le devenir davantage quand on les relit encore. Ceci tient, en grande partie, à ce secret particulier à son style de tout animer sans secousse, et de tout embellir sans rien farder. De là ce grand nombre de beautés qui ne paraissent point en être, et qui, sans briller dans sa diction, répandent dans tout l'ouvrage une vigueur secrète... C'est quelquefois dans la phrase la plus simple, un mot plus simple encore qui seul est une image, une figure d'autant plus belle qu'elle paraît l'être sans art. » *M. Fabre, Observat.* — M. Fabre appuie ces réflexions de divers exemples qu'on trouvera à la note du vers 132, et à celles des vers 121, épître IV (p. 49); 34, 94 et 131, épître V (p. 58, etc.); 17, *Art. poét.*, ch. IV; 124 et 204, *Lutrin*, ch. I, etc. (voy. aussi la note suivante).

[3] Vers 47 à 58. On admire dans ce passage un sentiment juste de toutes les convenances les plus délicates..... Boileau ne détaille pas tous les mérites de sa poésie, quoiqu'ils soient réels et nombreux; il ne parle que des défauts, quoiqu'ils soient rares et légers... Loin d'attribuer ses succès à la beauté de ses vers, il ne veut en être redevable qu'à une qualité dont il lui est permis de s'applaudir, parce qu'elle n'est qu'un devoir essentiel au poète satirique, l'amour du *vrai*, et cela même fait rentrer dans son sujet ce qu'il a dit de lui-même. Voilà comme on sait composer : et quelle heureuse élégance

Ma pensée au grand jour partout s'offre et s'expose ;
Et mon vers, bien ou mal, dit toujours quelque chose.[1] 60
C'est par là quelquefois que ma rime surprend ;
C'est là ce que n'ont point Jonas ni Childebrand,
Ni tous ces vains amas de frivoles sornettes,
Montre, Miroir d'amour, Amitiés, Amourettes,[2]
Dont le titre souvent est l'unique soutien, 65
Et qui, parlant beaucoup, ne disent jamais rien.[3]

Mais peut-être, enivré des vapeurs de ma muse,
Moi-même en ma faveur, Seignelay, je m'abuse.
Cessons de nous flatter. Il n'est esprit si droit
Qui ne soit imposteur et faux par quelque endroit. 70
Sans cesse on prend le masque, et, quittant la nature,
On craint de se montrer sous sa propre figure.
Par là le plus sincère assez souvent déplaît.
Rarement un esprit ose être ce qu'il est.[4]
Vois-tu cet importun que tout le monde évite, 75
Cet homme à toujours fuir, qui jamais ne vous quitte ?
Il n'est pas sans esprit ; mais, né triste et pesant,
Il veut être folâtre, évaporé, plaisant ;
Il s'est fait de sa joie[5] une loi nécessaire,

---

dans ces vers mêmes où il ne parle que des défauts de ses vers...! *La Harpe*, *Lyc.*, VIII, 381.

[1] Ce vers charmant est presque resté proverbe en faveur de la franchise et du talent de l'auteur. *Le Brun.* — *Voy.* aux jugemens sur les satires, n° v, tome I, ce qu'en dit M. Tissot.

[2] *La montre*, ouvrage de Bonnecorse... *Amitiés, amours, amourettes*, titre des œuvres de Le Pays... Le Miroir d'amour, ouvrage de Charles Perrault, intitulé *Le miroir à Orante...* Bross.

[3] Vers imité à satire x, v. 687, tome I.

[4] Réflexion fine et puisée dans le cœur humain. *Le Brun.*

[5] *V. O.* 1683 et 1685.. Id., 1683 à 1692 A, C, etc. (treize éditions, dont deux originales), *de* LA *joie*.

Et ne déplaît enfin que pour vouloir trop plaire. [1]   80
La simplicité plaît sans étude et sans art.
Tout charme en un enfant dont la langue sans fard,
A peine du filet encor débarrassée,
Sait d'un air innocent bégayer sa pensée. [2]
Le faux est toujours fade, ennuyeux, languissant;   85
Mais la nature est vraie, et d'abord on la sent :
C'est elle seule en tout qu'on admire et qu'on aime.
Un esprit né chagrin plaît par son chagrin même. [3]

[1] Ce dernier coup de pinceau met le comble à la perfection d'un portrait aussi juste que délicatement saisi. *Le Brun.*

[2] Ceci n'est point, comme le dit Brossette, une imitation de *tenero supplantat verba palato* de Perse (sat. I, v. 21). Perse veut parler, non d'un enfant, mais d'un fat qui altère à dessein la prononciation. *MM. Amar et Daunou.*

Vers 82 à 84. On ne dit guère une *langue sans fard;* mais Boileau a hasardé heureusement la métaphore, qui amène d'ailleurs des vers bien naïfs, pour peindre la naïveté de l'enfance. *Le Brun.* — On dit bien *un homme sans fard*, pour dire *un homme sans dissimulation* : pourquoi donc ne dirait-on pas *une langue sans fard*, en animant la langue, et en lui attribuant la pensée comme dans le vers 84 (*sait d'un air*, etc.)? *M. Fontanier.*

Les vers 82 à 84 sont aussi au nombre de ceux dont Louis Racine (*Acad. inscr.*, XIII, 353) fait l'éloge. — Le vers 84 est devenu proverbe (*voy.* ci-d., note 1, p. 105). *Clairfons.*

[3] Allusion au duc de Montausier. *Bross.*

Vers 71 et suiv. Boileau, dit Marmontel (*Élém. de littér.*, art. *Épître*), Boileau, confondant l'homme qui se corrige avec l'homme qui se déguise, conclut qu'il faut suivre la nature. Sur ce principe vague, un homme né grossier plairait donc par sa grossièreté? un impudent, par son impudence, etc.? Qu'aurait fait un poète philosophe...? Il aurait pris le naturel inculte et brut; il l'aurait comparé à l'arbre qu'il faut tailler, émonder, diriger, cultiver enfin, pour le rendre plus beau, plus fécond, plus utile. Il eût dit à l'homme : Ne veuillez jamais paraître ce que vous n'êtes pas, mais tâchez de devenir ce que vous voulez paraître.....

M. Daunou réfute avec beaucoup de sagacité cette critique; voici un fragment de ses remarques :

Il nous semble que c'est Marmontel qui confond ici les caractères avec

Chacun pris dans son air est agréable en soi :
Ce n'est que l'air d'autrui qui peut déplaire en moi.[1] 90
    Ce marquis était né doux, commode, agréable ;
On vantait en tous lieux son ignorance aimable :[2]
Mais, depuis quelques mois devenu grand docteur,
Il a pris un faux air, une sotte hauteur ;
Il ne veut plus parler que de rime et de prose ; 95
Des auteurs décriés il prend en main la cause ;
Il rit du mauvais goût[3] de tant d'hommes divers,
Et va voir l'opéra seulement pour les vers.
Voulant se redresser, soi-même on s'estropie,
Et d'un original on fait une copie. 100
L'ignorance vaut mieux qu'un savoir affecté.
Rien n'est beau, je reviens, que par la vérité :[4]

---

les vices. Boileau ne conseille à personne de rester vicieux ; il veut seulement que les caractères qui ne sont point essentiellement mauvais conservent leur physionomie. Un impudent ne peut jamais plaire, mais la vertu mélancolique et chagrine se fait aimer quelquefois..... Soyez, le mieux possible pour vous et pour les autres, ce que la nature vous a fait. C'est ce que Boileau conseille. — *Voy.* aussi la note suivante.

[1] Vers 89 et 90. Très bien dit : cela s'applique surtout aux mauvais imitateurs. *La Harpe*, Lyc., II, 195. — Ailleurs (art. de Boileau, édit. 1820, VII, 321), au sujet de tout ce morceau (vers 71 à 90. *V.* la note précédente), il s'exprime en ces termes : On aurait tort de prendre trop à la lettre ces vérités morales, exprimées avec la précision poétique qui les rend plus piquantes. On sait bien qu'il y a des gens qui, pour être désagréables, n'ont besoin que d'être ce qu'ils sont ; mais cela n'empêche pas que le principe général ne soit très juste, et que tout ce morceau ne soit très plein de ce bon sens que nous aimons dans les vers d'Horace.

[2] Ponctuation de 1683 à 1701. Elle nous paraît préférable à celle de 1713 (on y met un point après *aimable*), adoptée par Brossette et autres éditeurs.

[3] *Voy.* sur ce mot, note du vers 194, ch. II, *Art poét.*

[4] Voilà un retour qui n'est pas *beau*, et qui n'est là que pour faire d'ennuyeuses répétitions. *Pradon*, R., 84. — M. Daunou (note sur le vers 153) paraît aussi regarder les mots *je reviens*, comme de pur remplissage.

C'est par elle qu'on plaît, et qu'on peut long-temps plaire.
L'esprit lasse aisément, si le cœur n'est sincère.
En vain par sa grimace un bouffon odieux   105
A table nous fait rire et divertit nos yeux :
Ses bons mots ont besoin de farine et de plâtre.
Prenez-le tête à tête, ôtez-lui son théâtre;[1]
Ce n'est plus qu'un cœur bas, un coquin ténébreux;
Son visage essuyé n'a plus rien que d'affreux.[2]   110
J'aime un esprit aisé qui se montre, qui s'ouvre,
Et qui plaît d'autant plus, que plus il se découvre.
Mais la seule vertu peut souffrir la clarté :
Le vice, toujours sombre, aime l'obscurité;[3]
Pour paraître au grand jour il faut qu'il se déguise;   115
C'est lui qui de nos mœurs a banni la franchise.

Jadis l'homme vivait au travail occupé,
Et, ne trompant jamais, n'était jamais trompé :
On ne connaissait point la ruse et l'imposture;
Le Normand même alors ignorait le parjure.[4]   120
Aucun rhéteur encore, arrangeant le discours,

---

[1] On n'ôte point le théâtre sur lequel un bouffon est monté; on l'en tire, on l'en fait sortir. *Pradon*, R., 84.

[2] Vers 105 à 110. Si, comme l'assurent Brossette (*Lett. famil.*, III, 181) et Montchesnay (*Bolœana*, p. 62), Boileau a voulu ici peindre Lully, ce n'est pas seulement de sa part une étrange exagération, car, comme l'observe M. Amar au sujet du vers 109, on peut être un bouffon sans être un coquin; c'est une personnalité d'autant plus répréhensible que Lully était vivant. Mais il est contre toute vraisemblance que Boileau ait traité de coquin un homme avec qui il vivait familièrement et qui était protégé par Louis XIV. Cela nous suffit pour rejeter l'anecdote (*voy*. tome III, art. des erreurs de Brossette, n°ˢ 18 à 22).

[3] Deux vers devenus proverbes (*voy*. note 1, p. 105). *Clairfons*.

[4] « Je date de loin : c'était deux cents ans avant le déluge », disait Boileau, à ce que rapporte Brossette (mot non moins suspect, car, dit M. Fontanier, est-ce qu'il y avait alors des Normands?).

N'avait d'un art menteur enseigné les détours.[1]
Mais sitôt qu'aux humains, faciles à séduire,
L'abondance eut donné le loisir de se nuire,
La mollesse amena la fausse vanité.
Chacun chercha pour plaire un visage emprunté.
Pour éblouir les yeux, la fortune arrogante
Affecta d'étaler une pompe insolente;
L'or éclata partout sur les riches habits;
On polit l'émeraude, on tailla le rubis,
Et la laine et la soie, en cent façons nouvelles,
Apprirent à quitter leurs couleurs naturelles.[2]

[1] L'art savant avec lequel ces deux vers sont tournés nous fait sentir tout les détours captieux de l'éloquence. *Le Brun.* — Ils sont très bien tournés assurément; mais pour y voir TOUS *les détours captieux de l'éloquence*, il me faudrait, je l'avoue, les yeux de Le Brun. *M. Fontanier* (Cette remarque nous paraît encore très judicieuse).

[2] *Apprirent* à quitter, etc., et ailleurs (*Art poétiq.*, ch. 1, v. 137), les stances avec grâce *apprirent* à tomber... Où Boileau avait-il pris ce secret, ce charme heureux qui enchante avant même qu'il se fasse sentir? Dans un grand maître assurément. Virgile avait dit : *Nec varios* DISCET *mentiri lana colores.* On voit d'abord que c'est le *discet* du poète latin qui a placé en quelque sorte dans le vers de Boileau l'expression française *apprirent.* Et cette expression une fois trouvée, combien en a-t-elle fait naître du même genre, et si je puis dire ainsi, de la même famille? *M. Fabre, Observat.* (*Voy.* la note 2, p. 110, et celles qui y sont citées.) — De quelque beauté, ajoute-t-il en note, que soit le vers de Boileau dans notre langue, j'avoue que celui de Virgile lui est bien supérieur; et cependant le premier de ces vers ne doit pas moins nous étonner. Boileau n'a pas cru pouvoir dire, à l'exemple de Virgile :

> Elle apprit à mentir par diverses couleurs.

Mais il n'a pas laissé que d'exprimer l'heureux *mentiri*, qui seul ferait image. Il l'a rendu par une épithète. « *Apprirent* à *quitter* leurs couleurs *naturelles.* » Ce qui est la même chose que : Apprirent à *prendre* des couleurs factices et *mensongères.*

M. Amar trouve aussi l'expression de Virgile plus hardiment figurée que celle de Boileau.

La trop courte beauté monta sur des patins ;[1]
La coquette tendit ses lacs tous les matins ;
Et, mettant la céruse et le plâtre en usage,   135
Composa de sa main les fleurs de son visage.[2]
L'ardeur de s'enrichir chassa la bonne foi :
Le courtisan n'eut plus de sentimens à soi.
Tout ne fut plus que fard, qu'erreur, que tromperie.
On vit partout régner la basse flatterie.   140

[1] *La trop courte beauté :* On n'a jamais entendu dire ni vu écrire cela. *Pradon*, p. 84. — Vers devenu proverbe (*voy.* note 1, p. 105). *Clairfons.* — Il paraît un modèle d'élégance poétique à M. Daunou, et il a été imité par Regnard (*Épître au marquis de ****).

> Sur un patin de liège élevant sa chaussure.
> Lise veut être grande en dépit de nature.

[2] Vers 133 à 136. Regnier, satire IX (et non satire IV ou satire X, citées par des éditeurs), vers 184 à 194 (et non 84 à 94) :

> L'amant juge sa dame un chef-d'œuvre ici-bas,
> Encore qu'elle n'ait sur soi rien qui soit d'elle,
> Que le rouge et le blanc par art la fassent belle,
> Qu'elle ante, en son palais, ses dents tous les matins ;
> Qu'elle doive sa taille au bois de ses patins......
> Et tout ce qui de jour la fait voir si doucette,
> La nuit, comme en dépôt, soit dessous la toilette, etc.

Boileau, dit Clément, n'a pas dédaigné d'imiter ces images riantes et satiriques, en les habillant de couleurs plus élégantes et plus poétiques (dans les vers 133 à 136 de l'épît. IX, et 197 à 200 de la sat. X). On ne saurait peindre d'aussi petites choses avec plus de noblesse et de poésie ; mais je trouve qu'il y a plus de naïveté dans les vers de Regnier, surtout dans les deux derniers et dans le second (*encore qu'elle*, etc.) qui est d'une précision et d'une simplicité admirables. *Nouv. obs.*, 452. — M. Amar loue aussi la grâce simple et naïve des vers de Regnier, tandis que M. Daunou paraît trouver Boileau bien supérieur ; le premier rappelle à cette occasion l'épigramme si connue de Le Brun :

> Chloé, belle et poète, a deux petits travers,
> Elle fait son visage et ne fait pas ses vers.

Les vers 133 à 136 sont supprimés au *Boileau classique*.

ÉPITRE IX.

Le Parnasse surtout, fécond en imposteurs,
Diffama le papier[1] par ses propos menteurs.
De là vint cet amas d'ouvrages mercenaires,
Stances, odes, sonnets, épîtres liminaires,[2]
Où toujours le héros passe pour sans pareil,   145
Et, fût-il louche et borgne[3], est réputé soleil.[4]

 Ne crois pas, toutefois, sur ce discours bizarre,
Que, d'un frivole encens malignement avare,
J'en veuille sans raison frustrer tout l'univers.
La louange agréable est l'âme des beaux vers.   150

---

[1] Belle expression! le mensonge déshonore tout; jusqu'au papier. *Le Brun.*
— M. Amar admire aussi cette expression; M. Daunou demande si *diffama* n'est pas un peu forcé.

[2] *Liminaires* ne se dit plus: on ne dit que *préliminaire* avec discours....
Féraud, Lévizac, M. Fontanier.

[3] *V. E.* Texte de 1683 à 1713. On a mis mal-à-propos, *louche* ou *borgne* dans quelques éditions modernes, telles que 1821, S. S.; 1821, 1824 et 1828, Am.; 1825, Dau.; 1826, Mar.; 1828, Thi...

[4] Ménage (égl., Christine, 1656) avait dit de Servien:

> Le grand, l'illustre Abel, cet esprit sans pareil,
> Plus clair, plus pénétrant que les traits du soleil.

Cependant Servien (surintendant des finances) était borgne, dit Brossette.— Il aurait dû ajouter que Ménage, pénétré apparemment de la beauté de son éloge, en avait déjà fait un du même genre (*Miscellanea*, 1652, p. 113) pour Chapelain:

> Cet homme merveilleux, dont l'esprit sans pareil
> Surpassait en clarté les rayons du soleil.

Vers 117 à 146. Saint-Marc (V, 484, 485) a critiqué cette allégorie sur l'origine du faux comme peu exacte, quoiqu'il convienne qu'on ne peut pas exiger la même justesse dans une pièce de poésie que dans un traité de morale. Nous aimons mieux rappeler que Boileau a déjà traité ce sujet dans la satire XI (v. 139 et suiv.) et dans l'épître III (v. 55 et suiv., *ci-dev.* p. 32 et suiv.), et dire avec M. Amar qu'on ne saurait trop admirer l'art avec lequel le poète sait étendre et varier les mêmes idées, par le charme toujours nouveau, toujours heureux, de l'expression qu'il leur prête.

Mais je tiens, comme toi, qu'il faut qu'elle soit vraie,
Et que son tour adroit n'ait rien qui nous effraie.¹
Alors, comme j'ai dit, tu la sais écouter,
Et sans crainte à tes yeux on pourrait t'exalter. ²
Mais sans t'aller chercher des vertus dans les nues,   155
Il faudrait peindre en toi des vérités connues;
Décrire ton esprit ami de la raison,
Ton ardeur pour ton roi, puisée en ta maison :
A servir ses desseins ta vigilance heureuse;
Ta probité sincère, utile, officieuse.   160
Tel, qui hait à se voir peint en de faux portraits,
Sans chagrin voit tracer ses véritables traits.
Condé même, Condé³, ce héros formidable,
Et, non moins qu'aux Flamans, aux flatteurs redoutable,
Ne s'offenserait pas si quelque adroit pinceau   165
Traçait de ses exploits le fidèle tableau;
Et dans Seneffe⁴ en feu⁵ contemplant sa peinture,
Ne désavoûrait pas Malherbe ni Voiture. ⁶

---

¹ Une louange grossière révolte, dégoûte ; on la craint, mais elle n'*effraie* pas. *Saint-Marc*, V, 485.

² Exalter et exaltation sont du langage de la chaire et non pas de celui des vers. *Pradon*, R., 85.

³ Louis de Bourbon, prince de Condé, mort en 1686. Boil., 1713 (voy. les notes suivantes).

⁴ *V. E.* Orthographe de 1683 à 1701, que Boileau a pu employer puisque on écrit indifféremment (*Encyclopéd., Géograph.*) *Seneffe*, ou *Senef...* Nous avons cru devoir la maintenir parce qu'en rendant longue l'avant-dernière syllabe de ce mot, elle atténue beaucoup la consonnance qui résulte des mots *Senef en feu*, tandis qu'en écrivant, comme les éditeurs modernes, *Senef*, cette consonnance se fait beaucoup plus sentir.

⁵ Combat fameux de monseigneur le Prince. *Boil.*, 1713 (11 août 1674, contre le prince d'Orange... *Bross.*)

⁶ Voici Voiture accolé à Malherbe; c'est sans doute pour la rime : car ce Voiture, ingénieux quelquefois, et plus souvent maniéré, était peu propre

Mais malheur au poète insipide, odieux,
Qui viendrait le glacer d'un éloge ennuyeux! 170
Il aurait beau crier : « Premier prince du monde! »
« Courage sans pareil! lumière sans seconde! »[1]
Ses vers, jetés d'abord sans tourner le feuillet,
Iraient dans l'antichambre amuser Pacolet.[2]

à chanter les exploits du grand Condé *dans Senef en feu. Le Brun.* — Boileau, quoi qu'en dise Le Brun, ne songe à rapprocher ici ni le ton ni la manière de deux écrivains aussi opposés : c'est simplement une allusion à la manière fine et délicate dont Voiture avait célébré, en 1645, les exploits du héros de *Senef. M. Amar,* 1824.

[1] Commencement du poème de Charlemagne. *Boil.*, 1683 à 1713 (Ce début était dans la première édition. *Bross.*).

[2] Fameux valet de pied de monseigneur le Prince. *Boil.*, 1683 à 1713. — Condé donna en effet le poème de Charlemagne à Pacolet. *Bross.*

PRÉFACE.[1]

Je ne sais si les trois nouvelles épîtres que [2] je donne ici au public auront beaucoup d'approbateurs; mais je sais bien que mes censeurs y trouveront abondamment de quoi exercer leur critique : car tout y est extrêmement hasardé. Dans le premier de ces trois ouvrages, sous prétexte de faire le procès à mes derniers vers, je fais moi-même mon éloge, et n'oublie rien de ce qui peut être dit à mon avantage; dans le second, je m'entretiens avec mon jardinier de choses très basses et très petites; et dans le troisième, je décide hautement du plus grand et du plus important point de la religion, je veux dire de l'amour de Dieu. J'ouvre donc un beau champ à ces censeurs, pour attaquer en moi, et le poëte orgueilleux, et le villageois grossier, et le théologien téméraire. Quelques fortes pourtant que soient leurs attaques, je doute qu'elles ébranlent la ferme résolution que j'ai prise il y a long-temps de ne rien répondre, au moins sur le ton sérieux, à tout ce qu'ils écriront contre moi.

A quoi bon en effet perdre inutilement du papier? Si mes épîtres sont mauvaises, tout ce que je dirai ne les fera pas trouver bonnes; et si elles sont bonnes, tout ce qu'ils diront [3] ne les

---

[1] C'est la seule indication des éditions de 1698 (sép.) à 1713 : elle suffisait parce qu'elle était précédée sur un feuillet distinct (au moins dans les in-4⁰ˢ) du faux-titre *Épîtres nouvelles*. Saint-Marc et autres ajoutent au mot *préface* une explication pour désigner l'objet de cette préface... Elle fut composée en 1697, et publiée en 1698 (non en 1695 ou 1696), avec les épîtres x, xi et xii (tome I, Notice bibliogr., n° 79, et ses renvois).

[2] V. O. les 1698 sép... les trois épîtres que...

[3] *F. N. R.* Texte de 1698 à 1713, et non pas *ce qu'ils feront*, faute grossière commise à 1716, in-4° et in-12, Bross.; 1717 A, Mort. et Vest.; 1718, 1722 et 1729, Dumont.; 1721, V. et Bru.; 1726, Bill.; 1735, 1740 et 1745, Souch.; 1746 et 1767, Dr.; 1747, Saint-M.; 1749, A; 1752, 1757, 1766, 1767, 1768 et 1769, P.; 1772, A.; 1775, A. et P.; 1777, Cas.; 1780, Lon.; 1782, 1789 et 1793, P.; 1801, Ri.; 1805, Ly.; 1810, Caill.; 1814, Ny.; 1826, Dub.; 1829, B. ch... (près de quarante éditions.)

PRÉFACE.

fera pas trouver mauvaises. Le public n'est pas un juge qu'on [1] puisse corrompre [2], ni qui se règle par les passions d'autrui. Tout ce bruit, tous ces écrits qui se font ordinairement contre des ouvrages où l'on court, ne servent qu'à y faire encore plus courir, et à en mieux marquer le mérite. Il est de l'essence d'un bon livre d'avoir des censeurs; et la plus grande disgrâce qui puisse arriver à un écrit qu'on met au jour, ce n'est pas que beaucoup de gens en disent du mal, c'est que personne n'en dise rien.

Je me garderai donc bien de trouver mauvais qu'on attaque mes trois épîtres. Ce qu'il y a de certain, c'est que je les ai fort travaillées, et principalement celle de l'amour de Dieu, que j'ai retouchée plus d'une fois, et où j'avoue que j'ai employé tout le peu que je puis avoir d'esprit et de lumières. J'avais dessein d'abord de la donner toute seule, les deux autres me paraissant trop frivoles pour être présentées au grand jour de l'impression avec un ouvrage si sérieux; mais des amis très sensés m'ont fait comprendre que ces deux épîtres, quoique dans le style enjoué, étaient pourtant des épîtres morales, où il n'était rien enseigné que de vertueux; qu'ainsi étant liées avec l'autre, bien loin de lui nuire, elles pourraient même faire une diversité agréable; et que d'ailleurs beaucoup d'honnêtes gens souhaitant de les avoir toutes trois ensemble, je ne pouvais pas avec bienséance me dispenser de leur donner une si légère satisfaction. Je me suis rendu à ce sentiment, et on les trouvera rassemblées ici dans un même cahier. Cependant comme il y a des gens de piété qui peut-être ne se soucieront guère de lire les entretiens que je puis avoir avec mon jardinier et avec mes vers, il est bon de les avertir qu'il y a ordre de leur distribuer à part la dernière,

---

[1] *V. E.* Texte de 1698 à 1713. On a mis *que l'on* dans plusieurs éditions modernes (1821, S. S.; 1821 et 1824, Am.; 1825, Daun.; 1826, Mar.; 1829, B. ch...). Cette leçon peut être meilleure, mais n'est pas celle de Boileau : et il nous paraît utile de conserver avec soin le texte des auteurs classiques, ne fût-ce que pour constater les changemens du langage.

[2] V. E. Texte de 1698 et 1701 P. à 1713 A... (onze éditions, dont quatre originales)... Il est évidemment préférable au mot *corriger* de l'édition de 1713, suivie dans presque toutes celles qu'on vient d'indiquer (p. 120 et 121).

savoir [1] celle qui traite de l'amour de Dieu; et que non-seulement je ne trouverai pas étrange qu'ils ne lisent que celle-là, mais que je me sens quelquefois moi-même en des dispositions d'esprit où je voudrais de bon cœur n'avoir de ma vie composé que ce seul ouvrage, qui vraisemblablement sera la dernière pièce de poésie qu'on aura de moi; mon génie pour les vers commençant à s'épuiser, et mes emplois historiques ne me laissant guère le temps de m'appliquer à chercher et à ramasser des rimes.

Voilà ce que j'avais à dire aux lecteurs [2]. Avant néanmoins que de finir [3] cette préface, il ne sera pas hors de propos, ce me semble, de rassurer des personnes timides, qui, n'ayant pas une fort grande idée de ma capacité en matière de théologie, douteront peut-être que tout ce que j'avance en mon épître soit fort infaillible, et appréhenderont qu'en voulant les conduire je ne les égare. Afin donc qu'elles marchent sûrement, je leur dirai, vanité à part, que j'ai lu plusieurs fois cette épître à un fort grand nombre de docteurs de Sorbonne, de pères de l'Oratoire et de jésuites très célèbres, qui tous y ont applaudi, et en ont trouvé la doctrine très saine et très pure; que beaucoup de prélats illustres à qui je l'ai récitée en ont jugé comme eux; que monseigneur l'évêque de Meaux [4], c'est-à-dire une des plus grandes lumières qui aient éclairé l'Église dans les derniers siècles, a eu long-temps mon ouvrage entre les mains, et qu'après l'avoir lu et relu plusieurs fois, il m'a non-seulement donné son approbation, mais a trouvé bon que je publiasse à tout le monde qu'il me la donnait [5]; enfin, que, pour mettre le comble

---

[1] V. O. On lit dans les éditions de 1698 et 1701... *c'est à savoir...*
Quant au cahier séparé, *V.* tome I, *Notice bibliogr.*, n° 80.

[2] V. O Ceci manque aux 1698 sép., et l'alinéa y commence par ces mots: *Au reste, avant que de finir...*

[3] *F. N. R.* Texte des éditions de 1701 et 1713. — Brossette, Dumonteil, Souchay et leurs copistes, tels que 1717, Mort. et Vest.; 1721, Vest.; 1745, 1750, 1757, 1766, 1768, P, etc., mettent, *Néanmoins avant que de* (On peut répéter ici l'observation faite à la note 1, p. 121).

[4] Jacques Bénigne Bossuet. *Boil.*, 1713.

[5] Tout ce qui suit, jusqu'à la fin de la préface, a été supprimé au Boileau de la jeunesse.

PRÉFACE.

à ma gloire, ce saint archevêque [1] dans le diocèse duquel j'ai le bonheur de me trouver, ce grand prélat, dis-je, aussi éminent en doctrine et en vertus qu'en dignité et en naissance, que le plus grand roi de l'univers, par un choix visiblement inspiré du ciel, a donné à la ville capitale de son royaume, pour assurer l'innocence et pour détruire l'erreur, monseigneur l'archevêque de Paris, en un mot, a bien daigné aussi examiner soigneusement mon épître, et a eu [2] même la bonté de me donner sur plus d'un endroit des conseils que j'ai suivis; et m'a enfin accordé aussi son approbation, avec des éloges dont je suis également ravi et confus.

Au reste [3], comme il y a des gens qui ont publié que mon épître n'était qu'une vaine déclamation qui n'attaquait rien de réel, ni qu'aucun homme eût jamais avancé; je veux bien, pour

---

[1] Louis-Antoine de Noailles, cardinal archevêque de Paris. *Boil.*, 1713. — Il succéda à Harlay de Champvallon, mort le 6 août 1695.

[2] *V. O.* Édit. 1698 et 1701. Mon épître, a eu même (*et* est omis).

[3] Cet alinéa fut substitué en 1701, à l'alinéa suivant qui terminait la préface aux 1698, sép.

« Je croyais n'avoir plus rien à dire au lecteur; mais dans le temps même que cette préface était sous la presse, on m'a apporté une misérable épître en vers, que quelque impertinent a fait imprimer, et qu'on veut faire passer pour mon ouvrage sur l'amour de Dieu. Je suis donc obligé d'ajouter cet article, afin d'avertir le public que je n'ai fait d'épître sur l'amour de Dieu que celle qu'on trouvera ici, l'autre étant une pièce fausse et incomplète, composée de quelques vers qu'on m'a dérobés, et de plusieurs qu'on m'a ridiculement prêtés, * aussi bien que les notes téméraires qui y sont. * »

V. E. 1° Les derniers mots que nous avons placés entre des ** sont à 1698 sép. in-12 (id., à 1694-1698, et 1701 e. t.). Ainsi M. de S. S. reproche mal-à-propos à Brossette de les avoir ajoutés, et aux éditeurs subséquens de l'avoir copié. Il y a apparence qu'il n'aura connu que l'édition in-4°.

2° Dans quelques éditions modernes, au lieu de « sous la presse... d'avertir le public que... qu'on trouvera ici »... On a mis, 1. « sous presse... 2. d'avertir que.. 3. qui se trouve ici... » Les deux premières leçons se lisent entre autres à 1809, Dau; 1821 et 1824, Am.; et 1825, Aug. (in-8 et in-32); la troisième, à 1809, Dau.; 1826, Mart...

N. B. Nous avons un exemplaire de la *misérable* épître. Elle est en effet bien incomplète, puisqu'il y manque quarante-huit vers, et qu'il y a dans les autres plus de cinquante variantes... Nous en citons quelques-unes, ainsi que les notes téméraires dont Boileau se plaint (nous les indiquons par ce signe, *Éd. subr.*, ou édition subreptice).

l'intérêt de la vérité, mettre ici la proposition que j'y combats, dans la langue et dans les termes qu'on la soutient en plus d'une école. La voici : « Attritio ex gehennæ metu sufficit, etiam « sine ulla Dei dilectione, et sine ullo ad Deum offensum res- « pectu ; quia talis honesta et supernaturalis est [1] ». C'est cette proposition que j'attaque et que je soutiens fausse, abominable, et plus contraire à la vraie religion que le luthéranisme ni le calvinisme. Cependant je ne crois pas qu'on puisse nier qu'on ne l'ait encore soutenue depuis peu, et qu'on ne l'ait même insérée dans quelques catéchismes en des mots fort approchans des termes latins que je viens de rapporter. [2]

---

[1] Traduction de cette proposition par M. Amar, adoptée par M. de S. S. et par M. Daunou, édition de 1825 (dans celle de 1809, sa propre traduction offre quelques différences) :

L'attrition qui résulte de la crainte de l'enfer suffit, même sans aucun amour de Dieu, et sans aucun rapport à ce Dieu qu'on a offensé ; une telle attrition suffit, parce qu'elle est honnête et surnaturelle.

[2] Voyez le Catéchisme de Joli et de quelques autres. *Brossette.*

Les théologiens, partisans de l'opinion combattue par Boileau, ont été assez nombreux pour qu'on les désignât par une qualification particulière, celle d'*Attritionnaires,* qui est prise en mauvaise part. *Bergier, Diction. de Théologie,* à ce mot.

Le sentiment le plus reçu, dit ce dernier auteur, est que l'attrition, dans le sacrement de pénitence, ne suffit pas pour justifier le pécheur, à moins qu'elle ne renferme un amour commencé de Dieu. *Id.*, mot *Attrition.*

EPITRE X.[1]

A MES VERS.

J'AI beau vous arrêter, ma remontrance est vaine;
Allez, partez, mes Vers, dernier fruit de ma veine;[2]
C'est trop languir chez moi dans un obscur séjour :
La prison vous déplaît, vous cherchez le grand jour,
Et déjà chez Barbin[3], ambitieux libelles,[4]   5

---

[1] Époques de composition et de publication... *Voy.* tome I, Tabl. chronol., an 1695.—Boileau avait une grande prédilection pour cette pièce, et il l'appelait ordinairement *ses inclinations. Bross.*—Il en a emprunté l'idée générale à Horace, mais elle ne ressemble à l'épître d'Horace (xx, liv. I.) par aucun détail. *M. Daru*, I, 238.

[2] Début d'Horace, dans l'épître déjà citée.

> Vertumnum Janumque, liber, spectare videris :
> Scilicet ut prostes Sosiorum pumice mundus;
> Odisti claves et grata sigilla pudico :
> Paucis ostendi gemis et communia laudas,
> Non ita nutritus. Fuge quò discedere gestis.
> Non erit emisso reditus tibi.—Quid miser egi?
> Quid volui? dices, ubi quis te læserit, et scis
> In breve te cogi, quum plenus languet amator.

Martial (lib. I, épigr. IV) dit aussi à son livre :

> Argiletanas mavis habitare tabernas...
> AEtherias, lascive, cupis volitare per auras :
> I, fuge; sed poteras tutior esse domi.

[3] *Libraire du Palais. Boil.*, 1713.—La nécessité d'éviter l'hiatus qu'aurait occasioné le nom de Thierry, a probablement déterminé Boileau à lui préférer ici Barbin, car c'est Thierry qu'il employait le plus souvent (il se vantait de l'avoir enrichi.. T. IV, lett. 7 juin 1708), et qui était même l'éditeur de cette épître (tome I, *Notice bibl.*, § 1er, n° 79).

[4] *Libelle* ne se dit plus que d'un livre satirique et clandestin. On le disait autrefois d'un petit livre. *Féraud.*—Après cette observation, Féraud cite les

Vous brûlez d'étaler vos feuilles criminelles.
Vains et faibles enfans de [1] ma vieillesse nés,
Vous croyez sur les pas de vos heureux aînés,
Voir bientôt vos bons mots, passant du peuple aux princes,
Charmer également la ville et les provinces; 10
Et, par le prompt effet d'un sel réjouissant,
Devenir quelquefois proverbes en naissant. [2]
Mais perdez cette erreur dont l'appas [3] vous amorce.

vers 5 et 6, et ajoute : Un poète, même satirique, ne qualifierait pas aujourd'hui de ce nom ses poésies. — *Ambitieux libelles ;* expression neuve et qui prépare le vers suivant. Le Brun. — Ajoutons que Boileau a peut-être voulu faire une allusion aux reproches odieux que les Cotin, les Desmarets, etc., prodiguaient à ses ouvrages (même tome I, Essai, n° 83 et 84).

[1] *V. O.* Texte de 1701, in-12, dernière édition revue par Boileau. La leçon (DANS *ma vieillesse*) des premières éditions (1697, 1698 et 1701 in-4) suivie par Brossette et tous les éditeurs (excepté Schelte, 1741), a été, il est vrai, reproduite dans l'édition posthume de 1713; mais, on l'a déjà dit (tome I, *Notice bibl.*, § 1, n° 90 et 108), cette édition très fautive, dont Boileau a tout au plus revu les premières feuilles, ne saurait l'emporter sur celle de 1701 qu'autant que les leçons différentes de celle-ci seraient moins correctes ou moins poétiques. Or, plusieurs de nos meilleurs poètes que nous avons consultés, ont unanimement convenu, 1° qu'on dit très bien *l'enfant* DE *ma* vieillesse, et, en effet, l'élégant Collin d'Harleville a employé cette expression (*Vieux Célibataire*, acte III, sc. 4) :

Il m'appelait souvent l'enfant *de* sa vieillesse.

2° que *de ma* est plus poétique que *dans ma* : seulement quelques-uns ont trouvé *de ma* un peu hardi.

Nous ajouterons, d'une part, que dans la même édition de 1701, in-12, Boileau a introduit ailleurs (satire XI, vers 126) une expression encore plus hardie... et de l'autre, que le desir de faire disparaître la consonnance désagréable de ces mots *enfans dans*, a pu aussi le déterminer à substituer, dans le vers actuel, *de* à *dans*.

[2] Quant à ces vers *proverbes*, v. tome I, Essai, n° 109.

[3] Texte de 1698 à 1713, et de Bross., Dumont., Souch., S. M., etc... La plupart des éditeurs modernes mettent *appât* (V. épît. VI, note du vers 29, ci-dev. p. 72).

Le temps n'est plus, mes Vers, où ma muse en sa force,
Du Parnasse français formant les nourrissons, 15
De si riches [1] couleurs habillait ses leçons : [2]
Quand mon esprit, poussé d'un courroux légitime,
Vint devant la raison plaider contre la rime,
A tout le genre humain sut faire le procès,
Et s'attaqua soi-même avec tant de succès. [3] 20
Alors il n'était point de lecteur si sauvage
Qui ne se déridât en lisant mon ouvrage,
Et qui, pour s'égayer, souvent dans ses discours,
D'un mot pris en mes vers n'empruntât le secours.
  Mais aujourd'hui qu'enfin la vieillesse venue, 25
Sous mes faux cheveux blonds [4] déjà toute chenue, [5]
A jeté sur ma tête, avec ses doigts pesans,

---

[1] *V. E.* On lit *de* ses *riches*, non *dans* les *éditions modernes,* comme l'avance l'éditeur de la Bibliothèque choisie, mais dans plusieurs éditions modernes, telles que 1809, Dau., 1821, Am., 1825, Aug., 1826, Mar.

[2] Vers 15 et 16. Allusion à l'Art poétique. *Bross.* — Ce n'est qu'avec le sentiment de la grâce que l'on s'exprime aussi bien. *Le Brun.* — Il semble par cette observation de Le Brun qu'il n'y ait ici que de l'exactitude ou tout au plus de l'élégance; mais comment n'a-t-il pas fait remarquer ces expressions si poétiques : *habiller* des leçons.... les habiller avec des *couleurs*.... et avec des couleurs *riches*...!

[3] Vers 18 à 20. Allusions aux sat. ii, viii et ix. *Bross.*

[4] *V. E.* Dans une des meilleures éditions modernes, on lit : Sur *mes faux cheveux* blancs; fautes étranges qui assurément ne sont pas de l'éditeur.

[5] L'auteur avait pris la perruque. *Boil.,* 1713.

« A propos, écrit Voltaire à D'Alembert (lett. du 8 oct. 1760), vous frondez la perruque de Boileau; vous avez la tête bien près du bonnet. S'il avait fait une épître à sa perruque, bon; mais il en parle en un demi-vers, pour exprimer en passant une chose difficile à dire dans une épître morale et utile. »

L'auteur, dit Le Brun, n'a point fait de plus beaux vers dans son meilleur temps; il combat les difficultés et en triomphe en grand poète.

Le mot *chenu* vient de *canus, blanc, blanchi.* Il a vieilli, et on peut le regretter, surtout pour le langage poétique. *M. Andrieux, J. pol.*, 166.

Onze lustres complets, surchargés de trois ans.[1]
Cessez de présumer dans vos folles pensées,
Mes Vers, de voir en foule à vos rimes glacées   30
Courir, l'argent en main, les lecteurs empressés;
Nos beaux jours sont finis, nos honneurs sont passés.[2]

---

[1] Cinquante-huit ans; mais il en avait réellement alors cinquante-neuf. (tome I. Essai, n° 146). — *Vers 25 à 28.* Boileau les prisait beaucoup. (lettre à Maucroix, du 29 avril 1695, tome IV.—V. aussi la note précédente.) Petits détails relevés par le choix de l'expression (*Clément, Nouv. obs.,* 477), et habillés poétiquement. *M. Andrieux, Journ.,* 166.—Les deux derniers vers (27 et 28) surtout sont d'une grande beauté. Il n'est pas possible de dire plus poétiquement qu'on a cinquante-huit ans (*Clément, ib.,* 480). Voltaire (*Ép. à Boileau,* v. 97) a imité le dernier :

> Malgré soixante hivers, escortés de seize ans,

Mais, dit avec raison M. Amar, *onze lustres* est plus poétique que *soixante hivers,* et *surchargés de trois ans* vaut infiniment mieux qu'*escortés de seize ans.* — Remarquons aussi que la tournure employée par Voltaire paraît imitée d'Horace (Liv. I, Ép. xx, v. 25) :

> Forte meum si quis te percontabitur ævum,
> Me quater undenos sciat implevisse decembres.

et celle de Boileau, puisée dans Ovide (Trist., liv. IV, elég. x. v. 77) :

> . . . . Novemque
> Addiderat lustris altera lustra novem.

Louis Racine (ode sur l'Harmonie) a dit :

> O grand peintre de la mollesse,
> J'aime encor jusqu'à ta vieillesse
> Lorsqu'après dix lustres pesans
> Amassés sur ta tête illustre,
> Elle jette un onzième lustre
> Qu'elle surcharge de trois ans!

Après de tels suffrages (*voy.* aussi la note précédente) il est presque inutile de dire que les mêmes vers sont jugés très dignes de correction par Chapat (p. 80), et critiqués, du moins quant à deux expressions, par Saint-Marc (V, 486), quoiqu'il avoue qu'ils sont *beaux* et *très poétiques.*

[2] Ce vers rappelle le 20° de l'épit. v (*ainsi que mes beaux jours,* etc.,

ÉPITRE X.

Dans peu vous allez voir vos froides rêveries
Du public exciter ¹ les justes moqueries ;
Et leur auteur, jadis à Regnier préféré,   35
A Pinchêne, à Linière, à Perrin ² comparé.
Vous aurez beau crier : «O vieillesse ennemie ! ³

ci-dev. p. 43) et celui de Racine (*Mithridate*, acte III, sc. 5),
   Mes ans se sont accrus, mes honneurs sont détruits.

¹ V. E. Texte de 1698 à 1713. — Il était possible de mettre *exciter du public*, mais Boileau a préféré la première version pour éviter la monotonie des tours. *Le Brun*. — Cependant Brossette assure que lui ayant proposé la version *exciter du public*, il l'avait approuvée : aussi Brossette l'a-t-il employée dans ses éditions, ce qui a été suivi dans beaucoup d'autres, telles que 1718 à 1729, Dum. ; 1735, Souch. et ses copies ; 1781, Did. ; 1829, B. ch., etc. Mais les principaux éditeurs, tels que Saint-Marc, MM. Didot (1788 à 1819), Daunou, Amar, Viollet le Duc, de Saint-Surin..., ont préféré le texte original, et avec d'autant plus de raison que l'assertion de Brossette (voy. tome III, art. de ses erreurs, n° 42) mérite fort peu de confiance.

² P. C. *A Sanlecque, à Regnard, à Bellocq...* « Boileau, dit Brossette, ne fit pas imprimer les noms de ces auteurs, qui avaient publié des satires contre lui : il s'était réconcilié avec le second, et le troisième lui avait fait faire des excuses ». — La satire de Sanlecque, dont parle Brossette, est sans doute son épître au duc de Nevers (*OEuvr. de Sanlecque*, 1740, *p.* 35), ennemi de Boileau, épître très injurieuse pour celui-ci, et que Sanlecque, il est vrai, ne publia pas dans la première édition de ses œuvres (1696), mais qui sans doute aussi avait été répandue en manuscrit. Il faut que l'espoir d'être évêque, grâce à l'appui du duc, eût aveuglé ce moine (*Moreri*, mot *Sanlecque*). Il était en effet neveu par alliance de la sœur chérie de Boileau, madame Mauchon, et leurs deux familles étaient de plus amies, car le père et la mère de Sanlecque avaient tenu sur les fonds baptismaux un neveu et une nièce de Boileau, enfans de madame Mauchon, et celle-ci avait également tenu un frère du Génovéfain (tome IV, Pièc. just. 82, 83, 198 à 201.) — Quoi qu'il en soit, Gâcon, moins facile que Boileau, venait de dire dans sa satire II, publiée en 1696 :

   Et qui laisse un terrein plus stérile et plus sec
   Que l'esprit de Bellot, ou du moine Sanlec.

³ Vers du Cid. *Boil.*, 1698, in-12, à 1713 (M. de S. S. ne cite que l'édit. de 1701). — Le Cid., acte I, sc. 4.

« N'a-t-il donc tant vécu que pour cette infamie ? »
Vous n'entendrez partout qu'injurieux brocards
Et sur vous et sur lui fondre de toutes parts.   40
  Que veut-il ? dira-t-on ; quelle fougue indiscrète
Ramène sur les rangs encor ce vain athlète ?
Quels pitoyables vers ! quel style languissant !
Malheureux, laisse en paix ton cheval vieillissant, [1]
De peur que tout-à-coup, efflanqué, sans haleine,   45
Il ne laisse en tombant son maître sur l'arène.
Ainsi s'expliqueront nos censeurs sourcilleux,
Et bientôt vous verrez mille auteurs pointilleux,
Pièce à pièce épluchant vos sons et vos paroles, [2]
Interdire chez vous l'entrée aux hyperboles ;   50
Traiter tout noble mot de terme hasardeux,
Et dans tous vos discours, comme monstres hideux,
Huer la métaphore et la métonymie,

---

[1] Excellente traduction d'Horace (Liv. I, ép. 1, v. 8 et 9) :

> Solve senescentem mature sanus equum, ne
> Peccet ad extremum ridendus, et ilia ducat.

qui lui-même avait imité Ennius (*Fragm.* L, *Annal.* XVIII). M. Amar.

> Sicut fortis equus, spatio qui forte supremo
> Vicit olympia, nunc senio confectu' quiescit.

Vers 41 à 44. C'est une espèce de réponse, non, comme le dit Brossette, à Pradon, puisque celui-ci (*Réponse*, à la fin) se borne à citer les vers ci-dessus d'Horace, mais à Regnard qui, en 1694 (*Sat. des Maris*, v. 19, 20, 25 et 26), disait de Boileau :

> Mais je n'ai pu souffrir qu'une indiscrète veine
> Le forçât, vieux athlète, à rentrer dans l'arène...
> Et les traits d'un critique affaibli par les ans,
> Sont tombés de ses mains sans force et languissans.

[2] *Pièce à pièce* est heureux, et justifie *épluchant vos sons et vos paroles...* Le Brun.

(Grand mots que Pradon croit des termes¹ de chimie);
Vous soutenir qu'un lit ne peut être effronté;² 55
Que nommer la luxure est une impureté.³
En vain contre ce flot d'aversion publique
Vous tiendrez quelque temps ferme sur la boutique;⁴
Vous irez à la fin, honteusement exclus,
Trouver au magasin Pyrame et Régulus,⁵ 60
Ou couvrir chez Thierry, d'une feuille encor neuve,
Les méditations de Buzée et d'Hayneuve,⁶
Puis, en tristes lambeaux semés dans les marchés,
Souffrir tous les affronts au Jonas⁷ reprochés.
   Mais quoi! de ces discours bravant la vaine attaque, 65

---

¹ L'ignorance de Pradon est bien adroitement mise en lumière. *Le Brun.*
— *Voy.* ép. VII, note du vers 106, p. 96.
   Les parenthèses du vers 54 sont dans les éditions originales et dans celles du XVIII° siècle. On les a supprimées dans les éditions modernes.

² Terme de la dixième satire. *Boil.*, 1713. — *Voy.* pour ce mot, tome I, même satire, note du vers 396.

³ Même sat. X, note du vers 141.
   Vers 49 à 56. Voilà, je crois, le seul passage où Boileau ait répondu à ses critiques (*voy.* tome I, Essai, n° 131 et 162 à 167).

⁴ Horace, liv. I, ép. XX, v. 9 à 13:

     Quod si non odio peccantis desipit augur,
     Carus eris Romæ, donec te deserat ætas;
     Contrectatus ubi manibus sordescere vulgi
     Cœperis, aut tineas pasces taciturnus inertes,
     Aut fugies Uticam, aut vinctus mitteris Ilerdam.

⁵ Pièces de théâtre de M. Pradon. *Boil.*, 1698 *et* 1701 (à 1713, on a supprimé M.).

⁶ Boileau avait vu un jour envelopper les méditations pieuses de ces deux jésuites avec les tragédies de Pradon. *Bross.* — Nous l'avons déjà observé, la singularité des rimes, quand elles sont amenées facilement, enrichit l'idée. *Le Brun.*

⁷ Poème héroïque non vendu. *Boil.*, 1698 et 1701. — Cette note a été supprimée à 1713 (*voy.* tome I, sat. IX, note du vers 93).

Déjà, comme les vers de Cinna, d'Andromaque,
Vous croyez à grands pas chez la postérité
Courir, marqués au coin de l'immortalité ! [1]
Eh bien! contentez donc l'orgueil qui vous enivre;
Montrez-vous, j'y consens : mais du moins dans mon livre, [2]
Commencez par vous joindre à mes premiers écrits.
C'est là qu'à la faveur de vos frères chéris,
Peut-être enfin soufferts comme enfans de ma plume,
Vous pourrez vous sauver, épars dans le volume. [3]
Que si mêmes [4] un jour le lecteur gracieux,   75
Amorcé par mon nom, sur vous tourne les yeux,
Pour m'en récompenser, mes Vers, avec usure, [5]
De votre auteur alors faites-lui la peinture :
Et surtout, prenez soin d'effacer bien les traits

---

[1] *Chez la postérité* est faible, et *courir chez,* n'est pas heureux. *Le Brun.*

[2] Vers 66 à 70. Gâcon disait vers le même temps (sat. 1) :

> Vous ne m'écoutez pas, et votre vanité
> Fait que vous êtes sourds à cette vérité;
> Partez donc, j'y consens, peut-être la satire
> Dont vous êtes remplis pourra vous faire lire.

[3] *Voy.* à ce sujet, tome III, art. des erreurs de Brossette, n° 43.

[4] *F. N. R.* On a déjà parlé (ép. VIII, note du vers 58, p. 100) des critiques faites de l'emploi de *mêmes* au pluriel, et rapporté l'observation de Palissot, que cet emploi est justifié par l'exemple de tous nos poètes. Mais, quoique la suppression de l'*s* réduise le vers de Boileau à onze syllabes, dans plusieurs éditions, telles que 1720, Ro.; 1726, Bill.; 1735, Sou.; 1750, in-12; 1766 A.; 1772 et 1789, Lon.; 1789, P.; 1816, Avi., on a écrit *même* au singulier; dans d'autres, on a refait le premier hémistiche, et mis (1732, G) : *si même quelque jour...,* ou bien (1793, Pal.) : *que si même un beau jour.*

[5] *Amorcé par mon nom* est une jolie expression, mais le vers suivant n'est ni bien jeté ni élégant. *Le Brun.*

L'éditeur du Boileau classique est encore plus sévère. Selon lui l'expression *pour* M'*en récompenser* (elle est dans toutes les éditions depuis 1698) présente un sens ridicule; il l'a donc corrigée, et mis *pour* L'*en récompenser.*

Dont tant de peintres faux ont flétri mes portraits. 80
Déposez hardiment qu'au fond cet homme horrible,
Ce censeur qu'ils ont peint si noir, et si terrible,
Fut un esprit doux, simple, ami de l'équité,
Qui, cherchant dans ses vers la seule vérité,
Fit, sans être malin, ses plus grandes malices;[1] 85
Et qu'enfin sa candeur seule a fait tous ses vices.
Dites que, harcelé par les plus vils rimeurs,
Jamais, blessant leurs vers, il n'effleura leurs mœurs :
Libre dans ses discours, mais pourtant toujours sage,
Assez faible de corps, assez doux de visage, 90
Ni petit, ni trop grand, très peu voluptueux,[2]
Ami de la vertu plutôt que vertueux.[3]

Que si quelqu'un, mes Vers, alors vous importune
Pour savoir mes parens, ma vie et ma fortune,
Contez-lui qu'allié d'assez hauts magistrats, 95
Fils d'un père greffier, né d'aïeux avocats,
Dès le berceau perdant une fort jeune mère,
Réduit seize ans après à pleurer mon vieux père,[4]

---

[1] Manière naïve et divine de dessiner soi-même son portrait. *Le Brun.*
[2] Vers 75 à 91. Horace (sup., v. 19) fait ainsi son portrait :

> Quum tibi sol tepidus plures admoverit aures,
> Me libertino natum patre; et in tenui re,
> Majores pennas nido extendisse loqueris :
> Ut, quantum generi demas, virtutibus addas;
> Me primis urbis belli placuisse domique;
> Corporis exigui, præcanum, solibus aptum,
> Irasci celerem, tamen ut placabilis essem.

[3] Ce vers, au jugement de l'auteur, est un des plus beaux qu'il ait faits. *Brossette.* — Modestie charmante, parce qu'elle semble prendre sa source dans le cœur. *Le Brun.*
[4] Vers 95 à 98. Explications fautives de Brossette.. Anachronisme de Boileau... Vraie date de la mort de ses père et mère... *Voy.* tome III, Explic. généal., nos 163 à 165, et art. des erreurs, nos 5, 11 et 12.

J'allai d'un pas hardi, par moi-même guidé,
Et de mon seul génie en marchant secondé, 100
Studieux amateur, et de Perse, et d'Horace,
Assez près de Regnier m'asseoir sur le Parnasse; 1
Que, par un coup du sort au grand jour amené,
Et des bords du Permesse à la cour entraîné,
Je sus, prenant l'essor par des routes nouvelles, 105
Élever assez haut mes poétiques ailes;
Que ce roi dont le nom fait trembler tant de rois
Voulut bien que ma main crayonnât ses exploits;
Que plus d'un grand m'aima jusques à la tendresse;
Que ma vue à Colbert inspirait l'allégresse; 110
Qu'aujourd'hui même encor, de deux sens affaibli,
Retiré de la cour, et non mis en oubli, 2
Plus d'un héros, épris des fruits de mon étude,
Vient quelquefois chez moi goûter la solitude. 3

 Mais des heureux regards de mon astre étonnant 115
Marquez bien cet effet encor plus surprenant,
Qui dans mon souvenir aura toujours sa place :
Que de tant d'écrivains de l'école d'Ignace
Étant, comme je suis, ami si déclaré, 4
Ce docteur toutefois si craint, si révéré, 120
Qui contre eux de sa plume épuisa l'énergie,

---

¹ Cela est bien modeste. *Bross.* — Despréaux l'a bien surpassé, mais il ne l'a pas fait oublier; que peut-on dire de plus à la louange de Regnier ? *La Harpe, Lyc.*, 1820, V, 128.

² Vers 109 à 112... *Voy.* tome I, Essai, nᵒˢ 129 et 132. — *De deux sens...* De la vue et de l'ouïe. *Bross.*

³ A Auteuil. *Boil.*, 1713. — Il y reçut souvent d'Aguesseau, Pontchartrain, le duc de Bourbon, le prince de Conti, etc. *Bross.*

⁴ *Que de tant* et *étant* : ces vers deviennent lourds par la consonnance de l'adverbe et du participe. *Le Brun.* — On cite au nombre de ces *amis*,

ÉPITRE X.

Arnauld, le grand Arnauld, fit mon apologie. [1]
Sur mon tombeau futur, mes Vers, pour l'énoncer,
Courez en lettres d'or de ce pas vous placer :
Allez, jusqu'où l'Aurore en naissant voit l'Hydaspe, [2] 125
Chercher, pour l'y graver, le plus précieux jaspe : [3]
Surtout à mes rivaux sachez bien l'étaler.

Mais je vous retiens trop. C'est assez vous parler.
Déjà, plein du beau feu qui pour vous le transporte,
Barbin impatient chez moi frappe à la porte : [4] 130
Il vient pour vous chercher. C'est lui : j'entends sa voix.
Adieu, mes Vers, adieu, pour la dernière fois.

Bourdaloue, Bouhours, Rapin, Thoulier (l'abbé d'Olivet), etc. *Brossette.*

[1] *Note de Boileau.* M. Arnauld a fait une dissertation où il me justifie contre mes censeurs (fin de 1713), et c'est son dernier ouvrage (fin de 1698). On le trouvera à la fin de ce volume. *Id.*, 1701. — *Voy.* tome IV, sa lett. de 1694; tome I, Essai, n° 140 et 151, et la note du vers 126.

[2] Fleuve des Indes. *Boil.*, 1713.

[3] Vers qui ont dû coûter beaucoup à Boileau, quoique la rime ait l'air de ne rien coûter au sens. *Le Brun.*

Vers 120 à 126. On en trouve une imitation en vers latins dans l'opuscule intitulé *Les deux Testamens de M. Arnauld*, in-12, 1695 (ce qui sert à fixer l'époque de la composition de l'épître x). Le dernier vers est ainsi : *vos probat Arnaldus, vos et sine crimine dicat...* Suit une traduction des mêmes vers latins en vers français, dont voici les derniers :

> Allez, ne craignez rien, volez par l'univers,
> Arnauld, le grand Arnauld fit votre apologie.

[4] L'impatience de Barbin est bien exprimée par le mouvement et la rapidité des paroles. *Le Brun.*

Les vers 115 à 127, contenant le panégyrique d'Arnauld, ont été supprimés au Boileau de la jeunesse; et pour servir de transition au couplet qui le termine, on y a refait ainsi les vers 127 et 128 :

> Mais, par ces longs propos, c'est trop vous retenir;
> Depuis long-temps, mes vers, vous brûlez de partir.

ÉPITRE XI.[1]

A MON JARDINIER.

Laborieux valet[2] du plus commode maître
Qui pour te rendre heureux ici-bas pouvait naître,
Antoine, gouverneur de mon jardin d'Auteuil,
Qui diriges chez moi l'if et le chèvrefeuil,[3]

---

[1] Époques de composition (vers 1696) et de publication... Tome I, tab. chronolog., an 1696, et notice bibl., § 1, n°⁵ 75 et 79.
Horace a aussi adressé une épître (xiv, liv. I) à son fermier; mais les deux poètes ont suivi des routes différentes. *Bross.* (*Voy.* la note du vers 10.)
Boileau, dans cette épître, s'appuie sur un fonds d'idées intéressantes et instructives : il compare le travail d'esprit avec le travail des mains, parallèle très piquant, d'où il résulte, contre l'opinion populaire, que les occupations du cabinet sont des travaux très réels; et l'auteur, s'élevant ensuite à de plus hautes considérations, montre que le travail est nécessaire au bonheur de l'homme... *Dussault*, II, 151 et suiv. (D'autres réflexions du même auteur sont au n° vii, ci-dev., p. 5.)

[2] Ce terme choquait singulièrement Antoine : il dégradait selon lui la profession de jardinier. *M. Amar.* — Il trouvait l'expression impropre parce que ses soins étaient donnés au jardin, et non à la personne de Boileau. *M. Andrieux.* — Nous n'avons pu découvrir où l'on a puisé cette critique qui nous paraît bien subtile pour Antoine, surtout dans un temps où le titre de valet, à-peu-près abandonné aujourd'hui, était d'un usage général, et enfin celui que Boileau lui-même employait presque toujours pour désigner ses domestiques. *Voy.* entre autres, tome IV, lettres des 6 octobre 1709 et 14 juin 1710.

[3] Voltaire (Ép. à Boileau, v. 9) a ainsi parodié ces vers :

> Je vis le jardinier de ta maison d'Auteuil
> Qui, chez toi, pour rimer planta le chèvrefeuil.

Ces deux vers parodiés de Boileau sont plats et insipides. *Jardinier de ta*

Et sur mes espaliers, industrieux génie, 5
Sais si bien exercer l'art de la Quintinie;[1]
Oh! que de mon esprit triste et mal ordonné,
Ainsi que de ce champ par toi si bien orné,
Ne puis-je faire ôter les ronces, les épines,
Et des défauts sans nombre arracher les racines![2] 10
    Mais parle : raisonnons. Quand, du matin au soir,
Chez moi poussant la bêche, ou portant l'arrosoir,
Tu fais d'un sable aride une terre fertile,
Et rends tout mon jardin à tes lois si docile;[3]
Que dis-tu de m'y voir rêveur, capricieux, 15

maison d'Auteuil est de la prose la plus abjecte; *gouverneur de mon jardin* est une expression très poétique, quoique très simple. *Diriger l'if et le chèvrefeuil* est élégant et relevé; mais *planter le chèvrefeuil* est une véritable phrase de jardinier. Clément, *Nouv. obs.*, 465 (M. Amar a reproduit ces observations, mais en des termes plus mesurés). — L'expression de *gouverneur de mon jardin* amène très heureusement celle de *diriger*, qui convient on ne peut pas mieux au chèvrefeuil qui suit toutes les directions qu'on veut lui donner, et encore plus à l'if... Qu'est-ce que c'est qu'un jardinier *qui plante pour rimer*..? Boileau était-il embarrassé de rimer? Clément, lett. 4, p. 82. — Remarquons à ce sujet qu'on dit depuis long-temps *chèvrefeuille*, mais qu'alors on disait aussi *chèvrefeuil*. (Dictionn. de l'Acad., édit. de 1694, et Féraud.) Il n'y a donc point ici une *licence* nécessitée par la rime comme le disent Lévizac et un éditeur moderne.

[1] Célèbre directeur des jardins du roi. Boil., 1713.
[2] *Et des défauts*, etc., expressions fortes et poétiques. M. Andrieux, Cours. Vers 7 à 10. Horace, liv. I, épit. XIV, v. 4 et 5.

    Certemus, spinas animone ego fortius, an te
    Evellas agro; et melior sit Horatius, an res.

Voilà le seul passage de cette épitre d'Horace qu'on cite comme imité par Boileau dans celle-ci. Au reste les deux poètes n'ont pas eu le même objet. Au lieu de comparer, comme Horace, sa philosophie à celle de son valet, Boileau se contente de comparer ses occupations, c'est-à-dire les travaux d'un poète avec ceux d'un jardinier. M. Daru, IV, 230.

[3] Choses communes élégamment exprimées dans des vers pleins de nombre. M. Andrieux, Cours.

Tantôt baissant le front, tantôt levant les yeux,
De paroles dans l'air [1] par élans envolées,
Effrayer les oiseaux perchés dans mes allées?
Ne soupçonnes-tu point qu'agité du démon,
Ainsi que ce cousin [2] des quatre fils Aimon,   20
Dont tu lis quelquefois la merveilleuse histoire,
Je rumine en marchant quelque endroit du grimoire?
Mais non : tu te souviens qu'au village on t'a dit
Que ton maître est nommé pour coucher par écrit
Les faits d'un roi plus grand en sagesse, en vaillance, 25
Que Charlemagne aidé des douze pairs de France. [3]
Tu crois qu'il y travaille, et qu'au long de ce mur [4]
Peut-être en ce moment il prend Mons et Namur. [5]

Que penserais-tu donc, si l'on t'allait apprendre [6]

---

[1] *P. C. O.* 1696, L., et 1697, A. et R... De paroles *en* l'air.

[2] Maugis. *Boil.*, 1698 à 1713.

[3] Vers 25 et 26. Magnifique éloge de Louis XIV, exprimé dans un vers où l'auteur s'accommode au goût d'Antoine, grand lecteur de vieux romans. *Le Brun.*

Vers 24 à 26. P. C. d'après Bross., 1696, L., et 1697, A. et R.

> Que ton *maître* est gagé pour *mettre* par écrit
> Les faits de ce grand roi vanté pour sa vaillance
> Plus qu'Ogier le Danois, ni Pierre de Provence.

Boileau, sans doute pour éviter la répétition des homonymes *maître* et *mettre* du vers 24, a substitué au second, *coucher par écrit* qui vaut moins. *M. Daunou*, 1809, et d'après lui M. de S. S. — Mais il faut observer que selon ce qu'il vient d'annoncer (*au village on t'a dit...* v. 24), il se conforme au langage vulgaire. *M. Planche.*

[4] *Et qu'au long* soutient l'hémistiche et aide à l'image. Un auteur moins versé dans son art n'eût pas manqué de mettre *et le long de ce mur*. *Le Brun.*

[5] *P. C. O.* 1697, A. Mons *ou* Namur.

[6] La dureté de cet hémistiche a été relevée par MM. Daunou (1809 et 1825), Amar et Planche; et le premier pense qu'il faut peut-être lire *si l'on*

ÉPITRE XI.

Que ce grand chroniqueur des gestes [1] d'Alexandre,
Aujourd'hui méditant un projet tout nouveau,
S'agite, se démène, et s'use le cerveau,
Pour te faire à toi-même en rimes insensées
Un bizarre portrait [2] de ses folles pensées ?
Mon maître, dirais-tu, passe pour un docteur,   35
Et parle quelquefois mieux qu'un prédicateur.
Sous ces arbres pourtant, de si vaines sornettes
Il n'irait point troubler la paix de ces fauvettes, [3]
S'il lui fallait toujours, comme moi, s'exercer,
Labourer, couper, tondre, aplanir, palisser,   40
Et, dans l'eau de ces puits [4] sans relâche tirée,
De ce sable étancher la soif démesurée. [5]

   Antoine, de nous deux, tu crois donc, [6] je le vois,
Que le plus occupé dans ce jardin c'est toi ?

---

allait t'apprendre. Cette leçon est en effet dans l'édition de Rotterdam, 1698. Mais les six éditions originales (1698, 1701 et 1713, in-4 et in-12) et plusieurs éditions étrangères (1697, 1701, 1702, 1708, 1713 A, et 1713 Br.) portent *si l'on t'allait.*

[1] P. C. D'après Brossette, 1696 L., 1697, A. et R :

    Que ce grand écrivain des exploits d'Alexandre.

[2] Un bizarre *projet*... faute grossière de 1696 L. et 1697 A.

[3] Vers 37 et 38. *P. C. O.* 1696 L., 1697, A. et R.

    Sous ces arbres pourtant, de vaines rêveries,
    Il n'irait point troubler les moineaux et les pies.

[4] *V. O.* 1698 in-4 sép. (*id.* 1696 L. et 1697 A), de *ses* puits.

[5] DE *ce sable* mis avant *étancher*, loin de donner de la contorsion au vers, lui prête de la force et de la grâce. *Le Brun.*

Vers 41 et 42. Manière ingénieuse de rendre une action qui n'a rien de relevé en soi. Boileau suit ici le précepte qu'il donne quelques vers plus bas : il dit sans s'avilir les plus petites choses. *M. Andrieux, Cours.*

[6] *V. E.* Texte de 1698 à 1713, suivi jusques au xixe siècle, et non pas *tu crois donc de nous deux,* comme on lit dans quelques éditions, telles que 1821, S.-S.; 1825, Daun.; 1828, Thi...

Oh! que tu changerais d'avis et de langage, 45
Si deux jours seulement, libre du jardinage,[1]
Tout-à-coup devenu poète et bel esprit,
Tu t'allais engager[2] à polir un écrit
Qui dît, sans s'avilir, les plus petites choses;
Fît, des plus secs chardons, des œillets et des roses;[3] 50
Et sût même aux discours de la rusticité
Donner de l'élégance et de la dignité;
Un ouvrage, en un mot, qui, juste en tous ses termes,
Sût plaire à Daguesseau, sût satisfaire Termes,[4]
Sût, dis-je, contenter, en paraissant au jour, 55
Ce qu'ont d'esprits plus fins et la ville et la cour![5]
Bientôt de ce travail revenu sec et pâle,
Et le teint plus jauni que de vingt ans de hâle,
Tu dirais, reprenant ta pelle et ton râteau :
J'aime mieux mettre encor cent arpens au niveau, 60
Que d'aller follement, égaré dans les nues,

[1] P. C. (Bross., 1696 L., 1697, A. et R.) *chargé de mon ouvrage.*

[2] P. C. (Les mêmes), *il te fallait songer à...*

[3] *Fît des plus secs chardons*, est heureux par son âpreté; l'adjectif *sec* placé avant le substantif rend plus doux *les œillets et les roses. Le Brun.*

[4] (*Daguesseau*) avocat général. *Boil.*, 1698 à 1701. — Alors avocat général et maintenant procureur général. *Id.*, 1713. — Nommé chancelier en 1717, mort en 1751. B. S. — Roger de Pardaillan de Gondrin, marquis de Termes, mort en 1704. *Bross.* — Le caustique Saint-Simon (IV, 141) fait l'éloge de son esprit.

Le poète dut *plaire à Daguesseau* par l'harmonie du moins, mais non pas *satisfaire* Termes (ceci est sans doute une allusion au défaut d'harmonie du second hémistiche. B.' S.). *Le Brun.* — Flatterie délicate et d'autant plus habilement amenée, qu'elle semble naître du sujet, et être comme jetée dans la narration. *M. Andrieux.*

[5] V. 51 à 56. P. C. Bross., 1696 L., 1697, A., R.). Il y avait seulement:

    Et qui pût contenter, en paraissant au jour,
    Daguesseau dans la ville, et Termes à la cour.

ÉPITRE XI.

Me lasser à chercher des visions cornues; [1]
Et, pour lier des mots si mal s'entr'accordans, [2]
Prendre dans ce jardin la lune avec les dents. [3]

   Approche donc, et viens : qu'un paresseux t'apprenne, [4]
Antoine, ce que c'est que fatigue et que peine.
L'homme ici-bas, toujours inquiet et gêné,
Est, dans le repos même, au travail condamné.
La fatigue l'y suit. C'est en vain qu'aux poètes
Les neuf trompeuses sœurs dans leurs douces retraites 70
Promettent du repos sous leurs ombrages frais :
Dans ces tranquilles bois pour eux plantés exprès,
La cadence aussitôt, la rime, la césure,
La riche expression, la nombreuse mesure,
Sorcières dont l'amour sait d'abord les charmer,   75
De fatigues sans fin viennent les consumer. [5]
Sans cesse poursuivant ces fugitives fées, [6]
On voit sous les lauriers haleter les Orphées. [7]

---

[1] Vers 61 et 62. Piron (*Métromanie*, acte I, sc. 6) dit :
    J'ai craint, au bord de l'eau, vos visions cornues;
    Que cherchant quelque rime, et lisant dans les nues...

[2] Vers 63 et 64. *S'entr'accordans* est dur et peu nécessaire. S'accordant dit la même chose, et avec plus d'agrément pour l'oreille. *Féraud.* — *Si mal s'entr'accordans* est d'une rudesse savante. *Le Brun.*

[3] Ce proverbe est bien appliqué dans la bouche d'Antoine. Boileau, pour le faire parler, emploie le style qu'eût employé Molière lui-même. *Le Brun.* — Boileau fait ici parler Antoine en vrai jardinier, mais la tournure des vers relève ce qu'il lui fait dire. *M. Andrieux, Cours.*

[4] *Un paresseux* est charmant : c'est ce *paresseux* qui donne des leçons de fatigue et de peine. Le nom d'*Antoine* qui vient ensuite, et qui est presque impoétique, ajoute encore à la naïveté du tableau. *Le Brun* (un commentateur qui rapporte cette note, lit *presque* ici *poétique*, au lieu d'*impoétique*).

[5] *P. C. O.* Les vers 73 à 76 manquent à 1696 L., 1697 A. et R.

[6] Les muses. *Boil.*, 1713.

[7] L'épître de Boileau à son jardinier exigeait le style le plus naturel :

Leur esprit toutefois se plaît dans son tourment,
Et se fait de sa peine un noble amusement.   80
Mais je ne trouve point ¹ de fatigue si rude
Que l'ennuyeux loisir d'un mortel sans étude,
Qui, jamais ne sortant de sa stupidité, ²
Soutient, dans les langueurs de son oisiveté,
D'une lâche indolence esclave volontaire, ³   85
Le pénible fardeau de n'avoir rien à faire. ⁴

ainsi ces vers y sont déplacés (supposé même qu'ils ne fussent pas mauvais partout) : Boileau avait oublié, en les composant, qu'Antoine devait les entendre. Marmontel, *Élém. de littér.*, III, 250. — Ces deux vers sont enchanteurs. Comme *ces fugitives fées* sont d'une touche vaporeuse ! L'imagination les poursuit malgré elle, et avec quel art le poète n'a-t-il pas su retenir ces consonnances de *lauriers, haleter, les Orphées!.. Le Brun.* — Malgré cet éloge, M. Daunou approuve la critique de Marmontel, et il en est de même de MM. Fontanier et Amar ; mais celui-ci partage l'enthousiasme de Le Brun pour les mêmes vers.

P. C. O. Ces vers étaient ainsi d'après 1696 L., 1697, A. et R.

> Sans cesse nuit et jour, ces désolantes fées
> De travaux importuns agitent les Orphées.

¹ *P. C. O.* D'après iid... je ne *conçois* point.
² *P. C. O.* (iid). Sans esprit, sans talent, qui de vice hébété.
³ Esclave *involontaire*... faute grossière de 1697 A.
Voltaire (Henriade, IV, 324) emploie cette tournure :

> De leur joug rigoureux esclaves volontaires.

⁴ Voltaire (4ᵉ Disc., v. 116) a dit : *je plains l'homme accablé du poids de son loisir.* Voltaire a l'air d'avoir mis en prose ce que Boileau avait mis en vers. *Le Brun.* — Je doute que les connaisseurs souscrivent à ce jugement, dit M. Amar (*Monit.* 28 mars 1808).

Vers 81 à 86. Le dernier vers est beau, mais le poète n'y arrive que bien fatigué... Voici sa proposition principale : L'ennuyeux loisir d'un mortel sans étude est une rude fatigue, est un pénible fardeau... L'auteur ne fait que s'appesantir sur la même idée lorsqu'il ajoute que ce loisir est celui d'un homme qui est dans les « langueurs de l'oisiveté, qui est esclave de sa lâche indolence »... D'ailleurs, les accessoires de *langueur* et d'*indolence* ne caractérisent pas le *loisir* par rapport à l'idée de *fatigue* qui est l'attribut de la pro-

ÉPITRE XI.

Vainement offusqué de ses pensers ¹ épais,
Loin du trouble et du bruit il croit trouver la paix :
Dans le calme odieux de sa sombre paresse, ²
Tous les honteux plaisirs, enfans de la mollesse,   90
Usurpant sur son âme un absolu pouvoir, ³
De monstrueux desirs le viennent émouvoir, ⁴
Irritent de ses sens la fureur endormie,
Et le font le jouet de leur triste infamie. ⁵
Puis sur leurs pas soudain arrivent les remords;   95
Et bientôt avec eux tous les fléaux du corps,
La pierre, la colique et les gouttes cruelles;

position. *Condillac*, II, 121. — Cette critique a été réfutée avec détails par le fameux Geoffroy. « Pourquoi, dit-il en substance, la pensée principale de Boileau est-elle belle et forte? C'est parce qu'il y a une opposition apparente entre l'oisiveté et la fatigue, entre le loisir et l'action laborieuse d'un homme qui porte un lourd fardeau. Tout ce qui contribue à rendre cette opposition plus saillante doit donc augmenter l'énergie de la pensée. Or, tel est l'effet des accessoires de *langueur* et d'*indolence*. Ils servent à faire mieux sentir l'espèce d'opposition qui paraît être entre le loisir et la fatigue, et par là même en rendent le rapprochement plus piquant : ainsi, dans ce morceau tout est essentiel; chaque mot tend à développer et à faire valoir la pensée du dernier vers qui est admirable. *Ann. littér.*, 1776, I, 82. — Sans approuver les épithètes (sec, froid, inepte) que M. Amar donne à Condillac ou à sa critique, nous ne saurions voir avec M. Daunou, dans les premiers vers, une vaine accumulation de synonymes (tel paraît être aussi l'avis de M. Planche, note du vers 86).

¹ Ce mot usité en poésie, au XVIIe siècle, a par malheur vieilli. *Féraud.* — On l'a (Delille entre autres) de nos jours remis en vigueur. *M. Fontanier.*
² *P. C. O.* 1696 L., 1697 A. et R... de sa *morne* paresse.
³ (Perse, sat. 1, v. 129)... si intùs etsi injecare ægro
    Nascantur domini...
⁴ *P. C. O.* iid... *les* monstrueux. — Dit-on bien que *des desirs viennent émouvoir?* Le Brun.
⁵ Vers 89 à 94. Peinture énergique (voilée par la chasteté de l'expression, dit M. Amar) des tentations auxquelles un solitaire fainéant est exposé. *D'Alembert*, III, 168.

Guénaud, Rainssant, Brayer,[1] presque aussi tristes qu'elles,[2]
Chez l'indigne mortel courent tous s'assembler,
De travaux douloureux le viennent accabler ;   100
Sur le duvet d'un lit, théâtre de ses gênes,[3]
Lui font scier des rocs, lui font fendre des chênes,[4]
Et le mettent au point d'envier ton emploi.
Reconnais donc, Antoine, et conclus avec moi,
Que la pauvreté mâle, active et vigilante,[5]   105
Est, parmi les travaux, moins lasse et plus contente
Que la richesse oisive au sein des voluptés.

   Je te vais sur cela prouver deux vérités :
L'une, que le travail, aux hommes nécessaire,
Fait leur félicité plutôt que leur misère ;   110
Et l'autre, qu'il n'est point de coupable en repos.[6]

---

[1] Fameux médecins. *Boil.*, 1701 et 1713.

[2] Vers 97 et 98. P. C. d'après Brossette, 1696 L., 1697, A. et R.

    La goutte aux doigts noués, la pierre, la gravelle,
    D'ignorans médecins, encor plus fâcheux qu'elle.

[3] P. C. O. 1696 L., 1697 A., *du* lit.

   Duvet d'un lit, théâtre de ses gênes; opposition heureuse, contraste qui frappe la pensée. *Le Brun.*

[4] D'Aguesseau trouva cette métaphore trop hardie et trop violente. Boileau répondit que si ce vers n'était pas bon, il fallait brûler toute la pièce. *Bross.* — Saint-Marc qui était d'avis, non qu'on brûlât la pièce, mais qu'on changeât ce vers, est traité à ce sujet par Le Brun, de prosateur imbécille. « Le vers, dit Le Brun, est ce qu'il faut qu'il soit. Racine était bien loin de penser comme Saint-Marc. » (M. Amar, l'éditeur de la *Bibliothèque choisie*, M. Fontanier et surtout M. Planche, qui entre à ce sujet dans des détails intéressans, sont à-peu-près du même avis). — M. Daunou (1809 et 1825), au contraire, approuve la critique de Saint-Marc, et au risque d'une épithète comme celle de Le Brun, nous avouons que nous sommes de son opinion.

[5] L'épithète de *mâle* ennoblit la pauvreté. *Le Brun.*

[6] P. C. d'après *Bross.*, 1696 L., et 1697 A. et R.

   Et l'autre qu'en Dieu seul on trouve son repos.

C'est ce qu'il faut ici montrer en peu de mots. [1]
Suis-moi donc. Mais je vois, sur ce début de prône,
Que ta bouche déjà s'ouvre large d'une aune,
Et que, les yeux fermés, tu baisses le menton. [2]   115
Ma foi, le plus sûr est de finir ce sermon.
Aussi bien j'aperçois ces melons qui t'attendent,
Et ces fleurs qui là-bas entre elles se demandent, [3]
S'il est fête au village, et pour quel saint nouveau,
On les laisse aujourd'hui si long-temps manquer d'eau. [4]

[1] *P. C. O.* 1696 L., 1697 A., te prouver en deux mots.

[2] Vers 114 et 115. Vers savans d'harmonie imitative : quel peintre que Boileau ! *Le Brun.* — L'auteur faisait remarquer cette peinture naïve d'un homme qui s'endort. *Bross.* — Il avait déjà fait un tableau à-peu-près semblable, et supérieur, selon nous, à celui-ci, dans le Lutrin (ch. II, v. 164).

[3] *P. C. O.*, du moins d'après 1696 L., 1697 A. et R.

   Et ces fleurs qui là-bas, je crois, s'entre-demandent.

Ces fleurs parlent avec une grâce charmante. Racine eût à peine égalé le naturel et l'élégance de ces vers. *Le Brun.* — A peine égalé ! Le Brun parle-t-il sérieusement ?

[4] Vers 117 à 120. Les figures hardies ne sont point interdites à la prose... Mais le vrai poète doit porter si loin cette hardiesse, que la prose n'y puisse jamais atteindre. Jamais aucun écrivain en prose n'aurait osé dire, comme Despréaux, *aussi bien*, etc... Cette hardiesse de figure qui anime les fleurs, qui les fait parler, et se demander entre elles pourquoi on les laisse manquer d'eau, est ce qui caractérise le véritable génie poétique. La prose est trop timide pour se permettre cette belle ivresse, sans laquelle tout écrivain en vers ne fait autre chose qu'habiller de la prose en rimes. *Clément, lett.* 6, p. 130.

Cette fin est très heureusement trouvée ; et cette pensée ingénieuse « ces fleurs qui là-bas entre elles se demandent », est embellie de l'élégance des expressions. *M. Andrieux, Cours.*

ÉPITRE XII.[1]

SUR L'AMOUR DE DIEU,

A MONSIEUR L'ABBÉ RENAUDOT.[2]

—

DOCTE abbé, tu dis vrai, l'homme, au crime attaché,
En vain, sans aimer Dieu, croit sortir du péché.
Toutefois, n'en déplaise aux transports frénétiques[3]
Du fougueux moine[4] auteur des troubles germaniques,
Des tourmens de l'enfer la salutaire peur   5
N'est pas toujours l'effet d'une noire vapeur,
Qui, de remords sans fruit agitant le coupable,
Aux yeux de Dieu le rende encor plus haïssable.
Cette utile frayeur, propre à nous pénétrer,
Vient souvent de la grâce en nous prête[5] d'entrer,   10
Qui veut dans notre cœur se rendre la plus forte,
Et, pour se faire ouvrir, déjà frappe à la porte.

---

[1] Époques de composition et de publication, et édition subreptice... *Voy.* tome I, Table chronol., an 1695, et ci-dev., préf., note 1, p. 120. — Jugemens littéraires sur cette épitre, *ci-apr.* note du vers 240.—Elle a été réduite à-peu-près à moitié (*voy.* les notes des vers 42, 70, 152, 190 et 196), dans le Boileau de la jeunesse, et supprimée entièrement dans le Boileau classique : ce qui fournit à M. Thiessé (*Mercure*, 20 déc. 1823, *p.* 511), l'occasion de demander si les collèges et les écoles ecclésiastiques ne doivent pas mettre l'amour de Dieu au premier rang de leurs besoins et de leurs devoirs? Ou plutôt si l'on ne punit point ici Boileau d'avoir appuyé une doctrine professée par les Jansénistes?

[2] Intitulés des 1701 à 1713. — *V. O.* les 1698, à M... — Renaudot était de l'Académie française. *Bross.*

[3] *Éd. subr...* aux transports *fanatiques.*

[4] Luther. *Boil.*, 1698 à 1713.

[5] Racine, Boileau, Voltaire et autres ont dit indifféremment *prêt à* et *prêt*

ÉPITRE XII.

Si le pécheur, poussé de ce saint mouvement,
Reconnaissant son crime, aspire [1] au sacrement,
Souvent Dieu tout-à-coup d'un vrai zèle l'enflamme; 15
Le Saint-Esprit revient habiter dans son âme,
Y convertit enfin les ténèbres en jour,
Et la crainte servile en filial amour.
C'est ainsi que souvent la sagesse suprême
Pour chasser le démon se sert du démon même. 20
   Mais lorsqu'en sa malice un pécheur obstiné,
Des horreurs de l'enfer vainement étonné,
Loin d'aimer, humble fils, son véritable père,
Craint et regarde Dieu comme un tyran sévère,
Au bien [2] qu'il nous promet ne trouve aucun appas, 25
Et souhaite en son cœur que ce Dieu ne soit pas :
En vain, la peur sur lui remportant la victoire,
Aux pieds d'un prêtre il court décharger sa mémoire : [3]
Vil esclave toujours sous le joug du péché,
Au démon qu'il redoute il demeure attaché. [4] 30
L'amour, essentiel à notre pénitence,
Doit être l'heureux fruit de notre repentance.

---

de... Les grammairiens rigides n'admettent que *prêt,à,* et soutiennent qu'au lieu de *prêt de,* il faudrait dire *près de...* Voy. Féraud, M. *Daunou,* note de ce vers; M. de Saint-Surin, tome I, p. 249, note *b*; surtout *Domergue,* Journal, 1784, 255 et suiv.

N. B. On a vu (p. 28, note 6, et p. 104, note 1) que beaucoup d'éditeurs modernes, sans égard à l'usage de Boileau, ont, sans avis, substitué *près* à *prêt,* dans les vers 6 de l'épître III, et 97 de l'épître VIII.

[1] *Éd. subr...* se reconnaît alors et court au...
[2] V. O. Edit. de 1698, in-4° et in-12, Paris, Delft, etc... *aux biens* qu'il...
[3] Ce vers a presque la teinte d'un vers satirique. *Le Brun.*
[4] Vers 29 et 30. *Éd. subr.,* il y a :

    Puis va recevoir Dieu sans amour, sans transport;
    Dans l'auteur de la vie il rencontre la mort.

ÉPITRE XII.

Non, quoi que l'ignorance enseigne sur ce point,[1]
Dieu ne fait jamais grâce à qui ne l'aime point.
A le chercher la peur nous dispose et nous aide; 35
Mais il ne vient jamais, que l'amour ne succède.
Cessez de m'opposer vos discours imposteurs,
Confesseurs insensés, ignorans séducteurs,
Qui, pleins des vains propos que l'erreur vous débite,
Vous figurez qu'en vous un pouvoir sans limite[2] 40
Justifie à coup sûr tout pécheur alarmé,
Et que sans aimer Dieu l'on peut en être aimé.[3]

Quoi donc! cher Renaudot, un chrétien effroyable,
Qui jamais, servant Dieu, n'eut d'objet que le diable,
Pourra, marchant toujours dans des sentiers maudits, 45
Par des formalités gagner le paradis!
Et parmi les élus, dans la gloire éternelle,
Pour quelques sacremens reçus sans aucun zèle,
Dieu fera voir aux yeux des saints épouvantés
Son ennemi mortel assis à ses côtés! 50
Peut-on se figurer de si folles chimères?
On voit pourtant, on voit des docteurs même austères[4]

---

[1] Inexactitude, car l'ignorance est incapable d'instruire. *Chapat*, 80.

[2] Vers 39 et 40. *Éd. subr.*, il y a :

> Qui pleins d'une trompeuse et fausse scolastique,
> Vous figurez qu'en vous un charme spécifique...

[3] *F. N. R.* Texte de 1698 à 1713... Brossette, in-4° et in-12, lit *on en peut être*, et a été suivi par 1717, Vest. et Mort., 1721, Vest. et Bru., 1749 A., 1829, B. ch.

Vers 31 à 42. Cette doctrine, disent MM. Amar et de S. S., est empruntée des livres jésuitiques cités par Pascal, x° *Provinciale*. — Quoi qu'il en soit, ces vers ont été supprimés au *Boileau de la jeunesse*.

[4] *P. C. O. Éd. subr.* et lettre à Racine, de 1697 (*voy*. tome IV).

> Cependant on ne voit que docteurs, même austères.

Qui, les semant partout, s'en vont pieusement
De toute piété saper le fondement;
Qui, le cœur infecté d'erreur si criminelles, 55
Se disent hautement les purs, les vrais fidèles;
Traitant d'abord d'impie et d'hérétique affreux
Quiconque ose pour Dieu se déclarer contre eux.
De leur audace en vain les vrais chrétiens gémissent:
Prêts à la repousser, les plus hardis mollissent. 60
Et, voyant contre Dieu le diable accrédité, [1]
N'osent qu'en bégayant prêcher la vérité.
Mollirons-nous aussi? Non; sans peur, sur ta trace,
Docte abbé, de ce pas j'irai leur dire en face:
Ouvrez les yeux enfin, aveugles dangereux. 65
Oui, je vous le soutiens, il serait moins affreux
De ne point reconnaître un Dieu maître du monde,
Et qui règle à son gré le ciel, la terre et l'onde,
Qu'en avouant qu'il est, et qu'il sut tout former,
D'oser dire qu'on peut lui plaire sans l'aimer. [2] 70
Un si bas, si honteux, si faux christianisme
Ne vaut pas des Platons l'éclairé paganisme;
Et chérir les vrais biens, sans en savoir l'auteur,
Vaut mieux que, sans l'aimer, connaître un créateur. [3]

---

[1] L'idée est plaisante. *Le Brun.* — Trop plaisante peut-être, dans un sujet aussi austère et aussi gravement traité. Mais l'auteur était tout plein de Pascal; et ce trait serait digne de sa plume. *M. Amar.* — Le trait est saillant, sans déroger à la gravité du sujet. *M. de Saint-Surin.*

[2] Vers 51 à 70. Ils sont supprimés au *Boil. jeun.*

[3] Vers 67 à 74. *Édit. subr.* Ils y sont très différens. On en jugera par ceux-ci (67 à 71). Il vaudrait mieux, y dit-on,

> Hérétique impudent, nier que dans l'hostie
> La substance du pain en chair soit convertie;
> De l'essence divine attaquer l'unité,

Expliquons-nous pourtant. Par cette ardeur si sainte, 75
Que je veux qu'en un cœur amène enfin la crainte,
Je n'entends pas ici ce doux saisissement,
Ces transports pleins de joie et de ravissement,
Qui font des bienheureux la juste récompense,
Et qu'un cœur rarement goûte ici par avance. 80
Dans nous l'amour de Dieu, fécond en saint desirs,
N'y produit pas toujours de sensibles plaisirs.
Souvent le cœur qui l'a ne le sait pas lui-même :
Tel craint de n'aimer pas, qui sincèrement aime;
Et tel croit au contraire être brûlant d'ardeur, 85
Qui n'eut jamais pour Dieu que glace et que froideur.
C'est ainsi quelquefois qu'un indolent mystique,[1]
Au milieu des péchés tranquille fanatique,
Du plus parfait amour pense avoir l'heureux don,
Et croit posséder Dieu, dans les bras du démon.[2] 90

Voulez-vous donc savoir si la foi dans votre âme
Allume les ardeurs d'une sincère flamme?
Consultez-vous vous-même. A ses règles soumis,
Pardonnez-vous sans peine à tous vos ennemis?
Combattez-vous[3] vos sens? domptez-vous vos faiblesses?
Dieu dans le pauvre est-il l'objet de vos largesses?
Enfin dans tous ses points pratiquez-vous sa loi?
Oui, dites-vous. Allez, vous l'aimez, croyez-moi.

> Publier qu'il n'est pas au ciel de trinité,
> Et croire l'âme en nous mortelle et périssable,
> Que d'oser soutenir ce dogme abominable.

[1] Quiétistes, dont les erreurs ont été condamnées par les papes Innocent XI et Innocent XII. *Boil.*, 1713 (*voy.* sat. x, v. 622).

[2] Vers 87 à 90... Ils manquent dans l'*édit. sub.*

[3] *F. N. R. Consultez-vous*, infâme bévue qu'on trouve à 1716, in-4° et in-12, Bross.; 1717, Vest.; 1721, Bru. et Vest., 1749 A.

ÉPITRE XII.

« Qui fait exactement ce que ma loi commande, »[1]
« A pour moi », dit ce Dieu, « l'amour que je demande. »[2]
Faites-le donc; et, sûr [3] qu'il nous veut sauver tous,
Ne vous alarmez point pour quelques vains dégoûts
Qu'en sa ferveur souvent la plus sainte âme éprouve;
« Marchez, courez à lui : qui le cherche le trouve; »[4]
Et plus de votre cœur il paraît s'écarter,   105
Plus par vos actions songez à l'arrêter. [5]
Mais ne soutenez point cet horrible blasphème,
Qu'un sacrement reçu, qu'un prêtre, que Dieu même,
Quoi que vos faux docteurs osent vous avancer,
De l'amour qu'on lui doit puissent vous dispenser.   110

    Mais s'il faut qu'avant tout, dans une âme chrétienne,
Diront ces grands docteurs, l'amour de Dieu survienne,
Puisque ce seul amour suffit pour nous sauver,
De quoi le sacrement viendra-t-il nous laver?
Sa vertu n'est donc plus qu'une vertu frivole.   115
Oh! le bel argument digne de leur école!
Quoi! dans l'amour divin en nos cœurs allumé,
Le vœu du sacrement n'est-il pas renfermé?
Un païen converti, qui croit un Dieu suprême,
Peut-il être chrétien qu'il n'aspire au baptême,   120
Ni le chrétien en pleurs être vraiment touché

---

[1] *V. O.* (lettre citée à la note du vers 52, page 148), *la loi.*
[2] P. C. O... Même lettre.
    Écoutez la leçon que lui-même il nous donne:
    « Qui m'aime ? c'est celui qui fait ce que j'ordonne. »
[3] *V. O.* 1701, in-12 (id., Grenan, traduction), *et* surs.
[4] Vers très précis. *Le Brun.*
  P. C. O. Même lettre : *Courez toujours à lui.*
[5] Vers 99 à 106. Racine les avait fait supprimer (aussi manquent-ils à l'*éd. subr.*), l'abbé Boileau les fit rétablir (*même lett.*).

Qu'il ne veuille à l'église avouer son péché?
Du funeste esclavage où le démon nous traîne
C'est le sacrement seul qui peut rompre la chaîne :
Aussi l'amour d'abord y court avidement ; 125
Mais lui-même il en est l'âme et le fondement.
Lorsqu'un pécheur, ému d'une humble repentance,
Par les degrés prescrits court à la pénitence, ¹
S'il n'y peut parvenir, Dieu sait les supposer.
Le seul amour manquant ne peut point s'excuser : 130
C'est par lui que dans nous la grâce fructifie ;
C'est lui qui nous ranime et qui nous vivifie ;
Pour nous rejoindre à Dieu, lui seul est le lien ;
Et sans lui, foi, vertus, sacremens, tout n'est rien.

 A ces discours pressans que saurait-on répondre? 135
Mais approchez ; je veux encor mieux vous confondre,
Docteurs. Dites-moi donc : quand nous sommes absous,
Le Saint-Esprit est-il, ou n'est-il pas en nous?
S'il est en nous, peut-il, n'étant qu'amour lui-même,
Ne nous échauffer point de son amour suprême? 140
Et s'il n'est pas en nous, Satan toujours vainqueur
Ne demeure-t-il pas maître de notre cœur? ²
Avouez donc qu'il faut qu'en nous l'amour renaisse :
Et n'allez point, pour fuir la raison qui vous presse,
Donner le nom d'amour au trouble inanimé 145
Qu'au cœur d'un criminel la peur seule a formé.
L'ardeur qui justifie, et que Dieu nous envoie,

---

¹ Vers 127 et 128. Méchans vers... *Etre ému d'une humble repentance* pêche par le sens. *Chapat*, 81.

² On sent, dit avec raison M. Amar, combien toutes ces formules d'argumentation scolastique achèvent de refroidir le style et de glacer le lecteur. Nous retrouverons un peu plus loin les *syllogismes* et les *sophismes*, étonnés sans doute, de se rencontrer, au bout du vers, sous la plume d'un poète.

Quoique ici-bas souvent inquiète et sans joie,
Est pourtant cette ardeur, ce même feu d'amour,
Dont brûle un bienheureux en l'éternel séjour. 150
Dans le fatal instant qui borne notre vie,
Il faut que de ce feu notre âme soit remplie;
Et Dieu, sourd à nos cris s'il ne l'y trouve pas,
Ne l'y rallume plus après notre trépas.
Rendez-vous donc enfin à ces clairs syllogismes; 155
Et ne prétendez plus, par vos confus sophismes,
Pouvoir encore aux yeux du fidèle éclairé
Cacher l'amour de Dieu dans l'école égaré.
Apprenez que la gloire où le ciel nous appelle
Un jour des vrais enfans doit couronner le zèle, 160
Et non les froids remords d'un esclave craintif,
Où crut voir Abély [1] quelque amour négatif.
  Mais quoi! j'entends déjà plus d'un fier scolastique
Qui, me voyant ici sur ce ton dogmatique,
En vers audacieux traiter ces points sacrés, 165
Curieux, me demande où j'ai pris mes degrés;
Et si, pour m'éclairer sur ces sombres matières,
Deux cents auteurs extraits m'ont prêté leurs lumières.
Non. Mais pour décider que l'homme, qu'un chrétien
Est obligé d'aimer l'unique auteur du bien, 170

---

[1] Misérable défenseur de la fausse attrition. *Boil.*, 1701. — Auteur de *la Mouëlle théologique*, qui soutient la fausse attrition par les raisons réfutées dans cette épître. *Id.*, 1713.

L'attrition, dit Abelli (*Medulla Theol.*, de Sacram. pœnit., c. 5, sect. 10, n. 5) qui n'a pour motif qu'une crainte servile, est bonne et honnête... L'abbé Boileau, frère de notre auteur, a réfuté *Abelli* dans son livre intitulé « De la contrition nécessaire pour obtenir, etc... » *Brossette.*

1698 à 1713, *Abely* et non pas *Abéli*. — Les vers 135 à 162 manquent à l'*éd. subr.*, et les vers 107 à 162, au *Boil. jeun.*

Le Dieu qui le nourrit, le Dieu qui le fit naître,
Qui nous vint par sa mort donner un second être,
Faut-il avoir reçu le bonnet doctoral,
Avoir extrait Gamache, Isambert et Du Val ? [1]
Dieu, dans son livre saint, sans chercher d'autre ouvrage,
Ne l'a-t-il pas écrit lui-même à chaque page ?
De vains docteurs encore, ô prodige honteux !
Oseront nous en faire un problème douteux !
Viendront traiter d'erreur digne de l'anathème
L'indispensable loi d'aimer Dieu pour lui-même,   180
Et, par un dogme faux dans nos jours enfanté,
Des devoirs du chrétien rayer la charité !

 Si j'allais consulter chez eux le moins sévère,
Et lui disais : Un fils doit-il aimer son père ?
Ah ! peut-on en douter ? dirait-il brusquement.   185
Et quand je leur demande en ce même moment :
L'homme, ouvrage d'un Dieu seul bon et seul aimable,
Doit-il aimer ce Dieu, son père véritable ?
Le plus rigide auteur n'ose le décider,
Et craint, en l'affirmant, de se trop hasarder ! [2]   190

---

[1] Théologiens qui vivaient au xviiᵉ siècle. *Bross.* — Très célèbres. *Boil. jeun.* — Il y a long-temps qu'on ne fait aucun *extrait* ni aucun usage de leurs compilations. *M. Daunou.* — Philippe de Gamache, Nicolas Isambert et André Duval ont fait tous les trois des commentaires, en plusieurs volumes in-folio, sur la Somme de Saint-Thomas. Duval a aussi publié un traité *De supremâ Romani pontificis in Ecclesiam potestate* (1614, in-4°). *Goigoux.*

[2] Les vers 183 à 190 manquent à l'édition subreptice, et les 177 à 190 ont été supprimés au Boileau de la jeunesse. Un homme non suspect avait cependant vanté le passage (v. 163 à 190) dont ils font partie. « Je défie, dit-il, de trouver dans les autres ouvrages de la jeunesse de ce poète un endroit plus vif, plus animé, et dont le tour soit à-la-fois plus agréable et plus vif que celui de ces vers ». *Clément, Lett.* iv, p. 99. — Vivent, dit à ce sujet M. Amar, vivent les critiques de profession, pour louer, comme

Je ne m'en puis défendre; il faut que je t'écrive
La figure bizarre, et pourtant assez vive,
Que je sus l'autre jour employer dans son lieu, [1]
Et qui déconcerta ces ennemis de Dieu.
Au sujet d'un écrit qu'on nous venait de lire,   195
Un d'entre eux m'insulta sur ce que j'osai dire [2]
Qu'il faut, pour être absous d'un crime confessé,
Avoir pour Dieu du moins un amour commencé.

ils censurent, à toute outrance! — M. Daunou a aussi de la peine à comprendre l'enthousiasme de Clément.

[1] A Bâvile chez M. de Lamoignon. *Note de l'édit. subrept.*

[2] V. 196. Le P. Cheminais, jésuite. *Note de l'édit. subrep.* — M. Daunou (1809, I, 301) l'a aussi indiqué d'après le *Boileau aux prises*, etc., opuscule publié en 1706 (tome I, *Not. bibl.*, § 2, n° 53). M. de S.-S. critique fortement cette indication, entre autres parce que cet opuscule ne mérite, dit-il, aucune confiance, et que Cheminais était mort dès 1689. M. Daunou (1825) répond que Boileau a pu rajeunir ce fait comme il l'a pratiqué ailleurs, et que si l'auteur de l'opuscule peut avoir commis des inexactitudes, il était du moins contemporain et fort instruit des relations de Boileau avec les jésuites. — On voit que les deux notes précédentes de l'édition subreptice, publiées même avant l'édition originale, confirment l'opinion de M. Daunou, qu'on peut encore fortifier des remarques suivantes : 1. Boileau dans la lettre citée ne présente pas le fait comme aussi récent que dans l'épître (vers 193, mots *l'autre jour*). « Je l'ai fait *ressouvenir*, dit-il, du petit théologien avec qui *j'eus* devant lui une prise, chez M. de Lamoignon » *; et en effet, il dit ailleurs (tome IV, lett. du 15 novembre 1709, et notes *ibid.*) que *long-temps* avant la composition de l'épître xii, ou avant 1695, il avait *soutenu* des disputes sur l'amour de Dieu... 2. Dans sa préface (ci-dev., p. 123), il ne déclare pas les mêmes notes *fausses*, calomnieuses, mais *téméraires*, ce qui est bien différent... 3. Enfin, D. Le Masson, général des chartreux (de 1675 à 1703), grand ennemi des jansénistes, qui a annoté l'exemplaire de l'édition subreptice appartenant à la bibliothèque de Grenoble, et qui était fort au courant de ces sortes d'affaires, eût probablement rectifié l'indication du P. Cheminais si elle eût été fautive.

Vers 191 à 196. La suppression des 14 vers précédens faite au Boileau

* On voit que l'auteur du *Boileau aux prises*, etc., est au moins exact quant au lieu.

ÉPITRE XII.

Ce dogme, me dit-il, est un pur calvinisme.
O ciel! me voilà donc dans l'erreur, dans le schisme, 200
Et partant réprouvé! Mais, poursuivis-je alors,
Quand Dieu viendra juger les vivans et les morts,
Et des humbles agneaux, objet [1] de sa tendresse,
Séparera des boucs la troupe pécheresse,
A tous il nous dira, sévère ou gracieux, 205
Ce qui nous fit impurs ou justes à ses yeux.
Selon vous donc, à moi réprouvé, bouc infâme,
Va brûler, dira-t-il, en l'éternelle flamme,
Malheureux qui soutins que l'homme dut m'aimer;
Et qui, sur ce sujet trop prompt à déclamer, 210
Prétendis qu'il fallait, pour fléchir ma justice,
Que le pécheur, touché de l'horreur de son vice,
De quelque ardeur pour moi sentît les mouvemens,
Et gardât le premier de mes commandemens!
Dieu, si je vous en crois, me tiendra ce langage : 215
Mais à vous, tendre agneau, son plus cher héritage,
Orthodoxe ennemi d'un dogme si blâmé,
Venez, vous dira-t-il, venez, mon bien-aimé :
Vous qui, dans les détours de vos raisons subtiles

---

de la jeunesse (voy. note du vers 190) a forcé l'éditeur d'en supprimer encore les vers 193 et 194, et de refaire les vers 191, 192 et 195. Voici sa leçon :

    Je ne m'en puis défendre : il faut en finissant,
    Cher abbé, t'égayer d'un trait assez plaisant.
    Au sujet d'un écrit qu'on nous venait de lire
    Un docteur m'insulta sur ce que j'osai dire...

[1] V. E. Texte de 1698 et 1701, in-4 et in-12, et de 1713, in-4, adopté par Bross., Dumont., Souchay et Saint-Marc. On lit *objets* au pluriel, à 1713 in-12, édition peu exacte (tome I, *Not. bibl.*, § 1, n° 108, obs. 2), suivie généralement sur ce point depuis le milieu du xviiie siècle, sauf dans quelques éditions, telles que 1793, Pal.; 1821, S.-S.

Embarrassant les mots d'un des plus saints conciles, [1]
Avez délivré l'homme, ô l'utile docteur! [2]
De l'importun fardeau d'aimer son créateur;
Entrez au ciel; venez, comblé de mes louanges,
Du besoin d'aimer Dieu désabuser les anges.
A de tels mots, si Dieu pouvait les prononcer,   225
Pour moi je répondrais, je crois, sans l'offenser :
Oh! que pour vous mon cœur moins dur et moins farouche,
Seigneur, n'a-t-il, hélas! parlé comme ma bouche!
Ce serait ma réponse à ce Dieu fulminant.
Mais vous, de ses douceurs objet fort surprenant,   230
Je ne sais pas comment, ferme en votre doctrine,
Des ironiques mots de sa bouche divine
Vous pourriez, sans rougeur et sans confusion,
Soutenir l'amertume et la dérision.
  L'audace du docteur, par ce discours frappée,   235
Demeura sans réplique à ma prosopopée.
Il sortit tout-à-coup, et murmurant tout bas [3]
Quelques termes d'aigreur que je n'entendis pas,
S'en alla chez Binsfeld, ou chez Basile Ponce, [4]

---

[1] Le concile de Trente. *Boil.*, 1713 (probablement *Sess.* VI, c. 14).

[2] *Édit. subr.*..... L'homme, *accommodant* docteur!

[3] Le P. Cheminais, jésuite. *Note de l'éd. subr.*

Le passage suivant des Provinciales (Lett. x) : « Ainsi on rend dignes de jouir de Dieu dans l'éternité, ceux qui n'ont jamais aimé Dieu en toute leur vie, » a peut-être fourni à Boileau l'idée de sa réponse à Cheminais, dont il a ensuite fait sa prosopopée.

[4] Deux défenseurs de la fausse attrition. *Boil.*, 1701. — Le premier était chanoine de Trèves, et l'autre était de l'ordre de Saint-Augustin. *Id.*, 1713. (Morts en 1606 et 1629. *Goigoux.*)

Vers 239 et 240. Ils sont ainsi à l'*édition subreptice.*

  Courut chez Tambourin et chez Basile Ponce
  Chercher à mes raisons je crois quelque réponse.

Sur l'heure à mes raisons chercher une réponse.[1]

D. Le Masson (ci-dev., note du vers 196, n° 3, p. 155) rapporte ici en note les vers ci-dessus du texte, et ajoute que le P. Lachaise ayant approuvé l'impression de l'ouvrage de Tambourin (c'est Thomas Tamburini, jésuite, mort en 1675,... *Goigoux*), pria Despréaux d'en ôter le nom de son épître, « Ce que, dit-il, M. Despréaux a accordé volontiers au R. P. confesseur du roi. »

[1] Boileau a traité le sujet de l'amour de Dieu comme le devait être une matière si austère, où toutefois il a eu le secret de répandre du sel, des grâces même et de la force. La prosopopée qui la termine me semble d'une adresse et d'une ironie merveilleuse. *Clément, Lett.* IV, p. 99 (à la suite de ceci est l'éloge rapporté p. 154, note du vers 190). — Quoique l'épître XII soit la moins *bonne*, on y remarque d'excellens morceaux et des expressions propres et énergiques. *Lenoir-Dulac,* p. 175. — C'est celle que les connaisseurs goûtent le moins... Mais la prosopopée qui la termine est heureuse et vive. *La Harpe, Lyc.,* VI, 197. — Ce qu'on a écrit de plus sensé sur la controverse mystique relative aux véritables caractères de l'amour qu'on doit avoir pour Dieu, se trouve peut-être dans l'épître de Boileau, quoique ce ne soit pas assurément son meilleur ouvrage. *Voltaire, Dictionn. philos.,* mot *amour de Dieu.* — Ailleurs (*ép. à Boileau,* v. 27) il en parle ainsi :

Et sur l'amour de Dieu ta triste psalmodie,
Du haineux janséniste en son temps applaudie.

« Elle est ennuyeuse et triste... C'est un fruit informe et languissant (il en dit autant de la satire XII) de la verve de Boileau. » *D'Alembert*, III, 163. — Ce sujet scolastique était rebelle à la poésie... *Palissot, OEuvres,* III, 42 (Le Brun et M. Amar font à-peu-près la même remarque).

L'ART POÉTIQUE

EN VERS.[1]

OBSERVATIONS

SUR L'ART POÉTIQUE CONSIDÉRÉ EN GÉNÉRAL.

I. Lorsque cet ouvrage fut imprimé (édit. de 1674, in-4°) les ennemis de Boileau (notamment Desmarets, p. 76, et Sainte Garde, p. 10) dirent que c'était une traduction de l'Art poétique d'Horace. L'auteur leur répondit (Préface de l'édit. de 1674, grand in-12, ci-devant tome I) que sur onze cents vers, il n'y en avait pas plus de 50 ou 60 imités d'Horace. Quelque décisive que fût cette réponse, Pradon (p. 85) reproduisit, dix ans après, la même censure, en toutes lettres, et ajouta que toutes les fois que Boileau abandonnait Horace, il rampait, il donnait dans la bassesse, et ne savait plus ce qu'il disait. *Voy.* aussi la note du dernier vers du ch. IV.

II. Le jugement que porte Voltaire est un peu différent. « L'Art poétique, dit-il (*Dict. Philosoph.*, à ce mot), est admirable, parce qu'il dit toujours agréablement des choses vraies et utiles, parce qu'il donne toujours le précepte et l'exemple, parce qu'il est varié, parce que l'auteur, en ne manquant jamais à la pureté de la langue,

> « . . . . Sait d'une voix légère,
> « Passer du grave au doux, du plaisant au sévère.

« Ce qui prouve son mérite chez tous les gens de goût, c'est qu'on sait ses vers par cœur; et ce qui doit plaire aux philosophes, c'est qu'il a presque toujours raison. »

« Puisque nous avons parlé de la préférence qu'on peut donner quelquefois aux modernes sur les anciens, on oserait présumer ici que l'*Art poétique* de Boileau est supérieur à celui d'Horace. La méthode est certainement une beauté dans un poème

---

1 (*Note du Faux titre*). *V. O.* Texte de 1674 à 1713, et de Bross. et Saint-Marc. — Dumonteil, Souchay et les éditeurs modernes suppriment *en vers*.

didactique; Horace n'en a point. Nous ne lui en faisons pas un reproche, puisque son poëme est une épître familière aux Pisons, et non pas un ouvrage régulier comme les *Géorgiques*; mais c'est un mérite de plus dans Boileau, mérite dont les philosophes doivent lui tenir compte. »

« L'Art poétique latin ne paraît pas, à beaucoup près, si travaillé que le français. Horace y parle presque toujours sur le ton libre et familier de ses autres épîtres. C'est une extrême justesse dans l'esprit, c'est un goût fin, ce sont des vers heureux et pleins de sel, mais souvent sans liaison, quelquefois destitués d'harmonie; ce n'est pas l'élégance et la correction de Virgile. L'ouvrage est très bon, celui de Boileau paraît encore meilleur; et si vous en exceptez les tragédies de Racine, qui ont le mérite supérieur de traiter les passions, et de surmonter toutes les difficultés du théâtre, l'Art poétique de Despréaux est sans contredit le poëme qui fait le plus d'honneur à la langue française. »

« Ne nous lassons point, dit ailleurs le même Voltaire (mot *vers*), de citer l'Art poétique; il est le code, non-seulement des poètes, mais même des prosateurs. »

III. « Que ceux, dit La Harpe (*Lyc.* VI, 224 et suiv.), qui veulent écrire en vers méditent l'*Art poétique* de l'Horace français, ils y trouveront marqué d'une main également sûre le principe de toutes les beautés qu'il faut chercher, celui de tous les défauts dont il faut se garantir. C'est une législation parfaite dont l'application se trouve juste dans tous les cas, un code imprescriptible, dont les décisions serviront à jamais à savoir ce qui doit être condamné, ce qui doit être applaudi. Nulle part l'auteur n'a mieux fait voir le jugement exquis dont la nature l'avait doué. Ceux qui ont étudié l'art d'écrire, qui en connaissent par une expérience journalière les secrets et les difficultés, peuvent attester combien ils sont frappés du grand sens renfermé dans cette foule de vers aussi bien pensés qu'heureusement exprimés, et devenus depuis long-temps les axiomes du bon goût. Il serait bien injuste qu'ils perdissent de leur mérite parce que le temps nous les a rendus familiers, ou parce que de grands modèles les avaient précédés... »

« En disant ce qu'il fallait faire, il apprenait à juger celui qui avait bien fait, à le discerner de celui qui faisait mal. En resserrant dans des résultats lumineux toutes les règles principales de la tragédie, de la comédie, de l'épopée et des autres genres de poésies; en renfermant tous les préceptes de l'art d'écrire dans des vers parfaits et faciles à retenir, il laissait dans tous les esprits la mesure qui devait servir à régler leurs jugemens. Il rendait familières au plus grand nombre ces lois avouées par la raison de tous les siècles et par le suffrage de tous les hommes éclairés. Il dirigeait l'estime et le blâme; et s'il est vrai que l'empire des arts ne peut, comme tous les autres, subsister sans une police à-peu-près généralement reçue, sans des lois qui aient une sanction et un effet, quoique souvent violées comme ailleurs, sans une espèce de hiérarchie qui établisse des rangs, des honneurs et des distinctions, l'écrivain qui a contribué plus que personne à fonder cet ordre nécessaire, qui fut, il y a cent ans, le premier législateur de la république des lettres, et qu'aujourd'hui elle reconnaît encore sous ces titres, ne mérite-t-il pas une éternelle reconnaissance? »

IV. « Boileau, dit D'Alembert, fit son Art poétique, qui est dans notre langue le code[1] du bon goût, comme celui d'Horace l'est en latin; supérieur même à celui d'Horace, non-seulement par l'ordre, si nécessaire et si parfait, que le poète français a mis dans son ouvrage et que le poète latin semble avoir négligé dans le sien, mais surtout parce que Despréaux a su faire passer dans ses vers les beautés propres à chaque genre dont il donne les règles; bien différent de ces précepteurs arides et pour ainsi dire morts, dont les leçons glacées ne seraient propres qu'à tuer le génie, si le génie daignait les entendre, et qui sont aux véritables législateurs en poésie, ce que les scolastiques sont aux

---

[1] Voilà Boileau évidemment érigé en législateur poétique par Voltaire, La Harpe (n°s II et III, p. 162) et d'Alembert..... « Ce sont des professeurs de rhétorique, dit un écrivain moderne, qui ont affublé Boileau du sobriquet ridicule de législateur du Parnasse... » Ces *professeurs de rhétorique qui affublent d'un sobriquet ridicule* ne ressemblent pas mal à des *pédans*; toutefois nous avons peine à croire que l'écrivain qui s'exprime ainsi, ait entendu ranger Voltaire, La Harpe et d'Alembert dans cette classe, et nous aimons mieux penser que l'opinion de ces auteurs célèbres était sortie de sa mémoire.

vrais philosophes; artistes, ou plutôt artisans malheureux, dont le sort est de refroidir tout ce qu'il touchent, et d'user tout ce qu'ils polissent. » *D'Alembert*, I, 46.

V. « L'Art poétique, dit M. de Jaucourt, est un chef-d'œuvre de raison, de goût, de versification... Despréaux a une réputation au-dessus de toutes les apologies, et sa gloire sera toujours intimement liée avec celle des belles-lettres françaises ». — *Encyclop.*, mot *Satire*. (Batteux dit la même chose, t. III, p. 158 et suiv.)

VI. Après avoir comparé Boileau et Horace comme auteurs de Satires et d'Épîtres, M. Auger (*Éloge*, p. 9) ajoute : « Pour la troisième fois, Boileau lutte contre Horace : cette fois la victoire lui reste. Ce qui n'avait fourni à l'un que la matière d'une épître, appelée trop fastueusement peut-être du nom d'*Art poétique*, est devenu sous la plume de l'autre un poème vraiment digne de ce titre. Inférieur à Boileau du côté de l'étendue, Horace ne peut lui être comparé sous le rapport de l'ordonnance. Employant la forme épistolaire, il use légitimement, mais sans réserve, de toute la liberté qu'elle autorise. La poésie dramatique paraît être le sujet principal de ses réflexions; il ne fait qu'indiquer légèrement les autres genres : du reste, il passe subitement d'un objet à l'autre, et mêle les règles générales aux règles particulières : ainsi il s'affranchit des entraves de la méthode et du *travail des transitions*. [1] Boileau donne à son poème une forme plus imposante et plus sévère; il y embrasse toutes les parties de l'art qu'il professe; il les divise, les lie, les gradue, les subordonne entre elles et à l'ensemble, par les justes proportions qu'il établit. Travaillant sur un plan vaste et régulier, il développe, pour le remplir et le décorer, toutes les richesses de l'imagination et du style. De là ces heureux épisodes qui rompent l'uniformité du sujet; ces métaphores nobles ou gracieuses, qui en ornent la simplicité; cette versification brillante où l'aridité de la pensée se dérobe sous la magnificence de l'expression; ces traits malins qui égayent la gravité des règles sans en affaiblir l'autorité; enfin cet art d'identifier le précepte et

---

[1] Nous parlons de l'art des *transitions*, au tome I, Essai, n° 107.

l'exemple, en décrivant chaque genre de poésie du ton qui lui est propre, et en y appliquant, pour ainsi dire, la couleur locale. »

VII. « Un goût exquis, observe M. Lemercier, dicta tous les vers de l'Art poétique, qui ne se peut comparer en justesse, en grâce, en excellence, qu'à l'Art poétique d'Horace, le seul ouvrage sur cette matière vraiment digne d'entrer en parallèle avec lui. Ces sublimes esprits, nés tous deux dans les beaux siècles littéraires de l'Italie et de la France, ainsi qu'Aristote avait paru dans le bel âge de la Grèce, s'abstinrent de détailler en vers la nature de la poésie et ses sujets, comme ce savant le fit en prose. L'invention des genres, leur décomposition élémentaire, les modèles multipliés par le génie, le suffrage ou le blâme du bon goût public, formé par de nombreuses productions, tout les avait précédés, tout les avait instruits ; il ne leur restait qu'à jeter sur la perfection de l'art leur coup-d'œil sagace, leurs vues profondes ; qu'à recueillir les jugemens de leur nation éclairée ; qu'à saisir dans la contemplation des fruits de la pensée les grands traits qui les caractérisent ; qu'à réduire enfin toutes les maximes en un extrait purement tiré de ce trésor d'idées, d'opinions, de remarques, et d'ouvrages admirables déjà répandus et commentés sans cesse avant eux : aussi leur raison, toute substantielle, est-elle délicatement assaisonnée du sel le plus piquant. Leurs préceptes resserrés, et si élégamment écrits, sont eux-mêmes des exemples. Ce que d'autres ne savent que délayer, ils le concentrent. Mieux on se les explique, et mieux on en conçoit l'étendue. Plus on réfléchit sur eux, et plus on sent le besoin de les méditer encore. Toujours on y trouve des beautés qu'on n'avait point aperçues. Un souffle divin, une vapeur subtile et céleste, les pénètre et nuance pour eux tous les objets ; ils sont tout éclat, tout feu ; et la sécheresse des détails, même les plus arides, se féconde sous leur style de flamme. »

« Ils dessinent nettement et sans dureté le contour de leurs pensées ; ils les parent d'ornemens simples, les relèvent des couleurs les plus vives : ils ont enfin je ne sais quoi de doux et d'animé qui ravit et échauffe leurs esprits d'une particulière inspiration. Le peu de vers qu'ils ont tracés sur l'art des vers en est toute la quintessence, et leur concision lucide brille partout de vérité et de sagesse. Ces génies lumineux ressemblent à deux phares allumés au haut de l'Hélicon, pour éclairer les poètes qu'ils ont devancés. » *Cours de littérat.*, 1817, I, 105.

VIII. « Dans les quatre chants, dit Dussault, d'un poème très court, le législateur du Parnasse français a embrassé toutes les parties de la littérature : non-seulement il a exposé tous les principes de l'art d'écrire, mais il a défini tous les genres, crayonné l'historique de quelques-uns, caractérisé un assez grand nombre de poètes anciens et modernes, esquissé le tableau des révolutions du goût depuis François Ier jusqu'à Louis XIV, et tracé aux auteurs des règles de conduite. On a peine à concevoir comment il a pu renfermer tant de choses dans un cadre si étroit; et cependant cette extrême brièveté ne dérobe rien à la grâce et à l'agrément : l'auteur de l'Art poétique est précis sans être sec; il a su trouver encore dans un espace si plein et si resserré, de la place pour les ornemens... (Dussault donne ici pour exemple le début du chant IV, et fait des observations que nous rapporterons à la note du vers 26.... ensuite il ajoute :) « Je prie qu'on me pardonne cette petite digression sur un de nos écrivains les plus précis, qui a renfermé dans soixante pages plus d'idées qu'on n'en trouve dans les vingt volumes du Cours de littérature (de La Harpe). » *Annal. litt.*, 1818, I, 276. (Cette dernière remarque est bien exagérée.)

Écoutons à présent des gens de lettres qui ne sont guère partisans de Boileau, Nivernois (*Voy.* tome I, *Observations sur les satires considérées en général*, n° III) et surtout Marmontel.

IX. « Dans l'Art poétique, dit le premier, Boileau joint la vérité des images à la solidité des préceptes : il égaie le style didactique par des portraits et des comparaisons. Tout y est sage et ingénieux, juste et fin à-la-fois. Bien des gens semblent vouloir le regarder comme une compilation de l'Art poétique d'Horace; je ne sais si c'est mauvais goût ou mauvaise foi; mais il me semble nécessaire que l'un ou l'autre ait enfanté cette opinion. Parmi environ douze cents vers qui composent l'Art poétique de Despréaux, il y en a peut-être une cinquantaine d'empruntés ou de traduits, si l'on veut, d'Horace. Le Tasse en a pris à proportion bien davantage chez Virgile, sans qu'on l'ait accusé d'avoir compilé l'Énéide. D'ailleurs ce n'est pas en cela que consiste la vraie ressemblance des ouvrages; c'est dans l'enchaînement des parties, c'est dans leurs proportions, c'est dans leur emplacement qu'elle se trouverait; mais rien de tout cela n'est pareil chez nos deux poètes. Horace, échauffé d'un feu continuel, ne prend jamais haleine : il se répand comme un torrent sur toutes les matières qu'il traite. Sa course n'est pas réglée; il laisse bien des choses derrière lui, puis il revient sur ses pas. Il ramasse tout, il dit tout, mais avec trop de chaleur pour ne pas blesser la régularité. Il est précis, bref et coupé, peut-être même décousu; mais que ses lambeaux sont précieux! Son ouvrage est un édifice où tous les ordres d'architecture sont mêlés et ne sont pas assez distingués; mais le choix des ornemens fait oublier leur désordre. »

« Despréaux marche toujours l'équerre à la main. Ce n'est pas un conquérant qui pénètre avec une rapidité confiante jusqu'aux extrémités de la terre; c'est un général sage et habile qui va pied à pied, mais sûrement; qui reconnaît, qui prépare tous les chemins avant de s'y engager. Boileau manie avec une adresse extrême l'art si difficile des transitions. Tout est lié, tout forme un total régulier et admirable. Il y a pourtant des gens de beaucoup d'esprit à qui cet ouvrage ne paraît pas encore assez méthodique. N'est-ce pas pousser un peu loin le goût de la méthode? Pour moi, je crois que, s'il y en avait davantage, il y en aurait trop : ce ne serait plus que l'ouvrage d'un régent : tel qu'il est, il me paraît le chef-d'œuvre d'un poète. » *Nivernois*, Mélang. de littérat., p. 267-269.

X. Marmontel s'exprime ainsi : « Cet ouvrage excellent, l'Art poétique français, fait tout ce qu'on peut attendre d'un poème : il donne une idée précise et lumineuse de tous les genres..... Il définit les divers genres de poésie, à commencer par les petits poèmes; et la plupart de ces définitions sont elles-mêmes des modèles du style, du ton, du coloris qui conviennent à leur objet... Aristote et Horace avaient vu l'art dans la nature; Despréaux me semble ne l'avoir vu que dans l'art même, et ne s'être appliqué qu'à bien dire ce que l'on savait avant lui : mais il l'a dit le mieux possible, et à ce mérite se joint celui de l'avoir appris à un siècle qui l'ignorait ; je parle de la multitude. Quand le goût du public a été formé, la plupart des leçons de Despréaux nous ont dû paraître inutiles ; mais c'est grâce à lui-même et à l'attrait qu'il leur a donné que ses idées sont aujourd'hui communes ; elles ne l'étaient pas de son temps... Si le goût de la nation s'est perfectionné, peut-être en est-elle redevable en partie au bon esprit de Despréaux : son Art poétique est depuis un siècle dans les mains des enfans ; et pour des raisons que je ne dis pas, il est plus nécessaire que jamais à la génération nouvelle. » — *Encyclop.*, mot *poétique* (Fontenai, au même mot, copie une grande partie de l'article de Marmontel).

Ces éloges sont d'autant plus remarquables qu'ils semblent être pour ainsi dire arrachés à Marmontel malgré lui, car il les restreint autant qu'il peut, et cela sans s'apercevoir qu'il se contredit dans ses restrictions. Après avoir dit en effet que c'est à la multitude que Boileau a appris les règles de l'art, il ajoute qu'elles n'étaient pas communes de son temps, et il cite pour preuves plusieurs jugemens erronés de Sarrazin, de Segrais et de Saint-Evremond. Or, pouvait-il ranger, dans ce qu'il nomme la *multitude*, des écrivains, alors au premier rang, et dont le dernier passait, ainsi que Marmontel en convient, pour l'arbitre du goût...? Au reste, nous croyons avoir établi (tome I, *Essai*, n° 63 à 71) que le goût des littérateurs du temps n'était pas moins mauvais que celui de la multitude.

Dessiné par Bergeret. Gravé par C. M. Dien.

ART POETIQUE

J. J. Blaise Libraire, Quai des Augustins.

L'ART POÉTIQUE.[1]

CHANT PREMIER.

C'est en vain qu'au Parnasse un téméraire auteur
Pense de l'art des vers atteindre la hauteur :[2]
S'il ne sent point du ciel l'influence secrète,[3]
Si son astre en naissant ne l'a formé poète,[4]
Dans son génie étroit il est toujours captif :[5]   5
Pour lui Phébus est sourd, et Pégase est rétif.[6]

---

[1] Composition et publication... Les époques en sont indiquées au tome I, Tab. chronol., an 1674.

[2] On ne dit point la hauteur d'un art. *Desmarets*, 79; *Brienne*; *Pradon*, R., 86; *Hoodghart*, p. 100; *Saint-Marc*; *D'Açarq.*—Le Brun, M. Amar, etc. (ci-apr., note du vers 6, p. 170), sont d'un avis opposé.

[3] Im. de B... Regnard, satire des maris, v. 61 :

   Mais je veux que du ciel une heureuse influence...

[4] Un sot critique ne manquerait point de s'écrier, qu'*en naissant* se rapporte à *astre*. Le Brun.

Vers 3 et 4. Secrète, poète, mauvaises rimes. *Brienne*. — Poète n'avait jadis que deux syllabes. *Voy.* Lutrin, ch. IV, note du v. 44.

[5] Génie *étroit* ne se peut dire. *Desmarets*, *Pradon* et autres, cités au tome I, Essai, n° 112. — On parle du sens dans lequel on prenait le mot *génie*, à la note du vers 194, ch. II.

[6] On ne peut dire que Pégase est rétif. *Desmarets* (*voy.* ép. IV, note du vers 26, p. 41). — Rétif est du bon style. *Roubaud*, IV, 94.

Vers 1 à 6. Horace, *Art poét.*, vers 408 à 411.

   Natura fieret laudabile carmen, an arte
   Quæsitum est. Ego nec studium sine divite vena,

O vous donc[1] qui, brûlant d'une ardeur périlleuse,
Courez du bel esprit la carrière épineuse, [2]

Nec rude quid prosit video ingenium : alterius sic
Altera poscit opem res et conjurat amice.

Boileau n'a pas rendu la pensée toute entière d'Horace, puisque celui-ci exige, on le voit, le concours du génie et de l'art. *Saint-Marc.* — Erreur. Boileau a rendu directement et même déployé le premier membre de la pensée d'Horace. Et le second, qu'il regarde avec raison comme moins important, il ne l'exprime qu'indirectement dans ces deux vers, dont le sens est : C'est en vain qu'un poète aurait la témérité de croire qu'aidé de l'art seul, il atteindra à la perfection de la poésie. *Le Brun...* (Il entre dans d'autres détails, et soutient aussi contre les critiques désignés à la note du vers 2, page 169, qu'on dit la hauteur d'un art). — C'est ce qu'établit également M. Amar. Il fait observer que Boileau exige pour le poète un esprit heureusement né, quelque chose de divin... En conséquence il ne craint pas de placer *l'art* pour son disciple à la hauteur où le *génie* seul peut atteindre, mais où ne parviendra jamais l'impuissante *témérité* de l'homme né sans talent... Et il cite Pope comme ayant répété, d'après Boileau, *la hauteur d'un art*. — Lévizac et M. Fontanier (notes du vers 2) sont du même sentiment.

Mêmes vers (1 à 6). *Ponctuation.* Elle a donné lieu à de grandes difficultés. M. Didot, en 1815, a placé une virgule après le 2e et le 3e vers, deux points après le 4e, une virgule et un point après le 5e. M. Fontanier (p. 35) entre dans de grands détails pour justifier cette ponctuation qu'adopte aussi l'éditeur de la Bibliothèque choisie. Nous avons fait un tableau comparatif de celle de toutes les éditions originales, d'où il résulte que Boileau pensait qu'il y avait après le second vers une espèce de suspension, qu'il a indiquée tantôt par une virgule et un point, tantôt par un point; et comme alors on plaçait souvent un point dans les passages où nous en mettons deux aujourd'hui, nous avons cru, à l'exemple de Lévizac et de MM. Daunou, Amar, Auger, etc., pouvoir employer ce signe... A l'égard du 5e vers, comme l'auteur y a placé tantôt un, tantôt deux points, nous avons cru aussi pouvoir, par la raison ci-dessus, y maintenir cette dernière ponctuation.

[1] *Donc...* Cheville. *Brienne.*

[2] Vers 7 et 8. *Ardeur périlleuse...* bien dit; mais *carrière épineuse* n'est mis là évidemment que pour rimer, et rimer par épithète est une marque de stérilité. *Brienne.*

On ne dit point la *carrière* du bel esprit. *Desmarets*, 79. — *Bel* esprit est

N'allez pas sur des vers sans fruit vous consumer, [1]
Ni prendre pour génie un amour de rimer : [2]   10
Craignez d'un vain plaisir les trompeuses amorces, [3]
Et consultez long-temps votre esprit et vos forces. [4]
    La nature, fertile en esprits excellens,
Sait entre les auteurs partager les talens :
L'un peut tracer en vers une amoureuse flamme ;   15

assez bien placé et encore mieux imaginé. *Brienne.* — Ce mot ne se prenait autrefois que dans un sens très favorable : c'était le titre le plus honorifique de ceux qui cultivaient les lettres... On dirait aujourd'hui la carrière *du talent*, la carrière du *génie*, parce que le mot de *bel esprit* ne nous présente plus que l'idée d'un mérite secondaire. *La Harpe, Lyc., introduct.*, I, 36. — La justesse de la remarque de La Harpe est prouvée par celle de l'abbé de Brienne, et surtout par ce passage des Parallèles de Perrault (III, 32), publié plus de quinze ans après l'Art poétique : « Quelque grand *génie* qu'Homère ait reçu de la nature, car c'est peut-être le plus vaste et le plus *bel esprit* qui ait jamais été... » Le Brun a donc tort lorsqu'il reproche à Boileau de changer le génie en bel esprit, et qu'il ajoute : Quel noble poète voudrait courir la carrière du bel esprit ?

[1] *S'aller sur des vers sans fruit consumer..!* Galimatias. *Brienne.*
Horace, *Art poétique*, vers 385.

    Tu nihil invita dices faciesve Minerva.

[2] *Beau vers. Brienne.*
V. O. 1674 a 1701. *Une* amour (il est question du genre de ce mot, au ch. III, note du vers 307).

[3] *Trompeuses* amorces... Belle épithète. *Brienne.*

[4] Vers 11 et 12. Horace, *Art poétique*, v. 38 à 40.

    Sumite materiam vestris, qui scribitis, æquam
    Viribus, et versate diu quid ferre recusent,
    Quid valeant humeri.....

Imitation de Boileau... Regnard, épître à Quinault, vers 45 et 46 :

    Je repousse bien loin de flatteuses amorces,
    Et sais mieux mesurer mes desseins à mes forces.

Autre de Gâcon, sat. VII :

    Et trouve que, séduit par de vaines amorces,
    J'entreprenais une œuvre au-dessus de mes forces.

L'autre d'un trait plaisant [1] aiguiser l'épigramme : [2]
Malherbe d'un héros peut vanter [3] les exploits;
Racan, chanter Philis, les bergers, [4] et les bois :
Mais souvent un esprit qui se flatte et qui s'aime
Méconnaît son génie, et s'ignore soi-même : [5] 20

[1] *Plaisant* ne caractérise pas bien l'épigramme. *Nasse.*

[2] *Aiguiser l'épigramme d'un trait...* Tournure piquante, pour dire *aiguiser les traits de l'épigramme.* Le Brun.

[3] Un poète lyrique *chante* et ne *vante* pas. Le Brun. — *Vanter* s'employant dans le sens de *célébrer,* la remarque de Le Brun est beaucoup trop sévère. M. Daunou. — La vanité du poète y perce d'une manière fort amusante. M. Auger (*Merc.*, mars 1808, p. 602).

[4] Texte de 1674 à 1713, adopté par Brossette, Dumonteil, Souchay (1740) et Saint-Marc... Souchay, 1735, et les éditeurs modernes suppriment la virgule après *Bergers.*

Racan méritait-il un tel éloge? *D'Açarq.* — Comme poète bucolique il l'a justifié. *La Harpe, Lyc.,* IV, 124 (autre éloge, mais moins fondé à tome I, satire IX, vers 44).

Vers 15 à 18. Ils sont supprimés au *Boileau classique.*

[5] Vers très beaux. *Hoodghart,* p. 38.

Condillac (II, 114) et M. Daunou doutent qu'on puisse dire un *esprit* qui *méconnaît son génie.* Le Brun observe qu'*esprit* est mis ici pour auteur; il critique seulement la répétition un peu fréquente de ce mot (on le trouve en effet aux vers 8, 12, 13 et 19).

Condillac (*ibid.*) pense aussi que *méconnaît* son génie est impropre, parce qu'il signifie *ne reconnaît point*, ou ignore combien il a de talens, tandis que Boileau veut dire *ne connaît pas combien il en a peu.* MM. Daunou et Planche paraissent du même sentiment. M. de S.-S. pense au contraire qu'on dit très bien méconnaître son génie pour exprimer l'idée trop avantageuse que l'on s'en forme ; et tel est aussi l'avis de M. Fontanier.

Condillac (*ibid.*) prétend encore qu'au lieu de *soi-*même il faudrait *lui-*même; mais outre qu'au temps de Boileau, on se servait indifféremment des deux expressions, la première est quelquefois plus poétique (tome I, *Disc. au roi*, note du vers 23), et Roubaud (cité ib.) l'approuve formellement dans le vers actuel.

Enfin *aime*, selon le même Condillac, n'est ici que pour la rime; à quoi M. de S.-S. répond que ce mot enchérit sur l'expression *se flatte*, qui le précède.

CHANT I.

Ainsi tel [1] autrefois qu'on vit avec Faret [2]
Charbonner de ses vers les murs d'un cabaret, [3]
S'en va, mal-à-propos, d'une voix insolente,
Chanter du peuple hébreu la fuite triomphante, [4]
Et, poursuivant Moïse au travers des déserts,   25
Court avec Pharaon se noyer dans les mers. [5]
 Quelque sujet qu'on traite, ou plaisant, ou sublime, [6]

---

[1] Saint-Amant, Moïse sauvé. *Boil.*, 1674 à 1698. — Saint-Amant, auteur du Moïse sauvé. *Id.*, 1701 et 1713 (*voy.* tome I, sat. 1, vers 9). — Poème oublié depuis long-temps. *Palissot.*

[2] Faret, auteur du livre intitulé *L'honnête homme*, et ami de Saint-Amant. *Boil.*, 1713. — Cette édition (1713) a été si peu soignée qu'on y a renversé ces deux notes, et attribué à Faret ce qui concerne Saint-Amant, et à Saint-Amant ce qui concerne Faret.

[3] Martial, XII, 61.. Nigri fornicis ebrium poetam,
 Qui carbone rudi, putrique creta
 Scribit carmina, quæ legunt cacantes.

Charbonner, ou *noircir avec du charbon*, expression révoltante. *D'Açarq.* — Expression neuve et pleine d'énergie; comment exprimer mieux qu'un poète écrit ses vers avec du charbon? *Le Brun.* — Au reste, Faret, s'il faut l'en croire lui-même, ne dut la réputation de buveur que son ami Saint-Amant lui avait faite, que parce que son nom rimait bien à *cabaret...* (*Pellisson, Hist. acad.*, p. 250)... Il fut académicien et fort médiocre écrivain (mort en 1646).

[4] La fuite *triomphante*, épithète admirable. *Le Brun; M. Amar.* — Belle alliance de mots. *M. Fontanier.*

[5] Allusion ingénieuse. *M. Andrieux, Journ.*, p. 152. — Vers plein de sel qui met la plaisanterie en image. *Le Brun.*

Vers 21 à 26. Ils ont excité le courroux du Défenseur des beaux esprits. Il y a, dit-il, après un grand éloge du Moïse, il y a ici, 1° une absurdité, car pour donner quelque fondement à la pensée du satirique, il faut supposer que Pharaon et Saint-Amant marchent ensemble... 2° Une équivoque forcée, car on ne dit point qu'un homme s'est noyé pour dire qu'il n'a pas réussi. *Sainte-Garde*, p. 3 à 6. — Les expressions poursuivant *Moïse...* et *se noyer*, etc.. sont aussi traitées de *pointes triviales* par mademoiselle Hoodghart, p. 86.

[6] *Plaisant* n'est point opposé à sublime, mais à sérieux, à triste; il fallait

Que toujours le bon sens s'accorde avec la rime :
L'un l'autre vainement ils semblent se haïr ; [1]
La rime est une esclave, et ne doit qu'obéir. [2]   30
Lorsqu'à la bien chercher d'abord on s'évertue, [3]
L'esprit à la trouver aisément s'habitue ; [4]
Au joug de la raison sans peine elle fléchit, [5]
Et, loin de la gêner, la sert et l'enrichit. [6]
Mais lorsqu'on la néglige, elle devient rebelle,   35

ici, *bas*... Sainte-Garde, p. 54 ; Hoodghart, 43 ; Nasse, 74 (mais *voy.* ch. III, note du vers 289).

[1] Phrase embarrassée... Galimatias... D'ailleurs *vainement* et *ils* sont inutiles. Desmarets, 80 ; Sainte-Garde, 53 à 55 ; Pradon, R., 86.

[2] Autre galimatias. Sainte-Garde, 55 ; Nasse, 74.

[3] *S'évertue*, mot prosaïque (*Idem, D'Açarq*) qui aurait partout mauvaise grâce, et qui l'a surtout ici, étant posé dans le lieu le plus remarquable, dans la cadence. Sainte-Garde, 55. — Mot d'un emploi difficile, mais ici bien placé. *Le Brun.*

[4] Vers 31 et 32. 1. *S'habitue* a aussi mauvaise grâce que *s'évertue*... 2. Ces vers ont deux phrases, *à la bien chercher, à la trouver*, dont l'air est tout-à-fait pareil, et qui sont immédiatement renversées par la transposition... 3. Enfin, elles forment à l'hémistiche (*chercher, trouver*) deux assonances (*Idem, Nasse*, 75), et il n'y a rien de plus désagréable. Sainte-Garde, *ib.*

Madame de Salm (Monit., 1812, 572) dit au sujet de ces vers :

> Boileau s'écrie en vain, et non sans amertume,
> Qu'à rimer richement notre esprit s'accoutume...

Vers 26 à 32. Ces vers, si maltraités par les critiques du temps et leurs dignes successeurs, et qui d'ailleurs, suivant l'un d'eux (Sainte-Garde, 52), ne contiennent que des bagatelles indignes d'un poème, et qu'il faut renvoyer aux petites écoles, sont mis avec raison par M. Daunou au nombre des plus remarquables des poèmes français par la richesse des rimes, par la justesse des idées, par la pureté, la grâce et l'énergie des expressions.

[5] On dit *sous le* joug, mais non pas *au* joug. *D'Açarq* et *Nasse*. — *Au joug* me paraît plus poétique que *sous le joug*... *Le Brun.*

[6] Souvent, disait Boileau, une rime extraordinaire et difficile fait trouver un beau sens pour la remplir ; et il citait pour exemple les deux vers suivans où D'Alibray, poète fort médiocre, décrit la métamorphose de Montmaur

CHANT I.   175

Et pour la rattraper le sens court après elle. ¹
Aimez donc la raison : ² que toujours vos écrits
Empruntent d'elle seule et leur lustre et leur prix. ³

  La plupart, emportés d'une fougue insensée,
Toujours loin du droit sens vont chercher leur pensée: 40
Ils croiraient s'abaisser, dans leurs vers monstrueux,
S'ils pensaient ce qu'un autre a pu penser comme eux.⁴

en marmite, vers dont les deux mots formant la rime, s'*enrichissent* mutuellement (Cizeron-Rival, *Récréat. litt.*, p. 188, d'après Brossette) :

> Son collet de pourpoint s'étend et forme un cercle,
> Son chapeau de docteur s'aplatit en couvercle.

  M. Daunou observe, avec raison, qu'on trouverait dans nos bons poètes, tels que Racine et Boileau lui-même, des exemples bien préférables à celui-là. M. D. aurait pu citer, à notre avis, les vers 61 et 62, et surtout les vers 125 et 126 de l'épître x, p. 131 et 135. Ajoutons que nous ne connaissons la citation de Boileau que par les souvenirs fort incertains de Brossette.
  ¹ Ce vers est charmant ; la rime est devenue un personnage. *Le Brun.*
  ² Paroles sacramentelles de Boileau dans son chef-d'œuvre de l'Art poétique, dont presque tous les vers sont des axiomes devenus proverbes... *François de Neufchâteau* (Mercure, 30 juill. 1825, X, 150).
  ³ Vers 37 et 38... Horace, *Art poét.*, v. 309.

> Scribendi recte, sapere est et principium et fons.

  Seule est de trop, car les grâces et le génie sont aussi essentiels que la raison ; la raison sans grâce et sans génie ne se ferait pas lire. *Le Brun.* — Ce que dit ici Boileau ne signifie point du tout que la raison suffise pour donner *du lustre et du prix* aux ouvrages : l'Art poétique tout entier démentirait cette interprétation absurde. Il est clair que l'auteur veut dire que la raison *seule*, en dirigeant toutes les parties de la composition, peut leur assurer leur valeur et leur effet, parce que, sans elle, l'imagination ne produirait rien que d'irrégulier et de vicieux : tant d'exemples l'ont prouvé ! *La Harpe, Lycée*, XIII, 44. — Malgré cette explication M. Daunou pense que *seule* est inutile et même inexact. — Il paraît que M. Amar entend au contraire ce mot dans le même sens que La Harpe.
  ⁴ Vers 41 et 42. On n'entend pas cela. *Desmarets*, 80. — M. Desmarets a raison : cela voudrait être expliqué davantage. *Brienne.* — Au reste, l'auteur

Évitons ces excès : laissons à l'Italie
De tous ces faux brillans l'éclatante folie. [1]
Tout doit tendre au bon sens :[2] mais pour y parvenir 45.
Le chemin est glissant et pénible à tenir ;
Pour peu qu'on s'en écarte, aussitôt on se noie.[3]
La raison pour marcher n'a souvent qu'une voie.[4]

Un auteur quelquefois trop plein de son objet
Jamais sans l'épuiser n'abandonne un sujet. 50
S'il rencontre un palais, il m'en dépeint la face ;
Il me promène après de terrasse en terrasse ;[5]
Ici s'offre un perron ; là règne un corridor,
Là ce balcon s'enferme en un balustre d'or.
Il compte des plafonds les ronds et les ovales ; 55
« Ce ne sont que festons, ce ne sont qu'astragales. »[6]
Je saute vingt feuillets pour en trouver la fin,

---

néglige tellement la rime, qu'il rime *monstrueux* avec *comme eux*. **Desmarets**, 80. — Ces vers sont beaux en eux-mêmes, mais ils sont mal placés ici. *Hoodghart*, p. 52.

[1] Ce mauvais goût a régné chez les poètes italiens les plus célèbres, Pétrarque, le Tasse, etc. *Ginguené*, VI, 436 et 437.

[2] Hémistiche peu harmonieux. *Le Brun*.

[3] Vers 45 à 47. *Noie* me paraît là déplacé. Il semble que le chemin dont parle M. D. soit entre deux rivières ; en sorte qu'on ne puisse pas s'en détourner, sans tomber dans l'une de ces rivières. Le terme de *s'égarer* était le seul qui pouvait convenir à l'image du chemin. Le mot *noyer* est bien mieux placé dans les vers 69 et 70 du ch. IV. *Rosel*, p. 15 et 16 (M. de S. S. est du même avis).

[4] Vers d'une précision étonnante. *Le Brun*.

[5] Vers 51 et 52. Ils forment des assonances à l'hémistiche. *Nasse*.

[6] Vers de Scudéri. *Boil.*, 1674 à 1713. — Il y a *couronnes* dans ce vers ; Boileau y a substitué *astragales* pour mieux faire sentir le ridicule de descendre jusqu'aux plus minces détails, car l'astragale est une petite moulure ronde qui entoure le haut du fût d'une colonne. *Brossette*. — M. Daunou pense que ce changement a plutôt été amené par la rime, ou par l'extrême dureté des syllabes *que couronnes*.

Et je me sauve à peine au travers du jardin.
Fuyez de ces auteurs l'abondance stérile, ¹
Et ne vous chargez point d'un détail inutile.   60
Tout ce qu'on dit de trop est fade et rebutant;
L'esprit rassasié le rejette à l'instant. ²
Qui ne sait se borner ne sut jamais écrire. ³
   Souvent la peur d'un mal nous conduit dans un pire.
Un vers était trop faible, et vous le rendez dur;   65
J'évite d'être long, et je deviens obscur; ⁴
L'un n'est point trop fardé, mais sa muse est trop nue; ⁵
L'autre a peur de ramper, il se perd dans la nue. ⁶

¹ *L'abondance stérile :* heureux contraste de mots. *Le Brun.*

Scudéri (liv. III d'*Alaric*) emploie près de 500 vers à la description d'un palais, qu'il commence par la façade et finit par le jardin; c'est à cela même que Boileau fait allusion dans ces vers: *Un auteur,* etc., de l'Art poétique, chant I... Scudéri nous fournit ainsi un grand exemple de *prolixité*, et le législateur de notre Parnasse une belle description de ce défaut. *Beauzée, Encyclop.,* mot *prolixité; Fontenay,* I, 572.

Scudéri ne sera connu de la postérité que par le ridicule que Boileau a attaché à son nom, et par sa lourde critique du *Cid*... *Palissot.*

² Métaphore ingénieuse et qui rend bien l'idée du poète. *Le Brun.*

³ Horace (*Art poét.*, vers 337) avait dit :

   Omne supervacuum pleno de pectore manat.

Et Voltaire (*Disc.* VI, vers 171) d'après Horace et Boileau :

   Mais malheur à l'auteur qui veut toujours instruire :
   Le secret d'ennuyer est celui de tout dire.

⁴ Vers 63 et 65. Horace, *Art poétique,* v. 31 et 25, 26 :

   In vitium ducit culpæ fuga, si caret arte....
   Decipimur specie recti : brevis esse laboro,
   Obscurus fio.

⁵ *Fardé* n'est point l'opposé de nu. *Le Brun.*—Remarque minutieusement sévère. *M. Daunou.*

⁶ Horace, *ibid.*, v. 230.

   Aut dum vitat humum, nubes et inania captat.

Voulez-vous du public mériter les amours?
Sans cesse en écrivant variez vos discours. [1] 70
Un style trop égal et toujours uniforme
En vain brille à nos yeux, il faut qu'il nous endorme. [2]
On lit peu ces auteurs, nés pour nous ennuyer,
Qui toujours sur un ton semblent psalmodier. [3]
Heureux qui, dans ses vers, sait d'une voix légère 75
Passer du grave au doux, du plaisant [4] au sévère!
Son livre, aimé du ciel, et chéri des lecteurs,

---

[1] *Varier ses discours*, c'est proprement écrire sur différens sujets. *Les amours* pour les applaudissemens est mal encore (c'est une diction barbare, selon Chapat, p. 81, d'Açarq et Nasse)... *En écrivant* est inutile. *Condillac*, tome II, page 125, liv. 1, ch. 12. — Remarques bien sévères. *M. Daunou.* — On va voir (note du vers 74) qu'elles sont contredites implicitement par Dubois-Fontanelle.

[2] On devrait plutôt dire : il ne faut pas qu'il nous endorme. *Desmarets*, 81 ; *Brienne* ; *Nasse* et *Hoodghart*. — Desmarets n'a pas compris l'auteur ; c'est l'uniformité de ton que Boileau prescrit d'éviter. *Saint-Marc* (*V.* la note suivante).

[3] Vers 69 à 74. Cette variété recommandée par Boileau qui en a tant mis dans ses écrits (c'est aussi ce que dit *Voltaire*, lett. du 18 sept. 1744), soutient l'attention, l'empêche de se dévier; mais l'art de l'employer ne doit pas se faire sentir : il faut qu'il adoucisse les passages d'un ton à l'autre, qu'il les fonde ensemble si bien qu'on ne s'aperçoive pas qu'on a quitté la première route, et qu'on croie simplement la continuer. Le discours de la mollesse dans le Lutrin (ch. II, v. 121 à 160) est un modèle parfait de cet art : chaque vers est fait pour celui qui le précède, pour celui qui le suit et pour l'ensemble de tous. Le dernier morceau (vers 69 à 74) que je viens de citer, moins brillant sans doute, parce qu'il est didactique et non dramatique, offre peut-être une expression impropre dans le premier vers. Ce ne sont pas les *amours* du public qu'il s'agit de mériter ; ce sont ses *suffrages*, son *estime*, etc. Au physique et au moral, au simple et au figuré, *amours* ne dit rien ici, ou dit trop. *Dubois-Fontanelle*, I, 339. — On voit qu'il n'a point considéré comme fautes les deux autres expressions des vers 69 et 70, relevées par Condillac.

[4] Sens de *plaisant*, voy. ch. III, vers 289.

Est souvent chez Barbin entouré d'acheteurs. ¹
 Quoi que vous écriviez, évitez la bassesse :
Le style le moins noble a pourtant sa noblesse.   80
Au mépris du bon sens, ² le burlesque effronté ³
Trompa les yeux d'abord, plut par sa nouveauté :
On ne vit plus en vers que pointes triviales;
Le Parnasse parla le langage des halles;
La licence à rimer alors n'eut plus de frein;   85
Apollon travesti devint un Tabarin. ⁴
Cette contagion infecta les provinces,
Du clerc et du bourgeois passa jusques aux princes :
Le plus mauvais plaisant eut ses approbateurs;
Et, jusqu'à d'Assouci, tout trouva des lecteurs. ⁵   90

¹ Vers 75 à 78. Imitation d'Horace, *Art poétique*, vers 343 :

> Omne tulit punctum qui miscuit utile dulci,
> Lectorem delectando pariterque monendo.
> Hic meret æra liber Sosiis.

Desmarets, p. 82, prétend qu'ici Boileau parle de lui-même et se propose pour modèle. Il fonde cette imputation injurieuse sur ce que les satires de Boileau se vendaient chez Barbin... !

² P. C. D'après Brossette. *Sous l'appui de Scarron.*

³ Le style burlesque fut extrêmement en vogue depuis le commencement du dernier siècle jusque vers 1660 qu'il tomba. *Boil.*, 1713.

⁴ Allusion au Virgile travesti de Scarron... Tabarin, vendeur d'orviétan, qui amusait le peuple par des farces remplies de méchantes plaisanteries. *Édit. de 1701, A* (nous en parlons au ch. III, note du v. 398).

Frein, Tabarin, rimes des Halles. Deux dictions qui ont les mêmes lettres et la même prononciation, ne riment point quand elles n'ont pas le même accent. *Sainte-Garde,* 46 (même remarque pour les vers 161 et 162).

⁵ Pitoyable auteur qui a composé l'*Ovide en belle humeur. Boil.*, 1713.
— D'Assoucy, après s'être plaint de ce jugement, se console en ces termes : Il n'est pas nouveau de voir des esprits jaloux pester contre les choses excellentes et blâmer ce qui surpasse leur capacité. *Bayle,* mot *Dassoucy, note G.*
— Ce vers est resté proverbe aux dépens de d'Assoucy. *Le Brun.* — Au reste l'ouvrage de d'Assoucy est une traduction en vers burlesques des Métamor-

Mais de ce style enfin la cour désabusée
Dédaigna de ces vers l'extravagance aisée,
Distingua le naïf du plat et du bouffon,
Et laissa la province admirer le Typhon. ¹
Que ce style jamais ne souille votre ouvrage. 95
Imitons de Marot ² l'élégant badinage,
Et laissons le burlesque aux plaisans du Pont-Neuf. ³
Mais n'allez point aussi, sur les pas de Brébeuf,
Même en une Pharsale, entasser sur les rives,
« De morts et de mourans cent montagnes plaintives. »⁴

phoses d'Ovide, traduction qui n'est qu'un ramas des expressions les plus basse et les plus grossières qu'on puisse imaginer. *Édit. de 1701*, A.

¹ Principal personnage de la Gigantomachie, poème burlesque de Scarron. — *Edit. de 1701* A (publié en 1644. *Bross.*). Les esprits les plus fins ne seront pas de l'avis de l'auteur... Par ces deux vers il fait voir la faiblesse de son goût, ou la malice de son envie... Cette pièce de *Typhon* est le plus agréable et le plus délicat ouvrage de Scarron, l'un des plus beaux esprits de France, à la délicatesse duquel Boileau n'arrivera jamais.... Ce style burlesque n'est plat qu'étant traité par des esprits plats. *Desmarets*, p. 82. — Cela n'est pas si mal imaginé que M. Desmarets le pense. *Brienne.*

² Marot fut sans doute beaucoup plus élégant que tous ses contemporains; mais comme le choix des termes n'est pas ce qui domine le plus dans son talent, et que son langage était encore peu épuré, on aimerait mieux dire, ce me semble : « Imitons de Marot le *charmant* badinage ». *La Harpe*, *Lyc.*, IV, 92. — J'ose croire que Despréaux aurait dit le *naïf* badinage, si ce mot plus vrai n'eût rendu son vers moins coulant. *Voltaire*, *Discours de réception à l'Académie française.*

³ Les vendeurs de Mithridate et les joueurs de marionnettes se mettent depuis long-temps sur le Pont-Neuf. *Boil.*, 1713.

⁴ *V. E.* Vers de Brébeuf. *Boil.*, 1674 à 1683, *et* 1701, *in-12.*
Cette hyperbole est bien de Brébeuf, car Lucain, liv. VII, v. 652 (et non pas II, ou VII, 625, comme l'énoncent des éditeurs), avait simplement dit *tot corpora fusa.* Toutefois Desmarets, 84, et Sainte-Garde, 21, se récrient beaucoup sur ce que pour un seul vers Boileau condamne un ouvrage « qui fait tant d'honneur à la France... qui est si supérieur à la petite versification du

Prenez mieux votre ton. Soyez simple avec art,
Sublime sans orgueil, agréable sans fard.
 N'offrez rien au lecteur que ce qui peut lui plaire.
Ayez pour la cadence une oreille sévère :
Que toujours dans vos vers le sens coupant les mots, 105
Suspende l'hémistiche, en marque le repos. [1]
Gardez qu'une voyelle à courir trop hâtée
Ne soit d'une voyelle en son chemin heurtée. [2]

satirique ». Enfin, selon mademoiselle Hoodghart (p. 91 et 105), le vers de Brébeuf est une expression des plus étonnantes et des plus sublimes que l'on puisse imaginer.

[1] Boileau donne ici l'exemple avec le précepte : en parlant de la césure, il l'a extrêmement marquée dans ce vers. *Bross.* (copié, sans citation, par des éditeurs modernes). — Il a manqué à cette règle en cent endroits... Ses vers ont souvent de très méchantes césures. *Desmarets*, 84 ; *Pradon*, *R.*, 87. — C'est qu'il laisse les poètes accorder la règle avec le soin de plaire. Il savait trop bien lui-même la faire oublier au lecteur en s'y assujétissant, car, avec quelle attention n'interrompt-il pas cette régularité qui deviendrait fastidieuse, par cela même qu'elle est régularité et que l'esprit n'aime point les entraves... Tantôt il coupe le dernier hémistiche en deux (sat. VI, v. 67 et 551, et VIII, v. 214) ; tantôt il le brise en plusieurs membres (sat. VI, v. 94, sat. VIII, v. 205, 244, 258, 290, 292, 294, etc.)... Quelquefois il ose ne pas marquer du tout l'hémistiche (sat. IV, v. 44; *Lutrin*, ch. I, v. 9 et 10)... *Clément, Nouv. observ.*, p. 347 à 350.

[2] Belle tirade. *Brienne.* — Cadence dure, produisant une harmonie imitative (ép. V, note du vers 134, p. 67). *Batteux*, I, 145. — Deux vers énergiques et pittoresques. *Beauzée, Encycl.*, mot *Assonance*. — Ici Boileau, sans manquer aux règles de la versification, a trouvé l'art de joindre l'exemple de l'hiatus au précepte qui le proscrit. Le *p* final, dans le monosyllabe *trop*, qui ne se fait point sentir devant une consonne où il rendrait la prononciation dure et barbare, se lie à la voyelle qui le suit. On dit *tro-lent*, *tro-p-impatient*. Dans le vers, il se trouve immédiatement suivi d'un *h* aspiré qui ne se prononce point, et l'on dit *tro-a*; ce qui, malgré l'aspiration, fait réellement un hiatus à l'oreille, mais ne rend pas le vers irrégulier, parce que l'esprit, instruit précédemment par les yeux, s'est accoutumé à lier tacitement au son l'articulation que la bouche omet, et que l'oreille en conséquence ne lui transmet pas. Cette observation s'applique au mot *chemin* et au mot *heur-*

Il est un heureux choix de mots harmonieux. [1]
Fuyez des mauvais sons le concours odieux : 110
Le vers le mieux rempli, la plus noble pensée
Ne peut plaire à l'esprit, quand l'oreille est blessée. [2]

Durant les premiers ans du Parnasse françois
Le caprice tout seul faisait toutes les lois. [3]
La rime, au bout des mots assemblés sans mesure, 115
Tenait lieu d'ornemens, de nombre et de césure.
Villon [4] sut le premier, dans ces siècles grossiers,
Débrouiller l'art confus de nos vieux romanciers. [5]
Marot bientôt après fit fleurir les ballades,
Tourna des triolets, rima des mascarades, 120
A des refreins réglés asservit les rondeaux,
Et montra pour rimer des chemins tout nouveaux.
Ronsard, qui le suivit, par une autre méthode,
Réglant tout, brouilla tout, fit un art à sa mode,

---

tée qui forment également une sorte d'hiatus de la même espèce. *Dubois-Fontanelle*, I, 317.

[1] Cadence douce, produisant une harmonie imitative (*voy.* la note précédente)... *Batteux*, I, 145.

[2] Vers 109 à 112. On ne saurait trop répéter les préceptes d'un grand maître. S'il adresse ses conseils au poète, ils ne sont pas moins applicables à toute espèce de prose. Je ne cesserai donc de répéter après lui : Consultez l'oreille, c'est le seul juge de l'harmonie. *Dubois-Fontanelle*, I, 318.

[3] Vers 113 et 114. Oubliant qu'on rimait autrefois pour les yeux (nous l'avons établi au tome I, Essai, n° 118 *b*), Chapat, p. 81, critique les rimes de ces vers.

[4] Voilà une belle marque de jugement que de louer un voleur, tel que Villon, condamné (encore par grâce) à être banni ! *Sainte-Garde*, 67. — Il vivait au XVe siècle. *Bross.*

[5] La plupart de nos anciens romans français sont en vers confus et sans ordre, comme le roman de la *Rose* et plusieurs autres. *Boil.*, 1713. — On prétend que cette assertion, exacte pour le second âge de la poésie (celui de Villon), ne l'est pas pour le premier.

Et toutefois long-temps eut un heureux destin. 1
Mais sa muse, en français parlant grec et latin, 2
Vit dans l'âge suivant, par un retour grotesque,
Tomber de ses grands mots le faste pédantesque. 3
Ce poète orgueilleux, trébuché 4 de si haut,
Rendit plus retenus Desportes et Bertaut. 5 130
Enfin Malherbe vint, et, le premier en France, 6
Fit sentir dans les vers une juste cadence,
D'un mot mis en sa place enseigna le pouvoir, 7
Et réduisit la muse aux règles du devoir. 8

1 Nous parlons de ce *destin*, au tome I, Essai, n° 14.
Ronsard, que Boileau traite avec tant d'indignité, a-t-il jamais fait un aussi méchant vers que celui-ci...? Boileau paraîtra peut-être, dans cent ans, plus ridicule que Ronsard ne le paraît à présent, etc. *Pradon*, R., 87.

2 Boileau, entre autres exemples, citait ce vers où Ronsard (liv. I, sonn. 68) dit à sa maîtresse, *êtes-vous pas ma seule entéléchie ?* (pour ma seule perfection). *Bross.*

3 Contradiction, selon Sainte-Garde (*voy.* ch. II, note du vers 22).

4 On a rapporté diverses opinions sur l'emploi de ce mot, au tome I, sat. IX, note du vers 152.

5 Poètes des règnes de Henri III et Henri IV (le premier, abbé de Tiron, le second, évêque de Séez). *Bross.*

6 *Enfin* désigne ici une longue incertitude, un temps long, un évènement tardif. *Roubaud*, II, 77. — C'est peut-être pour cela que dans les éditions modernes on a mis ce mot à la ligne (il n'y est point dans celles du XVII et XVIII° siècle).

7 Il faut toujours avoir devant les yeux ce vers..... C'est le mot propre qui distingue les orateurs et les poètes de ceux qui ne sont que diserts et versificateurs. *Voltaire, Comment. sur les Horaces*, sc. I. — D'un mot *mis à sa place*.. Cette expression est assez ordinairement mal entendue... Elle est relative à la place que les mots occupent dans la phrase, à leur ordre direct ou inverse, à l'intervalle qui les sépare, etc... toutes circonstances qui influent singulièrement sur leur énergie et même quelquefois sur leur signification poétique. *Ginguené, Mercure*, mai 1808, p. 411 (copié, sans citation, par un éditeur moderne).

8 Laquelle des muses..? De quel devoir, et de qui ? *D'Açarq.*

Par ce sage écrivain la langue réparée 135
N'offrit plus rien de rude à l'oreille épurée.
Les stances avec grâce apprirent à tomber,
Et le vers sur le vers n'osa plus enjamber.[1]
Tout reconnut ses lois; et ce guide fidèle
Aux auteurs de ce temps sert encor de modèle.[2] 140
Marchez donc sur ses pas; aimez sa pureté,
Et de son tour heureux imitez la clarté.[3]
Si le sens de vos vers tarde à se faire entendre,
Mon esprit aussitôt commence à se détendre;
Et, de vos vains discours prompt à se détacher, 145
Ne suit point un auteur qu'il faut toujours chercher.[4]

Il est certains esprits dont les sombres pensées
Sont d'un nuage épais toujours embarrassées;
Le jour de la raison ne le saurait percer.

---

[1] Heureuse inversion, dit Clément... Si vous mettez, ajoute-t-il,

Et le vers n'osa plus enjamber sur le vers,

ce vers excellent deviendra très commun. *Nouv. obs.*, 336.

[2] Vers 113 à 140. Il faut que cette histoire de la poésie française soit bien irréprochable puisque Desmarets lui-même (p. 84) en fait l'éloge. Il trouve seulement que Boileau n'y loue pas assez Marot. C'est aussi la remarque de Le Brun. Celui-ci reproche à Boileau d'avoir oublié que Marot a excellé dans l'épigramme, en a donné le vrai style, le tour, etc., l'a, en un mot, perfectionnée..... J.-B. Rousseau, en marchant sur ses traces, n'a pu que l'égaler... (Autres remarques de Le Brun et de La Harpe sur ce point, à la note du vers 104, chant II).

[3] Il est certain que Malherbe est remarquable par la précision et la netteté de ses tours ; ils sont presque tous à lui, et presque tous sont heureux. *Le Brun.* — Son vrai mérite est d'avoir mis le premier dans les vers français de *l'harmonie et de l'élégance*, comme l'a dit lui-même avec tant d'élégance et d'harmonie, le législateur Despréaux. *D'Alembert*, II, 114.

[4] Despréaux, dit Souchay (1740), plaçait dans la classe des centuries de Nostradamus, tout ce qui lui paraissait écrit d'une manière subtile, obscure, impénétrable. La première de toutes les lois est la clarté.

Avant donc que d'écrire apprenez à penser. [1]
Selon que notre idée est plus ou moins obscure,
L'expression la suit, ou moins nette, ou plus pure.
Ce que l'on conçoit bien s'énonce clairement,
Et les mots pour le dire arrivent aisément. [2]

Surtout, qu'en vos écrits la langue révérée   155
Dans vos plus grands excès vous soit toujours sacrée.
En vain vous me frappez d'un son mélodieux,
Si le terme est impropre, ou le tour vicieux,
Mon esprit n'admet point un pompeux barbarisme,
Ni d'un vers ampoulé l'orgueilleux solécisme. [3]   160
Sans la langue, en un mot, l'auteur le plus divin,
Est toujours, quoi qu'il fasse, un méchant écrivain. [4]

Travaillez à loisir, quelque ordre qui vous presse,

---

[1] Beau et très vrai. *Brienne.* — Cette maxime est une poétique toute entière. *Le Brun.*

[2] Horace, *Art poét.*, v. 40, 41 et 311.

. . . . Cui lecta potenter erit res,
Nec facundia deseret hunc, nec lucidus ordo.....
Verbaque provisam rem non invita sequentur.

Ceci n'est vrai qu'avec quelques restrictions, puisqu'il peut arriver que l'on conçoive très clairement un passage latin ou grec, et qu'on soit très embarrassé pour l'énoncer en le traduisant en français. *M. Andrieux, Journ. Polytechn.*, p. 265.

[3] Pur galimatias : l'enflure du vers ne s'appelle pas un solécisme. Comme il n'y a rien de si bas que le solécisme, tant s'en faut qu'il puisse être orgueilleux. *Desmarets,* 85 ; *Pradon,* R., 88. — Deux vers (159 et 160) excellens. *M. Daunou.*

[4] Vers 161 et 162. Mauvaises rimes. *Sainte-Garde* (*voy.* p. 179, la note du vers 86). — Cela n'est point intelligible. Boileau veut dire, s'il manque à bien parler, et *sans la langue* n'exprime point cette pensée : mais Horace ou quelque autre lui a manqué. *Desmarets,* 85 ; *Pradon,* R., 89; *Nasse,* 89. — Très bien, quoiqu'en dise M. Desmarets. *Brienne.* — Ces deux vers doivent être la règle de tout homme qui parle ou qui écrit. *Voltaire, Epît. dédicat. de D. Pèdre.*

Et ne vous piquez point d'une folle vitesse : [1]
Un style si rapide, et qui court en rimant, 165
Marque moins trop d'esprit, que peu de jugement. [2]
J'aime mieux un ruisseau qui sur la molle arène, [3]
Dans un pré plein de fleurs lentement se promène,
Qu'un torrent débordé qui, d'un cours orageux,
Roule, plein de gravier, sur un terrain fangeux. [4] 170
Hâtez-vous lentement; et, sans perdre courage,
Vingt fois sur le métier remettez votre ouvrage :
Polissez-le sans cesse et le repolissez ; [5]
Ajoutez quelquefois, et souvent effacez. [6]

[1] Scudéri disait toujours, pour s'excuser de travailler si vite, qu'il avait ordre de finir. *Boil.*, 1713.

[2] Admirable ! *Brienne.* — Vers copié, dit-on. *Voy.* la note suivante.

[3] Vers tout entier dans Pellisson (tome II, p. 182). *Le Brun* et *M. Daunou*, 1809. — Cette indication est fautive; ce vers n'est pas de Pellisson; c'est le précédent (v. 166) qui est tout entier dans une épître de Pavillon. *M. Fayolle*, *Magas. encycl.*, 1814, IV, 340. — On l'y trouve en effet aux mêmes tome et page (édit. d'Amsterdam, 1750) que cite Le Brun. Mais n'est-ce pas plutôt Pavillon qui fut le copiste ? Son recueil de poésies ne parut qu'en 1705 ; si l'épître indiquée eût été publiée avant l'Art poétique (1674), Desmarets, Pradon, et Brienne surtout, qui a annoté le vers 166, n'eussent-ils pas dévoilé le plagiat de Boileau ?

[4] Vers 167 à 170... Ces quatre vers offrent un exemple d'un parfait contraste de vers doux et de vers rudes. *Hardion*, *Acad. inscript.*, XIII, 113 (observation répétée par Clément, *Obs.*, 319, et par *Belloy*, VI, 61 et suiv.).

[5] (Hor., v. 292). . . Carmen reprehendite quod non
   Multa dies et multa litura coercuit, atque
   Præsectum decies non castigavit ad unguem.

[6] Bon avis. *Brienne.* — Horace, liv. I, sat. x, v. 73.

   Sæpe stylum vertas, iterum, quæ digna legi sint
   Scripturus.

Boileau observait exactement ce précepte. Non-seulement il composait suivant la disposition d'esprit où il se trouvait, sans forcer jamais son génie : mais

C'est peu qu'en un ouvrage où les fautes fourmillent,
Des traits d'esprit semés de temps en temps pétillent.[1]
Il faut que chaque chose y soit mise en son lieu ;
Que le début, la fin répondent au milieu ;
Que d'un art délicat les pièces assorties
N'y forment qu'un seul tout de diverses parties ;[2]   180
Que jamais du sujet le discours s'écartant
N'aille chercher trop loin quelque mot éclatant.

Craignez-vous pour vos vers la censure publique ?
Soyez-vous à vous-même un sévère critique.
L'ignorance toujours est prête à s'admirer.[3]   185

---

quand il avait achevé un ouvrage, il ne le publiait que long-temps après, afin d'avoir le loisir de le perfectionner... *Bross.* (*Voy.* tome I, Essai, n° 164).

[1] Horace, liv. II, ép. 1, v. 72.

> Inter quæ verbum emicuit si forte decorum, et
> Si versus paulo concinnior unus et alter ;
> Injuste totum ducit venditque poema.

Ce qui rend ces deux vers (175 et 176) entièrement vicieux, c'est la disconvenance de leurs trois métaphores. Comment dans un ouvrage presque criblé de fautes, des traits d'esprit semés peuvent-ils pétiller de temps en temps ? *Le Brun* (idem, *Hoodghart*, p. 122). — Je doute qu'on aperçoive soit la disconvenance, soit l'impossibilité dont parle Le Brun. A-t-il critiqué l'épigramme XXVIII, où Boileau dit :

> Malgré son fatras obscur,
> Brébeuf souvent étincelle,

et justifie par là un de ces vers *entièrement vicieux ?*

[2] Vers 178 et 180. Horace, *Art poétique*, v. 152 et 23.

> Primo ne medium, medio ne discrepet imum...
> Denique sit quod vis simplex duntaxat et unum.

Ce précepte d'ensemble dans le tout, et de proportion dans les parties, est fondé sur la raison, et enseigné par tous les maîtres de l'art. Il s'applique à tous les ouvrages, de quelque genre qu'ils soient. *M. Andrieux*, *Journ. Polytechn.*, p. 98.

[3] Belle sentence. *Brienne.* — Horace, liv. II, ép. II, v. 106 :

Faites-vous des amis prompts à vous censurer;[1]
Qu'ils soient de vos écrits les confidens sincères,
Et de tous vos défauts les zélés adversaires.
Dépouillez devant eux l'arrogance d'auteur;
Mais sachez de l'ami discerner le flatteur.   190
Tel vous semble applaudir, qui vous raille et vous joue.[2]
Aimez qu'on vous conseille, et non pas qu'on vous loue.[3]

Un flatteur aussitôt cherche à se récrier :
Chaque vers qu'il entend le fait extasier.
Tout est charmant, divin ; aucun mot ne le blesse;   195
Il trépigne de joie, il pleure de tendresse;[4]
Il vous comble partout d'éloges fastueux.
La vérité n'a point cet air impétueux.

Un sage ami, toujours rigoureux, inflexible,
Sur vos fautes jamais ne vous laisse paisible :   200
Il ne pardonne point les endroits négligés,

    Ridentur mala qui componunt carmina : verùm
    Gaudent scribentes, et se venerantur....

[1] Tout ce que l'auteur dit du choix des amis (qui est tout d'Horace) et tout le reste du chant est bien. *Desmarets*, 85.

[2] Horace, *Art poétique*, vers 424, 425 et 433.

   . . . . Mirabor, si sciet inter-
   noscere mendacem verumque beatus amicum..
   Derisor vero plus laudatore movetur.

[3] Si Boileau jouit, comme Molière, de l'avantage d'avoir fait le plus de vers proverbes, c'est qu'il rivalisait de raison et de jugement avec ce peintre habile des mœurs du temps. *Le Brun*.

[4] Horace, *ib.*, v. 428 à 430.

   . . . . Clamabit enim : Pulchre, bene, recte!
   Pallescet super his; etiam stillabit amicis
   Ex oculis rorem; saliet, tundet pede terram.

La Fontaine avait déjà dit (1668; liv. I, fable du Loup et du Chien):

    Qui le fait pleurer de tendresse.

Il renvoie en leur lieu les vers mal arrangés,
Il réprime des mots l'ambitieuse emphase; [1]
Ici le sens le choque, et plus loin c'est la phrase.
Votre construction semble un peu s'obscurcir :   205
Ce terme est équivoque; il le faut éclaircir.
C'est ainsi que vous parle un ami véritable. [2]

Mais souvent sur ses vers un auteur intraitable
A les protéger tous se croit intéressé,
Et d'abord prend en main le droit de l'offensé.   210
De ce vers, direz-vous, l'expression est basse. —
Ah! monsieur, pour ce vers je vous demande grâce,
Répondra-t-il d'abord. — Ce mot me semble froid;
Je le retrancherais. — C'est le plus bel endroit! —
Ce tour ne me plaît pas. — Tout le monde l'admire. [3]   215
Ainsi toujours constant à ne se point dédire,
Qu'un mot dans son ouvrage ait paru vous blesser,
C'est un titre chez lui pour ne point l'effacer.
Cependant, à l'entendre, il chérit la critique;

---

[1] *Ambitieuse...*, belle épithète. *Brienne.*

[2] Vers 199 à 207.. Horace, *ib.*, 445 à 449, et liv. II, ép. II, v. 111, etc.

> Vir bonus et prudens versus reprehendet inertes;
> Culpabit duros; incomptis allinet atrum
> Transverso calamo signum; ambitiosa recidet
> Ornamenta; parum claris lucem dare coget;
> Arguet ambigue dictum; mutanda notabit....
> Audebit quæcumque parum splendoris habebunt,
> Et sine pondere erunt, et honore indigna ferentur,
> Verba movere loco, quamvis invita recedant......
> Luxuriantia compescet; nimis aspera sano
> Lævabit cultu, virtute carentia tollet.

[3] Vers 211 à 215. Tout ce dialogue est admirable par sa précision et sa rapidité. *Le Brun.* — Ce passage et plusieurs autres montrent que Boileau entendait très bien l'art du dialogue. *M. Roger, Théâtre classique*, note 12 sur le *Misanthrope.*

Vous avez sur ses vers un pouvoir despotique.[1] 220
Mais tout ce beau discours dont il vient vous flatter
N'est rien qu'un piège adroit pour vous les réciter.[2]
Aussitôt il vous quitte; et content de sa muse,
S'en va chercher ailleurs quelque fat qu'il abuse;
Car souvent il en trouve : ainsi qu'en sots auteurs, 225
Notre siècle est fertile en sots admirateurs;
Et, sans ceux que fournit la ville et la province,
Il en est chez le duc, il en est chez le prince.
L'ouvrage le plus plat a, chez les courtisans,
De tout temps rencontré de zélés partisans;[3] 230
Et, pour finir enfin par un trait de satire,
Un sot trouve toujours un plus sot qui l'admire.[4]

[1] Perse, satire 1, vers 55 :

    Et verum, inquis, amo ; verum mihi dicito de me.

[2] Vers 219 à 222. Ils regardent Quinault, selon Brossette.. Mais *voy*. à ce sujet l'article de ses erreurs, n° 44, tome III.

[3] Hardiesse bien noble, surtout dans la bouche d'un auteur connu des courtisans les plus célèbres. *Le Brun.* — Peut-on dire un courtisan *célèbre*..? Si la définition qu'en donnait le régent (un homme sans humeur et sans honneur) est exacte, l'épithète de Le Brun serait tout-à-fait impropre.

[4] Vers devenu proverbe, même à l'étranger. *Venturi*, cité par *Le Prévôt d'Exmes*, Vies des écrivains étrangers, 1787, 109.

CHANT II.

—

TELLE qu'une bergère, au plus beau jour de fête,
De superbes rubis ne charge point sa tête,[1]
Et, sans mêler à l'or l'éclat des diamans,
Cueille en un champ voisin ses plus beaux ornemens :
Telle, aimable en son air, mais humble dans son style,[2]
Doit éclater sans pompe une élégante idylle.

---

[1] Vers 1 et 2. Proposition incomplète, car il y a un *attribut sans sujet...* QUI est le sujet et devrait venir après *bergère*. Il faudrait : Telle qu'est une bergère... ou : Telle qu'une bergère *qui*... *Journal des Savans*, février 1723 ; *Chapat*, p. 82 ; *D'Açarq*, p. 19 ; *Lett. à mad. Men.*, p. 17. — La phrase est bonne parce qu'elle contient une double ellipse autorisée en poésie, comme on le voit dans ces beaux vers de Malherbe (p. 40, ode à Henri IV, 5ᵉ et 6ᵉ stroph.) :

> Tel qu'à vagues épandues
> Marche un fleuve impérieux, etc.
> Tel et plus épouvantable
> S'en allait ce conquérant, etc.

Telle est en substance la réponse de Saint-Marc, adoptée par M. Daunou (*Edit.* de 1809), qui seulement (*Edit.* de 1825) trouve que le sens de la phrase de Malherbe est plus naturel.

Imitation ou copie de Segrais, du moins suivant Brienne, qui en cite ces deux vers :

> Telle que se fait voir, de fleurs couvrant sa tête,
> Une blonde bergère, au beau jour d'une fête.

[2] *Humble* n'est pas le mot propre : il faudrait *simple*... *Saint-Marc*, note du v. 409, ch. III ; *Condillac*, II, 125, liv. II, ch. 1 ; *D'Açarq*, p. 19 ; *Lett. à Men.*, p. 22. — Erreur : *Humble* ne veut pas dire *bas*, et le style simple n'est pas l'opposé du style élevé, comme le style humble, puisque le sublime même doit être simple. *Clément, Lett.* IX, p. 115. — M. Amar, (même vers 409, est de l'avis de Clément ; et tel est aussi celui de Ménage (*Langue*, I, 551) qui certes n'était pas partisan de Boileau.

Son tour simple et naïf n'a rien de fastueux,
Et n'aime point l'orgueil d'un vers présomptueux.
Il faut que sa douceur flatte, chatouille, éveille,
Et jamais de grands mots n'épouvante l'oreille.[1]   10

---

[1] Vers 1 à 10. Ce n'est pas une merveille qu'une bergère ne charge point sa tête, etc., car elle n'a ni rubis, ni or, ni diamans... Ainsi la comparaison n'est pas juste pour l'idylle, parce que le poète s'y doit abstenir de la pompe par art et par raison, et non pas par manque de force et par pauvreté.. *Desmarets*, 85; *Pradon*, R., 89; *Brienne*; *Lett. à Men.*, 15.
— L'auteur a voulu dire que comme une bergère ignore l'usage de l'or et des diamans, de même l'idylle doit ignorer le faste et la pompe des grands vers; et c'est ce qu'il ne dit pas. Au reste, il n'a jamais osé tâter de ces ouvrages dont il donne de si beaux préceptes. *Prad., ib.*

Toute cette critique, *très fondée*, suivant Saint-Marc, se trouve à-peu-près, on l'avoue à regret, dans Condillac (*ib.*, p. 124 à 127). Il en a été repris avec aigreur par Clément (*ib.*, p. 110 à 115) et surtout par Geoffroi (*Ann. litt.*, 1776, p. 147). Nous nous bornerons à ce fragment du premier : « Despréaux veut peindre, par une comparaison, les beautés, les ornemens qui conviennent à l'idylle, et en même temps les défauts qu'elle doit éviter : car le but de l'art poétique est non-seulement de donner des préceptes sur ce qu'il faut faire, mais des instructions sur ce qu'il convient de ne pas faire. Il ne pouvait mieux comparer l'idylle qu'à une bergère, qui est l'objet même de cette poésie; et pour faire sentir à quel point les ornemens ambitieux, les vers épiques, et le faste de l'élocution sont déplacés dans une idylle, il vous montre combien il serait ridicule qu'une bergère chargeât sa tête de rubis, et se fît une parure éclatante d'or et de diamans. Ou cet état ferait un contraste choquant avec le reste d'une parure plus simple; ou, si la parure était complète, ce ne serait plus une bergère. L'application se fait aisément à l'idylle; mais pour vous faire voir quelle est la véritable parure d'une bergère, il la peint cueillant en un champ voisin ses plus beaux ornemens; de même l'idylle doit ramasser autour d'elle, et dans son sujet, les fleurs qui en naissent, pour se parer comme il lui convient. »

Au reste, sans parler des nombreux éloges donnés au début du chant II (entre autres par MM. Amar et Daunou, cités à la note du v. 37), il suffirait peut-être, pour répondre à Condillac, de rapporter ce que dit du même début l'un des censeurs les plus sévères de notre poète : « Lorsque Despréaux a peint l'idylle comme une bergère en habit de fête, il l'a parfaitement définie telle que nous la concevons; une simplicité élégante en fait le mérite :

CHANT II.

Mais souvent dans ce style un rimeur aux abois
Jette là, de dépit, la flûte et le hautbois;
Et, follement pompeux, dans sa verve indiscrète,
Au milieu d'une églogue entonne la trompette.
De peur de l'écouter, Pan fuit dans les roseaux;   15
Et les Nymphes, d'effroi, se cachent sous les eaux.
Au contraire cet autre, abject en son langage,[1]
Fait parler ses bergers comme on parle au village.[2]
Ses vers plats et grossiers, dépouillés d'agrément,
Toujours baisent la terre, et rampent tristement :   20
On dirait que Ronsard, sur ses « pipeaux rustiques, »
Vient encor fredonner ses idylles gothiques,[3]
Et changer, sans respect de l'oreille et du son,[4]
Lycidas en Pierrot, et Philis en Toinon.[5]

Entre ces deux excès la route est difficile.   25

---

elle ne mêle point les diamans à sa parure; mais elle a un chapeau de fleurs. » *Marmontel*, *Élém. de littér.*

[1] Le terme *abject* est peu du beau style. *Brienne.*

[2] Critique de ce vers, au tome I, Essai, n° 120.

[3] Vers 21 et 22. Voilà une censure qui contredit celle des vers 126 à 128 du chant 1er. Ici, Ronsard est trop enflé : là, il s'abaisse trop. Mais ce divin personnage n'a pas besoin de défenseur. *Sainte-Garde*, 29.

[4] *Respect de...* et *du...*, latinisme réprouvé par notre langue. D'ailleurs, *du son* est une cheville. *Nasse*, 99.

[5] Vers 23 et 24. Rien de mieux. *Brienne.*

Ronsard, dans ses églogues, appelle Henri II, *Henriot;* Charles IX, *Carlin;* Catherine de Médicis, *Catin...* Il y emploie aussi les noms de *Guillot, Pierrot, Michau, Marion,* etc... *Bross.* et *Saint-Marc.*

Selon M. Fontanier, ces noms n'étaient point *alors* aussi peu *en honneur* qu'ils le sont à présent... Mais dans ce cas, comment Brienne, né en 1635, élevé par des professeurs formés au siècle de Ronsard (tome I, Essai, n° 14), et peu porté à louer Boileau, approuve-t-il la remarque de celui-ci? Comment Lafresnaie-Vauquelin, contemporain et admirateur de Ronsard, blâme-t-il (*Saint-Marc,* ibid.) celui-ci de l'emploi de ces noms, que l'on voudrait aujourd'hui justifier sans aucune preuve?

Suivez, pour la trouver, Théocrite et Virgile :
Que leurs tendres écrits, par les Grâces dictés,
Ne quittent point vos mains, jour et nuit feuilletés.[1]
Seuls, dans leurs doctes vers, ils pourront vous apprendre
Par quel art sans bassesse un auteur peut descendre ; 30
Chanter Flore, les champs, Pomone, les vergers ;
Au combat de la flûte animer deux bergers,[2]
Des plaisirs de l'amour[3] vanter la douce amorce ;
Changer Narcisse en fleur, couvrir Daphné d'écorce ;[4]
Et par quel art encor l'églogue quelquefois   35
Rend dignes d'un consul la campagne et les bois.[5]
Telle est de ce poème et la force et la grâce.[6]

D'un ton un peu plus haut, mais pourtant sans audace,[7]
La plaintive élégie, en longs habits de deuil,
Sait, les cheveux épars, gémir sur un cercueil.[8]   40

---

[1] Horace, *ib.*, vers 268... Vos exemplaria Græca
  Nocturna versate manu, versate diurna.

[2] V. E. Texte de 1674 à 1713, et non pas *les* bergers, comme dans une édition moderne.

[3] V. E. *Des jeux et des plaisirs* vanter... *Boil. jeun.* et *class.*

[4] *Changer Narcisse*, etc... Vers plein d'élégance et de grâce ; il renferme deux métaphores. *Le Brun.*
Vers 29 à 34. Métalepse élégante. *M. Planche*, p. 199.

[5] Virgile, égl. IV. Boil., 1674 à 1713. — Voici le vers (c'est le 3ᵉ) :
  Si canimus sylvas, sylvæ sint consule dignæ.

[6] Difficulté de l'églogue, *voy.* sat. IX, note du vers 260.
Vers 1 à 37. Ce début du chant II contient la meilleure idée générale qu'on puisse donner de l'églogue ou de l'idylle. *Fontenai*, I, 458 ; *Clairfons*, p. 23.

[7] Saint-Marc n'est pas de l'avis de Boileau. Il ne voit pas pourquoi, généralement parlant, l'élégie doit prendre un ton un peu plus haut que l'églogue.

[8] Vers 39 et 40... Admirables! *Brienne.* — Pour prendre le ton de la dou-

CHANT II.

Elle peint des amans la joie et la tristesse;
Flatte, menace, irrite, apaise une maîtresse.[1]
Mais, pour bien exprimer ces caprices heureux,
C'est peu d'être poète, il faut être amoureux.[2]

Je hais ces vains auteurs, dont la muse[3] forcée   45
M'entretient de ses feux, toujours froide et glacée;
Qui s'affligent par art, et fous de sens rassis,
S'érigent, pour rimer,[4] en amoureux transis.
Leurs transports les plus doux ne sont que phrases vaines :
Ils ne savent jamais que se charger de chaînes,   50
Que bénir leur martyre, adorer leur prison,
Et faire quereller les sens et la raison.

---

leur, il faut choisir des mots dont la finale soit longue et traînante, afin d'exprimer les soupirs et les lamentations d'une âme désolée. C'est ce que fait ici le poète (Despréaux), qui, de tous les modernes, a le mieux connu le pouvoir de l'harmonie, et en a le plus mis dans ses vers. *Clément, Nouv. observat.*, 383.

[1] Vers 39 à 42. Il me semble qu'il y a ici de la méprise et de la confusion. Est-ce l'élégie en habits de deuil, etc., qui flatte, menace, irrite, apaise une maîtresse? *Nivernois*, II, 259. — La ponctuation, et surtout le pronom *elle* du vers 41 montrent assez que Boileau distingue deux espèces d'élégies, l'une condamnée aux pleurs, l'autre consacrée aux amours, ou même à la joie. *M. Daunou*.

[2] Admirable! *Brienne*. — Boileau compte, comme on le voit, presque pour rien le génie s'il n'est inspiré par le cœur, si une passion véritable ne lui dicte tout ce qu'il exprime... Mais alors ne peut-on pas s'étonner qu'il recommande (vers 55) l'imitation d'Ovide, écrivain charmant, délicieux, mais plus ingénieux que passionné. *Dussault*, IV, 145.

[3] Observations sur l'emploi de ce mot au singulier, à la note du vers 1, épître II, p. 24.

[4] *V. E.* Ponctuation de 1683 à 1713, que nous croyons utile pour le sens. Vers le milieu du XVIIIe siècle, on a commencé à l'altérer en supprimant la première virgule, et c'est ce qu'on a fait entre autres à 1757, 1766, 1768, 1770, 1775, et 1782, P., et 1793, Pal... Plus tard, on a supprimé les deux virgules, comme on le voit à 1821, S.-S.; 1825, Daun.; 1826, Mart.; 1829, B. ch...

Ce n'était pas jadis sur ce ton ridicule,
Qu'Amour dictait les vers que soupirait Tibulle,[1]
Ou que, du tendre Ovide animant les doux sons,[2] 55
Il donnait de son art les charmantes leçons.[3]
Il faut que le cœur seul parle dans l'élégie.[4]

L'ode, avec plus d'éclat, et non moins d'énergie,[5]
Élevant jusqu'au ciel son vol ambitieux,
Entretient dans ses vers commerce avec les dieux. 60

---

[1] *Soupirer quelque chose* ne se dit pas en bonne grammaire... Cette nouveauté heureuse était réservée au génie de Boileau, qui, maître des règles, sait s'en écarter plus glorieusement que les autres ne les suivent. *Extrait du Misanthrope*, par *Van-Effen*. Saint-Marc (V, 207), qui rapporte ce passage, prétend que Boileau a rendu à la lettre, l'expression de Tibulle, *suspirat amores*. Le Brun remarque avec raison qu'il y a bien de la différence entre *soupirer ses amours* et *soupirer des vers*; et, dit M. Amar, cette différence est toute à l'avantage du poète français.

Tibulle, dans ces vers (v. 53 et 54) nous paraît caractérisé avec beaucoup de délicatesse et de grâce. *Palissot, OEuvres*, III, 425. — Même remarque dans *Millevoye, OEuvres*, 1822, I, 13.

[2] Merveilleux! *Brienne*.

[3] Vers 41 à 56... Supprimés aux *Boil. classique* et de la *jeunesse*.

[4] Ce vers sentencieux et remarquable comprend tous les préceptes de Boileau sur l'élégie... *Dussault*, ibid.

[5] Horace, *Art poét.*, v. 83 à 85.

> Musa dedit fidibus Divos, puerosque Deorum,
> Et pugilem victorem, et equum certamine primum,
> Et juvenum curas, et libera vina referre.

Et non moins d'énergie ne signifie rien du tout. Le poète abaisse les ailes de l'ode au lieu de les élever. J'ai osé me permettre de corriger ainsi ce vers: *L'ode avec plus d'éclat, de flamme, d'énergie*; il me semble plus fort et plus rapide... *Le Brun*. — Quoi qu'il en soit de la remarque de Le Brun, remarque approuvée par M. Daunou, son vers n'a pas fait fortune. Qu'est-ce, dit M. Amar, qu'est-ce que *l'ode, avec plus de flamme!* Il eût été moins aisé, selon Virgile, de dérober un vers à Homère, que de désarmer Hercule de sa massue : il ne l'est pas plus de refaire un vers de Boileau, avec la prétention de faire mieux que lui.

Aux athlètes dans Pise,[1] elle ouvre la barrière,
Chante un vainqueur poudreux au bout de la carrière,
Mène Achille sanglant[2] aux bords du Simoïs,
Ou fait fléchir l'Escaut sous le joug de Louis.[3]
Tantôt, comme une abeille ardente à son ouvrage, 65
Elle s'en va de fleurs dépouiller le rivage ;
Elle peint les festins, les danses, et les ris ;
Vante un baiser cueilli sur les lèvres d'Iris,
« Qui mollement résiste, et, par un doux caprice, »
« Quelquefois le refuse, afin qu'on le ravisse. »[5] 70

[1] Pise en Élide, où l'on célébrait les jeux olympiques. *Boil.*, 1713.

[2] V. E. *Sanglant* est juste et bien. J'ai vu trois ou quatre éditions où on lisait *tremblant;* c'était la première fois qu'Achille avait tremblé. *Le Brun.* — M. de S. S. cite, comme justifiant cette remarque, l'édition de 1668 (il aura voulu dire 1768), 3 pet. in-12. Mais ce n'est pas la seule : nous avons trouvé *tremblant* dans celles-ci : 1750 et 1757, 3 in-12; 1766, 2 in-12; 1767, in-12, 1770, in-12; 1775, in-12; 1778, 2 in-16; 1789, in-12; 1793, 3 in-12; 1810, 2 in-24; Amsterdam, 1777, 2 in-16; Genève, 1780, 2 in-18; Londres, 1780 et 1782, 2 in-24; Avranches, 1782, in-18; Evreux, 1784...; dans l'Encyclopédie poétique, par de Gaignes, 1774, XI, 192; dans les Principes de Littérature du cours des écoles militaires, par Batteux, 1777 et 1790; dans l'Art poétique traduit par Paul, Lyon, 1804 et 1820; et ce qu'il y a de plus curieux, dans les trois éditions du Boileau de la jeunesse (1822 et 1824), postérieures de quinze et dix-sept ans à l'édition de Le Brun... Ainsi voilà déjà, à notre connaissance, *vingt-cinq* éditions où l'on a commis cette horrible bévue.

[3] Un fleuve qui *fléchit sous le joug*, expression neuve. *Le Brun...* (Autre observation sur le mot *joug*, à la note du vers 33, ch. 1, p. 174).

[4] Que signifie un baiser *cueilli*...? Est-ce un baiser donné...? est-ce un baiser reçu...? il n'est cueilli dans aucun de ces deux cas. *D'Açarq.* — Saint-Lambert a été moins scrupuleux que cet étrange critique : il a copié (Hiver, v. 603) le vers 68, et imité les deux suivans, mais avec peu de bonheur :

> Dolon cueille un baiser sur les lèvres d'Iris :
> Le baiser est donné, mais il paraît surpris.

[5] Horace, ode XII, liv. II (v. 25 à 28). *Boil.*, 1674 à 1713 (les deux vers que nous avons guillemetés, y sont en italiques).

Son style impétueux souvent marche au hasard :
Chez elle un beau désordre est un effet de l'art. [1]

>   Dum flagrantia detorquet ad oscula
>   Cervicem, aut facili sævitia negat,
>   Quæ poscente magis gaudeat eripi.
>   Interdum rapere occupet.

Le second et le troisième vers ont été fort bien traduits par ces deux-ci, Qui *mollement*, etc. (vers 69 et 70). Cela est bien élégant, les vers sont bien faits, l'image est agréable; mais ce n'est pas la même chose : cela ne remue pas, cela ne respire pas la volupté. Le dernier vers (*quelquefois*, etc.) ne me satisfait point du tout. Je n'y trouve que faiblement tracés ces redoublemens de plaisir, cette progression de transports que causent à une maîtresse tendre les efforts d'un amant qu'elle excite par des fantaisies adroites et passagères. Je vois tout cela chez Horace : ses deux vers me peignent le tête-à-tête le plus passionné. Le français ne me paraît pas assez pressé, assez vif; il y manque du coloris. *Nivernois*, I, 269.

Lorsque le sujet est simple et commun, il faut bien se garder, dit Boileau, d'épouvanter l'oreille par de grands mots dont les sons aient trop d'éclat; il en donne lui-même l'exemple, en parlant de l'ode galante : Elle peint les festins, etc. (vers 67 à 70). *Hardion*, *Académ. inscript.*, XIII, 111. — Nous doutons qu'un homme qui eût perdu les organes de la volupté eût fait ces vers (68 à 70) charmans. *Palissot*, *OEuvres*, III, 424.

Ces vers charmans n'ont point trouvé grâce devant les yeux de l'éditeur du *Boileau de la jeunesse*, et encore moins devant ceux de l'éditeur du *Boileau classique*. M. Thiessé, croyant que ce dernier avait compris dans sa proscription tout le couplet dont ils dépendent, c'est-à-dire les vers 63 à 70, s'est vivement récrié contre son vandalisme. « Faire une telle suppression, dit-il, interdire à la jeunesse la poétique de l'élégie et de l'ode, c'est mettre à l'index Ovide, Catulle, Tibulle et Properce ». (*Mercure*, 20 déc. 1823, p. 508). Mais M. Thiessé s'est trompé; de ces huit vers l'éditeur classique n'en a supprimé que quatre, et a seulement transposé ou corrigé les autres comme il suit :

>   Chante un vainqueur poudreux au bout de la carrière,
>   Ou fait fléchir l'Escaut sous le joug de Louis :
>   Elle peint les festins, les danses et les ris,
>   Et telle qu'une abeille, ardente à son ouvrage,
>   Elle s'en va de fleurs dépouiller le rivage.
>   Son style impétueux, etc.

---

[1] Je ne comprends en aucune façon, dit M. Berville, comment un dés-

Loin ces rimeurs craintifs dont l'esprit flegmatique
Garde dans ses fureurs un ordre didactique;
Qui, chantant d'un héros les progrès éclatans, 75
Maigres historiens, suivront l'ordre des temps.
Ils n'osent un moment perdre un sujet de vue :
Pour prendre Dole, il faut que Lille soit rendue;
Et que leur vers exact, ainsi que Mézerai,
Ait fait déjà tomber les remparts de Courtrai. [1] 80
Apollon de son feu leur fut toujours avare.

On dit, à ce propos, qu'un jour ce dieu bizarre,
Voulant pousser à bout tous les rimeurs françois,

---

ordre peut être *beau;* et loin de voir dans le désordre un *effet de l'art*, je n'y vois qu'un effet de l'impuissance de l'artiste. L'ordre n'est pas moins nécessaire dans une ode que dans une histoire, ou dans un discours; seulement, cet ordre se laisse moins apercevoir, ou plutôt, c'est un ordre d'une autre nature. *Revue encycl.*, XXXI, 669. — Il nous semble que c'est là, au fond, le sens des deux vers de Boileau, comme on le voit par l'explication suivante de La Harpe.

Le poète lyrique est censé céder au besoin de répandre au-dehors les idées dont il est assailli, de se livrer aux mouvemens qui l'agitent, de nous présenter les tableaux qui frappent son imagination : il est donc dispensé de préparation, de méthode, de liaisons marquées. Comme rien n'est si rapide que l'inspiration, il peut parcourir le monde dans l'espace de cent vers, entrer dans son sujet par où il veut, y rapporter des épisodes qui semblent s'en éloigner; mais à travers ce *désordre*, qui *est un effet de l'art*, l'art doit toujours le ramener à son objet principal... Quoique sa course ne soit pas mesurée, je ne dois pas le perdre entièrement de vue : car alors je ne me soucierai plus de le suivre. S'il n'est pas obligé d'exprimer les rapports qui lient ses idées, il doit faire en sorte que je les aperçoive... *Lyc.*, 1820, VII, 210.

Vers 58 à 72. Ces beaux vers expliquent avec feu la nature de l'ode et ce qu'elle doit être dans tous ses genres. *Dubois-Fontanelle*, III, 220.

[1] Ayant à peindre la froide exactitude, le poète est aussi exact, aussi scrupuleux dans le choix de la rime que dans celui des mots. *Le Brun.* — Du reste, Boileau parle ici de l'historien d'après la réputation dont il jouissait, car Mézeray est plus hardi qu'exact (*Voltaire*, *Liste des écrivains du siècle de Louis XIV*).

Inventa du sonnet les rigoureuses lois ;[1]
Voulut qu'en deux quatrains de mesure pareille   85
La rime avec deux sons frappât huit fois l'oreille ;[2]
Et qu'ensuite six vers artistement rangés
Fussent en deux tercets par le sens partagés.[3]
Surtout de ce poème il bannit la licence :
Lui-même en mesura le nombre et la cadence ;   90
Défendit qu'un vers faible y pût jamais entrer,
Ni qu'un mot déjà mis osât s'y remontrer.
Du reste il l'enrichit d'une beauté suprême :
Un sonnet sans défauts[4] vaut seul un long poème.[5]

---

[1] Vers 83 et 84. *Voy.* sur leurs rimes, tome I, Essai, n° 118 *b*.

Selon Ginguené, le sonnet est né en Sicile, au commencement du xiiiᵉ siècle. « Il paraît constant que ce fut Guittone d'Arezzo (mort en 1292) qui lui donna des formes plus fixes, et qui enchaîna par des lois plus sévères la liberté dont les poètes avaient joui jusqu'alors. C'est à lui et non pas aux *rimeurs français*, qu'Apollon dicta *ces rigoureuses lois*, que Boileau, en se trompant sur ce point de fait, a exprimées en si beaux vers ». *Ginguené*, I, 403.

[2] Madame de Salm, épître (Moniteur, 1812, 572).

Si deux mots approuvés par l'art et par l'oreille,
N'offrent dans tous leurs points une marche pareille.

[3] Vers 85 à 88. Vers du mécanisme le plus parfait : avant Boileau on n'en faisait guère de ce genre. *Le Brun*. — Ces vers expriment d'une manière très heureuse la forme artificielle du sonnet. *Batteux*, III, 193 (c'est ce que nie l'auteur de la *Lettre à madame Men.*, p. 35 à 39). — On les cite avec raison, dit un auteur moderne, comme un exemple surprenant de difficulté vaincue, et comme un modèle parfait de précision et de justesse (*Revue philos.*, 1806, II, 33).

[4] *V. E.* Texte de 1674 à 1713, suivi par Brossette et autres éditeurs jusque vers le milieu du xviiiᵉ siècle. Celui de 1766 (Par.) a mis sans explication *défaut*, au singulier, et a été imité surtout par les éditeurs du xixᵉ siècle. Depuis long-temps, il est vrai, on n'écrit guère *sans défauts* au pluriel ; mais au moins les éditeurs auraient-ils dû avertir qu'ils préféraient l'usage moderne à celui du temps de Boileau.

[5] Ce genre de poésie qui a été si long-temps en crédit est aujourd'hui en-

Mais en vain mille auteurs y pensent arriver ;
Et cet heureux phénix est encore à trouver. [1]
A peine dans Gombaut, Maynard et Malleville,
En peut-on admirer [2] deux ou trois entre mille : [3]
Le reste, aussi peu lu que ceux de Pelletier,

tièrement passé de mode. Boileau a payé une sorte de tribut à l'opinion, en traçant laborieusement les règles du sonnet et finissant par dire : *Un sonnet sans défaut vaut seul un long poème.* Cela est un peu fort, et c'est pousser un peu loin le respect pour le sonnet. On a remarqué avec raison qu'il n'y avait point de différence essentielle entre la tournure d'un sonnet et celle des autres vers à rimes croisées, et qu'il doit seulement, comme le madrigal et l'épigramme, finir par une pensée remarquable : il n'y a pas là de quoi lui donner une si grande valeur. *La Harpe*, *Lyc.*, IV, 146.

Un sonnet sans défaut, etc. Voilà au moins de l'exagération, et je serais bien étonné que cette opinion eût été réellement celle d'un homme d'un goût aussi sûr et aussi sévère que Boileau. Il put cependant être entraîné par celle de son temps. Il avait été témoin de l'importance qu'on attachait alors aux productions de cette espèce. * On sait le bruit qu'avaient fait le sonnet de Voiture à Uranie, et celui de Benserade sur Job. Ils avaient partagé la cour et la ville qui leur supposaient un mérite qu'ils n'ont certainement pas.... En dépit des Uranins et des Jobelins, car les partisans de l'un et de l'autre sonnet avaient pris ces dénominations, tous deux sont plus que médiocres. *Dubois-Fontanelle*, IV, 80.

[1] Vers 95 et 96... *Voy.* les observations qui sont à la note 3.

[2] V.O.. 1674, in-4°, grand et petit in-12 et Dur.; 1675, gr. et pet. in-12; 1675 A, 1677 Elz., 1680 A, 1682 P (dix éditions)... *en peut-on* supporter.... Sans cette variante si remarquable que j'ai le premier signalée (*voyez* tome I, avertissement, n° X), il serait impossible de comprendre la critique suivante. B. S.

[3] Voilà traiter bien cruellement ces trois poètes qui ont fait des sonnets et d'autres ouvrages si beaux, et qui vivront malgré les traits injurieux de l'au-

* Dubois-Fontanelle aurait pu citer pour preuve les nombreux recueils de poésies fugitives qu'on publiait alors (il y en a plus de cent volumes à la Bibliothèque du roi) et dont la plupart *regorgent* de sonnets (tome I, *Notice bibl.*, § 2, n° 16, obs. 7), sans parler de ceux qui sont inédits (on en trouve aussi dans les manuscrits de la même Bibliothèque, par exemple, au Supplément, n° 540).

N'a fait de chez Sercy qu'un saut chez l'épicier.[1]   100
Pour enfermer son sens dans la borne prescrite,
La mesure est toujours trop longue ou trop petite.

L'épigramme, plus libre en son tour plus borné,
N'est souvent qu'un bon mot de deux rimes orné.[2]
Jadis de nos auteurs les pointes ignorées   105
Furent de l'Italie en nos vers attirées.
Le vulgaire, ébloui de leur faux agrément,
A ce nouvel appas[3] courut avidement.
La faveur du public excitant leur audace,
Leur nombre impétueux inonda le Parnasse.   110
Le madrigal d'abord en fut enveloppé;
Le sonnet orgueilleux lui-même en fut frappé;

---

teur. Il ne parle d'eux que pour s'en moquer... Il aimerait autant qu'on lui arrachât une dent, qu'une louange. *Desmarets*, 86.

Il est à regretter que Boileau, cédant à cette critique, qu'appuyèrent sans doute les nombreux partisans du sonnet, ait substitué depuis et constamment (1683 à 1713... vingt-neuf éditions, dont huit originales) *admirer* à *supporter*. Outre que la première expression ne concorde pas aussi bien avec les vers 95 et 96, la seconde énonce une vérité de fait, car (c'est l'observation de Dubois-Fontanelle, IV, 81) sur plusieurs milliers de sonnets qui ont été faits en France, à peine en compte-t-on cinq ou six qui méritent d'être cités.

[1] (*Sercy*) Libraire du Palais. *Boil.*, 1713.

Encore son très féal épicier en jeu! cela rend son style d'un méchant goût. *Pradon*, R., 90. — Vers pleins de sel; la rapidité ajoute à leur charme. *Le Brun*. — Des observations du père Tarteron, sur ce vers et le vers précédent, sont à l'épit. 1, v. 38, p. 12.

[2] Sans blesser le respect dû au législateur du Parnasse, osons dire que cette définition ne caractérise guère que l'épigramme médiocre. Celle dont Marot a donné le modèle (*voy.* ch. 1, v. 140, note 2, p. 184), surpassé depuis par Racine et Rousseau, doit être piquante par l'expression comme par l'idée. *La Harpe, Lyc.*, IV, 132. — Le Brun est du même avis. Il faut, dit-il, pour réussir dans l'épigramme, être malin avec candeur, être enfin ce que Racine était si bien (M. Amar approuve cette remarque).

[3] Texte de 1674 à 1713, et non point *appât*, comme on met dans presque

La tragédie[1] en fit ses plus chères délices ;
L'élégie en orna ses douloureux caprices ;
Un héros sur la scène eut soin de s'en parer,   115
Et sans pointe un amant n'osa plus soupirer :
On vit tous les bergers, dans leurs plaintes nouvelles,
Fidèles à la pointe encor plus qu'à leurs belles ;[2]
Chaque mot eut toujours deux visages divers :
La prose la reçut aussi bien que les vers ;   120
L'avocat au palais en hérissa son style,
Et le docteur[3] en chaire en sema l'évangile.
   La raison outragée enfin ouvrit les yeux,
La chassa pour jamais des discours sérieux ;
Et, dans tous ces[4] écrits la déclarant infâme,   125
Par grâce lui laissa l'entrée en l'épigramme,
Pourvu que sa finesse, éclatant à propos,
Roulât sur la pensée, et non pas sur les mots.
Ainsi de toutes parts les désordres cessèrent.
Toutefois à la cour les Turlupins[5] restèrent,   130

toutes les éditions modernes (*voy*. la note 1, page 72, épître vi, vers 29).

[1] La Silvie de Mairet. *Boil*., 1713.

[2] Vers 115 à 118... Supprimés aux *Boil. classique* et *de la jeunesse*.

[3] Le petit P. André, Augustin. *Boil*., 1713.

Vers 111 à 122. Dans ces douze vers Boileau exprime dix fois la même chose avec des verbes différens. *Batteux, Quatre poétiques*, part. iv, p. 79. — Il fait plutôt une sorte d'énumération de tous les genres envahis par les pointes. *M. Fontanier*.

[4] *F. N. R.* Texte de 1674 à 1713, et non pas ses *écrits*, comme on lit à 1726 et 1741, Sch.; 1736, Br.; 1752, 1767 et 1803, P.; 1766, A.; 1771 et 1781, Ba.; 1789, Di.; 1812, Led.; 1820, Me.; 1821 et 1823, Vio.; 1821, 1824 et 1828, Am.; 1822 et 1824, Jeu.; 1823, Class.; 1825, Aug., in-8 et in-32; 1826, Du.. Ainsi, voilà à notre connaissance, *vingt-six* éditions où l'on a commis cette faute grossière, qui prête à l'auteur un véritable non-sens.

[5] Turlupinades eût été mieux, mais la mesure du vers ne l'a pu souffrir. *Brienne*.

Insipides plaisans, bouffons infortunés,
D'un jeu de mots grossier partisans surannés.
Ce n'est pas quelquefois qu'une muse un peu fine
Sur un mot, en passant, ne joue et ne badine,
Et d'un sens détourné n'abuse avec succès ; 135
Mais fuyez sur ce point un ridicule excès,
Et n'allez pas toujours d'une pointe frivole
Aiguiser par la queue une épigramme folle.[1]

Tout poème est brillant de sa propre beauté.
Le rondeau, né gaulois, a la naïveté. 140
La ballade, asservie à ses vieilles maximes,
Souvent doit tout son lustre au caprice des rimes.[2]

Le madrigal, plus simple et plus noble en son tour,
Respire la douceur, la tendresse et l'amour.[3]

L'ardeur de se montrer, et non pas de médire, 145
Arma la Vérité du vers de la satire.[4]
Lucile le premier osa la faire voir,
Aux vices des Romains présenta le miroir,
Vengea l'humble vertu, de la richesse altière,

---

[1] Vers 137 et 138. Construction embarrassée... Ensuite dit-on aiguiser une pointe par la queue...? *Condillac*, I, 112, liv. I, ch. XII. — Critique mal fondée, dit *Clément* (*voy.* tome I, sat. VIII, note du vers 238).

[2] C'est entre autres, parce que les parties correspondantes des couplets qui la forment doivent être sur les mêmes rimes. *Marmontel, Encycl.*, mot *Ballade*. — Il regrette l'espèce d'abandon où sont tombés la ballade, le rondeau, le triolet et autres petites pièces qu'on regarde aujourd'hui, avec assez de raison, dit Dussault (I, 204), comme de vains jeux d'esprit, à peine au-dessus de l'anagramme et de l'acrostiche. Aussi M. Amar regarde-t-il l'opinion de Marmontel comme un de ces paradoxes qu'on est fâché de rencontrer souvent dans l'estimable auteur des Elémens de littérature.

[3] Vers 140 à 144. Boileau développe agréablement dans ces cinq vers, l'essence du rondeau, de la ballade et du madrigal. *Clairfons*, 26.

[4] Vers 145 et 146. *L'ardeur de se montrer...* C'est pour dire le désir de

Et l'honnête homme à pied, du faquin en litière. [1]
Horace à cette aigreur mêla son enjoûment; [2]
On ne fut plus ni fat ni sot impunément; [3]
Et malheur à tout nom, qui, propre à la censure,
Put entrer dans un vers sans rompre la mesure! [4]

Perse, en ses vers obscurs, mais serrés et pressans, 155
Affecta d'enfermer moins de mots que de sens. [5]

faire parler de soi. Mais ce ne doit pas être le but de la satire. Sa fin doit être de réprimer le vice et d'exciter à la vertu : mais ce n'est pas le moyen de faire bien parler de soi, que de parler mal d'autrui. *Desmarets*, 87. — Cette *ardeur*, etc. obscurcit la pensée de Boileau. *Pradon*, R., 91 ; *Nasse*, 105. — Saint-Marc répond que la vérité a en effet l'ardeur de se montrer pour réprimer les vices. — Le Brun applaudit à l'avis de Saint-Marc. — Toute la définition de la satire et ses préceptes sont dans ce passage. *M. David*, Monit., 30 niv. VIII. — Il n'y avait qu'un très grand poète qui put la faire en aussi beaux vers. *M. Amar.*

Im. de B.. Regnard, satire des maris, v. 13.

> Ne t'imagine pas que l'ardeur de médire
> Arme aujourd'hui ma main des traits de la satire.

[1] Hor., lib. II, sat. 1, v. 62 et 63. — Juvén., sat. 1, v. 165-167.

> . . . . Est Lucilius ausus
> Primus in hunc operis componere carmina morem...
>
> Ense velut stricto, quoties Lucilius ardens
> Infremuit, rubet auditor cui frigida mens est
> Criminibus, tacita sudant præcordia culpa.

[2] Perse, sat. 1, v. 116.

> Omne vafer vitium ridenti Flaccus amico
> Tangit, et admissus circum præcordia, ludit,
> Callidus excusso populum suspendere naso.

[3] *Fat* et *sot* en cet endroit signifient la même chose. D'ailleurs fat est un terme très bas. *Desmarets*, 87 ; *Pradon*, R., 91.

[4] Remarque sur ces vers au tome I, Essai, n° 22.

[5] *Affecta* est d'autant plus heureux, qu'il y a effectivement de l'affectation dans les vers de Perse; ce n'est donc pas ici un simple tour poétique. *Le Brun.* — Par cette réflexion Le Brun semble vouloir réfuter indirecte-

Juvénal, élevé dans les cris de l'école,
Poussa jusqu'à l'excès sa mordante hyperbole.[1]
Ses ouvrages, tout pleins d'affreuses vérités,[2]
Etincellent pourtant de sublimes beautés ;[3]   160
Soit que, sur un écrit arrivé de Caprée,[4]
Il brise de Séjan la statue adorée ;
Soit qu'il fasse au conseil courir les sénateurs,[5]
D'un tyran soupçonneux pâles adulateurs ;[6]
Ou que, poussant à bout la luxure latine,   165

---

ment Sélis (*Dissertat. sur Perse*, p. 85), qui soutient que l'expression ci-dessus n'est point une censure de Perse, opinion que partage M. Daunou et que rejette M. de S.-S. — Au reste, la réflexion de Le Brun a été extraite de Dusaulx, *Satires de Juvénal*, 1782, I, xlj.

[1] *Mordante...* Belle épithète. Brienne.

V. 157 et 158. Beaux vers devenus proverbes. *Dusaulx*, *ib.*, I, lxiv.

[2] Le mot *affreux* est fort en usage chez Boileau. Pradon, R., 91 à 93.
— Ce mot lui sert aussi pour toutes choses non visibles. Desmarets, 87.

Tout *pleins*, texte de 1674 à 1713, tandis qu'il y a *tous pleins* au Lutrin, ch. III, v. 140. *Voy.* en la note.

Tout pleins : méchante césure... *Affreuse* ne vaut rien pour *vérité*. Desmarets, 87.

[3] *Etincellent...* Une critique de ce mot est au tome I, Essai, n° 111.

[4] Satire x. Boil., 1674 à 1713. — Vers 71, 72, et 62, 63.

> . . . . Verbosa et grandis epistola venit
> A Capreis. . . . .
> Ardet adoratum populo caput, et crepat ingens
> Sejanus. . . . .

[5] Satire IV. Boil., 1674 à 1713. — Vers 72 à 75.

> . . . . Vocantur
> Ergo in concilium proceres quos oderat ille,
> In quorum facie miseræ magnæque sedebat
> Pallor amicitiæ.

[6] *Adulateurs...* Critique de ce mot au tome I, Essai, n° 111.

L'adjectif *pâles*, à côté de *soupçonneux*, rend ce vers d'une beauté effrayante ; ce n'est qu'en tremblant que la plus grande adulation ose encenser Trajan ; l'épithète a tout dit. Le Brun. — M. Amar reproduit à-peu-près

Aux portefaix de Rome il vende Messaline.[1]
Ses écrits pleins de feu partout brillent aux yeux.[2]
De ces maîtres savans disciple ingénieux,
Regnier seul parmi nous formé sur leurs modèles,[3]
Dans son vieux style encore a des grâces nouvelles. 170
Heureux, si ses discours, craints du chaste lecteur,
Ne se sentaient des lieux où fréquentait l'auteur,[4]

---

cette remarque, mais sans commettre l'étrange inadvertance de *Le Brun*, qui substitue un des meilleurs empereurs à l'un des plus cruels, *Domitien*. (On souhaitait à l'un de leurs successeurs, d'être *melior Trajano*, et l'on disait d'un autre (Commode), *sævior Domitiano*.)

[1] Satire VI. *Boil.*, 1674 à 1713. — Vers 116 à 132.

> . . . . . Dormire virum cum senserat uxor
> Ausa Palatino tegetem præferre cubili,
> Sumere nocturnos meretrix Augusta cucullos, etc.

Tout le monde connaît la traduction admirable de ce morceau, qu'on trouve dans les œuvres de Thomas (1819, II, 501) et que quelques-uns attribuent à Fontanes, ce qu'il est difficile de croire d'après l'anecdote rapportée par Dubois-Fontanelle (III, 190), auteur contemporain, et de plus ami de Fontanes.

Il vende Messaline... Quelle verve d'expression! *Le Brun.* — Ce vers a échappé aux ciseaux du rédacteur du *Boileau classique* : celui du *Boileau de la jeunesse* le refait ainsi :

> Aux plus honteux excès il vende Messaline.

[2] Le mot *pleins* est répété (vers 159) à peu de distance; comme ce mot se remarque, peut-être eût-il mieux valu en éviter la répétition. *Le Brun.*

Vers 157 à 167. Ces vers si étonnamment énergiques, où Boileau fait le portrait de Juvénal, d'un crayon que celui-ci n'eût pas désavoué, et dont il eût même envié peut-être la pureté et la précision... Ces beaux vers renferment tout : qu'on développe, qu'on étende un texte si riche, et l'on se formera de Juvénal l'idée la plus complète que puisse fournir la critique littéraire. *Dussault*, V, 314. — La Harpe, *Lyc.*, II, 151, et Dubois-Fontanelle, III, 189, applaudissent aussi à la vérité de ce portrait.

[3] Il fallait mettre *Regnier* avant *disciple* : la poésie française ne souffre point ces transpositions de mots. *Desmarets*, 88.

[4] Vers 171 et 172. P. C. d'après Brossette :

Et si, du son hardi de ses rimes cyniques,
Il n'alarmait souvent les oreilles pudiques![1]
Le latin, dans les mots, brave l'honnêteté: 175

> Heureux, si moins hardi, dans ses vers pleins de sel,
> Il n'avait point traîné les muses au b.....!

Brossette dit, non comme l'annoncent Lévizac et autres, qu'Arnauld composa les deux vers substitués à ceux-ci dans le texte (c'est le janséniste Souchay qui le premier a débité cette anecdote), mais seulement qu'Arnauld fit changer les vers primitifs... Au reste, Corneille avait employé la même tournure cynique dans un rondeau fait en 1637, contre Scudéri, et cité par Voltaire (*Comment. sur le Cid*, à la fin).

D'Alembert (III, 167) dit que les deux vers substitués sont bons et portent l'empreinte du cachet de Boileau. Voltaire (*ibid.*) les qualifie d'excellens... Le Brun, au contraire, les trouve lourds, froids et sans sel, et préfère les deux vers supprimés... M. Amar (*Monit.*, 28 mars 1808) se récrie vivement contre Le Brun, et soutient que les vers substitués sont heureux et valent bien les vers retranchés, sous le rapport même du style..... Nous ne saurions partager cet avis, quoique nous pensions que Boileau fit très bien de ne pas publier de tels vers. M. Viollet-le-Duc regrette aussi que Boileau n'ait pas pu conserver l'image poétique qu'ils renfermaient.

Où fréquentait suppose, selon M. Daunou, qu'on peut dire fréquenter *dans*, ce qui ne serait plus correct aujourd'hui. Roubaud (II, 216) au contraire, admet la locution (*idem*, M. Fontanier), car après avoir rapporté les vers 171 et 172, il fait cette réflexion synonymique : dans les lieux *où* l'on *fréquente*, on prend le ton de ceux qu'on *hante*. — L'éditeur du *Boileau de la jeunesse* est sans doute d'un avis bien différent, puisqu'il a corrigé le vers, et a mis *des lieux* QUE *fréquentait...*

[1] Vers 171 à 174. L'abbé de Brienne se récrie contre ce passage qu'il regarde comme injurieux pour Regnier; et l'abbé Roubaud (II, 216) est à-peu-près du même sentiment. Il faut croire que, vu leur profession, ils n'avaient point lu cet auteur *pudique*, et surtout sa satire XI, citée par Brossette.

La Harpe, après avoir applaudi à la vérité du portrait que contiennent les trois premiers vers (168 à 170), ajoute : Boileau l'a bien surpassé, mais il ne l'a pas fait oublier; et que peut-on dire de plus à la louange de Regnier?. *Lyc.*, IV, 149. — Quoique Boileau soit fort au-dessus de Regnier par l'ordre du discours et la pureté du style, Regnier se soutiendra toujours, contre Boileau même, par l'énergie des expressions, et l'assemblage original des pa-

Mais le lecteur français veut être respecté; 1
Du moindre sens impur la liberté l'outrage,
Si la pudeur des mots n'en adoucit l'image.
Je veux dans la satire un esprit de candeur, 2
Et fuis un effronté qui prêche la pudeur.   180

 D'un trait de ce poème en bons mots si fertile,
Le Français, né malin, forma le vaudeville, 3
Agréable indiscret, qui, conduit par le chant,
Passe de bouche en bouche et s'accroît en marchant. 4
La liberté française en ses vers se déploie;   185
Cet enfant de plaisir 5 veut naître dans la joie.
Toutefois n'allez pas, goguenard dangereux,
Faire Dieu le sujet d'un badinage affreux. 6
A la fin tous ces jeux que l'athéisme élève, 7

roles, en quoi nul auteur que je sache ne l'a surpassé. *J.-B. Rousseau, Lett.* du 8 novembre 1721, p. 348.

 1 Vers 175 et 176. Bien remarqué. *Brienne.* — C'est surtout en lisant Catulle qu'on sent la justesse et la vérité du vers 175. *M. de Féletz, Mélanges,* 1828, II, 332.

 2 *Esprit de candeur*, critique de cette expression, à T. I, Essai, n° 114.

 3 Vers charmant. *M. Lemercier*, I, 143.

 4 Vers 183 et 184. Jolis vers. *Annal. poët.*, 1779, IX, 103.

Vers 182 à 184. Harmonie imitative. Toutes les syllabes de ces vers où Boileau peint la gaîté personnifiée dans le vaudeville, sont brèves, riantes et légères. *Clément, Nouv. obs.*, 383.

 5 V. E. Texte de 1674 à 1713 (trente-quatre éditions, dont douze originales), et de Bross., Souch., Dumont., S.-M., et M. de S. S.—Les éditeurs des Bibliothèques choisie et des Amis des lettres, et MM. Amar (1821 et 1828.), Daunou, Dubois, lisent *du* plaisir.

 6 *Faire Dieu le sujet...* Méchante césure... *Desmarets*, 88.—*Voy.* pour le mot *affreux*, la note du vers 159, p. 206.

Affreux, jeux, forment une assonance. *Beauzée, Encyclopéd.*, mot *assonance*.

 7 *Élève* est probablement employé pour *exalte, préconise. Saint-Marc.* — Mais l'expression même dans ce sens n'est pas assez claire. *M. Daunou.* —

Conduisent tristement le plaisant à la Grève. [1]   190
Il faut, même en chansons, du bon sens et de l'art.
Mais pourtant on a vu le vin et le hasard [2]
Inspirer quelquefois une muse grossière,
Et fournir, sans génie, un couplet à Linière. [3]
Mais pour un vain bonheur qui vous a fait rimer,   195
Gardez qu'un sot orgueil ne vous vienne enfumer.
Souvent l'auteur altier de quelque chansonnette
Au même instant prend droit de se croire poète :

M. Planche, qui est du même avis, pense que, par ce mot *élève*, l'auteur fait allusion aux montagnes élevées par les géans.

[1] Allusion à la fin déplorable de Pierre Petit, poète de quelque talent, qui vivait sous Louis XIII et Louis XIV, et fut pendu et brûlé pour avoir composé des chansons irréligieuses. *Brossette.* — Il fut découvert d'une façon assez singulière. Un jour qu'il était hors de chez lui, un coup de vent jeta dans la rue quelques carrés de papier placés sur une table, près de sa fenêtre. Un prêtre qui passait, les ramassa, et y voyant des vers impies, alla sur-le-champ, les remettre au procureur du roi. Petit fut arrêté au moment où il rentrait, et l'on trouva chez lui les brouillons de chansons qui couraient alors. *Saint-Marc.*

[2] Imit. de B. Clément, sat. I, v. 13.

> On pense qu'il suffit, sans étude et sans art,
> De suivre un vain délire et d'écrire au hasard.

[3] *V. E.* (en partie). 1674, in-4°, et 1674 et 1675, petit in-12, L***. (Idem, 1674, Duroc.; 1675, A.)... 1674 et 1675, grand in-12, jusques à 1685, Lo***.

Le mot *génie* ne voulait dire, dans tous les écrivains du siècle de Louis XIV, que la disposition à telle ou telle chose. Dans ce vers, par exemple, il est bien mis évidemment pour aptitude naturelle, pour ce que nous appelons *talent*, dans le sens même le plus restreint... Il a la même acception dans le vers 5ᵉ du chant 1ᵉʳ et beaucoup d'autres... Ailleurs, on le personnifie et l'on dit un *génie* pour un homme de génie (vers 49 de l'épître VII, page 90). Mais ce qui pourra surprendre, c'est que ces deux mots le *génie*, le *goût* pris abstractivement, ne se trouvent jamais ni dans les vers de Boileau, ni dans la prose de Racine, ni dans les dissertations de Corneille, ni dans les pièces de Molière. Cette façon de parler est de notre siècle. *La Harpe, Lycée,*

Il ne dormira plus qu'il n'ait fait un sonnet;
Il met tous les matins six impromptus au net.   200
Encore est-ce un miracle, en ses vagues furies,
Si bientôt, imprimant ses sottes rêveries,
Il ne se fait graver au-devant du recueil, [1]
Couronné de lauriers par la main de Nanteuil. [2]

introduct., I, 24 et 28 (d'autres observations sur le même mot sont à la note du vers 8, ch. 1, p. 170).

[1] Malicieusement dit contre Ménage, qui est le seul savant que Nanteuil ait gravé, hors Sarrasin et l'abbé de Villeloin ; mais la pointe ne pique que Ménage. *Brienne.*

[2] Fameux graveur. *Boil.*, 1701 et 1713.

P. C. Boileau voulait terminer ce chant par les deux vers suivans, mais il n'accomplit pas ce dessein, de crainte de déplaire à l'Académie. *Brossette.*

> Et dans l'Académie, orné d'un nouveau lustre,
> Il fournira bientôt un quarantième illustre.

Clément (sat. III, v. 109) les a imités :

> On ne vous verra point, décoré d'un beau lustre,
> Des quarante immortels grossir la troupe illustre.

CHANT III.

Il n'est point de serpent, ni de monstre odieux,[1]
Qui, par l'art imité, ne puisse plaire aux yeux :[2]
D'un pinceau délicat l'artifice agréable[3]
Du plus affreux objet fait un objet aimable.
Ainsi, pour nous charmer, la Tragédie en pleurs   5
D'OEdipe tout sanglant fit parler les douleurs,[4]
D'Oreste parricide exprima les alarmes,
Et, pour nous divertir, nous arracha des larmes.[5]

---

[1] Liberté que je ne puis souffrir, de faire commencer ce chant par deux rimes masculines, le précédent finissant par deux semblables rimes. La même irrégularité est dans le 1er et le 2e chant. C'est à mon sens une grande négligence, si ce n'est pas une faute. *Brienne.*

[2] Vers 1 et 2. Boileau disait que l'imitation ne doit pas être entière, parce qu'une ressemblance trop parfaite inspirerait autant d'horreur que l'original. *Brossette.*

Boileau a puisé ces beaux vers dans Aristote (*Poét.*, chap. IV). *Voltaire, Dict. phil.*, mot *Aristote.* — Ils ont été ainsi imités par Dorat (*Déclamation*, cité par Clément, *Obs.*, 401) :

> Tel objet est choquant dans la réalité,
> Qui plaît au spectateur s'il est bien imité.

[3] Très bien. *Brienne.*

[4] Sophocle. *Boil.*, 1713.

[5] Vers 8. *Divertir* signifie ici donner à l'âme une *distraction* puissante qui l'arrache agréablement à elle-même... Cette remarque judicieuse de M. Amar est approuvée par M. Daunou, qui ajoute avec raison, que tel était le sens primitif de *divertir*... Féraud dit en effet que *divertir* appliqué aux personnes, signifiait *distraire.*

Vers 5 et 8. *Pleurs* n'est point ici synonyme de *larmes.* La joie comme la douleur fait couler des larmes ; les pleurs sont toujours marqués par quelque

Vous donc, qui d'un beau feu pour le théâtre épris,
Venez en vers pompeux y disputer le prix,   10
Voulez-vous sur la scène étaler des ouvrages
Où tout Paris en foule apporte ses suffrages, [1]
Et qui, toujours plus beaux, plus ils sont regardés, [2]
Soient au bout de vingt ans encor redemandés? [3]
Que dans tous vos discours la passion émue   15
Aille chercher le cœur, l'échauffe et le remue. [4]
Si d'un beau mouvement l'agréable fureur
Souvent ne nous remplit d'une douce « terreur, »
Ou n'excite en notre âme une « pitié » charmante, [5]

chose de lugubre, par une émotion violente... Ils renchérissent en quelque sorte sur les larmes; ils vous donnent l'air sombre, farouche, désolé. *Roubaud*, III, 28.

Vers 1 à 8. Vers admirables. *Clairfons*, p. 27.

[1] Admirable! *Brienne*.

[2] *Regardés* est impropre; on ne dit pas regarder, mais *voir* une tragédie, une comédie, etc. *Saint-Marc; Féraud; Nasse; Lévizac.*

[3] Horace, *Art poét.*, v. 190:

Fabula quæ posci vult et spectata reponi.

Vers 9 à 14. Voltaire (*Mélang. littér.*, *Utile examen de Rousseau*) s'écrie au sujet de ces vers: Quelle simplicité et quelle élégance!

Imitat. de B.. Clément, sat. v, v. 265.

Et qui, de la nature en tous temps avoués,
Chez nos derniers neveux seront encor loués?

[4] Horace, liv. II, ép. 1, v. 211.

. . . . . Mecum qui pectus . . . . . angit
Irritat, mulcet, falsis terroribus implet.

[5] Edit. de 1674 à 1713. *Terreur* et *pitié* y sont en italiques.

Vers 17 à 19. Ces trois épithètes, *agréable*, *douce*, *charmante*, n'ont pas été accumulées sans dessein par le grand législateur de la poésie, qui avait parfaitement compris ce que devait être l'effet véritablement dramatique. Elles indiquent assez clairement que la *terreur* et la *pitié* doivent avoir leur *douceur* et leur charme, et que quand nous nous rassemblons au théâ-

En vain vous étalez une scène savante : 20
Vos froids raisonnemens ne feront[1] qu'attiédir
Un spectateur toujours[2] paresseux d'applaudir,
Et qui, des vains efforts de votre rhétorique
Justement fatigué, s'endort, ou vous critique.[3]
Le secret est d'abord de plaire et de toucher :[4] 25
Inventez des ressorts qui puissent m'attacher.[5]

Que dès les premiers vers l'action préparée
Sans peine du sujet aplanisse[6] l'entrée.
Je me ris d'un acteur[7] qui, lent à s'exprimer,

tre, les impressions même qui nous font le plus de mal doivent pourtant nous faire plaisir, parce que sans cela il n'y aurait aucune différence entre la réalité et l'illusion. *La Harpe*, *Lycée*, IX, 304.

[1] *F. N. R.* Texte de 1674 à 1713, et non pas *ne font*. Cette faute, qui réduit le vers à onze syllabes, a été commise deux fois par Batteux (École milit., part. v, p. 217, et part. vi, p. 42).

[2] Césure critiquée. *Voy.* la note du vers 37.

[3] Justement *fatigué* et huit vers plus bas, me fait une *fatigue*..... Répétitions. *Desmarets*, 88; *Pradon*, 93.

Vers 21 à 24. Critique d'Othon de Corneille. *Bolœana*, p. 132.

[4] Dorat (*Déclamation*, cité par Clément) a dit :

    . . . . C'est là qu'il faut chercher
    Le secret de nous plaire et l'art de nous toucher.

Ce dernier vers est pris à Boileau ; excepté *l'art* de toucher. C'est le *secret* du génie et de la nature ; mais ce n'est point un *art*. *Clément*, *Obs.*, 345.

[5] Que ceux qui travaillent pour la scène tragique aient toujours ce précepte gravé dans leur mémoire... *Voltaire*, *Commentaire sur Pompée*, act. iv, sc. 4, vers 1er.

[6] *V. E.* Texte de 1674 à 1713 (trente-quatre éditions, dont douze originales), et non pas M'*aplanisse*, comme dans quelques éditions, telles que 1809 et 1825, Dau.; 1821, 1824 et 1828, Am.; 1826, Mar.; 1829, B. ch... M. de S.-S. avait cependant, dès 1823, indiqué cette faute.

[7] *F. N. R.* Texte de 1674 à 1713, et de Dumonteil, Souchay (1740) et Saint-Marc... Brossette, in-4° et in-12, a mis d'*un auteur*, et cette leçon a été adoptée dans plus de *quarante* éditions, telles que 1717, Vest. et Mort.; 1721, Vest. et Br.; 1735, 1745, 1750, 1752, 1757, 1766, 1767, 1768,

De ce qu'il veut, d'abord ne sait pas m'informer, 30
Et qui, débrouillant mal une pénible intrigue,
D'un divertissement me fait une fatigue.¹
J'aimerais mieux encor qu'il déclinât son nom,²
Et dît : Je suis Oreste, ou bien Agamemnon,
Que d'aller, par un tas³ de confuses merveilles 35
Sans rien dire à l'esprit, étourdir les oreilles :⁴
Le sujet n'est jamais assez tôt expliqué.

Que le lieu de la scène y soit fixe et marqué.⁶
Un rimeur, sans péril, delà les Pyrénées,
Sur la scène en un jour renferme des années. 40
Là souvent le héros d'un spectacle grossier,⁷

1770, 1772, 1775, 1780, 1782, 1789, 1793, 1803, 1804 et 1818,
P.; 1749, A.; 1769, 1772 et 1789, Lon.; 1777, Cas. et Éc. milit.; 1781,
Did.; 1782, Gen. et Avr.; 1804 et 1805, Ly.; 1810, Caill.; 1812, Tu.;
1816, Av.; 1822 et 1824, Jeun.; 1826, Dub...

¹ *Fatigue*, et au vers 24, *fatigué*... *Voy.* note de ce vers.
Cette façon de parler *me fait une fatigue*, pour dire *me fatigue*, ne vaut rien. *Desmarets*, 88. — Saint-Marc la condamne aussi comme n'étant pas usitée; on dit faire un travail, faire une peine, et non pas faire une fatigue. — Le Brun n'est pas du même avis. *Me fait une fatigue*, dit-il, est très rapide et heureusement dévoré.

² Il y a de pareils exemples dans Euripide. *Boil.*, 1713.

³ Césure critiquée... (*Voy.* la note du vers 37).

⁴ Vers 29 à 36. Critique du début de *Cinna*, suivant Brossette; mais Voltaire (*Lett. à Thiriot*, du 18 mars 1738) et La Harpe (*Lyc.*, IV, 315) soutiennent qu'il s'agit du début d'*Héraclius*.

⁵ Vers 22, 35, 37. Un spectateur *toujours*; Et d'aller par *un tas*; Le sujet n'est *jamais*; un critique qui reprend tout le monde devrait être plus exact, et ne pas faire de si méchantes césures. *Pradon*, R., 93; *Desmarets*, 88.

⁶ Vers 37 et 38... Deux préceptes admirablement rendus dans deux vers. *Le Brun*.

⁷ On dit le *héros d'une pièce*, d'une tragédie, mais non pas le *héros d'un spectacle*. On dit bien le héros d'une fête, mais on désigne alors celui à qui on la donne. *Desmarets*, 89; *Pradon*, R., 93. — Peut-être que Boileau a voulu employer le mot *spectacle* pour appliquer sa critique à tous les genres de

Enfant au premier acte, est barbon au dernier.
Mais nous, que la raison à ses règles engage,
Nous voulons qu'avec art l'action se ménage;
Qu'en un lieu, qu'en un jour, un seul fait[1] accompli 45
Tienne jusqu'à la fin le théâtre rempli.[2]

Jamais au spectateur n'offrez rien d'incroyable:[3]
Le vrai peut quelquefois n'être pas vraisemblable.[4]

---

drames usités en Espagne, et où l'on remarque, sans exception, les mêmes fautes.

Le mot grossier est une épithète bien grossière pour spectacle...; il est d'ailleurs trop grossier pour être répété si souvent, car on le trouve encore aux vers 61 et 83. *Desmarets*, 89.

[1] *Un fait seul...* faute de l'édition de 1713.

[2] Deux vers admirables...! On y voit l'unité de lieu prescrite à l'égal de l'unité de temps et d'action; règle nouvelle que les anciens ne nous avaient point imposée, qu'ils n'ont pas observée inviolablement, et dont il est, je crois, permis de s'écarter comme eux, lorsque le sujet le demande. *Marmontel, Encycl.*, mot *poétique*... — La première règle dramatique dont l'influence est si grande sur toutes les parties du poème et sur son ensemble, est celle des trois unités, développée avec tant de profondeur par Corneille, et exprimée avec autant de précision que de justesse dans les deux vers de Boileau. *Dubois-Fontanelle*, II, 342. — Ces deux vers sont d'une précision élégante, et tout le monde les sait par cœur. *M. Andrieux, Revue encycl.*, XXII, 369 (article où il explique la règle des *unités* et les modifications raisonnables dont elle est susceptible).

[3] Horace, *Art poét.*, v. 338.

Ficta voluptatis causa sint proxima veris.

[4] Observation fine et judicieuse; on ne pouvait l'énoncer ni plus simplement ni mieux. *Le Brun.* — Vers devenu maxime. *Voltaire* (il est cité à tome I, Essai, n° 109).

Corneille n'admet pas cette maxime. Lorsque, dit-il, en s'appuyant sur l'autorité d'Aristote, « lorsque les choses sont vraies, il ne faut point se mettre en peine de la vraisemblance ». II° *Disc. sur la tragédie.* — Mais il faudrait alors supposer, ce me semble, que la plupart des spectateurs connaissent cette *vérité*, et en sont en quelque sorte pénétrés, autrement ils la relégueront parmi les fables, ce sera pour eux une *merveille absurde*, dont ils ne seront point émus (vers 49 et 50). Aussi un critique judicieux (M. Amar) attribue-t-il

Une merveille absurde est pour moi sans appas :[1]
L'esprit n'est point ému de ce qu'il ne croit pas.[2]   50
Ce qu'on ne doit point voir, qu'un récit [3] nous l'expose :
Les yeux en le voyant saisiraient [4] mieux la chose ;
Mais il est des objets que l'art judicieux
Doit offrir à l'oreille et reculer des yeux.[5]

 Que le trouble, toujours croissant de scène en scène,   55
A son comble arrivé se débrouille sans peine.
L'esprit ne se sent point plus vivement frappé,
Que lorsqu'en un sujet d'intrigue enveloppé,
D'un secret tout-à-coup [6] la vérité connue
Change tout, donne à tout une face imprévue.   60

 La tragédie, informe et grossière en naissant,[7]
N'était qu'un simple chœur, où chacun en dansant,
Et du dieu des raisins entonnant les louanges,

---

le peu d'effet d'*Héraclius* au théâtre, à l'invraisemblance du fait sur lequel est fondé le moyen principal de la pièce, quoique ce fait soit vrai.

[1] Absurde n'est guère noble. *Brienne.*

[2] Vers devenu maxime. *Voltaire* (on l'a cité à tome I, Essai, n° 109).

[3] Vers 51 à 54. Horace, *Art poét.*, v. 180 à 184.

   Segnius irritant animos demissa per aurem
   Quam quæ sunt oculis subjecta fidelibus, et quæ
   Ipse sibi tradit spectator. Non tamen intus
   Digna geri promes in scenam : multaque tolles
   Ex oculis quæ mox narret facundia præsens.

[4] Mot impropre : *comprendraient* vaudrait mieux. *Brienne.*

[5] Très bien. *Brienne.* — Féraud blâme au contraire le deuxième vers, parce qu'on ne peut dire, suivant lui, *reculer de* : il prétend qu'*éloigner* était un terme plus propre. — Le Brun, loin de partager cet avis, s'écrie : Vers fait à la Boileau ! On n'avait point encore dit, *reculer des yeux.* — Voltaire (*Lett. à mademoiselle Clairon*, du 16 oct. 1760) dit au sujet de ces vers : Croyez-en Boileau ; ce grand homme en savait plus que les beaux esprits de nos jours.

[6] V. O. 1674 à 1682... Tout d'un coup.

[7] *Grossière*... répétition (blâmée à la note du vers 41, p. 216).

S'efforçait d'attirer de fertiles vendanges.
Là, le vin et la joie éveillant les esprits, 65
Du plus habile chantre un bouc était le prix.[1]
Thespis fut le premier qui, barbouillé de lie,
Promena par les bourgs[2] cette heureuse folie;[3]
Et, d'acteurs mal ornés chargeant un tombereau,[4]
Amusa les passans d'un spectacle nouveau. 70
Eschyle dans le chœur jeta les personnages,
D'un masque plus honnête habilla les visages,[5]
Sur les ais d'un théâtre en public exhaussé,
Fit paraître l'acteur d'un brodequin chaussé.[6]
Sophocle enfin, donnant l'essor à son génie, 75
Accrut encor la pompe, augmenta l'harmonie,
Intéressa le chœur dans toute l'action,

---

[1] Vers 62 à 66. Où a-t-il trouvé cela ? *se non è vero, è ben trovato*... Brienne. — On peut voir dans la note du père Sanadon (*Traduct.*, II, 590) sur le vers 220 de l'Art poétique d'Horace (*carmine qui tragico vilem certavit ob hircum*), que ce que dit ici Boileau n'est point une fiction.

[2] Les bourgs de l'Attique. Boil., 1713.

[3] *Heureuse* : belle épithète. Brienne.

[4] Vers 67 à 69. Horace, *Art poét.*, vers 275 à 277.

>   Ignotum tragicæ genus invenisse camœnæ
>   Dicitur, et plaustris vexisse poemata Thespis,
>   Quæ canerent agerentque peruncti fæcibus ora.

[5] *Habilla les visages*... Notons en passant la hardiesse de cet hémistiche. M. Lemercier, I, 170.

[6] Vers 71 à 74. Horace, *Art poét.*, v. 278 à 280.

>   Post hunc, personæ pallæque repertor honestæ
>   Æschylus, et modicis instravit pulpita tignis,
>   Et docuit magnumque loqui nitique cothurno.

Pulpita signifie Théâtres : Boileau riait de Baillet qui (*Jug. des sav.*, V, 146) le traduit par *pupitres*... Bross.

C'est à Eschyle qu'on doit l'invention de la scène et du dialogue, et c'est ce que Boileau a si bien exprimé dans ces vers. La Harpe, *Lycée*, I, 440.

CHANT III. 219

Des vers trop raboteux polit l'expression,
Lui donna chez les Grecs cette hauteur divine [1]
Où jamais n'atteignit la faiblesse latine. [2]   80

Chez nos dévots aïeux le théâtre abhorré
Fut long-temps dans la France un plaisir ignoré.
De pélerins, dit-on, une troupe grossière [3]
En public à Paris y monta la première;
Et, sottement zélée en sa simplicité,   85
Joua les Saints, la Vierge et Dieu, par piété. [4]
Le savoir, à la fin dissipant l'ignorance,
Fit voir de ce projet la dévote imprudence.
On chassa ces docteurs prêchans [5] sans mission;
On vit renaître Hector, Andromaque, Ilion. [6]   90

---

[1] Clément (sat. v, v. 103) prétend que, dans son commentaire sur Corneille, Voltaire a voulu

> Le dégrader partout de sa hauteur divine.

[2] Voyez Quintilien, liv. X, chap. 1. *Boil.*, 1713. — Cette citation est erronée. Quintilien, au lieu indiqué, loue la tragédie, et n'avoue la *faiblesse latine* que quant à la comédie : *in comedia maxime claudicamus*. Saint-Marc conjecture avec assez de vraisemblance que la mémoire de Boileau étant fort affaiblie lorsqu'il rédigeait ses notes (si toutefois celle-ci n'est pas de ses éditeurs), il aura d'autant plus aisément appliqué à la tragédie le mot de Quintilien sur la comédie, qu'il ne nous reste presque rien des tragédies latines louées par ce rhéteur.

La faiblesse latine pour *la faiblesse des Latins*; c'est heureux, neuf et hardi. Le Brun.

[3] Leurs pièces sont imprimées. *Boil.*, 1713. — Nous croyons avoir fait à ce sujet des recherches assez curieuses (*Remarques sur les jeux des mystères*, aux Mémoires de la Soc. des antiquaires, 1823, V, 163 à 210).

Grossière... répétition (*voy.* la note du vers 41, p. 216).

[4] Un peu impie : *sent le fagot...* Brienne.

[5] Il faudrait aujourd'hui *prêchant* (*voy.* tome I, sat. vi, v. 38, note).

[6] Ce ne fut que sous Louis XIII que la tragédie commença à prendre une bonne forme en France. *Boil.*, 1713.

Vers 81 à 90. Boileau décrit ces premières époques de la tragédie, en vers

Seulement, les acteurs laissant le masque antique, [1]
Le violon tint lieu de chœur et de musique. [2]

Bientôt l'amour, fertile en tendres sentimens,
S'empara du théâtre, ainsi que des romans.
De cette passion la sensible peinture   95
Est pour aller au cœur la route la plus sûre. [3]
Peignez donc, j'y consens, les héros amoureux;
Mais ne m'en formez pas des bergers doucereux :
Qu'Achille aime autrement que Thyrsis et Philène;
N'allez pas d'un Cyrus nous faire un Artamène; [4]   100
Et que l'amour, souvent de remords combattu,
Paraisse une faiblesse et non une vertu. [5]

Des héros de roman fuyez les petitesses :
Toutefois aux grands cœurs donnez quelques faiblesses.
Achille déplairait, moins bouillant et moins prompt: 105

si bien faits, que tout le monde les sait, et que personne ne se lasse de les entendre lire. *M. Lemercier*, I, 170.

[1] Ce masque antique s'appliquait sur le visage de l'acteur, et représentait le personnage qu'on introduisait sur la scène. *Boil.*, 1713.

[2] Esther et Athalie ont montré combien l'on a perdu en supprimant les chœurs et la musique. *Boil.*, 1713.

[3] Vers 95 et 96. Cela ne doit pas être pris à la lettre, dit Marmontel (*Encycl.*, mot *Poétique*), car les sentimens de la nature sont plus touchans encore, plus pénétrans que ceux de l'amour ; et il n'y a point sur le théâtre d'amante qui nous intéresse au degré de Mérope. — La Harpe (*Lyc.*, 1820, X, 143, art. de *Zaïre*) soutient au contraire, et avec force, l'opinion de Boileau, que M. Daunou paraît aussi approuver.

[4] Nom de Cyrus dans le roman de mademoiselle de Scudéri (*voy.* la note du vers 118, et tome III, Dialogue des *Héros de roman*).

[5] Cette règle n'est pas générale : car un amour vertueux et sacré peut être, dans l'excès du malheur, aussi douloureux qu'un amour criminel, et le cœur des amans est déchiré de tant de manières que pour nous arracher des larmes ils n'ont pas besoin du secours des remords. *Marmontel, ib.*

Ces vers (101 et 102), où l'expression lutte avec la pensée, ont été écrits sous la dictée du goût. *Le Brun.*

J'aime à lui voir verser des pleurs pour un affront.
A ces petits défauts marqués dans sa peinture,
L'esprit avec plaisir reconnaît la nature.
Qu'il soit sur ce modèle en vos écrits tracé :
Qu'Agamemnon soit fier, superbe, intéressé ; 110
Que pour ses dieux Énée ait un respect austère ; [1]
Conservez à chacun son propre caractère.
Des siècles, des pays, étudiez les mœurs : [2]
Les climats font souvent les diverses humeurs.

Gardez donc de donner, [3] ainsi que dans Clélie, 115
L'air, ni l'esprit français à l'antique Italie ;
Et, sous des noms romains faisant notre portrait,
Peindre Caton galant et Brutus dameret. [4]
Dans un roman frivole aisément tout s'excuse ;

---

[1] *Respect austère* pour un *profond respect*. Cela est bien nouveau. Il voulait trouver un mot qui rimât à *caractère*. J'omets que la césure en est horrible, et que ce vers est sans repos. *Sainte-Garde*, 49.

[2] Vers 99 à 113. Horace, *Art poét.*, vers 119 à 123 :

> Aut famam sequere, aut sibi convenientia finge,
> Scriptor ; honoratum si forte reponis Achillem,
> Impiger, iracundus, inexorabilis, acer,
> Jura neget sibi nata, nihil non arroget armis.
> Sit Medea ferox, invictaque ; flebilis Ino....

M. Lemercier (III, 226, 227) fait un pompeux éloge de ces deux passages de Boileau et d'Horace, comme renfermant (avec ce qui est dit aux vers 125 à 127) tout ce qu'il est utile d'apprendre relativement à la peinture des caractères. « Ce sont, dit-il, des axiomes clairs et solides desquels il ne reste plus qu'à tirer les conséquences comme autant de brillans corollaires... »

[3] Cacophonie... Hémistiche dur. *D'Açarq ; Le Brun*.

[4] *Peindre* pour DE *peindre* ; la suppression de l'article *de* rend ce vers plus rapide et plus poétique. *Le Brun*. — Tout en avouant que la répétition de l'article aurait été sans grâce, M. Daunou dit que la phrase avait besoin d'être mieux construite.

Vers 115 à 118. Bien repris. *Brienne*. — Censure indigne : l'auteur de

C'est assez qu'en courant la fiction amuse ;
Trop de rigueur alors serait hors de saison :
Mais la scène demande une exacte raison ;
L'étroite bienséance y veut être gardée.

D'un nouveau personnage inventez-vous l'idée ?
Qu'en tout avec soi-même il se montre d'accord,
Et qu'il soit jusqu'au bout tel qu'on l'a vu d'abord.[1]

Souvent, sans y penser, un écrivain qui s'aime,
Forme tous ses héros semblables à soi-même :[2]

Clélie fait honneur à la France et à son sexe ; ses œuvres n'ont rien que de raisonnable. *Desmarets*, 89. — On y peint cependant, dit M. Amar, l'austère Brutus, comme *le Galant* le plus habile à conquérir *un cœur*.

La Harpe, après avoir observé que Racine, dans Alexandre, dégrade comme à plaisir ses personnages, en leur prêtant, pour suivre le goût de son siècle, un langage galant bien étrange dans la bouche des héros de l'antiquité, ajoute : « Boileau est le seul (il faut le redire à sa gloire), parmi tant de grands esprits, qui ait été frappé de cet absurde travestissement, et il en fit sentir le ridicule et l'indécence dans son Art poétique et dans ses autres ouvrages. » *La Harpe, Comm. sur Rac.*, I, 343 (au Lyc., 1820, V, 315, art. de Corneille, il dit à-peu-près la même chose).

Les leçons de Boileau ne frappèrent pas d'abord tous les esprits. Ajoutons à ce que nous avons dit ailleurs (tome I, Essai, n°[s] 70 et 71), que Sabatier de Castres disait encore dix-sept ans après (*Épît. morales*, 1681), dans une épître adressée à mademoiselle de Scudéri, que *les plus grands des héros*

. . . . ont dans tes écrits leur esprit et leur ton ;
César parle en César, Caton parle en Caton.

[1] Vers 124 à 126. Horace, *Art poét.*, vers 125 à 127 :

Si quid inexpertum scenæ committis et audes
Personam formare novam, servetur ad imum
Qualis ab incœpto processerit, et sibi constet.

Aristote, Horace et Boileau ont puisé ce précepte dans la nature et dans la droite raison. *La Harpe*, *Lyc.*, IV, 284.

[2] Dans ce vers et dans le 125e, *lui*-mème serait préférable à *soi*-mème, selon *D'Açarq*, *Nasse* et M. Daunou… Mais *voy.* la note du vers 20, ch. 1, p. 172, et tome I, Disc. au roi, note du vers 23.

Tout a l'humeur gasconne en un auteur gascon; ¹
Calprenède et Juba parlent du même ton. ²   130
    La nature est en nous plus diverse et plus sage;
Chaque passion parle un différent langage :
La colère est superbe, et veut des mots altiers;
L'abattement s'explique en des termes moins fiers. ³
    Que devant Troie en flamme Hécube désolée   135
Ne vienne pas pousser une pointe ampoulée, ⁴
Ni sans raison décrire en quel affreux pays,
« Par sept bouches l'Euxin reçoit le Tanaïs. » ⁵
Tous ces pompeux amas d'expressions frivoles
Sont d'un déclamateur amoureux des paroles.   140

¹ Galimatias, et des plus francs (dit Sainte-Garde, 158), mais qu'on pourrait retourner comme il suit, contre l'auteur :

    Tout a l'humeur gloutonne en un auteur glouton.

² (*Juba*) Héros de la Cléopâtre. *Boil.*, 1674 à 1713. — Roman du sieur de la Calprenède, gentilhomme du Périgord. *Bross.*

Boileau, par un trait malin, sait dérider l'austérité de ses leçons; ce qui prouve qu'il avait autant de grâce et de finesse que de goût. *Le Brun.*

F. N. R. *Juda.* Faute grossière de 1713, in-12.

³ La rime d'*altiers* et de *fiers* n'est plus admise. *Le Brun.* — Mais outre qu'on rimait alors pour les yeux (tome I, Essai, n° 118 *b*), qui sait, comme l'observe M. Daunou, si l'on ne prononçait pas *altiers* comme *fiers* ?

Vers 131 à 134. Horace, *Art poét.*, v. 105 à 109.

    . . . . Tristia mœstum
    Vultum verba decent; iratum, plena minarum;
    Ludentem, lasciva; severum, seria dictu
    Format enim natura prius nos intus ad omnem
    Fortunarum habitum. . . . .

⁴ Voilà bien des *p* : Boileau y aurait-il mis de l'intention ? *Le Brun.* — Tout l'annonce, dit M. de S. S., tandis que cette intention ne paraît pas bien marquée à M. Daunou.

⁵ Sénèque *le* tragique. *Boil.*, 1701 et 1713. — *Le* était omis aux éditions de 1674 à 1698, et dans toutes, le vers est en caractères particuliers. *B. S.* — Faute bien reprise. *Brienne.*

Il faut dans la douleur que vous vous abaissiez.
Pour me tirer des pleurs, il faut que vous pleuriez.[1]
Ces grands mots dont alors l'acteur emplit [2] sa bouche
Ne partent point d'un cœur que sa misère touche.

 Le théâtre, fertile en censeurs pointilleux,   145
Chez nous pour se produire est un champ périlleux.
Un auteur n'y fait pas de faciles conquêtes;
Il trouve à le siffler des bouches toujours prêtes.
Chacun le peut traiter de fat [3] et d'ignorant;
C'est un droit qu'à la porte on achète en entrant.   150
Il faut qu'en cent façons, pour plaire, il se replie;
Que tantôt il s'élève, et tantôt s'humilie;
Qu'en nobles sentimens il soit partout fécond;
Qu'il soit aisé, solide, agréable, profond;
Que de traits surprenans sans cesse il nous réveille; 155
Qu'il coure dans ses vers de merveille en merveille;
Et que tout ce qu'il dit, facile à retenir,
De son ouvrage en nous laisse un long souvenir.
Ainsi la Tragédie agit, marche, et s'explique.[4]

---

[1] Vers 141, 142. Horace, *Art poétique*, vers 95 et 102, 103 :

> Et tragicus plerumque dolet sermone pedestri. . . .
> . . . . Si vis me flere, dolendum est
> Primum ipsi tibi.

Vers 142. Admirable! *Brienne.*

Vers 141 et 142. Misérables rimes et pauvres vers, bien que tirés de ceux d'Horace qui sont très bons. *Desmarets*, 89; *Pradon, R.*, 94. — Au sujet des mêmes vers et des vers 135, 136, 139 et 140, Voltaire (*Mélang. litt.; Utile examen du sieur Rousseau*) s'exprime ainsi : Despréaux dit avec son harmonie charmante....

[2] Remarque sur ce mot, au tome I, sat. VIII, note du vers 108.

[3] Ce mot de fat appliqué à un auteur, est infâme et bas. *Desmarets*, 90.

[4] Éclaircissement sur le sens de ce mot, à la note du vers 304.

CHANT III.

D'un air plus grand encor [1] la poésie épique,
Dans le vaste récit d'une longue action,
Se soutient par la fable, et vit de fiction.
Là pour nous enchanter tout est mis en usage;
Tout prend un corps, une âme, un esprit, un visage. [2]
Chaque vertu devient une divinité :   165
Minerve est la prudence, et Vénus la beauté.
Ce n'est plus la vapeur qui produit le tonnerre,
C'est Jupiter armé pour effrayer la terre;
Un orage terrible aux yeux des matelots,
C'est Neptune en courroux qui gourmande les flots; 170
Écho n'est plus un son qui dans l'air retentisse,

---

[1] Cette transition a quelques rapports avec celles du 2ᵉ chant, vers 48 et 58. Saint-Marc prétend que c'est un des défauts de Boileau d'avoir trop souvent employé les mêmes tours, ou du moins des tours qui se ressemblent; qu'on ne saurait trop varier les tours, surtout dans les transitions....

M. Fabre (*Observat.*) convient qu'on aperçoit quelquefois de la gêne dans les transitions de Boileau; mais il ajoute que c'est moins dans le fond que dans la forme; que si Boileau se sert, par exemple, un peu trop volontiers de la particule *mais*, que l'on trouve employée une douzaine de fois dans la satire IX, on admire d'ailleurs la justesse, la souplesse, *l'économie*, en un mot, de ses transitions; travail qui devait être d'autant plus pénible pour lui, qu'une éloquence passionnée lui était interdite par le genre même de ses écrits, etc. (Nous rapportons au tome I, Essai, n° 107, une opinion à-peu-près semblable de La Harpe).

[2] *Un esprit, un visage*, qu'ajoutent-ils à *un corps* et à *une âme*? voilà donc des chevilles. *D'Açarq*, 27. — Cette critique est mal fondée. 1° Un *visage* n'est pas une épithète, puisque ce n'est ni un adjectif ni l'équivalent d'un adjectif; 2° Un *visage* n'est point du tout inutile à la pensée de l'auteur : *visage* se prend pour l'air du visage; et *physionomie* plus ordinairement, pour l'*air*, les *traits* du visage (*Acad.*, 1762): or, une physionomie décidée n'est pas une chose inutile à observer dans l'homme, parce que sa physionomie est assez communément un signe caractéristique de son intérieur; et il en est de même dans un poème épique : tout y doit être caractérisé d'une manière assortie au plan et au but de l'ouvrage. *Beauzée*, *Encyclop.*, mot *cheville*.

C'est une nymphe en pleurs qui se plaint de Narcisse.¹
Ainsi, dans cet amas de nobles fictions,
Le poète s'égaie en mille inventions, ²
Orne, élève, embellit, agrandit toutes choses,   175
Et trouve sous sa main des fleurs toujours écloses.

¹ « Un passage de la pièce de Millevoye intitulée: *Les Plaisirs du poète*, rappelle, dit M. de Féletz (*Mélanges*, 1828, II, 426), deux morceaux charmans de Boileau (c'est le couplet contenu dans les vers 163 à 172) et de Voltaire, morceaux connus de tout le monde. Millevoye nous y présente ainsi * le tableau des sensations que fait éprouver au poète le spectacle de la nature expliqué par les riantes traditions de la mythologie : »

> Il semble que pour lui l'art magique des vers
> Peuple d'illusions un nouvel univers :
> Cet oiseau dont la voix gémit désespérée,
> C'est Philomèle encor qui se plaint de Térée;
> Dans les balancemens du lugubre cyprès,
> Du triste Cyparisse il entend les regrets;
> Le fruit de ce mûrier rappelle à sa mémoire
> De Pyrame et Thisbé la douloureuse histoire;
> Dans l'air mille couleurs frappent ses yeux surpris :
> Ce n'est plus l'arc-en-ciel, c'est l'écharpe d'Iris...

La pièce de Voltaire à laquelle M. de Féletz fait allusion, est intitulée *Apologie de la Fable*, et commence ainsi :

> Savante antiquité, beauté toujours nouvelle,
> Monumens du génie, heureuses fictions,
> Environnez-moi des rayons
> De votre lumière immortelle ;
> Vous savez animer l'air, la terre, et les mers;
> Vous embellissez l'univers.
> Cet arbre à tête longue, aux rameaux toujours verts,
> C'est Atys aimé de Cybèle...

² Saint-Marc (II, 115) accuse Boileau de stérilité, parce qu'il s'est servi du verbe *égayer* quatre fois dans ce chant (vers 174, 200, 216, 287).—

* Nous rapportons ce passage d'après les œuvres complètes de Millevoye, 1822, I, 212. Il diffère en quelques points et surtout quant à la disposition des vers, de celui que M. de Féletz a puisé dans la première édition des *Plaisirs du poète*.

Qu'Énée et ses vaisseaux, par le vent écartés,
Soient aux bords africains d'un orage emportés;
Ce n'est qu'une aventure ordinaire et commune,
Qu'un coup peu surprenant des traits de la fortune. 180
Mais que Junon constante en son aversion,
Poursuive sur les flots les restes d'Ilion;
Qu'Éole, en sa faveur, les chassant d'Italie,
Ouvre aux vents mutinés les prisons d'Éolie;
Que Neptune en courroux s'élevant sur la mer, 185
D'un mot calme les flots, mette la paix dans l'air,[1]
Délivre les vaisseaux, des syrtes les arrache;[2]
C'est là ce qui surprend, frappe, saisit, attache.
Sans tous ces ornemens le vers tombe en langueur,
La poésie est morte, ou rampe sans vigueur;[3] 190

M. Daunou, sans répéter l'accusation, observe (note du vers 287) que la répétition est ici d'autant plus fâcheuse, qu'*égayer* n'est peut-être le terme propre en aucun de ces endroits; critique qui nous paraît bien sévère, au moins quant au vers 216.

[1] Grande hardiesse, mais heureuse. *Brienne.*
[2] Vers 185 à 187. Virgile, Énéide, I, v. 126 et 142 à 146.

> . . . . Graviter commotus, et alto
> Prospiciens. . . . .
> Sic ait, et dicto citius tumida æquora placat
> Collectasque fugat nubes, solemque reducit.
> Cymothoe simul et Triton adnixus, acuto
> Detrudunt naves scopulo, levat ipse tridenti,
> Et vastas aperit syrtes.

Vers 187. Le second hémistiche n'est guère harmonieux; il offre, il est vrai, une espèce d'image, mais cette image est fausse. Il semble que Neptune fasse des efforts pour *arracher* les vaisseaux, ce qui est absurde. *Saint-Marc.* — M. Amar fait remarquer que l'image est ici précisément dans ces efforts, et M. Daunou dit que Saint-Marc a le malheur de critiquer un vers pittoresque autant que précis.

[3] Vers 160 à 190. Boileau, dans ces beaux vers sur la poésie épique, a élevé son style jusqu'au ton de l'épopée. *Revue philos.*, 1806, II, 175.

Le poète n'est plus qu'un orateur timide,
Qu'un froid historien d'une fable insipide.

C'est donc bien vainement que nos auteurs déçus,[1]
Bannissant de leurs vers ces ornemens reçus,[2]
Pensent faire agir Dieu, ses saints et ses prophètes, 195
Comme ces dieux éclos du cerveau des poètes;
Mettent à chaque pas le lecteur en enfer;
N'offrent rien qu'Astaroth, Belzébuth, Lucifer.
De la foi d'un chrétien les mystères terribles
D'ornemens égayés[3] ne sont point susceptibles : 200
L'évangile à l'esprit n'offre de tous côtés
Que pénitence à faire, et tourmens mérités;
Et de vos fictions le mélange coupable[4]
Même à ses vérités donne l'air de la fable.

Et[5] quel objet enfin à présenter aux yeux 205
Que le diable toujours hurlant contre les cieux,[6]
Qui de votre héros veut rabaisser la gloire,
Et souvent avec Dieu balance la victoire![7]

---

[1] L'auteur avait en vue Saint-Sorlin Desmarets qui a écrit contre la fable. *Boil.*, 1713 (c'est dans sa *Défense*, etc., p. 93-98).

[2] Très bien remarqué. *Brienne.*

[3] *Égayés.* Répétition blâmée à la note du vers 174, p. 226.

[4] V. 201 à 204. Imitat. de B... Gâcon, sat. v et xv.

> Je sais que l'Évangile en ses leçons divines
> N'offre pour le salut qu'un chemin plein d'épines...
> Mêlant aux vérités les erreurs de la fable,
> Vous la déshonorez par un encens coupable.

[5] *V. E.* Texte de 1674 à 1713. Un des éditeurs cités à page 92, note 3, a encore substitué ici *Eh !* à *Et...* et presque tous suppriment l'alinéa.

[6] Voy. le Tasse. *Boil.*, 1713.

[7] Vers 199 à 208. Si l'on veut y réfléchir, on verra que cet esprit si judicieux (Boileau) avait rencontré juste sur ce point comme sur tout le reste, et que le merveilleux de notre religion ne peut pas se substituer heu-

Le Tasse, dira-t-on, l'a fait avec succès.
Je ne veux point ici lui faire son procès : 210
Mais, quoi que notre siècle à sa gloire publie,
Il n'eût point de son livre illustré l'Italie,
Si son sage héros, toujours en oraison,
N'eût fait que mettre enfin Satan à la raison;
Et si Renaud, Argant, Tancrède, et sa maîtresse 215
N'eussent de son sujet égayé la tristesse.[1]
Ce n'est pas que j'approuve, en un sujet chrétien,
Un auteur follement idolâtre et païen.[2]
Mais, dans une profane et riante peinture,
De n'oser de la fable employer la figure, 220
De chasser les Tritons de l'empire des eaux,

reusement au merveilleux de l'ancienne mythologie. Ce dernier donnait prise à l'imagination et aux sens, l'autre échappe même à la pensée et ne peut que confondre la raison. *La Harpe, Lyc.*, XIV, 353 à 357 (il y développe cette opinion, qui est aussi celle de M. Auger, note du vers 200).

Batteux (*Quatre poétiques*, part. 4, p. 93) et Fontenai (I, 509) pensent au contraire qu'un poète sage peut fort bien allier la majesté de la religion chrétienne avec la noblesse des fictions mythologiques. Sans cette liberté, dit le dernier, l'Angleterre et l'Italie n'auraient peut-être aucun poème. — Tel est aussi l'avis tout autrement imposant de M. Lemercier (III, 160), quoiqu'il approuve d'ailleurs le précepte contenu dans les vers 217 et 218.

[1] *Égayé...* Répétition et (du moins suivant M. D.) incorrection, blâmées à la note du vers 174, p. 226.

Vers 209 à 216. Boileau y traite le Tasse bien plus favorablement que dans la satire IX (vers 176) puisqu'il dit que le livre de ce poète a illustré l'Italie, et toutefois, si l'on s'en rapporte à D'Olivet (*Hist. de l'Académie*, II, 266), il persistait, peu de temps avant sa mort, à qualifier de *clinquant* la manière du Tasse en l'opposant à celle de Virgile... Au reste, cette opinion qu'on lui a beaucoup reprochée (tome I, Essai, n° 86), est approuvée par l'homme le plus instruit en semblable matière, par Ginguené, *Hist. littér. d'Italie*, V, 335 et suiv.

[2] Voy. l'Arioste. *Boil.*, 1713.

Vers 217 et 218. Précepte déjà approuvé par M. Lemercier.

D'ôter à Pan sa flûte, aux Parques leurs ciseaux,
D'empêcher que Caron, dans la fatale barque,
Ainsi que le berger ne passe le monarque :
C'est d'un scrupule vain s'alarmer sottement,   225
Et vouloir aux lecteurs plaire sans agrément.
Bientôt ils défendront de peindre la Prudence,
De donner à Thémis ni bandeau ni balance,
De figurer aux yeux la Guerre au front d'airain ;¹
Ou le Temps² qui s'enfuit une horloge à la main ;   230
Et partout des discours, comme une idolâtrie,
Dans leur faux zèle, iront chasser l'allégorie. ³
Laissons-les s'applaudir de leur pieuse erreur ;⁴
Mais, pour nous, bannissons une vaine terreur,

¹ Il fallait mettre Bellone et non pas la guerre dont on n'a jamais fait une déesse. *Desmarets*, 97. — Saint-Marc est du même avis. — Il me semble que le mot guerre va très bien ici, étant surtout suivi par le *Temps* dont le nom s'applique directement à la divinité. Cela se sent mieux qu'on ne peut l'exprimer.

² M. D. a-t-il vu dans Homère ou Virgile, le Temps qui s'enfuit, une horloge à la main ? *Desmarets*, 97.

Vers 221 à 230. Quels beaux vers et qu'ils signalent bien l'esprit vivifiant de la mythologie, qui, multipliant les existences passionnées, met nos sentimens en commerce avec la nature entière..! *M. Lemercier*, tome III, partie II, page 174.

³ Césure vicieuse, et *ils* (iront) devait y être répété. *Rosel*, 16.

Vers 231 et 232. Transposition très dure et très désagréable, et de plus, sens embarrassé ; car que veut dire *dans leur faux zèle, ils iront chasser partout l'allégorie comme une idolâtrie*..? Sainte-Garde, 49.

⁴ Des hommes pieux voulaient chasser des vers toutes ces fictions charmantes ; le rigide Bossuet était du nombre, et un fort redoutable adversaire. Heureusement le sentiment de Boileau a prévalu. *Clairfons*, p. 29.

Vers 168 à 190, et 219 à 233. Le morceau où Boileau explique les avantages du système mythologique est un des chefs-d'œuvre de sa plume. *La Harpe*, *Lyc.*, VII, 239. — D'Alembert (I, 136, et II, 223) en fait aussi l'éloge.

Et, fabuleux chrétiens, n'allons point[1] dans nos songes,
Du dieu de vérité faire un dieu de mensonges.[2]
   La fable offre à l'esprit mille agrémens divers :
Là tous les noms heureux semblent nés pour les vers,
Ulysse, Agamemnon, Oreste, Idoménée,
Hélène, Ménélas, Pâris, Hector, Énée.
O le plaisant projet d'un poète ignorant,
Qui de tant de héros va choisir Childebrand![3]
D'un seul nom quelquefois le son dur ou bizarre
Rend un poème entier, ou burlesque ou barbare.[4]

---

[1] V. O. 1674 à 1698 (vingt-neuf éditions, dont huit originales).

    Et n'allons point parmi nos ridicules songes.

N'allons point parmi... Méchante césure. *Desmarets*, 98. — Voilà encore une correction faite sur l'avis de Desmarets.

Corneille (*Polyeucte*, acte IV, sc. 3) avait déjà dit :

    Voilà de vos chrétiens les ridicules songes.

[2] Beau vers. *Brienne.*

[3] Héros des *Sarrasins chassés de France*, poème en seize livres, par Carel de Sainte-Garde, qui en publia quatre en 1667, et à qui son emploi, dit-il, fit suspendre la publication des autres. *Id.*, 34.

   De tant.. va choisir, pour *entre*, ou *parmi...* Ce régime est inusité. *Féraud; Nasse.* — Oui, peut-être, en prose; mais ici il ne choque point. *B.-S.* — Le ridicule ainsi versé avec adresse donne plus de force et de charme à la vérité. *Le Brun.*

[4] Vers 241 à 244. Censure dont on ne doit pas se fâcher, car la chose est venue à ce point, que c'est aujourd'hui parmi les honnêtes gens une marque de quelque mérite extraordinaire, quand le satirique s'y attache... Mais elle est d'ailleurs frivole (c'est aussi l'avis de Saint-Marc), faible, et elle choque le sens commun... D'une part, en quoi le nom de Childebrand est-il dur? est-ce à cause du *ch?* cette syllabe est aussi dans Achille... De l'autre, ce guerrier, frère de Charles-Martel, n'est pas inconnu, puisque le moine Frédégaire en parle avec éloge (il n'en est pas mieux connu pour cela, dit avec raison M. Amar)... Enfin les quatre livres imprimés ont reçu l'approbation universelle de tous les habiles gens qui les ont vus, et le satirique est du nombre, puisqu'il en prend des vers tous entiers. *Sainte-Garde*, p. 33 à 37.

Voulez-vous long-temps plaire, et jamais ne lasser? 245
Faites choix d'un héros propre à m'intéresser,
En valeur éclatant, en vertus magnifique :
Qu'en lui, jusqu'aux défauts, tout se montre héroïque;[1]
Que ses faits surprenans soient dignes d'être ouïs;
Qu'il soit tel que César, Alexandre, ou Louis,[2]   250
Non, tel que Polynice, et son perfide frère.[3]
On s'ennuie aux exploits d'un conquérant vulgaire.

N'offrez point un sujet d'incidens trop chargé.
Le seul courroux d'Achille, avec art ménagé,
Remplit abondamment une Iliade entière :   255
Souvent trop d'abondance appauvrit la matière.[4]

Soyez vif et pressé dans vos narrations;
Soyez riche et pompeux dans vos descriptions.

---

[1] Achille est tout entier dans ce vers. *Le Brun.*

Vers 247 et 248. *En vertus magnifique!.. des défauts héroïques!* Quelles façons de parler? *Desmarets*, 98. — La première n'est que du jargon. *Saint-Marc.*

[2] Grande flatterie, mais bien douce pour le roi. *Brienne.*

D'être ouïs n'est mis ici que pour rimer à Louis... On dit que les faits d'un héros sont dignes d'être racontés, célébrés, mais non pas d'être ouïs. *Desmarets*, 98. — Nous parlons ailleurs (tome I, sat. VIII, vers 106, note) du reproche fait à Boileau de comparer Louis à Alexandre, après avoir comparé Alexandre à l'Angely.

[3] Polynice et Étéocle, frères ennemis, auteurs de la guerre de Thèbes. Voyez la *Thébaïde de* STACE. *Boil.*, 1713.

On serait tenté de croire que Boileau a voulu par cette note prévenir l'application qu'on aurait pu faire de ces deux vers à la tragédie de Racine intitulée la *Thébaïde*, ou les *frères ennemis*... *M. Planche.* — Cette conjecture serait peut-être fondée si la note avait été faite du vivant de Racine (il était mort au moins depuis dix années).

[4] L'adverbe *abondamment*, rapproché du substantif *abondance*, lui donne encore plus d'ampleur (M. Daunou croit que ce n'est peut-être qu'une négligence)... *Appauvrit la matière*, qui vient après, en ressort mieux par le contraste. *Le Brun.*

C'est là qu'il faut des vers [1] étaler l'élégance.
N'y présentez jamais de basse circonstance. 260
N'imitez pas ce fou, [2] qui décrivant les mers,
Et peignant, au milieu de leurs flots entr'ouverts,
L'Hébreu sauvé du joug de ses injustes maîtres,
Met, pour les voir passer, les poissons aux fenêtres ; [3]
Peint le petit enfant qui « va, saute, revient, » 265
« Et joyeux à sa mère offre un caillou qu'il tient. » [4]
Sur de trop vains objets c'est arrêter la vue.
Donnez à votre ouvrage une juste étendue.

Que [5] le début soit simple et n'ait rien d'affecté.
N'allez pas dès l'abord, sur Pégase monté, 270
Crier à vos lecteurs, d'une voix de tonnerre :
« Je chante le vainqueur des vainqueurs de la terre. » [6]

---

[1] *V. O.* ou *E.* (en partie). 1674 à 1683, *du* vers. Le changement (*des* vers) fut fait, non en 1694, comme le dit M. de S. S., mais en 1685 (à en juger par l'état de nos exemplaires, il le fut sur l'épreuve); aussi le trouve-t-on déjà à 1692 A.

[2] Saint-Amant. *Boil.*, 1713 (il en est parlé à sat. 1, note du v. 104).

[3] *Les poissons hébahis les regardent passer.* Moïse sauvé. *Boil.*, 1674 à 1713 (cette note n'y est pas supprimée, comme le dit un moderne).
Croirait-on que Perrault (*Parallèles*, III, 262 à 265) cherche à justifier ce vers si ridicule de Saint-Amant...? Il est vrai que c'est par des raisons aussi ridicules... Il ajoute que Saint-Amant est un des plus aimables poètes que nous ayons eus, un homme de grand mérite, etc. Au reste, Desmarets avait déjà dit, p. 98 : Boileau est bien téméraire de traiter de fou Saint-Amant, qui a fait des pièces de la beauté desquelles il n'approchera jamais, comme la Solitude, l'Andromède, et la Rome ridicule, qui vaut mieux toute seule que toutes les satires ensemble...! Enfin, Sainte-Garde s'était écrié (p. 8) que c'était une petite faute condamnée insolemment.

[4] Très bien repris; rien de plus ridicule. *Brienne.*—1674 à 1713. Les mots guillemetés y sont en caractères particuliers.

[5] *V. E.* Texte de 1674 à 1713, suivi jusque vers la fin du xviiie siècle... Dans les éditions modernes on fait commencer l'alinéa au vers précédent (268).

[6] Alaric, liv. I. *Boil.*, 1674 à 1701. — Alaric, poème de Scudéri, liv. I.

Que produira l'auteur après tous ces grands cris ?
La montagne en travail enfante une souris. [1]
O ! que j'aime bien mieux cet auteur plein d'adresse [2]   275
Qui, sans faire d'abord de si haute promesse, [3]
Me dit d'un ton aisé, doux, simple, harmonieux : [4]
« Je chante les combats, et cet homme pieux

Boil., 1713. — Même remarque sur le vers guillemeté.

Pourquoi Boileau appelle-t-il crier d'une voix de tonnerre, d'avoir dit : *Je chante le vainqueur*, etc., puisque ce vers est beau et n'a nulle enflure...? *Desmarets*, 99 ; *Pradon*, R., 95. — C'est une faute, dit le censeur... Ah ! que la faute est belle, qui déplaît à un critique de sa force, et qui ne déplaît point à Stace, à Lucain, à Silius Italicus, à Claudien, qui ont donné une entrée pompeuse à leurs poëmes héroïques ! *Sainte-Gardé*, 11.

[1] Imité heureusement d'Horace. *Brienne*. — *Art poét.*, v. 136.

> Nec sic incipies ut scriptor cyclicus olim :
> Fortunam Priami cantabo et nobile bellum.
> Quid dignum tanto feret hic promissor hiatu ?
> Parturient montes, nascetur ridiculus mus.

Boileau, dit M. Daru (IV, 247), a en effet imité ce passage d'Horace, mais sans lui emprunter aucun détail. Il a seulement traduit, mot-à-mot, le *parturient*, etc. Mais son vers est devenu proverbe (aussi M. Daru a-t-il cru devoir l'adopter dans sa traduction).

[2] Ou *adroit*... mais *adroit* à quoi...? D'ailleurs on ne dit pas adroit à faire des vers, comme à faire des armes. *Sainte-Garde*, 13.

[3] *Promesse* au génitif ne peut se dire qu'au pluriel. *Sainte-Garde*, 14.

[4] Quatre épithètes dans un vers ! cela est contre toutes les règles. Ensuite la première est impropre ; la deuxième et la quatrième ont le même sens, et la troisième n'en a point. *Idem*.

« Les préceptes de Boileau vont si directement à l'instruction, qu'il faut méditer pour en tirer profit, non-seulement chacun de ses vers, mais chaque mot qu'il y place... » Tel est ce vers où il énonce les qualités que doit avoir le début d'un poëme épique... « Ces seules qualités suffisent, mais aucune ne doit être négligée ; le ton sera donc aisé, ce qui dépend d'une diction correcte et élégamment pure ; il sera doux, c'est-à-dire modeste et tempéré ; il sera simple par l'effet d'une claire précision ; enfin harmonieux, ce qui résulte d'un heureux choix de termes dont les sons flattent l'oreille, ainsi que dans les vers de Virgile... » *M. Lemercier*, IV, 132, 133.

« Qui, des bords phrygiens conduit dans l'Ausonie,
« Le premier aborda les champs de Lavinie! » [1]   280
Sa muse en arrivant ne met pas tout en feu,
Et pour donner beaucoup, ne nous promet que peu. [2]
Bientôt vous la verrez, prodiguant les miracles,

Vers 275 à 277. Imitat. d'Horace, *Art poét.*, vers 140 à 142.

> Quanto rectius hic, qui nil molitur inepte :
> Dic mihi, musa, virum, captæ post tempora Trojæ
> Qui mores hominum multorum vidit et urbes.

[1] Même remarque qu'au vers 166, pour les guillemets.
Vers 277 à 280. Traduction de Virgile, Énéide, liv. I, vers 5.

> Arma, virumque cano, Trojæ qui primus ab oris,
> Italiam, fato profugus, Laviniaque venit
> Littora.

Cette traduction a été vivement critiquée par Desmarets, p. 99; Pradon, p. 95, et surtout par Sainte-Garde, qui (p. 15 à 20) l'épluche en quelque sorte. 1. *Je chante les combats* est emprunté à Marolles. 2. *Homme* est faible, et ne rend point le *virum* du latin. 3. *Pieux*, en français, ne signifie que *dévot*, tandis que *pius* exprimait aussi l'amour des parens, de la patrie et des malheureux (cette observation est juste); d'ailleurs ce mot n'ayant que deux syllabes, sa position à la rime produit un mauvais effet... 4. Par qui Énée est-il *conduit?* 5. *Des bords* et *aborda*, cacophonie, etc... Ce qu'il y a de singulier c'est que Sainte-Garde ne rappelle pas le reproche très fondé de Desmarets, relatif à l'omission des mots *fato profugus,* qui expriment une circonstance essentielle, comme l'a remarqué La Harpe (*Lycée*, 1820, I, 142, liv. I, ch. IV); reproche renouvelé depuis par MM. Fontanier et Amar. Delille, observe celui-ci, n'a pas fait la même omission dans sa traduction de l'Enéide... mais il eût été juste de remarquer, à la louange de Boileau, que Delille a copié à-peu-près ses trois vers :

> Je chante les combats, et ce guerrier pieux
> Qui, banni par le sort des champs de ses aïeux,
> Et des bords phrygiens conduit dans l'Ausonie,
> Aborda le premier aux champs de Lavinie.

[2] Edit. de 1694, *pas peu*, faute grossière répétée à 1695, P.
Vers 281 et 282. Imitat. d'Horace, *Art poét.*, vers 143, 144.

> Non fumum ex fulgore, sed ex fumo dare lucem
> Cogitat, ut speciosa dehinc miracula promat.

Du destin des Latins prononcer les oracles, [1]
De Styx et d'Achéron [2] peindre les noirs torrens,   285
Et déjà les Césars dans l'Élysée errans.

De figures sans nombre égayez [3] votre ouvrage;
Que tout y fasse aux yeux une riante image : [4]
On peut être à-la-fois et pompeux et plaisant; [5]
Et je hais un sublime ennuyeux et pesant.   290
J'aime mieux Arioste et ses fables comiques,
Que ces auteurs toujours [6] froids et mélancoliques,
Qui dans leur sombre humeur se croiraient faire affront [7]
Si les Grâces jamais leur déridaient le front.

On dirait que pour plaire, instruit par la nature,   295

---

[1] Du destin des Latins : consonnance de *nombres*, qu'il fallait éviter. Marmontel, *Encycl.*, mot *harmonie*.

[2] Cela est plus soutenu que *du* Styx et *de l'*Achéron, dit Boileau dans une lettre du 7 janv. 1709 (tome IV), et Voltaire a depuis employé cette locution (*Pucelle*, VI, 62):

S'envola donc loin des rives *de* Loire.

[3] Répétition blâmée par Saint-Marc (*voy.* note du v. 174, p. 226).

[4] Vers 287 et 288. Excellent précepte... Ce style plein d'images doit régner dans les poëmes de tout genre, et même dans les poëmes dogmatiques. Louis Racine, *Acad. des inscript.*, XV, 241.

[5] Saint-Marc prétend que le mot *plaisant* employé comme adjectif verbal de *plaire*, comme synonyme *d'agréable*, commençait à être hors d'usage au temps de Boileau, qui s'en est toutefois servi au 1er chant, vers 76, et au ive, vers 88. La Harpe semble au contraire penser que ce mot alors n'était pas suranné (*Lyc.*, IV, 125)... Enfin M. Daunou (1809, II, 461, et 1825, III, 405) prouve d'après le Dictionnaire de l'Académie, éditions de 1694 et 1718, que *plaisant* ne signifiait pas seulement alors *bouffon*, *facétieux*, comme au chant I, vers 97, et au chant III, vers 241, p. 180 et 231, mais encore *agréable*, qui plaît.

[6] Méchante césure. Desmarets, 99.

[7] Hémistiche dur : ils sont rares chez Boileau. Le Brun. — M. de S.-S. présume que le poète a multiplié les *r* pour faire contraster ce vers avec le suivant (où néanmoins il s'en trouve plusieurs, observe M. Daunou).

Homère ait à Vénus dérobé sa ceinture. 1
Son livre est d'agrémens un fertile trésor :
Tout ce qu'il a touché se convertit en or. 2
Tout reçoit dans ses mains une nouvelle grâce ;
Partout il divertit et jamais il ne lasse. 3
Une heureuse chaleur anime ses discours : 4
Il ne s'égare point en de trop longs détours.

---

¹ Iliade, liv. xiv. *Boil.*, 1713. — Inversion insupportable. Il fallait mettre *Homère*, avant *instruit par la nature*... L'auteur pouvait mettre :

> Il nous semble qu'Homère instruit par la nature,
> Pour plaire, ait à Vénus dérobé sa ceinture.

D'ailleurs on ne dit pas (Idem. Pradon, 95) qu'il *ait*, mais qu'il *a*, ou qu'il *aurait* dérobé. *Desmarets*, 100 (critique approuvée par Lévizac et MM. Planche et Fontanier).—Mais le distique de Desmarets a également une *inversion*; et elle est aussi lourde, aussi rude que celle de Boileau est élégante et gracieuse. *M. Amar.*

² Ovide, Métam. XI, 103. . . . . Quidquid
Corpore contigero, fulvum vertatur in aurum.

Imitation de B... Regnard, épître à Quinault.

> Sous tes critiques mains tout va devenir or.

³ Vers pleins de grâce. *Le Brun.* — Si Racine avait besoin de modèle, on dirait qu'ils lui ont fourni l'idée de ceux-ci (*Esther*, acte II, sc. 7) :

> Je ne trouve qu'en vous je ne sais quelle grâce
> Qui me charme toujours, et jamais ne me lasse.

⁴ Il paraît que dans sa première édition de l'éloge de Racine, La Harpe, en se récriant contre ceux qui mettent tant de prix à la *chaleur* dans les ouvrages, disait que Boileau ignorait même cette expression. Clément (*Lett.* II, 1773, p. 108) cita alors le vers ci-dessus, en y joignant cette réflexion piquante : « Il paraît que notre auteur ne connaît pas plus Boileau que la chaleur... » La Harpe changea depuis sa remarque et la transporta dans son Lycée (IV, 142) où on lit : C'est la seule fois que Boileau s'est servi de ce mot de *chaleur* prodigué de nos jours si abusivement, et devenu la poétique universelle.

Ses discours, est un peu prosaïque. *Le Brun.*

Sans garder dans ses vers un ordre méthodique,
Son sujet de soi-même et s'arrange et s'explique; ¹
Tout, sans faire d'apprêts, s'y prépare aisément;   305
Chaque vers, chaque mot court à l'évènement. ²
Aimez donc ses écrits, mais d'un ³ amour sincère;
C'est avoir profité que de savoir s'y plaire. ⁴

Un poème excellent, où tout marche et se suit,
N'est pas de ces travaux qu'un caprice produit :   310
Il veut du temps, des soins; et ce pénible ouvrage
Jamais d'un écolier ne fut l'apprentissage.
Mais souvent parmi nous un poète sans art,
Qu'un beau feu quelquefois échauffa par hasard,
Enflant d'un vain orgueil son esprit chimérique,   315
Fièrement prend en main la trompette héroïque : ⁵

---

¹ *S'explique* est faible. *Le Brun*. — *S'explique*, c'est-à-dire, se déploie, se développe insensiblement du latin, *sese explicat*, sens dans lequel cette expression est déjà employée au vers 159, p. 224 : ainsi elle est ici de la plus grande justesse. *M. Amar*.

² Semper ad eventum festinat, dit Horace (*ib.*, v. 148).

³ V. O. 1674 à 1713 (sauf les suivantes) : *d'une amour*... Il est étonnant que les éditeurs de 1713 n'aient pas mis ici le masculin comme ils l'ont fait au chant I, vers 10. On sait qu'amour était jadis des deux genres; aussi trouve-t-on le masculin à 1674 et 1675, pet. in-12 ; 1682, P.; 1683, 1685, 1686, 1688 et 1692, A.; et 1697 et 1698, R... Quant aux éditions postérieures à Boileau, nous n'avons trouvé le féminin que dans celles de Brossette, et quelques-unes de ses réimpressions, telles que 1717, Mort. et Vest.; 1721, Bru.

⁴ Bien dit; mais Quintilien l'avait dit de Cicéron. *Brienne*. — C'est aux Instit. orat., liv. x, ch. 1. « Ille se proficisse sciat cui Cicero valde placebit. » *Brossette*.

⁵ *Ment, prend, en...* Quels sons désagréables ! *prend en main*, pour *saisit* peut-il d'ailleurs se dire? *Chapat*, 83.

Enchanté de ces remarques, Chapat s'écrie : Ne serait-ce pas mieux si l'on disait :

Empoigne fièrement la trompette héroïque.

Sa muse déréglée, en ses vers vagabonds,
Ne s'élève jamais que par sauts et par bonds :
Et son feu, dépourvu de sens et de lecture,
S'éteint à chaque pas faute de nourriture. [1]

320

[1] Vers 319 et 320. Fort bien. *Brienne*. — Vers excellens. *M. François de Neufchâteau* (Les Tropes, 1817, p. 157). — Mais, demande Condillac (II, 130, liv. II, chap. 1), qu'est-ce qu'un feu qui n'a ni *sens* ni *lecture*; et qui s'éteint à chaque pas...? Pure chicane d'un prosateur rigoureux, dit M. F. de N. (*ib.*). « On sent bien que l'auteur de l'*Art poétique* blâme ici l'écrivain paresseux, ignorant, qui peut avoir de la chaleur dans l'élocution (du feu), mais qui, n'ayant ni raisonné ni lu, manque tout à-la-fois et de sens et de connaissances; de manière qu'il reste au-dessous de tous ses sujets, et que *son feu s'éteint faute de nourriture* ». Voltaire a dit de même :

> L'âme est un feu qu'il faut nourrir,
> Et qui s'éteint s'il ne s'augmente.

M. F. de N. aurait encore pu citer ce vers des premières éditions du IVe discours de Voltaire :

> Ce feu follet s'éteint faute de nourriture.

M. Daunou, tout en convenant que les vers de Boileau sont fort clairs, répond que « la question est de savoir si l'expression figurée, *un feu dépourvu de lecture*, ne manque pas de justesse. On conçoit, ajoute-t-il, qu'après avoir dit que *ce feu s'éteint faute de nourriture*, Boileau pourrait faire consister cette *nourriture* dans la *lecture*, et rattacher ainsi poétiquement l'idée de *lecture* à celle de *feu*. Au lieu de ménager cette liaison, il l'énonce si brusquement qu'elle blesse plus qu'elle ne saisit les esprits attentifs. »

On peut citer à l'appui des remarques de M. F. de N., un passage d'un ouvrage que M. Daunou lui-même regarde comme le meilleur commentaire du chant III de l'*Art poétique*, et qui a paru la même année que le poème des *Tropes*. Après avoir dit que la critique s'appuie ordinairement sur l'impropriété des mots, mais que la poésie doit souvent rejeter le mot propre et choisir le mot figuré, l'auteur prend pour exemple les quatre vers (317 à 320) qui font le sujet de la discussion. « Dérangeons les mots et prenons-les au propre. Qu'est-ce qu'un *feu dépourvu de sens et dépourvu de lecture?.. A chaque pas :* dit-on *les pas d'un feu?* Qui s'éteint *faute de nourriture :* on dit l'aliment du feu et non *la nourriture d'un feu...* »

« Reprenons maintenant les mêmes mots au figuré, et nous jugerons par quelle affinité secrète chaque expression s'attire et s'allie en ces vers. *Son*

Mais en vain le public, prompt à le mépriser,
De son mérite faux le veut désabuser;
Lui-même, applaudissant à son maigre génie,
Se donne par ses mains l'encens qu'on lui dénie :
Virgile, au prix de lui,[1] n'a point d'invention;   325
Homère n'entend point la noble fiction.
Si contre cet arrêt le siècle se rebelle,[2]
A la postérité d'abord il en appelle.
Mais attendant qu'ici le bon sens de retour
Ramène triomphans ses ouvrages au jour,   330
Leurs tas, au magasin, cachés à la lumière,
Combattent tristement les vers et la poussière.[3]
Laissons-les donc entre eux s'escrimer en repos,[4]

---

feu, ce terme en poésie est synonyme d'amour, d'ardeur; il est mis là pour l'ardeur de la verve : elle peut donc être *dépourvue de sens et de lecture. S'éteint;* éteindre se rapporte au mot *feu*, et continue l'image. *A chaque pas;* le feu de la verve rappelle celui de l'esprit, du génie : on dit les pas que fait l'esprit, la marche, les pas du génie. *Faute de nourriture;* la verve en effet, pour ne pas s'éteindre, a besoin d'être nourrie par la lecture et le bon sens. Le tout ainsi justement regardé paraît exact, plein de raison, et l'on voit que les figures s'accordent bien, et se soutiennent mutuellement ». M. *Lemercier*, I, 104.

[1] *V. E.* Texte de 1674 à 1713 (34 éditions dont douze originales), suivi par tous les éditeurs jusqu'au commencement du xixe siècle. M. de Saint-Surin a, le premier, du moins à notre connaissance, écrit *auprès*, et a été imité par MM. Daunou (édit. de 1825), Thiessé et Fontanier. Celui-ci prétend qu'*auprès* vaut mieux qu'*au prix;* ce qu'il est fort inutile d'examiner dès que tel n'est point le texte de Boileau... MM. de S.-S., D. et T. on fait leur changement sans en avertir.

[2] Selon M. Planche ce mot n'est plus usité. — Féraud dit seulement qu'il est *moins* usité et qu'il est plus énergique que *se révolter*.

[3] Expression trop rebattue par l'auteur. *Brienne.*

[4] Vers 313 à 333. Ils concernent Desmarets (Brienne le remarque également). Ce rimeur, dans un opuscule sur les langues et la poésie publié en 1670, disait que les *fictions* d'Homère sont entassées et mal réglées, et que

Et, sans nous égarer, suivons notre propos.¹

Des succès fortunés du spectacle tragique   335
Dans Athènes naquit la comédie antique.
Là le Grec, né moqueur, par mille jeux plaisans,
Distilla le venin de ses traits médisans.
Aux accès insolens d'une bouffonne joie,
La sagesse, l'esprit, l'honneur furent en proie.   340
On vit, par le public un poète avoué
S'enrichir aux dépens du mérite joué;
Et Socrate par lui, dans « un chœur de Nuées, »²
D'un vil amas de peuple attirer les huées.
Enfin de la licence on arrêta le cours :   345
Le magistrat, des lois³ emprunta le secours,

Virgile a *peu d'invention* et pêche par les caractères, les sentimens, etc.... Il osait ensuite opposer aux plus beaux passages de Virgile, quelques lambeaux de son poème de Clovis, et enfin, se méfiant du jugement de son siècle, il en appelait à celui de la postérité. *Brossette.*

Desmarets se reconnut dans ces vers quoiqu'il n'y fût point nommé, et il y répondit entre autres (*Défense*, 1675, p. 101-104) que le Clovis n'était ni caché à la lumière ni rongé des vers, puisqu'il y en avait cinq impressions; que Boileau ne l'attaquait que par envie et par vengeance de ce que Desmarets y avait critiqué l'épître IV (nous parlons de cette critique, tome I, *Not. bibl.*, §. 2, n° 12); qu'un poète qui faisait des vers tels que les siens, était aussi assuré du jugement de ceux qui ont bon goût en son siècle, que des jugemens de la postérité, etc.

¹ *Propos.* Ce mot serait bien placé dans la satire, ou dans l'épître ; mais pour un poème, n'est-il pas un peu familier ? *Le Brun.* — Non, puisqu'il signifie simplement, reprenons le sujet que nous nous sommes *proposé* de traiter. *M. Amar.* — Il me semble qu'il exprime en effet cette idée, mais d'une manière trop commune.

² *Les Nuées*, comédie d'Aristophane. *Boil.*, 1674 à 1713. — Les mots guillemetés ci-dessus y sont en italiques.

³ *V. É.* Dans les éditions modernes on ne met point de virgule après *magistrats :* elle est cependant dans toutes les éditions anciennes, et elle nous paraît utile.

Et, rendant par édit les poètes plus sages,
Défendit de marquer les noms et ¹ les visages.
Le théâtre perdit son antique fureur ;
La comédie apprit à rire sans aigreur, 350
Sans fiel et sans venin sut instruire et reprendre, ²
Et plut innocemment dans les vers de Ménandre.
Chacun, peint avec art dans ce nouveau miroir,
S'y vit avec plaisir, ou crut ne s'y point voir :
L'avare, des premiers, rit du tableau fidèle 355
D'un avare souvent tracé sur son modèle ;
Et mille fois un fat finement exprimé,
Méconnut le portrait sur lui-même formé. ³

Que la nature donc soit votre étude unique,
Auteurs qui prétendez aux honneurs du comique. 360
Quiconque voit bien l'homme, et d'un esprit profond,
De tant de cœurs cachés a pénétré le fond ;
Qui sait bien ce que c'est qu'un prodigue, un avare,
Un honnête homme, un fat, un jaloux, un bizarre,
Sur une scène heureuse il ⁴ peut les étaler, 365

Des lois... Méchante césure. *Desmarets*, 104 ; *Pradon, R.*, 95.

¹ *V. O.* 1674 à 1698 (26 éditions, dont huit originales), *les noms ni les visages*. Cette leçon se retrouve encore dans les éditions qui ont pris pour type celle de 1701 A., antérieure à l'édition originale où la correction fut faite, telles que 1732 G., 1737, 1740, 1743, 1751, 1762 et 1766 A., 1752 et 1770 P., 1769, 1772 et 1789, Lond., 1793, Pal... quoiqu'elle eût été réformée dans l'édition de 1713 A., qu'elles ont prises aussi pour type.

² Vers 336 à 351. Horace, *Art poét.*, v. 281 à 284.

> Successit vetus his comœdia, non sine multa
> Laude : sed in vitium libertas excidit, et vim
> Dignam laude regi : lex est accepta, chorusque
> Turpiter obticuit, sublato jure nocendi.

³ Tout-à-fait bien. *Brienne.*

⁴ Critique de l'emploi de cet *il*, au tome I, sat. IV, note du vers 31.

Et les faire à nos yeux vivre, agir et parler.
Présentez-en partout les images naïves;
Que chacun y soit peint des couleurs les plus vives.
La nature, féconde en bizarres portraits,
Dans chaque âme est marquée à de différens traits;[1] 370
Un geste la découvre, un rien la fait paraître :
Mais tout esprit n'a pas des yeux pour la connaître.[2]

Le temps, qui change tout, change aussi nos humeurs :
Chaque âge a ses plaisirs, son esprit et ses mœurs.[3]

Un jeune homme, toujours bouillant dans ses caprices,
Est prompt à recevoir l'impression des vices;
Est vain dans ses discours, volage en ses desirs,
Rétif à la censure, et fou dans les plaisirs.

L'âge viril, plus mûr, inspire un air plus sage,
Se pousse auprès des grands, s'intrigue, se ménage, 380
Contre les coups du sort songe à se maintenir,
Et loin dans le présent regarde l'avenir.[4]

La vieillesse chagrine incessamment amasse;
Garde, non pas pour soi,[5] les trésors qu'elle entasse;
Marche en tous ses desseins d'un pas lent et glacé; 385
Toujours plaint le présent et vante le passé;
Inhabile aux plaisirs dont la jeunesse abuse,

---

[1] Vers 369 et 370... 1. Transposition forcée... 2. Marquée *à de*, au lieu de *par des traits*, barbarisme.., 3. *Différens* devait suivre et non pas précéder son substantif *traits*.. 4. *A, de, di...* cacophonie.. *Sainte-Garde*, 50.

[2] Un esprit n'a pas des yeux pour connaître la nature; quels vers et quelle expression! *Pradon*, R., 95.

[3] Vers devenu maxime. *Voltaire* (*voy.* tome I, Essai, n° 109). — Vers divin. *Le Brun*. — Regnier, sat. v, v. 119.

    Chaque âge a ses humeurs, son goût et ses plaisirs.

[4] Beau vers. *Clément, Observ. critiqu.*, 91.

[5] Observations sur ce pronom, tome I, Disc. au roi, note du vers 23.

Blâme en eux[1] les douceurs que l'âge lui refuse.

Ne faites point parler vos acteurs au hasard,
Un vieillard en jeune homme, un jeune homme en vieillard.[2]

Étudiez la cour et connaissez la ville ;
L'une et l'autre est toujours en modèles fertile.
C'est par là que Molière illustrant ses écrits,

---

[1] *Blâme en elle* me semblerait préférable, parce qu'il se rapporte naturellement à *jeunesse...* Le Brun.—C'est aussi l'avis de M. Daunou. Toutefois il ne paraît pas éloigné d'adopter l'observation suivante de M. Amar :

« *Jeunesse* étant un nom collectif, rien n'empêche de lui accorder en français, le privilège dont jouissent en grec et en latin ces sortes de mots. » Et M. Daunou ajoute que Voltaire a usé de cette licence ou liberté dans *la Henriade* (ch. V, v. 371 ; ch. VI, v. 381, etc...). Voici le premier passage :

> Au bruit de son trépas, Paris se livre en proie
> Aux transports odieux de sa coupable joie ;
> De cent cris de victoire *ils* remplissent les airs....

[2] Vers 374 à 390. Imit. d'Horace, *Art poét.*, v. 156 à 174.

> Ætatis cujusque notandi sunt tibi mores,
> Mobilibusque decor naturis dandus et annis...
> Imberbis juvenis, tandem custode remoto,
> Gaudet equis canibusque, et aprici gramine campi ;
> Cereus in vitium flecti, monitoribus asper,
> Utilium tardus provisor, prodigus æris,
> Sublimis, cupidusque, et amata relinquere pernix.
> Conversis studiis, ætas animusque virilis
> Quærit opes et amicitias, inservit honori,
> Commisisse cavet quod mox mutare laboret.
> Multa senem circumveniunt incommoda, vel quod
> Quærit, et inventis miser abstinet, ac timet uti ;
> Vel quod res omnes timide, gelideque ministrat,
> Dilator, spe longus, iners, avidusque futuri,
> Difficilis, querulus, laudator temporis acti
> Se puero : censor, castigatorque minorum...

Mêmes vers... Tableau naturel et parfaitement peint. *Clairfons*, p. 30. — Louis Racine fait aussi l'éloge de cette peinture des mœurs des différens âges. Il observe que si Boileau n'y a point compris les mœurs de l'enfance, c'est qu'elles méritent peu d'attention et trouvent rarement place dans les ouvrages sérieux. *Acad. des inscript.*, XIII, 352.

Peut-être de son art eût remporté le prix [1],
Si, moins ami du peuple, en ses doctes peintures, 395
Il n'eût point fait souvent grimacer ses figures, [2]
Quitté, pour le bouffon, l'agréable et le fin,
Et sans honte à Térence allié Tabarin. [3]
Dans ce sac ridicule où [4] Scapin s'enveloppe, [5]

[1] Quel est donc le poète qui a mérité cet honneur? L'Europe entière a fait la réponse et a mis Molière au rang où Boileau hésitait de le placer. *Dubois-Fontanelle*, III, 75.

L'hésitation de Boileau a excité la surprise et lui a presque attiré des reproches de plusieurs grands poètes ou critiques, tels que Voltaire, Le Brun, MM. Daunou, Lemercier, etc.... Nous croyons avoir montré ailleurs (tome I, Essai, n° 91) que c'est sans fondement.

[2] *Grimace* et *figure* ont le même sens : qui grimace fait une méchante figure. *Pradon*, R., 96.

[3] Dans la seconde *Farce* de Tabarin (*Recueil général* etc., Paris, 1623, p. 161 et suiv.), un vieillard est en effet renfermé dans un sac comme Géronte, et battu par Tabarin, etc.

« Si, dit M. Lemercier, dans un morceau plein de verve (II, 121 à 123), où il soutient que Boileau s'est trompé dans l'appréciation qu'il fait ici (vers 393 à 400), » si le jeu de la scène où Géronte est bâtonné dans un sac passe la borne d'une juste plaisanterie, tant d'autres belles scènes rachètent ce défaut, que la pièce n'est pas inférieure en son espèce à celles dont l'auteur eut droit de s'honorer le plus...... Il traitait en son lieu l'*agréable et le fin* mieux que Térence même et mieux que personne. Le poète latin ne fut que naturel et d'une élégance exquise : l'auteur français lutta victorieusement avec ses grâces et sa finesse, et l'emporta de plus par le feu, la vigueur, le mouvement et le coloris. Lui seul nous donne l'idée de ce *Ménandre tout entier* dont César ne retrouvait qu'une faible moitié dans ce Térence que les Romains nommaient *un beau parleur*, et qu'ils ne plaçaient qu'au sixième rang des comiques et au quatrième au-dessous de Plaute. »

[4] Comédie de Molière. *Boil.*, 1674 à 1713.

[5] Ce n'est pas Scapin qui s'enveloppe dans un sac; c'est le vieux Géronte à qui Scapin persuade de s'y envelopper. Mais cela est dit figurément dans ce vers parce que Scapin est le héros de la pièce. *Bross.* — C'est ainsi qu'a agi Martial (VIII, 56) en attribuant à Tityre, comme personnage principal de la première bucolique, ce qui est dit de Mœlibée... D'ailleurs Brossette, quoiqu'il fût d'avis que L'*enveloppe* irait mieux, avait convenu, sur la demande

Je ne reconnais plus l'auteur du Misanthrope.[1]   400
Le comique, ennemi des soupirs et des pleurs,

de Leclerc, que s'*enveloppe* était la vraie leçon de Boileau.. *Joly, Remarques sur Bayle*, p. 634.

Quelques écrivains modernes, soit par un rigorisme d'exactitude, soit par vénération pour Molière qu'ils trouvaient mieux traité en adoptant la leçon préférée par Brossette, ne se sont point arrêtés à ces réflexions. Suivant l'un (M. Lami, cité par M. Daunou, 1825, II, 187) s'*enveloppe* n'est peut-être qu'une faute typographique, qui, laissée par Boileau lui-même dans sa première édition, aura passé dans toutes les suivantes... et M. Planche est tellement convaincu de la vérité de cette conjecture qu'il a mis *l'enveloppe* dans son édition... Selon un autre (M. C. D., *Mercure*, 3 mai 1823, I, 177), il y a dans les bonnes éditions de Boileau, *l'enveloppe* et non pas *s'enveloppe*, et en feuilletant les registres de la Comédie française, on a eu la preuve que c'était Molière qui jouait le personnage que Scapin enveloppe dans un sac.

Ce que nous allons rapporter suffira pour faire apprécier cette assertion ainsi que la conjecture précédente. Il y a s'*enveloppe* dans les éditions de 1674 à 1713, soit françaises, soit étrangères, que nous avons vérifiées au nombre de *quarante*, savoir, 1674 (trois), 1675 (trois), 1677, 1680, 1682, 1683 (deux), 1685 (deux), 1686 (deux), 1688, 1689 (deux), 1692 (deux), 1694, 1695 (trois), 1697 (deux), 1698 (trois), 1701 (quatre), 1702, 1707, 1708, 1713 (quatre)... Dans ce nombre il y en a dix qui ont été revues par Boileau lui-même, et on l'a dit (T. I, *Not. bibl.*, §. 1, n° 37), il faisait des changemens sur les épreuves, et même pendant et après le tirage.

On objecte qu'une faute encore plus grossière est restée jusqu'en 1740 dans toutes les éditions de la satire XII, au vers 286 (*enseigné* pour *enseignée*)... Mais d'une part l'assertion n'est pas exacte (tome I, note de ce vers), et de l'autre, Boileau n'a revu aucune des éditions de cette satire.

Nous croyons, au reste, que de tous les critiques que nous venons de citer, Brossette est le seul qui ait bien compris Boileau. Il nous paraît évident, en effet, que le satirique, dans ces vers, a bien moins songé à *la personne* de Molière qu'à *sa manière*; que *ce sac* n'est là que pour rappeler la scène de l'ouvrage qui se rapproche le plus de la farce; que *Scapin* désigne (et la note de Boileau le prouve) non ce personnage, mais la pièce, dont le titre eût peut-être embarrassé le vers, et qu'enfin Boileau a voulu dire : *Dans la scène du sac des Fourberies de Scapin*, je ne reconnais plus etc.

[1] Vers 393 à 400. Voltaire (*Mélanges littér.*, vie de Molière, art. des *Fourberies de Scapin*) et Bayle (mot *Poquelin*, note F) justifient Molière

N'admet point en ses vers de tragiques douleurs; 1
Mais son emploi n'est pas d'aller, dans une place,
De mots sales et bas charmer la populace. 2
 Il 3 faut que ses acteurs badinent noblement;   405
Que son nœud bien formé se dénoue aisément;
Que l'action, marchant où la raison la guide,
Ne se perde jamais dans une scène vide;
Que son style humble 4 et doux se relève à propos;
Que ses discours, partout fertiles en bons mots,   410
Soient pleins de passions finement maniées, 5
Et les scènes toujours l'une à l'autre liées.
Aux dépens 6 du bon sens gardez de plaisanter :

sur ce que le bas comique de ses farces était nécessaire pour soutenir sa troupe..... La Harpe (*Lycée*, II, 83) dit que le reproche de Boileau est fondé, mais il ajoute que dans cette même pièce de Scapin ce qui n'est pas de la farce est bien au-dessus de Térence, et que les scènes imitées du latin sont bien autrement comiques en français... Marmontel (*Élém. de littér.*, II, 177) fait à-peu-près les mêmes réflexions... (On a vu à la note du vers 398, que tel est aussi le sentiment de M. Lemercier).

[1] On voit que Boileau avait fait d'avance le procès aux comédies larmoyantes. *Le Brun.* — Horace, *Art poét.*, v. 89.

  Versibus exponi tragicis res comica non vult.

[2] Les vers 403 et 404 sont léonins, les hémistiches *pas* et *bas* rimant ensemble. *Lett. à Men.*, p. 48; *Nasse*, p. 139; *M. Planche* et *Le Brun.* — *De mots sales et bas*, ajoute celui-ci, sont d'un style aussi par trop trivial (M. de S.-S. trouve rigoureuse cette dernière critique).

[3] *V. E.* Nous rétablissons ici un alinéa, qui est dans toutes les éditions anciennes, et qu'on a supprimé dans les modernes.

[4] *Humble* ne vaut rien là pour dire *bas* ou *simple*. *Desmarets*, 105. — Il faudrait *simple* parce que le style de la comédie ne doit être ni humble ni bas. *Saint-Marc* (la réfutation de cette critique est à la note du vers 5, ch. II, p. 191).

[5] Il fallait dire *adroitement* maniées; les cas qui demandent de la finesse sont rares... *Saint-Marc.*

[6] *Aux dépens* est prosaïque surtout dans un poème. *Le Brun.*

Jamais de la nature il ne faut s'écarter.
Contemplez de quel air un père dans Térence¹ 415
Vient d'un fils amoureux gourmander² l'imprudence ;
De quel air cet amant écoute ses leçons,
Et court chez sa maîtresse oublier ces chansons.
Ce n'est pas un portrait, une image semblable ;
C'est un amant, un fils, un père véritable.³ 420
    J'aime sur le théâtre un agréable auteur
Qui, sans se diffamer aux yeux du spectateur,
Plaît par la raison seule, et jamais ne la choque.
Mais pour un faux plaisant⁴, à grossière équivoque,
Qui, pour me divertir, n'a que la saleté,⁵ 425
Qu'il s'en aille, s'il veut, sur deux tréteaux monté,
Amusant le Pont-Neuf de ses sornettes fades,
Aux laquais assemblés, jouer ses mascarades.

---

¹ Voyez *Simon* dans *l'Andrienne*, et *Démée* dans *les Adelphes*. Boil., 1713.
² Imitat. de B.. Gâcon, épître à Regnard :

> Voyez comme *Géronte*, ardent et l'œil en feu,
> Vient gourmander son fils qui perd son bien au jeu.

³ Vers 413 à 420. Supprimés aux *Boil. Class.* et *de la Jeunesse*.
⁴ Critique de Montfleury, auteur de la *Femme juge et partie*, et autres comédies semblables. *Bross.*
⁵ Cela n'est pas français, ce me semble : il faudrait, n'a que *de* la saleté... Pradon, R., 96.

CHANT IV.

Dans Florence [1] jadis vivait un médecin,
Savant hâbleur, dit-on, et célèbre assassin.
Lui seul y fit long-temps la publique misère : [2]
Là le fils orphelin lui redemande un père;
Ici le frère pleure un frère empoisonné. [3]
L'un meurt vide de sang, l'autre plein de séné;
Le rhume à son aspect se change en pleurésie,
Et par lui la migraine est bientôt frénésie.
Il quitte enfin la ville, en tous lieux détesté.
De tous ses amis morts un seul ami resté [4]
Le mène en sa maison de superbe structure :
C'était un riche abbé, fou de l'architecture.
Le médecin d'abord semble né dans cet art,
Déjà de bâtimens parle comme Mansart :

---

[1] Peut-être Boileau dirait-il aujourd'hui *A Florence... Dumarsais, Encyclopéd.*, mot *en*.

[2] *La publique misère* est bien, surtout après l'avoir fait précéder de *lui seul... Le Brun.*

[3] Vers 4 et 5. Voltaire (*Henriade*, IV, 185) a dit depuis :

> Ici la fille en pleurs lui redemande un père ;
> Là, le frère effrayé pleure au tombeau d'un frère.

[4] Je doute que cela puisse signifier ce que l'auteur a voulu dire. C'est une imitation d'Horace, satire III, livre II, vers 314.

> Absentis ranæ pullis vituli pede pressis,
> Unus ubi effugit.

Mais il suffit d'observer qu'Horace n'a pas employé le terme de *tous*, qui se trouve dans le vers de M. Despréaux. *Rosel*, p. 17; *D'Açarq*, p. 35.

D'un salon qu'on élève il condamne la face ;   15
Au vestibule obscur il marque une autre place ;
Approuve l'escalier tourné d'autre façon. [1]

[1] Brossette n'était pas content de cette ellipse *tourné d'autre façon.*. Boileau répondit entre autres (tome IV, lett. du 2 août 1703), que tout le monde entend que le médecin approuve l'escalier moyennant qu'il soit tourné d'autre manière...

Ellipse heureuse, s'écrie Le Brun ; la poésie a sa langue et personne ne l'entendait mieux que Boileau... Clément (*Lett.* VI, p. 142) et M. Amar font aussi l'éloge de cette ellipse, qu'au contraire MM. Daunou et Planche paraissent trouver un peu forte.

M. Fabre, après avoir remarqué que Boileau a porté la précision au plus haut degré où elle puisse atteindre (épît. V, note du vers 34, p. 58 et 59), ajoute : Qu'on prenne au hasard dans ses poésies, pour en trouver des exemples, on sera presque sûr de ne pas se méprendre. Pour moi j'ai choisi le mien, je l'avoue ; c'est celui de tous qu'on a le plus critiqué.

Approuve l'escalier tourné d'autre façon.

Je ne connais point de vers, en aucune langue, qui fasse aussi bien sentir l'avantage de la poésie sur un langage méthodique et timide. Ce vers admirable a dévoré six lignes de prose. « Il approuve que l'escalier soit construit en cet endroit ; mais n'approuvant point la façon dont il est tourné, il en indique une nouvelle. » Boileau a dit tout cela, et plus encore ; mais c'est ce que n'ont pas vu les critiques ; il n'ont pas su traduire la langue du poète ; ils n'ont pas su l'entendre, et ils ont dit : cela n'est pas français. Serait-ce donc parce qu'on ne trouve dans le grec ou dans le latin rien d'égal à cette contraction, à cette élision étonnante de mots ? Mais Boileau montre, en vingt autres endroits, combien peut se prêter à la concision la plus rapide cette langue qu'on s'est plu à croire traînante et diffuse. Il eût été plus vrai de dire que le génie a une langue à lui dans quelque idiome qu'il écrive. Et c'est ce qu'on aurait dû voir dans ces vers non moins admirables que l'autre et dont au moins on n'a pas accusé la témérité (satire VIII, vers 177 et 178, tome I) :

Mais sans chercher au fond si notre esprit déçu
Sait rien de ce qu'il sait, s'il a jamais rien su.

Ce doute, si l'homme *sait rien de ce qu'il sait*, est d'ailleurs le trait le plus aigu de la satire philosophique, le plus poignant pour cette pauvre raison humaine. *M. Fabre*, *Observat.* (voy. aussi épît. IX, note du v. 54, p. 110.)

Son ami le conçoit, et mande son maçon.
Le maçon vient, écoute, approuve et se corrige.
Enfin, pour abréger un si plaisant prodige, [1]
Notre assassin renonce à son art inhumain ;
Et désormais, la règle et l'équerre [2] à la main,
Laissant de Galien la science suspecte, [3]
De méchant médecin devient bon architecte.

Son exemple est pour nous un précepte excellent.
Soyez plutôt maçon, si c'est votre talent, [4]

---

[1] Pradon, R., p. 96, soutient qu'*abréger un prodige* pour abréger le récit d'un prodige n'est pas français. — Saint-Marc est de cet avis, parce que suivant lui cette expression n'a pas de sens. — Pradon, dit Le Brun, voulait corriger ce vers comme défectueux ; Boileau n'aurait pas corrigé les vers de Pradon. — M. Daunou, qui pensait d'abord (1809) que la critique de Pradon n'était pas méprisable, s'est borné dans la suite (1825) à la rappeler. — M. Amar est du sentiment de Le Brun. Il est bien clair, dit-il, que cela signifie, pour *abréger* le récit de cette *prodigieuse* métamorphose d'un médecin en architecte. — M. Fontanier donne en substance la même explication que M. Amar, et l'appuie de cet exemple tiré d'un vers de Racine (*Athalie*, acte V, sc. 6) :

Ont conté son enfance au glaive dérobée...

Vers où l'on sous-entend *l'histoire de son enfance*, et au sujet duquel La Harpe (*Édit. de Racine*, V, 237) dit : S'il était possible de s'arrêter aux détails... on pourrait faire remarquer toute l'élégance de cette langue poétique, *Ont conté son enfance*, etc. — Enfin M. Planche, tout en avouant que l'ellipse de Boileau est un peu forte, observe qu'elle n'ôte rien à la clarté du vers.

[2] V. 1674 à 1713. *L'équierre* (on ne dit plus qu'équerre).

[3] Ce dernier hémistiche est bien dur, et *suspecte* n'a peut-être été mis que pour la rime. *Saint-Marc.*

[4] Vers 1 à 26. La métamorphose du médecin en architecte désigne Claude Perrault, qui s'en offensa. De quoi se plaint-il ? dit alors Boileau en citant le vers 26, je l'ai fait précepte. *Bross.* (Boileau parle dans sa 1re *Réflexion critique*, tome III, des manœuvres de Claude Perrault qui le déterminèrent à faire cette métamorphose).

L'Art poétique, dit M. Daunou (*Disc. prélimin.*, 1809, XXXj, et 1825,

Ouvrier estimé dans un art nécessaire,
Qu'écrivain du commun, et poète vulgaire.¹
Il est dans tout autre art² des degrés différens,
On peut avec honneur remplir les seconds rangs; 30
Mais dans l'art dangereux de rimer et d'écrire,
Il n'est point de degrés du médiocre au pire.³

xxvj), pouvait se passer de l'épisode qui ouvre le IVe chant.... Tel n'était pas l'avis de Louis Racine. Il loue au contraire Boileau d'avoir « su dans un si noble sujet prendre un moment le ton familier et badin et d'avoir ainsi exécuté ce qu'il recommande (*Art poét.*, ch. I, v. 76, p. 178) aux autres, en passant lui-même *du grave au doux*, du plaisant au sévère. » *Réflex. sur la poésie dramat.*, § 1, Œuvr., 1808, II, 346. — Combien, dit aussi Dussault (I, 276 et suiv.), combien l'histoire du médecin Perrault ne donne t-elle pas de sel et de force à ce précepte, qu'il faut consulter son talent avant de s'engager dans la carrière des lettres? Boileau aurait pu énoncer tout simplement cette vérité; et s'il n'avait pas été supérieur à la précision même dont il s'était fait une loi, il aurait craint de prodiguer tant de vers pour établir une pensée qui ne semblait pas en exiger plus de deux; mais par un artifice merveilleux, cette histoire d'un médecin devenu tout-à-coup architecte amène le vers le plus précis peut-être, et le plus fort de tout l'Art poétique (*Soyez*, etc.)... Cet hémistiche si rapide, si énergique, et qui est resté si profondément gravé dans la mémoire de tout le monde : *Soyez plutôt maçon*, aurait paru trop dur et trop grossier s'il n'avait été habilement préparé par le récit qui le précède... — Enfin, à l'occasion du même vers, M. Amar observe qu'il était impossible de rentrer plus heureusement dans le sujet, et par l'épisode même où le poète semblait l'avoir perdu de vue.

¹ V. E. Texte de 1674 à 1713, et non pas *ou* poète, comme à quelques éditions modernes, telles que 1809, D.; 1814, Verd.; 1829, B. ch... (M. de Saint-Surin, qu'on cite souvent dans cette dernière édition, avait cependant indiqué la vraie leçon).

Saint-Marc critique l'expression *poète vulgaire* parce que, dit-il, elle n'a pas la même acception que poète du commun. — L'éditeur de 1775 A (II, 405), observe avec raison que ce n'est qu'une pure chicane d'un censeur pointilleux.

² Hémistiche si dur qu'il est l'effroi du lecteur. *Desmarets*, 105. — Quelle bonne fortune pour Desmarets! s'écrie M. Amar; et pourquoi Boileau lui a-t-il laissé ce petit plaisir?

³ Vers 29 à 32. Horace, *Art poétique*, vers 368 à 373 :

Qui dit froid écrivain, dit détestable auteur. ¹
Boyer ² est à Pinchêne égal pour le lecteur ;
On ne lit guère plus Rampale et Mesnardière, ³   35
Que Magnon ⁴, du Souhait ⁵, Corbin ⁶ et la Morlière. ⁷

> . . . . . Certis medium et tolerabile rebus
> Recte concedi. . . . .
> . . . . Mediocribus esse poetis
> Non di, non homines, non concessere columnæ.

Ce vers 32 est une hyperbole poétique, dont l'objet est d'épouvanter les nombreux aspirans de la palme de la poésie : s'il fallait le prendre à la lettre, tout ce qui ne serait pas au premier rang ne serait rien, et l'estime publique a fait voir qu'il y avait de l'honneur et du mérite dans le second. *La Harpe, Lyc.*, IX, part. 1, p. 221. — Il est vraisemblable que cette réflexion de La Harpe lui a été inspirée par *les seconds rangs* dont il est question au vers 30. Mais nous croyons que La Harpe n'a pas bien saisi la pensée du poète. Ces *seconds rangs* ne signifient pas selon nous le rang qui suit immédiatement le premier, mais d'autres rangs plus éloignés encore, et néanmoins les seuls auxquels un poète médiocre puisse aspirer. Il nous semble, par cette raison, que Boileau, en assimilant *le médiocre au pire*, n'a pas entendu comprendre dans cette proscription les ouvrages qui méritent le second rang. Cette pensée était déjà dans la satire IX, vers 26, imité d'Horace, *Art poét.*, v. 375.

¹ Trois vers (29 à 33) devenus proverbes. *Clairfons*, 32.

² Auteur médiocre. *Boil.*, 1701 et 1713 (*voy*. note du v. 36).

³ Mauvais poètes. *Bross*. — Morts en 1663 et 1665. Le second était de l'Académie... On a parlé de Pinchesne à l'épître v, p. 56, note 3.

⁴ Magnon a composé un poème fort long, intitulé l'Encyclopédie. *Boil.*, 1713.

V. O. Dans cette note et au vers 36, édit. de 1701 et 1713, Boileau écrit *Maignon*. Brossette a le premier rétabli *Magnon*, orthographe véritable (on le voit dans la tragédie de Zénobie de cet auteur, in-12, 1660), mais que Boileau était assurément excusable d'avoir oubliée.

⁵ Du Souhait avait traduit l'Iliade en prose. *Boil.*, 1713.

⁶ Corbin avait traduit la Bible mot à mot. *Id.*

⁷ La Morlière, méchant poète. *Id.*

V. 1674 à 1698 (24 éditions), au lieu des vers 33 à 36, il y avait :

> Les vers ne souffrent point *de médiocre auteur :*
> Ses écrits en tous lieux sont l'effroi du lecteur ;
> Contre eux dans le palais les boutiques murmurent,
> Et les ais chez Billaine à regret les endurent.

Un fou du moins fait rire, et peut nous égayer;
Mais un froid écrivain ne sait rien qu'ennuyer.
J'aime mieux Bergerac[1] et sa burlesque audace,
Que ces vers où Motin[2] se morfond et nous glace.   40
   Ne vous enivrez point des éloges flatteurs,

Et en note, avec un signe de renvoi au mot Billaine, *fameux libraire.*

Motifs principaux du changement. 1. Le mot médiocre était déjà dans le vers 32. 2. *Ses écrits* selon l'exactitude grammaticale ne pouvaient se rapporter à *auteur.* 3. Ces quatre vers rendaient trop faiblement le passage d'Horace (*Mediocribus esse poetis, non di, non homines, non concessere columnæ*) que Boileau avait en vue. 4. Ils ne faisaient que répéter ce qu'il venait de dire (v. 28 à 32) que la médiocrité était insupportable en poésie... Tel est en substance le récit de Brossette. Il est du moins certain que deux de ces raisons avaient été le texte des critiques de Desmarets et de Pradon. Horace, observe le premier (p. 105), dit tout cela en un vers et demi, et magnifiquement. Voilà, s'écrie le second (p. 96), bien du médiocre et des vers bien médiocres, puisque médiocre il y a. Ce ne sont point les vers qui ne souffrent point de médiocre auteur, mais le public qui ne souffre point de vers médiocres ni de médiocres auteurs.

L'abbé Tallemant (*voy.* épit. VII, note du vers 90, p. 93 et 94) soutint au contraire que ces vers étaient très beaux, et il se plaignit de ce que les nouveaux vers contenaient une satire contre Boyer, homme de mérite, et ami de sa maison.

Les mêmes nouveaux vers ont été aussi repris par Palissot, mais sous un autre rapport. Boileau, fait-il dire à un des personnages de son *Satirique* (acte I, sc. 2, où il annonce, en note, qu'il fait allusion aux vers 35 et 36 du ch. IV), Boileau eut sans doute un talent rare,

> On le sait; mais pourtant, par un fâcheux destin,
> A son triste enjoûment il fallait un Cotin.
> Eh! que m'importe à moi Magnon et La Morlière,
> Et tant de plats auteurs qu'il a mis en lumière?
> Je l'en estime moins; et c'est un triste lot
> De ne pouvoir briller qu'à la faveur d'un sot.

[1] Cyrano (*de*, à 1713 seulement) Bergerac, auteur du Voyage de la Lune. *Boil.*, 1674 à 1713.

[2] Mauvais poète du temps de Malherbe. C'est bien lui et non Cotin que Boileau veut désigner. *Bross.*

CHANT IV.

Qu'un amas quelquefois de vains admirateurs
Vous donne en ces Réduits, prompts à crier, merveille![1]
Tel écrit récité se soutint [2] à l'oreille,

[1] Les éditeurs modernes écrivent *réduits :* la capitale R qui est dans toutes les éditions originales nous paraît cependant nécessaire pour montrer que ce mot n'est pas pris dans un sens ordinaire. On désignait par là (Brossette l'observe aussi), une espèce d'académie de société, ce qu'on nomme vulgairement un *bureau d'esprit,* où les poètes vont lire leurs vers. Corneille (*Excuse à Ariste*) en parle, et il en est aussi question dans Furetière (*Roman bourgeois,* 1704, p. 150 et 158), dans Saint-Simon (II, 422), dans l'Avertissement de l'édition des œuvres posthumes de Gilles Boileau, publiée en 1670, quatre ans avant l'Art poétique ; avertissement que nous donnons au tome III, et où l'on justifie les éloges qu'on y fait de sa traduction du quatrième livre de l'Énéide, sur ce qu'elle a charmé plusieurs *Réduits* célèbres où on l'a lue (Corneille au contraire, se glorifie de ne point aller quêter les voix de *Réduit* en *Réduit*) ; etc...

V. 1674 à 1698. Après *Réduits* il n'y avait point de virgule, ce qui fit dire à Desmarets (p. 106), *des réduits prompts à crier merveille* : c'est là une façon de parler dont la hardiesse ne sera jamais jugée raisonnable..... Pradon (p. 97) ajouta : On ne criera pas merveille sur cette expression.... » C'est sans doute pour prévenir cette critique (elle a été dans la suite approuvée par Saint-Marc), que Brossette avertit en note, que *prompts à crier* se rapporte à admirateurs : mais alors, dit M. Daunou (et d'après lui M. de Saint-Surin), les mots *en ces réduits* demeurent bien seuls, bien indéterminés, bien inutiles (d'Açarq, p. 37, l'avait déjà remarqué). Frappé de cette remarque, M. de S. S. serait tenté d'appliquer aux *réduits* l'épithète qui appartient aux admirateurs qui s'y rassemblent, et de la justifier par la hardiesse de la langue poétique... Et c'est aussi ce que fait M. Planche dans une note très détaillée. — En adoptant cette explication la phrase signifierait : « Ne vous enivrez point des éloges qu'un tas d'admirateurs vous donne en ces bureaux d'esprit où l'on est si prompt à crier, merveille ! »

Sans oser assurer que telle fut la véritable pensée de Boileau, nous observerons que les assemblées nommées *Réduits* étaient si multipliées, et leur objet ainsi que leur dénomination si connus, que Boileau put les personnifier et les mettre en action, même avec une ellipse poétique, sans être retenu par la crainte de paraître obscur comme il le semble aujourd'hui que la même dénomination est depuis long-temps hors d'usage.

[2] Texte de 1674 et 1675, et de 1694 à 1713.

V. O. Il y a *se soutient* à 1683 et 1685 et à leurs réimpressions, telles que

Qui, dans l'impression au grand jour se montrant, 45
Ne soutient pas des yeux le regard pénétrant.[1]
On sait de cent auteurs l'aventure tragique :
Et Gombaud tant loué garde encor la boutique.[2]
Écoutez tout le monde, assidu consultant :
Un fat quelquefois ouvre un avis important.[3] 50
Quelques vers toutefois qu'Apollon vous inspire,
En tous lieux aussitôt ne courez pas les lire.
Gardez-vous d'imiter ce rimeur furieux,[4]
Qui, de ses vains écrits lecteur harmonieux,
Aborde en récitant quiconque le salue, 55
Et poursuit de ses vers les passans dans la rue.[5]
Il n'est temple si saint, des anges respecté,[6]
Qui soit contre sa muse un lieu de sûreté.[7]

1683 A., 1685 A. et C., 1686 A. et C., 1688, 1689 et 1692 A., etc. Cette leçon abandonnée ensuite pour la première, avait été adoptée par Boileau d'après l'édition d'Amsterdam, de 1680.

[1] Chapelain. *Boil.*, 1713.

[2] Vers trop trivial. *Lenoir Dulac, Lett.*, p. 27.

[3] Ce vers devenu proverbe, est tiré d'un vieux proverbe grec rapporté par Saint-Marc, d'après Macrobe (VI, 7) et Aulu-Gelle (II, 6).—J.-J. Rousseau (*Verger des Charmettes*) a dit :

La haine quelquefois donne un avis utile.

Vers 49 et 50. *Écoutez tout le monde... et un fat* sont d'une bassesse qui rebute. *Desmarets*, 109, 107.

[4] Dupérier. *Boil.*, 1713 (poète médiocre. *Bross.*).

[5] Vers 53 à 56... Horace, *Art poétique*, v. 472, 474, 475 :

. . . . Certe furit. . . .
Indoctum doctumque fugat recitator acerbus :
Quem vero arripuit, tenet, occiditque legendo.

[6] Il (*Dupérier*) récita de ses vers à l'auteur malgré lui dans une église. *Boil.*, 1713.

[7] Vers 53 à 58. « *De ses vains écrits lecteur harmonieux* ne fait que ralentir le discours. *Dans la rue* est inutile et ne se trouve à la fin du vers

CHANT IV.

Je vous l'ai déjà dit, aimez qu'on vous censure,[1]
Et, souple à la raison, corrigez sans murmure.   60
Mais ne vous rendez pas dès qu'un sot vous reprend.[2]
Souvent dans son orgueil un subtil ignorant
Par d'injustes dégoûts combat toute une pièce,

que pour rimer à *salue*. Enfin les épithètes *furieux*, *vains*, *harmonieux*, ne signifient pas grand'chose ou du moins sont bien froides... Despréaux a voulu peindre, et il répand en effet des couleurs; mais c'est du coloris qu'il fallait, et le vrai coloris consiste uniquement dans les accessoires bien choisis. » *Condillac*, II, 121, liv. II, chap. 1 (il omet, on le voit, de parler des vers 57 et 58).

Un accessoire, répond Clément, est bien choisi quand il renforce le trait principal et qu'il augmente la vérité d'un tableau. *Rimeur furieux* est très bien, parce qu'il caractérise d'abord l'espèce de *fureur* d'un homme toujours possédé du démon de la rime, qui se rend importun à tout le monde, et pousse la frénésie au point de courir après ceux qui passent dans la rue, pour leur réciter ses vers... *De ses vains écrits lecteur harmonieux*, n'est pas une circonstance inutile; c'est un nouveau coup de pinceau très convenable à ces rimeurs toujours en extase sur leurs vers, et qui, pour donner de l'importance à leurs bagatelles, affectent une déclamation sonore et harmonieuse (M. Amar fait aussi cette remarque)... *Dans la rue* n'est point inutile non plus, il achève l'image et fixe davantage les yeux du lecteur sur la scène qu'on lui présente; car ce tableau est une véritable scène...

Ce n'est pas dans une promenade ou dans un lieu retiré que ce rimeur furieux va arrêter les passans pour leur réciter ses vers; c'est au milieu du bruit et de l'embarras des rues. Cela est beaucoup plus ridicule. Mais Boileau pousse le ridicule de ce rimeur encore plus loin; ce n'est pas assez qu'il vous poursuive dans *la rue* : il vous recherche (v. 57 et 58) jusque dans les églises... La gradation est parfaite, et prétendre que ce n'est pas là du coloris, mais des couleurs répandues sans choix, c'est se boucher les yeux pour ne pas voir... *Clément, Lett.* IX, p. 98 à 100.

[1] *V. E.* Dans quelques éditions modernes, telles que 1821, S.-S.; 1821, 1824 et 1828, Am.; 1825, Daun. et Aug.; 1826, Mart., on a supprimé ici, et peut-être mal-à-propos, l'alinéa...

« Je vous l'ai déjà dit... » C'est au chant 1, v. 192, p. 188.

[2] Boileau disait à ce sujet, qu'il y avait quelquefois autant d'entêtement de la part du critique que de la part de l'auteur. *Bolœana*, p. 52. — Conseil excellent; car un sot fait souvent changer les beautés en sottises. *Le Brun*.

Blâme des plus beaux vers la noble hardiesse. [1]
On a beau réfuter ses vains raisonnemens :
Son esprit se complaît dans ses faux jugemens; [2]
Et sa faible raison, de clarté dépourvue,
Pense que rien n'échappe à sa débile vue.
Ses conseils sont à craindre ; et, si vous les croyez, [3]
Pensant fuir un écueil, souvent vous vous noyez. [4]

 Faites choix d'un censeur solide et salutaire,
Que la raison conduise et le savoir éclaire, [5]
Et dont le crayon sûr d'abord aille chercher
L'endroit que l'on sent faible, et qu'on se veut cacher. [6]

---

[1] Vers 63 et 64. On a vu (ép. VII, v. 24, p. 88) que leurs rimes ont été critiquées par Mermet.

[2] Vers 62 à 66. Molière (*Misanthrope*, acte II, sc. 5) avait dit :

> Depuis que dans la tête il s'est mis d'être habile,
> Rien ne touche son goût tant il est difficile !
> Il veut voir des défauts à tout ce qu'on écrit,
> Et pense que louer n'est pas d'un bel esprit,
> Que c'est être savant que trouver à redire ;
> Qu'il n'appartient qu'aux sots d'admirer et de rire ;
> Et qu'en n'approuvant rien des ouvrages du temps,
> Il se met au-dessus de tous les autres gens.

[3] V. O. 1674 à 1682. Si vous *le* croyez.

[4] Rosel de Beaumont, on l'a dit (p. 176, note du vers 47), observe que le mot *noyez* est ici bien placé.

[5] Vers 71 et 72. Horace, liv. II, ép. II, v. 109, 110.

> At qui legitimum cupiet fecisse poema,
> Cum tabulis animum censoris sumet honesti.

[6] V. E. Texte de 1674 à 1713, et non pas *qu'on veut se cacher*, comme on lit dans une édition de 1809. Quoique M. de S.-S. ait relevé cette faute, en 1823, on l'a encore commise dans quelques éditions, telles que 1826, Mar., 1829, B. ch...

Vers 73 et 74. On ne blesserait jamais dans ses compositions ni la langue, ni le goût, ni les bienséances, si l'on exerçait une critique aussi délicate et aussi sévère en revoyant ses propres ouvrages, qu'en examinant les produc-

Lui seul éclaircira vos doutes ridicules;
De votre esprit tremblant lèvera les scrupules.
C'est lui qui vous dira par quel transport heureux,
Quelquefois dans sa course un esprit vigoureux,
Trop resserré par l'art, sort des règles prescrites,
Et de l'art même apprend à franchir leurs limites. [1]   80

tions d'autrui, surtout de ses rivaux. Mais cette sagacité n'a encore été donnée à aucun écrivain, puisqu'il n'en existe pas un seul auquel on ne puisse reprocher des fautes et des redondances, ou des négligences de style dans un travail de longue haleine. Cette observation explique le grand sens du conseil ci-dessus de Boileau... *Maury*, tome I, page *iv*.

[1] V. 1674 à 1682... LES *limites*...

Méchant vers, tant pour la rude inversion que pour l'équivoque. *Desmarets*, 107. — *Les limites* semblaient en effet se rapporter à l'ART plutôt qu'aux RÈGLES. La substitution de LEURS à *les* a fait disparaître cette équivoque. *Bross.* — Ainsi voilà une correction faite d'après l'avis de Desmarets (nous en citons plusieurs au tome I, Essai, n° 162).

Quand il y a, dit La Harpe (*Lyc.*, 1820, I, 12, *Introduct.*), tel ordre de beautés où l'on ne peut atteindre qu'en commettant telle faute, quel est alors le calcul de la raison et du goût? C'est de voir si les beautés sont de nature à faire oublier la faute; et dans ce cas il n'y a pas à balancer... C'est le sens de ces vers. — Remarquez, dit-il ailleurs, cette expression *de l'art même*.... En effet, la raison qui a dicté tous les préceptes de l'art sait bien qu'elle ne saurait prévoir tous les cas sans aucune exception; et comme le premier de tous les principes est d'atteindre le but où ils tendent tous, qui est de plaire, c'est la raison, c'est l'*art* qui prescrit au talent de proportionner l'application des règles à ce premier dessein, d'en mesurer l'importance, et sacrifier ce qui en a le moins à ce qui en a le plus. C'est ainsi que d'*heureux téméraires* savent *plier* quelquefois les règles, non pas parce qu'ils les méprisent, mais parce qu'ils les connaissent. » *Lyc.*, VI, 274.

Boileau, dit Louis Racine, était bien persuadé qu'on devait obéir aux règles, mais il ne regardait pas cette obéissance comme un esclavage. C'est souvent pour mieux faire qu'on s'écarte des règles... *De la poésie naturelle*, *Acad. des inscr.*, XV, 201.

M. Andrieux (*Journ. pol.*, p. 130) fait des remarques à-peu-près semblables à celles de La Harpe et de Louis Racine, et il ajoute : « Ceux qui affectent de dédaigner les règles se flattent peut-être de passer pour des génies

Mais ce parfait censeur se trouve rarement :
Tel excelle à rimer qui juge sottement;
Tel s'est fait par ses vers distinguer dans la ville,
Qui jamais de Lucain n'a distingué Virgile. [1]

    Auteurs, prêtez l'oreille à mes instructions.   85
Voulez-vous faire aimer vos riches fictions?
Qu'en savantes leçons votre muse fertile
Partout joigne au plaisant le solide et l'utile. [2]
Un lecteur sage fuit [3] un vain amusement,
Et veut mettre à profit son divertissement. [4]   90
    Que votre âme et vos mœurs, peintes dans vos [5] ouvrages,
N'offrent jamais de vous que de nobles images.

---

créateurs, faits pour servir eux-mêmes de modèles, mais il n'y a point de génie à braver les lois du sens commun. »

[1] Vers 82 à 84. Il s'agit de P. Corneille, disent l'éditeur d'Amsterdam (1701), Brossette, Dumonteil, Souchay, Saint-Marc, et MM. Daunou, Amar, etc... Et, observe Dubois-Fontanelle (II, 326), il n'y avait pas malheureusement moins de vérité que de satire dans ce jugement. — L'éditeur du Boileau classique a le premier douté que Boileau eût voulu désigner Corneille, parce qu'il n'en aurait pas dit simplement qu'il s'était fait distinguer dans la *ville*... Mais qu'opposer à ce passage d'Huet? « Le grand Corneille m'a avoué, non sans quelque peine et quelque honte, qu'il préférait Lucain à Virgile. » *Origines de Caen*, 1706, 366, chap. XXIX.

[2] On a déjà parlé (p. 236, note du vers 289) du sens de *plaisant*... Horace, *Art poétique*, vers 343.

    Omne tulit punctum qui miscuit utile dulci ;
    Lectorem delectando pariterque monendo.

Vers 83, 84, 87 et 88. Même rime répétée à deux vers de distance; c'est une négligence. *Boil. class.*

[3] Méchante césure. *Desmarets*, 107; *Pradon*, R., 97.

[4] Vers 89 et 90. Ils font des assonnances à l'hémistiche. *Nasse*, 148.

Dans ces deux vers Boileau a bien saisi la nuance qui existe entre *amusement* et *divertissement*... *Roubaud*, I, 81.

[5] V. 1674 à 1698. Peints *dans tous*... (il est question de cette variante au tome I, *Essai*, n° 116, et au tome IV, lett. 3 juill. 1703).

Je ne puis estimer ces dangereux auteurs
Qui de l'honneur, en vers, infâmes déserteurs, [1]
Trahissant la vertu sur un papier coupable, [2]   95
Aux yeux de leurs lecteurs rendent le vice aimable. [3]
  Je ne suis pas pourtant de ces tristes esprits
Qui, bannissant l'amour de tous chastes écrits,
D'un si riche ornement veulent priver la scène,
Traitent d'empoisonneurs et Rodrigue et Chimène.   100
L'amour le moins honnête, exprimé chastement,
N'excite point en nous de honteux mouvement.
Didon a beau gémir, et m'étaler ses charmes;
Je condamne sa faute en partageant ses larmes. [4]
Un auteur vertueux, dans ses vers innocens,   105
Ne corrompt point le cœur en chatouillant les sens :
Son feu n'allume point de criminelle flamme.
Aimez donc la vertu, nourrissez-en votre âme :
En vain l'esprit est plein d'une noble vigueur;

---

[1] L'honneur, en vers, est fort plaisant. *Pradon*, R., 97... Ne vaut rien du tout. *Desmarets*, 108.

Déserteurs, expression très belle au figuré. *Féraud*.

[2] Le papier est fort innocent, c'est celui qui écrit qui est coupable. *Pradon et Desmarets*, ib. (*Voy*. la note suiv.).

[3] Vers 93 à 96. Les contes de La Fontaine. *Bross.* — Ainsi Boileau aurait traité d'*infâme* un de ses amis, et de son vivant! MM. Amar et Daunou repoussent, avec raison, l'*indication* injurieuse de Brossette. « Un sentiment si bas, observe le premier, ne peut avoir inspiré de si beaux vers... » Ajoutons que l'*indication* de Brossette paraît, si l'on peut s'exprimer ainsi, un digne pendant de son anecdote sur la boule noire donnée par La Fontaine, pour l'exclusion de Furetière, anecdote dont on montrera la fausseté au tome III, article de ses erreurs, n° 45.

[4] Vers aimable et voisin du sentiment. *Le Brun*.

Vers 97 à 104. Ils concernent Nicole qui avait fait un traité contre la comédie. *Bross.* — On pourrait trouver singulier que cette critique d'un Nicole ait été supprimée au *Boileau classique* et à celui *de la jeunesse*.

Le vers se sent toujours des bassesses du cœur.[1] 110
  Fuyez surtout, fuyez ces basses jalousies,
Des vulgaires esprits malignes frénésies.
Un sublime écrivain n'en peut être infecté;
C'est un vice qui suit la médiocrité.
Du mérite éclatant cette sombre rivale 115
Contre lui chez les grands incessamment cabale,
Et, sur les pieds en vain tâchant de se hausser,
Pour s'égaler à lui, cherche à le rabaisser.[2]
Ne descendons jamais dans[3] ces lâches intrigues :
N'allons point à l'honneur par de honteuses brigues.[4]
  Que les vers ne soient pas votre éternel emploi.
Cultivez vos amis, soyez homme de foi :[5] 122
C'est peu d'être agréable et charmant dans un livre,
Il faut savoir encore et converser et vivre.[6]

---

[1] Vérité immortelle, rendue d'une manière sublime. *Le Brun.* — Beau vers, sorti tout fait d'une âme essentiellement vertueuse. *M. Amar.*

[2] Peinture aussi piquante que vraie ; chaque mot tend à l'image, et ils sont placés d'autant mieux qu'il n'y en a pas un seul qui vise à l'ambition d'un beau vers. *Le Brun.*

[3] *Descendre dans* n'est heureux ni pour l'harmonie ni pour le français : j'aimerais mieux : Ne descendons jamais à ces, etc. *Le Brun.*—MM. Amar et Planche sont du même avis, tandis que M. Fontanier soutient que « *dans* a ici une énergie que n'aurait pas *à*... Il fait entendre qu'on ne va pas seulement jusqu'aux intrigues, mais qu'on y entre, qu'on s'y *implique*, s'il faut le dire, qu'on y prend une part très active. »

[4] Vers 111 à 120. Il paraît que c'est de ce portrait de la médiocrité que Racine avait été frappé (tome IV, lett. du 3 juin 1672).

[5] On dit homme *sans foi*, ou *de peu de foi* ; on ne dit point homme *de foi* : l'usage admet l'un et rejette l'autre. Néanmoins J.-B. Rousseau a dit aussi : d'une *foi* mâle revêtu.... *Féraud.*

[6] Vers 123 et 124. *Savant* serait, je crois, préférable à *charmant*, parce qu'il amènerait avec une certaine grâce ce joli vers, qui peint l'homme du monde et le poète aimable, *Il faut savoir*, etc. *Le Brun.*

Travaillez pour la gloire, et qu'un sordide gain
Ne soit jamais l'objet d'un illustre écrivain.
Je sais qu'un noble esprit peut, sans honte et sans crime,
Tirer de son travail un tribut légitime;
Mais je ne puis souffrir ces auteurs renommés,
Qui, dégoûtés de gloire et d'argent affamés,   130
Mettent leur Apollon aux gages d'un libraire,
Et font d'un art divin un métier mercenaire.[1]

Avant que la raison, s'expliquant par la voix,
Eût instruit les humains, eût enseigné des lois,
Tous les hommes suivaient la grossière nature,   135
Dispersés dans les bois couraient à la pâture :
La force tenait lieu de droit et d'équité;
Le meurtre s'exerçait avec impunité.
Mais du discours enfin l'harmonieuse adresse[2]
De ces sauvages mœurs adoucit la rudesse,   140
Rassembla les humains dans les forêts épars,
Enferma les cités de murs et de remparts,
De l'aspect du supplice effraya l'insolence,
Et sous l'appui des lois mit la faible innocence.

Imitat. de Boil... M. Brifaut, *Conseils d'une femme à un jeune savant:*

> Dans votre cabinet étendu sur un livre,
> Quoi que l'on puisse apprendre, on n'apprend point à vivre;
> Le monde en instruit seul : et pour un tel savoir,
> Il faut un peu moins lire, il faut un peu plus voir, etc.

Vers 121 à 124. On montrera au tome III (art. des Erreurs, n° 45), qu'ils ne concernent point La Fontaine, comme Brossette l'a prétendu fort mal-à-propos.

[1] Nous avons indiqué au tome I (*Essai*, n° 138) la restriction que Boileau mettait à ce qu'il dit dans les vers 125 à 132; et nous croyons avoir prouvé ailleurs (tome III, art. des Erreurs, n° 46), qu'ils ne sont point relatifs à Corneille, comme l'a encore prétendu Brossette.

[2] Ce dernier hémistiche est très heureux. *Le Brun.*

Cet ordre fut, dit-on, le fruit des premiers vers.   145
De là sont nés ces bruits reçus dans l'univers,
Qu'aux accens dont Orphée emplit[1] les monts de Thrace,
Les tigres amollis dépouillaient leur audace;
Qu'aux accords d'Amphion les pierres se mouvaient,
Et sur les murs thébains en ordre s'élevaient.   150
L'harmonie en naissant produisit ces miracles.
Depuis, le ciel en vers fit parler les oracles;[2]
Du sein d'un prêtre ému d'une divine horreur,
Apollon par des vers exhala sa fureur.[3]
Bientôt, ressuscitant les héros des vieux âges,   155
Homère aux grands exploits anima les courages.[4]

[1] *Emplit....* il est question de cette expression au tome I, sat. VIII, note du vers 108.

[2] *Le ciel en vers....* Quelle césure! et comment l'auteur veut-il s'ériger en païen, disant que le ciel fit parler en vers les oracles, puisque ces oracles étaient de l'enfer, et non du ciel? *Desmarets*, 109. — Critique très juste, dit *Chapat*, p. 83.

Malgré cette censure, Gâcon (ép. XV) imita ces vers :

> Après avoir par eux fait de si grands miracles,
> Le ciel voulut en vers prononcer ses oracles...

[3] Desmarets (p. 109) et Saint-Marc trouvent le vers 153 trop dur, parce qu'on y rencontre quatre fois la même consonne (*du, d'un, d'une, di*), ce qui n'est bon que dans un vers imitatif. — Il nous semble au contraire que l'auteur a voulu exprimer avec force l'horreur, la fureur, et qu'il y a réussi (c'est aussi le sentiment de M. de S.-S.).

[4] Boileau, par la beauté de ce vers, a consacré au pluriel *les courages*. *Courage* au singulier serait moins large, et ferait bien moins d'effet. Corneille l'avait cependant employé au pluriel avec succès. *Le Brun*. — C'est sans doute à ce vers de Cinna (acte I, sc. 3) que Le Brun fait allusion :

> Dont j'ai cité les morts pour aigrir les courages.

Voltaire (*Comment., ib.*) ayant critiqué cet emploi du pluriel, Clément (*Lett.* VI, p. 261) répondit qu'on s'en était servi et qu'on pouvait s'en servir encore, et cita le vers ci-dessus, de l'*Art poétique*, et le vers 34, du chant VI du

Hésiode à son tour, par d'utiles leçons,
Des champs trop paresseux vint hâter les moissons.[1]
En mille écrits fameux la sagesse tracée
Fut, à l'aide des vers, aux mortels annoncée;   160
Et partout des esprits ses préceptes vainqueurs,
Introduits par l'oreille, entrèrent dans les cœurs.[2]
Pour tant d'heureux bienfaits, les Muses révérées,
Furent d'un juste encens dans la Grèce honorées;
Et leur art, attirant le culte des mortels,   165
A sa gloire en cent lieux vit dresser des autels.

Lutrin. Il eût été plus simple de rapporter ces vers de Voltaire lui-même (*Mort de César*, acte II, scène 2):

> Vous que j'ai vus périr, vous, immortels courages,
> Héros, dont en pleurant, j'aperçois les images.

M. Amar cite ainsi les mêmes vers (sans doute de mémoire, car notre leçon est, d'après une note que nous devons à l'obligeance de M. Beuchot, dans toutes les éditions de Voltaire, depuis 1735, jusqu'à sa mort) :

> . . . . Héros, dont les images
> A ce devoir pressant excitent nos courages.

[1] L'auteur, dans ces deux vers, mesure sagement son style à l'objet dont il parle; il ne s'élève ni trop ni trop peu. *Le Brun.*
[2] Vers 137 à 162. En partie imités d'Horace, *Art poét.*, v. 391 et suiv.

> Silvestres homines sacer, interpresque deorum
> Cædibus et victu fœdo deterruit Orpheus,
> Dictus ob hoc lenire tigres rabidosque leones:
> Dictus et Amphion, thebanæ conditor arcis,
> Saxa movere sono testudinis, et prece blanda
> Ducere quo vellet. Fuit hæc sapientia quondam,
> Publica privatis secernere, sacra profanis;
> Concubitu prohibere vago; dare jura maritis;
> Oppida moliri; leges incidere ligno.
> Sic honor et nomen divinis vatibus atque
> Carminibus venit. Post hos insignis Homerus,
> Tyrtæusque mares animos in martia bella
> Versibus exacuit. Dictæ per carmina sortes,
> Et vitæ monstrata via est.........

Mais enfin l'indigence amenant la bassesse,
Le Parnasse oublia sa première noblesse.
Un vil amour du gain, infectant les esprits,
De mensonges grossiers souilla tous les écrits;   170
Et partout, enfantant mille ouvrages frivoles,
Trafiqua du discours, et vendit les paroles.[1]

Ne vous flétrissez point par un vice si bas.[2]
Si l'or seul a pour vous d'invincibles appas,
Fuyez ces lieux charmans qu'arrose le Permesse :   175
Ce n'est point sur ses bords qu'habite la richesse.
Aux plus savans auteurs, comme aux plus grands guerriers,
Apollon ne promet qu'un nom et des lauriers.

Mais quoi! dans la disette une muse affamée
Ne peut pas, dira-t-on, subsister de fumée;   180
Un auteur qui, pressé d'un besoin importun,
Le soir entend crier ses entrailles à jeun,
Goûte peu d'Hélicon les douces promenades :
Horace a bu son soûl quand il voit les Ménades,[3]

---

[1] *Trafiqua du discours*, etc... Pensée exprimée noblement, sans sortir de la simplicité requise. *Le Brun.*

Vers 167 à 172. Imitation habile d'une idylle de Saint-Geniez.... *Saint-Marc; Marmontel, Encycl.,* III, 161, mot *poétique*. — M. Daunou doute, avec raison, que Boileau ait profité des vers latins (ils sont dans Saint-Marc) assez médiocres de Saint-Geniez.

[2] *Se flétrir par un vice...!* étrange façon de parler. *Desmarets,* 110.

[3] Vers 181 à 184. Imités de Juvénal, sat. VII, v. 59 à 62.

. . . . Neque enim cantare sub antro
Pierio, thyrsumve potest contingere sana
Paupertas, atque æris inops, quo nocte dieque
Corpus eget. Satur est, quum dicit Horatius EUÆ!

Le soir, entend crier, etc. Malgré la beauté de l'expression latine *eget*, il n'est personne qui ne sente combien le français est supérieur. *M. Fabre*, note 10.

Et, libre du souci qui trouble Colletet,
N'attend pas, pour dîner, le succès d'un sonnet.
　Il est vrai : mais enfin cette affreuse disgrâce
Rarement parmi nous afflige le Parnasse.
Et que craindre en ce siècle, où toujours les beaux-arts
D'un astre favorable éprouvent les regards,　　　190
Où d'un prince éclairé la sage prévoyance
Fait partout au mérite ignorer l'indigence ?[1]
　Muses, dictez sa gloire à tous vos nourrissons :
Son nom vaut mieux pour eux que toutes vos leçons.
Que Corneille, pour lui rallumant son audace,　　　195
Soit encor le Corneille et du Cid et d'Horace ;
Que Racine, enfantant des miracles nouveaux,
De ses héros sur lui forme tous les tableaux ;[2]
Que de son nom, chanté par la bouche des belles,
Benserade en tous lieux amuse les ruelles ;[3]　　　200

A bu son soûl, expression de la populace. *D'Açarq*, p. 41. — Elle est trop peu noble. *MM. Daunou* et *Planche.*

[1] Vers 187 à 192. Boileau a développé la même idée dans la satire 1re (*Il est vrai*, etc., v. 81 à 84 ; tome I) et dans l'épître 1re (*Est-il quelque vertu*, etc., v. 153 à 158, p. 20 et 21); et, dit M. de S.-S., avec des couleurs toujours variées, *toujours habilement assorties.* — Mais ce dernier éloge ne peut, ce me semble, être appliqué au quatrain de la satire 1re, qui me paraît bien inférieur aux beaux vers de l'épître 1re.

[2] Vers 195 à 198. *Que Corneille, pour lui* ne me semble pas heureux, d'autant que l'on trouve après, *Que Racine*, etc., *sur lui* forme, etc... Et *sur lui* ainsi placé provoque un peu l'équivoque ; est-ce sur Racine ? est-ce sur Louis XIV ? *Le Brun.* — Il nous semble, au contraire, que lorsqu'on lit ce couplet de suite on n'y aperçoit pas la plus légère équivoque.

[3] Voilà un de ces mots qui font voir les changemens que la mode introduit dans le langage... Il y a long-temps qu'il n'est plus question de *ruelles* ; aujourd'hui c'est de boudoirs, etc. * *La Harpe, Lyc.*, IV, 142. — On

* Il semble que La Harpe n'ait pas bien connu l'acception ancienne de *ruelles :*

Que Segrais dans l'églogue en charme les forêts;[1]
Que pour lui l'épigramme aiguise tous ses traits.
Mais quel heureux auteur, dans une autre Énéide,
Aux bords du Rhin tremblant conduira cet Alcide?[2]
Quelle savante lyre au bruit de ses exploits,   205
Fera marcher encor les rochers et les bois;
Chantera le Batave, éperdu dans l'orage,
Soi-même[3] se noyant pour sortir du naufrage;
Dira les bataillons sous Mastricht enterrés,

pourrait dire la même chose de la réputation de Benserade parvenue à son apogée au temps de l'Art poétique; vingt-cinq ans après, Boileau ne parlait de lui que pour le critiquer (préface de 1701 et sat. xii, v. 30, au tome I, et *Bolœana*, p. 92). — Il déclara même plus d'une fois, que si dans le temps qu'il fit imprimer sa poétique, les rondeaux de Benserade eussent paru, il n'aurait eu garde de parler de lui avec éloge à la fin du ive chant. *Ménagiana*, III, 211.

[1] Les églogues de Segrais, selon D'Alembert (II, 83, 84), écrites d'un style traînant et faible, sont monotones et languissantes, et enfin ne sont plus lues de personne. — La Harpe au contraire (*Lyc.*, 1820, VIII, 73 et suiv.) y trouve du naturel, de la douceur, du sentiment, parfois de l'élégance, et plusieurs vers *parfaits*... Il observe au reste que Boileau dans le vers ci-dessus ne présente pas Segrais comme un modèle; qu'il se borne à le placer au nombre de ceux qu'il exhorte à chanter Louis, et que madame Deshoulières n'ayant pas encore écrit, c'était le meilleur poète bucolique qu'il pût citer... Et D'Alembert (p. 85) convient que les églogues de Segrais avaient eu un succès général.

[2] *Alcide* n'est là que pour rimer, car Alcide n'est point le héros de l'Énéide. *Desmarets*, 108.

Vers 197 à 204. Supprimés au *Boileau de la jeunesse*.

[3] Il faudrait ici *lui-même*.. Nasse, 154 (*voy.*, quant à ces deux expressions, tome I, Disc. au roi, note du vers 23).

ce mot signifiait à-peu-près la même chose que *réduits*, (ch. iv, p. 255, notes), comme on le voit soit à la note du vers 37 de la satire xii; soit dans les ouvrages ou auteurs suivans: Desmarets, p. 78; Roman-Bourgeois, p. 150; Dictionn. de l'Académ., édit. de 1694; Saint-Simon, II, 334, XIII, 105.

Dans ces affreux assauts du soleil éclairés ? [1]

Mais tandis que je parle, une gloire nouvelle
Vers ce vainqueur rapide aux Alpes vous appelle.
Déjà Dôle et Salins [2] sous le joug ont ployé ;
Besançon fume encor sur [3] son roc foudroyé.
Où sont ces grands guerriers dont les fatales ligues   215.
Devaient à ce torrent opposer tant de digues ? [4]

---

[1] V. 209 et 210. Maestricht pris par Louis XIV, en personne, le 29 juin 1673. *Brossette.*

Du soleil éclairés ne me paraît mis que pour la rime ; Boileau avait certainement une intention poétique, mais il ne l'a point exécutée. *Le Brun.*
— Erreur : puisque son intention était d'exprimer que les assauts s'étaient donnés en plein jour. *MM. de S.-S.* et *Fontanier.*

[2] Places de la Franche-Comté prises en plein hiver. *Boil.*, 1713. — Erreur ; ce fut les 6 et 22 juin... Besançon, dont il parle au vers suivant, l'avait été le 15 mai (*Riencourt, Hist. de la monarch. franç.*, 1693, III, 58 et suiv.). — Il est étonnant que Boileau, vu la circonstance que nous rappelons à la note du vers 222, ait, malgré son âge et ses infirmités, commis cette erreur ; et que les réviseurs de son édition, dont l'un (Valincourt) avait vingt-un ans, et l'autre (Renaudot) vingt-huit, en 1674, ne l'aient point aperçue.

[3] *V. E.* et *F. N. R.* Texte de 1674 à 1713, et non pas *fume encor sous son roc*... Cette *légère* bévue, commise dans l'édition de Paris, de 1757, se retrouve dans les suivantes : 1766, 1767, 1768, 1769, 1775, 1782, 1787, 1793, 1800 et 1803, P.; 1770, Barb.; 1777, Cas.; 1777 et 1790, Éc. mil.; 1780, Lon. et Ge.; 1784, Évr.; 1788, 1800, 1815 et 1819, Did. *; 1800, Léviz.; 1808 et 1814, Le Br.; 1809, Dau., in-8 et in-12 ; 1810, Caill., Ray., Chass. et Ly.; 1812, Tu.; 1814, Verd. et Bod.; 1815, Lécr. et Ly.; 1816, Ly. et Avi.; 1817, Thi.; 1818, Coll., Led. et Ny.; 1820, Men.; 1821, 1824 et 1828, Am.; 1822, Del.; 1822 et 1824, Jeun.; 1823, Class., de B., Levr. et Ang.; 1824, Fro. et Rou.; 1824 et 1825, Pl.; 1825, Font. et Aug., in-8 et in-32 ; 1826, Dub., Mart., et Min.; 1828, Thi.; 1829, B. ch., Lec. et A. L., etc., etc..., plus de *soixante* éditions.

[4] *Digues*... Expression très belle au figuré. *Féraud.*

* Cette faute est d'autant plus surprenante dans la superbe édition de 1819, qu'on ne la trouve point dans celles de 1781 et 1789 des mêmes imprimeurs.

Est-ce encore en fuyant qu'ils pensent l'arrêter,
Fiers du honteux honneur d'avoir su l'éviter?¹
Que de remparts détruits! Que de villes forcées!
Que de moissons de gloire en courant amassées!² 220
 Auteurs, pour les chanter, redoublez vos transports :
Le sujet ne veut pas de vulgaires efforts.³

¹ Montécuculli évita le combat (1673), et s'applaudit d'avoir fait une retraite avantageuse. *Bross.*

Si Boileau s'était souvenu de l'endroit où Horace (liv. IV, ode IV, v. 51) fait dire à Annibal

> . . . . quos opimus
> Fallere et effugere est triumphus,

au lieu de dire *fiers du honteux honneur*, il aurait écrit *fier de l'unique honneur*... *Rosel*, p. 17. — M. Amar soutient au contraire que Boileau a fait une application heureuse des paroles d'Annibal. — Voltaire a employé la même expression (*Henriade*, IV, 419, 420) :

> Lâches, qui dans le trouble, et parmi les cabales
> Mettez l'honneur honteux de vos grandeurs vénales.

² Racine a dit depuis (*Iphigénie*, acte V, sc. 2) :

> Songez, seigneur, songez à ces moissons de gloire.

Luneau de Boisjermain demande si l'on peut dire *des moissons de gloire*...? Oui sans doute, répond La Harpe (*Rac., ibid.*), comme on dit *un champ de gloire*, *les palmes de la gloire*, etc.; toutes figures reçues, et qui justifient, par l'analogie, celui qui le premier a trouvé l'expression neuve et poétique *des moissons de gloire*... (mais, on le voit, ce n'est pas Racine, ainsi que La Harpe semble le croire).

³ P. C. O. Dans la première composition l'on passait immédiatement du vers 210 (*Dans ces affreux*, etc.) au vers 223 (*Pour moi* etc.). Les douze vers intermédiaires (211 à 222), ces vers si rapides, si énergiques, si pleins d'enthousiasme, furent composés après l'impression, pour ainsi dire, *currente calamo*, et Boileau ne se livre pas à une fiction poétique lorsqu'il s'écrie dans le premier: *Mais tandis que je parle* etc... Voici nos preuves. 1. L'impression de l'édition in-4° de 1674 fut achevée le 10 juillet (tome I, *Notice bibl.*, § 1, n° 31), et la prise de Salins, citée au vers 213, p. 260, n'avait été annoncée à Paris que le 30 juin (*Gazette de France* de ce jour)...

CHANT IV. 271

Pour moi, qui, jusqu'ici nourri dans la satire,
N'ose encor manier la trompette et la lyre,
Vous me verrez pourtant, dans ce champ glorieux, 225
Vous animer du moins de la voix et des yeux;
Vous offrir ces leçons que ma muse au Parnasse
Rapporta jeune encor, du commerce d'Horace; [1]
Seconder votre ardeur, échauffer vos esprits, [2]

2. Le feuillet où se trouvent ces douze vers est au milieu du volume... 3. Il y a été adapté à l'aide d'un *carton* (nos quatre exemplaires, et ceux des grandes bibliothèques de Paris, ont ce carton).

[1] Au lieu du commerce d'Horace, Brienne a mis sur son exemplaire, du *pillage* d'Horace.

Pourquoi rapporter des leçons au Parnasse, puisque c'est plutôt du Parnasse que les amans de la fable apportent des leçons? Cela n'est pas intelligible. *Desmarets*, 108.

[2] Vers 229 à 236... Dans ce quatrième chant, on voit d'abord qu'ayant perdu le fil et la conduite des préceptes d'Horace, l'auteur tombe en des bassesses continuelles, et dans l'embarras, comme un aveugle qui a perdu son bâton. Après son conte du médecin, qui est si long et si inutile à son sujet (Dussault pense bien différemment, *voy.* p. 252, note), il n'y a rien qui ne marque son désordre. *Desmarets*, 109.

Saint-Marc est du même avis. « Si tout ce que Boileau dit dans ce chant, ajoute-t-il, n'était pas en soi très utile ou très agréable, et n'était pas dit en aussi beaux vers, je ne doute pas que la lecture de ce chant ne fût insoutenable à tous les amateurs de l'ordre. »

On a vu (p. 161 et 163) que Voltaire et D'Alembert font en général l'éloge de l'ordre qui règne dans l'Art poétique : nous croyons pouvoir établir que cet éloge s'applique, quoi qu'en dise Saint-Marc, au quatrième chant comme aux trois premiers.

Boileau y donne des conseils à ceux qui font ou qui veulent faire des vers. Il les engage d'abord à ne pas entrer sans réflexion dans cette carrière, et ensuite, s'ils sont décidés à la parcourir, il leur apprend comment ils doivent travailler et comment ils doivent se conduire; de sorte qu'il sert de guide en même temps à l'écrivain et à l'homme.

1. Il montre qu'il ne faut pas se livrer facilement à l'art des vers, parce qu'il ne souffre pas la médiocrité, quoiqu'il vaille mieux y être exagéré que froid; les éloges qu'on donne aux jeunes écrivains ne doivent pas les séduire;

Et vous montrer de loin la couronne et le prix. 230
Mais aussi pardonnez, si, plein de ce beau zèle,
De tous vos pas fameux observateur fidèle,
Quelquefois du bon or je sépare le faux,
Et des auteurs grossiers j'attaque les défauts;
Censeur un peu fâcheux, mais souvent nécessaire, 235
Plus enclin à blâmer, que savant à bien faire.

et cependant il ne faut pas qu'ils aient confiance en toute espèce de censeur ; à cette occasion Boileau leur fait le portrait d'un censeur véritable.

2. Veulent-ils absolument devenir poètes ? il les exhorte, quant à leurs écrits, à mêler l'agréable à l'utile, à prêcher la vertu, à ne peindre l'amour que comme une faiblesse et non comme une vertu ; et quant à leur conduite, à éviter la jalousie et l'intrigue, à être hommes de bonne société, surtout à ne pas travailler uniquement dans le but d'acquérir de la fortune... Frappé de l'importance de ce dernier précepte, il fait l'histoire de la poésie afin de prouver que c'est un art trop noble pour qu'on le rende vénal. Il est vrai que l'indigence oblige quelquefois le poète à faire argent de ses vers, mais cette extrémité est peu à craindre grâce aux bienfaits de Louis XIV.

Il invite alors les poètes à chanter ce grand monarque.

Mais c'est trop s'arrêter aux critiques d'un Saint-Marc; il vaut mieux citer l'éloge que M. Daunou fait du même chant, dans son excellent discours préliminaire (I, xxvj); éloge que M. Amar approuve et rapporte en entier. « Dans ce dernier chant qui n'est pas le plus riche, et que des idées générales remplissent presque tout entier, un intérêt profond résulte encore de la sagesse des maximes, de la noblesse des sentimens et de la dignité du style....... Le langage de Despréaux y est à-la-fois celui d'un poète et celui d'un homme de bien. »

Vers 236... L'auteur s'est très bien défini lui-même dans ce vers. *Pradon*, R., 100.

LE LUTRIN,

POÈME HÉROÏ-COMIQUE.

OBSERVATIONS

SUR LE LUTRIN CONSIDÉRÉ EN GÉNÉRAL.

I. Dans les premières éditions le Lutrin était qualifié de poème héroïque. Desmarets, p. 83 et 111, observa que ce titre, qui promet de la grandeur et de la majesté, était trop relevé pour le sujet, et qu'il aurait fallu employer celui de poème héroïque-burlesque. En 1701, Boileau mit, poème *héroï-comique*, à l'imitation de la *Secchia rapita*. Ainsi voilà encore une correction faite d'après l'avis de Desmarets. Au reste, Boileau dut d'autant plus y être disposé qu'il avait, dans son premier avis (il est à la suite de ces observations, p. 279), annoncé que son poème était du genre burlesque, ajoutant seulement qu'il s'agissait d'une nouvelle espèce de burlesque, où il faisait parler un horloger et une horlogère comme Didon et Énée, tandis que dans le premier burlesque, Didon et Énée parlaient comme des crocheteurs et des harangères.

II. Desmarets (p. 111) et Sainte-Garde (p. 60) critiquent cette manière de traiter en vers magnifiques un sujet burlesque. « Ce défaut, dit le premier, était réparé en quelque sorte quand Boileau récitait ce poème, par son ton de voix qui avait quelque chose de ridicule : mais l'ouvrage ayant été imprimé, il a paru extravagant... Toute cette raillerie paraît *fade, sans esprit et sans jugement*... Ceux qui avaient approuvé l'ouvrage dans le récit de l'auteur, le méprisent dans la lecture... Les meilleurs de ses amis en ont été confus...

III. Saint-Marc (II, 181) trouve ce jugement outré, mais juste en quelque chose. Selon lui, le Lutrin n'est rien moins qu'un ouvrage parfait et un modèle, et si Boileau n'avait jamais

---

[1] (*Note du Faux titre*). V. O. 1674, in-4°, 1674, gr. in-12, 1675, gr. et pet. in-12, *Lutrin*. — 1674, pet. in-12, 1683 à 1713, *Le Lutrin*.

fait autre chose [1], il est difficile de croire qu'il eût pu jamais prétendre au rang qu'il occupe si légitimement sur le Parnasse...

IV. Pradon (p. 113) s'exprime ainsi sur le Lutrin :

> Mais quoi ce beau Lutrin où son esprit s'égare,
> Cet enfant monstrueux d'un caprice bizarre,
> Où par le *style froid* dont il fut l'inventeur,
> Il trouva le secret de morfondre un lecteur,
> Où l'on voit plus de dieux que l'on n'en vit à Troie,
> De sa veine stérile allonger la courroie ;
> Où par des incidens qu'il pille chez autrui,
> Il tâche d'ennoblir le peu qui vient de lui,
> Et d'un discours bouffi, confus et pédantesque
> Rend Arioste triste et Virgile burlesque. . . .
> Pour finir son poème il forge une bataille,
> Et prenant chez Barbin les armes du combat,
> Achève en arlequin un ouvrage si fat, etc.

V. Écoutons à présent, et il en est temps, écoutons La Harpe (*Lyc.*, VI, 237, 240, 248). « Lorsqu'on a prétendu que Boileau n'avait ni *fécondité*, ni *feu*, ni *verve*, on avait apparemment oublié le *Lutrin*. Il fallait bien quelque *fécondité* pour faire un poème de six chants sur un pupitre remis et enlevé; et si nous avons déjà vu que ses satires même n'étaient point dépourvues de l'espèce de *verve* qu'elles comportaient, combien il a dû en montrer davantage dans une espèce d'ouvrage qui demandait de l'imagination pour construire une machine poétique, et du feu pour l'animer ! Qui jamais, parmi ceux que l'on peut citer comme des connaisseurs, a méconnu l'un et l'autre dans le Lutrin? Tous les agens employés par le poète ont leur destination marquée, et la remplissent en concourant à l'effet général. La fable, pendant cinq chants, est parfaitement conduite. La vérité des caractères et la vivacité des peintures y répandent tout l'intérêt dont un semblable sujet était susceptible, c'est-à-dire, l'amusement qu'on peut prendre à voir de grands débats pour la plus petite chose.

« Mais comment l'auteur a-t-il pu enrichir une matière si stérile, et se soutenir si long-temps avec si peu de moyens?

---

[1] Il en critique surtout, comme on le verra à la note dernière du chant III, les épisodes de la Mollesse et de la Nuit.

Comment a-t il pu faire tant de beaux vers sur une querelle de chapitre? C'est là le miracle de son art; c'est à force de talent poétique; c'est en prodiguant à pleines mains le sel de la bonne plaisanterie, en donnant à tous ses personnages une physionomie vraie et distincte, qu'il est parvenu à transporter le lecteur au milieu d'eux, et à l'attacher par des ressorts qui, dans une main moins habile, auraient manqué d'effet. Tous ses héros ont une figure dramatique, une tête et une attitude pittoresque, et rien n'est plus riche que le coloris dont il les a revêtus.....

« Je me suis un peu étendu sur le Lutrin, parce que cet ouvrage est, avec l'Art poétique, ce qui fait le plus d'honneur à Boileau; c'est un de ceux où la perfection de la poésie française a été portée le plus loin, enfin celui où l'auteur a été plus poète que dans tous les autres. Il n'en existait point de modèle. Qu'est-ce, en comparaison, que le Combat des rats et des grenouilles, si peu digne d'Homère, et le *Sceau enlevé* de Tassoni, production si médiocre et si froidement prolixe? Le seul défaut de ce chef-d'œuvre, c'est que le sixième chant ne répond pas aux autres : il est tout entier sur le ton sérieux, et la fiction y change de nature. »

VI. *N. B.* Le Brun (note 1, p. 348) développe cette dernière proposition, mais il ajoute que la versification de ce même chant est très belle et très soutenue.

La Harpe renouvelle ces éloges dans une dissertation où il compare la Boucle de Cheveux enlevée au Lutrin (*Lyc.*, XIV, 361 et suiv.). Nous en rapportons plusieurs fragmens dans les notes de ce dernier poème.

VII. « On reproche, dit Jaucourt, on reproche à Boileau de manquer d'imagination, mais où la voit-on plus brillante, plus riche et plus féconde, que dans son poème du Lutrin, ouvrage bâti sur la pointe d'une aiguille, comme le disait M. de Lamoignon? C'est un château en l'air qui ne se soutient que par l'art et la force de l'architecte. On y trouve le génie qui crée, le jugement qui dispose, l'imagination qui enrichit, la verve qui anime tout, et l'harmonie qui répand les grâces ». *Encyclop.*, mot *satire*.

VIII. Batteux (III, 158), à qui Jaucourt a emprunté une partie de cette remarque, fait sentir ailleurs (II, 102 et suiv.) avec beaucoup de détails les beautés du Lutrin, de sa composition, etc.

IX. Le principal mérite du Lutrin, observe Palissot (*OEuvres*, III, 429), le charme de cet ouvrage, qu'on croirait impossible s'il n'existait pas, c'est que d'un bout à l'autre il est écrit avec cette perfection toujours soutenue dont Racine et Boileau s'étaient réservé le secret. C'est le véritable style de l'épopée uni à la plaisanterie la plus exquise, et d'autant plus piquante qu'elle est toujours avouée de la raison. On voit que, jusqu'en ses saillies, Boileau était fidèle à ce précepte que son excellent goût lui avait dicté : « Rien n'est beau que le vrai, etc. »

X. Boileau, dit M. de Féletz (*Mélanges*, II, 388), n'est pas moins admirable, lorsque avec un pupître placé et déplacé, et les rivalités d'un chantre et d'un trésorier, il dispose une fable poétique, invente des accessoires heureux, associe le merveilleux aux exploits du chanoine Evrard et du sacristain Boirude; et emploie ainsi, dans ces burlesques débats, tous les ressorts d'une grave épopée ; que lorsque, dans un poème plus sérieux et plus utile, il découvre les secrets et dicte les nobles leçons de l'art dans lequel il est un si grand maître... « Le Lutrin, ajoute-t-il (p. 393), indépendamment d'une conception féconde et d'une riche imagination, offre toujours une admirable perfection de style... »

XI. On vient de voir que ce n'est pas seulement la richesse de la poésie, mais encore l'invention qu'on admire dans le Lutrin. Il semble que Brossette ait cherché à enlever à Boileau ce mérite. Mais, si telle a été son intention, il a tout-à-fait manqué son but, car, comme nous le montrerons ailleurs (tome III, art. de ses erreurs, n°s 23, etc.), presque tout ce qu'il avance au sujet des faits qui ont donné lieu au poème, est démenti par des actes, ou est contraire à toute vraisemblance.

AU LECTEUR. [1]

Je ne ferai point ici comme Arioste, [2] qui quelquefois sur le point de débiter la fable du monde la plus absurde, la garantit vraie d'une vérité reconnue, et l'appuie même de l'autorité de l'archevêque Turpin. [3] Pour moi, je déclare franchement que tout le poème du Lutrin n'est qu'une pure fiction, et que tout y est inventé, jusqu'au nom même du lieu où l'action se passe. Je l'ai appelé Pourges, [4] du nom d'une petite chapelle qui était autrefois proche de Montlhéry. [5] C'est pourquoi le lecteur ne doit pas s'étonner que, pour y arriver de Bourgogne, la Nuit prenne le chemin de Paris et de Montlhéry. [6]

---

[1] *V. E.* Titre de l'avis placé avant le Lutrin dans les éditions de 1674, in-4°, et 1674 et 1675, pet. in-12 (*id.*, 1674, Dur., et 1675 A.). On le trouve, dit M. de S.-S., dans les éditions *antérieures* à 1683... C'est une erreur : on l'a supprimé dans celles de 1674 et 1675 (à l'aide d'une coupure, de sorte qu'il manque quatre pages), gr. in-12 (*id.*, à 1677, El., et 1680, A).

[2] *V. E.* Texte de 1674 et 1675, pet. in-12, et de Bross., Dumont. et Souchay, 1735. Celui-ci, le premier (et non Brossette, comme le dit M. de S.-S.), a mis l'Arioste dans son édition de 1740, ce qu'ont fait aussi plusieurs modernes.

[3] Auteur, à ce qu'on croyait, de l'histoire fabuleuse des actions de Charlemagne et de Roland. *Bross.*

[4] Le P de Pourges est naturel dans l'avis de 1674, in-4°, parce qu'il a été réimprimé. (*Voy.* note 6, et note du vers 3, ch. 1.)

[5] V. E. Texte de 1674 et 1675, et non pas *proche Montlhéry* (ce nom y est écrit sans *t*), comme dans quelques éditions, telles que 1815, Did., 1821 et 1824, Am.; 1825, Daun. et Aug.; 1826, Mar...

[6] Il résulte des recherches que MM. les maire et curé de Montlhéry ont bien voulu faire, en 1826, qu'il n'a jamais existé dans les environs, de chapelle ni de hameau nommé Pourges. Desmarets en admettait cependant l'existence, mais c'est probablement parce que cela lui fournissait l'occasion d'une critique (*même note* du v. 3). Peut-être Boileau, qui avait d'abord placé la scène de son poème à Bourges, ville où était une sainte chapelle, craignit-il quelque réclamation des chanoines berruyers, et eut-il alors l'idée de supposer une chapelle dont le nom se rapprochât de Bourges, afin de s'épargner l'embarras de

C'est une assez bizarre occasion qui a donné lieu à ce poëme. Il n'y a pas long-temps que, dans une assemblée où j'étais, la conversation tomba sur le poëme héroïque. Chacun en parla suivant ses lumières. A l'égard de moi, comme on m'en eut demandé mon avis, je soutins ce que j'ai avancé dans ma poétique : qu'un poëme héroïque, pour être excellent, devait être chargé de peu de matière, et que c'était à l'invention à la soutenir et à l'étendre. La chose fut fort contestée. On s'échauffa beaucoup; mais, après bien des raisons alléguées pour et contre, il arriva ce qui arrive ordinairement en toutes ces sortes de disputes : je veux dire qu'on ne se persuada point l'un l'autre, et que chacun demeura ferme dans son opinion. La chaleur de la dispute étant passée, on parla d'autre chose, et on se mit à rire de la manière dont on s'était échauffé sur une question aussi peu importante que celle-là. On moralisa fort sur la folie des hommes qui passent presque toute leur vie à faire sérieusement de très grandes bagatelles, et qui se font souvent une affaire considérable d'une chose indifférente. A propos de cela un provincial raconta un démêlé fameux, qui était arrivé autrefois dans une petite église de sa province, entre le trésorier et le chantre, qui sont les deux premières dignités de cette église, pour savoir si un lutrin serait placé à un endroit ou à un autre. La chose fut trouvée plaisante. Sur cela un des savans de l'assemblée, qui ne pouvait pas oublier sitôt la dispute, me demanda si moi qui voulais si peu de matière pour un poëme héroïque, j'entreprendrais d'en faire un[1] sur un démêlé aussi peu chargé d'incidens que celui de cette église. J'eus plus tôt dit, pourquoi non? que je n'eus fait réflexion sur ce qu'il me demandait. Cela fit faire un éclat de rire à la compagnie, et je ne pus m'empêcher de rire comme les autres, ne pensant pas en effet moi-même que je dusse jamais me mettre en état de tenir parole. Néanmoins le

---

refaire plusieurs vers dans lesquels était ce nom, parce qu'il pourrait le changer en Pourges, à l'aide d'un grattage (*même note*). Cela l'obligea par là même, à changer son avis primitif, ce qu'il fit pendant le tirage de l'édition de 1674, in-4° (il y est sur un carton).

[1] Voilà peut-être ce qui induisit Boileau à donner d'abord au Lutrin le titre inexact de *poëme héroïque*.

soir me trouvant de loisir, je rêvai à la chose, et ayant imaginé en général la plaisanterie que le lecteur va voir, j'en fis vingt vers que je montrai à mes amis. Ce commencement les réjouit assez. Le plaisir que je vis qu'ils y prenaient m'en fit faire encore vingt autres : ainsi de vingt vers en vingt vers, j'ai poussé enfin l'ouvrage à près de neuf cents. [1] Voilà toute l'histoire de la bagatelle que je donne au public. J'aurais bien voulu la lui donner achevée; mais des raisons très secrètes,[2] et dont le lecteur trouvera bon que je ne l'instruise pas, m'en ont empêché.[3] Je ne me serais pourtant pas pressé de le donner imparfait, comme il est, n'eût été les misérables fragmens qui en ont couru.[4] C'est un burlesque nouveau, dont je me suis avisé en notre[5] langue : car, au lieu que dans l'autre burlesque, Didon et Énée parlaient comme des harangères et des crocheteurs, dans celui-ci une horlogère et un horloger[6] parlent comme Didon et Énée. Je ne sais donc si mon poème aura les qualités propres à satisfaire un lecteur; mais j'ose me flatter qu'il aura au moins l'agrément de la nouveauté, puisque je ne pense pas qu'il y ait d'ouvrage de cette nature en notre langue; *la Défaite des bouts-rimés*[7] de Sarasin étant plutôt une pure allégorie, qu'un poème comme celui-ci.

[1] V. E. Texte de 1674 et 1675. Brossette et presque tous les autres éditeurs mettent neuf cents *vers*... Au reste, en comptant les vers supprimés dans la suite, les quatre premiers chants qui parurent alors, avaient 844 vers.

[2] V. E. Texte de 1674 et 1675... On a mis mal-à-propos *très secrètes, dont* (sans *et*) aux éditions citées à note 5, p. 277.

[3] Le poème n'était pas achevé : voilà la vraie raison. *Bross.*

[4] Nous en parlons au tome I, *Not. bibl.*, § 1, n° 31.

[5] V. E. Texte de 1674 et 1675, et non pas *dans notre*, comme on lit dans plusieurs des éditions citées à note 5, p. 277.

[6] On verra dans les notes du poème, qu'en 1701, il les remplaça par un perruquier et une perruquière.

[7] Ou *Dulot vaincu*, poème en quatre chants. *Bross.*

AVIS AU LECTEUR. [1]

Il serait inutile maintenant de nier que le poème suivant a été composé à l'occasion d'un différend assez léger, qui s'émut dans une des plus célèbres églises de Paris, entre le trésorier et le chantre; mais c'est tout ce qu'il y a de vrai. Le reste, depuis le commencement jusqu'à la fin, est une pure fiction; et tous les personnages y sont non-seulement inventés, mais j'ai eu soin même de les faire d'un caractère directement opposé au caractère de ceux qui desservent cette église, dont la plupart, et principalement [2] les chanoines, sont tous gens, non-seulement d'une fort grande probité, mais de beaucoup d'esprit, et entre lesquels il y en a tel à qui je demanderais aussi volontiers son sentiment sur mes ouvrages, qu'à beaucoup de messieurs de l'Académie. [3] Il ne faut donc pas s'étonner si personne n'a été offensé de l'impression de ce poème, puisqu'il n'y a en effet personne qui y soit véritablement attaqué. Un prodigue ne s'avise guère de s'offenser de voir rire d'un avare, ni un dévot de voir tourner en ridicule un libertin. Je ne dirai point comment je fus engagé à travailler à cette bagatelle sur une espèce de défi, qui me fut fait

---

[1] Titre donné en 1701 à la dernière partie de la préface générale des éditions de 1683 à 1698, partie que Boileau en détacha alors (tome I, préface IV, à la fin) pour en faire un avertissement particulier qu'il plaça à la tête du Lutrin. Quoiqu'on ait suivi cet exemple dans les éditions de Brossette, et dans plusieurs autres que nous désignons à la note 3 de la page 283, on y a réimprimé à la fin, toute la même préface générale. Il résulte de là que dans ces éditions, la dernière partie de la préface générale est imprimée deux fois; et ce qu'il y a de plus singulier encore, publiée avec diverses fautes (elles sont indiquées aux notes suivantes) dans la réimpression.

[2] V. E. Texte de 1683 à 1713, et non point *particulièrement*, comme on le dit dans les éditions dont nous venons de parler.

[3] Il est question de cet éloge hyperbolique et de circonstance, au tome III, art. des Erreurs de Brossette, n° 36.

AVIS AU LECTEUR.

en riant par feu Monsieur [1] le premier président de Lamoignon,[2] qui est celui que j'y peins sous le nom d'Ariste. Ce détail, à mon avis, n'est pas fort nécessaire. Mais je croirais me faire un trop grand tort si je laissais échapper cette occasion d'apprendre à ceux qui l'ignorent, que ce grand personnage, durant sa vie, m'a honoré de son amitié. Je commençai à le connaître dans le temps que mes satires faisaient le plus de bruit; et l'accès obligeant qu'il me donna dans son illustre maison fit avantageusement mon apologie contre ceux qui voulaient m'accuser alors de libertinage et de mauvaises mœurs. C'était un homme d'un savoir étonnant, et passionné admirateur de tous les bons livres de l'antiquité; et c'est ce qui lui fit plus aisément souffrir mes ouvrages, où il crut entrevoir quelque goût des anciens. Comme sa piété était sincère, elle était aussi fort gaie, et n'avait rien d'embarrassant. Il ne s'effraya point [3] du nom de satires que portaient ces ouvrages, où il ne vit en effet que des vers et des auteurs attaqués. Il me loua même plusieurs fois d'avoir purgé, pour ainsi dire, ce genre de poésie de la saleté qui lui avait été jusqu'alors comme affectée. J'eus donc le bonheur de ne lui être pas désagréable. Il m'appela à tous ses plaisirs et à tous ses divertissemens, c'est-à-dire à ses lectures et à ses promenades. Il me favorisa même quelquefois de sa plus étroite confidence, et me fit voir à fond son âme entière. Et que n'y vis-je point! Quel trésor surprenant de probité et de justice! Quel fonds inépuisable de piété et de zèle! Bien que sa vertu jetât un fort grand éclat au-dehors, c'était toute [4] autre chose au-dedans; et on voyait bien qu'il avait soin d'en tempérer les rayons, pour ne

---

[1]. V. O. 1683 et 1685 (*id.* 1683, 1685, 1686, 1688, 1689, A.). Feu *monseigneur.*

[2] *V. O.* 1683 (et ses réimpressions), *de Lamognon.*

[3] *F. N. R.* Texte de 1683 à 1713. Dans son double emploi de cet avis (*voy.* note 1, p. 282), Brossette met *ne s'effraya pas*, ce qui a été répété à 1717, 1718, 1721, 1722, 1729, 1735, 1743 et 1749 A; 1724, Gen.; 1726, Bill.; 1735, 1740 et 1745, Souch., etc.

[4] V. Texte des éditions originales, à l'exception de 1701, in-12, où (peut-être est-ce une erreur typographique) on a mis *tout autre*, comme il faudrait à présent.

pas blesser les yeux d'un siècle aussi corrompu que le nôtre. Je fus sincèrement épris de tant de qualités admirables; et s'il eut beaucoup de bonne volonté pour moi, j'eus aussi pour lui une très forte attache. Les soins que je lui rendis ne furent mêlés d'aucune raison d'intérêt mercenaire; et je songeai bien plus à profiter de sa conversation que de son crédit. Il mourut dans le temps que cette amitié était en son plus haut point; et le souvenir de sa perte m'afflige encore tous les jours. Pourquoi faut-il que des hommes si dignes de vivre soient sitôt enlevés du monde, tandis que des misérables et des gens de rien arrivent à une extrême vieillesse! Je ne m'étendrai pas davantage sur un sujet si triste : car je sens bien que si je continuais à en parler, je ne pourrais m'empêcher de mouiller peut-être de larmes la préface d'un ouvrage de pure plaisanterie.[1]

ARGUMENT.[2]

Le trésorier remplit la première dignité du Chapitre dont il est ici parlé, et il officie avec toutes les marques de l'épiscopat. Le chantre remplit la seconde dignité. Il y avait autrefois dans le chœur, à la place de celui-ci,[3] un énorme pupitre ou lutrin qui le couvrait presque tout entier; il le fit ôter. Le trésorier voulut le faire remettre. De là arriva une dispute qui fait le sujet de ce poème.

[1] V. O. 1683 à 1698, la préface d'*un livre de satires et de plaisanteries*.
[2] Cet argument n'est que dans les éditions de 1713.
[3] *V. E.* Texte de 1713. Brossette, sans doute pour plus de clarté, a mis *devant la place du chantre...*, et cette leçon a été reproduite dans presque toutes les éditions suivantes.

Dessiné par L. P. Garnier. Gravé par F. Garnier.

L'ENFANT tire; et Brontin
Est le premier des noms qu'apporte le destin.
Chant I. Vers au in.

J. J. Blaise Libraire, Quai des Augustins.

LE LUTRIN

POÈME HÉROÏ-COMIQUE

CHANT PREMIER

Je chante les combats
Qui, par ses longs
Dans une illustre

P. V. O. 1674 a 1698.
Observations sur le Lutrin
Fragm. de 1673,
ridicule qu'on y met aussi
Vers 1 et 2. Ils ont
du premier. Brienne
Ces vers sont la plus
que le prélat ne
épithètes de *terrible*
Brun. — D'autant
longs travaux, ce
un chœur... Quant
Erreurs, n° 33.
⁴ Fragm. de 1673,
V. 1674,
cant, mais, on l'a déjà dit
connus, fit gratter la bouche
du P, ce qui
P. O. ou
quatre points,
Pour
habitudes les plus

LE LUTRIN,

POÈME HÉROÏ-COMIQUE.[1]

CHANT PREMIER.

Je chante les combats,[2] et ce prélat terrible
Qui, par ses longs travaux et sa force invincible,[3]
Dans une illustre église[4] exerçant son grand cœur,

---

[1] V. O. 1674 à 1698. *Poème héroïque.* On a parlé de ce changement aux observations sur le Lutrin (n° 1, p. 275).

[2] Fragm. de 1673, page 13... Je chante *le pupitre;* leçon d'autant plus ridicule qu'on y met aussi, au quatrième vers, *un lutrin.*

[3] Vers 1 et 2. Ils ont deux *et;* il aurait mieux valu *de* (de ce prélat) au lieu du premier. *Brienne.*

Ces vers sont la plus heureuse parodie du début d'un poème épique. C'est parce que le prélat ne combat point assez, que Boileau a su employer ces deux épithètes de *terrible* et d'*invincible* : elles deviennent une espèce d'ironie. *Le Brun.* — D'autant plus que, selon l'observation judicieuse de M. Amar, ces *longs travaux,* cette *force invincible* se réduisent à faire placer un pupitre dans un chœur... Quant à l'original de ce personnage, *voy.* tome III, article des Erreurs, n° 33.

[4] Fragm. de 1673, *ibid.* Dans *la Sainte-Chapelle.*

V. 1674, in-4°. On avait d'abord imprimé *dans Bourges autrefois exerçant :* mais, on l'a déjà dit (note 6, p. 279, 280), Boileau, par des motifs inconnus, fit gratter la boucle inférieure (cela se reconnaît dans nos exemplaires) du B, ce qui changea *Bourges* en *Pourges.*

V. O. ou *E.* Dans les éditions suivantes on ne mit qu'un P.... suivi de quatre points, disent Brossette et divers éditeurs. C'est une erreur. On lit *Pourges* tout au long (*idem,* aux vers 18 et 190; et au ch. III, v. 24) dans les éditions les plus rapprochées de l'in-4°, c'est-à-dire dans les petits in-12

Fit placer à la fin un lutrin dans le chœur.[1]
C'est en vain que le chantre, abusant d'un faux titre, 5
Deux fois l'en fit ôter par les mains du chapitre :
Ce prélat, sur le banc de son rival altier,
Deux fois le reportant, l'en couvrit tout entier.[2]

de 1674 et de 1675, et dans des exemplaires de la suivante (le grand in-12 de 1674 : tome I, *Notice bibl.*, § 1, n°⁵ 35 à 37). Pendant le tirage de celle-ci parut *la Défense*, etc., de Desmarets (*ib.*, § 2, n° 12), où il tournait en ridicule le choix de Pourges, observant (p. 111 et 112) qu'il n'y avait dans ce village ni cordeliers, ni minimes, ni libraires, ni palais, ni flots de plaideurs... Il fut aisé d'écarter cette critique sans avoir recours à la méthode embarrassante et coûteuse des cartons ; il suffit d'enlever de la forme les dernières lettres de Pourges et d'y substituer des points (un de nos exemplaires de 1674, in-12, a en effet *Pourges*, et un autre P....), et on le pratiqua aussi dans le grand in-12 de 1675 (en 1682, on mit P***).

Quelque minutieuses que soient ces remarques, nous n'avons pas cru devoir les omettre, soit parce qu'elles apprennent à bien connaître les éditions originales et leurs dates, soit parce qu'elles prouvent combien Boileau était empressé à déférer aux avis de la critique lorsqu'il les trouvait fondés.

[1] *V. O.* 1674 à 1682 (dix éditions, dont cinq originales), *dans* un *chœur*. — Ayant désigné alors, dans le vers précédent, un village (Pourges), il ne pouvait pas mettre *dans* le *chœur*, comme il a pu le faire dans la suite, lorsqu'il a substitué *une église* au village.

Vers 3 et 4. Deux *dans* mal placés. Il fallait mettre au lieu du premier, *à* Pourges autrefois. *Brienne*.

Vers 1 à 4. On n'a pas assez observé le caractère du poème héroï-comique. Il a le grand avantage de la variété, et souvent le charme de la surprise ; il s'élève par moment à la pompe héroïque, pour retomber par une chute inattendue, dans le comique du sujet ; mais cette chute doit être inattendue, sans disparate, et c'est là la grande difficulté de ce genre de poème. Les quatre premiers vers du Lutrin en sont un modèle parfait... Les trois premiers sont dignes de l'épopée sérieuse ; le quatrième ramène le lecteur étonné au comique du sujet. Cette composition est une sorte d'espièglerie, si j'ose parler ainsi, et de moquerie continuelle, par laquelle le poète trompe à-la-fois et amuse notre curiosité. *Delille, Énéide*, liv. 1, note 6.

[2] Vers 5 à 8. V. 1674 à 1682 (dix éditions), il y avait :

> En vain deux fois le chantre, abusant d'un faux titre,
> Contre ses hauts projets arma tout le chapitre :

Muse, redis-moi donc¹ quelle ardeur de vengeance,
De ces hommes sacrés² rompit l'intelligence,
Et troubla si long-temps deux célèbres rivaux :
Tant de fiel entre-t-il dans l'âme des dévots ! ³
  Et toi, fameux héros,⁴ dont la sage entremise
De ce schisme naissant débarrassa l'Église,

> Ce prélat généreux, aidé d'un horloger,
> Soutint jusques au bout l'honneur de son clocher.

Le *ses* du second vers était équivoque et se rapportait plutôt au chantre qu'au prélat. *Saint-Marc.* — C'est probablement ce qui détermina Boileau à refaire ces vers comme ils sont au texte, sauf le premier qui, de 1683 à 1698, se lisait ainsi :

> C'est en vain que le chantre appuyé d'un vain titre.

Et non pas d'un *faux* titre, comme le dit un éditeur moderne. On fit sans doute observer à Boileau que *en vain* et *vain*, ne produisaient pas un son agréable, et c'est en effet la remarque de Rosel de Beaumont, dont les critiques, quoique postérieures, ont été rédigées sur une édition antérieure à 1701. Alors Boileau refit pour la seconde fois le même vers tel qu'il est au texte.

Original prétendu de ce personnage, et erreur de Brossette à ce sujet..... *Voy.* tome III, art. des Erreurs, n° 32.

¹ Virgile (*Én.*, I, 12) : Musa mihi causas memora.

² Hémistiche non marqué. *Clément.* (Il est cité à p. 181, note 1.)

³ Virgile (*ib.*, v. 15) : Tantæne animis cœlestibus iræ ?

Comparons la traduction de Delille au vers 12 ci-dessus,

> Tant de fiel entre-t-il dans les âmes des dieux !

Au reste, Delille (note déjà citée) dit lui-même que dans le vers 12, Boileau a heureusement imité Virgile.

Vers 1 à 12. On ne peut rien voir de plus poétique que ces douze premiers vers. Il n'y a pas une épithète oiseuse. *M. Andrieux, Cours.*

⁴ M. le premier président de Lamoignon. *Boil.*, 1713.

Héros ne devait point être dans cet hémistiche, le vers précédent finissant par *dévots*... *Brienne.* (On parlera du sens ancien du mot *héros*, au chant VI, note du vers 141).

P. C. D'après Brossette : *Et toi, grand Lamoignon.* — *Id.* D'après les Fragmens de 1673, p. 13 : *Illustre Lamoignon.*

Viens d'un regard heureux animer mon projet, [1]   15
Et garde-toi de rire en ce grave sujet. [2]

Parmi les doux plaisirs d'une paix fraternelle,
Paris[3] voyait fleurir son antique chapelle : [4]
Ses chanoines vermeils et brillans de santé, [5]
S'engraissaient d'une longue et sainte oisiveté. [6]   20

[1] P. C. Ou plutôt leçon inepte des mêmes Fragmens de 1673, *ibid.*

Viens *anoblir* ma muse en ce *noble* projet.

[2] Vers 15 et 16. Déjà la malice de l'auteur espère que vous lui désobéirez; et, pour mieux exciter votre rire, il vous le défend : c'est le secret des bons plaisans, de qui la mine tranquille et sévère contraste avec les paroles bouffonnes s'échappant de leurs lèvres, et qui se gardent bien d'émousser le trait de leurs saillies en vous promettant de vous égayer. La chute du vers de Boileau trompe l'attente que vous causaient les vers précédens ; et ce tour, qui vous étonne, est, comme l'a remarqué le spirituel Delille, *une sorte d'espièglerie qui vous divertit par une surprise très favorable à l'effet de ce poème.* On goûte un plaisir plus vif de la variété des tons qu'il a droit de prendre. *M. Lemercier*, IV, 148 (on a cité le passage de Delille à la note du vers 4, p. 286).

[3] V. 1674 à 1682. Pourges; P...; P*** (p. 286, note du vers 3).

[4] P. C. *Le calme fleurissait dans la sainte chapelle ;* mais cela ne désignait pas assez la Sainte-Chapelle de Paris. *Bross.*

[5] Le vrai poète, dit Clément (*Lett.* IX, p. 303), sait peindre les objets de la nature, ou ceux qu'a créés son imagination, par des épithètes qui les caractérisent d'une manière si vraie et si frappante, et qui les distinguent si bien de tout autre objet, qu'ils fixent à jamais notre attention et notre souvenir. Qui est-ce qui peut oublier dans Boileau *les chanoines vermeils et brillans de santé ?*..... Il cite également les épithètes par lesquelles Boileau caractérise la cruche et le prélat (v. 124 et 167), le pupitre (ch. III, v. 39), les cloches (ch. IV, v. 1), la disette, une barrière, une génisse, des agneaux effrayés (ch. V, v. 41, 105, 117, 181), un orateur intimidé (ch. VI, v. 171).

[6] *S'engraissaient* etc. ; ce vers est admirable. *Le Brun.*

S'engraissaient *d'une longue et sainte...* méchante césure, car deux épithètes ne doivent point être coupées par le repos du vers. *Desmarets*, 112.—Boiste (*Traité de la versification*, art. 1, § 8) donne une règle tout-à-fait différente, et cite précisément le même vers comme ayant une *bonne* césure. Mais tel n'est point l'avis de Clément qui au contraire, on l'a dit (p. 181, note du

CHANT I.

Sans sortir de leurs lits, plus doux que leurs hermines,[1]
Ces pieux fainéans[2] faisaient chanter matines,
Veillaient à bien dîner, et laissaient en leur lieu
A des chantres gagés le soin de louer Dieu :[3]
Quand la Discorde encor toute noire de crimes,[4]   25
Sortant des Cordeliers pour aller aux Minimes,[5]
Avec cet air hideux qui fait frémir la Paix,[6]

vers 106, ch. 1, *Art poét.*), loue Boileau d'avoir supprimé ici l'hémistiche pour rompre la monotonie du vers alexandrin.

Harmonie imitative... Le premier de ces deux vers est riant, et l'autre est lent et paresseux. *Jaucourt*, *Encyclop.*, mot *poétique*; *Batteux*, IV, 150.

[1] Bon vers. *Brienne.*—*Plus doux que leurs hermines* est charmant. *Le Brun.* — Despréaux a su en quelque sorte obliger la rime à lui donner le vers le plus agréable et le plus propre à peindre la mollesse des chanoines... *Clément*, *Lett.* IX, p. 95.

[2] Ne pourraient-ils pas (les chanoines) vous appeler (Boileau) *fainéant*, *impie*, vous qui n'avez aucun emploi dans le monde, et qui par vos ouvrages semblez affecter de passer pour impie?... *Sainte-Garde*, 59.

[3] Parmi les peintures du Lutrin que La Harpe indique comme excellentes, sont, celles des chanoines (vers 17 à 24); de l'alcôve (vers 57 à 64); de Boirude (vers 218 à 235); du séjour de la Mollesse (ch. II, vers 99 à 204); des habits du chantre (ch. IV, vers 43 à 48)... *Lyc.*, XIV, 367.

[4] Le premier hémistiche de ce vers est bien dur. Le second a excité l'enthousiasme de Clément à un tel point que ce seul hémistiche lui paraît (*Lett.* IX, p. 26 à 28) infiniment supérieur aux six vers dans lesquels Voltaire (*Henr.*, I, 61 à 66) fait le portrait de la Discorde :

> Ce monstre impétueux, sanguinaire, inflexible,
> De ses propres sujets est l'ennemi terrible :
> Aux malheurs des mortels il borne ses desseins;
> Le sang de son parti rougit souvent ses mains ;
> Il habite en tyran dans les cœurs qu'il déchire ;
> Et lui-même il punit les forfaits qu'il inspire.

[5] Il y eut de grandes brouilleries dans ces deux couvents à l'occasion de quelques supérieurs qu'on y voulait élire. *Boil.*, 1713. — C'est dans les couvents qu'il fait siéger la Discorde. Il la fait sortir des Cordeliers, pour aller où?... aux Minimes. C'est puisé dans la nature. *M. Andrieux*, *Cours*.

[6] *L'air hideux* qui fait *frémir la paix!* Galimatias. *Brienne.*

S'arrêta près d'un arbre au pied de son palais. [1]
Là, d'un œil attentif, contemplant son empire,
A l'aspect du tumulte, elle-même s'admire.   30
Elle y voit par le coche et d'Évreux et du Mans,
Accourir à grands flots ses fidèles Normands; [2]
Elle y voit aborder le marquis, la comtesse,
Le bourgeois, le manant, le clergé, la noblesse; [3]
Et partout des plaideurs les escadrons épars   35
Faire autour de Thémis flotter ses étendards.
Mais une église seule, à ses yeux immobile, [4]
Garde au sein du tumulte une assiette tranquille : [5]
Elle seule la brave; elle seule aux procès
De ses paisibles murs veut défendre l'accès.   40
La Discorde, à l'aspect d'un calme qui l'offense,

---

[1] P. C. Près *du mai dans la cour* du Palais. *Bross.* — C'est l'arbre que plantent chaque année les clercs de la Basoche. *Id.* — Il en est fait mention dans une assemblée du chapitre (9 juillet 1687). B. S.

Au pied de son palais, c'est-à-dire du Palais-de-Justice : L'allégorie est très piquante. *Clément*, Lett. VII, p. 72.

[2] *Mans* n'est là que pour rimer avec *Normands;* on ne vient point de la Normandie par le Maine. *Brienne.* — *Fidèles Normands...* épithète piquante et qu'aucune autre ne pourrait remplacer. *Le Brun* (M. Amar fait à-peu-près la même remarque).

[3] 1° *Manant...* Terme trop bas... 2° Il ferait beau voir arriver le clergé et la noblesse de France en *coche!*... 3° Ces mots ne se peuvent pas dire ainsi au singulier, parce qu'ils enferment en leur idée un pluriel, c'est-à-dire une grande quantité de gens. *Un clergé* ne va pas seul comme un marquis et une comtesse. *Brienne.* — La seconde partie de cette critique paraît encore plus plaisante lorsqu'on pense à la caste et aux prétentions du censeur (Brienne était gentilhomme et voulait devenir évêque).

[4] *Eglise immobile...* Comment ferait-on pour qu'elle ne le fût pas? *Brienne.*

[5] *Au sein du tumulte* ne s'est jamais dit. On peut bien dire *au sein de la paix*, parce que la paix figure un lieu calme et paisible ; mais le tumulte, donnant une idée toute contraire, ne peut avoir de *sein*, mot qui se prend toujours en bonne part. *Brienne.*

Fait siffler ses serpens, s'excite à la vengeance : 1
Sa bouche se remplit d'un poison odieux,
Et de longs traits de feu lui sortent par les yeux. 2

Quoi! dit-elle, d'un ton qui fit trembler les vitres,
J'aurai pu jusqu'ici 3 brouiller tous les chapitres, 4
Diviser Cordeliers, Carmes et Célestins ! 5
J'aurai fait soutenir un siège aux Augustins ! 6
Et cette église seule, à mes ordres rebelle,
Nourrira dans son sein une paix éternelle!

---

[1] Racine (*Andromaque*, 1667, acte V, sc. 5.) avait déjà dit :

Pour qui sont ces serpens qui sifflent sur vos têtes..?

Le vers de Boileau n'est pas moins imitatif, dit *Clément, Nouv. obs.*, 395. — Mais on verra au Traité du Sublime (tome III, ch. 13) qu'il n'a pas été aussi heureux que son ami dans la traduction du vers d'Euripide où Racine a puisé le sien. Quoi qu'il en soit, Voltaire (*Henriade*, IV, 146) a pris le premier hémistiche de Boileau :

Fait siffler ses serpens, et lui parle en ces mots...

Autres remarques sur le vers 42. Harmonie imitative... La répétition de ces *s* qu'on n'articule qu'avec une sorte de sifflement semble rendre celui des serpens; et c'est parce qu'elle peint, pour ainsi dire, à l'oreille, qu'elle produit un bon effet. *Dubois-Fontanelle*, I, 325.

Voici des *s* bien employées. *S'excite*, qui est extrêmement heureux, n'était pas facile à rencontrer; mettez *anime* à sa place, et tout le charme de la pensée est perdu. *Le Brun.* — Il est évident que c'est *le mérite de l'harmonie imitative* du vers qui disparaîtrait dans le changement supposé; et que le *charme de la pensée* (s'il y a toutefois *un charme* ici dans la pensée) y est indépendant du choix des termes. *M. Amar, Monit.*, 28 mars 1808.

[2] Vers 41 à 44. Quelle poésie dans ce portrait! *M. Andrieux, Cours.*

[3] P. C. O. 1673, p. 14. J'aurai pu *dans Paris*...

[4] Belle tirade. *Brienne.* — *Qui fit trembler les vitres* est plaisant; qui fit trembler les voûtes, par exemple, ne dirait rien; la difficulté de la rime ajoute encore au sens. *Le Brun.*

[5] Ces divisions donnèrent lieu à un arrêt, en 1667. *Bross.*

[6] En 1658... Brossette en fait l'histoire. — P. Henry (p. 3) s'irrite de ce que Boileau ose rappeler ces divisions et ces rébellions de moines. — Il y en eût pourtant à ce *siège*, dit Brossette, quatre de tués ou blessés.

Suis-je donc la Discorde? et, parmi les mortels,
Qui voudra désormais encenser mes autels?[1]

A ces mots, d'un bonnet couvrant sa tête énorme,
Elle prend d'un vieux chantre et la taille et la forme,
Elle peint de bourgeons son visage guerrier,
Et s'en va de ce pas trouver le trésorier.

Dans le réduit obscur d'une alcôve enfoncée
S'élève un lit de plume à grands frais amassée :
Quatre rideaux pompeux, par un double contour,
En défendent l'entrée à la clarté du jour.[2]   60
Là, parmi les douceurs d'un tranquille silence,

---

[1] Virgile, liv. I, v. 52. *Boil.*, 1713 (les éditeurs de 1713 ont mis le renvoi de cette note au vers 55 qui n'y a aucun rapport).

. . . . Et quisquam numen Junonis adoret
Præterea, aut supplex aris imponat honorem?

Vers 25 à 52. Toute la fiction de la Discorde est prise de l'Arioste, qui dit aussi qu'elle fut trouvée parmi des moines qui tenaient un chapitre. *Desmarets*, 113.

Rien de plus juste, et de plus naturellement placé que l'épisode de la Discorde : on sait qu'elle règne dans une église comme dans un camp, parmi des prêtres et des moines comme parmi des généraux d'armée; et lorsqu'on lui entend tenir dans le *Lutrin* le même langage à-peu-près qu'elle tiendrait dans l'*Iliade*, lorsqu'on la voit *encor toute noire de crimes, sortir des Cordeliers pour aller aux Minimes*, ce rapprochement des extrêmes, cette manière ingénieuse de nous faire sentir que les grandeurs sont relatives et que les passions égalisent tous les intérêts; cette manière, dis-je, qui est le grand art de La Fontaine, rend l'intervention de la Discorde dans les démêlés d'un chapitre aussi plaisante qu'elle est juste. On est agréablement surpris de retrouver dans la bouche de cette fière divinité les mêmes discours qu'elle a coutume de tenir dans les grands poèmes, et de l'entendre parler d'une querelle de chanoines, comme Junon, dans l'*Énéide*, parle de la guerre de Troie et de la fondation de l'empire romain : *Suis-je donc la Discorde*, etc... *Marmontel, Encyclop.*, II, 765, mot *parodie*.

[2] Vers 57 à 60. Ces détails étaient presque impossibles à rendre en poésie; Boileau a triomphé de tous les obstacles. *Le Brun*.

Règne sur le duvet une heureuse indolence.[1]
C'est là que le prélat, muni d'un déjeuner,
Dormant d'un léger somme, attendait le dîner.[2]
La jeunesse en sa fleur brille sur son visage :
Son menton sur son sein descend à double étage;
Et son corps, ramassé dans sa courte grosseur,
Fait gémir les coussins sous sa molle épaisseur.[3]

[1] Vers divinement jeté : c'est la perfection de la chose. *Le Brun.*
[2] P. C., 1673, p. 15., *D'un* profond *somme...*

Vers 57 à 64. Bon. *Brienne.* — Boileau a choisi tous les mots de cette description de manière qu'il n'y a pas une seule syllabe qui fasse assez de bruit pour réveiller le prélat qui dort. *La Harpe, Lyc.*, VI, 243. — Remarque un peu recherchée, mais ingénieuse. *M. Andrieux, Cours.*

[3] Vers 65 à 68. *Molle épaisseur...* Galimatias... Si *molle épaisseur* se rapportait à *coussins* cela ne serait pas mal ; mais alors il eût fallu mettre *leur molle épaisseur* et s'expliquer d'une autre manière. Mais se rapportant à *prélat*, on ne sait ce que le poète veut dire ; outre que *sa* courte grosseur et *sa* molle épaisseur font un fort méchant effet aux yeux des connaisseurs. *Brienne.*

La Harpe (*voy.* la note du vers 152) et Auger (note 4) font au contraire l'éloge de ce portrait comme étant le triomphe de l'art et de l'artiste... Ne serait-il pas permis, ajoute le dernier, de trouver dans ces mots *courte grosseur, molle épaisseur*, une sorte de rondeur et de volume très propre à figurer l'embonpoint du personnage?

Vers 57 à 68. Une épithète, dit Marmontel, qui dans le style ne contribue à donner à la pensée, ni plus de beauté, ni plus de force, ni plus de grâce, est un mot parasite : *obstat quidquid non adjuvat*, c'est un principe universel qu'il ne faut jamais perdre de vue dans l'usage des épithètes... » Il rapporte ensuite ces douze vers et il ajoute : « Dans ce modèle de la versification française, on voit qu'aucune des *épithètes* n'était absolument nécessaire au sens, mais qu'il n'y en a pas une qui n'ajoute à l'image. » *Encyclop.*, III, 670, mot *épithète.*

Ce tableau, dit Dubois-Fontanelle au sujet des mêmes vers, est un modèle d'élégance et de gaîté... Tout en est agréable, plein d'idées et d'images ingénieuses rendues de la manière la plus piquante. On y voit un poète qui s'égaie, et qui cherche seulement à être plaisant, en traitant en grand de petits objets, en déployant les grands ressorts de l'épopée sur un procès trivial. *Cours*, II, 220.

La déesse en entrant, qui voit la nappe mise, [1]
Admire un si bel ordre, et reconnaît l'Église, [2] 70
Et, marchant à grands pas vers le lieu du repos,
Au prélat sommeillant, elle adresse ces mots :

Tu dors, prélat, tu dors! et là-haut à ta place, [3]
Le chantre aux yeux du chœur étale son audace,
Chante les ORÉMUS, fait des processions, 75
Et répand à grands flots les bénédictions!
Tu dors! attends-tu donc que, sans bulle et sans titre,
Il te ravisse encor le rochet et la mitre?
Sors de ce lit oiseux qui te tient attaché,
Et renonce au repos, ou bien à l'évêché. [4] 80

Elle dit : et du vent de sa bouche profane,
Lui souffle avec ces mots l'ardeur de la chicane.
Le prélat se réveille, et, plein d'émotion,
Lui donne toutefois la bénédiction. [5]

---

[1] Saint-Marc et, d'après lui, Féraud trouvent ce vers mauvais parce qu'il fallait « la déesse qui voit en entrant. » Mais voyez p. 169, note du vers 4, la réflexion de Le Brun sur une inversion semblable.

[2] V. 1674 à 1701. *Et reconnaît L'****. — Mais qui est-ce qui n'aurait pas suppléé le mot, surtout en voyant ce L' avec une apostrophe? Il me semble que cette réticence paraissant affectée annonçait plus de malignité que le mot lui-même (on revient sur ce point à la note du vers 186)... Au reste, le mot *église* qui déjà était aux Fragmens de 1673, p. 15, fut bientôt rétabli par les éditeurs étrangers (1697, 1701, 1707 et 1708, A.), ce qui enhardit probablement à l'insérer dans l'édition posthume de 1713.

« Cette idée, dit Dubois-Fontanelle (II, 220), cette idée satirique et plaisante à-la-fois, reste dans l'esprit du lecteur, qui suit la déesse malfaisante depuis la salle à manger jusque dans la chambre à coucher.. »

[3] Désignation de lieu expliquée au tome I, Essai, n° 21.

[4] Vers 76 et 80. Erreurs de Brossette, *voy*. tome III, n°s 25 et 26.

Vers 79. Le dernier hémistiche est un peu dur, mais quelle vérité dans cette peinture! *M. Andrieux, Cours.*

[5] Cela est impie. *Brienne.* — Le mot *bénédiction*, ainsi répété en rime,

Tel qu'on voit un taureau, qu'une guêpe en furie
A piqué dans les flancs aux dépens de sa vie; [1]
Le superbe animal, agité de tourmens, [2]
Exhale sa douleur en longs mugissemens : [3]
Tel le fougueux prélat, que ce songe épouvante,
Querelle en se levant et laquais et servante; [4]
Et, d'un juste courroux rallumant sa vigueur,

ne fait qu'une plaisanterie de plus. *Le Brun.* — Un religieux, Sanlecque (satire II, vers 119), moins scrupuleux que Brienne, a imité ce passage.

> Le saint rempli de joie et d'admiration
> Donne à ce consommé sa bénédiction.

[1] Vers 85 et 86... Vie, furie... Rimes d'écolier. *Desmarets*, 113; *Brienne.* Virgile, *Géorgiques*, IV, v. 236 à 238.

> Illis ira modum supra est, læsæque venenum
> Morsibus inspirant, et spicula cæca relinquunt
> Affixæ venis, animasque in vulnere ponunt.

Critique de cette comparaison, et petit manège de Brossette. *Voy.* tome IV, lett. des 28 mai 1703 et 13 décembre 1704.

J.-J. Rousseau (*Verger des Charmettes*) a dit :

> Semblables en leur rage à la guêpe maligne
> De travail incapable, et de secours indigne,
> Qui ne vit que de vols et dont enfin le sort
> Est de faire du mal en se donnant la mort.

[2] L'épithète *superbe* ne convient pas à un taureau qui est un animal pesant et triste. *Desmarets*, 113; *Brienne.* — Ces critiques n'avaient sans doute vu que des *bœufs* de labourage... Ils auraient dû au moins lire la peinture que fait Virgile (*Géorg.*, III, 217) du taureau.

[3] Vers imitatif, parce que le dernier hémistiche a un son très prolongé. Qu'on essaie de le changer ainsi :

> Exprime sa douleur par ses mugissemens.

C'est la même idée; mais ce n'est pas la même harmonie, ni par conséquent la même image. La seule différence de sons fait donc un mauvais vers d'un vers excellent. *Clément, Nouv. obs.*, 393 (on trouvera au chant III, note du vers 159, des remarques d'Auger sur le même vers imitatif).

[4] Cela n'est guère noble de faire quereller une *servante* par un évêque, qui n'en doit point avoir, selon les canons. *Brienne.*

Même avant le dîner, parle d'aller au chœur.[1]
Le prudent Gilotin, son aumônier fidèle,[2]
En vain par ses conseils sagement le rappelle;
Lui montre le péril; que midi va sonner; 95
Qu'il va faire, s'il sort, refroidir le dîner.

Quelle fureur, dit-il, quel aveugle caprice,
Quand le dîner est prêt, vous appelle à l'office?
De votre dignité soutenez mieux l'éclat :
Est-ce pour travailler que vous êtes prélat?[3] 100
A quoi bon ce dégoût et ce zèle inutile?
Est-il donc pour jeûner quatre temps ou vigile?
Reprenez vos esprits, et souvenez-vous bien
Qu'un dîner réchauffé ne valut jamais rien.[4]

Ainsi dit Gilotin; et ce ministre sage 105

---

[1] Vers 90 à 92. M. Lemercier (IV, 75), après avoir fait l'éloge de la vérité des portraits du Lutrin, dit au sujet de ces vers : A ce trait, déjà l'on croirait le poète hors du caractère, s'il n'eût fait pressentir auparavant quelle est la fougueuse humeur de ce bon ecclésiastique, en parodiant ainsi le vers connu de Virgile, *Tant de fiel*, etc.

[2] On parle de l'original prétendu de ce personnage, au tome III, art. des Erreurs de Brossette, n° 35.

[3] Cela est plaisamment dit. *Brienne* (*voy*. la note du vers 34, p. 290).

[4] Bon. *Brienne.*

Ce vers est devenu proverbe, tant il est bien saisi. *Le Brun.*

Vers 97 à 104. Boileau dans ces vers ramène (*voy*. la note du vers 92) le prélat, conformément à ses mœurs, au pieux soin de sa personne, grâce aux conseils d'un aumônier son obéissant acolyte... Outre les expressions (vers 101 et 102) qui retracent la consécration des jours d'abstinence forcée, la dernière sentence (vers 104) contient une vérité éternelle; et pourtant la fureur du saint homme est si grande que son oreille reste sourde à une maxime qui le doit profondément émouvoir. Dès-lors, quelle idée concevons-nous de sa colère, puisque la gourmandise ne peut même la contrebalancer ! *M. Lemercier*, IV, 75 (M. Amar reproduit à peu-près les mêmes idées... La suite des remarques de M. Lemercier est rapportée à la note du vers 108).

CHANT I.

Sur table, au même instant, [1] fait servir le potage.
Le prélat voit la soupe, et, plein d'un saint respect, [2]
Demeure quelque temps muet à cet aspect. [3]
Il cède, il dîne enfin; mais, toujours plus farouche, [4]
Les morceaux trop hâtés se pressent dans sa bouche. [5] 110
Gilotin en gémit, et, sortant de fureur,
Chez tous ses partisans va semer la terreur. [6]

[1] Le poète pouvait mettre, *sur la table à l'instant*, mais *sur table, au même instant*, est bien plus vif. *Le Brun.* — La première locution eût été d'ailleurs bien moins coulante, dit *M. de S.-Surin.*

[2] *Saint respect à l'aspect d'une soupe* est quelque chose de fort ridicule. *Brienne* (mais *voy.* la note suivante).

[3] Vers 105 à 108. Comme il faut que la gourmandise l'emporte en dernier lieu (*voy.* la note du vers 104, à la fin), Gilotin, mieux inspiré, joint prudemment les effets aux paroles : il *fait servir le potage...* Aussitôt quel changement! quelle religieuse modération! Le prélat, *plein d'un saint respect, demeure quelque temps muet...* Moment d'hésitation très naturelle, intervalle mis avec art entre l'appétit naissant qui triomphe et le courroux qui s'affaiblit dans le cœur du prélat. *M. Lemercier*, *Ibidem* (la suite est à la note du vers 110).

[4] Saint-Marc croit qu'il serait fort difficile de fixer ici la signification du mot *farouche*. Il ajoute que de la manière dont l'emploient nos poètes, il n'a presque jamais de sens.

[5] Bon. *Brienne.* — Harmonie imitative. *Auger* (sa remarque est rapportée au chant v, note du vers 18).

Vers 109 et 110. Maintenant (*voy.* note du vers 108) on voit le prélat maîtrisé par la gourmandise et la colère à-la-fois, qui règnent ensemble sur lui... Voilà comment on imite les grandes passions! Boileau, durant son épopée entière, n'a pas démenti les mœurs de ces chapelains. *M. Lemercier*, *ibid.*

[6] *Ses partisans* et *chez lui* font équivoque parce qu'ils semblent se rapporter à Gilotin plutôt qu'au prélat. *Saint-Marc.*—Le sens de la phrase est si clair qu'il ne s'élève à cet égard aucun doute dans l'esprit du lecteur, dit *M. de S.-S.* — M. Daunou, au contraire, quoiqu'il convienne de la *clarté du sens*, approuve la critique de Saint-Marc.

Explications fautives de Brossette sur ces *partisans... Voy.* tome III, art. de ses Erreurs, n° 27.

On voit courir chez lui leurs troupes éperdues.
Comme l'on voit marcher les bataillons de grues,[1]
Quand le Pygmée altier,[2] redoublant ses efforts,   115
De l'Hèbre[3] ou du Strymon[4] vient d'occuper les bords.
À l'aspect imprévu de leur foule agréable.[5]
Le prélat radouci veut se lever de table :
La couleur lui renaît, sa voix change de ton;[6]
Il fait par Gilotin rapporter un jambon.   120
Lui-même le premier, pour honorer la troupe,
D'un vin pur et vermeil il fait remplir sa coupe;[7]
Il l'avale d'un trait, et chacun l'imitant,
La cruche au large ventre est vide en un instant.[8]

[1] Homère, Iliade, liv. III, v. 6. *Boil.*, 1713. — Vers pleins d'harmonie. Il semble aussi qu'on voit marcher les grues, tant il y a de symétrie dans les hémistiches. On dirait qu'elles vont au pas. *M. Andrieux, ib.*

[2] Appliquée à des hommes qui n'avaient, dit-on, qu'un pied de haut, l'épithète *altier* est très plaisante, disent MM. Amar et Andrieux; et en même temps fort poétique, ajoute M. Daunou.

[3] Fleuve de Thrace. *Boil.*, 1713.

[4] *V. O.* Fleuve de l'ancienne Thrace, et depuis de la Macédoine. *Boil.*, 1713 (l'in-12 a la dernière partie de la note, qu'ont omise tous les éditeurs).

[5] Quel vers! *aspect imprévu... foule agréable...* Outre qu'*aspect* est déjà neuf vers au-dessus. *Brienne.*

[6] *V. O.* 1674 à 1698. *Son visage n'a plus cet air si furibon...* Boileau, on le voit, avait omis le *d* du dernier mot : c'était sans doute à cause de la rime (on la faisait alors pour les yeux..... tome I, Essai, n° 118 5*)... Mais cette suppression d'une lettre inutile lui fut reprochée, et peut-être cela le détermina-t-il à changer ce vers. « Contentez-vous, lui dit Sainte-Garde (p. 61), d'animer les autres de la voix et des yeux (ses ennemis prétendaient, on l'a dit, p. 275, n° II, que ses succès étaient dus à sa déclamation), de peur que vous n'alliez encore faire rimer *furibond* à *jambon*, etc... »

[7] *Il* est surabondant... Il fallait, *fait remplir sa coupe*, sans article... Mais le vers n'eût pas été complet sans cet *il*, qui est en ce lieu-là un barbarisme. *Brienne.*

[8] Épithète caractéristique. *Clément (Rép.*, p. 288, note du vers 19). — On ne peut pas mieux peindre. *Le Brun.* — Mermet, p. 86, pense bien

Sitôt que du nectar [1] la troupe est abreuvée,
On dessert : [2] et soudain, la nappe étant levée,
Le prélat, d'une voix conforme à son malheur,
Leur confie en ces mots sa trop juste douleur :

différemment. Cette cruche lui présente une *image grotesque*. Le trésorier, dit-il, est un homme dans l'aisance ; ce n'est pas un homme de ce caractère qui se sert de cruche ; il fallait lui donner des flacons, etc. « Je suis persuadé, observe plaisamment M. F. (*Mercure*, 7 oct. 1809), que le sacristain Boirude n'aurait pas été de l'avis de M. Mermet. »

Un anonyme, dit La Harpe, a imprimé qu'il n'y a point de mot dans notre langue qu'un poète ne puisse faire entrer dans le style noble, quand il saura le placer... Il cite pour exemple le mot *ventre* qui se trouve ici et même très heureusement. Mais comment ne s'est-il pas aperçu que l'exemple est hors de la question ; que le Lutrin, poëme héroï-comique, admettait le familier, et que c'est même ce mélange de styles, manié avec adresse, qui est un des agrémens de l'ouvrage ? Comment n'a-t-il pas vu que le mot *cruche*, dont il ne dit rien, amenait celui de *ventre* ? Mais ce que Despréaux a cru très bien placé dans un repas de chanoines, l'aurait-il mis dans les festins des dieux d'Homère ? etc... *Lyc.*, I, 174.

M. Fabre, après avoir remarqué (*voy.* note du vers 204) que Boileau couvre quelquefois la trivialité de l'image, ajoute : « Ailleurs, c'est le cadre dans lequel il place des expressions peu relevées qui semble réfléchir sur elles un certain éclat d'emprunt : la *cruche* au large *ventre*, etc... sitôt que du *nectar*, etc. » Certainement un versificateur ordinaire eût trouvé bien de la difficulté à tourner ces vers où il fallait transporter dans le style noble les mots de *cruche* et de *ventre*. Cependant tel est le pouvoir d'un mot *mis en sa place*, qu'une simple épithète a suffi pour les faire passer tous deux ; la cruche au *large* ventre... Mais cette cruche ne semble-t-elle pas s'ennoblir, en quelque sorte, à nos yeux quand on nous la montre contenant le *nectar* ? et l'élégance avec laquelle ces expressions sont enchaînées ne sert-elle pas encore à leur donner de l'éclat ? *M. Fabre, Observat.* (Les réflexions du même auteur, qui précèdent cet exemple, sont à la note du vers 54, épit. IX, p. 110.)

[1] Vers 122 à 125. Dès qu'on a vu *un vin pur et vermeil*, on n'est plus étonné d'entendre appeler ce vin *nectar*, surtout lorsqu'il s'agit de chanoines. *Clément, Nouv. obs.*, 254.

[2] Vers 125 et 126. L'enjambement est sans contredit un très grand avantage de la versification latine pour éviter les chutes uniformes et diversifier

Illustres compagnons de mes longues fatigues,
Qui m'avez soutenu par vos pieuses ligues,[1]
Et par qui, maître enfin d'un chapitre insensé,
Seul à MAGNIFICAT je me vois encensé;[2]
Souffrirez-vous toujours qu'un orgueilleux m'outrage;
Que le chantre à vos yeux détruise votre ouvrage,
Usurpe tous mes droits, et s'égalant à moi,
Donne à votre lutrin et le ton et la loi?[3]
Ce matin même encor, ce n'est point un mensonge,
Une divinité me l'a fait voir en songe;
L'insolent, s'emparant du fruit de mes travaux,
A prononcé pour moi le BENEDICAT VOS![4]

la mesure...Il n'est pas toutefois aussi rare dans la nôtre qu'on se l'imagine... Nous ne souffrons pas, il est vrai, qu'il soit fort et très marqué dans le vers noble et soutenu; mais ceux de nos poètes qui s'attachent à éviter la monotonie, tels que Racine et Boileau, savent s'en dédommager en suivant la méthode ordinaire de Virgile, qui consiste à rejeter un mot d'un vers au commencement du vers suivant. Les vers 125 et 126 du chant I du Lutrin en offrent un exemple, et on en trouve d'autres aux vers 49 et 50 du chant III, 126 et 127, 178 et 179, 241 et 242 du chant V... *Clément, ibid.*, 339 à 343.

[1] *Pieuses ligues* est une épithète outrée : il fait bien de l'honneur à son chapitre !... *Brienne.*

[2] Explications inexactes de Brossette et d'autres éditeurs sur ce point.... *Voy.* tome III, art. des Erreurs, n°s 25 et 26.

[3] Donner le ton à un lutrin est une fort plaisante chose, comme si le lutrin avait de la voix, parce qu'on va chanter au lutrin ! *Brienne.* — Il est tout simple que le chantre donne *le ton* au *lutrin*, dit au contraire M. Amar ; mais qu'il prétende aussi donner *la loi* au chapitre, voilà ce que le trésorier ne peut ni ne doit lui pardonner. — La remarque de M. Amar est très ingénieuse, mais si Despréaux a eu cette pensée, l'a-t-il assez exprimée? *M. Daunou.* — On pourrait peut-être dire, que le lutrin est pris ici pour le *chœur*... et alors tout s'expliquerait.

[4] Il me semble, dit Pradon, au sujet de ces deux vers (132 et 140), que cela tourne un peu en ridicule les cérémonies et les termes de notre religion. *Id.*, R., 104.

Oui, pour mieux m'égorger, il prend mes propres armes.
Le prélat à ces mots verse un torrent de larmes.
Il veut, mais vainement, poursuivre son discours :
Ses sanglots redoublés en arrêtent le cours.
Le zélé Gilotin, qui prend part à sa gloire,   145
Pour lui rendre la voix fait rapporter à boire;
Quand Sidrac, à qui l'âge allonge le chemin, [1]
Arrive dans la chambre, un bâton à la main.
Ce vieillard dans le chœur a déjà vu quatre âges :
Il sait de tous les temps les différens usages :   150
Et son rare savoir, de simple marguillier, [2]
L'éleva par degrés au rang de chevecier. [3]

Vers 139 et 140. Voici comment Chapat refait ces deux vers, qu'il déclare mal sonnans, incorrects et gâtés par une cheville :

> L'insolent a pour moi, la chape sur le dos,
> Prononcé dans le chœur le Benedicat vos.

[1] Quel chemin...! Il fallait s'expliquer plus nettement : à peine voit-on ce que le poète veut faire entendre... *Brienne.*

Auger applaudit au contraire à ce vers qui, ainsi que le 131ᵉ du chant II, est remarquable par son harmonie imitative. Dans ces deux vers, observe-t-il, la répétition de la lettre L a pour objet d'en ralentir la marche... Cette lettre est en possession d'exprimer la lenteur. On serait tenté de croire que les mots *long, lent, lourd,* ont été créés en vertu de l'onomatopée... *Id.,* note 4. — Ces deux mots, très longs, dit Clément, *l'âge allonge,* placés l'un contre l'autre, obligent la voix de s'étendre, et de figurer ainsi la lenteur du vieillard. *Nouv. obs.,* 394. — La coupe et la marche du vers, demande M. Amar, ne semblent-elles pas *l'allonger* en effet, comme l'âge *allonge le chemin* pour le vieux Sidrac (idem, M. Andrieux, *Cours*)? Quelle vérité dans les caractères! quelle perfection dans les détails!

[2] C'est celui qui a soin des reliques. *Boil.,* 1713.

[3] V. O. 1674 à 1685. *Cheffecier.*

C'est celui qui a soin des chapes et de la cire. *Boil.,* 1713.

La Harpe, au sujet de ce portrait de Sidrac (vers 147 à 152), et de ceux du prélat (vers 65 à 68) et d'Alain (ch IV, vers 169 à 172), s'écrie: Les héros d'Homère sont-ils mieux peints? *Lyc.,* XIV, 367.

A l'aspect du prélat qui tombe en défaillance,[1]
Il devine son mal, il se ride, il s'avance;[2]
Et d'un ton paternel réprimant ses douleurs :[3]   155
  Laisse au chantre, dit-il, la tristesse et les pleurs,
Prélat, et, pour sauver tes droits et ton empire,
Écoute seulement ce que le ciel m'inspire.
Vers cet endroit du chœur où le chantre orgueilleux
Montre, assis à ta gauche, un front si sourcilleux,[4]   160
Sur ce rang d'ais serrés qui forment sa clôture,[5]
Fut jadis un lutrin[6] d'inégale structure,
Dont les flancs élargis, de leur vaste contour
Ombrageaient pleinement tous les lieux d'alentour.[7]
Derrière ce lutrin, ainsi qu'au fond d'un antre,   165

[1] Encore *à l'aspect!* l'auteur aime bien cette expression, dont il ne faut se servir qu'à l'extrémité. *Brienne.*

[2] Si l'emploi de l'article *il* ou *elle* offre des inconvéniens, sa répétition est quelquefois très bonne, quand on veut donner du mouvement à un vers, et surtout quand on veut peindre l'empressement, l'inquiétude et l'agitation; parce que, dans cette circonstance, le redoublement de l'article donne au vers un certain désordre qui convient à la chose même, comme dans le vers ci-dessus et le 231e du ch. v, qui, ainsi coupés, expriment parfaitement le trouble. *Clément, Lett.* IX, p. 213.

[3] 1° Il y a ici une légère équivoque en ce que les *douleurs* semblent se rapporter à Sidrac; 2° *réprimer les douleurs* n'est pas la même chose que *voulant calmer ses douleurs*, que Boileau avait intention de dire. *Saint-Marc.*
— M. Daunou semble approuver cette critique. — Quant au pluriel *douleurs, voy.* note du ch. II, vers 55.

[4] Bon. *Brienne.* — Le dernier hémistiche est bien dur et bien désagréable à l'oreille. D'ailleurs il ne forme en cet endroit aucune image. *Saint-Marc.*
— Il suffit, pour la réfuter complètement, de rapporter une pareille critique. *M. Amar.*

[5] *Sa clôture,* semble se rapporter à la personne du chantre... *Saint-Marc.*
— On pourrait répéter ici la remarque précédente de M. Amar.

[6] Nous parlons de la position du lutrin, au tome I, Essai, n° 21.

[7] Virgile, *Géorgiques,* liv. II, v. 296, 297 :

A peine sur son banc on discernait le chantre,
Tandis qu'à l'autre banc le prélat radieux,[1]
Découvert au grand jour attirait tous les yeux.[2]
Mais un démon, fatal à cette ample machine,
Soit qu'une main la nuit eût hâté sa ruine,   170
Soit qu'ainsi de tout temps l'ordonnât le destin,
Fit tomber à nos yeux le pupitre un matin.[3]
J'eus beau prendre le ciel et le chantre à partie,
Il fallut l'emporter dans notre sacristie,
Où depuis trente hivers, sans gloire enseveli,   175

> Tunc fortes late ramos et brachia tendens
> Huc illuc, media ipsa ingentem sustinet umbram.

Voici comment Delille avait d'abord traduit ces vers, du moins d'après Clément, qui le critique,

> De son vaste contour embrasse les campagnes,
> Protège les vallons et commande aux montagnes....

« Retrouve-t-on ici le même choix des mots, qui fait voir, dans le latin, l'immense ombrage du chêne ? Ce n'est point dans M. Delille, c'est dans Boileau que vous retrouverez cette beauté. » Clément cite alors les vers 163 et 164, et ajoute : Ces vers sont pleins et étendus. Le poète a grand soin de conserver pour la fin de ses vers les mots de *contour* et d'*alentour*, sur lesquels la voix se déploie. Mettez-les au commencement, l'harmonie disparaît. *Id.*, *Nouv. obs.*, 371. — Ces réflexions ne furent pas perdues pour Delille, car il changea ainsi sa traduction :

> Et loin, de tous côtés, tendant ses rameaux sombres,
> Seul il jette à l'entour une immensité d'ombres.

Au reste, Boileau disait que ces vers (159 à 164) lui avaient coûté beaucoup de temps et de peine. *Bross.*

[1] Bon vers. *Brienne.* — On a vu (p. 288, note du vers 19) que Clément fait l'éloge de l'épithète *radieux*.

[2] Vers 165 à 168. La rime seule semble avoir amené le dernier hémistiche du premier vers qui nous peint le chantre caché derrière son lutrin comme au fond d'un *antre*. Les deux vers qui le concernent sont lourds et sombres ; les deux qui regardent le prélat, ont de l'éclat et de la pompe. *M. Andrieux, Cours.*

[3] *Un matin* pour *un beau matin*... Cela n'est pas permis. *Brienne.*

Il languit tout poudreux dans un honteux oubli.
Entends-moi donc, prélat. Dès que l'ombre tranquille
Viendra d'un crêpe noir envelopper la ville,
Il faut que trois de nous, sans tumulte et sans bruit,
Partent à la faveur de la naissante nuit,[1]   180
Et, du lutrin rompu réunissant la masse,
Aillent d'un zèle adroit le remettre en sa place.
Si le chantre demain ose le renverser,
Alors de cent arrêts tu le peux[2] terrasser.[3]
Pour soutenir tes droits, que le ciel autorise,   185
Abîme tout plutôt; c'est l'esprit de l'Église.[4]

[1] Vers 178 et 180. Bon... *Naissante nuit...* Heureusement dit. *Brienne.*

Voltaire (*Henr.*, II, 175) a dit, mais ce n'est pas là proprement une imitation, selon la remarque de Clément, citée à satire x, note du vers 481:

> Le signal est donné sans tumulte et sans bruit:
> C'était à la faveur des ombres de la nuit.

[2] *F. N. R.* Texte de 1674 à 1713, et non pas *tu peux le,* comme à 1767 et 1780, traduction. Nous parlons, au reste, de cette tournure au tome I, sat. VII, note du vers 89.

[3] Bon... *Brienne.*

[4] C'est outrager les lois, c'est choquer le bon sens,
  Que de produire au jour ces discours insolens!

Quelle impiété! quel sacrilège! Peut-on rien dire de plus libertin et de plus scandaleux...! Telles sont les remarques en vers et en prose de P. Henry, p. 3; de Brienne; Sainte-Garde, p. 62; Bonnecorse, p. 33; Pradon, p. 100; Desmarets, p. 113, etc. Ce dernier est le plus modéré de tous, car il se fait répondre (p. 114) par un interlocuteur: « L'auteur est plutôt indiscret qu'impie en cet endroit. Il a voulu dire, c'est l'humeur des ecclésiastiques. Mais c'est manquer de jugement que de parler ainsi de l'esprit de l'église, sans mieux expliquer ce qu'il veut dire. » — Si l'on peut induire quelque chose du silence que garda Boileau sur ces incriminations, on pourrait aussi croire que Desmarets avait deviné sa pensée. Selon D'Alembert (III, 183), Boileau faisait une distinction entre les pasteurs sages et vertueux, et les ministres ignorans et calomniateurs; mais D'Alembert ne cite aucune autorité. — Quoi qu'il en soit, l'impression du mot *église* dans ce vers, après l'avoir remplacé par des astériques au vers 70 (p. 294), impression que M. de

C'est par là qu'un prélat signale sa vigueur.
Ne borne pas ta gloire à prier dans un chœur :
Ces vertus dans Aleth peuvent être en usage;
Mais dans Paris,[1] plaidons : c'est[2] là notre partage. 190
Tes bénédictions dans le trouble croissant, [3]
Tu pourras les répandre et par vingt et par cent, [4]
Et, pour braver le chantre en son orgueil extrême,

S.-S. essaie d'expliquer, mais d'une manière peu satisfaisante, selon nous, a frappé tous les éditeurs. « Craignait-on moins, dit un écrivain moderne, d'imputer à l'église par un vers si énergique et si sanglant (expressions de Dussault, II, 17), un esprit implacable de destruction, qu'un vif penchant pour les plaisirs de la table ? — Enfin, M. Lemercier (III, 54) fait l'éloge de ce vers et du précédent, mais sous un autre rapport, sous celui du talent qu'ils montrent dans Boileau pour l'*épopée satirique*...

Les vers 183, 184, 185 et 186 sont supprimés au *Boileau de la jeunesse*, tandis que les deux premiers sont conservés au *Boileau classique*... Mais on y a fait d'autres suppressions dont il est question à la note du vers 190.

[1] V. 1674 à 1682. Pourges; P....; P***... *Voy*. p. 286, note du v. 3.

[2] Il ne fallait pas parler de M. d'Aleth (Pavillon) dans un si burlesque ouvrage : c'est profaner la sainteté de ce vertueux évêque plutôt que lui faire honneur. *Brienne*. — Desmarets, p. 114, aurait aussi voulu qu'on n'eût pas parlé de Pavillon, mais par d'autres motifs. Nous ignorons quels sont ceux de l'éditeur du *Boileau classique;* mais après avoir supprimé quatre vers (185 à 188), il en corrige un (le 189e) qu'on avait conservé au *Boileau de la jeunesse*, de sorte qu'il donne ainsi le passage composé des vers 183 à 190:

> Si le chantre demain ose le renverser,
> Alors de cent arrêts tu le peux terrasser.
> *D'autres* vertus *ailleurs* peuvent être en usage;
> Mais dans Paris, plaidons; c'est là notre partage.

Voyez, au reste, quant à l'éloge que Boileau osa faire de Pavillon, tome I, *Essai*, n° 140; et quant à l'esprit processif du chapitre, tome III, art. des Erreurs, n° 29.

[3] Saint-Marc ne comprend pas ce que signifie ce vers, qui, dit M. de S.-S., n'a pourtant rien d'obscur.

[4] Le second hémistiche est faible et prosaïque suivant Le Brun, tandis que, suivant M. de S.-S., il est saillant et très propre à faire impression sur le prélat.

Les répandre à ses yeux, et le bénir lui-même.[1]
Ce discours aussitôt frappe tous les esprits ; 195
Et le prélat charmé l'approuve par des cris.[2]
Il veut que sur-le-champ, dans la troupe on choisisse
Les trois que Dieu destine à ce pieux office :
Mais chacun prétend part[3] à cet illustre emploi.
Le sort, dit le prélat, vous servira de loi :[4] 200
Que l'on tire au billet ceux que l'on doit élire.
Il dit : on obéit, on se presse d'écrire.
Aussitôt trente noms, sur le papier tracés,
Sont au fond d'un bonnet par billets entassés.[5]
Pour tirer ces billets avec moins d'artifice, 205

---

[1] Grande punition que d'être béni par son ennemi ! *Brienne.* — Eh! sans doute, d'après ce qu'on sait du caractère des deux rivaux ! Aussi, selon la réflexion piquante de M. Amar, l'espoir de l'infliger est si doux, si flatteur pour la vanité du trésorier, qu'il suffit pour relever son courage abattu, et le rendre tout entier à lui-même.

Vers 191 à 194. *P. C. O.* Du moins, d'après les fragmens de 1673, p. 15 :

Ces mots de feu sortant d'une bouche de glace
Font revivre en son cœur une nouvelle audace.
Oui, plaidons, lui dit-il, j'y consens, je suis prêt,
Et que l'encre au barreau s'épuise à nos procès.

[2] Par *ses* cris eût été mieux. *Brienne.*

[3] *Prétend part* est vif, quoique un peu dur. *Le Brun.*

[4] *F. N. R.* Homère, *Iliade*, VII, v. 171. Boil., 1713 (c'est le vrai numéro du vers, et non pas 167 qu'indiquent Brossette, Dumonteil, Saint-Marc, etc.

[5] Détails difficiles, facilement exprimés. *Le Brun.* — Qu'on donne à un versificateur ordinaire à exprimer noblement cette idée, que des billets sont jetés dans un bonnet pour être tirés au sort : sans doute il se trouvera bien embarrassé. Mais Boileau ! Boileau écrira : *Aussitôt trente noms*, etc., et il couvrira la trivialité des expressions, de l'éclat de l'image. Ce ne sont plus des billets noirs et blancs jetés pêle-mêle dans un bonnet ; ce sont trente noms *entassés par billets*, etc., ce qui est bien différent en poésie. *M. Fabre, Obs* (Ceci est un des exemples cités à l'appui des réflexions du même auteur, que nous avons rapportées à la note du vers 54, épit. ix, p. 110.)

Guillaume, enfant de chœur, prête sa main novice.[1]
Son front nouveau tondu, symbole de candeur,
Rougit, en approchant, d'une honnête pudeur.[2]
Cependant le prélat, l'œil au ciel, la main nue,[3]
Bénit trois fois les noms, et trois fois les remue.   210
Il tourne le bonnet : l'enfant tire, et Brontin[4]
Est le premier des noms qu'apporte le destin.[5]
Le prélat en conçoit un favorable augure,
Et ce nom dans la troupe excite un doux murmure.

[1] *Main novice* est fort bien imaginé. *Brienne.*

[2] Ces vers pleins de charme respirent la naïveté de l'innocence. *Le Brun.*

[3] La main *nue* est une pure cheville, puisque les évêques ne donnent point la bénédiction sans gants. *Brienne* (on a déjà dit, p. 290, note 3, que Brienne aspirait à un évêché).

[4] Coupe heureuse et rapide ; le vers court aussi vite que l'idée. *Le Brun.* — Remarquez que cette coupe a le mérite de peindre l'attention des spectateurs, et que si Boileau eut mis *et le nom de Brontin*, il eut perdu une image. *M. Andrieux, Cours.* (*Voy.* la note suivante.)

[5] C'est le *sort*, non le *destin*, qu'il fallait dire. *Saint-Marc.*

Il faut qu'un enjambement ait une intention et un effet sensible, et que la phrase poétique n'en soit que plus ferme et plus soutenue... Dans ces deux vers, *Il tourne*, etc., les derniers mots de l'un se rattachent au commencement de l'autre, il est vrai, mais de façon que le sens et la construction vous y portent malgré vous, et alors la rime a disparu sans que le rhythme en souffrît ; il est conservé, et même frappant dans cette césure si expressive, *l'enfant tire*, où l'action est marquée par ce mouvement qui suspend le vers. *La Harpe, Lyc.*, VIII, 433.

Nous avons rapporté ailleurs (p. 299, note du vers 126) les réflexions de Clément sur les enjambemens. Il parle des vers ci-dessus dans son paragraphe de la *suspension.* « Les grands poètes, dit-il, usent de *suspensions* non moins heureuses que les enjambemens, pour briser la mesure, quand il le faut, pour le plaisir de l'oreille, et pour produire quelquefois un grand effet, même sur l'esprit... Ainsi lorsque le prélat, pour choisir au sort ceux qui doivent replacer le lutrin, a remué les billets où sont leurs noms, Boileau dit : *il tourne le bonnet ; l'enfant tire...* Voilà une suspension adroitement ménagée, pour peindre l'attente inquiète des concurrens qui desirent de

On se tait; et bientôt on voit paraître au jour 215
Le nom, le fameux nom du perruquier l'Amour.[1]
Ce nouvel Adonis, à la blonde crinière,[2]
Est l'unique souci d'Anne sa perruquière.[3]
Ils s'adorent l'un l'autre; et ce couple charmant
S'unit long-temps, dit-on, avant le sacrement;[4] 220

voir sortir leur nom. Tout d'un coup il termine leur incertitude par ces mots : *et Brontin est le premier*, etc. (Clément cite aussi la suspension qui est aux vers 69 à 71 de la satire III). *Nouv. obs.*, 343 à 345. — Ailleurs (Lett. VIII, p. 325) il observe que la description du tirage au sort (vers 200 à 212) est faite avec une vérité, un naturel plein de grâce, etc.

[1] Molière en a peint le caractère dans son *Médecin malgré lui*, à la fin de la première scène, sur ce que M. Despréaux lui en avait dit. *Boil.*, 1713.— D'après la tournure de cette note, on voit qu'elle appartient, non à Boileau, mais à ses éditeurs; et celui d'Amsterdam, 1713 (p. xliv et 221) assure qu'elle est fausse.

V. 1674 à 1698. *De l'horloger La Tour* (*voy.* note du vers 218).

[2] V. 1674 à 1698. *A la taille légère.*

[3] V. 1674 à 1698. *D'Anne son horlogère.*

Ces époux, ou au moins l'un d'eux, étant peints d'après nature, Boileau leur substitua pendant leur vie, et dans tous les passages où il en est question (ch. I, v. 218 et 223; ch. II, v. 6, 76 et 84; ch. III, v. 29, 63, 72 et 76), un horloger et une horlogère. *Brossette* (nous parlerons au tome III, article de ses Erreurs, n° 35, de l'indication qu'il a faite du nom du perruquier).

« De dire que la femme d'un horloger soit *son horlogère*, cela est dit sans raison et sans esprit, pour dire *sa femme*... *Desmarets*, 114; *Brienne*. — Le changement que l'auteur a fait depuis de l'horlogère en perruquière, n'ôte rien à la solidité de la critique de Desmarets. Ce n'est ici qu'un froid jeu de mots. *Saint-Marc.* — Il n'est pas surprenant qu'un homme qui juge ainsi Boileau trouve beaucoup de *solidité* dans les critiques de Pradon et de Desmarets. *M. Amar*.

[4] C'est pousser sans bornes la médisance contre deux personnes mariées. *Desmarets*, 114; *Brienne*, 157. — Saint-Marc ajoute que Boileau eût bien fait de ne point dire ceci, surtout ces personnes étant encore vivantes.... Il oublie sans doute que Boileau avait parlé d'un *horloger* et non d'un *perruquier* (note du vers 216). C'est seulement dans les fragmens de 1673 (p. 16), qu'on dit qu'il s'agit d'un perruquier de la Cour du Palais.

Mais, depuis trois moissons,¹ à leur saint assemblage,²
L'official a joint le nom de mariage.³
Ce perruquier⁴ superbe est l'effroi du quartier,
Et son courage est peint sur son visage altier.⁵
Un des noms reste encore,⁶ et le prélat par grâce,⁷ 225
Une dernière fois les brouille et les ressasse.⁸
Chacun croit que son nom est le dernier des trois.
Mais que ne dis-tu point, ô puissant porte-croix,
Boirude, sacristain, cher appui de ton maître,
Lorsqu'aux yeux du prélat tu vis ton nom paraître!⁹ 230
On dit que ton front jaune, et ton teint sans couleur,
Perdit en ce moment son antique pâleur;
Et que ton corps goutteux, plein d'une ardeur guerrière,
Pour sauter au plancher fit deux pas en arrière.¹⁰

---

¹ Il y avait dans le fait *neuf* moissons (tome IV, pièce justif., 183)... Peut-être Boileau mit-il un autre nombre pour empêcher de reconnaître ces deux personnages.

² *Saint assemblage*, après avoir parlé de commerce criminel, est une pure ironie. *Brienne.*

³ Vers 219 à 222. Supprimés au *Boileau de la jeunesse.*

⁴ V. 1674 à 1698. *Cet horloger* (note du vers 218, p. 308).

⁵ Vers 217 à 224. Supprimés au *Boileau classique.*

⁶ *V. O.* Éditions antérieures (vingt-neuf) à 1701... *Encor.*

⁷ Cela n'est pas clair. *Brienne.*

⁸ Vers 225 et 226. Deux des noms sont tirés. La curiosité des spectateurs du tirage redouble au dernier. Par un petit artifice d'invention, qui décèle le grand poète, Boileau va suspendre l'attention pour la fixer mieux sur un acte d'une telle importance. C'est ce qu'il fait dans ces deux vers. *M. Andrieux, ib.*

⁹ *V. E.* Texte de 1674 à 1701. On a mis mal-à-propos *paroître* à 1713 et autres éditions : nous l'avons établi au tome I, Essai, n° 118 *b.*

¹⁰ Tout cela est outré : un goutteux sauter au plancher; quelle pensée! *Brienne.* — Quelle verve, dit au contraire La Harpe, quelle verve dans la peinture du vieux Boirude! *Lyc.*, VI, 243. (Nous avons dit à la note du vers 24, p. 289, qu'il la cite ailleurs comme excellente... Et nous parlons du vrai nom de Boirude, au même art. des Erreurs, n° 35.)

Chacun bénit tout haut l'arbitre des humains, 235
Qui remet leur bon droit en de si bonnes mains.
Aussitôt on se lève; et l'assemblée en foule,
Avec un bruit confus, par les portes s'écoule.[1]
 Le prélat resté seul calme un peu son dépit,
Et jusques au souper se couche et s'assoupit.[2] 240

[1] Vers 237 et 238. Cela est fort plat. *Brienne.* — On se sert, avec beaucoup de fruit, de l'inversion pour l'harmonie imitative... On en a un exemple sensible dans ces deux vers qui me paraissent admirables. Le premier montre à l'oreille l'assemblée nombreuse; le premier hémistiche du second, le bruit qu'elle fait pour se précipiter hors des portes; et le dernier hémistiche, l'écoulement de l'assemblée à mesure qu'elle sort. Si vous réduisez ce vers à la construction prosaïque, « s'écoule par les portes, avec un bruit confus, » vous n'avez plus d'images, ni par conséquent de poésie. *Clément*, *Nouv. obs.*, 337. — Selon le même auteur ces deux vers qui offrent une image si pittoresque (expression de M. Andrieux... *Cours*) ne sont qu'une imitation embellie des deux suivans de Chapelain :

> On quitte alors le temple, et l'innombrable *foule*
> Par le triple portail avec peine s'écoule....

Et M. Amar développe avec beaucoup de sagacité les raisonnemens que Boileau a dû faire pour tirer de l'*or* de ce *fumier*. Mais ni Clément, ni M. Amar, ni d'autres éditeurs après eux n'ont bien connu (et nous ne leur en faisons certes pas un reproche) les vers de Chapelain; et comme il faut rendre justice à tout le monde, les voici tels qu'on les lit, avec les deux vers suivans, dans l'édition in-12 de 1656, p. 247 :

> On quitte alors le temple, et l'innombrable foule
> *Par tous les trois portaux* avec peine s'écoule;
> *Ils sortent tous enfin*, et d'aise transportés
> Vont publier le sacre aux climats écartés.

[2] Passe pour ce dernier vers, il a quelque chose d'assez plaisant. *Brienne.* — Il n'y a point d'oreille délicate, observe Le Brun, qui ne soit agréablement caressée par le son de cette rime si heureusement choisie.

CHANT II.

Cependant cet oiseau qui prône les merveilles, [1]
Ce monstre composé de bouches et d'oreilles, [2]
Qui, sans cesse volant de climats en climats,
Dit partout ce qu'il sait et ce qu'il ne sait pas;
La Renommée enfin, cette prompte[3] courrière, [4]   5

---

[1] Énéide, liv. IV, v. 173 (et non 113, comme lit M. S.-S.). *Boil.*, 1713.

> Extemplo Libyæ magnas it fama per urbes,
> Fama, malum quo non aliud velocius ullum...
> Monstrum horrendum, ingens, cui quot sunt corpore plumæ,
> Tot vigiles oculi subter (mirabile dictu),
> Tot linguæ, totidem ora sonant, tot subrigit aures...
> .... Pariter facta atque infecta canebat.

Jamais on n'a appelé la Renommée un *oiseau*. Cela n'est point de la fiction poétique. *Desmarets*, 114; *Brienne*; *Bonnecorse*, 32.

[2] On a accusé (Cizeron-Rival, *Récréat.*, 127; Clément, *Lett.* VIII, p. 310) Voltaire de plagiat parce qu'il dit (*Henr.*, VIII, 481):

> Ce monstre composé d'*yeux*, de bouches, d'oreilles.

Il eût été juste de remarquer, comme M. Daunou, que Voltaire a fait entrer dans le vers copié un mot, et même une idée de plus. — Virgile ne se borne pas (comme Boileau et Voltaire) à nous dire que le monstre est *composé d'yeux*, etc.; il nous montre ces yeux toujours ouverts, ces oreilles dressées, ces langues innombrables, sans cesse en mouvement. *M. Amar.*

[3] P. C. O. Du moins d'après 1673, p. 16, *agile*.

[4] Des trois imitations du portrait admirable de la Renommée (note du vers 1er), faites par Boileau (vers 1 à 5), Voltaire (Henr., VIII, 477 à 484), on en cite deux fragmens aux notes des vers 2 et 6), et J.-B. Rousseau (liv. III, ode au prince Eugène, str. 1 et 2), la première est la moins étendue, et cependant, dit Delille (*Remarques sur l'Énéide*, liv. IV), « aucun des traits que comportait son sujet n'y est oublié. » Il trouve la seconde heureuse, et enfin la troisième supérieure aux deux autres par la rapidité et le mouvement.

Va d'un mortel effroi glacer la perruquière;[1]
Lui dit que son époux, d'un faux zèle conduit,
Pour placer un lutrin doit veiller cette nuit.[2]

[1] V. (vers 5 et 6)... Éditions de 1674 à 1698, il y avait :

        . . . . D'une course légère
        Va porter la terreur au sein de l'horlogère.

Rosel de Beaumont, tout en avouant que la peinture de la Renommée dans les vers 1 à 5 est admirable, fait (p. 13) cette remarque au sujet des mots *volant* et *course* (il travaillait sur les éditions anciennes) des vers 3 et 5. « Quoique chez les savans *course*, en cet endroit-là, et *vol* soient peut-être la même chose, le changement de figure ne laisse pas d'y choquer. L'auteur, au lieu de *course légère*, aurait sans doute mieux fait d'écrire, *qui toujours exagère*, ou bien, *fâcheuse messagère*. — Voltaire n'était pas du même sentiment, car il a dit dans le portrait cité à la note précédente :

        Du vrai comme du faux, la prompte messagère,
        Qui s'accroît dans sa course, et d'une aile légère...

[2] V. 1674 a 1682. Après ce vers il y avait ceux-ci :

        Que sous ce piège adroit, cet amant infidèle
        Trame le noir complot d'une flamme nouvelle,
        Las des baisers permis qu'en ses bras il reçoit,
        Et porte en d'autres lieux le tribut qu'il lui doit.

Voilà un de ces passages que Boileau supprima bientôt comme inutiles (il trouvait, dit-il, dans sa préface de 1683, ou IVe préface, au tome I, l'épisode de la perruquière trop long). Il venait en effet de dire que la *perruquière* ADORAIT son *mari*... Que cet *Adonis* était son UNIQUE SOUCI (ch. 1, v. 217 et 219, p. 308)... Cela ne suffisait-il pas pour justifier, soit les alarmes que le projet de son mari, dont sa passion lui grossissait d'ailleurs les dangers, devait lui faire concevoir, soit l'exagération qu'elle met ensuite dans ses plaintes... ? d'autant plus que dans son premier Avis (p. 281), Boileau annonce qu'il s'agit ici de burlesque, et d'un burlesque d'une nouvelle espèce, où il prête à de simples artisans les sentimens des plus illustres personnages.

C'est peut-être à quoi n'auront pas pris garde Marmontel et M. Andrieux [*]

[*] Il serait fort possible que Marmontel et M. Andrieux n'eussent point connu ce premier *Avis*. Supprimé en 1683, il n'a plus été rapporté que par les commentateurs, et la plupart d'entre eux, Brossette, Dumonteil, Souchay et leurs copistes, etc., l'ont relégué à la fin de leurs éditions et mêlé à d'autres préfaces ou avis, parmi lesquels on ne pouvait guère avoir l'idée de le chercher.

CHANT II.

A ce triste récit, tremblante,[1] désolée,
Elle accourt, l'œil en feu, la tête échevelée,[2]   10
Et trop sûre d'un mal qu'on pense lui celer :
Oses-tu bien encor, traître, dissimuler?[3]
Dit-elle : et ni la foi que ta main m'a donnée,
Ni nos embrassemens qu'a suivi[4] l'hyménée,
Ni ton épouse enfin toute prête à périr,   15
Ne sauraient donc t'ôter cette ardeur de courir!
Perfide! si du moins, à ton devoir fidèle,
Tu veillais pour orner quelque tête nouvelle,[5]
L'espoir d'un juste gain, consolant ma langueur,

lorsqu'en critiquant, comme on le verra (note du vers 56), l'épisode de la perruquière, ils observent qu'il n'y a aucune ressemblance entre la situation de Didon, dont Boileau va parodier les plaintes, et celle de la perruquière; que l'une va perdre pour toujours son amant, tandis que l'autre n'a à craindre qu'une absence d'une nuit...

Quoiqu'il en soit, nous rapportons à la note du vers 34, le plan ingénieux que M. Andrieux propose pour mieux justifier les plaintes de la perruquière.

[1] V. O. 1674 à 1682. *Tremblante* et *désolée*.

[2] Cela n'a nul rapport, de mettre ensemble une femme *tremblante* et ayant *l'œil en feu* : les poètes doivent mieux représenter les effets des passions. *Desmarets*, 115 ; *Brienne*.

[3] Enéide, liv. IV, v. 305. *Boil.*, 1713.

> Dissimulare etiam sperasti, perfide, tantum
> Posse nefas? tacitusque mea decedere terra?
> Nec te noster amor, nec te data dextera quondam,
> Nec moritura tener crudeli funere Dido!

[4] Texte de 1674 à 1713. Il faudrait à présent *qu'a suivis*.

[5] V. 1674 à 1698 (la première composition est à la note suivante). *Tu veillais pour régler quelque horloge nouvelle.* — Saint-Marc fait sur le mot *nouvelle* une remarque dont le sens est que, si un horloger doit tous ses soins à une nouvelle horloge, il n'en est pas de même du perruquier qui ne se doit pas moins à ses anciennes pratiques qu'à ses nouvelles. — On lit en marge des Fragmens de 1673 : *Reproches de la perruquière à son mari*.

Pourrait de ton absence adoucir la longueur.[1]
Mais quel zèle indiscret, quelle aveugle entreprise
Arme aujourd'hui ton bras en faveur d'une église?
Où vas-tu, cher époux? est-ce que tu me fuis?
As-tu donc oublié tant de si douces nuits?
Quoi! d'un œil sans pitié vois-tu couler mes larmes?
Au nom de nos baisers jadis si pleins de charmes;[2]
Si mon cœur, de tout temps facile à tes desirs,
N'a jamais d'un moment différé tes plaisirs;
Si, pour te prodiguer mes plus tendres caresses,
Je n'ai point exigé ni sermens, ni promesses;
Si toi seul à mon lit enfin eus toujours part,
Diffère au moins d'un jour ce funeste départ.[3]

En achevant ces mots, cette amante enflammée
Sur un placet voisin tombe demi pâmée.[4]
Son époux s'en émeut, et son cœur éperdu

---

[1] Vers 17 à 20... P. C. D'après les mêmes Fragmens de 1673, page 17.

> Oh! si ta main du moins, sous un rasoir fidèle,
> Allait faire tomber quelque barbe nouvelle,
> L'espoir du gain pourrait soulager mes ennuis...

[2] Il faut demander quel *nom* avaient ces baisers. *Desmarets*, 115. — Cela serait curieux à apprendre. *Pradon*, R., 102.

[3] Vers 23 à 32. Virgile, Énéide, liv. IV, v. 314 à 319.

> Mene fugis? per ego has lacrimas dextramque tuam, te,
> (Quando aliud mihi jam miseræ nihil ipsa reliqui)
> Per connubia nostra, per inceptos hymenœos,
> Si bene quid de te merui, fuit aut tibi quidquam
> Dulce meum, miserere domus labentis, et istam
> Oro, si quis adhuc precibus locus, exue mentem.

La plainte de l'horlogère ne vaut rien du tout. *Brienne*. — Elle donne du dégoût. *Desmarets*, 115.

[4] Qui est-ce qui, avant le sieur Despréaux, a jamais dit un *placet voisin*, et *demi pâmée*?.. *Brienne*. — *Placet*, sorte de siège qui n'a ni dos ni bras.

CHANT II. 315

Entre deux passions demeure suspendu;
Mais enfin rappelant son audace première :
　Ma femme, lui dit-il, d'une voix douce et fière,
Je ne veux point nier les solides bienfaits
Dont ton amour prodigue a comblé mes souhaits;　　40
Et le Rhin de ses flots ira grossir la Loire
Avant que tes faveurs sortent de ma mémoire. [1]

Féraud. — Il en est question dans l'inventaire de Boileau (séance du 20 mars 1711), et dans une lettre de Racine à son fils (*Racine* de La Harpe, VII, 372, lett. xii).

Vers 1 à 34. Après la critique que nous avons rapportée à la note du vers 18, p. 312, M. Andrieux (*Cours*) ajoute qu'au lieu de prendre pour modèle l'épisode de Didon et Énée, Boileau aurait pu imiter avec plus de succès celui de Renaud et Armide, et voici comment M. Andrieux conçoit, mais avec défiance, le plan que l'auteur du Lutrin aurait pu suivre.

« Je suppose d'abord, dit-il, que dans le chant premier les champions du trésorier ont juré de garder le secret, et par là j'éveillerai la jalousie de la perruquière, puisque son mari ne pourra la rassurer tout d'un coup....

« Par malheur ce soir même, la perruquière a fait deux doigts de toilette; elle a ajouté quelque chose au souper; jamais elle ne fut plus aimable, et cependant c'est dans un tel moment qu'il faut s'arracher de ses bras. Le perruquier oublie à table l'heure du rendez-vous, son premier amour s'est réveillé, il fait presque la cour à sa femme, quand ses deux compagnons, Boirude et Brontin viennent frapper à sa porte pour le rappeler à son devoir, comme les chevaliers viennent pour arracher Renaud au pouvoir d'Armide. C'est alors que la perruquière ferait ses efforts pour retenir son mari, qui, lié par ses sermens, ne pourrait plus ici, comme dans le plan de Boileau, calmer d'un seul mot les inquiétudes de son épouse, et qui, partagé entre l'amour conjugal et le devoir, ferait enfin triompher le devoir. »

[1] V. 39 à 42. Virg., Énéide, liv. IV, v. 333 à 336;.Égl. I, v. 62 à 64 :

　　. . . . . Ego te, quæ plurima fando
　　Enumerare vales, nunquam, regina, negabo
　　Promeritam; nec me meminisse pigebit Elisæ,
　　Dum memor ipse mei, dum spiritus hos regit artus.....
　　Ante, pererratis amborum finibus, exul
　　Aut Ararim Parthus bibet, aut Germania Tigrim
　　Quam nostro illius labatur pectore vultus.

Mais ne présume pas qu'en te donnant ma foi
L'hymen m'ait pour jamais asservi sous ta loi.
Si le ciel en mes mains eût mis ma destinée, 45
Nous aurions fui tous deux le joug de l'hyménée,
Et, sans nous opposer ces devoirs prétendus, [1]
Nous goûterions encor des plaisirs défendus. [2]
Cesse donc à mes yeux d'étaler un vain titre :
Ne m'ôte pas l'honneur d'élever un pupitre, 50
Et toi-même, donnant [3] un frein à tes desirs,
Raffermis ma vertu qu'ébranlent tes soupirs. [4]
Que te dirai-je enfin? c'est le ciel qui m'appelle.
Une église, un prélat m'engage en sa querelle.
Il faut partir : j'y cours.[5] Dissipe tes douleurs, [6] 55

---

[1] Vers 46 et 47. P. C. Du moins d'après les fragmens de 1673, p. 14.

. . . . Les lois de l'hyménée,
Et malgré tous ces soins vainement prétendus.

[2] Bonne morale et fort commode. *Brienne.*

[3] Méchante césure. *Desmarets*, 116; *Brienne.*

[4] Vers 45 à 52. Virgile, Énéide, livre IV, vers 338 à 360.

. . . . Nec conjugis unquam
Prætendi tædas, aut hæc in fœdera veni.
Me si fata meis paterentur ducere vitam
Auspiciis, et sponte mea componere curas,
Urbem Trojanam primum, dulcesque meorum
Relliquias colerem. . . . .
Quæ tandem Ausonia Teucros considere terra
Invidia est? . . . .
Desine meque tuis incendere teque querelis.

[5] Racine avait dit (*Bajazet*, acte IV, sc. 6, représenté en 1672.) :

Montrez-moi le chemin : j'y cours...

[6] La Beaumelle critique ce vers de Voltaire (*Henriade*, I, 379) :

Plût au ciel irrité, témoin de mes douleurs,

parce que, dit-il, *douleurs* au pluriel ne s'entend que des douleurs du

Et ne me trouble plus par ces indignes pleurs.[1]

Il la quitte à ces mots. Son amante effarée
Demeure le teint pâle, et la vue égarée;
La force l'abandonne; et sa bouche, trois fois

corps... « C'est une erreur, répond Clément (*Lett.* IX, p. 220); tous les bons poètes ont employé indifféremment le pluriel ou le singulier. » Il cite alors le vers ci-dessus du Lutrin et le vers 87 du chant VI... Il aurait pu encore citer le vers 155 du chant I; Corneille, dans les Horaces, acte IV, scène 4, vers 25, etc.

[1] Vers 13 à 56. L'auteur veut le renvier sur Virgile, faisant parler poétiquement un horloger à sa femme, au lieu que Virgile fait parler simplement Énée à Didon : *Nec meminisse*, etc. (note du vers 42, p. 315)... C'est vouloir faire parler sans raison un horloger plus noblement que le héros de Virgile, et ridiculement, en enflant sa poésie dans une passion. *Desmarets*, 115. — Saint-Marc approuve en partie cette critique si ridiculement énoncée, et qu'on regrette de voir reproduire par Marmontel, quoique en meilleurs termes.

« La querelle des deux époux n'a été amenée, selon lui, que par le seul plaisir de parodier Virgile. Boileau y fait dire au perruquier et à la perruquière des choses qui n'ont jamais dû leur passer par la tête (*Ni ton épouse*, etc.; *Je ne veux point nier*, etc.; *Et le Rhin*, etc., vers 15, 39 et 45)... Tout cela grimace et n'a rien de vraisemblable ni de plaisant... Il a d'ailleurs tourmenté cet endroit en substituant un perruquier à un horloger... Mais il n'est ni vraisemblable ni amusant qu'une perruquière ou une horlogère se désole de ce que son mari va passer la nuit à monter un lutrin, etc. » *Encyclop.*, mot *parodie*.

« Nous sommes loin d'adopter cette critique contre un épisode agréable et assorti au genre du poème. Le ton de la parodie y est excellent, et il importe fort peu que Boileau y ait substitué le perruquier à l'horloger. Ce changement n'a donné lieu qu'à une variante (celle du vers 18); nous ne voyons là ni *tourment* ni *grimace*. M. *Daunou* (1809). — Il fallait, dit aussi M. Amar, que son aversion pour Boileau eût bien aveuglé Marmontel, pour qu'il ne trouvât ici rien *de plaisant* ni *de vraisemblable*..... L'horloger, observe-t-il ailleurs (ch. I, note du vers 216), était triste et froid; tandis que le caractère original du perruquier anime toutes les scènes du poème où il figure, et donne à tout l'ouvrage une couleur plaisamment historique, qui est un mérite de plus. — M. Andrieux, au contraire, nous l'avons déjà dit (p. 312), est du sentiment de Marmontel.

Voulant le rappeler, ne trouve plus de voix. [1]   60
Elle fuit, et de pleurs inondant son visage,
Seule pour s'enfermer vole au cinquième étage;

[1] Vers 59 et 60. *Et sa bouche* etc... Le *vox hæsit in ore* des Latins ne pouvait pas être mieux rendu. *Le Brun.*

Vers 57 à 60. V. 1674 à 1682. Au lieu de ces quatre vers il y avait les trente-six suivans (Boileau n'en conserva que deux, et encore avec des changemens, dans l'édition de 1683). Nous y joignons, ce qu'on n'a pas fait jusqu'à présent, les critiques auxquelles ils donnèrent lieu, parce que Boileau profita sur-le-champ de l'une de ces critiques (celle qui est rapportée à la note ** p. 319), et que, selon toute apparence, elles influèrent dans la suite sur sa détermination de supprimer tout le couplet.

> Pendant tout ce discours, l'horlogère éplorée
> A le visage pâle et la vue égarée. *
> Elle tremble; et sur lui roulant des yeux hagards,
> Quelque temps, sans parler, laisse errer ses regards;
> Mais enfin sa douleur se faisant un passage,
> Elle éclate en ces mots, que lui dicte la rage:
> Non, ton père à Paris ne fut point boulanger,
> Et tu n'es point du sang de Gervais l'horloger;
> Ta mère ne fut point la maîtresse d'un coche;
> Caucase dans ses flancs te forma d'une roche; **
> Une tigresse affreuse, en quelque antre écarté,
> Te fit, avec son lait, sucer sa cruauté.
> Car pourquoi désormais flatter un infidèle?
> En attendrai-je encor quelque injure nouvelle?
> L'ingrat a-t-il du moins, en violant sa foi,
> Balancé quelque temps entre un lutrin et moi?
> A-t-il, pour me quitter, témoigné quelque alarme?

* Un des deux vers conservés en 1683 (c'est le 58ᵉ, p. 317), avec des changemens.

** Quelle apparence que le père de l'horloger soit *boulanger*, et que sa mère soit la maîtresse d'un *coche?*... *Desmarets*, 116. — Il est clair que *boulanger* n'est mis là que pour rimer à *horloger*, et *maîtresse d'un coche* pour rimer à *roche*... *Brienne*.

Tout cela est si pauvre et si plat qu'il vaut mieux laisser là tout cet endroit, que de s'y arrêter davantage. *Desmarets*, 116. — Il n'y a rien ni de plus plat ni de plus sot dans ce misérable poème que cette pitoyable imitation du latin, *nec tibi diva parens* etc... Je doute qu'on trouve rien de si impertinent dans la Pucelle de Chapelain. *Brienne.*

Mais, d'un bouge prochain accourant à ce bruit,
Sa servante Alison la rattrape et la suit. ¹
Les ombres cependant, sur la ville épandues, 65

Ai-je pu * de ses yeux arracher une larme?
Mais que servent ici ces discours superflus ?
Va, cours à ton lutrin; je ne te retiens plus.
Ris des justes douleurs d'une amante jalouse;
Mais ne crois plus en moi retrouver une épouse.
Tu me verras toujours constante à me venger,
De reproches hargneux ** sans cesse t'affliger.
Et quand la mort bientôt, dans le fond d'une bière,
D'une éternelle nuit couvrira ma paupière,
Mon ombre chaque jour reviendra dans ces lieux,
Un pupitre à la main, se montrer à tes yeux,
Rôder autour de toi dans l'horreur des ténèbres,
Et remplir ta maison de hurlemens funèbres.
C'est alors, mais trop tard, qu'en proie à tes chagrins,
Ton cœur froid et glacé maudira les lutrins;
Et mes mânes contens, aux bords de l'onde noire,
Se feront de ta peur une agréable histoire.
  En achevant ces mots, cette amante aux abois
Succombe à la douleur qui lui coupe la voix. ***
  Elle fuit, et de pleurs...

¹ Vers très rapide. *Clément*, *N. obs.*, 395. — Il court aussi vite qu'Alison, et échappe, pour ainsi dire, avec elle à la poursuite du lecteur. *M. Amar.*
 Vers 63 et 64. *Bouge prochain...* Qui peut imprimer une telle imperti-

* *F. N. R.* Texte de 1674 à 1682, et non pas *a-t-il pu*, comme on lit dans Brossette, Dumonteil, Saint-Marc, etc.
** Quelle épithète de *hargneux* pour *reproches!* On dit bien *un homme hargneux*, *un esprit hargneux* et *une humeur hargneuse* : mais cela ne se dit point des paroles ni des reproches... Cela est ridicule, c'est ne savoir pas parler. *Desmarets*, 116. — Cela est plus sot qu'on ne peut se l'imaginer. *Brienne*.
 V. O. (en partie). Le mot *hargneux* est en effet non-seulement dans l'édition de 1674, in-4° que cite M. de S.-S., mais encore dans celles de 1674 et 1675, petit in-12 (il est aussi à 1674 Dur., et à 1675 A). Ce qu'il est plus important de remarquer, c'est que Boileau profita sur-le-champ de la critique en mettant *fâcheux* dans les éditions qu'il préparait au moment où elle fut publiée (tome I, *Notice bibl.*, § 1, n° 37, et § 2, n°s 12 et 14), savoir : 1674 et 1675, gr. in-12 (ce mot est aussi à 1677 Elz., 1680 A, et 1682 P.).
*** Second vers conservé en 1683 (c'est le 60e... p. 318), mais avec des changemens.

Du faîte des maisons descendent dans les rues : [1]
Le souper hors du chœur chasse les chapelains, [2]
Et de chantres buvans les cabarets sont pleins.
Le redouté Brontin, que son devoir éveille,
Sort à l'instant, chargé d'une triple bouteille   70
D'un vin dont Gilotin, qui savait tout prévoir,
Au sortir du conseil eut soin de le pourvoir. [3]
L'odeur d'un jus si doux lui rend le faix moins rude. [4]
Il est bientôt suivi du sacristain Boirude;
Et tous deux, de ce pas, s'en vont avec chaleur   75
Du trop lent perruquier [5] réveiller la valeur.
Partons, lui dit Brontin : déjà le jour plus sombre,

---

nence a mauvaise grâce de railler les autres. Outre qu'*accourant* est une transposition qui ne se peut souffrir, il fallait mettre *sa servante Alison*, avant *accourant* (idem, *Desmarets*, 116)... De plus, on ne sait pourquoi le poète fait trouver là *Alison*, si ce n'est pour empêcher (comme je me l'imagine) sa maîtresse de se jeter par la fenêtre, la tête la première, d'un cinquième étage en bas, etc... *Brienne.*

[1] Virgile, Eglog. I, v. 83. *Boil.*, 1713.

Majoresque cadunt altis de montibus umbræ.

Vers 65 et 66. La sotte chose que des *ombres sur la ville épandues*, *qui du faite des maisons descendent dans les rues...*! Il fallait dire cela plus noblement, et il n'y avait rien de plus aisé. *Brienne.* — Harmonie imitative : quel déploiement dans ces vers, aussi étendus que les voiles de la nuit? *Clément, Nouv. obs.*, 390.

[2] *Le souper chasse;* expression hardie. *Le Brun.* — Elle est de plus très juste, et caractérise plaisamment l'impérieux appétit, qui *chasse* les chapelains hors du chœur, pour les envoyer souper. *M. Amar.* — Elle est si familière qu'elle ne comportait pas de remarque. *M. de S.-S.* — La *faim chasse* est du langage familier : Le *souper chasse* est poétique. *M. Daunou.*

[3] Au lieu d'*eut soin*, il fallait, suivant Saint-Marc, *avait eu soin*. Il avoue toutefois que nos poètes emploient souvent le passé indéfini pour le plusqueparfait, mais il soutient qu'ils font en cela une faute.

[4] Vers plaisant : Boileau dit tout, et sait tout embellir. *Le Brun.*

[5] V. 1674 à 1698. *Horloger* (voy. p. 308, note du v. 218).

Dans les eaux s'éteignant, va faire place à l'ombre. [1]
D'où vient ce noir chagrin [2] que je lis dans tes yeux?
Quoi! le pardon sonnant [3] te retrouve en ces lieux! 80
Où donc est ce grand cœur dont tantôt l'allégresse
Semblait du jour trop long [4] accuser la paresse?
Marche, et suis-nous du moins où l'honneur nous attend.

 Le perruquier honteux [5] rougit en l'écoutant.
Aussitôt de longs clous il prend une poignée: [6] 85
Sur son épaule il charge une lourde coignée; [7]
Et derrière son dos, qui tremble sous le poids,
Il attache une scie en forme de carquois; [8]

---

[1] Dès que Brontin, pour exprimer le coucher du soleil, se sert d'une fiction poétique, pourquoi ne dit-il pas dans l'*onde* s'éteignant? Le mot eût été plus noble, mais alors il y aurait eu six *o* dans ces deux vers, et c'était bien assez qu'il y en eût cinq. *Mermet*, 88. — Réflexion profonde! s'écrie plaisamment M. F., *Mercure*, 1er oct. 1809, p. 514.

[2] Boileau a reproduit cet hémistiche dans l'épigramme xxxiv.

[3] Coups de cloche par lesquels on avertit le matin, à midi et le soir, de réciter l'*Angelus*, qu'on nomme aussi *Pardon*, à cause des indulgences qui y sont attachées. *Bross.* — *Le pardon sonnant*, manière de parler fort basse. *Brienne.*

[4] *Trop long* est ici pour *trop lent*, mais il est bien plus poétique. *Le Brun*. — *Trop lent* eût mieux valu, mais l'auteur a craint sans doute de répéter ces mots employés six vers plus haut dans ce discours, dit M. de S.-S... (mais le mot préféré (*long*, est aussi trois vers plus bas).

Vers 79 à 82. Ils sont supprimés au *Boileau de la jeunesse*, et conservés au *Boileau classique*.

[5] V. 1674 à 1698. L'*horloger indigné* (voy. p. 308, vers 218, note).

[6] Quelle inversion, pour dire une poignée de longs clous! *Brienne.*

[7] Cette heureuse inversion peint l'effort du perruquier, en se chargeant de la lourde coignée. Substituez-y: *Il met sur son épaule une lourde coignée*; le vers devient léger et plat. *Clément, Nouv. observ.*, 336 (M. Amar reproduit à-peu-près cette remarque).

Vers 85 et 86. Les épithètes (*longs* et *lourde*) relèvent les mots *clous* et *coignée*... M. *Andrieux, Cours*

[8] Une scie a plutôt la forme d'un arc que d'un carquois. *Desmarets*, 117;

Il sort au même instant, il se met à leur tête.
A suivre ce grand chef l'un et l'autre s'apprête : 90
Leur cœur semble allumé d'un zèle tout nouveau;
Brontin tient un maillet, et Boirude un marteau.¹
La lune, qui du ciel voit leur démarche altière,
Retire en leur faveur sa paisible lumière. ²
La Discorde en sourit, et, les suivant des yeux, 95
De joie, en les voyant, pousse un cri dans les cieux. ³
L'air, qui gémit du cri de l'horrible déesse,
Va jusque dans Cîteaux⁴ réveiller la Mollesse. ⁵
C'est là qu'en un dortoir elle fait son séjour; ⁶

Brienne. — Pour mettre *la scie* en image, dit *Le Brun*, il fallait trouver *en forme de carquois.* — On croirait presque voir Apollon descendant du ciel pour venger son prêtre Chrysès et lancer ses traits sur le camp des Grecs. *M. Andrieux, Cours.*

¹ *Maillet* et *marteau* dans le même vers; quelle stérilité! *Brienne.*

² Vers 93 et 94. Voltaire en a fait une imitation heureuse (dit Clément, *Lett.* VIII, p. 172) dans ceux-ci (*Henriade*, ch. II, v. 177) :

> De ce mois malheureux l'inégale courrière
> Semblait cacher d'effroi sa tremblante lumière.

³ *Et les suivant des yeux*, et *de joie en les voyant;* redondance dont Boileau ne s'est point aperçu, et qu'il eût sans doute fait disparaître. *Le Brun.*

⁴ V. O. 1674 à 1682. *Va jusques dans* C***.

⁵ Belle tirade. *Brienne.* — Ces vers (97 à 104) amènent parfaitement l'épisode admirable de la Mollesse. *La Harpe, Lyc.*, XIV, 363 et 361 (on a cité, p. 289, note du vers 24, l'éloge qu'il fait ailleurs des mêmes vers). — *L'air qui va dans Cîteaux réveiller la Mollesse* est une hardiesse dont la poésie seule avait droit de s'emparer. *Le Brun.* — Mais, s'écrie Mermet (p. 89), comment est-il possible qu'un cri que la Discorde pousse à Paris, réveille la Mollesse à Cîteaux? cela est hors de la vraisemblance... « Je crois, répond M. F. (*Mercure,* oct. 1809, p. 544), je crois que Boileau lui-même en serait convenu.

⁶ Les religieux de Cîteaux n'ont pas embrassé la réforme établie dans quelques maisons de leur ordre. C'est pour cela que l'auteur feint que la Mollesse fait son séjour dans un dortoir de leur couvent. *Bross.*

CHANT II.

Les Plaisirs nonchalans folâtrent à l'entour :
L'un pétrit dans un coin l'embonpoint des chanoines ; [1]
L'autre broie en riant le vermillon des moines. [2]

[1] Cela est beau et hardi. *M. Amar, Monit.*, 28 mars 1808.

[2] Vers charmans et qui ont le coloris du pinceau de l'Albane. *Le Brun* (on rapporte à la note du vers 104, un autre éloge qu'en fait Clément). — Ils ont néanmoins déplu à Mermet, qui (p. 89) les trouve froids, puérils, ne disant rien à l'imagination, et leur préfère les vers suivans de l'*Ouvroir*, nouveau chant ajouté, dit-on, par Gresset à son poème de *Ver-Vert*, mais qu'il n'avait point publié (M. F., au lieu cité, p. 321, les qualifie de *mauvais*... Ils sont au moins fort médiocres) :

> L'une découpe un agnus en losange,
> Ou met du rouge à quelque bienheureux;
> L'autre bichonne une vierge aux yeux bleus,
> Ou passe au fer le toupet d'un archange.

Suivant Sainte-Garde (p. 38) les vers de Boileau sont pris ou imités de son Childebrand, liv. I, ch. 4, mais des seize vers qu'il rapporte (on les trouve aussi dans l'édition de M. de S.-S.), celui-ci :

> Les amours enjoués folâtrent sur sa rive,

a seul quelque rapport avec le vers 100. Aussi, craignant sans doute qu'on n'aperçoive pas la ressemblance prétendue, s'attache-t-il à critiquer les mêmes vers. « Des enfans, dit-il (p. 39), des enfans paresseux et d'une humeur nonchalante, ne folâtrent point : ce sont des enfans éveillés ou enjoués... Un boulanger ne voudrait pas avoir un valet nonchalant pour pétrir ; un peintre en voudrait encore moins pour broyer ses couleurs : ce sont des actions pénibles. »

Voici une critique qui émane d'une autorité un peu plus imposante. Dans une dissertation pleine de goût et de sagacité sur la différence qu'on doit faire entre le vrai positif et le vrai *idéal*, M. Andrieux (*Journ. polytechn.*, 1811, 27) observe d'abord, que si le vrai idéal *n'est pas*, il faut qu'il *puisse être*; il faut qu'en charmant l'imagination, en touchant la sensibilité, il ne soit jamais dans le cas d'être condamné par le jugement... Citant ensuite les vers 100, 101 et 102, il s'exprime ainsi (p. 48) :

« Rien de plus imaginaire, de plus *idéal* que cet *embonpoint des chanoines, pétri dans un coin par un Plaisir*; il est même assez difficile de se faire une idée exacte de ce que ce peut être, et de se représenter clairement l'image que le poète a voulu offrir dans ce vers; on voit mieux comment un autre Plaisir peut *broyer en riant le vermillon*, qui, étendu sur les joues des

La Volupté la sert avec des yeux dévots, [1]
Et toujours le Sommeil lui verse des pavots. [2]
Ce soir, plus que jamais, en vain il les redouble : 105
La Mollesse à ce bruit se réveille, [3] se trouble,
Quand la Nuit, qui déjà va tout envelopper, [4]
D'un funeste récit vient encor la frapper;

moines, doit leur donner un teint brillant de santé ; mais qui serait assez insensible au charme de ces vers, pour être tenté de remarquer dans le second un peu de vague, une inexactitude ! Quel censeur pointilleux voudrait soutenir que ce vers n'est pas *vrai ?* Une pareille rigueur serait la mort de la poésie... »

J'oserais croire qu'en effet aucun censeur ne pourrait attaquer la vérité *idéale* de ce vers. Un génie, ce me semble, peut tout aussi bien pétrir le tissu cellulaire qui doit former le frais embonpoint d'un chanoine, qu'un autre peut broyer le vermillon qu'on étendra sur les joues d'un moine. Boileau s'en formait tellement l'idée que, dans une planche de la première édition du Lutrin, reproduite, en grand et petit format, dans ses éditions *favorites* de 1701, il a fait représenter deux génies, dont l'un pétrit l'embonpoint, et l'autre broie le vermillon.

[1] Expression d'une délicatesse charmante; en effet, la volupté a, pour être plus engageante, presque de la dévotion dans les yeux. *Le Brun.*

[2] Vers imité par Voltaire (*Henriade*, ch. II, vers 180).

      Et le sommeil trompeur lui versait ses pavots.

Vers 99 à 104. Quelles images, et quelle harmonie enchanteresse ! Tous les mots de ces vers charmans sont choisis pour ce qu'ils doivent exprimer. Le second (v. 100) est gracieux et riant, sans avoir trop de vivacité, parce que les plaisirs de la Mollesse sont tranquilles dans leurs jeux. Le troisième (v. 101) est plein et nourri. Le premier hémistiche du quatrième (v. 102) rend, par les *r*, l'action du broiement; le second hémistiche est brillant et fleuri. Les deux derniers vers sont plus doux, plus languissans et disposent au sommeil voluptueux de la Mollesse. *Clément, Nouv. obs.*, 399.

[3] Il a déjà dit au vers 98 que la Mollesse est *réveillée* : cette répétition est plus qu'une négligence. *Saint-Marc.* — Erreur : au vers 98 Boileau dit qu'on *va réveiller* la Mollesse : ici, qu'elle *se réveille*.

[4] De quoi va-t-elle *tout envelopper ?* Il fallait dire d'un *crêpe*, ou de ses *sombres voiles*, autrement *envelopper* porte à faux, et ne signifie pas ce que l'auteur veut faire entendre. *Brienne.*

CHANT II.

Lui conte du prélat l'entreprise nouvelle.
Aux pieds des murs sacrés d'une sainte chapelle, 110
Elle a vu trois guerriers, ennemis de la paix,
Marcher à la faveur de ses voiles épais ;¹
La Discorde en ce lieu² menace de s'accroître ;
Demain avec l'aurore un lutrin va paroître, ³
Qui doit y soulever un peuple de mutins. ⁴ 115
Ainsi le ciel l'écrit au livre des destins. ⁵

A ce triste discours, qu'un long soupir achève,
La Mollesse, en pleurant, sur un bras se relève,
Ouvre un œil languissant, et, d'une faible voix,
Laisse tomber ces mots qu'elle interrompt vingt fois ⁶ : 120
O Nuit ! que m'as-tu dit ? quel démon sur la terre
Souffle dans tous les cœurs la fatigue et la guerre ?⁷

---

¹ Vers 110 à 112. Rien de plus pittoresque que le premier vers et le premier hémistiche du second ; il semble qu'on voit ces trois guerriers au pied des murs de la Sainte-Chapelle. Et ces trois guerriers sont tout bonnement Brontin, le sacristain Boirude et le perruquier l'Amour. *M. Andrieux, Cours.*

² *V. E.* Texte de 1674 à 1701 (trente-trois éditions, dont onze originales). Dans l'édition posthume et incorrecte de 1713, suivie dans toutes les autres (à l'exception de 1713, A. et Br.; 1720, R.; 1726 et 1741, Sch.; 1732, G.; 1736, Br.) on lit *en ces lieux...*, mais le singulier nous paraît préférable parce que le pluriel est trop vague, et ne désigne pas aussi bien l'endroit où la Discorde menace de s'accroître.

³ Nous parlons de ces deux rimes au tome I, Essai, n° 118 *b*.

⁴ Vers 114 et 115. L'inversion sauve le contre-sens qui se trouverait dans la construction ordinaire de ces vers, construction d'après laquelle ce serait *l'aurore* qui soulèverait, etc. *Clément, Lett.* VI, p. 149.

⁵ Boileau mêle encore ici (d'autres exemples sont au ch. 1, v. 171 et 211) les destins avec un lutrin. C'est de cette opposition perpétuelle des grandes et des petites choses que naît le comique du poème. *M. Andrieux, ib.*

⁶ Virgile, *Énéide*, livre VI, vers 686.

> Effusæque genis lacrimæ, et vox excidit ore.

⁷ Phrase admirable, *souffler la fatigue ;* et *souffler la guerre* ne vaut pas

Hélas! qu'est devenu ce temps, cet heureux temps,
Où les rois s'honoraient du nom de fainéans, [1]
S'endormaient sur le trône, et, me servant sans honte, 125
Laissaient leur sceptre aux mains ou d'un maire ou d'un comte
Aucun soin n'approchait de leur paisible cour :
On reposait la nuit, on dormait tout le jour.
Seulement au printemps, quand Flore dans les plaines
Faisait taire des vents les bruyantes haleines, 130
Quatre bœufs attelés, d'un pas tranquille et lent, [2]
Promenaient dans Paris le monarque indolent. [3]

---

mieux. *Desmarets*, 117 ; *Brienne* ; *Bonnecorse*, 33. — Saint-Marc est du même avis pour les deux expressions. — *Souffler la fatigue* ne s'était point dit encore ; il est heureux, et, d'ailleurs, le mot *guerre* lui sert de passe-port. *Le Brun*. — M. de S.-S. est du même sentiment. — M. Daunou au contraire pense que l'expression *souffler la fatigue* n'est ni heureuse ni assez excusée par les mots *et la guerre*, * qui lui servent, dit-on, de passe-port. — *Souffler la fatigue* est une de ces hardiesses elliptiques qui étonnent et déconcertent d'abord le lecteur : mais *souffler* n'est autre chose ici qu'*inspirer*, et *souffler la fatigue et la guerre*, c'est *inspirer le mépris des fatigues de la guerre*... . *M. Amar*.

[1] Cette tirade est assez bonne. *Brienne*.

[2] Beau vers. *Brienne*.

[3] Ces deux vers marchent aussi lentement que les bœufs qui traînent le char; et c'est ainsi que le poëme est écrit d'un bout à l'autre : partout le même rapport des sons avec les objets. *La Harpe*, *Lyc.*, VI, 246 (*voy*. aussi p. 301, la note du vers 147).

Boileau a poussé l'art dans ces vers jusqu'à son dernier période (*idem*, M. Amar). On ne saurait trop admirer l'harmonie imitative qui résulte de la consonnance des mots et de leur pesanteur. *Le Brun*.

Cadence grave produisant une harmonie imitative. *Batteux*, I, 145 (ses réflexions sont rapportées à p. 67, note 1).

Nos bons poètes évitent les épithètes languissantes et sacrifiées à la rime.

---

* Ainsi il ne désapprouve pas cette dernière expression, qu'on pourrait d'ailleurs justifier par ce vers de la *Henriade* (IV, 247), *Sur la terre à mon gré, ma voix soufflait les guerres*.

Ce doux siècle n'est plus. Le ciel impitoyable
A placé sur leur ¹ trône un prince infatigable.
Il brave mes douceurs, il est sourd à ma voix ;   135
Tous les jours il m'éveille au bruit de ses exploits.
Rien ne peut arrêter sa vigilante audace :
L'été n'a point de feux, l'hiver n'a point de glace.
J'entends à ² son seul nom tous mes sujets frémir.
En vain deux fois la paix a voulu l'endormir :   140

Quand ils se trouvent forcés de rimer en épithètes, ils ont un soin particulier que l'épithète soit belle, neuve, et ajoute de l'éclat ou de l'harmonie à leurs vers... Dans ces deux-ci, les épithètes sont aussi heureuses pour exprimer la pensée du poète que pour donner à ses vers l'harmonie qui leur est propre. *Clément, Lett.* IX, p. 127 (il cite aussi pour exemples les vers 1 et 2 du ch. III, et 111 et 112 du ch. v).

Vers 117 à 132. « L'harmonie propre à notre langue consiste en général dans l'heureux emploi des syllabes brèves et des longues, mélangées et distribuées habilement par l'art et par le goût... * Les vers composés de syllabes longues marchent avec lenteur. Ces vers en offrent un exemple. Boileau y a réuni les différentes manières de les construire, en employant quelquefois des brèves pour ajouter encore à l'effet des longues auprès desquelles elles sont placées ; ce qui lui a fourni les moyens de varier les images qui peignent à l'esprit et à l'oreille. Les siennes peignent à-la-fois à l'un et à l'autre... Le ton général de ce morceau respire la langueur qui convient à la Mollesse ; et le faible effort qu'elle semble faire à la fin vers un mouvement plus rapide, cessant au moment même, fait ressortir encore davantage le tableau de la marche lente et pesante du bœuf. » *Dubois-Fontanelle*, I, 326.

¹ V. 1674 à 1682.. *Sur* LE *trône...*

F. N. R. Cette vieille leçon a été mal-à-propos reproduite dans plus de *vingt* éditions, telles que 1767 et 1780, Traduct.; 1770 et 1789, P.; 1780, Gen.; 1793, S. Bri.; 1800, Léviz.; 1810, Chass.; 1812, Tu. et Led.; 1815, Ly. et Lécr.; 1818, Coll. et Ny.; 1821, 1824 et 1828, Am.; 1824 et 1825, Pl.; 1825, Aug., in-8 et in-32.

² V. E. Texte de 1674 à 1701, et non pas *en sòn seul*, comme dans les éditions de 1713, et dans celle de Souchay, 1740.

* On a cité à la note 2, p. 32, d'autres réflexions du même auteur, sur les vers composés de syllabes brèves.

Loin de moi son courage, entraîné par la gloire,
Ne se plaît qu'à courir de victoire en victoire.
Je me fatiguerais à te tracer le cours
Des outrages cruels qu'il me fait tous les jours.[1]
Je croyais, loin des lieux d'où ce prince m'exile, 145
Que l'Église du moins m'assurait un asile :[2]
Mais en vain j'espérais y régner sans effroi;
Moines, abbés, prieurs, tout s'arme contre moi.
Par mon exil honteux la Trappe[3] est ennoblie;
J'ai vu dans Saint-Denis la réforme établie; 150
Le Carme, le Feuillant s'endurcit aux travaux;
Et la règle déjà se remet dans Clairvaux.[4]
Cîteaux dormait encore, et la Sainte-Chapelle
Conservait du vieux temps l'oisiveté fidèle;[5]
Et voici qu'un lutrin, prêt à tout renverser, 155

---

[1] Vers 121 et suiv. On a toujours cité comme un des chefs-d'œuvre de la la langue cet admirable épisode de la Mollesse. On l'a cité toujours aussi comme un modèle d'éloges délicats et ingénieux. Nul écrivain n'a possédé mieux que Boileau le talent de louer sans s'avilir. *M. Andrieux, Cours.*

[2] Par ce seul vers, le poète rentre aussitôt dans son sujet. Cet art n'est connu que des maîtres. *La Harpe, Lyc.*, XIV, 364 (M. Amar répète cette remarque).

Vers 133 à 146. Les détracteurs même de Boileau ont rendu hommage à la beauté de cet épisode. *La Harpe, ib.*, VI, 239. — Ce magnifique éloge est un bel exemple de la première espèce d'astéisme. *Beauzée, Encycl.*, mot *astéisme*. — Après avoir observé que Boileau a loué l'Auguste de son siècle quelquefois aussi finement qu'Horace le sien, Nivernois ajoute au sujet du même éloge : Ce tour de flatterie me paraît bien heureux... *Mélang.*, I, 240. — Je trouve que les dépits, les murmures et les plaintes de la Mollesse sont les plus fines louanges du monde. *Bouhours*, 276.

[3] Abbaye de Saint-Bernard dans laquelle l'abbé Armand Bouthillier de Rancé a mis la réforme. *Boil.*, 1713.

[4] Vers 150 et 152. Les abbayes de Clairvaux et de Saint-Denis furent réformées en 1624 et 1633. *Bross.*

[5] Que ces deux vers sont heureux! *La Harpe, Lyc.*, XIV, 364.

CHANT II.

D'un séjour si chéri vient encor me chasser!
O toi! de mon repos compagne aimable et sombre,
A de si noirs forfaits prêteras-tu ton ombre?
Ah! Nuit, si tant de fois, dans les bras de l'amour,
Je t'admis aux plaisirs que je cachais au jour,   160
Du moins ne permets pas...[1] La Mollesse oppressée
Dans sa bouche à ce mot sent sa langue glacée,[2]

---

[1] Les vers 157 à 160 sont supprimés au Boileau classique et à celui de la jeunesse, et le 161ᵉ s'y lit ainsi : *O nuit! ne permets pas...*

Vers 121 à 160. On a cité à la note du vers 74, chant I de l'*Art poétique*, p. 178, l'éloge qu'en fait Dubois-Fontanelle.

[2] Vers 161 et 162. Boileau y avait multiplié les *s* pour les rendre languissans, à ce que dit Brossette. J.-B. Rousseau, qu'il consulta sur ce point, répondit que cet effet était plutôt produit dans les vers par les *l*, et qu'il doutait que Boileau eût mis toutes les *s* exprès dans ceux-ci. *Lettres de J.-B. Rousseau*, II, 201 et suiv.

Vers 161 à 164. Portrait achevé. *Rollin, Traité des Études*, liv. III, chap. 3; *Fontenai*, I, 558 et 567 (nous donnons à la note du vers 132, chant IV, un autre éloge qu'en fait Auger).

Voici, dit Dubois-Fontanelle (I, 328), un autre exemple peut-être supérieur au précédent (celui qu'il cite dans le fragment rapporté, note du vers 132, p. 327) et à tout ce que notre langue nous offre dans ce genre.... Rien ne peint mieux que ces vers les nuances presque insensibles qui séparent le passage de la veille au sommeil; et c'est la distribution des repos multipliés dans le dernier qui en fait toute la magie. Écoutons, au sujet de cette distribution, un métaphysicien accoutumé à la réflexion et à l'analyse... En rendant compte des effets de l'imagination qui saisissent et entraînent celle des autres, de manière que, ne pouvant plus que sentir, elle ne saurait rien expliquer, il sait se rendre maître de la sienne et raisonner sur ce qu'elle éprouve. « Les repos du second vers, dit Condillac (*Dissertat. sur l'harmonie du style*, chap. III), ralentissent les syllabes *bras* et *œil*, et le rendent sensiblement plus long que le premier. Le passage au sommeil se peint aussi dans la prononciation du mot *s'endort*, parce que la voix, qui s'est soutenue sur le même ton jusqu'à la syllabe *s'en*, baisse un peu et se laisse tomber pour ainsi dire sur la syllabe *dort.* »

D'Olivet (*Prosodie franç.*, art. 5) a aussi analysé ce morceau, en le considérant sous le point de vue de la prosodie... « Quel est ici, dit-il, l'objet du

Et, lasse de parler, succombant sous l'effort,
Soupire, étend les bras, ferme l'œil, et s'endort.[1]

poète? d'achever le portrait de la Mollesse. Et comment la peindrait-il mieux qu'en la supposant hors d'état de finir la phrase? Des cinq derniers mots qu'elle articule, il y en a quatre de monosyllabes, *du moins ne* permets *pas*, et si peu de chose suffit pour épuiser ce qui lui reste de forces. Ajoutons que ces deux finales, *mets pas*, marquent bien sa lassitude. »

« *Oppressée* est moins un mot qu'une image. Deux syllabes traînantes, et la dernière qui n'est composée que de l'*e* muet, ne font-elle pas sentir de plus en plus le poids qui l'accable? »

« Tant de monosyllabes contribuent à me peindre l'état de la Mollesse; et je vois effectivement sa langue glacée : je le vois par l'embarras que cause la rencontre de ces monosyllabes *sa*, *ce*, *sent*, *sa*, et qui augmente encore par *langue glacée*, où *gue gla* me font presque à moi-même l'effet qu'on veut peindre. »

« Je cours au dernier vers : commençons par en marquer la quantité :

Soŭpīre, ĕtēnd lēs brās, fĕrmĕ l'ŏëil ĕt s'ēndōrt.

Assurément, si des syllabes peuvent figurer un soupir, c'est une longue précédée d'une brève et suivie d'une muette, soŭpīre. Dans l'action d'étendre les bras, le commencement est prompt, mais le progrès demande une lenteur continuée, ĕtēnd lēs brās. Voici qu'enfin la Mollesse parvient où elle voulait, fĕrmĕ l'ŏëil : avec quelle vitesse! trois brèves. Et de là, par un monosyllabe bref, suivi de deux longues, ĕt s'ēndōrt, elle se précipite dans un profond assoupissement. » — Cette analyse de d'Olivet a paru un peu subtile. M. Amar qui (1828) en rapporte le dernier alinéa s'écrie à la fin : « Vivent les grammairiens, pour commenter les poètes ! »

Brossette raconte, au sujet de ce vers, une anecdote que nous examinerons, tome III, art. de ses Erreurs, n° 40.

[1] Vers 121 à 164. Voilà sans doute ce qu'il y a de meilleur et de mieux soutenu dans ce poème. *Brienne.*

Dessiné par Carle Vernet. Gravé par Sève.

L'OISEAU sort en courroux, et d'un cri menaçant
Acheve d'étonner le barbier frémissant:

Chant. III. Vers 75-76.

J.J.Blaise Libraire, Quai des Augustins.

CHANT III.

—

Mais la Nuit aussitôt[1] de ses ailes affreuses[2]
Couvre des Bourguignons les campagnes vineuses,[3]
Revole vers Paris, et, hâtant son retour,
Déjà de Montlhéri[4] voit la fameuse tour.[5]

[1] On pourrait ici faire une petite chicane à Boileau; c'est que parfois il emploie des mots vagues et inutiles, des mots de remplissage, tels que celui-ci, *aussitôt*.., et, par une singulière habitude, ces mots se trouvent presque toujours au premier hémistiche. M. *Andrieux, Cours.*
  Pour justifier cette dernière critique, M. Andrieux cite trois expressions que nous indiquerons aux notes des vers 22, 24 et 93, et il ajoute : Les vers suivans (2 à 18) sont parfaits; on ne peut y changer un seul mot sans risquer de changer une pensée... Ce hibou est-il assez triste, lui qui attriste de *sa joie* ses voisins?

[2] On a vu (p. 206, note du vers 159) qu'*affreux* est une des épithètes dont les ennemis de Boileau lui reprochent un trop fréquent emploi. Ici, selon l'observation de M. Amar, il est pris dans le véritable sens de son étymologie latine *ater, noir*. Ajoutons que c'est probablement dans ce vers et non pas dans le 64e de la satire vii (tome I), comme le prétendait Clément, que Boileau aura cherché à imiter le *nox atra* de Virgile.

[3] *Campagnes vineuses*, épithète d'un excellent choix. *Le Brun.* — La Harpe (*Lyc.*, VIII, 409) approuve aussi cette épithète, quoique vieillie, parce que Boileau s'en est servi dans un genre de poème qui admet le familier. — Elle est également citée comme excellente par Clément, dans le fragment rapporté page 326, note du vers 132. «Les campagnes vineuses, ajoute-t-il ensuite, sont une expression aussi riche, aussi neuve que juste. — Enfin, Delille (*Géorg.*, II, à la fin) a dit aussi les *côtes vineuses*.

[4] *V. O.* 1674 à 1698. *Monthéry*, sans *t* (*voy.* p. 279, note 5).

[5] *V. O.* ou *E.* Tour très haute, à six lieues de Paris, sur le chemin d'Orléans. *Boil.*, 1713, in-12. — C'est aussi la distance indiquée par le Dictionnaire de Mac-Carthy. L'in-4° de 1713, suivi par tous les éditeurs (à l'exception de 1825, *Aug.*), porte *cinq* lieues.
  « On ne sait du tout ici ce qu'il veut dire, ni d'où il vient, ni où il va. Les

Ses murs, dont le sommet se dérobe à la vue, 5
Sur la cime d'un roc s'allongent dans la nue, [1]
Et, présentant de loin leur objet ennuyeux,
Du passant qui le fuit, semblent suivre les yeux. [2]
Mille oiseaux effrayans, mille corbeaux funèbres
De ces murs désertés habitent [3] les ténèbres. 10
Là, depuis trente hivers, un hibou retiré
Trouvait contre le jour un refuge assuré.
Des désastres fameux ce messager fidèle
Sait toujours des malheurs la première nouvelle;
Et, tout prêt d'en semer le présage odieux, [4] 15
Il attendait la Nuit dans ces sauvages lieux. [5]

campagnes *vineuses* des Bourguignons et la tour de Montlhéry sont bien loin l'une de l'autre; ce n'est pas là garder l'unité de scène. *Brienne.*

[1] On peut bien dire comme Voiture qu'une haute tour *allonge* son cou dans la nue, mais je doute qu'on en puisse dire autant des murs de cette tour. *Ducatiana*, dans Saint-Marc, V, 191.—*S'allongent,* mot qui donne du mouvement, de la vie, à ce vers, et le rend très pittoresque. *Le Brun.* — Harmonie imitative. *Batteux*, I, 145 (*voy.* épit. v, p. 67, note du vers 134). — Le dernier hémistiche est très prolongé, et l'*e* muet du mot *nue* fait comme la vue qui se perd dans l'éloignement. *Clément, Nouv. obs.*, 386 (il fait aussi, on va le voir, l'éloge de l'*inversion* de ce vers).

[2] L'image est frappante de vérité : les objets ennuyeux semblent toujours vous suivre. *Le Brun.*

Si vous mettez, dit Clément, après des remarques sur les avantages de l'*inversion* (on les rapporte à la note du vers 26), si vous mettez :

   Semble suivre les yeux du passant qui le fuit...
   S'allongent dans les airs sur la cime d'un roc,

vous détruisez toute la beauté et toute l'harmonie de ces images, et vous faites de deux excellens vers deux vers plus que médiocres. *Clément, Lett.* IX, p. 335.

[3] V. E. On lit *habitaient*, au Boileau classique.

[4] *Semer le présage*, expression nouvelle. *Le Brun.*

[5] Toute cette fiction du Hibou est fort ridicule. *Brienne.* — Voici une admirable fiction! La Nuit apparemment était favorable à ceux qui voulaient tirer le lutrin de la sacristie pour le placer dans le chœur; cependant elle

CHANT III.

Aux cris qu'à son abord vers le ciel il envoie,
Il rend tous ses voisins attristés de sa joie. [1]
La plaintive Progné de douleur en frémit, [2]
Et, dans les bois prochains, Philomèle en gémit. [3]   20
Suis-moi, lui dit la Nuit. L'oiseau plein d'allégresse
Reconnaît à ce ton [4] la voix de sa maîtresse.
Il la suit : et tous deux, d'un cours précipité,
De Paris à l'instant [5] abordent la cité ; [6]
Là s'élançant d'un vol que le vent favorise, [7]   25
Ils montent au sommet de la fatale église. [8]

est représentée ici comme leur ennemie, et va, par une merveilleuse invention, prendre un hibou pour le placer dans le lutrin, afin qu'il fît peur à ceux qui le devaient enlever ! *Desmarets*, 117 (l'opinion de La Harpe sur cet épisode est à la note du dernier vers de ce chant).

[1] *Rendre attristés*, pour rendre tristes : tour qui enrichit la langue poétique. *Le Brun.*

Vers 2 à 18. On a vu (p. 331, note 1) que M. Andrieux en fait l'éloge.

[2] P. C. O. Du moins d'après les fragmens de 1673, p. 18, *la timide...*

On ne dit pas *frémir de douleur*, comme on dit *frémir de crainte, de colère, d'indignation*, mais je suis loin de le blâmer. *Le Brun.* — M. de S.-S. est du même sentiment.

[3] Cela est hors d'œuvre. *Brienne.*

[4] *A ce ton* peut être regardé, dit M. Andrieux (même note 1, p. 331), comme une *cheville*, d'autant plus que Boileau n'a pas indiqué sur quel *ton* la déesse parle au hibou.

[5] *A l'instant...* Autre cheville. *M. Andrieux, ib.*

[6] V. O. 1674 à 1682... Pourges ; P...; P*** (*voy.* p. 285, note du vers 3).
— Franc *Chapelinisme... De Pourges la cité*, pour dire la ville de Pourges : l'inversion est insupportable. *Brienne.*

[7] Le hibou n'avait pas besoin que le vent favorisât son essor, puisqu'il vole dans un instant depuis Montlhéri jusqu'à Paris : c'est une petite négligence. *Vigneul de Marville*, dans Saint-Marc (V, 163). Celui-ci approuve cette censure que M. de S.-S. trouve au contraire mal fondée.

[8] Vers 1 à 26. Après avoir reproché à Voltaire la disette d'inversions de la *Henriade*, et choisi pour exemple, comme il convient à un critique partial, un passage de ce poème (VIII, v. 29 à 58) où en effet il y en a très peu, Clément

La Nuit baisse la vue, et, du haut du clocher,
Observe les guerriers, les regarde marcher.[1]
Elle voit le barbier[2] qui, d'une main légère,
Tient un verre de vin qui rit dans la fougère,[3] 30
Et chacun, tour-à-tour s'inondant de ce jus,
Célébrer, en buvant, Gilotin et Bacchus.
Ils triomphent, dit-elle, et leur âme abusée
Se promet dans mon ombre une victoire aisée :
Mais allons; il est temps qu'ils connaissent la Nuit. 35
A ces mots, regardant le hibou qui la suit,
Elle perce les murs de la voûte sacrée;

lui cite les vingt-six premiers vers du chant III du Lutrin. « Vous voyez, dit-il ensuite, combien la construction de ces vers est variée par des inversions différentes, qui leur ôtent toute conformité avec la prose, et qui les rendent beaucoup plus poétiques, plus soutenus, plus harmonieux que les vôtres. Non-seulement ces inversions contribuent à relever les vers de Boileau, et à les défendre de la langueur prosaïque qui affaiblit les vers de la Henriade; mais elles servent encore à perfectionner ses images qui perdraient tout leur prix dans la construction ordinaire. *Lett.* IX, p. 334.

[1] Vers 27 et 28. Un des principaux effets de l'art du poète, dit M. Andrieux (*ib.*) au sujet de ces vers, est d'avoir su intéresser, en quelque sorte, la nature entière à ses différens personnages. Le ciel, la lune, la terre, tout est en mouvement pour voir placer un lutrin dans un chœur.

[2] V. 1674 à 1698. *L'horloger* (*voy.* p. 308, note du v. 218).

[3] On appelle verres de fougère ceux dans la composition desquels il entre des cendres de fougère. *Bross.*

Cela n'est pas à sa place : on pouvait user de ce terme de satire dans la description d'un festin. Mais le vin *qui rit dans la fougère* n'est mis là que pour remplir une place vide. *Brienne.* — Ce vers léger et rapide appelle la joie. *Le Brun.* — Cadence légère produisant une harmonie imitative. *Batteux*, I, 145 (*voy.* épît. v, p. 67, note du vers 134). — On a toujours admiré l'image et l'harmonie de ce vers... On croirait voir la couleur brillante et vermeille du vin. *Clément, Nouv. obs.*, 389. — Ailleurs (*Lett.* IX, p. 256), il cite comme en étant le type celui-ci de Théophile :

Bacchus, tout dieu qu'il est, riant dans le cristal.

Jusqu'en la sacristie elle s'ouvre une entrée;
Et, dans le ventre creux du pupitre fatal,[1]
Va placer de ce pas le sinistre animal.　　　　　　　　　40

Mais les trois champions, plein de vin et d'audace,
Du Palais cependant passent la grande place;
Et, suivant de Bacchus les auspices sacrés,[2]
De l'auguste chapelle ils montent les degrés.
Ils atteignaient déjà le superbe portique　　　　　　　　45
Où Ribou le libraire, au fond de sa boutique,
Sous vingt fidèles clefs garde et tient en dépôt[3]
L'amas toujours entier des écrits de Haynaut:[4]
Quand Boirude, qui voit que le péril approche,
Les arrête;[5] et, tirant un fusil de sa poche,　　　　　　50
Des veines d'un caillou,[6] qu'il frappe au même instant,

---

[1] Au vers 26, il y a *fatale église*, et au vers 39, *pupitre fatal;* au vers 37, *voûte sacrée*, et au vers 43, *auspices sacrés...* Saint-Marc trouve ces répétitions trop rapprochées; et il ajoute qu'en général elles sont fréquentes dans les œuvres de Boileau.... La première paraît pourtant assez éloignée; il y a quatorze vers entre les deux mots.

Ventre creux... Épithète heureuse. *Clément* (ses remarques sont citées à p. 288, note du vers 19).

[2] Vers 41 et 43. *Pleins de vin et d'audace;* opposition jetée bien heureusement pour amener *Et suivant de Bacchus... Le Brun.*

[3] Clément (*Lett.* VIII, p. 259) trouve encore le type de ce vers dans celui-ci de Chapelain (*Pucelle*, 1656, p. 243):

　　Sous vingt fidèles clefs le saint vase est serré.

« Encore une perle déterrée dans le fumier, s'écrie avec raison M. Amar: car Boileau prête à cette belle épithète (*fidèles clefs*) une intention satirique qu'elle n'avait pas et ne pouvait pas avoir d'abord.

[4] V. E. 1674 à 1685. *Bursost.* — 1694 à 1698, *Perost* (et non pas *Perrault* comme le dit Brossette). — Nous parlons de ces *déguisemens* de noms au tome I, Essai, nos 53 à 56.

[5] Enjambement heureux. *Clément* (cité à p. 299, note du vers 126).

[6] Virg., *Géorg.*, liv. I, v. 135; et *Énéide*, liv. I, v. 178. *Boil.*, 1713.

Il fait jaillir un feu qui pétille en sortant;[1]
Et bientôt, au brasier d'une mèche enflammée,
Montre, à l'aide du soufre, une cire allumée.[2]

> Et silicis venis abstrusum excuderet ignem......
> Ac primum silici scintillam excudit Achates,
> Suscepitque ignem foliis, atque arida circum
> Nutrimenta dedit, rapuitque in fomite flammam.

[1] Vers 51 et 52. Imitation parfaite du vers *Ac primum*, etc. (note précédente)... *Le Brun.* — Cadence légère produisant une harmonie imitative. *Batteux* (*voy.* épît. v, p. 67, note du v. 134).

[2] Vers 51 à 54. Détails que Boileau a forcé savamment la poésie de rendre. *Le Brun.* — Imitation originale et neuve de Virgile (note du vers 51). *Clément, Lett.* VIII, p. 315.

D'Alembert convient que ces vers ont le mérite d'exprimer élégamment et avec une sorte de noblesse une chose petite et presque basse, mais la construction des deux derniers lui paraît embarrassée. « On croirait, dit-il, qu'*au brasier* est le régime de *montre*, ce qui ne signifierait rien; il est le régime d'*allumée* dont il est trop loin, et dont il est séparé d'ailleurs mal-à-propos par le verbe *montre*. » *Id.*, III, 102.

Tel est aussi le sentiment de Delille et de M. Andrieux. Le premier, tout en avouant que Boileau a imité heureusement Virgile, reproduit à-peu-près la remarque de D'Alembert. Voici comment s'exprime M. Andrieux, qui, on va le voir, a aussi critiqué ces vers sous d'autres rapports (*Décade*, messidor an V, p. 397):

« Le brasier d'une mèche! une mèche, c'est-à-dire un peu d'amadou, peut-elle former un brasier? *Au brasier* et *à l'aide du soufre*. Ces deux tours semblables embarrassent la phrase poétique. Une mèche enflammée, une cire allumée: ces deux mots sont les mêmes; et on pourrait dire presque indifféremment, au moins pour l'exactitude, une mèche allumée et une cire enflammée. »

La Harpe paraît d'un avis différent. « Est-il bien facile, s'écrie-t-il, de dire en vers élégans qu'on allume une bougie avec un briquet et une pierre à fusil? Le talent du poète sait encore ennoblir cette image si familière. *Des veines*, etc.... Rien n'est oublié, et tout est fidèlement rendu, non pas en cherchant des termes nouveaux et inusités, des figures bizarres, des combinaisons forcées : le poète se sert des mots les plus ordinaires... Mais il les combine sans effort, de manière à leur donner de l'élégance et du nombre. » *Lyc.*, VI, 244; XIV, 369.

L'inversion de ces deux vers peut bien être un peu hardie, mais ils sont

CHANT III.

Cet astre tremblotant,[1] dont le jour les conduit,
Est pour eux un soleil au milieu de la nuit.
Le temple à sa faveur est ouvert par Boirude :
Ils passent de la nef la vaste solitude,[2]
Et dans la sacristie entrant, non sans terreur,

aussi clairs que pittoresques. *M. Daunou*, édit. de 1809. — Cette dernière qualité et celle de la précision ne pourront du moins leur être refusées, même en les comparant à la traduction de Delille:

> Achate, au même instant, prend un caillou qu'il frappe ;
> La rapide étincelle en pétillant s'échappe ;
> Des feuilles l'ont reçue. Alors dans son berceau
> Achate d'un bois sec nourrit ce feu nouveau :
> Et bientôt au brasier d'une souche brûlante
> Cherche, attise et saisit la flamme étincelante.

Enfin, M. Andrieux, dans son cours, après avoir rappelé sa critique de la Décade, convient que les vers de Boileau sont très pittoresques, et les cite comme un exemple de l'élégance avec laquelle l'auteur du *Lutrin* savait rendre les plus petites choses.

[1] *Astre tremblotant* pour dire un flambeau, est une manière de parler qui tient fort de Du Bartas, lequel disait *le roi des chandelles* pour dire le *soleil*. L'un vaut bien l'autre... *Astre tremblotant*, qui s'aviserait jamais de le dire ? *Brienne.* — Cela est trop recherché. *Chapat*, 84. — Selon Le Brun, *astre*, précédant *tremblotant*, prête une certaine dignité comique à la chose. — M. Daunou doute que, malgré cette association, l'épithète *tremblotant* soit assez poétique. — Clément, au contraire, non-seulement la trouve pittoresque (*Nouv. obs.*, 388), mais soutient même (*Lett.* VI, p. 254) que si elle n'est pas noble au figuré, elle est au propre, digne du style le plus noble, comme dans ce vers et le vers 81.

« On a critiqué, dit aussi M. Andrieux (*ib.*), l'épithète *tremblotant* appliquée au mot *astre*, comme ayant trop peu de noblesse. Nous croyons au contraire que le manque de noblesse du mot produit ici un bon effet. D'abord cette bougie est un *astre*, et le poète ajoute alors *tremblotant*, ce qui peint très bien la lumière vacillante de la bougie ; d'ailleurs le poème héroï-comique comporte essentiellement ces alliances de mots : aussi Boileau après l'épithète *tremblotant* qui rabaisse un peu le mot *astre*, métamorphose de nouveau la bougie, et il n'en fait rien moins qu'un soleil. »

[2] *Vaste solitude* est outré et n'est mis là que pour rimer avec Boirude. *Brienne.* — Boileau, au contraire, du moins selon Souchay (1740), vantait

En percent jusqu'au fond¹ la ténébreuse horreur.² 60
C'est là que du lutrin gît la machine énorme.³
La troupe quelque temps en admire la forme.
Mais le barbier,⁴ qui tient les momens précieux :
Ce spectacle n'est pas pour amuser nos yeux,⁵
Dit-il, le temps est cher; portons-le⁶ dans le temple; 65
C'est là qu'il faut demain qu'un prélat le contemple.
Et d'un bras, à ces mots, qui peut tout ébranler,⁷
Lui-même, se courbant, s'apprête à le rouler.⁸

ce vers comme une image merveilleuse d'une église, qui durant la nuit paraît une vraie solitude. — M. Andrieux (*ib.*) fait aussi remarquer combien ce vers est pittoresque.

¹ Il ne faut pas regarder ici comme une cheville les mots *au fond*, qui se trouvent placés au premier hémistiche. Le vieux pupitre était nécessairement relégué *au fond* de la sacristie. *M. Andrieux, ibid.*

² Le vers 59, ainsi morcelé avec art, donne au suivant l'avantage de se déployer dans toute sa pompe. *Le Brun.*

³ Cette épithète, si bien placée à la fin du vers, présente le lutrin dans toute sa masse. *La Harpe, Lyc.*, VI, 247. — M. Andrieux (*Cours*) fait la même remarque et ajoute : Voilà un de ces vers dont le Lutrin abonde, et qu'il suffit de lire une fois pour les retenir.

⁴ V. E. 1674 à 1698. *Quand* (Brossette, Dumonteil et Saint-Marc lisent mal-à-propos *mais*) *l'horloger* (*voy.* p. 308, note du vers 218).

⁵ C'est aussi ce que dit (*Énéide*, liv. VI, vers 37) la sibylle :

Non hoc ista sibi tempus spectacula poscit.

⁶ Ce *le* et ceux des vers 66 et 68 sont équivoques, puisqu'ils paraissent, contre l'intention de l'auteur, se rapporter au mot *spectacle* du vers 64, plutôt qu'au mot *lutrin* du vers 61, disent *Souchay* (1740, celui-ci assez obscurément), *Saint-Marc* et *Féraud*. — Il faut en effet qu'il y ait équivoque, selon M. Daunou, puisqu'un éditeur moderne a soutenu que ce *le* dans l'intention de Boileau se rapporte réellement à *spectacle*, de sorte que les vers 65 et 68 signifieraient alors *portons* LE SPECTACLE... *Il s'apprête à rouler* LE SPECTACLE...

⁷ Le relatif *qui* est ici mal-à-propos séparé de son substantif. *Saint-Marc.* — Au lieu d'une remarque si vétilleuse, La Harpe (*ib.*) fait celle-ci : Vous voyez, vous entendez l'effort des bras qui soulèvent le lutrin.

⁸ L'attitude du vers dessine parfaitement celle du personnage. *Le Brun.*

Mais à peine il y touche, ô prodige incroyable![1]
Que du pupitre sort une voix effroyable![2] 70
Brontin en est ému, le sacristain pâlit;
Le perruquier[3] commence à regretter son lit.[4]
Dans son hardi projet toutefois il s'obstine,
Lorsque des flancs poudreux de la vaste machine [5]
L'oiseau sort en courroux, et, d'un cri menaçant, 75
Achève d'étonner le barbier frémissant.[6]
De ses ailes dans l'air secouant la poussière,
Dans la main de Boirude il éteint la lumière.

---

[1] Enéide, liv. III, v. 39. *Boil.*, 1713 (Brossette, Dumonteil, Souchay et ses copistes, citent mal-à-propos le vers 78):

. . . . Gemitus lacrymabilis imo
Auditur tumulo, et vox reddita fertur ad aures.

« Le dernier hémistiche du vers 69 est charmant. Le lecteur sait bien qu'il n'y a pas de prodige, mais les champions l'ignorent, et c'est là ce qui fait le plaisant de l'aventure. *M. Andrieux*, *ib.*

[2] Harmonie imitative... Le dernier hémistiche a un son très prolongé, et l'est encore plus par le mot *sort*, placé à la fin du premier hémistiche. Cela est si vrai, qu'en mettant *il sort du pupitre*, le son devient vague, et n'est plus celui de la chose. *Clément, Nouv. obs.*, p. 393.

[3] V. 1674 à 1698, *Et l'horloger* (*voy.* p. 308, note du vers 218).

[4] Tout cela n'est guère que pour rimer : *pâlit..., lit... Brienne.* — Non, assurément, car c'est pour faire remarquer, selon l'observation de M. Andrieux (*ib.*), l'émotion du plus *brave* de la troupe.

[5] Il y a déjà dans le vers 58, *vaste* solitude. *Saint-Marc*.

Vers 73 et 74. *Hardi projet* est plus poétique et plus soutenu que *projet hardi*. Boileau savait admirablement varier l'épithète. Autre remarque essentielle sur ce sujet. Lorsque deux épithètes accompagnent deux substantifs, on doit faire en sorte que l'une suive et que l'autre précède son substantif comme dans ce vers, *Des flancs poudreux de la vaste machine...* Lorsque ces deux épithètes suivent ou précèdent, le tour est moins varié et le vers moins poétique. *Le Brun* (on peut aussi consulter à p. 288, note du vers 19, les remarques de Clément sur les épithètes).

[6] V. 1674 à 1698. *L'horloger pâlissant* (*voy.* p. 304, note du vers 218).
— Brienne se récrie beaucoup à cette occasion sur l'emploi trop fréquent du

Les guerriers à ce coup demeurent confondus;
Ils regagnent la nef, de frayeur éperdus. 80
Sous leurs corps tremblotans[1] leurs genoux s'affaiblissent;
D'une subite horreur leurs cheveux se hérissent,[2]
Et bientôt, au travers des ombres de la nuit,
Le timide escadron se dissipe et s'enfuit.[3]

verbe *pâlir*; et Boileau en aura probablement fait la remarque, puisqu'il aurait pu mettre : *le barbier pâlissant.*

Vers 71 à 76. Les vers de Boileau sont tellement expressifs qu'on voit toute la scène. *M. Andrieux, ib.*

[1] Au vers 55, l'adjectif *tremblotant* peint fort bien la lumière d'une bougie... Ici il affaiblit l'expression. *Saint-Marc.* — M. de S.-S. n'est pas de ce sentiment qu'approuvent au contraire MM. Daunou et Andrieux (on a vu p. 337, note du vers 56, que Clément fait l'éloge de *tremblotant*).

[2] Virgile, Enéide, liv. III, v. 48, et liv. XII, v. 868, 869.

> Obstupui, steteruntque comæ.....
> Illi membra novus solvit formidine torpor,
> Arrectæque horrore comæ.....

D'une subite horreur leurs cheveux se hérissent, est trop outré, ne s'agissant que d'un oiseau qui a éteint une chandelle du vent de ses ailes. *Brienne.* — Cadence dure produisant une harmonie imitative. *Batteux*, 145 (voy. p. 67, épît. v, note du vers 134). — Ce vers par le concours des consonnes rudes qui se froissent, *horreur, leur, se hérissent*, peint le frémissement qu'occasione la peur, et les cheveux même semblent se dresser par l'hiatus *se hérissent* qui finit le vers. Remarquez que les bons poètes, quand ils ont eu la même image à présenter, ont presque toujours placé ce mot à la fin du vers, comme dans le lieu le plus favorable (il cite le vers 25, acte V, scène 6 de Phèdre, et le vers 15, même acte et scène d'Iphigénie). C'est qu'un mot qu'on n'apercevrait pas dans le cours du vers a une toute autre force, mis à la fin, ou à la chute du premier hémistiche. *Clément, Nouv. obs.*, 389.

[3] *Escadron* ne se dit que de gens à cheval; le poète devait prendre garde à cela. *Brienne.* — Trois hommes en tout ne peuvent former un escadron, qui ne se dit d'ailleurs que de la cavalerie. Toutefois cette expression plaît à l'auteur, car il l'a encore employée et dans le vers 151, et dans la satire x, vers 569, où elle est plus mal placée. *Rosel*, p. 15. — *Le timide escadron*; expression heureuse... Cependant appeler trois hommes à pied *un escadron!* Quelle bonne trouvaille pour un pesant critique! *Le Brun* (à coup sûr Le

Ainsi lorsqu'en un coin, qui leur tient lieu d'asile,
D'écoliers libertins une troupe indocile,
Loin des yeux d'un préfet au travail assidu,
Va tenir quelquefois un brelan [1] défendu;
Si du veillant Argus la figure effrayante,
Dans l'ardeur du plaisir à leurs yeux se présente,   90
Le jeu cesse à l'instant, l'asile est déserté,
Et tout fuit à grands pas le tyran redouté. [2]
    La Discorde qui voit leur honteuse disgrâce,
Dans les airs cependant, [3] tonne, éclate, menace,

Brun ne connaissait pas les notes manuscrites de l'abbé de Brienne, et il est fort douteux qu'il connût celles de Rosel de Beaumont).

    Plusieurs auteurs, tels que Clément (*Nouv. obs.*, 395) et M. Lemercier (IV, 182) ont fait remarquer la légèreté de ce vers, qui tient à ses syllabes brèves. « Il semble, dit le dernier, que Boileau l'ait composé de quatre légers dactyles :

        Lĕ tĭmĭde, ĕscădrŏn, sĕ dĭssĭpe, ĕt s'ĕnfŭit.

    Vers 81 à 84. Voilà, dit M. Andrieux (*ib.*), nos *guerriers* dans l'ombre, tremblans et confondus; ils regagnent la nef; ils sont en fuite. Le poète nous arrête par ce tableau, qu'il relève encore par une comparaison (vers 85 à 92), qui elle-même est un autre tableau.

[1] V. O. 1674 à 1682. *Un berlan.*
Imitat. de B... Gacon, épître xx (à d'Argenson, lieutenant de police):

        Voit d'un œil éploré le brelan déserté.

[2] Vers rapide et léger. *Clément, Nouv. obs.*, 395.
Vers 85 à 92. Supprimés au *Boileau classique*.
Pauvre comparaison... *Préfet, argus, tyran*, sont trop près l'un de l'autre : rien ne marque davantage la stérilité de l'auteur. *Brienne.* — Comparaison neuve, en ce qu'au lieu de relever l'objet comparé, elle semble, au contraire, le rabaisser, en ne nous montrant, dans le *timide escadron*, qu'une troupe d'écoliers hardis, entreprenans, loin des regards du maître : timides et tremblans à sa seule approche, comme nos trois braves à l'aspect du hibou. *M. Amar.*

[3] *Cependant*... Cheville, dit M. Andrieux (*voy.* note 1, p. 331).

Et, malgré la frayeur dont leurs cœurs sont glacés, 95
S'apprête à réunir ses soldats dispersés.[1]
Aussitôt de Sidrac elle emprunte l'image :
Elle ride son front, allonge son visage,
Sur un bâton noueux laisse courber son corps,[2]
Dont la chicane semble animer les ressorts; 100
Prend un cierge en sa main, et, d'une voix cassée,
Vient ainsi gourmander la troupe terrassée :[3]

Lâches, où fuyez-vous? quelle peur vous abat?[4]
Aux cris d'un vil oiseau vous cédez sans combat!
Où sont ces beaux discours jadis si pleins d'audace? 105
Craignez-vous d'un hibou l'impuissante grimace?[5]
Que feriez-vous, hélas! si quelque exploit nouveau
Chaque jour, comme moi, vous traînait au barreau?
S'il fallait, sans amis, briguant une audience,
D'un magistrat glacé soutenir la présence, 110

---

[1] Maintenant le poète quitte la terre et remonte dans les cieux pour intéresser les dieux à cette querelle. Il nous montre la Discorde, et pour rendre le portrait plus vif il lui fait emprunter les traits du vieux Sidrac. Le discours qu'elle tient en cette circonstance est composé selon les règles de la rhétorique; peut-être même cet art est-il trop frappant. D'abord exorde *ex abrupto* (v. 93 et 94)... Ensuite motifs divers dont le premier est tiré de la personne des champions (v. 105 et 106); le second, de la personne de l'orateur (v. 107 à 124); le troisième, de l'intérêt des guerriers (v. 125 à 128)... Enfin préparation de la péroraison (v. 129 à 132), et péroraison (v. 133 à 136), suivie d'un petit coup de théâtre (v. 137 et 138), comme dans un poème épique. *M. Andrieux, ib.*

[2] *Laisse* est mis adroitement, et peint à merveille l'action de la vieillesse. *Le Brun.*

[3] *Terrassée* pour *effrayée, consternée*... Cette métaphore paraît très impropre à Saint-Marc, et très juste à M. de S. S., parce que, dit-il, elle exprime le dernier degré de l'abattement.

[4] Parodie du discours de Nestor (*Iliade*, VII, 124). *Bross.*

[5] *Impuissante grimace!* Outré. *Brienne.*—Peinture grotesque et piquante,

CHANT III.

Ou, d'un nouveau procès hardi solliciteur,
Aborder sans argent un clerc de rapporteur ?[1]
Croyez-moi, mes enfans, je vous parle à bon titre :
J'ai moi seul autrefois plaidé tout un chapitre ;
Et le barreau n'a point de [2] monstres si hagards, 115
Dont mon œil n'ait cent fois soutenu les regards.
Tous les jours sans trembler j'assiégeais leurs passages.
L'Église était alors fertile en grands courages :[3]
Le moindre d'entre nous, sans argent, sans appui,
Eût plaidé le prélat et le chantre avec lui.[4] 120
Le monde, de qui l'âge avance les ruines,[5]
Ne peut plus enfanter de ces âmes divines ;[6]
Mais que vos cœurs, du moins, imitant leurs vertus,

et bien placée dans la bouche du personnage. *Le Brun* (M. Amar en fait aussi l'éloge).

[1] *P. C. O.* Vers 107 à 112. C'est toute cette phrase qui est fort bien, mais j'aurais mieux aimé le sixième vers (vers 112) de la première manière dont le sieur Despréaux l'avait fait :

   Aborder sans argent le clerc d'un rapporteur.

Un clerc de rapporteur fait une équivoque étant mis dans le même sens qu'un *coquin de valet*. Ainsi il semble que ce soit le clerc qui soit le rapporteur : il a donc gâté son vers en le changeant. *Brienne.*

La satire ainsi déguisée en décoche mieux ses traits, dit Le Brun, au sujet du même vers 112. — On peut consulter quant à l'abus censuré par Boileau, M. Merlin, *Répert. de jurisprud.*, 4ᵉ édit., XII, 359.

[2] *N'a point de...* Méchante césure. *Brienne.*

[3] Ce vers est plaisant et malin. *Brienne.* — On a parlé du mot *courage*, mis au pluriel, à p. 264, note du vers 156.

[4] Très naturel. *Brienne.*

[5] Voltaire, Henriade, chant IV, vers 476.

   De leur triste patrie avançant les ruines.

[6] Iliade, liv. I, discours de Nestor. *Boil.*, 1713 (vers 262).

Je ferais difficulté de faire rimer *ruines* avec *divines*. *Brienne.* — On ne dit point que le monde enfante des âmes divines, ou des hommes extraordi-

De l'aspect d'un hibou ne soient pas abattus.[1]
Songez quel déshonneur va souiller votre gloire, 125
Quand le chantre demain entendra sa victoire.
Vous verrez tous les jours, le chanoine insolent,
Au seul mot de hibou, vous sourire en parlant.
Votre âme, à ce penser, de colère murmure;
Allez donc de ce pas en prévenir l'injure;[2] 130
Méritez les lauriers qui vous sont réservés,
Et ressouvenez-vous quel prélat vous servez.[3]
Mais déjà la fureur dans vos yeux étincelle :
Marchez, courez, volez où l'honneur vous appelle.
Que le prélat, surpris d'un changement si prompt, 135
Apprenne la vengeance aussitôt que l'affront.[4]

En achevant ces mots, la déesse guerrière

---

naires... on dit qu'il n'en a plus. *Rosel*, 13.—Critique absurde. *M. de S. S.*

[1] Encore *aspect* !.. Brienne (*voy.* p. 298, note du vers 117).

[2] Saint-Marc prétend que le mot *injure* est impropre ici, parce qu'il doit signifier *reproche injuste*, et que le chantre en souriant au mot de hibou aurait rendu justice aux champions... Mais il ne réfléchit pas que ce souris eût été un signe de mépris, et que le mépris est une injure. « Aussi, répond M. Amar, qui traite avec raison de mauvaise querelle la remarque de Saint-Marc, le prétendu Sidrac effraie d'avance le barbier et ses compagnons, par la seule idée des sarcasmes *injurieux* dont leur conduite sera l'objet. Il dit ce qu'il devait dire, et s'exprime comme il devait s'exprimer. »

[3] Ce vers est fort ingénieux, et d'autant plus ingénieux qu'il est vrai... Brienne.

[4] Ces deux vers, selon Le Brun, ont l'air de parodier ceux de Racine dans Mithridate, acte III, scène 1 :

> Que les Romains, pressés de l'un à l'autre bout,
> Doutent où vous serez et vous trouvent partout.

Je n'aperçois nullement, je l'avoue, cet air de parodie. Le Brun aurait dû plutôt être frappé, comme M. Amar, de la verve de ce passage. « Comme le discours, s'écrie celui-ci, s'élève, s'échauffe dans cette entraînante péroraison (vers 134 à 136) !

CHANT III.

De son pied trace en l'air un sillon de lumière,[1]
Rend aux trois champions leur intrépidité,
Et les laisse tous[2] pleins de sa divinité.   140
C'est ainsi, grand Condé, qu'en ce combat célèbre,[3]
Où ton bras fit trembler le Rhin, l'Escaut et l'Èbre,
Lorsqu'aux plaines de Lens nos bataillons poussés
Furent presque à tes yeux ouverts et renversés;
Ta valeur, arrêtant les troupes fugitives,   145
Rallia d'un regard leurs cohortes craintives,[4]
Répandit dans leurs rangs ton esprit belliqueux,[5]

---

[1] *Son pied* est tout-à-fait plat et ne s'accorde guère avec *lumière*... Brienne. — La Discorde devait plutôt tout remplir de ténèbres, que tracer en l'air *un sillon de lumière*... Desmarets, 118. — Réflexion juste; l'obscurité est l'effet du désordre, qui n'est autre chose que la Discorde. *Saint-Marc.* — Mais ici la Discorde venait éclairer les champions sur ce qu'ils avaient à faire, et ce n'eût pas été un bon moyen de les encourager, que de les plonger dans les ténèbres.

[2] Texte de 1674 à 1713... Il faudrait à présent *tout*, comme Boileau l'a mis à l'*Art poétique* (ch. II, vers 159, p. 206). Cette variation dans deux ouvrages qui parurent en même temps, annonce que la règle qui veut que *tout* devant un adjectif soit indéclinable, n'était pas alors généralement admise. Ajoutons qu'elle est même contestée aujourd'hui par quelques grammairiens (tome I, sat. III, vers 117, note).

Au reste M. Daunou se trompe lorsqu'il croit qu'il y a *tout* dans les meilleures éditions depuis 1716 : nous ne l'avons vu dans aucune jusqu'à l'édition d'Artois (Didot), 1781; et depuis, dans plusieurs autres, telles que 1789, 1793 et 1798, P.; 1800, Dé.; 1810, Cai., on a encore mis *tous*.

[3] En 1649. Boil., 1713 (et non 1701, comme le note Saint-Marc). — Date inexacte : c'est le 20 août 1648. *M. Daunou*, 1809.

[4] Encore *regard* !.. Brienne.

Vers 141 à 146. L'auteur s'y est noblement exprimé, cependant *leurs cohortes*, c'est-à-dire *les cohortes des troupes* ne laisse pas de faire de la peine. Pourquoi ne pas dire, rallia *nos* cohortes ?... *Rosel*, p. 14 (ainsi il ne critique pas la comparaison en elle-même, comme le semble croire un éditeur).

[5] *Répandre un esprit belliqueux dans des rangs* ne s'est jamais dit... Il ne fut jamais de plus franc galimatias. *Brienne.*

Et força la victoire à te suivre avec[1] eux.[2]

La colère à l'instant succédant à la crainte,
Ils rallument le feu de leur bougie éteinte :[3]   150
Ils rentrent; l'oiseau sort; l'escadron raffermi[4]
Rit du honteux départ d'un si faible ennemi.[5]
Aussitôt dans le chœur la machine emportée
Est sur le banc du chantre à grand bruit remontée.[6]
Ses ais demi pourris, que l'âge a relâchés,[7]   155
Sont à coups de maillet unis et rapprochés.[8]
Sous les coups redoublés tous les bancs retentissent;[9]
Les murs en sont émus; les voûtes en mugissent,[10]

---

[1] *V. O.* 1694 à 1701... *Avecque eux.* Dans l'édition de 1713 on a rétabli *avec*, qui était la leçon primitive (1674 à 1685).

[2] Vers 141 à 148. L'auteur fait un fort grand honneur à M. le Prince, de le comparer à la Discorde! *Brienne*; *Desmarets*, 118. — Magnifique comparaison, où l'éloge du grand Condé, amené à l'improviste, ressort avec plus d'éclat. L'auteur a si bien choisi ses couleurs qu'il sert à-la-fois et son poème et le héros. *Le Brun*. — M. Andrieux (*Cours*) fait une remarque à-peu-près du même genre.

[3] *Rallumer le feu d'une bougie éteinte* est bien ridicule. *Brienne*.

[4] Vers remarquable par sa coupe heureuse et par son élégante précision. *M. Andrieux, Cours*.

[5] *Honteux départ*, qui se rapporte au hibou, n'est pas fort juste. Le hibou pouvait bien sans honte s'envoler à l'approche d'un escadron. *Rosel*, p. 15.

[6] Ce vers exprime par les *r*, le frottement de la machine sur le banc. *Clément, Nouv. obs.*, 397.

[7] Le second hémistiche montre, par une sorte de bâillement qu'occasionent ces syllabes longues et uniformes *l'âge a relâchés*, le relâchement lui-même de la machine. *Clément, ibid*.

[8] Vers 155 et 156. Quel bonheur d'expression dans ces deux vers !.. Combien ces détails n'étaient-ils pas difficiles à rendre avec quelque noblesse! *M. Andrieux, Cours*.

[9] Vers 156 et 157. Ces deux vers qui sont pressés, le second surtout, font un heureux contraste avec l'harmonie lâche des deux précédens. La cadence du second (157) est exactement le bruit du marteau. *Clément, ibid*.

[10] *Les voûtes en mugissent*! Outré. *Brienne*.

Et l'orgue même en pousse un long gémissement.[1]
Que fais-tu, chantre, hélas! dans ce triste moment?[2]

Il oubliait sans doute que Virgile (*Énéide*, II, 53) avait dit :

Insonuere cavæ gemitumque dedere cavernæ.

« Quel nouveau contraste dans les vers qui suivent (158 et 159)! Les mots ont un son sourd, mais extrêmement prolongé, pour imiter celui des voûtes qui répètent long-temps le même son... L'harmonie du premier vient aussi de la répétition de cette syllabe *mu*, qui est le cri même de l'animal qui mugit... Le vers suivant (159) est au-dessus de tout éloge. *Clément, ibid.* — M. Andrieux (*Cours*) en attribue l'effet imitatif à ce que l'*e* muet y est répété souvent, ce qui force de s'arrêter presque à chaque mot.

[1] Et l'orgue en pousse un long *gémissement*, après avoir dit *mugissent*; cela est pitoyable. *Brienne*. — La Harpe (*Lyc.*, VI, 247) admire au contraire cette harmonie imitative. Il en est de même de Clément (note du vers 158) et d'Auger (*Éloge de Boileau*, note 4) qui, au sujet de ce vers et de celui-ci, *Exhale sa douleur en longs gémissemens* (ch. 1, vers 88), présente les observations suivantes : Le poète avait deux fois à exprimer un bruit sourd et prolongé : deux fois il a terminé son vers par un quadrisyllabe traînant et insonore, et il lui a donné la physionomie du vers spondaïque que les anciens employaient en pareil cas.

« La propriété de l'expression, dit Le Brun, enrichit l'harmonie imitative de ce beau vers; les voûtes semblent en effet *mugir*, et l'orgue *pousser des gémissemens*. »

M. Lemercier (IV, 182) fait une remarque du même genre que celle d'Auger, et l'applique au vers 158 comme au vers 159 (il en note la quantité et n'y trouve que des voyelles sourdes et lentes, ou des syllabes longues).

[2] Saint-Marc prétend que d'après Malherbe et la nature de notre versification, lorsqu'on finit un sens, il le faut finir à la seconde rime, et non pas faire, comme Boileau dans ce passage, que des deux rimes, l'une achève un sens et la seconde en commence un autre... M. de Saint-Surin paraît être en général du même avis... L'éditeur de l'Encyclopédie (*Grammaire*, mot *vers*) et Clément (*Nouv. obs.*, 351 à 356), bien loin d'admettre cette règle, disent que, dans les vers rimés deux à deux, le sens peut finir au premier, et le second commencer une nouvelle période. M. Daunou (1809) soutient que Boileau a pu mépriser cette prétendue règle; que la liberté qu'il s'est donnée à cet égard est presque toujours d'un très heureux effet dans ses poèmes; que jamais peut-être il n'en a usé avec plus de grâce que dans le vers 159e :

Tu dors d'un profond somme, et ton cœur sans alarmes [1]
Ne sait pas qu'on bâtit l'instrument de tes larmes! [2]
Oh! que si quelque bruit, par un heureux réveil,
T'annonçait du lutrin le funeste appareil!
Avant que de souffrir qu'on en posât la masse,   165
Tu viendrais en apôtre expirer dans ta place, [3]
Et, martyr glorieux d'un point d'honneur nouveau,
Offrir ton corps aux clous, et ta tête au marteau. [4]

Et l'orgue même en pousse un long gémissement; observant que le son de l'orgue paraît se prolonger durant tout l'espace qui sépare ce vers du 160e: Enfin MM. Andrieux (*Cours*), Amar et Planche approuvent la remarque de M. Daunou.

[1] *D'un profond somme* prouve la profondeur du sommeil; *un sommeil profond* eût contrarié le sens et l'harmonie. *Le Brun.* — Il n'y a là qu'une nuance, mais le génie saisit ces nuances-là. *M. Andrieux, Cours.*

La chute de cet hémistiche, dit Clément, fait une autre sorte d'harmonie toute différente de celle qu'on a déjà indiquée (notes des vers 154 à 158, p. 346). Par la pesanteur de ces mots, *tu dors d'un profond somme*, il représente bien la pesanteur du chantre endormi profondément.

Vers 153 à 161. «S'il existe, observe le même auteur (*Nouv. obs.*, 396 à 398), dans quelque langue, un morceau parfait pour l'harmonie imitative, c'est celui-ci...» Il cite alors ces vers et fait les remarques que nous avons rapportées dans leurs notes, puis il termine ainsi: «Je ne crois pas que l'antiquité ait rien que l'on puisse opposer à ce passage pour la variété des images et de l'harmonie qui change, à chaque vers, avec les images.»

[2] *L'instrument de tes larmes* est tout-à-fait ridicule en parlant d'un lutrin. *Brienne.* — Figure d'une heureuse hardiesse, et qui a le double avantage d'ennoblir la cause de *ces larmes*, et d'annoncer d'avance les contestations dont le *pupitre* sera la source, en rappelant, dans le mot *instrument*, un terme usité en style de *pratique*. *M. Amar.*

[3] *En apôtre...* impiété punissable. Il ne faut pas ainsi tourner en ridicule la constance des apôtres et des martyrs... Les deux vers qui suivent ne sont pas de meilleur aloi. On a censuré en Sorbonne des propositions moins téméraires et moins scandaleuses. *Brienne.*

Dans ta... texte de 1674 à 1713, et non pas *en ta*, comme à 1767 et 1780, traduct., et 1803, P.

[4] P. C., du moins d'après les fragmens de 1673:

Mais déjà sur ton banc la machine enclavée [1]
Est, durant ton sommeil, à ta honte élevée :   170
Le sacristain achève en deux coups de rabot;
Et le pupitre enfin tourne sur son pivot. [2]

> Et donnant aux martyrs un successeur nouveau
> Offre ton corps aux clous...

[1] *Enclaver une machine sur un banc*, quelle expression! La construction même n'y est pas gardée. Il fallait dire, *enclavée dans le banc*. Brienne.

[2] Quelle admirable légèreté dans ce vers! la chose reste pour jamais sous les yeux. *Le Brun.*

Saint-Marc, II, 227 à 230 (et non pas l'éditeur de 1740, c'est-à-dire Souchay, comme le dit M. Viollet le Duc), a fait une longue dissertation pour prouver que l'épisode de la Mollesse, ne produisant rien dans ce poème, doit être considéré comme un épisode postiche. Quant à celui de la Nuit, après l'avoir fortement blâmé, il rapporte l'avis de Desmarets (on l'a donné à la note du vers 16, p. 332) et ajoute que l'invention du hibou n'est qu'une puérilité.

La Harpe (*Lyc.*, VI, 238 et suiv.) prouve que la Nuit est mise en action; que l'épisode de la Mollesse est placé naturellement et lié avec art... « Les détracteurs même de Boileau, ajoute-t-il, ont rendu hommage à la beauté de cet épisode, qui laisse les admirateurs sensibles hésiter entre le mérite de l'invention et celui de l'exécution... » Ensuite, après avoir donné une idée de la marche du poème pendant les trois premiers chants, il s'écrie : « Voilà de la fiction, du mouvement et de l'action, c'est-à-dire, tout ce qui donne la vie à un poème, soit badin, soit héroïque, et ce qui serait encore trop peu de chose sans le style; mais le style est au-dessus de tout le reste... » Quant au hibou, La Harpe observe qu'il figure très convenablement avec le perruquier l'Amour et le sacristain Boirude, qui vont, armés d'une bouteille, à la conquête d'un lutrin. Les évènemens sont dignes des personnages, comme le combat des chantres et des chanoines, etc.

M. Amar est du même sentiment : on peut voir les observations judicieuses qu'il fait dans ses notes sur les vers 35, 69 et 138.

CHANT IV.

—

Les cloches dans les airs, de leurs voix argentines,[1]
Appelaient à grand bruit les chantres à matines,[2]
Quand leur chef,[3] agité d'un sommeil effrayant,
Encor tout en sueur, se réveille en criant.[4]
Aux élans redoublés de sa voix douloureuse,   5
Tous ses valets tremblans quittent la plume oiseuse.[5]

[1] Epithète heureuse et caractéristique. *Clément* (il est cité à p. 288, note du v. 19). — Autre remarque sur ce vers à la note suivante.

[2] Boileau s'est dit : N'employons ici que des syllabes d'un son clair; que la rime, comme un timbre vibrant, retentisse au bout du vers; que chaque hémistiche divisé en deux temps égaux, produise autant de fois la triple percussion d'un battant bien élancé. Puis il a écrit : *Les cloches*, etc. Que l'on compare ces deux vers avec le dessin, qui, suivant moi, en a dû précéder la composition, et qu'on dise s'il ne s'y rapportent pas avec la plus entière exactitude. *Auger*, note 4. — M. Amar fait une remarque à-peu-près du même genre.

« C'est de l'élégance de la rime que ces deux vers empruntent tout leur prix : mais, *à grand bruit* est peut-être un peu trop pompeux, après *leurs voix argentines*... *Le Brun*. — M. de S.-S. désapprouve cette dernière critique, parce que le poète entend par les mots *grand bruit*, tout celui que ces cloches peuvent faire. M. Daunou, au contraire, la trouve fondée. M. Andrieux (*Cours*) est du sentiment de M. de S.-S., mais par d'autres raisons. « Il nous semble, dit-il, que la remarque de Le Brun est trop sévère. Les cloches peuvent avoir un son *aigu*, *argentin*, et en même temps faire beaucoup de bruit; cela n'est pas du tout incompatible.

[3] Le Chantre... *Boil.*, 1713 (on a parlé de sa *dignité*, à p. 284).

[4] Je ne connais point de peinture plus vraie et plus énergique; on entend les cris du chantre. *Le Brun*.

[5] Le mot *oiseuse* a vieilli. *Saint-Marc*. — Il eût été tout aussi bon de mettre la plume *oisonneuse*, car on la tire des oisons, et l'auteur a voulu marquer que ces valets couchaient sur la plume. *Desmarets*, 118. — En

CHANT IV.   351

Le vigilant Girot court à lui le premier.
C'est d'un maître si saint le plus digne officier;
La porte dans le chœur à sa garde est commise :
Valet souple au logis, fier huissier à l'église.¹   10
   Quel chagrin, lui dit-il, trouble votre sommeil ?
Quoi ! voulez-vous au chœur prévenir le soleil ?
Ah ! dormez, et laissez à des chantres vulgaires,
Le soin d'aller sitôt mériter leurs salaires. ²

effet, *plume oiseuse* est tout-à-fait impertinent, puisque c'est donner à une chose inanimée une épithète qui ne convient qu'à l'homme, que la plume rend oiseux. *Brienne.* — L'épithète *oiseuse* adaptée à la plume est légère et agréable; c'est dommage qu'on ne l'ait pas assez employée depuis. *Le Brun.* — Il règne dans toute la maison du chantre un parfum d'oisiveté et de nonchalance ; il n'y a pas jusques aux valets qui ne reposent sur la plume oiseuse. *M. Andrieux, Cours.*

¹ Saint-Marc et (d'après lui) Féraud blâment ce vers comme formant une phrase isolée composée de deux nominatifs absolus qui ne se rapportent à rien... Saint-Marc convient cependant qu'on trouve dans nos poètes quelques exemples de semblables phrases. — Il suffit d'opposer à cette critique étrange, ces mots de MM. Andrieux (*Cours*) et Daunou : *Excellent vers !..* et la citation de ces deux beaux vers de la Henriade (III, 209, 210), dont le dernier paraît imité de Boileau :

       De l'ombre du repos, ils volent aux hasards;
       Vils flatteurs à la cour, héros aux champs de Mars.

² Vers 13 et 14. Tout cela n'est guère bien. Après avoir dit avec grâce au chant 1ᵉʳ (vers 23, p. 289) :

     . . . . et laissaient en leur lieu,
     A des chantres gagés le soin de louer Dieu,

il ne fallait pas répéter ici la même pensée en d'autres termes. *Brienne.* — M. Amar indique aussi la répétition, mais sans faire de remarque. Enfin, M. Andrieux (*Cours*) observe que la forme du discours de Girot (vers 11 à 14), le mouvement de la phrase même rappelle trop le discours tenu par Gilotin au trésorier (ch. 1, v. 97, p. 296).

« *Vulgaires* ne saurait tenir lieu *d'ordinaires*. *Saint-Marc*.—Il le remplace très bien. *Éditeur* de 1772, A.

Il n'est pas sûr que *salaires* ait un pluriel bien établi dans notre langue.

Ami, lui dit le chantre encor pâle d'horreur, 15
N'insulte point, de grâce, à ma juste terreur ;
Mêle plutôt ici tes soupirs à mes plaintes,
Et tremble en écoutant le sujet de mes craintes.
Pour la seconde fois un sommeil gracieux
Avait sous ses pavots appesanti mes yeux, 20
Quand, l'esprit enivré d'une douce fumée,
J'ai cru remplir au chœur ma place accoutumée.
Là, triomphant aux yeux des chantres impuissans,
Je bénissais le peuple, et j'avalais l'encens,[1]
Lorsque du fond caché de notre sacristie[2], 25
Une épaisse nuée à longs flots[3] est sortie,
Qui, s'ouvrant à mes yeux, dans son bleuâtre[4] éclat,
M'a fait voir un serpent conduit par le prélat.[5]
Du corps de ce dragon, plein de soufre et de nitre,

Saint-Marc. — Il a été employé depuis par d'autres poètes, et Boileau est louable d'en avoir donné l'exemple à cause de la rareté des rimes. *Même éditeur.* — Ajoutons avec M. de S.-S., que les exemples donnés par le dictionnaire de l'Académie prouvent l'erreur de Saint-Marc.

[1] *Avaler l'encens !* quelle expression ! *Brienne.* — *Et j'avalais l'encens* pour *les parfums de l'encens* ; ellipse parfaite, pour rendre la rapidité de l'action. *Le Brun.*

Vers 22 à 24. Il semble qu'on voie le chantre se rengorger aux yeux de tout le chœur et avaler l'encens à pleine bouche. Quelle heureuse opposition de couleurs !.. *M. Andrieux, Cours.*

[2] *Fond caché de notre sacristie* est ridicule et n'a aucun sens. *Brienne* et *Saint-Marc.*

[3] *V. E.* Texte de 1674 à 1713. On a mis à *grands flots*, ce qui dénature ou au moins affaiblit l'image, dans plusieurs éditions modernes, telles que 1809 et 1825, Daun.; 1821, S.-S.; 1821, 1824 et 1828, Am.; 1825, Aug., in-8 et in-32 ; 1826, Mart. ; 1829, B. ch..

[4] V. 1674 à 1713. *Bluastre...* On ne dit plus que *bleuâtre.*

[5] Vers 27 et 28. *Bleuâtre éclat...* Expression recherchée, mise pour rimer à prélat. *Saint-Marc.* — On a honte, dit M. Amar, de se trouver si souvent dans la nécessité de relever de pareilles critiques.

CHANT IV.

Une tête sortait en forme de pupitre, [1] 30
Dont le triangle affreux, tout hérissé de crins, [2]
Surpassait en grosseur nos plus épais lutrins.
Animé par son guide, en sifflant il s'avance;
Contre moi sur mon banc je le vois qui s'élance.
J'ai crié, mais en vain; et, fuyant sa fureur, 35
Je me suis réveillé plein de trouble et d'horreur.
   Le chantre s'arrêtant à cet endroit funeste,
A ses yeux effrayés laisse dire le reste.
Girot en vain l'assure, [3] et, riant de sa peur,
Nomme sa vision l'effet d'une vapeur. [4] 40
Le désolé vieillard, [5] qui hait la raillerie,

---

[1] Vers 29 et 30. *Plein de soufre et de nitre :* autre cheville. *Saint-Marc.* — La rime de *nitre* déterminée par le sens est neuve, et convient à la singularité du portrait. *Le Brun.* — Ce que Le Brun aurait dû remarquer, c'est le *bleuâtre éclat* occasioné par cette explosion subite *de soufre et de nitre*, qui lance le fatal lutrin sur le banc du chantre... Voilà les hémistiches inutiles, voilà les *chevilles* condamnées par Saint-Marc dans les vers de Boileau. *M. Amar.* — On a peine à comprendre comment Saint-Marc a pu critiquer des vers si correctement et si élégamment pittoresques. *M. Daunou.*

L'éditeur d'Amsterdam (1772) traite aussi de vétilleuses les critiques de Saint-Marc.

[2] *Le triangle ;* terme géométrique, heureusement transporté dans la langue des Muses. *Le Brun.* — M. Amar fait aussi l'éloge de cette peinture.

[3] *L'assure* ne vaut rien pour le *rassure*. *Saint-Marc.* — Ces mots étaient jadis synonymes : on en trouve des exemples dans Malherbe, Molière et Racine. *Féraud*, I, 182; *Roubaud*, IV, 26; *Clément, Lett.* IV, p. 258.

[4] *L'effet d'une vapeur* est assez plaisant surtout en un siècle où les vapeurs sont à la mode. *Brienne* (il écrivait ceci en 1674).

[5] Saint-Marc préférerait le *vieillard désolé qui*, etc. — L'épithète *désolé* placée avant *vieillard* rend le personnage risible. Si le poète eût mis le *vieillard désolé*, il eût été presque barbare d'en rire. *Le Brun.* — M. Andrieux (*Cours*) pense aussi que la tournure employée par Boileau est plus poétique que celle que propose Saint-Marc, et il rappelle qu'on en voit ailleurs des exemples, tels qu'au chant I, vers 145, et au chant II, vers 69 (*Le zélé Gilotin... Le redouté Brontin*).

Lui défend de parler, sort du lit en furie.
On apporte à l'instant ses somptueux habits,
Où sur l'ouate molle éclate le tabis.[1]
D'une longue soutane il endosse la moire,[2]   45
Prend ses gants violets, les marques de sa gloire,
Et saisit, en pleurant, ce rochet, qu'autrefois
Le prélat trop jaloux lui rogna de trois doigts.[3]
Aussitôt, d'un bonnet ornant sa tête grise,
Déjà l'aumusse en main il marche vers l'église;[4]   50

---

[1] *Ouate* qu'on prononce *ouette*, et *poète* n'avaient jadis que deux syllabes. Boileau, qui a beaucoup servi à fixer la langue, dit Voltaire, a mis trois syllabes à tous les mots de cette espèce. *Comment. sur le Cid, Excuse à Ariste.*

[2] *Endosser la moire d'une soutane* est ridicule en français. *Saint-Marc.* — C'est prendre l'attribut de la soutane pour la soutane elle-même, ce qui rend le vers plus poétique. *Le Brun* (on va voir que La Harpe approuve aussi cette figure).

[3] Vers 47 et 48. Cela voulait, dit Brienne, être expliqué davantage. — Nous indiquerons ailleurs (tome III, art. des Erreurs, n° 25) l'explication que Brossette en a donnée.

Vers 43 à 48. Quel choix d'expressions et de circonstances! L'ouate ne semble pas faite pour figurer dans un vers; mais le poète, en faisant tomber doucement le sien sur l'*ouate molle*, et le relevant pour y faire *éclater le tabis*, vient à bout d'en tirer de l'élégance et de l'harmonie. Il emploie le même art pour ennoblir la soutane du chantre par une épithète bien placée, par une figure fort simple qui consiste à prendre la partie pour le tout, et il en résulte un vers élégant et pittoresque : *D'une longue soutane il endosse la moire.* Prendre ses gants est bien une expression triviale; mais *ses gants violets les marques de sa gloire* sont relevés par une heureuse opposition. Enfin, il met de l'intérêt jusque dans ce *rochet* placé à une césure artificielle; ce *rochet*,

Qu'un prélat trop jaloux lui rogna de trois doigts.

Ce style montre la science de tout embellir, et le néologisme n'en montre que l'impuissance. *La Harpe, Lyc.*, 1820, VII, 331. — M. Amar (1828) reproduit cette remarque avec quelques changemens de rédaction.

[4] Alors d'un domino couvrant sa tête grise,
Déjà l'aumusse en main. . . . .

Et, hâtant de ses ans l'importune langueur,
Court, vole, et le premier arrive dans le chœur.[1]

O toi qui, sur ces bords qu'une eau dormante mouille,[2]
Vis combattre autrefois le rat et la grenouille;[3]
Qui, par les traits hardis d'un bizarre pinceau,[4]
Mis l'Italie en feu pour la perte d'un seau;[5]
Muse, prête à ma bouche une voix plus sauvage,[6]
Pour chanter le dépit, la colère, la rage,

Telle était la première composition. Louis XIV critiqua ces vers. « Le domino, dit-il, est pour l'hiver, l'aumusse pour l'été; et vous dites ailleurs (vers 204): *déjeunons et buvons frais*, ce qui annonce que l'action se passe en été... » Boileau corrigea aussitôt le premier vers. *Bross.*

[1] Vers 37 à 52. Ce morceau est cité comme modèle d'une narration pleine et soutenue. *Clément*, *Lett.* IX, p. 216.

[2] Homère a fait la Guerre des Rats et des Grenouilles. *Boil.*, 1674 à 1713. — Du moins c'était alors l'opinion commune. *Bross.*

V. E. Après *fait*, on a intercalé le *poème de*, dans une foule d'éditions, telles que 1789, 1800 et 1815, Did., et leurs copies; 1808 et 1814, Le Br.; 1809 et 1825, Daun.; 1820, Men.; 1821 et 1823, Viol.; 1824, Fro.; 1828, Thi.; 1829, B. ch..... Cette rédaction peut être meilleure, mais enfin ce n'est point celle de Boileau. *B. S.*

Des demi-connaisseurs ont repris le vers 53 comme tombant trop languissamment, et n'étant pas assez soutenu. Ils ne voyaient pas que cette négligence apparente était un effet de l'art, pour mettre la chose même sous les yeux. *Dormante mouille*, par ses syllabes lentes et ses e muets qui expirent dans la bouche, imite, on ne peut mieux, le calme d'une eau dormante. *Clément*, *Nouv. obs.*, 387.

[3] Comme cette peinture un peu grotesque fait bien ressortir le ton lyrique que l'auteur prend ensuite! *Muse prête à ma bouche*, etc. *Le Brun.*

[4] Ceci est fort bien et fort à propos. *Brienne.*

[5] La *Secchia rapita*, poème italien. *Boil.*, 1674 à 1713.

[6] *Une voix plus sauvage*... On ne peut comprendre ce que cela signifie. *Saint-Marc.* — Nouvelle sottise de Saint-Marc, car on comprend fort bien qu'il faut nécessairement, pour rendre les fureurs du chantre, une voix *plus sauvage* que celle qui avait exprimé les alarmes du trésorier. *M. Amar* (cette explication résulte aussi indirectement des remarques de M. *Lemercier*, III, 283).

Que le chantre sentit allumer dans son sang,
A l'aspect du pupitre élevé sur son banc. 60
D'abord pâle et muet, de colère immobile,
A force de douleur, il demeura tranquille;
Mais sa voix s'échappant au travers des sanglots,
Dans sa bouche à la fin fit passage à ces mots :

La voilà donc, Girot, cette hydre épouvantable 65
Que m'a fait voir un songe, hélas! trop véritable!
Je le vois ce dragon tout prêt à m'égorger,
Ce pupitre fatal qui me doit ombrager![1]
Prélat, que t'ai-je fait? quelle rage envieuse
Rend pour me tourmenter ton âme ingénieuse? 70
Quoi! même dans ton lit, cruel, entre deux draps,[2]
Ta profane fureur ne se repose pas!
O ciel! quoi! sur mon banc une honteuse masse
Désormais me va faire un cachot de ma place!
Inconnu dans l'église, ignoré dans ce lieu,[3] 75
Je ne pourrai donc plus être vu que de Dieu![4]

---

[1] *Ombrager* ne peut ici remplacer *cacher*. *Saint-Marc.* — Dans cette acception le verbe n'est pas usité, il est vrai, mais dans le sens *de faire ombre*, il est en usage et l'Académie l'admet. *Féraud.*

[2] Ce poète aime bien à *faire dormir son prélat*. (ch. I, vers 64 et 240; ch. III, vers 161; ch. IV, vers 13). *Brienne.* — *Cruel, entre deux draps...* Hémistiche d'une malignité charmante. *Le Brun.* — Le chantre ne conçoit pas en effet qu'on puisse chercher autre chose *entre deux draps* que les douceurs du repos. *M. Amar.*

[3] *V. O.* ou *E.* 1674 à 1698 : *Inconnu dans l'église, invisible en ce lieu...* et non pas IGNORÉ *dans l'église*, etc. comme le dit M. de S.-S., sans doute par inadvertance, car il relève l'omission de cette variante.

[4] Grand malheur de n'être vu que de Dieu dans l'église! *Brienne.* — Où est le jugement de M. D., lui qui se pique de dévotion, de mettre un nom si saint et si auguste dans une satire... *Pradon*, R., 103. — Trait qui peint bien l'ambition de briller; et d'autant plus piquant, qu'il part de la bouche d'un homme d'église. *Le Brun.* — Quelle contrition amère pour sa piété!

CHANT IV.

Ah! plutôt qu'un moment cet affront m'obscurcisse,[1]
Renonçons à l'autel, abandonnons l'office;
Et, sans lasser le ciel par des chants superflus,
Ne voyons plus un chœur[2] où l'on ne nous voit plus. 80
Sortons... Mais cependant mon ennemi tranquille
Jouira sur son banc[3] de ma rage inutile,
Et verra dans le chœur le pupitre exhaussé
Tourner sur le pivot où sa main l'a placé!
Non, s'il n'est abattu, je ne saurais plus vivre. 85
A moi, Girot, je veux que mon bras[4] m'en délivre.
Périssons, s'il le faut; mais de ses ais brisés
Entraînons, en mourant, les restes divisés.[5]

A ces mots, d'une main par la rage affermie,

on croit entendre la plainte d'un évêque de cour en résidence dans un petit diocèse. *M. Lemercier*, III, 283.

[1] Galimatias... Il faut deviner qu'il veut dire *plutôt que le lutrin m'obscurcisse...*; mais de dire plutôt que *cet affront* m'obscurcisse, il n'y avait qu'un si *grand poète* capable d'une telle hardiesse. *Desmarets*, 118; *Brienne*. — Cette expression n'est réellement pas très heureuse. *M. Daunou*, 1809. — Elle est incorrecte. *M. Planche.* — Mais, dit M. Amar, mettons-nous un moment à la place du personnage qui parle. Que veut le chantre? *briller*, et briller seul dans le chœur : de quoi se plaint-il? qu'*une honteuse masse* va *lui* faire *un cachot* de sa place; et l'on a déjà vu (ch. 1, v. 162 à 166, p. 302) que jadis *derrière ce lutrin* qu'on vient de replacer, *à peine on discernait le chantre*. Voilà *l'affront* qui lui paraît d'autant plus cruel, qu'il tend à le replonger dans cette *obscurité* qu'il redoute, parce qu'elle est le plus grand supplice de la vanité trompée. — M. Andrieux (*Cours*) est du même sentiment que M. Amar. Il fait aussi remarquer que *l'affront* est mis ici pour le *lutrin* qui va *obscurcir* le chantre.

[2] P. C. D'après les fragmens de 1673. *Retirons-nous d'un chœur.*

[3] *Sur son banc* est répété trop souvent. Il est trois fois dans cette page (p. 173, édit. de 1674, in-4°), sans les autres. *Brienne*.

[4] V. E. *Que* TON *bras*, au Boileau classique.

[5] Galimatias.. *En mourant* n'est pas là à sa place, et *les restes divisés* ne signifient rien. *Brienne*.

Il saisissait déjà [1] la machine ennemie, 90
Lorsqu'en ce sacré lieu, [2] par un heureux hasard,
Entrent Jean le choriste, et le sonneur Girard, [3]
Deux Manceaux renommés, en qui l'expérience
Pour les procès est jointe à la vaste science.
L'un et l'autre aussitôt prend part à son affront. 95
Toutefois condamnant un mouvement trop prompt,
Du lutrin, disent-ils, abattons la machine : [4]
Mais ne nous chargeons pas tous [5] seuls de sa ruine;
Et que tantôt, aux yeux du chapitre assemblé,

---

[1] V. E. (en partie). 1674 à 1698. *Il allait terrasser...*

[2] Hémistiche bien dur. L'adjectif mis après le substantif le rendrait plus doux. *Saint-Marc.* — Ce sont surtout, dit M. Daunou, les trois premières syllabes *lorsqu'en ce*, qui contribuent à la dureté de ce vers. Racine a, comme Boileau, placé l'adjectif *sacré* avant son substantif, afin de rendre l'expression plus poétique (*voy.* note des vers 112 et 126).

M. Andrieux (*Cours*) observe aussi que cette inversion de *sacré lieu* à la place de *lieu sacré* est fréquente chez les poètes, et il cite également Racine qui long-temps avant Boileau avait dit (1667, *Andromaque*, acte I, sc. 4) :

Sacrés murs que n'a pu conserver mon Hector.

« Dans le style évangélique, ajoute encore M. A., on ne dit jamais le cœur sacré, mais bien *le sacré cœur* de Jésus. On pourrait citer une foule d'autres exemples. »

[3] Rien de plus badaud. *Brienne.* — L'auteur aurait dû nous apprendre pourquoi ce choriste et ce sonneur se trouvaient à l'église long-temps avant l'office. *Saint-Marc.*

[4] Vers 93 à 97. V. 1674 à 1698. Ils étaient ainsi :

Qui, de tout temps pour lui brûlans d'un même zèle,
Gardent pour le prélat une haine fidèle.
A l'aspect du lutrin tous deux tremblent d'horreur;
Du vieillard toutefois ils blâment la fureur.
Abattons, disent-ils, sa superbe machine.

[5] Texte de 1674 à 1713... Il faudrait *tout*, dit M. Daunou (on peut consulter à ce sujet les notes du vers 140, chant III, p. 345, et du vers 117 de la satire III, tome I).

CHANT IV.

Il soit sous trente mains en plein jour accablé.
 Ces mots des mains du chantre arrachent le pupitre.
J'y consens, leur dit-il, assemblons le chapitre.
Allez donc de ce pas, par de saints hurlemens,
Vous-mêmes appeler les chanoines dormans.[1]
Partez. Mais ce discours les surprend et les glace. 105
Nous! qu'en ce vain projet, pleins d'une folle audace,
Nous allions, dit Girard, la nuit nous engager!
De notre complaisance osez-vous l'exiger?[2]
Hé! seigneur, quand nos cris pourraient, du fond des rues,
De leurs appartemens percer les avenues,   110

---

[1] V. O. Vers 103 et 104. Dans les éditions de 1674 à 1698, on lit :

  Sus donc, allez tous deux, par de saints hurlemens,
  Réveiller de ce pas les chanoines dormans.

Par de saints hurlemens, hémistiche plein de verve et de plaisanterie; il fallait en effet hurler pour réveiller de pareils chanoines. Avant Boileau on osait rarement faire fraterniser des mots aussi opposés que ceux de *saints* et de *hurlemens*; mais tout était possible à un poète de sa trempe, qui recréait, pour ainsi dire, son art et sa langue. *Le Brun.* — M. Amar fait la même remarque, et ajoute que le mot *hurlemens* caractérise la difficulté de l'entreprise, et que son qualificatif *saints* en désigne l'objet.

[2] V. 1674 à 1698. Au lieu des vers 105 à 108, il y avait ceux-ci :

  Partez. Mais à ce mot les champions pâlissent;
  De l'horreur du péril leurs courages frémissent:
  Ah! seigneur, dit Girard, que nous demandez-vous?
  De grâce, modérez un aveugle courroux.
  Nous pourrions réveiller des chantres et des moines;
  Mais, même avant l'aurore, éveiller des chanoines!
  Qui jamais l'entreprit? qui l'oserait tenter?
  Est-ce un projet, ô ciel! qu'on puisse exécuter?
  Hé! seigneur...

Cela est plaisamment dit. *Brienne.* — Cela est en effet très plaisant. Peut-être que Boileau aura changé ce passage à cause de la répétition trop fréquente des mots *éveiller* et *réveiller*, qui se trouvaient déjà dans les vers précédens, et qui sont aussi dans ceux qui suivaient (*voy.* notes des vers 104 et 116).

Réveiller[1] ces valets autour d'eux étendus,
De leur sacré repos ministres assidus,[2]
Et pénétrer des lits[3] au bruit inaccessibles ;
Pensez-vous, au moment que les ombres paisibles
A ces lits enchanteurs ont su les attacher,   115
Que la voix d'un mortel les en puisse arracher?[4]
Deux chantres feront-ils, dans l'ardeur de vous plaire,
Ce que depuis trente ans six cloches n'ont pu faire?[5]

Ah! je vois bien où tend tout ce discours trompeur,
Reprend le chaud vieillard : le prélat vous fait peur.   120
Je vous ai vu[6] cent fois, sous sa main bénissante,

---

[1] V. éditions de 1674 à 1698. *Appeler ces valets...*

[2] Beau vers. *Brienne*. — Ainsi quoique ecclésiastique et candidat de prélature, Brienne n'était pas choqué comme Saint-Marc (note du vers 91, p. 358) du *placement* de l'adjectif *sacré* avant un substantif. Aujourd'hui, selon la remarque judicieuse de M. Daunou, on n'évite ces expressions que parce qu'on s'est accoutumé, sans raison, à les regarder comme des juremens.

[3] V. 1674 à 1698. *Ces lits...*

[4] V. 1674 à 1698. Les vers 114 à 116 étaient ainsi :

> Pensez-vous, au moment que ces dormeurs paisibles
> De la tête une fois pressent un oreiller,
> Que la voix d'un mortel puisse les réveiller?

Vers 109 à 116. Boileau avait à exprimer que ce n'est pas une petite entreprise de vouloir réveiller des chanoines. Il est très facile de dire en prose qu'on aurait beau crier et les appeler, on ne pourrait s'en faire entendre, ni les arracher de leur lit ; mais il est très difficile de rendre cette idée d'une manière aussi heureuse que Despréaux l'a rendue, en s'abstenant de toute locution basse et vulgaire, et en ornant le fond de la pensée, qui est commun à la prose comme à la poésie, de détails et d'expressions toutes poétiques, et qui n'ont rien de commun avec le langage ordinaire de la prose. *Clément*, *Lett.* IX, p. 156.

[5] Ceci est très bien. *Brienne*. — Cette pensée était si piquante, que l'expression des vers a dû suivre sans peine. *Le Brun*.

[6] Texte de 1674 à 1698. Il faudrait à présent *vus*.

CHANT IV.

Courber servilement une épaule tremblante.[1]
Eh bien! allez; sous lui fléchissez les genoux :
Je saurai réveiller les chanoines sans vous.
Viens, Girot, seul ami qui me reste fidèle : 125
Prenons du saint jeudi la bruyante crécelle.[2]
Suis-moi. Qu'à son lever le soleil aujourd'hui
Trouve tout le chapitre éveillé devant[3] lui.

   Il dit. Du fond poudreux d'une armoire sacrée,
Par les mains de Girot la crécelle est tirée. 130
Ils sortent à l'instant, et, par d'heureux efforts,
Du lugubre instrument font crier les ressorts.[4]

---

[1] Image parfaitement rendue. *Le Brun.*

[2] Instrument dont on se sert le jeudi-saint au lieu des cloches. *Boil.*, 1674 à 1713. — Il écrit au texte *cresselle.*

« Je ne sais pas quelle élégance Boileau a trouvée à dire *saint jeudi* pour *jeudi-saint* comme il l'a fort bien mis au vers 142. *Saint-Marc.* — C'est mettre la charrue avant les bœufs. *Chapat*, 85 (le traducteur du Lutrin, 1767 et 1780, a mis *jeudi-saint*).

Saint jeudi est plus élégant et plus poétique que *jeudi-saint*, qui est un peu trivial pour la haute poésie. *Féraud*, II, 509. — Tel est aussi le sentiment de Le Brun, de MM. Amar et Daunou (*voy.* note du vers 142) et de Clément. « Le poète, dit celui-ci, avait à tourner en vers cette phrase prosaïque, prenons la crécelle du *jeudi-saint*. Par une heureuse transposition (*saint jeudi*) et par une épithète pittoresque (*bruyante*) il vient à bout de donner à cette phrase triviale une couleur tout-à-fait poétique..... *Lett.* IX, p. 157. — Cette transposition élégante marque la différence de la prose et de la poésie. *Fontanes*, *Notes sur J.-B. Rousseau*, liv. I, ode 6 (*Voy.* aussi Lutrin, ch. IV, v. 91 et 112; ch. V, v. 231; ch. VI, v. 63 et 137).

[3] Il faudrait aujourd'hui *avant*... — On a observé (tome I, sat. IV, note du v. 34) que *devant* était alors usité.

[4] Harmonie imitative... Ce vers déchire l'oreille comme ferait la crécelle elle-même; on l'articule péniblement, tandis que celui-ci, *Soupire, étend les bras, ferme l'œil et s'endort* (ch. II, p. 330), tombe de la bouche sans effort et sans bruit. Transportons à chacun de ces vers le sens de l'autre; tout rapport entre l'objet et l'imitation est anéanti, les deux vers sont mauvais. Cette épreuve sûre constate le mérite de l'art et le talent de l'auteur. *Auger,*

Pour augmenter l'effroi, la Discorde infernale
Monte dans le palais, entre dans la grand'salle,
Et, du fond de cet antre, au travers de la nuit,   135
Fait sortir le démon du tumulte et du bruit.
Le quartier alarmé n'a plus d'yeux qui sommeillent;[1]
Déjà de toutes parts les chanoines s'éveillent :
L'un croit que le tonnerre est tombé sur les toits,
Et que l'église brûle une seconde fois;[2]   140
L'autre, encore agité de vapeurs plus funèbres,
Pense être au jeudi saint,[3] croit que l'on dit ténèbres,
Et déjà tout confus, tenant midi sonné,
En soi-même frémit de n'avoir point dîné.

Ainsi, lorsque tout prêt à briser cent murailles,   145
Louis, la foudre en main, abandonnant Versailles,
Au retour du soleil et des zéphyrs nouveaux,
Fait dans les champs de Mars déployer ses drapeaux;
Au seul bruit répandu de sa marche étonnante,
Le Danube s'émeut, le Tage s'épouvante,   150
Bruxelle attend le coup qui la doit foudroyer,

---

note 4. — Toutes ces *r* roulant l'une sur l'autre produisent l'harmonie de ces vers, qui choquerait si elle était moins rude. *Clément, Nouv. obs.*, 396. — C'est aussi la remarque de MM. Lemercier (IV, 182) et Amar.

[1] Ce n'était pas facile à dire en poésie, et cependant c'est dit d'une manière poétique. *Le Brun.*

[2] Le toit de la Sainte-Chapelle fut brûlé en 1618. *Boil.* 1701 à 1713. — Erreur : c'est en 1630. *Bross.* — Oui : le 26 juillet (*Délibér. du chapit.*, vol. 8978, f. 270). *B.-S.*

[3] On a vu, p. 361, que Saint-Marc approuve ici *jeudi-saint* et reproche à Boileau d'avoir mis *saint jeudi* au vers 126 : nous ne pouvons mieux faire que de transcrire la réponse de M. Daunou. « Comme il ne s'agit en ce moment que de propos vulgaires, Boileau se garde bien d'employer l'expression poétique *du saint jeudi* ; il n'y a ici que le terme familier qui convienne : mais dans le discours homérique de l'un des héros du poème, *le jeudi-saint* eût été d'un langage trop commun ; l'inversion y produit un excellent effet. »

CHANT IV. 363

Et le Batave encore est prêt à se noyer.¹

Mais en vain dans leurs lits un juste effroi les presse :
Aucun ne laisse encor la plume enchanteresse.
Pour les en arracher Girot s'inquiétant, 155
Va crier qu'au chapitre un repas les attend.
Ce mot dans tous les cœurs répand la vigilance :²
Tout s'ébranle, tout sort, tout marche en diligence.
Ils courent au chapitre, et chacun se pressant,
Flatte d'un doux espoir son appétit naissant. 160
Mais, ô d'un déjeuner vaine et frivole attente!
A peine ils sont assis, que, d'une voix dolente,
Le chantre désolé, lamentant son malheur,³

---

¹ Allusion au vers 208 du chant IV de l'*Art poét.*, p. 268.

 Vers 145 à 152. *Lorsque tout prêt*, etc... transposition insupportable... Il fallait mettre *Louis* avant *tout prêt*... *Briser cent murailles*, ne vaut rien... Puis considérez l'honneur que le poète fait au roi de le comparer à Girot, valet du chantre, qui, la crécelle à la main, va réveiller les chanoines endormis. *Desmarets*, 119. — Brienne applaudit à cette critique et ajoute : Ce n'est pas que les huit vers de cette comparaison ne soient beaux et harmonieux, mais ils ne sont pas à leur place; *non erat his locus*. — Girot comparé au roi! comparaison indécente et *stérile* comme toutes celles de l'ouvrage, dont à peine deux peuvent se soutenir. *Pradon*, R., 102. — Elle est souverainement ridicule. *Bonnecorse*, p. 33. — Magnifique comparaison; Boileau imite la marche de Virgile qui sait ennoblir les plus petites choses, en les mettant en parallèle avec les grandes. *Le Brun.* — Cette comparaison, dit M. Andrieux (*ib.*), est aussi un trait d'esprit, elle relève Girot et sa crécelle sans avilir le roi.

² *Vigilance* ne se dit qu'au moral... D'ailleurs on dit *éveiller* et non pas *répandre* la vigilance. *Féraud.*

³ Vers 162 et 163. Despréaux a porté l'harmonie imitative au plus haut degré où elle puisse arriver... De même que ces expressions pittoresques vous mettent devant les yeux les choses dont il fait l'image, de même la propriété de ses sons les porte à votre oreille, avec le ton qu'elles ont dans la nature. Quand il faut imiter la voix d'un homme affligé qui raconte un malheur, son vers se traîne sur des nasales. *A peine ils sont assis*, etc. *Clément, Nouv. obs.*, 393. — *Lamentant son malheur* est très bien, dit Le Brun;

Fait mourir l'appétit et naître la douleur.[1]
Le seul chanoine Évrard,[2] d'abstinence incapable,   165
Ose encor proposer qu'on apporte la table.
Mais il a beau presser, aucun ne lui répond :
Quand, le premier rompant ce silence profond,[3]
Alain tousse, et se lève; Alain, ce savant homme,
Qui de Bauny vingt fois a lu toute la Somme,[4]   170
Qui possède Abély,[5] qui sait tout Raconis,[6]
Et même entend, dit-on, le latin d'A-Kempis.

N'en doutez point, leur dit ce savant canoniste,
Ce coup part, j'en suis sûr, d'une main janséniste.[7]

mais *lamentant une chanson bachique*, que l'auteur a mis ailleurs (satire III, vers 142), était encore plus plaisant. — M. Amar est du même sentiment.

[1] Que veut dire cela? *Brienne*.

[2] Nous parlons au tome III, art. des Erreurs, n° 31, de la désignation fautive que Brossette fait de l'original de ce personnage.

[3] *Le premier* rompant... Méchante césure : tout le recueil de l'auteur en est plein. *Desmarets*, 119; *Brienne*.

[4] Jésuite, auteur de la Somme des péchés qui se commettent dans tous les états, publiée en 1634, et réimprimée plusieurs fois. *Bross.*

[5] Texte de 1674 à 1713, et non pas *Abéli*, comme au vers 188, où, à cause de la rime, Boileau a changé l'orthographe du nom (on parle de cet auteur aux notes de ce vers et du vers 162, épît. XII, p. 153).

[6] Raconis, auteur de divers ouvrages philosophiques et théologiques aujourd'hui méprisés. Il avait écrit trois gros volumes contre Arnauld. *Saint-Marc*.

[7] Vers 172 à 174. *Raconis* et *A-Kempis*, pitoyables rimes... Mais voici qui est bien pire que pitoyable, d'avoir osé se moquer du latin d'A-Kempis qui est très intelligible, et tout composé de passages de l'évangile d'après la *Vulgate*, dont le latin est *pur*, bien qu'il ne soit pas cicéronien... C'est une fureur, une rage sans pareille, de parler avec mépris de l'Imitation de Jésus-Christ, de ce livre qu'on appelle le *livre d'or*, etc. Quelle hardiesse encore de parler du nom de *janséniste*; après que le roi a défendu si expressément d'en parler et de l'écrire...! Comment ose-t-il réveiller ces débats que le roi a voulu assoupir...? Qu'avait à faire ici le nom de M. Arnauld? à

Mes yeux en sont témoins : j'ai vu moi-même hier
Entrer chez le prélat le chapelain Garnier.[1]
Arnauld, cet hérétique ardent à nous détruire,
Par ce ministre adroit tente de le séduire :
Sans doute il aura lu dans son saint Augustin,
Qu'autrefois saint Louis érigea ce lutrin.[2]   180
Il va nous inonder des torrens de sa plume :
Il faut, pour lui répondre, ouvrir plus d'un volume.
Consultons sur ce point[3] quelque auteur signalé ;

moins qu'on ne veuille rendre ridicules tous ceux qui lui ont été contraires, etc. *Desmarets*, 120 à 122.

Cet endroit n'est pas si mauvais que le pense M. Desmarets. Il est vrai que *Raconis* et *A-Kempis* ne riment pas richement, mais on n'y regarde pas de si près dans les noms propres. *Brienne*.

Le latin d'A-Kempis, qui est celui de l'*Imitation*, est le plus facile de tous à entendre (le mérite de la latinité n'est pas ce qui distingue cet excellent livre, dit aussi M. Amar). Le poète place toujours à propos le trait comique, qui réduit à la vérité le ton héroïque dont il s'amuse à agrandir les objets. *La Harpe*, *Lyc.*, VI, 242 (on a cité, p. 301, note du vers 152, ch. 1, son éloge du portrait d'Alain).

[1] *Garnier* ayant un *e* fermé ne rime point à l'oreille avec *hier*, disent l'éditeur d'Amsterdam, 1772, et MM. Boiste (*Versificat.*, p. 49), de Saint-Surin, Viollet le Duc et Daunou. — Non, sans doute, selon la prononciation actuelle, mais il est fort possible qu'alors on fît raisonner les lettres finales des noms semblables à celui de *Garnier*, de manière à leur faire former deux syllabes. Ce qui autoriserait à le penser, c'est que les critiques de Boileau, les Brienne, les Sainte-Garde, les Desmarets, les Pradon, etc., n'ont pas repris cette rime qu'il était d'ailleurs si facile à Boileau de rectifier en mettant un nom propre où *ier* fît deux syllabes, comme *hier* du vers précédent.

[2] Vers 179, 180. Deux vers admirables. *Brienne*.

Dans son saint Augustin : comme si saint Augustin n'appartenait qu'à lui seul ! *Le Brun*. — Remarquons d'ailleurs que saint Augustin ayant précédé saint Louis de 800 ans, l'anachronisme d'Alain rend sa réflexion encore plus piquante.

[3] *P. C. O.* Du moins d'après les fragmens de 1673, p. 19, *Cherchons sur ce sujet.*

Voyons si des lutrins Bauny n'a point parlé ; [1]
Étudions enfin, il en est temps encore ; [2] 185
Et, pour ce grand projet, tantôt dès que [3] l'Aurore
Rallumera le jour dans l'onde enseveli,
Que chacun prenne en main le moelleux Abéli. [4]

Ce conseil imprévu de nouveau les étonne :
Surtout le gras Évrard d'épouvante [5] en frissonne. 190
Moi ! dit-il, qu'à mon âge, écolier tout nouveau,
J'aille pour un lutrin me troubler le cerveau ?
O le plaisant conseil ! Non, non, songeons à vivre :

---

[1] Ce vers ne se peut payer. *Brienne.* — Il est en effet très plaisant de faire chercher dans un ouvrage sur les *péchés*, quelque règle sur le placement d'un lutrin.

[2] Vers d'une bonhomie charmante. *Le Brun.*

[3] *P. C. O.* Selon les fragmens de 1673. On y lit, p. 20 : *pour ce grand dessein aussitôt que...*

[4] Fameux auteur qui a fait la Moelle théologique, *Medulla theologica.* Boil., 1674 à 1713. — Cet ouvrage était encore en grande réputation parmi les théologiens ; ce trait satirique le fit tomber. *Brossette* (on a parlé d'Abély, p. 153 et 364, aux notes). — Ce vers est fort plaisant. *Brienne.*

Vers 173 à 188. Ce discours si piquant, que Boileau fait tenir au plus *savant canoniste* du chapitre, a encouru la censure de Rosel de Beaumont (p. 14 et 15) et de l'abbé d'Artigny (VII, 278). Selon le dernier, quoique Bauny et Raconis ne fussent pas de grands théologiens, le chanoine qui possédait leurs ouvrages ne devait pas être cité comme un exemple de l'ignorance la plus profonde... Il a sans doute oublié les vers non moins remarquables où Boileau (tome I, sat. IV, vers 7 et 8) peint un autre Alain, qui

.... De mille auteurs retenus mot pour mot,
Dans sa tête entassés, n'a souvent fait qu'un sot.

« Puisque Alain, dit Rosel, avait lu vingt fois et possédait si bien ces auteurs, il savait sans doute qu'ils n'avaient rien écrit sur les lutrins... » Observons qu'Alain ne demande pas de faire cette recherche dans Abély qu'il *possède*, ni dans Raconis qu'il *sait tout*, mais dans *Bauny* qu'il a seulement lu *vingt fois.* C'est un trait encore plus saillant de son incapacité puisque après vingt lectures il n'a pu retenir une semblable circonstance.

[5] Est-ce bien là ce que doit ressentir l'homme intrépide, dont le *bras seul*

Va maigrir, si tu veux, et sécher sur un livre.
Pour moi, je lis la bible autant que l'alcoran.[1] 195
Je sais ce qu'un fermier nous doit rendre par an;
Sur quelle vigne à Reims nous avons hypothèque :[2]
Vingt muids rangés chez moi font ma bibliothèque.[3]
En plaçant un pupitre on croit nous rabaisser;
Mon bras seul, sans latin, saura le renverser.[4] 200
Que m'importe qu'Arnauld me condamne ou m'approuve?

saura renverser le lutrin, l'homme qui *abat ce qui lui nuit partout où il le trouve*, l'homme enfin qui osait demander qu'on apportât la table lorsque la douleur *faisait mourir l'appétit* de ses confrères? N'aurait-il pas été plus naturel peut-être de le voir frémir *d'impatience* au conseil d'Alain ? *M. de S. S.*
—*D'épouvante* est ici le terme propre; il est d'un admirable effet. Évrard est intrépide quand il s'agit d'apporter la table ou de renverser un pupitre; mais il est saisi d'effroi, il frissonne à l'aspect d'un livre : il pâlit, il s'écrie qu'il ne veut pas *maigrir* et *sécher*. *M. Daunou.*

[1] Ce vers a la grâce de la nouveauté; il eût pourtant été mieux de dire *aussi peu que l'Alcoran*; mais le vers ne le permettait pas. *Brienne.* — Boutade très plaisante et qui peint à merveille un ignorant, tout fier de l'être. *Le Brun.*

Que l'Alcoran... Il faudrait que LE *Koran*... AL, en arabe, est un article qui signifie *le* ou *la*, et AL Koran, *le livre* ou *la lecture*; de sorte qu'il vaudrait autant écrire *le le livre*, que *l'Alkoran...* Mais on ne peut faire à cet égard aucun reproche à Boileau. Cent ans après la publication du Lutrin, les littérateurs français, faute de connaître la distinction précédente, écrivaient encore presque tous, *l'Alcoran*.

[2] Le chapitre avait à Reims une abbaye dont les vendanges formaient le principal revenu. Voilà ce que nous apprennent Morand, dans son histoire (p. 209), et surtout l'abbé Boileau, dans une lettre dont nous donnerons l'extrait au tome IV (*note* de lett. du 4 mars 1703).

Si, comme Brossette paraît le croire, cette circonstance a fourni à Boileau l'idée exprimée dans le vers 197, il en a tiré parti en poète habile, car s'il se fut borné à la rappeler sèchement, à faire dire, par exemple, au chanoine, *je sais que nous possédons des vignes à Reims*, il aurait fait un vers commun et même plat, au lieu d'un vers très pittoresque.

[3] Bon vers. *Brienne.*

[4] A quoi bon parler de latin? *Brienne.* — C'est que presque tous les ouvra-

J'abats ce qui me nuit partout où je le trouve :
C'est là mon sentiment. A quoi bon tant d'apprêts?
Du reste, déjeunons, messieurs, et buvons frais.¹

Ce discours, que soutient l'embonpoint du visage,
Rétablit l'appétit, réchauffe le courage;
Mais le chantre surtout en paraît rassuré.

Oui, dit-il, le pupitre a déjà trop duré :
Allons sur sa ruine assurer ma vengeance.
Donnons à ce grand œuvre une heure d'abstinence,² 210
Et qu'au retour tantôt un ample déjeuner
Long-temps nous tienne à table, et s'unisse au dîner.

Aussitôt il se lève, et la troupe fidèle,
Par ces mots attirans sent redoubler son zèle.
Ils marchent droit au chœur d'un pas audacieux, 215
Et bientôt le lutrin se fait voir à leurs yeux.
A ce terrible objet aucun d'eux ne consulte :
Sur l'ennemi commun ils fondent en tumulte.
Ils sapent le pivot, qui se défend en vain;
Chacun sur lui d'un coup veut honorer sa main.³ 220

---

ges des auteurs cités par Alain, tels que Raconis et Abély, sont écrits en cette langue.

¹ Vers 191 à 204. Pradon (R., 103) et P. Henri (p. 2 et 3) se récrient beaucoup sur ce que Despréaux ose prêter de tels discours à un chanoine.

Vers 204. Bon vers. *Brienne.*

² Ne serait-ce pas *grande œuvre* que demanderait la langue? Ce mot, je crois, ne s'emploie guère au masculin que quand il s'agit de l'*œuvre* d'un graveur, d'un musicien, ou de la pierre philosophale; on dit *travailler au grand œuvre...* *Le Brun.* — Ce critique est ici beaucoup trop scrupuleux. Dans le style soutenu, nous dit l'Académie, *œuvre* est quelquefois masculin au singulier. D'ailleurs, suivant la remarque de Féraud, on disait autrefois un *bel œuvre* pour un *bel ouvrage* (on en voit la preuve à la note du vers 235, satire IX).

³ Bel honneur! *Brienne.*

CHANT IV.

Enfin sous tant d'efforts la machine succombe,
Et son corps entr'ouvert chancèle, éclate et tombe.¹
Tel sur les monts glacés des farouches Gelons²
Tombe un chêne battu des voisins aquilons;³
Ou tel, abandonné de ses poutres usées,   225
Fond enfin un vieux toit sous ses tuiles brisées.⁴
 La masse est emportée, et ses ais arrachés
Sont aux yeux des mortels chez le chantre cachés.⁵

---

¹ C'est le *procumbit humi bos*. Cette syllabe pesante, ce mot *tombe* qui termine si admirablement cet hémistiche, se trouve répété plus bas, *tombe un chêne*; mais cette répétition, loin d'être ici une négligence, me semble une beauté. Boileau, en peintre habile, ayant à peindre la même chose, rappelle le même son. *Le Brun.*

Le vers de Boileau étant suspendu par ces mots *chancelle, éclate*, la chute en est bien plus sensible que dans Virgile même. *Clément, Nouv. obs.*, 296. — Voici le vers de Virgile (*Énéide*, liv. V, v. 481):

  Sternitur, exanimisque, tremens, procumbit humi bos.

² Peuples de Sarmatie voisins du Borysthène. *Boil.*, 1713.

³ *Voisins aquilons* pour *aquilons voisins*... transposition dure nécessitée par la rime. *Saint-Marc.*

⁴ Vers 221 à 226. Cette description, à un seul mot près (le même mot *voisins*), est d'une beauté remarquable. *La Harpe, Lyc.*, XIV, 369.

⁵ *Chez le chantre cachés*... Cacophonie. *Saint-Marc.* — *Aux yeux des mortels* n'est mis là que pour remplir le vers. *Brienne.*

CHANT V.[1]

—

L'Aurore cependant d'un juste effroi troublée,
Des chanoines levés voit la troupe assemblée,
Et contemple long-temps, avec des yeux confus,
Ces visages fleuris qu'elle n'a jamais vus.[2]
Chez Sidrac aussitôt Brontin d'un pied fidèle,[3]   5
Du pupitre abattu va porter la nouvelle.
Le vieillard de ses soins bénit l'heureux succès,
Et sur un bois détruit bâtit mille procès.[4]

[1] Publié avec le chant VI, en 1683, non vers le mois de septembre, comme le disent Brossette et d'autres éditeurs, mais au mois de janvier : c'est ce qu'on établit au tome III, art. des Erreurs, n° 39.

[2] *Qu'elle n'a jamais vus*, est de la grâce la plus riante, et un des hémistiches les plus heureux de Boileau. *Le Brun.*—Cette grâce en excuse la maligne exagération. *M. Amar.* — S'il est permis de juger des chanoines riches du XVIIe siècle, par ceux que nous avons connus au XVIIIe, Boileau n'est coupable ni de malignité ni d'exagération.

Vers 1 à 4. Le début de ce chant est tout-à-fait dans le goût d'Homère; plusieurs chants de l'Iliade commencent ainsi. L'Aurore qui n'avait jamais vu les chanoines levés est d'abord saisie d'effroi; et plus le spectacle est nouveau pour elle, plus il est naturel qu'elle s'arrête à le contempler. *M. Andrieux, Cours.*

[3] C'est la première fois, peut-être, que l'expression d'*un pied fidèle* se trouve aussi bien employée. *Le Brun.*

[4] Vers 8. Il y a là une espèce de jeu de mots qui, dans un poème d'un autre genre, serait répréhensible, mais que l'on pardonne facilement ici. *M. Andrieux, Cours.*

Vers 7 et 8. Ils rappellent le mot de Chicaneau (*Plaideurs*, sc. dern.) que l'espoir de plaider sur le mariage de sa fille console presque de ce qu'on a surpris son consentement. *De plus de vingt procès ceci sera la source*, dit-il; mais Boileau nous paraît supérieur par son assimilation hardie d'un procès à un édifice.

TOUT s'écarte à l'instant: mais aucun n'en réchappe
Par-tout le doigt vainqueur les suit et les ratrappe

Chant T. Vers. 233-34.

J. J. Blaise Libraire Quai des Augustins.

L'espoir d'un doux tumulte[1] échauffant son courage,
Il ne sent plus le poids ni les glaces de l'âge;
Et chez le trésorier, de ce pas, à grand bruit,
Vient[2] étaler au jour les crimes de la nuit.
Au récit imprévu de l'horrible insolence,
Le prélat hors du lit, impétueux s'élance.[3]
Vainement d'un breuvage à deux mains apporté,[4]
Gilotin, avant tout, le veut voir humecté.
Il veut partir à jeun.[5] Il se peigne, il s'apprête;

[1] *L'espoir d'un doux tumulte.* Cet hémistiche prouve ce qu'on a déjà observé, que l'art de tout dire est un des mystères les plus secrets du génie de Boileau. *Le Brun.*

[2] Il fallait *va* au lieu de *vient. Saint-Marc.* — Il le faudrait sans doute aujourd'hui; mais la dernière locution, que Boileau a encore employée au vers 60 du chant vi, était alors usitée. On peut s'en convaincre par la correspondance de Voltaire où elle se trouve fréquemment : Je *viendrai* vous voir, dit-il.

[3] *Impétueux* paraît se rapporter à *lit... Saint-Marc.* — Cadence pressée produisant une harmonie imitative. *Batteux*, I, 145 (on a rapporté ses remarques sur les cadences à la note du vers 134, épît. v, p. 67). — *Impétueux s'élance*, est ce que l'on nomme une affixe. Il faut se garder de placer ainsi les adjectifs; on en a fait dans ces derniers temps un abus incroyable, depuis que Delille a dit :

Beau d'orgueil et d'amour, il vole à ses amantes.

...Je conseillerais donc de n'employer ainsi ces adjectifs que quand ils tiendront la place d'un adverbe, comme *impétueux* est ici pour impétueusement. *M. Andrieux, Cours.*

[4] Un bouillon. *Brossette.* — Saint-Marc et l'éditeur d'Amsterdam (1772) disent que ces vers ne désignent pas plus un bouillon qu'un autre breuvage. — Qu'importe! s'écrie avec raison M. Amar : ce qu'il fallait remarquer, c'est l'image *à deux mains apporté;* c'est cette belle expression *humecté* qui rend si bien le *proluit* de Virgile. — On croit, observe aussi M. Andrieux (*Ib.*), on croit voir Gilotin apporter avec de grandes précautions le succulent breuvage; il faut bien prendre garde d'en laisser perdre une goutte.

[5] Ce seul hémistiche peint le prélat dans sa colère; il ne veut rien entendre; il partira *même à jeun...* Le laconisme même du poète est un trait

L'ivoire trop hâté deux fois rompt sur sa tête,[1]
Et deux fois de sa main le buis[2] tombe en morceaux :
Tel Hercule filant rompait tous les fuseaux.[3] 20
Il sort demi paré; mais déjà sur sa porte
Il voit de[4] saints guerriers une ardente cohorte,
Qui tous, remplis pour lui d'une égale vigueur,[5]

de grand maître : on y voit, et la brusquerie, et la mauvaise humeur du prélat. *M. Andrieux, Cours.*

[1] Auger (note 4) explique comment ce vers et celui-ci : *Les morceaux trop hâtés*, etc. (chant 1er, vers 110) produisent une harmonie imitative. « Ici le peigne poussé sans ménagement rencontre un obstacle qui l'arrête, là les morceaux avalés l'un sur l'autre se heurtent contre l'œsophage dont ils se ferment l'entrée. C'est cette résistance, c'est ce choc qu'il fallait peindre. La saccade du mot *hâté* en est la vive et fidèle image.

[2] *V. O.* (en part.) 1683 à 1698. *Le bouis....* 1701 à 1713. *Le bouys.* — Cette dernière orthographe est singulière; elle pouvait faire croire que *buis* (seul mot admis à présent) avait deux syllabes, et le vers eût paru défectueux.

[3] Ovide, Héroïde IX, vers 79, 80 :

    Ah! quoties, digitis dum torques stamina duris,
      Prævalidæ fusos comminuere manus!

Le poète sait ennoblir le peigne par cette comparaison ingénieuse : *Tel Hercule*, etc... J'observe que si Boileau eût mis *Tel Hercule en filant rompait tous les fuseaux*, le vers eût paru plus long, sans l'être en effet. *Le Brun.*

[4] V. E. Texte de 1683 à 1701. On lit DES *saints* à 1713, faute grossière reproduite non-seulement à 1740 P, comme le dit M. de S. S., mais à 1716, in-4° et in-12; 1717, Vest.; 1721, Vest. et Bru., et 1816, Avi..

[5] Qu'est-ce que c'est qu'être *rempli de vigueur pour quelqu'un...? Saint-Marc.* — C'est une locution barbare. *Édit.* d'Amsterdam, 1772. — *Vigueur* veut dire ici *zèle actif :* le sens n'est pas douteux, mais l'expression est impropre. *M. Daunou, édit.* 1809. — M. de S. S. cherche à excuser cette expression en observant que, selon l'Académie, *vigueur* au figuré signifie « ardeur jointe à la fermeté qu'on apporte dans les affaires. » — M. Daunou (1825) répond qu'on ne dirait à personne : j'aurai *de la vigueur* POUR vous. — Cette remarque, dit M. Andrieux (*Cours*), est sans doute juste, mais elle me semble bien rigoureuse. M. Daunou convient que le sens ne saurait être douteux; dès-lors il faut bien permettre quelque chose au poète.

Sont prêts, pour le servir, à déserter le chœur.
Mais le vieillard condamne un projet inutile.
Nos destins sont, dit-il, écrits chez la Sibylle :
Son antre n'est pas loin; allons la consulter,
Et subissons la loi qu'elle nous va dicter.
Il dit : à ce conseil, où la raison domine,
Sur ses pas au barreau la troupe s'achemine,
Et bientôt, dans le temple, entend, non sans frémir,
De l'antre redouté les soupiraux gémir.

 Entre ces vieux appuis dont l'affreuse grand'salle [1]
Soutient l'énorme poids de sa voûte infernale,
Est un pilier fameux [2], des plaideurs respecté,
Et toujours de Normands à midi fréquenté. [3]
Là, sur des tas poudreux de sacs et de pratique,
Hurle tous les matins une Sibylle étique :
On l'appelle Chicane; et ce monstre odieux
Jamais pour l'équité n'eut d'oreilles ni d'yeux. [4]
La Disette au teint blême [5] et la triste Famine,
Les Chagrins dévorans et l'infâme Ruine, [6]

---

[1] *Grand'salle* était consacré par l'usage, et semble d'une nécessité rigoureuse en poésie... Un poète qui se serait chargé d'introduire au milieu du vers *la grand'salle*, n'eût guère réussi à le rendre harmonieux. *Le Brun.*

[2] Le pilier des consultations. *Boil.*, 1713. — Les anciens avocats s'assemblent et on vient les consulter près de ce pilier. *Bross.* — Cela ne se pratique plus depuis le milieu du xviiie siècle.

[3] Vers très jovial. Boileau mène toujours de front la gravité et la plaisanterie, quoiqu'il ait dit d'un ton solennel, *Et garde-toi de rire en ce grave sujet... Le Brun.*

[4] Vers 1 à 40. Ils sont sur un carton dans l'édition de 1685... Même remarque qu'au vers 88, satire II, tome I.

Vers 33 à 40. Tableau poétique et plein de vérité. *M. Andrieux, Cours.*

[5] Epithète heureuse et caractéristique. *Clément* (remarque citée p. 288, note du vers 19, ch. I).

[6] *Affreuse* au lieu d'*infâme ruine* serait détestable. Un homme, comme

Enfans infortunés de ses raffinemens,
Troublent l'air d'alentour de longs gémissemens.
Sans cesse feuilletant les lois et la coutume,   45
Pour consumer autrui, le monstre se consume;
Et, dévorant maisons, palais, châteaux entiers,[1]
Rend pour des monceaux d'or de vains tas de papiers.
Sous le coupable effort de sa noire insolence,
Thémis a vu cent fois chanceler sa balance.   50
Incessamment il va de détour en détour;
Comme un hibou, souvent il se dérobe au jour :
Tantôt, les yeux en feu, c'est un lion superbe;
Tantôt, humble serpent, il se glisse sous l'herbe.[2]
En vain, pour le dompter, le plus juste des rois   55
Fit[3] régler le chaos des ténébreuses lois :
Ses griffes, vainement par Pussort[4] accourcies,
Se rallongent déjà, toujours d'encre noircies,[5]

l'exprime Boileau, ruiné à force de procès, par cela même devient infâme. *Le Brun.*

[1]. Accumulation énergique, et qui manifeste bien la haine vigoureuse de l'auteur pour le monstre de la Chicane. *Le Brun.*

[2] Virgile, *Géorgiques*, livre IV, vers 406 et suiv.

> Tum variæ illudent species atque ora ferarum :
> Fiet enim subito sus horridus, atraque tigris,
> Squamosusque draco, et fulva cervice leæna, etc.

Vers 54. Harmonie imitative. *Clément, Obs. crit.*, p. 377.

[3] V. E. Texte de 1683 à 1713, et non pas *fait* comme dans Saint-Marc.

[4] Monsieur Pussort, conseiller d'état, est celui qui a le plus contribué à faire le code. *Boil.*, 1683 à 1713. — Par cette expression inexacte, mais alors assez usitée, il désigne sans doute les ordonnances de 1667 et 1670 sur la procédure civile et la procédure criminelle, dont Pussort fut en effet le rédacteur, et non pas les ordonnances de 1676 et 1677 (nous n'en connaissons point de cette date), comme on l'indique dans quelques éditions, telles que 1828, Am... (peut-être est-ce une faute d'impression).

[5] *Toujours d'encre noircies ;* coup de pinceau qui achève admirablement la

Et ses ruses, perçant et digues et remparts,[1]
Par cent brèches déjà rentrent de toutes parts. 60
   Le vieillard[2] humblement l'aborde et le salue,
Et faisant, avant tout, briller l'or à sa vue :
Reine des longs procès, dit-il, dont le savoir
Rend la force inutile et les lois sans pouvoir;
Toi, pour qui dans le Mans le laboureur moissonne, 65
Pour qui naissent à Caen tous les fruits de l'automne;
Si, dès mes premiers ans, heurtant tous les mortels,
L'encre a toujours pour moi coulé sur tes autels,[3]
Daigne encor me connaître en ma saison dernière.
D'un prélat qui t'implore exauce la prière. 70
Un rival orgueilleux, de sa gloire offensé,
A détruit le lutrin par nos mains redressé.
Épuise en sa faveur ta science fatale :
Du Digeste et du Code ouvre-nous le dédale,[4]
Et montre-nous cet art, connu de tes amis,[5] 75
Qui, dans ses propres lois, embarrasse Thémis.

peinture. Si on eût laissé un pareil hémistiche à remplir, il ne l'eût pas été de sitôt. *Le Brun.*

[1] Comme le participe *perçant* est bien placé après le mot de *ruses !...* *Le Brun.* — C'est le ver qui pénètre inaperçu à travers les carènes et même les marbres.

[2] Comment avait-on pu penser, ainsi que le dit Saint-Marc, qu'il s'agissait ici, non de Sidrac mais du prélat ? était-il possible d'oublier que la *jeunesse, en sa fleur*, brillait sur son visage (p. 293, ch. 1, v. 65) ?

[3] Vers excellent. Il semble qu'un autre poète n'eût pas songé à faire couler l'encre sur les autels. *Le Brun.* — Observez aussi que, pour flatter la déesse, Sidrac se vante de n'avoir jamais fait couler son encre ailleurs.

[4] Recueils, l'un (le Digeste) de décisions des jurisconsultes, et l'autre, de constitutions des empereurs romains, faits par ordre de Justinien, et suivis jadis comme lois dans une partie de la France.

[5] *Connu de tes amis.* Une apposition a souvent l'air d'un remplissage, mais celle-ci est charmante : jamais chez Boileau d'hémistiche oiseux. *Le Brun.*

La Sibylle, à ces mots, déjà hors d'elle-même,
Fait lire sa fureur sur son visage blême,
Et, pleine du démon qui la vient oppresser,
Par ces mots étonnans tâche à le repousser : 80
« Chantres, ne craignez plus une audace insensée ;
« Je vois, je vois au chœur la masse replacée ;
« Mais il faut des combats. Tel est l'arrêt du sort ;[1]
« Et surtout évitez un dangereux accord. »[2]
Là bornant son discours, encor toute[3] écumante, 85
Elle souffle aux guerriers l'esprit qui la tourmente ;
Et dans leurs cœurs brûlans de la soif de plaider,
Verse l'amour de nuire, et la peur de céder.[4]
Pour tracer à loisir une longue requête,
A retourner chez soi leur brigade s'apprête. 90
Sous leurs pas diligens le chemin disparoît,[5]

---

[1] Vers 77 à 83. Virgile, Énéide, liv. VI, vers 77 à 80, 86, 87.

> At, Phœbi nondum patiens, immanis in antro
> Bacchatur vates, magnum si pectore possit
> Excussisse deum : tanto magis ille fatigat
> Os rabidum, fera corda domans, fingitque premendo...
> . . . . bella, horrida bella,
> Et Tibrim multo spumantem sanguine cerno.

[2] *Dangereux accord* est plein de force, de sel et de sens. *Le Brun.* — C'est en effet le conseil de tous les praticiens chicaneurs.

Vers 81 à 84. Ils sont en caractères différens du texte, dans les éditions de 1683 à 1713. Quelques éditeurs modernes ne les distinguent par aucun signe.

[3] Texte de 1683 à 1713. On mettrait à présent *tout*, comme l'ont fait MM. Didot (éditions de 1788, 1800 et 1815), et beaucoup d'autres éditeurs à leur exemple, sans avertir, du moins pour la plupart, que tel n'était point le texte de Boileau. On peut au reste consulter sur cette question grammaticale, la note du vers 117 de la satire III, tome I.

[4] L'auteur résume dans ce beau vers tout ce qu'il a dit auparavant. *Le Brun.*

[5] Vers léger et rapide. *Clément, Nouv. obs.*, 394, 395.

CHANT V.

Et le pilier, loin d'eux, déjà baisse et décroît. [1]
　Loin du bruit cependant les chanoines à table,
Immolent trente mets à leur faim indomptable.
Leur appétit fougueux, par l'objet excité,   95
Parcourt tous les recoins d'un monstrueux pâté. [2]
Par le sel irritant la soif est allumée;
Lorsque d'un pied léger la prompte Renommée,
Semant partout l'effroi, vient au chantre éperdu
Conter l'affreux détail de l'oracle rendu.   100

---

[1] « Qui croirait, dit J.-B. Rousseau, II, 187, que l'original de deux aussi beaux vers se trouvât dans la Pucelle? Le voici, liv. V :

> . . . . Chinon baissé, décroît,
> S'éloigne, se blanchit, s'efface et disparoît.

C'est ainsi que Virgile tirait de l'or du fumier d'Ennius. »
　Ce Chinon *baissé*, décroît, est si ridicule, que, quoique le vers soit de Chapelain, nous avons présumé qu'il y avait une faute typographique dans la lettre de Rousseau (presque tous les éditeurs modernes de Boileau l'ont copiée), et nous armant de patience nous avons lu le chant qu'il cite, pour en reconnaître le véritable texte, et nous avons trouvé (édit. 1656, in-12, p. 141): *Chinon baisse, décroît...*
　« La perspective, dit Le Brun, au sujet des deux mêmes vers, la perspective se trouve ici parfaitement observée; l'œil poétique de Boileau voyait tout. Quant à la rime de *disparoît* et *décroît*, elle était alors consacrée (nous en parlons au tome I, Essai, n° 118 *b*). — Malgré cet usage, le mauvais son de ces mots et leur *obscurité* ont tellement blessé Chapat, qu'il a refait (p. 86) les deux vers qualifiés de *beaux* par J.-B. Rousseau, Le Brun, etc.; voici sa leçon :

> L'attente du triomphe accourcit leur chemin;
> Ils volent : et joyeux, ils arrivent enfin.

[2] Par la verve avec laquelle Boileau peint son monstrueux pâté, il en fait un objet important. *Le Brun.*
　Vers 93 à 96. Nous avons cité (p. 297, ch. I, vers 110) cette observation de M. Lemercier, que Boileau n'a pas démenti les mœurs des chapelains; il ajoute (IV, 78) que parmi le tumulte de la chicane, il les soutient dignement par ces quatre vers pleins de force.

Il se lève, enflammé de muscat et de bile,[1]
Et prétend à son tour consulter la Sibylle.
Évrard a beau gémir du repas déserté,
Lui-même est au barreau par le nombre emporté.
Par les détours étroits d'une barrière oblique,[2]   105
Ils gagnent les degrés et le perron antique,
Où sans cesse, étalant bons et méchans écrits,
Barbin vend aux passans des auteurs à tout prix.[3]

   Là le chantre à grand bruit arrive et se fait place,
Dans le fatal instant que, d'une égale audace,   110
Le prélat et sa troupe, à pas tumultueux,[4]
Descendaient du Palais l'escalier tortueux.[5]
L'un et l'autre rival, s'arrêtant au passage,
Se mesure des yeux, s'observe, s'envisage;
Une égale fureur anime leurs esprits.   115
Tels deux fougueux taureaux,[6] de jalousie épris,

---

[1] *Enflammé de muscat et de bile :* Ces mots sont mariés heureusement. *Le Brun.*

[2] *Étroits... oblique...* Épithètes heureuses et caractéristiques. *Clément* (voy. p. 288, note du vers 19, ch. I). — Au reste, le récit de Boileau convenait alors au local, d'après la description qu'en fait Brossette.

[3] Barbin se piquait de savoir vendre des livres, quoique méchans. *Boil.*, 1713.

[4] Cadence pressée produisant une harmonie imitative. *Batteux*, I, 145 (voy. p. 67, note du vers 134, épître V).

[5] Vers 111 et 112. Comme leurs épithètes servent à peindre la forme de l'escalier du palais et la marche turbulente de la troupe du prélat...! Elles gagnent même de la force à être rejetées à la rime parce qu'elles fixent davantage, à cette place, l'esprit du lecteur sur la peinture du poète... Boileau observe partout ce même art. *Clément*, Lett. IX, p. 128.

[6] Virgile, *Géorg.*, liv. III, v. 21. *Boil.*, 1713 (c'est vers 215).

   Carpit enim vires paulatim, uritque videndo,
   Fœmina, nec uemorum patitur meminisse nec herbæ.
   Dulcibus illa quidem illecebris et sæpe superbos

Auprès d'une génisse au front large et superbe,[1]
Oubliant tous les jours le pâturage et l'herbe,[2]
A l'aspect l'un de l'autre,[3] embrasés, furieux,
Déjà, le front baissé,[4] se menacent des yeux.[5]   120
Mais Évrard, en passant, coudoyé par Boirude,
Ne sait point contenir son aigre inquiétude :[6]
Il entre chez Barbin, et, d'un bras irrité,
Saisissant du Cyrus un volume écarté,
Il lance au sacristain le tome épouvantable.   125
Boirude fuit le coup : le volume effroyable
Lui rase le visage,[7] et, droit dans l'estomac,

>   Cornibus inter se subigit decernere amantes.
>   Pascitur in magna sylva formosa juvenca :
>   Illi alternantes multa vi prælia miscent.

[1] *Épithète heureuse*, etc. *Clément* (mêmes page 67 et note du vers 19 déjà citées). — Elle ne serait pas indigne de Virgile. *M. Amar.*

[2] *Le pâturage et l'herbe* disent un peu trop la même chose; l'auteur n'a pas assez voilé un mot par l'autre, et *l'herbe* vient trop appelée par le besoin de la rime. *Le Brun.*

[3] *V. E.* Tous les éditeurs ont omis la virgule qui sépare ici *taureaux* et *embrasés;* elle est pourtant dans la dernière édition revue par Boileau (1701, in-12), et elle nous paraît au moins utile.

[4] *V. E.* Ponctuation de 1683 à 1713, suivie jusque vers la fin du XVIIIe siècle... M. Didot, dans son édition de 1788, a supprimé la première virgule, et quoique cette suppression change le sens de la phrase, on l'a faite dans presque toutes les éditions postérieures (il serait fastidieux de les indiquer : nous en avons compté plus de *cinquante*).

[5] Vers 115 à 120. Respectés dans le Boileau classique, ces six vers ont été ainsi *recoupés*, en quelque sorte, dans celui de la jeunesse...

>   Tels deux fougueux taureaux embrasés, furieux,
>   Déjà le front baissé, se menacent des yeux.

[6] Cette inquiétude était excusable d'après ce que l'auteur a dit aux vers 103 et 104, p. 378.

[7] Enjambement heureux. *Clément* (ses réflexions sont à la note du vers 126, p. 299).

Va frapper en sifflant l'infortuné Sidrac.[1]
Le vieillard, accablé de l'horrible Artamène,[2]
Tombe aux pieds du prélat, sans pouls et sans haleine.
Sa troupe le croit mort, et chacun empressé
Se croit frappé du coup dont il le voit blessé.
Aussitôt contre Évrard vingt champions s'élancent;
Pour soutenir leur choc les chanoines s'avancent.
La Discorde triomphe, et du combat fatal 135
Par un cri donne en l'air l'effroyable signal.

 Chez le libraire absent tout entre, tout se mêle :
Les livres sur Évrard fondent comme la grêle,[3]
Qui, dans un grand jardin, à coups impétueux,
Abat l'honneur naissant des rameaux fructueux.[4] 140

---

[1] Vers savamment fait. *Le Brun.*—Clément remarque à ce sujet que, voulant faire entendre le sifflement d'un livre lancé avec force, Boileau a mis à la fin de chaque hémistiche un mot dont la première syllabe était sifflante (*sifflant, Sidrac*). *Nouv. observ.*, 395.

[2] *Épouvantable, effroyable, horrible*, épithètes mises pour se moquer du roman de Cyrus où elles sont employées à tout propos. *Brossette.*—La même observation est dans Le Brun qui par là excuse l'analogie que ces épithètes semblent avoir entre elles.

Pradon, p. 105, se récrie beaucoup sur cette critique. « Cet horrible Artamène, dit-il, a été traduit dans toutes les langues, même en arabe; sa lecture fait les délices de la cour; il a fait gagner cent mille écus à Courbé; quand les œuvres de Boileau en auront fait gagner autant à Barbin, on souffrira sa critique un peu plus tranquillement; mais il y a encore du chemin à faire jusque-là... » Pradon écrivait en 1685 (ou plutôt 1684), et cinquante ans après, le Cyrus était aussi oublié que les œuvres de Boileau *étaient* recherchées. *Saint-Marc.*

[3] Vers 137 et 138. Clément fait l'éloge de la coupe et de la rapidité de ces deux vers. *Nouv. obs.*, 349. — Virgile (Géorg. I, 449) a dit :

 Tam multa in tectis crepitans salit horrida grando.

[4] Ce vers n'est peut-être que du jargon en français. *Saint-Marc.* — C'est une phrase poétique, aussi belle en français qu'elle le serait en latin ou

Chacun s'arme au hasard du livre qu'il rencontre :
L'un tient le nœud d'Amour,[1] l'autre en saisit la Montre.[2]
L'un prend le seul Jonas[3] qu'on ait vu relié;
L'autre, un Tasse français,[4] en naissant oublié.
L'élève de Barbin, commis à la boutique,   145
Veut en vain s'opposer à leur fureur gothique :[5]

en italien; on pourrait seulement à la rigueur critiquer *fructueux* qui s'emploie au propre et non au figuré. *Éditeur d'Amsterdam*, 1772. — Ginguené paraît du même avis. Il observe que, dans la langue poétique d'Horace, l'abondance des *honneurs* de la campagne, signifie l'abondance des biens, des trésors qui ornent, qui décorent la campagne, et que Boileau a imité cette expression dans le vers ci-dessus. *Mercure*, juill. 1812, p. 173 et suiv. — Telle est aussi l'opinion de M. Garat (*ib.*, avr. 1780, p. 10 et suiv.), « Les fruits, dit-il, peuvent être considérés très naturellement comme l'*honneur* des rameaux.

Vers 135 à 140. Clément les cite comme un exemple du soin que Boileau, afin d'éviter la monotonie attachée à nos alexandrins, a mis à varier la mesure de ses vers. « Pas un de ceux-ci, dit-il, ne se ressemble pour la mesure : tout homme qui sait lire des vers doit la sentir par la seule ponctuation (il cite également les vers 178 à 185, 193 à 196, et 231 à 233). *Obs. crit.*, p. 67 et 68.

[1] Texte de 1685 à 1713 (seize éditions dont sept originales). Dans la première édition (1683) il y a l'*Édit d'amour*, et c'est ainsi qu'il faut lire, selon Brossette, suivi par tous les éditeurs excepté par celui de Paris, 1798, et M. de S.-S. Mais, d'une part, Brossette n'appuie d'aucune raison cette espèce de décision; de l'autre, l'*Édit d'amour* (poème de Régnier-Desmarais, secrétaire de l'Académie, mort en 1713) tient à peine une demi-feuille (*Saint-Marc*), et est par conséquent trop petit pour servir d'arme. Nous avons dû préférer une leçon dans laquelle l'auteur a persisté jusqu'à sa mort (pendant plus de vingt-cinq ans).

[2] De Bonnecorse. *Boil.*, 1713 (*Voy.* tome I, *Notice bibl.*, § 2, n°s 23 et 25).

[3] Par Coras... Il en est question au même § 2, n° 9.

[4] Traduction de Leclerc. *Boil.*, 1713.
Le goût et le jugement ont inspiré à l'auteur de mettre un *Tasse français*, aimant mieux ridiculiser la traduction que l'original. *Le Brun.*

[5] *Gothique* est ici l'épithète par excellence. *Le Brun.* — C'est ce que disent aussi MM. *Amar* et *Viollet-le-Duc*.

Les volumes sans choix à la tête jetés,
Sur le perron poudreux¹ volent de tous côtés.
Là, près d'un Guarini, Térence tombe à terre;
Là, Xénophon dans l'air heurte contre un La Serre. 150
Oh! que d'écrits obscurs, de livres ignorés,
Furent en ce grand jour de la poudre tirés!
Vous en fûtes tirés, Almerinde et Simandre;²
Et toi, rebut du peuple, inconnu Caloandre,³
Dans ton repos, dit-on, saisi par Gaillerbois, 155
Tu vis le jour alors pour la première fois.
Chaque coup sur la chair laisse une meurtrissure;
Déjà plus d'un guerrier se plaint d'une blessure.
D'un Le Vayer épais Giraut est renversé:
Marineau, d'un Brébœuf à l'épaule blessé,⁴ 160
En sent partout le bras une douleur amère,
Et maudit la Pharsale aux provinces si chère.⁵
D'un Pinchêne « in-quarto » Dodillon étourdi
A long-temps le teint pâle et le cœur affadi.⁶

---

¹ On l'a appelé la *plaine de Barbin*, à cause de cette bataille décrite dans le poëme. *Bross.* — Si cela est exact, la dénomination fut bien promptement donnée et répandue, car on la trouve dans le Lutrigot, publié trois ans après (p. 47 et 55), et dont l'auteur (Bonnecorse) habitait Marseille.

² *Vous en fûtes tirés;* beau mouvement, et d'autant meilleur que le même verbe se trouve répété dans le vers précédent. *Le Brun.*

³ Roman italien, traduit par Scudéri. *Boil.*, 1713.

⁴ *A l'épaule blessé.* Boileau vient d'employer, deux vers plus haut: *se plaint d'une blessure.* Comme les deux mots de *blessé* et *blessure* se trouvent tous les deux en rime, ils frappent davantage le lecteur par leur rapprochement; mais le poète semble y avoir mis une intention secrète: leur répétition complète l'image. *Le Brun.*

⁵ Ceci est un trait contre Brébeuf plutôt que contre Lucain. *M. Lemercier*, III, 57.

⁶ Ces vers (163 et 164) sont faits avec charme: *Dodillon* vient bien au secours de la plaisanterie. *Le Brun.* (Quant à Pinchesne, *voy.* p. 56, note 3).

Au plus fort du combat le chapelain Garagne,[1]
Vers le sommet du front atteint d'un Charlemagne,
(Des vers de ce poème effet prodigieux!)
Tout prêt à s'endormir, bâille et ferme les yeux.
A plus d'un combattant la Clélie est fatale :
Girou dix fois par elle éclate et se signale.[2]   170
Mais tout cède aux efforts du chanoine Fabri :
Ce guerrier, dans l'Église aux querelles nourri,
Est robuste de corps, terrible de visage,[3]
Et de l'eau dans son vin n'a jamais su l'usage.
Il terrasse lui seul et Guibert et Grasset,   175
Et Gorillon la basse, et Grandin le fausset,[4]
Et Gerbais l'agréable, et Guérin l'insipide.

   Des chantres désormais la brigade timide
S'écarte,[5] et du palais regagne les chemins.
Telle, à l'aspect d'un loup, terreur des champs voisins,
Fuit d'agneaux effrayés une troupe bêlante;[6]
Ou tels devant Achille, aux campagnes du Xanthe,

---

[1] Il y a *Garaigne* dans l'édition originale de 1683. Cette faute fut corrigée dans l'édition d'Amsterdam de la même année, et on ne la trouve pas non plus dans celles de 1686 et 1688 de la même ville, quoiqu'elles aient pris pour type cette édition originale (tome I, *Notice bibl.*, § 1, n° 44 et suiv.). Mais elle est dans celle de Cologne de 1686.

[2] On a vu (sat. IX, note du vers 108) que la Clélie a dix volumes.

[3] Dans la *Secchia rapita*, ch. VI, st. 68, le Tassoni avait dit du capitaine Jaconia (selon *Brossette*) :

   E non bevea giammai vino inacquato.

[4] Noms heureusement placés dans leurs niches, dit Le Brun... (sans doute par allusion au vers 99 de la satire IX).

[5] Enjambement heureux. *Clément* (ses réflexions sur les enjambemens sont extraites à la note du vers 126, ch. 1, p. 299).

[6] Épithètes caractéristiques. *Clément* (*voy*. à la note du vers 19, chant 1, p. 288, ses remarques sur les épithètes).

Les Troyens se sauvaient à l'abri de leurs tours :
Quand Brontin à Boirude adresse ce discours :
Illustre porte-croix, par qui notre bannière[1]   185
N'a jamais en marchant fait un pas en arrière,[2]
Un chanoine lui seul triomphant du prélat,
Du rochet à nos yeux ternira-t-il l'éclat?
Non, non : pour te couvrir de sa main redoutable,
Accepte de mon corps l'épaisseur favorable.[3]   190
Viens, et, sous ce rempart, à ce guerrier hautain
Fais voler ce Quinault[4] qui me reste à la main.
A ces mots, il lui tend le doux et tendre[5] ouvrage :
Le sacristain, bouillant de zèle et de courage,
Le prend, se cache, approche, et, droit entre les yeux,
Frappe du noble écrit l'athlète audacieux;[6]
Mais c'est pour l'ébranler une faible tempête;
Le livre sans vigueur mollit contre sa tête.[7]

[1] Vers 178 à 185. Loués par *Clément* à cause de la variété de leurs mesures (ses éloges sont à la note du vers 140, p. 381).

[2] *Pas*, substantif, est d'autant mieux employé qu'il est soutenu par l'hémistiche « N'a jamais en marchant »... *Le Brun.*

Vers 185 et 186. L'explication de Brossette sur ces disputes de processions, est réfutée au tome III, art. de ses Erreurs, n° 34.

[3] Iliade, liv. VIII, v. 267. *Boil.*, 1713.

[4] V. O. 1683 et 1685. Ce G**. — 1694 et 1698... Ce P**.

[5] V. O. 1683 à 1698. Le *doucereux* ouvrage.

[6] Vers 193 à 196. La coupe de ces vers sert à donner plus de vivacité à l'image que Despréaux a voulu peindre... et à éviter la monotonie de l'alexandrin. *Clément*, *N. obs.*, 348, et *Obs. cr.*, 69 (même note du vers 140).

[7] Vers malin dirigé contre Quinault sans avoir aucune trace de méchanceté. *Le Brun.* — « Mais, a-t-on dit, quel rapport peut avoir une chose purement spirituelle avec ce qui n'est que matériel? » La Harpe répond que ces vers très gais et très agréables ne sont pas *une pointe;* que le procédé de l'allégorie consiste à passer du physique au moral, et qu'il est reçu chez tous les bons écrivains, quand le sens en est clair et frappant (il en cite en même temps des exemples). *Lyc.*, VI, 293.

Le chanoine les voit, de colère embrasé :
Attendez, leur dit-il, couple lâche et rusé, 200
Et jugez si ma main, aux grands exploits novice,
Lance à mes ennemis un livre qui mollisse.
A ces mots il saisit un vieil «Infortiat»,[1]
Grossi des visions d'Accurse et d'Alciat,
Inutile ramas de gothique écriture, 205
Dont quatre ais mal unis formaient la couverture,
Entourée à demi d'un vieux parchemin noir,
Où pendait à trois clous un reste de fermoir.[2]
Sur l'ais qui le soutient auprès d'un Avicenne,[3]
Deux des plus forts mortels l'ébranleraient à peine : 210
Le chanoine pourtant l'enlève sans effort,

[1] Livre de droit d'une grosseur énorme. *Boil.*, 1713. — Second volume du Digeste, dans les éditions anciennes. *Voy.* notre Histoire du droit romain, 1821 (Langlois), p. 162.

[2] Vers 203 à 208. C'est surtout dans la description des objets les plus communs que Boileau déploie toutes les richesses de l'expression, et qu'il fait servir la langue poétique à des peintures qui semblaient faites pour s'y refuser..... Personne avant lui n'avait su faire descendre si heureusement la poésie à de semblables détails. *La Harpe, Lyc.*, VI, 243, et XIV, 368 (*Voy.* aussi notes des v. 132, ch. II; 53, ch. III, et 48, ch. IV, p. 326, 336 et 354).

M. Fabre, après des réflexions à-peu-près du même genre, ajoute : C'est de leur réunion que ces détails, petits en eux-mêmes, tirent une sorte de grandeur, autant peut-être que de l'heureux choix et de l'élégance continue de l'expression ; rien n'est oublié, pas même les *trois clous* qui attachaient le fermoir. *Observat.* (c'est un des exemples qu'il indique, à l'appui des réflexions rapportées p. 110, épit. IX, note du vers 54).

Mais, il faut l'avouer, ces vers excellens contiennent une critique injuste, en ce que le poète y traite de visions les remarques d'Alciat ; et tout à-la-fois inexacte, par ce qu'on n'a pu joindre à une édition gothique du Digeste, des notes d'Alciat, qui n'écrivit qu'après ces sortes d'éditions. *Note* de la même Hist. du droit romain, p. 250.

[3] Auteur arabe. *Boil.*, 1713. — Ses ouvrages, grâces à leur format in-folio, pouvaient être placés auprès de l'Infortiat.

Et, sur le couple pâle et déjà demi mort,
Fait tomber à deux mains l'effroyable tonnerre.[1]
Les guerriers, de ce coup, vont mesurer la terre,
Et, du bois et des clous meurtris et déchirés, 215
Long-temps, loin du perron, roulent sur les[2] degrés.

   Au spectacle étonnant de leur chute imprévue,
Le prélat pousse un cri qui pénètre la nue.
Il maudit dans son cœur le démon des combats,
Et de l'horreur du coup il recule six pas.[3] 220

---

[1] Vers 209 à 213. Imitat. de Virgile, Enéide, liv. XII, v. 899 à 902.

> Vix illud lecti bis sex cervice subirent,
> Qualia nunc hominum producit corpora tellus.
> Ille manu raptum trepida torquebat in hostem,
> Altior insurgens, et cursu concitus heros.

[2] Belloy (VI, 91) invite à comparer ce vers, qui roule si longuement, à celui-ci de Delille (il le cite) :

> Bondit, se précipite et fuit dans les vallons,

si remarquable par sa rapidité, et s'écrie au sujet de ces deux vers : Est-ce là de la mélodie d'image ? y en a-t-il de plus belle chez les anciens ?

[3] V. 109 à 220, ou *Bataille des livres*... Pradon dit mal-à-propos (p. 104) qu'elle est imitée de Don Quichotte : l'examen de la bibliothèque de celui-ci ne ressemble point à cette bataille... Au reste elle est d'une invention assez mince. *Saint-Marc.*

   M. Amar contredit formellement Saint-Marc sur ce point (c'est aussi l'opinion de M. Lemercier, III, 284). Il fait remarquer l'attention du poète à caractériser si plaisamment, par l'effet physique qu'ils produisent, le vice moral des ouvrages qu'il passe en revue. Ici, *l'épais* Le Vayer *renverse* Giraut (v. 159) ; là, Pinchêne *affadit* le cœur de Dodillon (v. 163) ; ailleurs, le Charlemagne asphyxie le chapelain Garagne (v. 168) ; plus loin, *le tendre et doux* Quinault *mollit sans vigueur* contre la tête du redoutable Fabri (v. 198). — C'est aussi ce qu'avait remarqué, mais avec moins de détails, Clément, *Disc. sur la satire*, p. xxxiv.

   « Que l'on essaie, dit La Harpe, de comparer la partie d'hombre et le combat si insipide et si long des piques contre les trèfles, et des cœurs contre les carreaux (de *la Boucle de cheveux enlevée*), à ce combat si ingénieux et si finement satirique, des chantres et des chanoines qui se jettent à la tête

Mais bientôt rappelant son antique prouesse,
Il tire du manteau sa dextre vengeresse;[1]
Il part, et, de ses doigts saintement allongés,
Bénit tous les passans, en deux files rangés.
Il sait que l'ennemi, que ce coup va surprendre,   225
Désormais sur ses pieds ne l'oserait attendre,
Et déjà voit pour lui tout le peuple en courroux
Crier aux combattans : Profanes, à genoux![2]
Le chantre, qui de loin voit approcher l'orage,[3]
Dans son cœur éperdu cherche en vain du courage.[4] 230
Sa fierté l'abandonne, il tremble, il cède, il fuit;[5]

tous les livres de la boutique de Barbin sur les degrés du Palais..... Quel modèle de la bonne plaisanterie et de la satire mise en action et habilement encadrée! et quelle foule de traits piquans! *Lyc.*, XIV, 365.

Clément (*Lett.* VIII, p. 278) fait aussi un éloge pompeux et animé de ce combat. Il conclut par dire avec raison, que le chant v du Lutrin est un chef-d'œuvre de poésie en son genre. Par malheur, oubliant, dans sa partialité, qu'il s'expose à décrier ses éloges, il ajoute que ce chant, fût-il seul, éclipserait toute la Henriade.

[1] *Sa dextre...* L'auteur se sert avec adresse de ce mot pour jeter du comique dans l'action du personnage. *Le Brun.* — Il a pu employer dans un poème héroï-comique ce vieux mot, qu'on ne tolérerait peut-être pas dans un ouvrage sérieux. *Féraud.*

[2] On montrera au tome III (art. des Erreurs, n° 28) que tout ceci est dû à l'imagination de Boileau.

[3] *Voit...* Le même verbe est placé un vers plus haut; espèce de négligence. *Le Brun.*

[4] Nouvel et heureux emprunt fait à Chapelain (ch. II, p. 55), et dévoilé par Clément (*Lett.* VIII, p. 259):

> L'infortuné guerrier, contre ce double orage,
> Vainement dans son sein recherche du courage.

Cette pensée exprimée par Boileau avec autant de vivacité que d'élégance (*ib.*, IX, 228), a été imitée par Voltaire (*Henr.*, VIII, 120):

> Dans son cœur étonné cherche en vain sa vertu.

[5] Vers heureusement coupé. *Clément* (*voy.* ch. I, note, v. 154, p. 302).

Le long des sacrés murs sa brigade le suit :
Tout s'écarte à l'instant; mais aucun n'en réchappe; [1]
Partout le doigt vainqueur les suit et les rattrape.
Évrard seul, en un coin prudemment retiré,   235
Se croyait à couvert de l'insulte sacré; [2]
Mais le prélat vers lui fait une marche adroite :
Il l'observe de l'œil; et tirant vers la droite,
Tout d'un coup tourne à gauche, et d'un bras fortuné
Bénit subitement le guerrier consterné. [3]   240
Le chanoine, surpris de la foudre mortelle, [4]
Se dresse, et lève en vain une tête rebelle;
Sur ses genoux tremblans il tombe à cet aspect, [5]

---

[1] Vers 231 à 233. Remarquables par la variété de leur mesure. *Clément* (il est cité p. 381, note du v. 140). — Le dernier paraît incorrect à Féraud. Il fallait, dit-il, *n'y échappe*, parce qu'on dit *échapper d'un danger, d'une bataille*, et *réchapper d'une maladie*.

[2] *Insulte* est toujours féminin, dit Bonnecorse, dans son *Poète sincère* (p. 190) publié en 1698, et non dans son *Lutrigot* (1686) comme le notent Saint-Marc et d'autres après lui. Le même Saint-Marc, Chapat, p. 87, l'éditeur d'Amsterdam (1772), approuvent, et M. Daunou paraît approuver cette critique. Mais, des trois dictionnaires publiés après les derniers chants du Lutrin et avant le *Poète sincère*, deux, ceux de Richelet et Furetière (1688 et 1690), déclarent qu'*insulte* est des deux genres, et le troisième, ou celui de l'Académie (1694), le note seulement comme du genre masculin. Enfin, une autre preuve assez forte, quoique indirecte, que Boileau a pu employer le masculin, se tire du silence de Pradon qui, en 1685 (R., 106), a précisément critiqué le vers 236, mais sans faire de reproche à l'auteur sur ce point.

[3] On sait que le cardinal de Retz, faisant une procession, affecta de donner la bénédiction au grand Condé, alors son ennemi. C'est, selon Cizeron-Rival, ce qui a fourni à Boileau l'idée de ce trait. *Lett. famil.*, III, 206.

[4] Une bénédiction qui devient la foudre ! *Brienne*. — Rien ne pouvait être plus heureux. *Le Brun*.

[5] Vers 241 à 243. Imitation de Virgile, Énéide, liv. IX, v. 345. *Voy.* la note du vers 248, p. 389.

Et donne à la frayeur ce qu'il doit au respect. [1]

Dans le temple aussitôt le prélat plein de gloire   245
Va goûter les doux fruits de sa sainte victoire :
Et de leur vain projet les chanoines punis,
S'en retournent chez eux éperdus et bénis. [2]

---

[1] Il faut avouer qu'il y a dans le Lutrin quelques traits qui paraissent un peu trop comiques, comme celui de la bénédiction épiscopale, qui est tout-à-fait burlesque et qui divertit un peu trop les rieurs et les libertins. *Baillet*, Jugem. des savans, IV, 369, art. *de Despréaux.*

Mais, comme on va le voir, des écrivains non moins religieux que Baillet n'ont pas partagé son opinion : « Que tout cela, s'écrie Clément (*Lett.* VIII, p. 279), est plaisamment conclu par le dévot stratagème du prélat ! » — « Rien peut-être, dit Batteux (II, 336), n'est plus comique que la fin du combat des chanoines dans Boileau, où il peint un guerrier en hermine, les deux doigts saintement allongés et mettant en fuite tous ses ennemis avec ses bénédictions : l'un veut éviter le coup, mais le prélat fait une marche à droite : puis tournant tout-à-coup de l'autre côté, il saisit son ennemi qu'il abat par une bénédiction... »

[2] Vers 218 à 248. « Quelle complète et édifiante péripétie! plusieurs choses sont à noter dans cet admirable passage ; la puissance efficace du moyen qui soumet à s'agenouiller l'indomptable et gras Evrard, si bien peint par l'auteur alors qu'il répugne à consulter les écrits de droit canonique pour savoir s'il doit renverser le lutrin (ch. IV, vers 191 à 204)... Et c'est d'une humeur si militante que la bénédiction triomphe en un instant! Les vers qui décrivent sa défaite sont une imitation détournée de ceux où Virgile (*Enéide*, liv. IX, v. 345) représente Rhétus caché derrière un grand vase, et qui, au moment qu'il se relève pour fuir, reçoit toute l'épée d'Euryale dans le sein; avec la différence que l'arme du Troyen donne la mort, et que celle du prélat donne la vie. *Multa morte*, met Virgile; et Boileau, *gratia plena*. Ce rapport ne rend-il pas l'exemple tout classique? *M. Lemercier*, III, 385.

CHANT VI.[1]

Tandis que tout conspire à la guerre sacrée,
La Piété sincère, aux Alpes retirée,[2]
Du fond de son désert entend les tristes cris
De ses sujets cachés dans les murs de Paris.
Elle quitte à l'instant sa retraite divine :   5

---

[1] On a indiqué les époques de composition et de publication de ce chant à p. 370, note 1.

« Boileau y a pris un ton grave et sérieux très différent de celui des autres... Il y a introduit de nouveaux personnages, dont rien ne faisait pressentir l'intervention, et a abandonné presque tous les anciens, etc. Voilà quelques-unes des observations critiques de Saint-Marc, La Harpe, Le Brun, Dussault, MM. Amar, Daunou, etc.... Le Brun (p. 348) a même proposé un nouveau plan d'après lequel le chant VI eût mieux correspondu aux cinq premiers. * « Le sujet, dit-il, semble avoir manqué à l'auteur ; il fallait au moins faire paraître quelques-uns des personnages de ses premiers chants. Peut-être fallait-il que la Discorde épouvantée du projet de la Piété, et continuant toujours son premier personnage, tentât les derniers efforts auprès du chantre et du prélat. Le chantre vaincu, aidé de la Chicane et enflammé par la Discorde, aurait déjà porté ses plaintes gravement ridicules au fameux concile, lorsque la Piété viendrait avec douleur lui porter les siennes. La Chicane eût pâli et disparu, et la Discorde en fureur, prévoyant sa défaite, eût passé du temple de Thémis dans quelque couvent.

[2] La grande Chartreuse est dans les Alpes. *Boil.*, 1683 à 1701 (les quatre derniers mots sont omis à 1713).

L'épithète *sincère* est au moins *oisive* dès qu'il s'agit de la piété personnifiée. *Saint-Marc* et *M. Daunou*. — Elle exprime cependant la qualité distinctive de la Piété, que le poète fait parler avec tant de franchise. *M. de S.-S.*

---

* Fatigué de ces critiques, un écolier, admirateur passionné de Boileau, a essayé de faire aussi un nouveau plan du chant sixième : on verra à la fin de ce volume comment il l'a mis en rimes.

La Foi, d'un pas certain, devant elle chemine; [1]
L'Espérance au front gai l'appuie et la conduit; [2]
Et, la bourse à la main, la Charité la suit.
Vers Paris elle vole, et, d'une audace sainte,
Vient aux pieds de Thémis [3] proférer cette plainte :
  Vierge, effroi des méchans, [4] appui de mes autels,
Qui, la balance en main, règles tous les mortels,
Ne viendrai-je jamais en tes bras salutaires
Que pousser des soupirs, et pleurer mes misères?
Ce n'est donc pas assez qu'au mépris de tes lois
L'Hypocrisie ait pris et mon nom et ma voix;
Que, sous ce nom sacré, partout ses mains avares
Cherchent à me ravir crosses, mitres, tiares!
Faudra-t-il voir encor cent monstres furieux
Ravager mes états usurpés à tes yeux?
Dans les temps orageux de mon naissant empire,
Au sortir du baptême on courait au martyre.

---

[1] *Chemine* a vieilli : d'ailleurs *marche* était ici le mot propre. *Saint-Marc.* — Erreur : l'Académie, au mot *cheminer*, ne dit point qu'il ait vieilli. Il était certainement usité au temps de Boileau, car La Fontaine s'en est servi dans *la Mouche du coche* (aussitôt que le char *chemine*), et depuis, J.-B. Rousseau (liv. I, ode VII, str. 7) a dit : Il *chemine* en liberté.

[2] On ne dit pas *appuyer* quelqu'un, mais *s'appuyer* sur quelqu'un. *Saint-Marc; Féraud.* — Frappés peut-être de cette remarque, des éditeurs (1772 et 1789, Londres) se sont crus autorisés à corriger Boileau; ils ont mis *la soutient et conduit*.

[3] Il est étrange qu'on amène aux pieds d'une divinité païenne des vertus chrétiennes. *Saint-Marc et M. Daunou.* — Le nom de Thémis est consacré parmi nous, comme chez les anciens, pour signifier la justice. *M. de S.-S.* — Saint-Marc fonde son observation sur la remarque suivante de Brossette.

[4] P. C. *Déesse aux yeux couverts.* L'auteur faisait allusion au bandeau avec lequel on peint la Justice. Mais on lui fit remarquer que le mot *déesse*, tiré de la fable, ne convenait pas à une vertu chrétienne. *Bross.* — *Aux yeux couverts* n'était pas non plus une expression très heureuse. *M. Daunou.*

Chacun, plein de mon nom, ne respirait que moi :
Le fidèle, attentif aux règles de sa loi,
Fuyant des vanités la dangereuse amorce, 25
Aux honneurs appelé, n'y montait que par force.
Ces cœurs, que les bourreaux ne faisaient point frémir,
A l'offre d'une mitre étaient prêts à gémir ;
Et, sans peur des travaux, sur mes traces divines
Couraient chercher le ciel au travers des épines. 30
Mais, depuis que l'Église eut, aux yeux des mortels,
De son sang en tous lieux cimenté ses autels,
Le calme dangereux succédant aux orages,
Une lâche tiédeur s'empara des courages. ¹
De leur zèle brûlant l'ardeur se ralentit ; 35
Sous le joug des péchés leur foi s'appesantit.
Le moine secoua le cilice et la haire ;
Le chanoine indolent apprit à ne rien faire ;
Le prélat par la brigue aux honneurs parvenu,
Ne sut plus qu'abuser d'un ample revenu, 40
Et, pour toutes vertus fit, au dos d'un carrosse,
A côté d'une mitre armorier² sa crosse.
L'Ambition partout chassa l'Humilité ;

---

¹ *Courages* est mis ici dans une signification très surannée, pour *cœurs*... Saint-Marc. — La réponse à cette critique est à la note du vers 156, *Art poétique*, chant IV, p. 264.

² *F. N. R.* (en partie). Texte de 1674 à 1713 et non pas *armoirier*. Cette faute de français, dit M. de Saint-Surin, se trouve dans l'édition de M. Daunou (il parle sans doute de celle de 1809). Il aurait pu en citer plusieurs autres, telles que 1750, 1752, 1757, 1767, 1769, 1775, 1782, 1787, 1800 et 1803, P.; 1759, Gl., 1800, Did. (1ᵉʳ tirage); 1800, Léviz.; 1814, Verd.; 1816 et 1821, Avi.; 1820, Da. et Tr. (dix-neuf éditions)... et cela lui était d'autant plus facile, qu'il y a quelques-unes de ces éditions, dont il relève souvent les fautes. Au reste, la faute a été encore commise dans des éditions postérieures à la sienne, telles que 1824, Rou...

CHANT VI.

Dans la crasse du froc logea la Vanité. [1]
Alors de tous les cœurs l'union fut détruite.   45
Dans mes cloîtres sacrés la Discorde introduite
Y bâtit de mon bien ses plus surs arsenaux;
Traîna tous mes sujets au pied [2] des tribunaux.
En vain à ses fureurs j'opposai mes prières;
L'insolente, à mes yeux, marcha sous mes bannières.   50
Pour comble de misère, un tas de faux docteurs
Vint flatter les péchés de discours imposteurs;
Infectant les esprits d'exécrables maximes,
Voulut faire à Dieu même approuver tous les crimes.
Une servile peur tint lieu de charité;   55
Le besoin d'aimer Dieu passa pour nouveauté;
Et chacun à mes pieds, conservant sa malice,
N'apporta de vertu que l'aveu de son vice. [3]

Pour éviter l'affront de ces noirs attentats,
Je vins [4] chercher le calme au séjour des frimats, [5]   60

---

[1] Vers 37 à 44. Ils sont supprimés au *Boileau de la jeunesse.*

[2] *V. E.* Texte de 1683 à 1713, et non pas *aux pieds*, comme dans quelques éditions, telles que 1815, Lécr.; 1821, S.-S.; 1825, Dau.; 1830, A. L.

[3] Inexactitude : on s'accuse de ses péchés aux pieds de l'église et non à ceux de la Piété. *Saint-Marc.* — L'énergie de l'expression égale dans ce vers la profondeur de la pensée, surprise bien avant dans les derniers détours, où l'hypocrite croit avoir échappé à tous les regards. *M. Amar.*

Vers 51 à 58... Supprimés au *Boileau de la jeunesse.*

[4] V. E. Texte de 1683 à 1713, adopté dans les éditions de Souchay, 1735 et 1740, dans celles où on les a copiées, telles que 1745, 1752, 1757, 1766, 1767, 1768, 1782, 1787, 1789, etc., et dans celles de MM. Amar et de S.-Surin. Brossette a corrigé le texte et a mis j'*allai*, ce qu'ont imité presque tous les éditeurs suivans... *J'allai* est sans doute plus exact; mais 1. *je vins* était alors usité (on l'a dit, note 2, p. 371); 2. dans la plupart des éditions qui portent j'*allai*, on n'avertit pas, comme Brossette, Dumonteil, Saint-Marc, etc., que tel n'était point le texte de Boileau.

V. E. Texte de 1683 à 1713, suivi constamment jusque vers 1787.

Sur ces monts entourés [1] d'une éternelle glace,
Où jamais au [2] printemps les hivers n'ont fait place;
Mais, jusque dans la nuit de mes sacrés déserts,
Le bruit de mes malheurs fait retentir les airs.
Aujourd'hui même encore une voix trop fidèle   65
M'a d'un triste désastre apporté la nouvelle :
J'apprends que, dans ce temple où le plus saint [3] des rois
Consacra tout le fruit de ses pieux exploits,
Et signala pour moi sa pompeuse largesse,
L'implacable Discorde et l'infâme Mollesse,   70
Foulant aux pieds les lois, l'honneur et le devoir,
Usurpent en mon nom le souverain pouvoir.
Souffriras-tu, ma sœur, une action si noire?
Quoi! ce temple, à ta porte, élevé pour ma gloire,
Où jadis des humains j'attirais tous les vœux,   75
Sera de leurs combats le théâtre honteux! [4]
Non, non, il faut enfin que ma vengeance éclate :
Assez et trop long-temps l'impunité les flatte.

M. Didot, sans en avertir, a mis en 1788, selon l'orthographe actuelle, *frimas*, ce qui a été imité aussi par presque tous les éditeurs modernes... mais avec ce changement le vers ne rime plus, ni pour les yeux, ni pour l'oreille.

[1] *Entourés* est bien faible, dit M. Amar (1821). Ce reproche paraît hasardé à M. de S.-S. qui demande « si le mot le plus simple, le plus juste, n'est pas aussi le plus convenable, lorsqu'on décrit ces effets de la nature qu'il suffit de présenter à l'imagination pour la frapper d'étonnement. » Dans son édition de 1824, M. Amar a supprimé sa remarque.

[2] V. E. Texte de 1683 à 1713, et non pas *aux* printemps, comme dans quelques éditions modernes, telles que 1781, 1788, 1789 et 1815, Did.; 1814, Bod...

[3] Saint-Louis, fondateur de la Sainte-Chapelle. Boil., 1683 à 1713.

[4] Voltaire (*Henriade*, chant I, vers 71) a aussi dit :

Théâtre alors sanglant des plus mortels combats.

Mais *voy.* la réflexion de Clément à la note du vers 481, satire x.

CHANT VI.

Prends ton glaive, et, fondant sur ces audacieux,
Viens aux yeux des mortels justifier les cieux. [1]   80
   Ainsi parle à sa sœur cette vierge enflammée :
La grâce est dans ses yeux d'un feu pur allumée.
Thémis sans différer lui promet son secours,
La flatte, la rassure, et lui tient ce discours :
   Chère et divine sœur, dont les mains secourables 85
Ont tant de fois séché les pleurs des misérables,
Pourquoi toi-même, en proie à tes vives douleurs, [2]
Cherches-tu sans raison à grossir tes malheurs ?
En vain de tes sujets l'ardeur est ralentie :
D'un ciment éternel ton Église est bâtie,   90
Et jamais de l'enfer les noirs frémissemens
N'en sauraient ébranler les fermes fondemens. [3]
Au milieu des combats, des troubles, des querelles,
Ton nom encor chéri vit au sein des fidèles.
Crois-moi, dans ce lieu même où l'on veut t'opprimer, 95
Le trouble qui t'étonne est facile à calmer :
Et, pour y rappeler la paix tant desirée,

---

[1] Pope, dit M. Amar, a transporté ce vers, mot pour mot, dans son *Essai sur l'homme*, épit. I, v. 16. — Nous ne le retrouvons pas dans la traduction de l'abbé du Resnel, qui n'aurait pas dû être plus réservé que son modèle. M. François de Neufchâteau a dit aussi :

    Le trépas de Rufin vient d'absoudre les dieux.

[2] Nous avons parlé du mot *douleurs*, au pluriel, à la note du vers 55, p. 316.

[3] Vers 91 et 92. Dans ces vers les *f* peignent la force tandis que dans ceux-ci d'un fameux poème (*Pucelle*, ch. V, v. 18),

    Lors un tardif et faible repentir
    Sort à regret de leur mourante bouche,

ces *f* et *fai* vous montrent le mourant qui peut à peine rapprocher ses lèvres. C'est au goût à disposer et à sentir ces combinaisons. *Belloy*, VI, 95.

Je vais t'ouvrir, ma sœur, une route assurée.
Prête-moi donc l'oreille, et retiens tes soupirs.
Vers ce temple fameux,[1] si cher à tes desirs,   100
Où le ciel fut pour toi si prodigue en miracles,
Non loin de ce palais où je rends mes oracles,
Est un vaste séjour des mortels révéré,
Et de cliens soumis à toute heure entouré.
Là, sous le faix pompeux de ma pourpre honorable,   105
Veille au sein de ma gloire un homme [2] incomparable,
Ariste, dont le ciel et Louis ont fait choix
Pour régler ma balance et dispenser mes lois.
Par lui dans le barreau sur mon trône affermie,
Je vois hurler en vain la chicane ennemie :   110
Par lui la vérité ne craint plus l'imposteur,
Et l'orphelin n'est plus dévoré du tuteur.
Mais pourquoi vainement t'en retracer l'image?
Tu le connais assez : Ariste est ton ouvrage;
C'est toi qui le formas dès ses plus jeunes ans;   115
Son mérite sans tache est un de tes présens. [3]
Tes divines leçons, avec le lait sucées,
Allumèrent l'ardeur de ses nobles pensées. [4]
Aussi son cœur, pour toi brûlant d'un si beau feu,

---

[1] La Sainte-Chapelle (remarque de Boileau à ce sujet, au tome IV, lettre du 2 août 1703).

[2] M. de Lamoignon, premier président. *Boil.*, 1713. — Un éditeur moderne dispose autrement cette note.

[3] Vers horriblement dur. *Saint-Marc.* — Cette critique est outrée. *Éditeur d'Amsterdam*, 1772.

[4] Vers 117 et 118. Ils sont assez durs et ne signifient pas ce que l'auteur veut dire... Peut-on dire d'ailleurs « l'ardeur des pensées? » *Saint-Marc.* — Cette expression *allumer l'ardeur* a quelque chose de mystique, qui convient à-la-fois au sujet et au personnage. *M. Amar.*

CHANT VI.

N'en fit point dans le monde un lâche désaveu;
Et son zèle hardi, toujours prêt à paroître,
N'alla point se cacher dans les ombres d'un cloître.[1]
Va le trouver, ma sœur : à ton auguste nom,
Tout s'ouvrira d'abord en sa sainte maison.
Ton visage est connu de sa noble famille;[2]   125
Tout y garde tes lois, enfans, sœur, femme, fille.[3]
Tes yeux d'un seul regard sauront le pénétrer;
Et, pour obtenir tout, tu n'as qu'à te montrer.

    Là s'arrête Thémis. La Piété charmée
Sent renaître la joie en son âme calmée.   130
Elle court chez Ariste; et s'offrant à ses yeux :

    Que me sert, lui dit-elle, Ariste, qu'en tous lieux
Tu signales pour moi ton zèle et ton courage,
Si la Discorde impie à ta porte m'outrage?
Deux puissans ennemis, par elle envenimés,   135
Dans ces murs, autrefois si saints, si renommés,
A mes sacrés autels font un profane insulte,[4]
Remplissent tout d'effroi, de trouble et de tumulte.
De leur crime à leurs yeux va-t'en peindre l'horreur :
Sauve-moi, sauve-les de leur propre fureur.   140

---

[1] *Paroître* et *cloître*... Rimes vieillies. *Saint-Marc; Chapat*, 87 (nous en parlons au tome I, Essai, n° 118 *b*).

[2] L'auteur veut dire une *illustre*, une *respectable* famille, et *noble* famille ne signifie qu'une *famille noble*. *Saint-Marc*. — Erreur grossière : *noble famille* et *famille noble* diffèrent à-peu-près comme *grand homme* et *homme grand*.

[3] Cette *fille* étant comprise parmi les *enfans*, ce mot est une cheville. *Saint-Marc; M. Daunou*. D'ailleurs, ajoute M. Daunou, le mot *fille* termine le vers et la phrase d'une manière un peu dure. — On verra aux *Poésies diverses*, n° XVII, un éloge de la *sœur* de Lamoignon.

[4] Nous avons parlé du genre de ce mot à la note du vers 236, chant v, page 388.

Elle sort à ces mots. Le héros [1] en prière
Demeure tout couvert de feux et de lumière. [2]
De la céleste fille il reconnaît l'éclat,
Et mande au même instant le chantre et le prélat.

Muse, c'est à ce coup que mon esprit timide   145
Dans sa course élevée a besoin qu'on le guide,
Pour chanter par quels soins, par quels nobles travaux,
Un mortel sut fléchir ces superbes rivaux.

Mais plutôt, toi qui fis ce merveilleux ouvrage,
Ariste, c'est à toi d'en instruire notre âge. [3]   150
Seul tu peux révéler par quel art tout-puissant
Tu rendis tout-à-coup le chantre obéissant.
Tu sais par quel conseil rassemblant le chapitre,
Lui-même, de sa main, reporta le pupitre;
Et comment le prélat, de ses respects content,   155
Le fit du banc fatal enlever à l'instant.
Parle donc : c'est à toi d'éclaircir ces merveilles.
Il me suffit, pour moi, [4] d'avoir su, par mes veilles,
Jusqu'au sixième chant pousser ma fiction,
Et fait d'un vain pupitre un second Ilion.   160

---

[1] Le mot *héros* s'employait alors « quelquefois pour un homme qui excelle en quelque vertu. » *Académie*, édit. de 1694; *M. de S.-S.* — Cette qualification convient peu à un magistrat qui va remplir un simple ministère de conciliation. *M. Daunou.* — Mais l'explication de l'Académie est indirectement confirmée par l'abbé de Brienne qui, on l'a vu (p. 287, note du vers 13), ne critique ce mot que parce qu'il formait une assonance.

[2] *Feux* et *lumière*... Double emploi. *Saint-Marc.*

[3] Hémistiche d'une dureté insupportable. *Saint-Marc.*—L'éditeur d'Amsterdam (1772) convient que cet hémistiche est *un peu dur*. Il ajoute que Boileau a quelquefois oublié d'éviter le *concours des mauvais sons*.

[4] Tour prosaïque. *M. Daunou.* — Remarquons que Molière (*Femmes savantes*, acte II, sc. VII, v. 17) l'avait déjà employé : *j'aime bien mieux, pour moi, qu'en épluchant ses herbes*...

Finissons. Aussi bien, quelque ardeur qui m'inspire,
Quand je songe au héros qu'il [1] me reste à décrire,
Qu'il faut parler de toi, mon esprit éperdu
Demeure sans parole, interdit, confondu. [2]

Ariste, c'est ainsi qu'en ce sénat illustre   165
Où Thémis, par tes soins, reprend son premier lustre,[3]
Quand, la première fois, un athlète nouveau
Vient combattre en champ clos aux joûtes du barreau, [4]
Souvent, sans y penser,[5] ton auguste présence
Troublant par trop d'éclat sa timide éloquence,   170
Le nouveau Cicéron, tremblant, décoloré,[6]

---

[1] *V. O.* et *E.* 1701, in-4° et 1713, QUI *me reste*, leçon adoptée par Brossette et tous les autres éditeurs; mais l'expression *qu'il me reste* est non-seulement dans les éditions de 1683 à 1698, mais dans l'édition in-12 de 1701, postérieure de plusieurs mois à l'in-4°, et la dernière revue par l'auteur (tome I, *Notice bibl.*, § 1, n° 90). M. de Saint-Surin est donc dans l'erreur, lorsqu'il dit (II, 453) que la première locution est celle que Boileau *finit par préférer*... Il est clair que QUI *me reste* est une faute d'impression de l'in-4°.

[2] Vers 163 et 164. Harmonie imitative pour représenter le trouble de l'esprit... Il semble que le vers aille tomber à chaque mot; et ce désordre des mots est l'image de celui des pensées. *Clément, Nouv. obs.*, 384.

[3] Le dernier hémistiche est dur. *Saint-Marc.*

[4] C'est sans doute à cause de la répétition des *r* (*re.. pre.. tre*) que Saint-Marc a trouvé dur le dernier hémistiche du vers 166. Comment n'a-t-il pas trouvé durs, et fort durs, les vers 167 et 168, où l'on trouve et le même défaut (*pre... re... tre... reau*), et trois assonances désagréables aux rimes et à un hémistiche (*veau... clos... reau*)?

[5] *Sans y penser* ne se construit pas bien avec le reste de la phrase, dit Saint-Marc, tout en avouant que nos poètes fourmillent d'incises du même genre, c'est-à-dire un peu éloignées de la partie de la phrase à laquelle elles se rapportent... M. Viollet-le-Duc prend acte de cet aveu pour observer que l'incise du vers 169 n'est donc pas une faute comme le prétendait Saint-Marc. — M. Daunou adopte le sentiment de ce dernier, mais peut-être n'a-t-il pas fait attention à la remarque de M. Viollet-le-Duc (il ne le cite point).

[6] Le mot *décoloré* est dur et n'est guère usité. *Saint-Marc.* — C'est ici

Cherche en vain son discours sur sa langue égaré;
En vain, pour gagner temps, dans ses transes affreuses,
Traîne d'un dernier mot les syllabes honteuses;[1]
Il hésite, il bégaie; et le triste orateur 175
Demeure enfin muet aux yeux du spectateur.[2]

une épithète heureuse et caractéristique. *Clément* (ses remarques sont à la note du vers 19, ch. 1, p. 288). — Il regrette ailleurs (*Lett.* II, p. 57) qu'on ne se serve pas assez de ce mot, qui est sonore et élégant.

[1] Il faudrait *il* traîne. *Saint-Marc*. — Au lieu de réfuter cette critique vétilleuse, nous aimons mieux rapporter : 1. La remarque suivante de M. Amar: « La marche du vers, ces lourdes syllabes, *honteusement* prolongées, peignent à merveille l'embarras de l'orateur tremblant, déconcerté, qui se traine avec peine sur un mot, parce qu'il cherche, et ne trouve pas celui qui doit le suivre. » 2. L'imitation que Delille (*Homme des champs*, ch. I) a faite de ce vers et du précédent :

> Voyez pour gagner temps, quelles lenteurs savantes
> Prolongent de ses mots les syllabes trainantes !

[2] L'orateur demeurant muet, il n'y a plus d'auditeurs : il reste seulement des spectateurs. *Boil.*, 1713.

ODES,
ÉPIGRAMMES
ET AUTRES POÉSIES.

AVERTISSEMENT DE L'ÉDITEUR.

Le faux titre qui précède est celui des éditions de 1701 et 1713. Il semblerait annoncer que Boileau avait fait trois classes de ses poésies diverses, les odes, les épigrammes, et les poésies d'un genre différent de ces deux-là. Mais il n'en est point ainsi. N'attachant sans doute quelque importance qu'à sa première ode, il n'a mis aucun ordre dans la distribution des autres pièces. * Brossette n'a pas remédié à cette confusion en les disposant d'une autre manière parce qu'il manquait de goût et de critique; et Saint-Marc l'a augmentée en consultant, pour le placement des pièces, moins leur genre que leur étendue, ** quoique d'ailleurs il ait eu, le premier, l'idée de faire une classe séparée des épigrammes. M. Daunou a profité de cette idée, mais suivant un principe opposé à celui de Saint-Marc, il en a tiré un bien meilleur parti. Sa classification, quoique susceptible de perfectionnement, nous a paru préférable à toutes les autres (excepté dans un très petit nombre de points); et pour mettre à portée les lecteurs de consulter les remarques des principaux commentateurs, nous donnons en note, les numéros ou les pages de ces diverses pièces, dans leurs différentes éditions.

* Ainsi il a placé la seconde ode parmi les *épigrammes* (*voy.* d'autres exemples dans leur première note).
** Il lui fallait, dit-il (II, 366), se procurer du *terrain* pour des remarques très longues.

OBSERVATIONS

SUR LA PREMIÈRE ODE CONSIDÉRÉE EN GÉNÉRAL.

Cet ouvrage fut vivement attaqué lorsqu'il parut, en 1693. Parodie, épigrammes, lettres critiques,* rien ne lui fut épargné. On verra dans les notes suivantes et dans la troisième Réflexion critique (tome III), quelques traces de cette guerre littéraire.

Au bout de deux ans, l'attaque se renouvela, mais ne fut pas repoussée. Boileau avait fort exalté Louis XIV et son dernier exploit, la prise de Namur, et parlé d'un ton un peu leste de Guillaume III. Par malheur celui-ci reprit Namur en 1695. Ses partisans ne trouvèrent pas de meilleur moyen de célébrer son triomphe que de parodier l'ode de Boileau, ce qu'ils firent en plusieurs façons.** Nous nous bornerons à citer deux ou trois fragmens de ces imitations, qui, malgré leur virulence et contre Louis et contre son panégyriste, tombèrent bientôt, à cause de leur style pitoyable, dans un profond oubli.

A l'égard du mérite littéraire de la première ode, Voltaire le caractérisa ainsi dans le Temple du Goût (1731) :

> Il rit des traits manqués du pinceau faible et dur
> Dont il défigura le vainqueur de Namur...

Au bout de plus de trente ans, il reproduisit à-peu-près ce jugement dans son épître à Boileau (1769) :

> On admire dans toi jusqu'au style *un peu* dur
> Dont tu défiguras le vainqueur de Namur...

Quoique le trait fût moins vif, il excita la colère de Clément et le porta à affirmer que, si l'on excepte trois ou quatre expressions un peu trop simples et trop familières, l'ode de Boileau

---

* Tome I, *Notice bibl.*, § 2, n° 34. — La parodie était, dit-on (Desmaiseaux, p. 177), du duc de Nevers.

** On cite ces parodies au même §. 2, n° 42.

est une des plus belles que nous ayons, et brille de la plus haute poésie (*Obs. crit.*, 1771, p. 319; *Lett.* IV, 1773, p. 91). Mais sur XVII strophes de l'ode, il n'en cita que quatre, et l'éloge qu'il en fit, censuré par La Harpe, on le verra aussi dans les notes, fournit à Lenoir-Dulac (*Obs. litt.*, 1774) l'occasion d'une critique générale à la suite de laquelle il assure (p. 200) qu'il n'est presque aucune strophe de cette ode où l'on ne trouve quelque vers ou quelque expression répréhensible. La Harpe déclare nettement (*Lyc.*, II, 100) qu'elle est très mauvaise; mais peut-être vaudrait-il mieux s'en rapporter à l'opinion suivante de l'auteur le plus compétent en semblable matière.

« Le plan de cette ode est beau. Le sujet est bien senti. Elle renferme des strophes d'une grande vigueur (Palissot, *OEuv.*, III, 427, dit aussi qu'il y a quelques strophes très belles). Il y en a de faibles; il y en a même de mauvaises. Là, étincellent des expressions riches et superbes; ici, l'on en trouve de basses et de ridicules; et là, d'incorrectes et de triviales. En général, la versification en est peu lyrique. » *Le Brun.* (M. Planche approuve en entier ce jugement.)

Au reste, elle a été supprimée dans le *Boileau classique*; mais on a été moins sévère dans celui *de la jeunesse*.

DISCOURS SUR L'ODE.[1]

L'ODE suivante[2] a été composée à l'occasion de ces étranges dialogues[3] qui ont paru depuis quelque temps, où tous les plus grands écrivains de l'antiquité sont traités d'esprits médiocres, de gens à être mis en parallèle avec les Chapelains et avec les Cotins, et où, voulant faire honneur à notre siècle, on l'a en quelque sorte diffamé, en faisant voir qu'il s'y trouve des hommes capables d'écrire des choses si peu sensées. Pindare[4] est des plus maltraités. Comme les beautés de ce poète sont extrêmement renfermées dans sa langue, l'auteur de ces dialogues, qui vraisemblablement ne sait point de grec,[5] et qui n'a lu Pindare que dans des traductions latines assez défectueuses, a pris pour galimatias tout ce que la faiblesse de ses lumières ne lui permettait pas de comprendre. Il a surtout traité de ridicules ces endroits merveilleux où le poète, pour marquer un esprit entièrement hors de soi, rompt quelquefois de dessein formé la suite de son discours; et afin de mieux entrer dans la raison, sort, s'il faut ainsi parler, de la raison même, évitant avec grand[6] soin cet ordre méthodique et ces exactes liaisons de sens[7] qui ôte-

[1] Ce discours fut composé et publié séparément avec l'ode, en 1693.
V. O. 1693. *Au lecteur,* au lieu de *Discours sur l'ode.*
[2] V. O. 1693. *L'ode qu'on donne ici au public,* etc...
[3] Parallèles des anciens et des modernes, en forme de dialogues. Boil., 1713 (par Perrault... *Voy.* tome I, *Notice bibl.*, § 2, nos 27 et 28).
[4] V. Texte de 1693 à 1713. Saint-Marc et plusieurs éditeurs d'après lui, tels que 1788, 1789 et 1800, Did.; 1808 et 1814, Le Br.; 1809 et 1825, Daun.; 1818, Led.; 1820, Men.; 1824, Fro.; 1826, Mart.; 1828, Th.; 1829, B. ch... lisent *Pindare y est.*
[5] V. O. 1693. *Ne sait point* le *grec.*
[6] V. O. 1693 à 1698. *Avec soin.*
[7] *Pour marquer un esprit,* etc... *sort de la raison,* etc. « Voilà ce que le génie dictait à Despréaux, et ce que désapprouva depuis son très pesant commentateur. » *Le Brun, OEuv.,* IV, 295. — Saint-Marc approuve en effet un fragment d'une critique où Perrault (*Lettre,* p. 10) prétend que la réflexion de Boileau

raient l'âme à la poésie lyrique. Le censeur dont je parle [1] n'a pas pris garde qu'en attaquant ces nobles hardiesses de Pindare, il donnait lieu de croire qu'il n'a jamais conçu le sublime des psaumes de David, où, s'il est permis de parler de ces saints cantiques à propos de choses si profanes, il y a beaucoup de ces sens rompus, qui servent même quelquefois à en faire sentir la divinité. Ce critique, selon toutes les apparences, n'est pas fort convaincu du précepte que j'ai avancé dans mon Art poétique,[2] à propos de l'ode :

> Son style impétueux souvent marche au hasard :
> Chez elle un beau désordre est un effet de l'art.

Ce précepte effectivement, qui donne pour règle de ne point garder quelquefois de règles, est un mystère de l'art, qu'il n'est pas aisé de faire entendre à un homme sans aucun goût, qui croit que la Clélie et nos opéra [3] sont les modèles du genre sublime; qui trouve Térence fade, Virgile froid, Homère de mauvais sens, et qu'une espèce de bizarrerie d'esprit [4] rend insensible à tout ce qui frappe ordinairement les hommes. Mais ce n'est pas ici le lieu de lui montrer ses erreurs. On le fera peut-être plus à propos un de ces jours, dans quelque autre ouvrage.[5]

---

est peu intelligible parce que « la raison veut que le poète dithyrambique ait de l'enthousiasme... » C'est précisément, selon la remarque de M. Daunou, ce que Boileau veut dire et dit clairement.

[1] V. O. 1693. *Dont on parle.*

[2] V. O. 1693. Du précepte *qu'on a* avancé dans L'ART poétique.

La correction de ce dernier passage est remarquable en ce qu'elle fut faite d'après l'observation suivante de Perrault (*Lett.*, p. 12) : « Ne vous apercevez-vous point, monsieur, des airs que vous vous donnez, en supposant que tout le monde doit avoir devant les yeux votre Art poétique, que vous appelez absolument et comme par excellence l'*Art poétique* ? »

[3] 1693. *Et* les opéras *sont*. — Il est question de l'orthographe d'*opéra* au tome III, Réflexion critique VIII, à la fin.

[4] V. O. 1693... D'esprit, *qu'il a, dit-on, commune avec toute sa famille,* rend.... — Autre correction faite d'après la critique, ou plutôt la plainte très juste de Perrault. « Cet endroit, dit-il (*Lett.*, p. 14), est trop fort, et excède toutes les libertés et toutes les licences que les gens de lettres prennent dans leurs disputes. Ma famille est irréprochable... » (*Voy.* aussi tome III, 1re Réflex. crit., notes.)

[5] Dans les premières Réflexions critiques (même tome III).

Pour revenir[1] à Pindare, il ne serait pas difficile d'en faire sentir les beautés à des gens qui se seraient un peu familiarisé le grec; mais comme cette langue est aujourd'hui assez ignorée de la plupart des hommes, et qu'il n'est pas possible de leur faire voir Pindare dans Pindare même, j'ai cru que je ne pouvais mieux justifier ce grand poète qu'en tâchant de faire[2] une ode en français à sa manière, c'est-à-dire pleine de mouvemens et de transports, où l'esprit parût[3] plutôt entraîné du démon de la poésie que guidé par la raison. C'est le but que je me suis proposé dans l'ode qu'on va voir. J'ai pris[4] pour sujet la prise de Namur,[5] comme la plus grande action de guerre qui se soit faite de nos jours, et comme la matière la plus propre à échauffer l'imagination d'un poète.[6] J'y ai jeté, autant que j'ai pu,[7] la magnificence des mots; et, à l'exemple des anciens poètes dithyrambiques, j'y ai employé[8] les figures les plus audacieuses, jusqu'à y faire un astre de la plume blanche que le roi porte ordinairement à son chapeau, et qui est en effet comme une espèce de comète fatale à nos ennemis, qui se jugent perdus dès qu'ils l'aperçoivent.[9] Voilà le dessein de cet ouvrage. Je ne réponds

---

[1] 1693. Ceci n'y forme pas un alinéa.

[2] V. O. 1693. Dans Pindare même, *on a cru qu'on ne pouvait* mieux... *qu'en faisant* une ode.

[3] V. O. 1693. Où *l'on* parut...

[4] V. O. 1693. Le but *qu'on s'est* proposé... *On a pris* pour.

[5] La ville fut prise le 5, et le château le 30 juin 1692. *Bross.*

[6] Ceci fournit à l'un des parodistes dont on parle, p. 403, et tome I, *Not. bibl.*, § 2, n° 42, un sujet de réflexions très malignes. La *reprise* de Namur est selon lui (*Rec. de Moetjens*, IV, 392) un exploit sans comparaison plus grand que la prise, parce que Louis, depuis trois ans, a employé des sommes immenses à fortifier Namur... qu'un corps d'armée a été mis dans la place (Boufflers en était gouverneur), tandis qu'une armée de cent mille hommes (commandée par Villeroi) était en campagne pour empêcher le siège, ou le faire lever... « Si l'on veut, ajoute-t-il, p. 394, qu'en m'abaissant comme je dois, je rende à chacun la louange qui lui est due, je dirai que l'ode de M. Despréaux est autant au-dessus des choses qu'il loue que celles que j'entreprends de louer sont au-dessus de la mienne. » *Voy.* sur la conduite de Villeroi, p. 107, note 2.

[7] V. O. 1693. Poète. *On y a jeté autant qu'on a pu...*

[8] V. O. id... Dithyrambiques, *on y a employé.*

[9] On fait la satire la plus sanglante de cet astre, dans la 3ᵉ parodie (*Même Rec.*, p. 415).

pas d'y avoir réussi; et je ne sais[1] si le public, accoutumé aux sages emportemens de Malherbe, s'accommodera de ces saillies et de ces excès pindariques. Mais, supposé que j'y aie échoué, je m'en consolerai du moins[2] par le commencement de cette fameuse ode latine d'Horace, *Pindarum quisquis studet æmulari*, etc.[3] où Horace donne assez à entendre que, s'il eût voulu lui-même s'élever à la hauteur de Pindare, il se serait cru en grand hasard de tomber.[4]

Au reste, comme parmi les épigrammes qui sont imprimées à la suite de cette ode,[5] on trouvera encore une autre petite ode de ma façon, que je n'avais point jusqu'ici insérée dans mes écrits, je suis bien aise, pour ne me point brouiller avec les Anglais d'aujourd'hui, de faire ici ressouvenir le lecteur que les Anglais que j'attaque dans ce petit poème, qui est un ouvrage de ma première jeunesse, ce sont les Anglais du temps de Cromwell.

J'ai joint aussi à ces épigrammes un arrêt burlesque[6] donné au Parnasse, que j'ai composé autrefois, afin de prévenir un arrêt très sérieux, que l'université songeait à obtenir du parlement contre ceux qui enseigneraient dans les écoles de philosophie d'autres principes que ceux d'Aristote. La plaisanterie y descend un peu bas, et est toute dans les termes de la pratique; mais il fallait qu'elle fût ainsi, pour faire son effet, qui fut très heureux, et obligea, pour ainsi dire, l'université à supprimer la requête qu'elle allait présenter.

> . . . . Ridiculum acri
> Fortius ac melius magnas plerumque secat res.[7]

---

[1] V. O. (en part.) 1693 à 1698. De *ce petit* ouvrage... *On ne répond* pas... et *on ne sait* si le public...

[2] Id., id... Supposé *qu'on y ait... On s'en consolera...*

[3] Liv. IV, ode 2. — Les éditeurs modernes mettent ici un alinéa; il n'y eu a point dans les éditions originales.

[4] V. O. 1693 à 1698. Ce discours finissait ici.

[5] L'ordre des épigrammes a été changé. *Voy.* l'Avertissement, p. 402.

[6] Nous donnons cet arrêt au tome III.

[7] Horace, livre I, satire x, vers 14 et 15.

ODE

SUR LA PRISE DE NAMUR.

—

QUELLE docte et sainte ivresse
Aujourd'hui me fait la loi ?¹
Chastes nymphes du Permesse,
N'est-ce pas vous que je voi ?²
Accourez, troupe savante ;   5
Des sons que ma lyre enfante
Ces arbres sont réjouis.³

---

[1] Faible imitation d'Horace (liv. III, ode xxv, v. 1 et 2) :

> Quo me, Bacche, rapis tui
> Plenum. . . . .

Qu'Horace, dans une chanson à boire, se dise inspiré par le dieu du vin et de la vérité pour chanter les louanges d'Auguste, c'est une flatterie ingénieuse, déguisée sous l'air de l'ivresse : la période est courte, le mouvement est rapide, le feu soutenu, et l'illusion complète. Mais la *docte et sainte ivresse* de Boileau n'est point le langage d'un homme enivré. Supposé même que le style en fût aussi véhément, aussi naturel que dans la version latine :

> Quis me furor ebrium rapit
> Impotens?

ce début serait déplacé : ce n'est point là le premier mouvement d'un poète qui a devant les yeux l'image sanglante d'un siège. *Marmontel, Encyclop.*, mot *ode*.

[2] Vers peu harmonieux. *Lenoir-Dulac*, p. 187.

[3] L'idée de prêter du sentiment aux arbres est heureuse, mais l'expression n'est pas aussi heureuse que l'idée ; *réjouis* est triste à l'oreille, et le verbe *sont* est sans action. Un poète plein d'ivresse doit avoir un style plein de mouvement. *Le Brun.* — MM. Amar, de Saint-Surin et Daunou approuvent cette remarque, et le dernier ajoute que *sont* reproduit pour l'oreille la syllabe *sons* du vers précédent.

Marquez-en bien la cadence;[1]
Et vous, vents, faites silence :[2]
Je vais parler de Louis.[3]   10

[1] *Bien...* Expression peu harmonieuse. *Lenoir-Dulac, ibid.*
Vers 3 et 8. On n'a jamais invoqué les muses pour battre simplement la mesure. *Moetjens*, p. 335.

[2] *Et vous, vents*, est fort désagréable. *Perrault, Lett.* II, p. 30. — Fausse critique : souvent un vers qui paraît dur en le lisant tout de suite, cesse de l'être quand on le lit comme il doit être récité. *Saint-Marc.* — De quelque manière qu'on lise ce vers, il est difficile de n'être pas de l'avis de Perrault.

[3] Ce vers a peu de vigueur. *Perrault, ib.* — En effet, il n'est pas ce qu'on appelle fort. Mais était-il besoin qu'il le fût? *Saint-Marc.*

Vers 7 et 10. Ils sont ainsi parodiés (p. 411 du recueil de Moetjens) :

> Vaudront bien ceux de Boileau...
> Je vais parler de Nassau.

Après cette première strophe, Boileau en avait placé une, qui, à la demande de M. de Pontchartrain (tome IV, lett. du 30 mai 1693), ne fut pas imprimée. La voici d'après Brossette et Desmaiseaux (p. 175) :

> Un torrent dans les prairies
> Roule à flots précipités ;
> Malherbe dans ses furies
> Marche à pas trop concertés.
> J'aime mieux, nouvel Icare,
> Dans les airs *suivant* Pindare,
> Tomber du ciel le plus haut,
> Que, loué de Fontenelle,
> Raser, *timide* hirondelle,
> La terre comme Perrault.

Au lieu de *suivant* et de *timide*, on lit, dit M. de S.-S., *cherchant* et *craintive*, dans une note d'un exemplaire de la Bibliothèque du roi, note qui est de la main de Rollin. Cette note présente de plus à la marge les vers suivans, qui semblent être une première leçon du début de la strophe II.

> En prodiges l'eau féconde
> Dans Versailles vole aux cieux.
> La perle est fille de l'onde,
> L'or est le charme des yeux.
> Mais, ô ma fidèle lyre, etc.

« On remarquerait là, dit M. Daunou, une imitation sensible du commen-

Dans ses chansons immortelles,
Comme un aigle audacieux,
Pindare, étendant ses ailes,
Fuit loin des vulgaires yeux.[1]
Mais, ô ma fidèle lyre![2]
Si, dans l'ardeur qui m'inspire,
Tu peux suivre mes transports;
Les chênes des monts de Thrace[3]
N'ont rien ouï que n'efface[4]
La douceur de tes accords.[5]

Est-ce Apollon et Neptune
Qui, sur ces rocs sourcilleux,
Ont, compagnons de fortune,[6]
Bâti ces murs orgueilleux?[7]
De leur enceinte fameuse
La Sambre, unie à la Meuse,

---

cement de la première olympique de Pindare; mais il y a peu d'apparence que ces vers soient de Boileau.

[1] *Vulgaires yeux*, expression peu harmonieuse. *Lenoir-Dulac, ib.*

Vers 11 à 14. La période, terminée par ce vers, est superbe, quoiqu'il n'y ait au fond aucun rapport entre un aigle et des chansons. *Le Brun.*

[2] *Fidèle*, avant *lyre*, forme un son désagréable. *Saint-Marc.*

[3] Hémus, Rhodope et Pangée. *Boil.*, 1713.

[4] Vers dur. *Saint-Marc.* — Peu harmonieux. *Lenoir-Dulac, ib.*

[5] Vers 19 et 20. Ils ne renferment peut-être pas une pensée bien juste, dit Saint-Marc.

[6] Ils s'étaient loués à Laomédon, pour rebâtir les murs de Troie. *Boil.*, 1713.

Compagnons de fortune, ces mots sont-ils assez nobles? *Saint-Marc.* — Ils sont peu harmonieux. *Lenoir-Dulac.* — Ils n'ont été mis que pour rimer à *Neptune... Moetjens* (mais voy. la note suivante).

[7] On reconnaît tout Boileau dans les quatre premiers vers de cette strophe. *Le Brun.*

Défend le fatal abord;[1]
Et, par cent bouches horribles,
L'airain sur ces monts terribles
Vomit le fer et la mort. 30

Dix mille vaillans Alcides
Les bordant de toutes parts,
D'éclairs au loin homicides
Font pétiller leurs remparts;[2]
Et, dans son sein infidèle, 35
Partout la terre y recèle
Un feu prêt à s'élancer,[3]
Qui, soudain perçant son gouffre,
Ouvre un sépulcre de soufre[4]
A quiconque ose avancer.[5] 40

[1] Vers dur... *Fatal* ne signifie peut-être rien. *Saint-Marc.*

[2] Ce mot *pétiller*, c'est-à-dire *éclater avec un petit bruit réitéré*, suffit-il pour peindre le bruit horrible d'un feu presque toujours roulant de dix mille fusils? *Lenoir-Dulac*, p. 192; *Moetjens*, p. 339. — M. Planche trouve aussi ce mot *impropre.*

[3] A la fin de ce vers Le Brun met un renvoi et s'exprime ainsi dans sa note : « *Un feu prêt à s'élancer*, etc. Ces vers sont admirables d'harmonie imitative. Boileau est bien supérieur à Rousseau dans cette partie.... » Veut-il parler des vers qui suivent ou de ceux qui précèdent?

[4] *Sépulcre* est-il bien noble ici? j'en doute. *Lenoir-Dulac*, 187. — L'expression n'est pas heureuse. *M. Planche.*

[5] *Quiconque*, mot peu harmonieux. *Les mêmes.* — Il n'est pas du style lyrique. *M. Amar.*

Vers 35 à 40. Ils ne peignent point assez vivement, dit Lenoir-Dulac (p. 193), l'effet de la mine. C'est un piège caché et trompeur : elle frappe sans menacer et ne menace qu'en frappant... Que la peinture des mines, dans la Henriade (ch. VI, vers 204 et suiv.), présente une image bien plus terrible, et exprimée avec bien plus d'éloquence et de vivacité! (C'est aussi le sentiment de La Harpe.)

Namur, devant tes murailles,
Jadis la Grèce eût, vingt ans,
Sans fruit vu les funérailles [1]
De ses plus fiers combattans.
Quelle effroyable puissance
Aujourd'hui pourtant [2] s'avance,

   Dans des antres profonds on a su renfermer
   Des foudres souterrains tout prêts à s'allumer.
   Sous un chemin trompeur, où, volant au carnage,
   Le soldat valeureux se fie à son courage.
   On voit en un instant des abîmes ouverts,
   De noirs torrens de soufre épandus dans les airs,
   Des bataillons entiers, par ce nouveau tonnerre,
   Emportés, déchirés, engloutis sous la terre.

Vers 31 à 40. Clément (*Lett.* IV, p. 91 et 92) fait le plus pompeux éloge de la strophe de Boileau, surtout des vers 33, 34 et 39. Le *sépulcre de soufre* de ce dernier vers est, selon lui, une expression neuve et de génie, qui seule vaut mieux que toute l'*accumulation* de mots de Voltaire, car c'est ainsi qu'il qualifie les huit beaux vers qu'on vient de rapporter... Voici la réponse de La Harpe :

« Cette strophe est pleine de fautes. *Dix mille Alcides* est une froide hyperbole qui n'est point faite pour le style noble. Si les défenseurs de Namur sont tous des Alcides, et de *vaillans* Alcides, que seront donc ceux qui ont pris la ville ?.. *Font pétiller* est prosaïque et faible, quoique M. Clément loue cette expression. Il a raison de louer celle d'*éclairs au loin homicides*; c'est tout ce qu'il y a de bon dans cette strophe. Mais on ne conçoit pas pourquoi il s'extasie sur le *sépulcre de soufre*, qui n'est pas plus extraordinaire qu'un *sépulcre de feu*, qu'on a dit cent fois. Il s'en faut bien que cette figure commune puisse excuser, surtout dans des vers lyriques, cette chute misérable : *A quiconque ose avancer*, qui gâterait la meilleure strophe. » *Lyc.*, VIII, 86.

M. Amar (1821), bien loin d'être aussi sévère, ne trouve à reprendre dans cette strophe qu'un vers (mais voy. les notes précédentes), et, dit-il, c'est malheureusement le dernier.

[1] *Eût, vingt ans... vu..* Mots peu harmonieux. *Lenoir-Dulac*, 187. — Vers 42 et 43... Construction embarrassée. *M. Planche.*

[2] Ces deux mots ainsi joints sont peu harmonieux. *Saint-Marc.* — Délicatesse outrée. *Éditeur* de 1772, A.

ODE

Prête à foudroyer tes monts!
Quel bruit, quel feu l'environne!
C'est Jupiter en personne,
Ou c'est le vainqueur de Mons.[1] 50

N'en doute point, c'est lui-même;
Tout brille en lui, tout est roi.[2]
Dans Bruxelles Nassau blême[3]
Commence à trembler pour toi.
En vain il voit le Batave, 55
Désormais docile esclave,
Rangé sous ses étendards;
En vain au lion belgique
Il voit l'aigle germanique
Uni sous les léopards:[4] 60

Plein de la frayeur nouvelle
Dont ses sens sont agités,

---

[1] Vers 47 et 50. Voici leur parodie (p. 407 du recueil de Moetjens) :

> La terreur marche devant....
> Mars, ou Guillaume-le-Grand.

Vers 41 à 50. C'est une des strophes les plus louées par Clément (*ib.*, p. 94). Il admire la finesse de la louange contenue dans les quatre premiers, et la grandeur, la force des quatre derniers... Le vers 50 qui semble diminuer la flatterie du vers 49, et qui augmente réellement l'éloge, est d'une grande beauté, etc. (M. Amar reproduit à-peu-près cette dernière remarque).

[2] Vers très beau. *Saint-Marc.* — Peinture sublime. *Le Brun.*

[3] Vers peu harmonieux. *Lenoir-Dulac*, p. 187. — Il est détestable. *Le Brun.* — On a peine à comprendre comment Boileau a pu l'écrire. *M. Daunou.* — Il est ainsi parodié (p. 413 du recueil déjà cité) : Dans *Versailles Louis* blême...

[4] *Uni sous les léopards* n'est ni bon français, ni élégant, ni euphonique. *Le Brun.*

A son secours il appelle [1]
Les peuples les plus vantés.
Ceux-là viennent du rivage   65
Où s'enorgueillit le Tage
De l'or qu'il [2] roule en ses eaux ;
Ceux-ci, des champs où la neige [3]
Des marais de la Norvège
Neuf mois couvre les roseaux. [4]   70

Mais qui fait enfler la Sambre ? [5]
Sous les jumeaux [6] effrayés,

---

[1] Vers 62 et 63. Remarquez ce concert de sifflemens : *Ses sens sont... son.. se... Lenoir-Dulac,* p. 188 ; *M. Planche.*

[2] *V. O.* ou *E.* On lit dans l'édition de 1701 (la dernière revue par Boileau), *de l'or* QUI *roule,* et cette leçon est passée inaperçue dans celles de 1713 et toutes les suivantes, sans exception. Mais *qu'il* était évidemment préférable et pour le sens poétique et pour l'harmonie ; l'autre leçon est sans doute une faute qui, à cause de la ressemblance de son des deux syllabes, aura échappé à Boileau pendant qu'on lui lisait le texte sur lequel il corrigeait l'épreuve. C'est ce qui nous est arrivé à nous-mêmes lorsque nous avons fait la collation de l'édition de 1694, et ce n'est que long-temps après, quand nous nous sommes procuré celle de 1693, que nous avons aperçu la faute ; car on lit *qu'il* dans les éditions originales de 1693, 1694 et 1698, comme dans celles de 1695, A., CT. et La H. ; 1697, A.; 1697 et 1698, R.; 1700 et 1701, A. (onze éditions).

[3] *V. O.* 1693 à 1701. *La nège.* — Nous n'indiquons cette variante d'orthographe que pour montrer combien on tenait à rimer pour les yeux. Du reste ce n'était point une faute ; plusieurs lexicographes, selon la remarque de Féraud, écrivant indifféremment *nège* ou *neige.*

[4] Vers 65 à 70. Description harmonieuse. *Le Brun.* — Petits détails, heureusement rendus par de belles descriptions. *M. Amar.*

Vers 61 à 70. L'auteur, dit Brossette, préférait cette stance à toutes les autres. Saint-Marc trouve la suivante bien supérieure.

[5] Vers un peu dur. *Lenoir-Dulac,* p. 189.

[6] Texte de 1693 à 1713 suivi par Brossette, Dumonteil, Souchay et Saint-Marc. Presque tous les éditeurs modernes mettent *gémaux,* seul mot admis

Des froids torrens de décembre[1]
Les champs partout sont noyés.
Cérès s'enfuit éplorée   75
De voir en proie à Borée[2]
Ses guérets d'épis chargés,
Et, sous les urnes fangeuses
Des Hyades orageuses
Tous ses trésors submergés.[3]   80

à présent pour désigner ce signe du zodiaque, tandis qu'autrefois on disait aussi *jumeaux*.

[1] Le siège se fit au mois de juin, et il tomba durant ce temps-là de furieuses pluies. *Boil.*, 1713. — *Là* est omis dans plusieurs éditions modernes, telles que 1789, 1800, 1815 et 1819, Did.; 1808 et 1814, Le Br.; 1809, Daun.; 1814, Bod.; 1818, Led.; 1824, Fro.; 1824 et 1825, Pl.; 1826, Mar.; 1828, Thi.; 1829, B. ch...

[2] Autre vers un peu dur. *Lenoir-Dulac*, p. 189.

[3] Strophe superbe et de la plus riche poésie, dit *Le Brun*. — Que d'images, s'écrie Clément (*Lett.* IV, p. 96) dans son enthousiasme, « que d'images dans ces dix vers! que de richesses poétiques! quelle abondance d'expressions! quels torrens d'harmonie! Je ne sache pas qu'Horace, Malherbe ni Rousseau aient rien de plus achevé. » A plus forte raison juge-t-il cette strophe bien supérieure à la meilleure strophe des odes de Voltaire, c'est-à-dire à la 2e strophe de l'ode sur la paix de 1736 :

> Plus terrible dans ses ravages,
> Plus fier dans ses débordemens,
> Le Pô renverse ses rivages
> Cachés sous ses flots écumans :
> Avec lui marchent la Ruine,
> L'Effroi, la Douleur, la Famine,
> La Mort, les Désolations;
> Et dans les fanges de Ferrare,
> Il entraîne à la mer avare
> Les dépouilles des nations.

Lenoir-Dulac, au contraire, déclare (p. 189) que la strophe de Voltaire lui paraît comparable à celle de Boileau pour la beauté de l'image (il avoue que les vers 71 et 76 dont a vu qu'il a repris la *dureté* ne détruisent pas l'image de cette strophe), et préférable pour le coloris et l'expression.

SUR LA PRISE DE NAMUR.

Déployez toutes vos rages, [1]
Princes, vents, peuples, frimats; [2]
Ramassez tous vos nuages,
Rassemblez tous vos soldats :
Malgré vous, Namur en poudre   85
S'en va tomber sous la foudre
Qui dompta Lille, Courtrai,
Gand la superbe Espagnole,
Saint-Omer, Besançon, Dole, [3]
Ypres, Mastricht et Cambrai. [4]   90

Mes présages s'accomplissent :
Il commence à chanceler; [5]
Sous les coups qui retentissent

---

[1] *Rages.* Expression peu harmonieuse. *Lenoir-Dulac,* 187.

[2] *V. O.* Texte de 1694 à 1713. — Même observation qu'à la note du vers 60, p. 393, quant au mot *frimas* des éditions modernes.

[3] P. C. O. Les neuf dernières strophes furent communiquées en manuscrit par Boileau (lettre du 4 juin 1693, tome IV) à Racine, sur les conseils de qui il les corrigea sans doute. Les vers 88 et 89 étaient ainsi :

> Gand la constante espagnole,
> Luxembourg, Besançon, Dôle.

[4] *V. O.* 1693 à 1698, *Mastric.* — 1701, *Mastrich.*

Vers 85 à 90. *S'en va.* La particule relative, ainsi employée, n'est pas heureuse en ode... Qui *dompta,* etc... Fatale nomenclature, composée de mots durs et barbares qui déchirent l'oreille. Quelles rimes pour une ode que *Cambrai* et *Courtrai!* et quels vers, bon Dieu, où l'on entasse *Ypres, Maestricht* et *Cambrai!* Comment Boileau qui avait l'oreille si bien organisée, pouvait-il les placer dans un ouvrage purement lyrique? *Le Brun.* — Cela ressemble un peu aux vers techniques du P. Buffier. *Lenoir,* p. 190.

Vers 81 à 90. Les six premiers vers de cette strophe sont très beaux; mais les quatre derniers très froids.... Les villes qu'on y nomme étaient toutes aussi espagnoles que Gand. *Saint-Marc.*

[5] Vers 91 et 92. Vers prolixes. *Le Brun.*

> Ses murs s'en vont s'écrouler. [1]
> Mars en feu, qui les domine, [2]   95
> Souffle à grand bruit leur ruine; [3]
> Et les bombes, dans les airs
> Allant chercher le tonnerre,
> Semblent, tombant sur la terre,
> Vouloir s'ouvrir les enfers. [4]   100

[1] *S'en vont* est par trop lâche. *Le Brun.* — Il y a d'ailleurs dans la strophe précédente, *s'en va*, qu'il a déjà, et justement, critiqué.

Vers 93 et 94. P. C. O. Même lettre à Racine.

> Je vois ses murs qui frémissent,
> Déjà prêts à s'écrouler.

Vers 91 à 94. Quels sifflemens dans quatre vers! Sa... s'ac... plissent... sous... tissent... ses... s'en... s'é... *Lenoir*, 188.

[2] Saint-Marc critique beaucoup ce vers. Il prétend que le *qui* se rapporte à *feu* plutôt qu'à *Mars*; il demande ce que signifie cet *en feu*.

[3] *Souffle* une *ruine* : expression reprise par *Perrault, Lett.* II, p. 32. — Figure très belle et très hardie. *Saint-Marc.* — Expression digne de l'ode. *Le Brun.* — P. C. O. Même lettre. *De loin souffle leur ruine.*

Vers 95 et 96. Je ne crois pas que, dans Homère même, il y ait une peinture plus forte. *Clément, Lett.* IV, p. 97.

[4] Vers 97 à 100. Ils sont en quelque sorte un objet de prédilection pour Clément. Il en fait l'éloge à plusieurs reprises, dans différens ouvrages, et avec des variations. « Ils sont de l'expression et de l'harmonie la plus riche (*Lett.* IV, p. 97)... Ils font entendre le bruit de la bombe (*Obs. crit.*, p. 320)... Le gérondif *tombant* du vers 99, qui serait lourd dans une autre occasion, fait ici un grand effet, par opposition au vers précédent (98) qui est léger (*ib.*, p. 321)... Il offre d'ailleurs une harmonie très imitative (*Lett.* VIII, p. 202, 203)..... *Allant chercher le tonnerre* est une expression très hardie, très riche et très vraie... *Vouloir s'ouvrir les enfers* rend le plus fortement possible le second effet de la bombe... En un mot, cette peinture est celle d'un grand poète, tandis que la description suivante (*Henriade*, VI, 201 à 203) n'est que d'un élégant versificateur :

> Dans ces globes d'airain le salpêtre enflammé
> Vole avec la prison qui le tient renfermé;
> Il la brise, et la mort en sort avec furie.

Accourez, Nassau, Bavière,
De ces murs l'unique espoir :
A couvert d'une rivière,
Venez, vous pouvez tout voir.[1]
Considérez ces approches :   105
Voyez grimper sur ces roches
Ces athlètes belliqueux;
Et dans les eaux, dans la flamme,
Louis à tout donnant l'âme,
Marcher, courir avec eux.[2]   110

Voici des opinions bien différentes sur les mêmes vers (97 à 100) de Boileau.

« La peinture des bombes serait effrayante si elle ne portait pas à faux... L'effet des bombes n'est pas d'ouvrir la terre, mais d'écraser les édifices, de se briser en éclats, et de porter partout la terreur et la mort. *Lenoir-Dulac*, p. 191 (nous reviendrons sur ce point au tome III, art. des Erreurs de Brossette, n° 47).

« Ces vers sont mauvais de tout point. La consonnance de quatre rimes n'est que désagréable et dure, parce qu'elle ne peut avoir aucune intention; mais ce qu'il y a de pis, c'est qu'aucune des circonstances choisies par le poète ne peint ce que la bombe a de terrible. Qu'importe qu'elle *aille chercher le tonnerre* ou qu'elle *veuille s'ouvrir les enfers?* Otez *le tonnerre* et *les enfers*, et il ne reste rien. *La Harpe*, *Lyc.* VIII, 84.

Mêmes vers. L'idée est belle et l'intention de l'auteur noble et poétique; mais *allant* et *tombant* font quelque embarras dans ce vers, et l'harmonie n'en est pas assez imitative. *Le Brun.* — La construction en est lourde et pénible. *M. Planche.*

[1] Vers 103 et 104. *A couvert d'une rivière* (est plat, dit Le Brun)... *Pouvez tout voir...* Expressions traînantes et peu harmonieuses. *Lenoir-Dulac*, 188. — MM. Amar et Planche les reprennent aussi.

[2] *V. O.* 1693 à 1701. *Avecque eux* (idem, à 1695, CT., 1697, A, 1698, A et R, 1700, A). L'édition d'Amsterdam 1701, est la première où l'on ait mis *avec*.

Courir avec eux... Autres expressions traînantes et peu harmonieuses. *Lenoir-Dulac*, *ib.*

Vers 101 à 110. Les vers 103 et 104 ne sont-ils pas d'un style trop fami-

Contemplez dans la tempête
Qui sort de ces boulevards,
La plume qui sur sa tête [1]
Attire tous les regards.
A cet astre [2] redoutable
Toujours un sort favorable [3]
S'attache dans les combats : [4]
Et toujours avec la gloire [5]

lier...? *Approches* du vers 105 est un terme technique assez mal placé, parce que sa signification ne se présente pas d'abord à tout le monde... En général, à l'exception des vers 102, 108 et 109, cette strophe est prosaïque. *Saint-Marc.*

Accourez.... venez, mouvement heureux, mais qui demandait à être mieux soutenu.... *Grimper* est trivial; il fallait peindre l'action, et non se servir du terme... *Alcides* valait mieux qu'*athlètes*: des *athlètes* ne grimpent point. *Le Brun.*

P. C. O. Presque entièrement différente (*Lettre à Racine* citée à p. 417).

Approchez, troupes altières,
Qu'unit un même devoir :
A couvert *de ces rivières,*
Venez, vous pouvez tout voir.
Contemplez bien *ces approches ;*
Voyez *détacher* ces roches,
Voyez ouvrir ce terrain ;
Et dans les eaux, dans la flamme,
Louis à tout donnant l'âme,
Marcher *tranquille et serein.*

Cette strophe, écrit ensuite Boileau (tome IV, lett. du 9 juin 1693), rebat la xiiiᵉ (*Grands défenseurs*, etc.).

[1] Le roi porte toujours à l'armée une plume blanche. *Boil.*, 1713.

[2] Homère, *Iliade*, XIX, v. 299 (erreur, c'est 381), où il dit que l'aigrette d'Achille étincelait comme un astre. *Boil.*, 1713.

[3] *Redoutable, favorable*. L'ode veut de plus belles rimes. *Le Brun.*

[4] Comment cela? On ne l'a vu dans aucun. *Moetjens.* — Il est vrai que Louis XIV n'avait point commandé dans des batailles; mais il avait assisté à beaucoup de sièges.

[5] *Avec la gloire* est bien cheville. *Le Brun.*

SUR LA PRISE DE NAMUR.

Mars amenant la victoire
Vole, et le suit à grands pas.[1] 120

Grands[2] défenseurs de l'Espagne,
Montrez-vous, il en est tems.
Courage! vers la Méhagne,[3]
Voilà vos drapeaux flottans.[4]
Jamais ses ondes craintives 125
N'ont vu sur leurs faibles rives
Tant de guerriers s'amasser.[5]

---

[1] *A grands pas*, après *vole*, est plus que faible. *Le Brun* et *M. Planche*. — Il est d'ailleurs peu harmonieux. *Lenoir*, 188. — Enfin *grands* est répété dans le vers suivant. *M. Daunou*.

Vers 111 à 120. P. C. O. (*Lettre* citée à la note du vers 89, p. 417).

> *Voyez, dans cette tempête,*
> *Partout se montrer aux yeux*
> *La plume qui ceint sa tête*
> *D'un cercle si glorieux.*
> *A sa blancheur remarquable,*
> *Toujours un sort favorable*
> *S'attache dans les combats ;*
> *Et toujours avec la gloire*
> *Mars et sa sœur la Victoire*
> *Suivent cet astre à grands pas.*

Cette strophe, écrit ensuite Boileau (*Même lettre*), est encore un peu au maillot; le mot *voir* y est trop souvent; et je ne sais si je laisserai *Mars et sa sœur*.

[2] Cet adjectif de *grands*, répété deux fois dans deux vers, forme une négligence impardonnable. *Le Brun*.

[3] Rivière près de Namur. *Boil.*, 1713.

Vers niais. *Courage* est d'ailleurs d'une ironie peu lyrique. *Le Brun*.

[4] Vers 122 à 124. P. C. O. (*Lettre* citée à la note du vers 89).

> *Accourez tous*, il est temps.
> *Mais déjà vers la Méhagne*
> *Je vois vos drapeaux flottans.*

[5] Vers faible d'expression. *Le Brun*.

Courez donc : qui vous retarde?
Tout l'univers vous regarde :[1]
N'osez-vous la traverser?[2] 130

Loin de fermer le passage
A vos nombreux bataillons,
Luxembourg a du rivage
Reculé ses pavillons.[3]
Quoi! leur seul aspect[4] vous glace! 135
Où sont ces chefs pleins d'audace,
Jadis si prompts à marcher,
Qui devaient, de la Tamise
Et de la Drave soumise,[5]
Jusqu'à Paris nous chercher?[6] 140

---

[1] *Courez donc. Qui vous retarde..? Vous regarde...* Expressions traînantes et peu harmonieuses. *Lenoir*, 188.

[2] Vers 128 à 130. P. C. O. (Lettre citée à la note du vers 89, p. 417.)

Marchez donc, *troupe héroïque :*
Au-delà de ce Granique
Que tardez-vous d'avancer?

[3] Boileau (Lettre du 9 juin 1693, au tome IV) demande à Racine s'il faut parler du maréchal de Luxembourg. « Vous savez, dit-il, combien notre maître est chatouilleux sur les gens qu'on associe à ses louanges : *cependant j'ai suivi mon inclination.* » — Ce sentiment fait beaucoup d'honneur à Boileau et en même temps à Racine, puisque, comme l'éloge est resté, on doit présumer qu'il conseilla de le conserver (*voy.* p. 78, note du vers 90, épît. vi). — Il y aurait eu, dit d'Alembert (III, 65), une meilleure raison de supprimer la stance qui mettait Despréaux si fort en peine, c'est qu'elle est faible et peu digne de l'auteur ; mais ce motif aurait dû en faire disparaître beaucoup d'autres, plus mauvaises encore que celle-ci.

[4] P. C. O. (Même lettre). *Eh!* quoi, *son* aspect.

[5] Rivière qui passe à Belgrade en Hongrie. *Boil.*, 1713.

[6] Vers 138 à 140. « Qui devaient de la Tamise et de la Drave nous chercher jusqu'à Paris » est une locution incorrecte et plate, en vers comme en prose. On trouve jusqu'à présent dans cette ode trois strophes d'ironie : celle

SUR LA PRISE DE NAMUR.

Cependant[1] l'effroi redouble
Sur les remparts de Namur :
Son gouverneur, qui se trouble,
S'enfuit sous son dernier mur.[2]
Déjà jusques à ses portes[3]
Je vois monter nos cohortes[4]
La flamme et le fer en main;
Et sur les monceaux de piques,[5]
De corps morts, de rocs, de briques,[6]
S'ouvrir un large chemin.[7]

145

150

figure est en général plus du ressort de la satire que de celui de l'ode. *Le Brun.* — Les vers 136, 137 et 140 ont été, par allusion au vers dernier de l'épître IV (p. 54), parodiés comme il suit (*Moetjens*, IV, 416):

Qu'est devenue l'audace
De ce chef jadis si prompt...
Vous mener à l'Hellespont ?

[1] *Cependant* n'était guère propre à ranimer cette ode. *Saint-Marc.*
[2] Vers 141 à 144. Ils sont prosaïques. *Éditeur* de 1772, A.
[3] Vers 141 à 145. *Ce... sur... son... se... sen... sous... son... ses...* Et tout cela en cinq vers! *Lenoir*, 189.
[4] *Jusques à ses portes...* Quatre vers plus haut, il y a *jusqu'à* Paris... *Nos cohortes*, sans épithète, est par trop dur. *Le Brun.*
[5] Vers 146 à 150. P. C. O. (Lettre déjà citée). Il y avait d'abord ce vers :

Je vois nos *fières* cohortes ;

2^t le 150e ; 3^t les 148 et 149e ; 4^t celui qu'on verra à la note 7.
[6] Le son de ces mots répond à ce qu'ils expriment. *Bross.* — La rudesse et la dureté peuvent devenir une beauté d'harmonie comme dans ces vers pour exprimer la difficulté d'un assaut sur un mont rocailleux et scabreux... Aussi do t-il servir dexemple dans ce genre. *Clément*, Lett. IV, p. 98, et *Obs. crit.* p. 321. — Ce vers dépare un peu la fin de cette strophe qui faisait une image très belle. *Lenoir*, p. 194. — Il est plus bizarre que pittoresque. *M. Amar.* — Il déchire l'oreille sans frapper l'imagination. *M. Daunou.* (*Voy.* aussi la note suivante).
[7] P. C. O. (Même lettre de Racine, citée p. 417, note du vers 89).

Monter le sabre à la main.

C'en est fait. Je viens d'entendre
Sur ces rochers éperdus [1]
Battre un signal pour se rendre.
Le feu cesse : ils sont rendus.
Dépouillez votre arrogance, [2]
Fiers ennemis de la France;
Et, désormais gracieux, [3]
Allez à Liège, à Bruxelles, [4]

Vers 145 à 150. Cette fin de la strophe a été louée par Hardion et critiquée par Voltaire. « Despréaux veut, observe le premier, donner une vive image d'un assaut. Voyez avec quel art il assemble les mots les plus durs et les plus pénibles à prononcer : *Déjà jusques à ses portes*, etc.; ne dirait-on pas que le poète nous transporte sur la brèche même, et nous fait partager avec les assaillans le travail et la difficulté de l'attaque ? » *Acad. inscript.*, XIII, 112 (*voy.* aussi la note précédente).

Les termes de *piques* et de *briques*, dit Voltaire, font un effet très désagréable; ce n'est point un grand effort de monter sur des *briques*; l'image des *briques* est très faible après celle des *morts*; on ne monte point sur des monceaux de *piques*, et jamais on n'a entassé de *piques* pour aller à l'assaut; on ne s'ouvre point un large chemin sur des *rocs*... Il fallait dire : « Je vois nos cohortes s'ouvrir un large chemin à travers les débris des rochers, au milieu des armes brisées, et sur des morts entassés ». Alors il y aurait eu de la gradation, de la vérité et une image terrible. *Dictionn. philosoph.*, mot *enthousiasme*. — On voit que l'auteur a fait à dessein ce vers (149) dur et rocailleux, mais on voit aussi qu'il entendait mieux les effets de l'harmonie imitative dans le grand vers que dans le vers lyrique. *M. Planche.*

[1] P. C. O. (Lettre déjà citée) Sur *les remparts éperdus*. — Des *rochers éperdus*!... Épithète un peu trop forte. *M. Planche.*

[2] P. C. O. (Même lettre) *Rappelez votre constance*.

[3] Saint-Marc dit qu'il ne comprend point ce que signifie *gracieux* mis en opposition avec *arrogance* (vers 155). — Voltaire (*Dict. philosoph.* mot *gracieux*) observe aussi que Boileau semble avoir employé ce mot d'une façon impropre, pour signifier moins fier, abaissé, modeste. Tel est aussi le sentiment de Le Brun (il trouve de plus l'expression faible), et de MM. Amar, Daunou et Planche.

[4] *Allez à Liège*, non-seulement n'est pas lyrique, mais est même ridicule. *Le Brun.*

Porter les humbles nouvelles [1]
De Namur pris à vos yeux. [2]   160

Pour moi, que Phébus anime
De ses transports les plus doux, [3]
Rempli de ce dieu sublime, [4]
Je vais, plus hardi que vous,
Montrer que sur le Parnasse,   165
Des bois fréquentés d'Horace [5]
Ma muse dans son déclin [6]

[1] *Humbles nouvelles* pour *nouvelles humiliantes*... Ces sortes de significations transposées ne sont pas du génie de notre langue. *Saint-Marc.* — Incorrection et prosaïsme. *M. Planche.*

[2] Les six derniers vers de cette strophe sont fort peu de chose ; mais les quatre premiers sont fort bons quoiqu'ils ne sortent point du *style narratif.* Ils sont ranimés par la hardiesse de cette expression : *ces rochers éperdus*, et par la vivacité de ce vers : *Le feu cesse ; ils sont rendus. Saint-Marc.*

[3] Comment cela s'accorde-t-il avec *la sainte ivresse qui lui fait la loi*, etc., avec ce qu'il a promis dans l'avis au lecteur, qu'il *va paraître plutôt entraîné par le démon de la poésie, que guidé par la raison...? Perrault,* Lett. II, p. 36. — Dans cet état, en effet, les transports de l'imagination sont des transports vifs, animés, violens, et non pas doux. *Saint-Marc.*

[4] *Dieu sublime* ne s'est jamais dit ; on dit une pensée sublime, un discours sublime, mais non pas un homme sublime, ni un dieu sublime. *Perrault, ib.* — Saint-Marc approuve cette critique : il avoue pourtant que J.-B. Rousseau (*Ode à la Fortune*) a employé (et il aurait dû ajouter, heureusement) la même expression (*montrez-nous, héros sublimes*).

[5] P. C. O. D'après la lettre citée, p. 417, note du vers 89 (cette première leçon y est effacée)... *Des antres chéris d'Horace.*

[6] P. C. O. (Même lettre)... *Sur son déclin.*

Vers 164 et 167. Il n'y a aucun repos dans cette *stance*, contre la règle universellement reçue, qui veut qu'il y en ait un au quatrième et au septième vers. *Perrault, ibid.,* p. 37. — Nos poètes se dispensent assez souvent du repos du septième vers ; mais il faut du moins ne pas manquer à celui du quatrième. Il me semble d'ailleurs, que l'auteur, en supprimant la seconde stance, n'aurait pas dû conserver celle-ci. *Saint-Marc.*

Sait encor les avenues,[1]
Et des sources inconnues[2]
A l'auteur du Saint-Paulin.[3]

170

[1] Vers 164 et 168. Comme il est sur la fin de son ode, il devait dire qu'il a montré qu'*il savait un chemin*, et non pas qu'il *va* montrer qu'il le sait. *Perrault, ib.*, p. 136.

[2] Vers 164, 168 et 169. Y a-t-il de la hardiesse à montrer qu'on sait un chemin.. et des routes et des sources inconnues ? Et supposé qu'il y en ait, peut-on ajouter que cette hardiesse est plus grande que celle des dix mille Alcides qui ont défendu Namur avec tant de vigueur ? *Perrault, ib.*, p. 37.

[3] *V. O.* ou *E.* (en part.). Poème héroïque du sieur P**. *Boil.*, 1693 à 1701... De M. P**. *id.*, 1713. — N. B. On a mis du sieur P** à 1695, CT.; 1697 et 1698, R., et 1700, A.; mais on lit *Perrault*, tout au long, à 1697, 1701, 1702, A., etc. (Nous parlons des déguisemens inutiles des noms des auteurs critiqués, tome I, Essai, n° 55).

« Ce trait de satire a été désapprouvé de tout le monde ; on a trouvé qu'il blessait le respect dû au prince et à la gravité (un respect *dû* à une gravité !) de l'ode. » *Perrault, ib.*

Vers 161 à 170. Un poète plus hardi que les ennemis fuit les avenues des bois fréquentés d'Horace, et s'élève de ses propres ailes. Toute cette strophe en général languit et meurt, et n'est point ressuscitée par l'auteur du *Saint-Paulin* qui la termine. *Le Brun.*

ODE[1]

Sur un bruit qui courut, en 1656, que Cromwell et les Anglais allaient faire la guerre à la France.[2]

—

Quoi! ce peuple aveugle en son crime,
Qui, prenant son roi[3] pour victime,
Fit du trône un théâtre affreux,[4]
Pense-t-il que le ciel, complice
D'un si funeste sacrifice,   5
N'a pour lui ni foudres ni feux?[5]

Déjà sa flotte à pleines[6] voiles,
Malgré les vents et les étoiles,[7]

---

[1] Je n'avais que dix-huit ans, quand je fis cette ode, mais je l'ai raccommodée. *Boil.*, 1701 et 1713. — Il avait alors dix-neuf ou vingt ans (tome I, Essai, n° 1 et 144). — Cette ode fut d'abord publiée en 1671 dans un recueil (*ib.*, Not. bibl., § 1, n° 25) dont nous citerons les variantes. — Elle a été supprimée au *Boileau classique*, mais conservée dans celui *de la jeunesse* (est à Br., I, 431; S.-M., II, 363; S.-S., II, 518).

[2] *V. O.* 1671. Au lieu de ce titre, il y a celui-ci : *A la France, durant les derniers troubles d'Angleterre*. — Brossette met simplement : *Ode contre les Anglais*.

[3] Charles Ier, en 1649. *Brossette*.

[4] Pour soutenir la métaphore de *victime* et de *sacrifice*, il fallait *autel*, et non *théâtre*. *Saint-Marc*.

[5] Texte de 1671, 1701 et 1713, suivi par Saint-Marc et M. de S.-S. La plupart des éditeurs mettent *foudre*, au singulier. — L'usage, dit Saint-Marc, ne distingue point le *feu du ciel* d'avec la *foudre*.

[6] V. E. *En pleines* voiles... Faute de 1713.

[7] On ne voit pas ce que les *étoiles* font là, et si la flotte va à *pleines voiles*, comment les vents lui sont-ils contraires? *Saint-Marc*. — On ne sait trop ce que viennent faire ici *les étoiles*, sinon rimer avec *les voiles*. M. *Daunou*.

Veut maîtriser tout l'univers;
Et croit que l'Europe étonnée, 10
A son audace forcenée
Va céder l'empire des mers.

Arme-toi, France; prends la foudre;
C'est à toi de réduire en poudre
Ces sanglans[1] ennemis des lois. 15
Suis la victoire qui t'appelle,
Et va sur ce peuple rebelle
Venger la querelle des rois.[2]

Jadis on vit ces parricides,
Aidés de nos soldats perfides, 20

— Les critiques de Saint-Marc sur les trois premiers vers de cette strophe sont peu fondées. *M. de Saint-Surin.*

[1] *Sanglant* n'a d'usage parmi nous, par rapport aux personnes, que dans son sens propre. On dit un tyran cruel, mais non pas un tyran *sanglant*. *Saint-Marc; Féraud.* — M. Daunou approuve encore ou plutôt développe cette critique. M. de S. S. prétend, chose assez singulière, que *sanglant* est ici employé au propre.

[2] On lit aussi dans Voltaire (*Henriade*, chant I, vers 360):

    Et venger avec moi la querelle des rois.

Cela n'est pas français, prétend La Beaumelle; on venge un outrage, mais non pas une querelle... Cela est très français, répond Clément. Il cite alors le vers ci-dessus, ainsi que celui-ci de *Mithridate*, acte I, sc. 1 :

    Vengeait de tous les rois la querelle commune.

V. 1671. Après la 3ᵉ stance, il y a celle-ci :

    O que la mer dans les deux mondes
    Va voir de morts parmi ses ondes
    Flotter à la merci du sort!
    Déjà Neptune plein de joie,
    Regarde en foule à cette proie
    Courir les baleines du nord.

ODE.

Chez nous, au comble de l'orgueil,
Briser tes plus fortes murailles,
Et par le gain de vingt batailles
Mettre tous tes peuples en deuil. [1]

Mais bientôt le ciel en colère,   25
Par la main d'une humble bergère [2]
Renversant tous leurs bataillons, [3]
Borna leurs succès et nos peines; [4]
Et leurs corps, pourris dans nos plaines,
N'ont fait qu'engraisser nos sillons. [5]   30

---

[1] V. Recueil de 1671, cité p. 427. Les vers 21 à 24 y sont ainsi :

>De sang inonder nos guérets,
>Faire des déserts de nos villes,
>Et dans nos campagnes fertiles
>Brûler jusqu'au jonc des marais.

Le changement n'est pas heureux quant au premier vers, *chez nous au comble de l'orgueil*, qui est une pure cheville. *Saint-Marc.* — M. Daunou trouve au contraire que la seconde leçon vaut mieux que la première, si l'on excepte les mots *chez nous*, qui sont parasites.

[2] Jeanne d'Arc, ou la Pucelle d'Orléans.

[3] *F. N. R.* Tous *les* bataillons, faute grossière de 1716 in-4° et in-12, Bross.; 1717, Vest.; 1721, Vest. et Bru.; 1735, Souch., et 1745, P.

[4] V. 1671. On lit ainsi les vers 25 à 28 :

>Mais bientôt, malgré leurs furies,
>Dans ces campagnes refleuries,
>Leur sang coulant à gros bouillons
>Paya l'usure de nos peines.

[5] Vers 19 à 30. Ces deux dernières stances n'ont pas de repos au troisième vers, comme la règle l'exigerait. *Saint-Marc.*

POÉSIES DIVERSES.[1]

I. Chanson à boire, que je fis au sortir de mon cours de philosophie, à l'âge de dix-sept ans.[2]

PHILOSOPHES rêveurs, qui pensez tout savoir,
Ennemis de Bacchus, rentrez dans le devoir :
  Vos esprits s'en font trop accroire.
  Allez, vieux fous, allez apprendre à boire.
    On est savant quand on boit bien :   5
    Qui ne sait boire ne sait rien.

S'il faut rire ou chanter au milieu d'un festin,
Un docteur est alors au bout de son latin :
  Un goinfre en a toute la gloire.
  Allez, vieux fous, etc.[3]   10

---

[1] Nous comprenons sous ce titre toutes les pièces autres que les épigrammes (voy. p. 402). M. Daunou, sous la même série de numéros, les a ainsi distribuées : chansons (n°ˢ 1 à 5), sonnets (n° 6, 7), stances (n° 8), épitaphes (n°ˢ 9 et 22), vers au bas de portraits (n°ˢ 10 à 21 et 23), pièces diverses telles qu'énigmes, fables, etc. (n°ˢ 24 à 31). On voit qu'une des épitaphes (celle d'Arnauld, n° 22) n'est pas à son rang, mais cette faute est de trop peu d'importance pour abandonner l'ordre suivi dans une édition très répandue; et par le même motif, nous l'observerons aussi pour le classement respectif de ces pièces, que M. Daunou a tâché de *faire d'après leurs dates*, quoique quelques-unes de ces dates soient fautives, et sauf à transporter à l'article des *Pièces attribuées à Boileau*, celles dont l'authenticité nous paraît douteuse.

[2] Supprimée au Boil. class. (est à Br., n. 37; S.-M., n. 7, P.; S.-S., 528).

[3] V. E. Texte de 1713... Les vers 7 à 10 ont été omis, non dans quelques éditions, comme le dit M. de S.-S., mais dans plus de *trente* éditions, telles que 1716, in-4° et in-12, Bross.; 1717, Vest.; 1721, Vest. et Bru.; 1735,

II. Chanson à boire.[1]

Soupirez jour et nuit, sans manger et sans boire,
    Ne songez qu'à souffrir :
Aimez, aimez vos maux, et mettez votre gloire
    A n'en jamais guérir.
      Cependant nous rirons 5
      Avecque la bouteille,
      Et dessous la treille
      Nous la chérirons.[2]

Si, sans vous soulager, une aimable cruelle
    Vous retient en prison, 10
Allez aux durs rochers, aussi sensibles qu'elle,
    En demander raison.
      Cependant nous rirons, etc.

III. Vers à mettre en chant.[3]

Voici les lieux charmans, où mon âme ravie
    Passait à contempler Sylvie

1740, Souch.; 1745, P.; 1749, A.; 1750, 1752 et 1757, P.; 1759, Glasg.: 1766, 1767 et 1768, P.; 1770, Barb.; 1775 et 1778, P; 1780, Lon. et Gen.; 1781, Did.; 1782, P.; 1784, Evr.; 1787, 1789, 1793 et 1798, P.; 1801, Ri.; 1803, P.; 1805, Ly.; 1810, Caill.; 1816, Avi.; 1818 et 1826, Ny.; 1822 et 1824, Jeunesse.

[1] Elle est à Br., n. 37; S.-M., n. 11, P.; S.-S., II, 529.

[2] Vers 5 à 8. Refrain emprunté d'une chanson du Savoyard, dont Boileau (il fit la sienne pendant des accès de fièvre) se disait à cette occasion le *continuateur*, idée qu'il exprima dans le vers 78 de la satire IX. *Bross.*

[3] Ils sont à Br., n. 36; S.-M., n. 4, P.; S.-S., II, 509.
V. E. Texte de 1701 et 1713. Dans plusieurs éditions modernes on a mis, et sans avis : « Vers sur Marie Poncher de Bretonville, mis en musique par Lambert en 1671. » De sorte que le lecteur est porté à penser que Boileau

Ces tranquilles momens si doucement perdus.
Que je l'aimais alors! Que je la trouvais belle!
Mon cœur, vous soupirez au nom[1] de l'infidèle :   5
Avez-vous oublié que vous ne l'aimez plus?[2]

C'est ici que souvent errant dans les prairies,
　　Ma main, des fleurs les plus chéries,
Lui faisait des présens si tendrement reçus.
Que je l'aimais alors! Que je la trouvais belle! etc.   10

IV. Chanson à boire, faite à Bâville, où était le père Bourdaloue.

Que Bâville me semble aimable,
　　Quand des magistrats le plus grand

lui-même a indiqué cette personne comme l'objet de sa chanson, quoique, ainsi qu'on va le voir, le fait soit au moins incertain. Il faut aussi observer que le premier auteur (Brossette) qui a cité cette personne, la nomme *Bretouville*, et non pas *Bretonville*.

[1] Marie Poncher de Bretouville, que Boileau aima étant jeune, et dont il paya dans la suite (elle se fit religieuse) la dot avec les revenus d'un bénéfice qu'il avait demandé sur son conseil, et dont il se démit aussitôt... Tel est le récit de Brossette, contredit par de Boze et par Louis Racine (*Voy.* t. I, Essai, n°s 122 et 136). Les vers ci-dessus, dit ce dernier (p. 115), furent faits pour une *Iris en l'air*.

[2] Vers 5 et 6. Deux vers d'amour que Boileau a eu le malheur de faire, dit d'Alembert (III, 75, note 17). — On pressent, par la tournure de son observation, qu'il les trouve trop recherchés, et cette remarque est appliquée par Marmontel (*Encycl.*, I, 172, mot *anacréontique*) à tout le couplet. « Le sentiment, dit-il, ne connut jamais ces recherches métaphysiques... C'est un madrigal où il n'y a que de l'esprit. » — Selon M. Amar, au contraire, il y a dans ces vers de la sensibilité et une mélancolie douce.

Quoi qu'il en soit, ils furent mis en musique par Lambert en 1671 (Brossette), et ils l'ont été encore il y a quelques années par plusieurs artistes ou amateurs, entre autres par madame du Chambge et M. Panseron.

Ils sont supprimés au *Boileau classique*, et à celui de la *jeunesse*.

POÉSIES DIVERSES.

Permet que Bacchus à sa table
Soit notre premier président![1]

Trois muses, en habits de ville,[2]
Y président à ses côtés :
Et ses arrêts par Arbouville[3]
Sont à plein verre exécutés.

Si Bourdaloue un peu sévère
Nous dit : Craignez la volupté;[4]
Escobar, lui dit-on, mon père,
Nous la permet[5] pour la santé.

Contre ce docteur authentique,
Si du jeûne il prend l'intérêt :
Bacchus le déclare hérétique,
Et janséniste, qui pis est.

V. Vers dans le style de Chapelain, que Boileau chantait sur un air fort tendre.[6]

DROITS et roides rochers dont peu tendre est la cime,
De mon flamboyant cœur l'âpre état vous savez :

---

[1] Il est question de cette chanson au tome IV, lettre de Boileau, du 15 juillet 1702 (est à Br., n. 38 ; S.-M., n. 2, P.; S.-S., II, 495).

[2] V. (même lettre) *Chalucet, Helvot, Laville*.

[3] Gentilhomme parent de M. le premier président. Boil., 1701 et 1713.

[4] *V. O.* D'après Bayle (*Critique du Calvinisme*, Lett. IV, n° 7), Dit que *c'est trop de volupté*.

[5] *V. O.* (ibid.)... *Vous le permet*.

[6] Titre de l'édition de M. Daunou...Chacun a pu en mettre un différent, ces vers, dont on doit la connaissance à Brossette, n'étant rapportés que dans une note (sat. IV, v. 91).... Perrault (*Parallèles*, III, 245) les avait déjà donnés, mais avec quelques différences, et en ajoutant qu'aucun de ces vers

Savez aussi, durs bois, par les hivers lavés, [1]
Qu'holocauste est mon cœur pour un front magnanime.

VI. Sonnet sur la mort d'une parente. [2]

PARMI les doux transports d'une amitié fidèle,
Je voyais près d'Iris couler mes heureux jours;
Iris que j'aime encor, et que j'aimai toujours,
Brûlait des mêmes feux dont je brûlais pour elle:

Quand, par l'ordre du ciel, une fièvre cruelle   5
M'enleva cet objet de mes tendres amours;
Et, de tous mes plaisirs interrompant le cours,
Me laissa de regrets une suite éternelle.

Ah! qu'un si rude coup étonna mes esprits!
Que je versai de pleurs! que je poussai de cris!   10
De combien de douleurs ma douleur fut suivie;

Iris, tu fus alors moins à plaindre que moi;
Et, bien qu'un triste sort t'ait fait perdre la vie,
Hélas! en te perdant j'ai perdu plus que toi.

---

ne se trouve en entier dans la Pucelle, mais qu'il peut y en avoir quelques mots *çà et là* (c'est aussi à-peu-près ce que dit Brossette).

[1] V. Vers 1 à 3 (d'après Perrault, même page 245).

> *Rochers roides et droits* dont peu tendre est la cime,
> De mon *barbare sort* l'âpre état vous savez :
> Savez aussi, durs bois, *qu'ont cent* hivers lavés...

[2] Publié dans des recueils en 1663, 1665 et 1666 (tome I, *Not. bibl.*, § 1, n°s 1, 3 et 6). Brossette (I, 434) l'a joint sous le titre ci-dessus à son édition (est à S.-M., n. 10, P.; S.-S., II, 505). — *P. C. O.*, du moins d'après ces recueils, car Boileau ne se souvenait pas d'en avoir donné copie.

VII. Sonnet sur une de mes parentes qui mourut toute jeune entre les mains d'un charlatan. ¹

Nourri dès le berceau près de la jeune Orante,
Et non moins par le cœur que par le sang lié,
A ses jeux innocens enfant associé,
Je goûtais les douceurs d'une amitié charmante ;

Quand un faux Esculape, à cervelle ignorante,   5
A la fin d'un long mal vainement pallié,
Rompant de ses beaux jours le fil trop délié,
Pour jamais me ravit mon aimable parente.

Oh ! qu'un si rude coup me fit verser de pleurs !
Bientôt la plume en main signalant mes douleurs,   10
Je demandai raison d'un acte si perfide.

Oui, j'en fis dès quinze ans ma plainte à l'univers ;
Et l'ardeur de venger ce barbare homicide
Fut le premier démon qui m'inspira des vers. ²

1. Vers 1ᵉʳ. *Les doux* excès *d'une...* 2. Vers 2. *Mes plus beaux jours...* 3. Vers 6. *Mes chastes amours...* 4. Vers 13. *Car, bien qu'un...* — *V. E.* Vers 3. *Encor...* Texte de 1663 à 1666 et de 1713. Les éditeurs modernes mettent *encore*. — Époque de la composition de ce sonnet, et parente pour qui il fut fait, *voy.* tome III, Explication général., n° 438.

Boileau était content de ce sonnet (tome IV, lett. du 24 novembre 1707) que l'auteur de la lettre à la marquise de Men., p. 43, a vivement critiqué. « Boileau, dit-il, y manque aux règles qu'il a tracées (*Art poét.* II, 92, p. 200), puisqu'il y répète plusieurs fois le même mot. »

¹ *Voy.* même n° 438 (est à Br., I, 435 ; S.-M., n. 3, P.; S.-S., II ; 506).

² D'Alembert (III, 78, note 17), après avoir dit que ce sonnet est un des ouvrages dont Boileau s'applaudissait le plus (tome IV, lett. du 15 juillet 1702), ajoute : « Nous croyons qu'il sera seul de son avis. »

VIII. Stances à M. Molière, [1] sur sa comédie de l'*École des femmes*, que plusieurs gens frondaient.

En vain mille jaloux esprits,
Molière, osent avec mépris,
Censurer ton plus bel ouvrage :
Sa charmante naïveté
S'en va[2] pour jamais d'âge en âge   5
Divertir[3] la postérité.

Que tu ris agréablement!
Que tu badines savamment!
Celui qui sut vaincre Numance,[4]
Qui mit Carthage sous sa loi,   10
Jadis sous le nom de Térence
Sut-il mieux badiner que toi?[5]

---

[1] On peut consulter pour l'époque et le but de la composition, et les premières éditions de ces stances, notre tome I, *Not. bibl.*, § 1, n°ˢ 1 et 6, et Essai, n°ˢ 59 et 97. — D'Alembert (III, 107) et M. Amar (1821) les trouvent, l'un médiocres, et l'autre peu remarquables dans les ouvrages d'un poète tel que Boileau. Qu'auraient-ils donc dit s'ils avaient connu les premières compositions que nous allons donner d'après les recueils où ces stances furent insérées en 1663 et 1666, si du moins ces recueils, faits sur des copies *volantes*, et probablement à l'insu de Boileau, méritent une entière confiance (elles sont à Br., II, 433; S.-M., n. 6, P.; S.-S., II, 523)?

[2] Expression prosaïque. *Saint-Marc.*

[3] P. C. (1663 et 1666...) *Enjouer.*

[4] Scipion. *Boil.*, 1713.

[5] « Non, sans doute, il y a bien de la différence entre Molière et Térence pour le sel de la plaisanterie, la verve, l'originalité et surtout la variété des caractères. C'est ce que Boileau devait dire : il était beau de devancer le jugement de la postérité. » *Le Brun.* — Nous croyons avoir justifié Boileau de ce reproche (tome I, Essai, n° 91).

P. C. 1663 et 1666. La seconde stance n'était que la troisième, et il y avait après la première les vers suivans, que Boileau (M. Daunou doute qu'il

Ta muse avec utilité
Dit plaisamment la vérité;[1]
Chacun profite à ton école; 15
Tout en est beau, tout en est bon;
Et ta plus burlesque parole
Est souvent un docte sermon.

Laisse gronder tes envieux;
Ils ont beau crier en tous lieux 20
Qu'en vain tu charmes le vulgaire,
Que tes vers n'ont rien de plaisant :[2]
Si tu savais un peu moins plaire,
Tu ne leur déplairais pas tant.

IX. Épitaphe de la mère de l'auteur.[3]

ÉPOUSE d'un mari doux, simple, officieux,
Par la même douceur je sus plaire à ses yeux :
Nous ne sûmes jamais ni railler, ni médire.

en fût l'auteur) a supprimés lorsqu'il a publié cette pièce (1701) :

> Tant que l'univers durera,
> Avecque plaisir on lira
> Que, quoi qu'une femme complote,
> Un mari ne doit dire mot,
> Et qu'assez souvent la plus sotte
> Est habile pour faire un sot.

[1] Vers 13 et 14. Phrase peu correcte. *Saint-Marc.* — Cette critique est un chicane grammaticale. *M. de S.-S.*
[2] Vers 21 et 22. P. C. 1663 et 1666.

> Que c'est à tort qu'on te révère,
> Que tu n'es rien moins que plaisant.

[3] C'est elle qui parle. *Boil.*, 1694 à 1713. — Il est question de sa mère au tome III, *Explicat. généalog.*, n° 165, et Erreurs de Brossette, n° 6 (l'épitaphe est à Br., n. 46 ; S.-M., n. 8, E.; S.-S., II, 499).

Passant, ne t'enquiers point si de cette bonté
    Tous mes enfans ont hérité : 5
Lis¹ seulement ces vers, et garde-toi d'écrire.

X. Vers pour mettre au bas du portrait² de mon père, greffier de la grand'chambre du parlement de Paris.

Ce greffier, doux et pacifique,
De ses enfans au sang critique
N'eut point le talent redouté ;
Mais fameux par sa probité,
Reste de l'or du siècle antique, 5
Sa conduite, dans le Palais
Partout pour exemple citée,
Mieux que leur plume si vantée
Fit la satire des Rolets.³

XI. M. Le Verrier, mon illustre ami, ayant fait graver mon portrait par Drevet⁴ célèbre graveur, fit mettre au bas de ce portrait quatre vers,⁵ où l'on me fait ainsi parler :

Au joug de la raison asservissant la rime,
Et, même en imitant, toujours original,

---

¹ *V. O.* ou *E.* 1694 à 1701, *Ly.* — 1713 (seulement), *Li.*

² Chef-d'œuvre de gravure de Nanteuil. Il en existe des exemplaires, avant et après la lettre, à la bibliothèque du roi. Au bas des derniers on lit ce quatrain, fait, dit Brossette, par l'abbé Boileau :

    Desine flere tuum proles numerosa parentem,
        Quem rapuit votis sors inimica tuis.
    Ecce tibi audaci scalpro magis œre perennem,
        Æmula naturæ reddit amica manus.

³ Ces vers sont à Br., n. 45 ; S.-M., n. 9, E ; S.-S., II. 500 (*Voy.* quant à Boileau père, même *Explic.*, n° 163 ; et à Rolet vers 52, sat. 1).

⁴ *P. C. O.* D'après le manuscrit, *Drevet*, le *célèbre*.

⁵ *P. C. O.* Idem. *Quatre vers* de sa façon, où *il me fait.*

POÉSIES DIVERSES.

J'ai su dans mes écrits, docte, enjoué, sublime,
Rassembler en moi Perse, Horace et Juvénal.[1]

XII. A quoi j'ai répondu par ces[2] vers :

Oui, Le Verrier, c'est là mon fidèle portrait ;
 Et le graveur en chaque trait
A su très finement tracer sur mon visage
De tout faux bel esprit l'ennemi redouté.
Mais, dans les vers pompeux qu'au bas de cet ouvrage 5
Tu me fais prononcer avec tant de fierté,
 D'un ami de la vérité
 Qui peut reconnaître l'image ?[3]

On voit par là que Boileau ne se les attribuait point comme on pourrait le croire d'après l'intitulé de cette pièce, dans une édition moderne (1781, Did.). Il est certain toutefois, soit d'après l'état du manuscrit, écrit et corrigé de sa main, soit d'après le témoignage de Brossette, qu'il les avait composés. On les a, il est vrai, insérés parmi ceux de La Monnoie, dans l'édition de ses œuvres choisies publiée en 1774 (in-4°, I, 228); mais lorsqu'on a recours à la première édition donnée par Sallengre (in-8°, La Haye, 1716), on reconnaît (p. 85 à 87) que le dernier éditeur de La Monnoie a fait une méprise. — *Voy.* au reste, pour leur critique et leur justification, tome IV, lett. du 6 mars 1705.

Vers 1. P. C. D'après Brossette et le manuscrit : *Sans peine à la raison.*

[1] Il était difficile de mieux peindre Boileau ; et l'éloge n'est certainement pas outré. *Le Brun.* — Ces vers sont les plus beaux du monde. *Sallengre* (les n°ˢ XI et XII sont à Br., n. 52 et 53 ; S.-M., n. 39 et 40, E ; S.-S., 543).

[2] *P. C. O.* D'après le manuscrit, *par ces huit vers.*

[3] Vers 2 à 8. P. C. (*Voyez* au tome IV, lettre du 13 décembre 1704.)

 Et l'on y voit à chaque trait
 L'ennemi des Cotins tracé sur mon visage :
 Mais dans les vers altiers qu'au bas de cet ouvrage,
  Trop enclin à me rehausser,
 Sur un ton si pompeux on me fait prononcer,
 Qui de l'ami du vrai reconnaîtra l'image ?

XIII. Sur le buste de marbre qu'a fait de moi monsieur Girardon, premier sculpteur du roi.[1]

GRACE au Phidias de notre âge,
Me voilà sûr de vivre autant que l'univers;
Et ne connût-t-on plus ni mon nom ni mes vers,
Dans ce marbre fameux taillé sur mon visage,
De Girardon toujours on vantera l'ouvrage. 5

XIV. Vers pour mettre au bas du portrait de Tavernier, le célèbre voyageur.

DE Paris à Delhi, du couchant à l'aurore,
Ce fameux voyageur courut plus d'une fois;
De l'Inde et de l'Hydaspe[2] il fréquenta les rois,
Et sur les bords du Gange on le révère encore.
En tous lieux sa vertu fut son plus sûr appui; 5
Et, bien qu'en nos climats de retour aujourd'hui
    En foule à nos yeux il présente
Les plus rares trésors que le soleil enfante,[3]
Il n'a rien rapporté de si rare que lui.[4]

XV. Vers pour mettre au bas d'un portrait de monseigneur le duc du Maine, alors encore enfant, et dont on avait imprimé un petit volume de lettres, au-devant desquelles ce prince était peint en Apollon, avec une couronne de lauriers[5] sur la tête.

QUEL est cet Apollon nouveau,
Qui presque au sortir du berceau

---

[1] *P. C. O.* Manuscrit... *de marbre* que M. Girardon, l'illustre sculpteur, a fait de moi (Le n° XIII est à Br., n. 56; S.-M., n. 41, E.; S.-S., II, 544).

[2] *Delhi*, ville et royaume des Indes... *L'Inde et l'Hydaspe*, fleuves du même pays. *Boil.*, 1713. (le n° XIV est à Br., n. 44; S.-M., n. 21, E; S.-S., 517).

[3] Il était revenu des Indes avec près de trois millions en pierreries. *Id., ib.*

[4] *Rare.* Ce mot a deux sens. Tavernier, quoique homme de mérite, était grossier et même un peu original. *Bross.*

[5] *V. O.* ou *E.* Les mots *de lauriers*, omis par tous les éditeurs, sont dans

Vient régner sur notre Parnasse?
Qu'il est brillant! Qu'il a de grâce!
Du plus grand des héros je reconnais le fils.   5
Il est déjà tout plein de l'esprit de son père; [1]
   Et le feu des yeux de sa mère
   A passé jusqu'en ses écrits.

XVI. Vers pour mettre au bas du portrait de mademoiselle de Lamoignon.

Aux sublimes vertus nourrie en sa famille,
   Cette admirable et sainte fille
En tous lieux signala son humble piété;
Jusqu'aux climats [2] où naît et finit la clarté,
Fit ressentir l'effet de ses soins secourables;   5
Et jour et nuit pour Dieu pleine d'activité,
Consuma son repos, ses biens et sa santé,
A soulager les maux de tous les misérables. [3]

---

le manuscrit. Nous avons cru essentiel de les rétablir... Ajoutons qu'il y a aussi dans ce recueil, des versions et des extraits d'auteurs. Voici le titre du volume (in-4°): *OEuvres diverses d'un auteur de sept ans*. Il a été publié, non en 1677 comme le dit M. de S.-S., mais le 1er janvier 1679. D'une part, une des lettres est datée de décembre 1678, et de l'autre on lit dans l'exemplaire de la bibliothèque de Sainte-Geneviève une note manuscrite du temps, ainsi conçue: « En 1679 a esté donné pour estrennes à madame de Montespan « par mad. de Maintenon, gouvernante de M. le duc du Mayne. » Le n° xv y est intitulé madrigal (est à Br., n. 41; S.-M., n. 34, E.; S.-S., II, 538).

[1] Vers 5 et 6. P. C. D'après Brossette.

   Du plus grand des mortels je reconnais le fils.
   Il a déjà la fierté de son père.

[2] Mademoiselle de Lamoignon, sœur de M. le premier président (*ceci n'est qu'à* 1713), faisait tenir de l'argent à beaucoup de missionnaires jusque dans les Indes orientales et occidentales. *Boil.*, 1694 à 1713.

[3] Racine (*voy.* tome IV, lettre du 4 août 1687) donne à ces vers le titre d'*épitaphe* (ils sont à Br., n. 42; S.-M., n. 4, E.; S.-S., II, 493).

XVII. Vers pour mettre au bas du portrait de défunt M. Hamon,
médecin [1] de Port-Royal.

Tout brillant de savoir, d'esprit et d'éloquence,
Il courut au désert chercher l'obscurité,
Aux pauvres consacra ses biens et sa science,
Et trente ans dans le jeûne et dans l'austérité,
  Fit son unique volupté 5
  Des travaux de la pénitence.

XVIII. Vers pour mettre sous le buste du roi, [2] fait par M. Girardon,
l'année que les Allemands prirent Belgrade.

C'est ce roi si fameux dans la paix, dans la guerre,
Qui seul fait à son gré le destin de la terre.
Tout reconnaît ses lois, ou brigue son appui.
De ses nombreux combats le Rhin frémit encore;
Et l'Europe en cent lieux a vu fuir devant lui 5
Tous ces héros si fiers, que l'on voit aujourd'hui
Faire fuir l'Ottoman au-delà du Bosphore.

XIX. Vers pour mettre au bas du portrait de M. Racine.

Du théâtre français l'honneur et la merveille, [3]
Il sut ressusciter Sophocle en ses écrits;

---

[1] Texte de 1701. V. O. La suppression des mots *de Port-Royal*, en 1713, annonce combien tout ce qui avait quelque rapport au jansénisme blessait l'autorité. La pièce elle-même a été supprimée au *Boileau de la jeunesse* (est à Br., n. 50 ; S.-M., n. 23, E. ; S.-S., II, 521).

[2] Inexactitude, dit M. Daunou (1809) : c'était un médaillon en marbre, et les vers furent faits pour la gravure de ce médaillon. « Mais, observe M. de S.-S., le roi y était représenté en buste, ce qui semble autoriser l'expression de Boileau (le n° XVIII est à Br., n. 40 ; S.-M., 3, E ; S.-S., II, 492).

[3] Perrault avait dit en 1687 (*Siècle de Louis-le-Grand*, v. 180):
  Mais quel sera le sort de l'illustre Corneille,
  Du théâtre français l'honneur et la merveille?

Et dans l'art d'enchanter les cœurs et les esprits,
Surpasser Euripide, et balancer Corneille. [1]

XX. Autre manière. [2]

Du théâtre français l'honneur et la merveille,
Il sut ressusciter Sophocle dans ses vers,
   Et, sans se perdre dans les airs, [3]
   Voler aussi haut que Corneille.

XXI. Vers pour mettre sous le portrait de M. de La Bruyère, au-devant de son livre des *Caractères du temps*. [4]

Tout esprit orgueilleux qui s'aime
Par mes leçons se voit guéri;

Boileau, comme on le voit, se saisit du second vers pour l'appliquer à Racine (le n° xix est à Br., n. 51; S.-M., n. 29, E.; S.-S., II, 532).

[1] P. C. Boileau, selon Brossette, avait d'abord mis :

Balancer Euripide et surpasser Corneille,

et disait qu'il ne serait pas fâché que dans la suite quelque critique rétablît son vers tel qu'il l'avait fait (*Voy*. au reste au tome III, la viie *Réflex. critique*).

[2] Publiée pour la première fois par Souchay, en 1740, sur une copie de Louis Racine... Quoique celui-ci ne soit mort que long-temps après (1763), nous avions d'abord douté, comme M. Amar, que cette pièce fût en effet de Boileau; mais toute incertitude a dû cesser à l'aspect du manuscrit, où l'on voit la pièce écrite de sa main. Elle a, il est vrai, été effacée avec soin, mais on peut cependant en lire le deuxième vers et quelques mots de deux autres (elle est à S.-M., n. 30, E.; S.-S., II, 532).

[3] *V. E.* Souchay, et tous les commentateurs après lui lisent :

Je sus ressusciter Sophocle dans *mes* vers,
Et sans *me* perdre dans les airs. . . . . . .

Dans le deuxième vers, qui, on l'a dit, est le plus lisible, on distingue très bien les mots IL *sut*, ce qui nous a conduit aux autres changemens. Cette leçon d'ailleurs est plus raisonnable, car, selon la remarque de M. Amar, comment concevoir que Boileau ait fait dire à Racine, parlant de lui-même, *qu'il était l'honneur et la merveille* du théâtre ?

[4] C'est lui qui parle. B., 1701-1713 (à Br., 48; S.-M., 22, E.; S.S., 521).

Et dans mon livre si chéri
Apprend à se haïr soi-même.

XXII. Épitaphe de M. Arnauld, docteur de Sorbonne.[1]

Au pied de cet autel de structure grossière,
Gît sans pompe, enfermé dans une vile bière,
Le plus savant mortel qui jamais ait écrit;
Arnauld, qui, sur la grâce instruit par Jésus-Christ,
Combattant pour l'Église, a, dans l'Église même, 5
Souffert plus d'un outrage et plus d'un anathème.
Plein du feu qu'en son cœur souffla l'esprit divin,
Il terrassa Pélage, il foudroya Calvin,
De tous les faux docteurs confondit la morale.
Mais, pour fruit de son zèle, on l'a vu rebuté,[2] 10
En cent lieux opprimé par leur noire cabale,
Errant, pauvre, banni, proscrit, persécuté;[3]
Et même par sa mort leur fureur mal éteinte
N'aurait jamais laissé ses cendres en repos,
Si Dieu lui-même ici de son ouaille sainte 15
A ces loups dévorans n'avait caché les os.[4]

---

[1] Nous avons remarqué (tome I, *Notice bibl.*, § 1, n°ˢ 131 et 134) que cette épitaphe fut publiée pour la première fois à Paris, dans l'édition de 1735, et que cette édition fut saisie. Elle avait été imprimée d'abord à l'étranger en 1711, 1712 et 1713 (*ib.* n°ˢ 100 et suiv.) avec l'addition du prénom d'Arnauld (Antoine) au titre... De nos jours, elle a été supprimée dans le *Boileau de la jeunesse* (est à Br., n. 49; S.-M., n. 9, P; S.-S., II, 552).

[2] P. C. disent Brossette et les autres éditeurs; mais ce vers est dans les mêmes éditions de 1712 et 1713.

   Cependant pour tout fruit de tant d'habileté.

[3] P. C. (même observation qu'à la note précédente).

   Il fut errant, banni, trahi, persécuté.

[4] Brossette s'était borné à dire qu'Arnauld était mort en Flandre, en 1694.

XXIII. A madame la présidente de Lamoignon, [1] sur le portrait du père Bourdaloue qu'elle m'avait envoyé.

Du plus grand orateur [2] dont la chaire se vante
M'envoyer le portrait, illustre présidente, [3]
C'est me faire un présent qui vaut mille présens.
J'ai connu Bourdaloue; et dès mes jeunes ans [4]
Je fis de ses sermons mes plus chères [5] délices.   5
Mais lui, de son côté lisant mes vains caprices,
Des censeurs de Trévoux [6] n'eut point pour moi les yeux.
Ma franchise surtout gagna sa bienveillance.
Enfin après Arnauld, ce fut l'illustre en France
Que j'admirai le plus et qui m'aima le mieux. [7]   10

XXIV. Énigme.

Du repos des humains implacable ennemie,
J'ai rendu mille amans envieux de mon sort.

à 82 ans; J.-B. Rousseau observe, au sujet de ces deux vers qu'Arnauld est enterré à Bruxelles, sous l'autel d'une petite chapelle... Brossette répond qu'il connaît les circonstances de la mort d'Arnauld, le lieu de sa sépulture, etc.; mais qu'il n'a pas cru devoir en parler dans son commentaire... Rousseau insiste au contraire sur ces détails. « On est bien aise, dit-il, d'apprendre tout ce qui regarde les grands hommes, et vous donneriez par là l'intelligence des plus beaux vers que Boileau ait jamais faits. » *Lett. de id.*, II, 189, 206, 213. — Cette épitaphe est bien versifiée, mais un peu longue. *Le Brun.*

[1] V. O. 1713. *La présidente de ***, sur.*
P. C. O. D'après le manuscrit : *Madame l'intendante...*
[2] M. Daunou observe que Massillon n'était point encore assez connu.
[3] P. C. O. D'après le manuscrit, *jeune et sage intendante...*
[4] *Et dès mes plus jeunes ans*, faute d'impression de l'édition de Saint-Marc : le vers aurait treize syllabes.
[5] P. C. O. On lit dans le manuscrit : *mes plus saintes...*
[6] V. 1713. *Des censeurs de** n'eut.*
[7] Vers 9 et 10. Un auteur moderne prétend que c'est cet éloge d'Arnauld

Je me repais de sang, et je trouve ma vie
Dans les bras de celui qui ¹recherche ma mort. ²

XXV. Quatrain sur un portrait de Rocinante, cheval de don Guichot. ³

Tel fut ce roi des bons chevaux,
Rossinante, la fleur des coursiers d'Ibérie,
Qui trottant nuit et jour et par monts et par vaux,
Galopa, dit l'histoire, une fois en sa vie. ⁴

XXVI. Fragment de la relation d'un voyage à Saint-Prix.

J'ai beau m'en aller à Saint-Prit :
 Ce saint qui de tous maux guérit,
Ne saurait me guérir de mon amour extrême.
 Philis, il le faut avouer,
Si vous ne prenez soin de me guérir vous-même,   5
Je ne sais plus du tout à quel saint me vouer. ⁵

---

qui a fait supprimer la pièce entière dans le *Boileau de la jeunesse* (elle est conservée dans le *Boileau classique*, et on la trouve dans Br., n. 43 ; S.-M., n. 27, E.; S.-S., II, 527).

¹ *P. C. O.* Manuscrit... *Les bras qui cherchent ma mort.*

² Une puce. Boil., 1713... (*Voy.* tome IV, lett. des 29 sept. et 7 nov. 1703). — Cette énigme est supprimée aux Boil. class. et *de la jeun.* (est à Br., n. 33 ; S.-M., n. 31, E.; S.-S., II, 532).

³ Texte de 1701 et 1713. Brossette et presque tous les autres éditeurs ont mis le véritable nom, *Don Quichotte* (les nᵒˢ xxv et xxvi sont à Br., n. 35 ; S.-M., n. 20, E.; S.-S., II, 515).

⁴ Ces vers, dit Brossette, faisaient partie d'une relation d'un voyage à Saint-Prix (c'est la véritable orthographe, d'après les dictionnaires géographiques), dont il rapporte en note un autre fragment (ce sont les vers que nous donnons au nᵒ xxvi).

⁵ Boileau se moquait lui-même de cette petite pièce ; il en disait, au rapport de Brossette : « Quand je mourrai, je veux la léguer à M. de Benserade : « elle lui appartient de droit, j'entends pour le style. (et même pour *le fond*, dit Saint-Marc, *ibid.*) »

XXVII. Vers pour mettre au-devant de *la Macarise*, [1] roman allégorique de l'abbé d'Aubignac, où l'on expliquait toute la morale des stoïciens.

LACHES partisans d'Épicure,
 Qui, brûlans [2] d'une flamme impure,
Du portique fameux [3] fuyez l'austérité,
 Souffrez qu'enfin la raison vous éclaire.
  Ce roman plein de vérité,   5
  Dans la vertu la plus sévère
Vous peut faire aujourd'hui trouver la volupté.

XXVIII. Fable d'Ésope. Le Bûcheron et la Mort. [4]

LE dos chargé de bois, et le corps tout en eau,
Un pauvre bûcheron, dans l'extrême vieillesse,
Marchait en haletant de peine et de détresse.
Enfin, las de souffrir, jetant là son fardeau,
Plutôt que de s'en voir accablé de nouveau,   5
Il souhaite la mort, et cent fois il l'appelle.

---

[1] V. O. 1701. *Au-devant d'un roman allégorique, où...* — Ils n'y furent pas mis. *Voy.* tome IV, lett. du 9 avril 1702. — Supprimés au *Boil. class.*; conservés au *Boil. jeun.* (ils sont à Br., n. 27; S.-M., n. 34, E.; S.-S., II, 496).

[2] Texte de 1701 et 1713, et non pas *brûlants* comme le dit un moderne. Il faudrait à présent *brûlant* (on parle de cette question grammaticale au tome I, sat. vi, note du vers 38).

[3] L'école de Zénon. *Boil.*, 1713.

[4] Elle est à Br., n. 31.; S.-M., n. 1, P.; S.-S., II, 487.

V. E. Texte de 1701 et 1713. Dans quelques éditions modernes telles que 1809 et 1825, Daun.; 1815, Did.; 1821, 1824 et 1828 Am.; 1824, Fro.; 1826, Mart... on a mis simplement *Le Bûcheron et la Mort, fable;* de sorte qu'on n'indique point, comme Boileau, la source où il avait puisé sa fable.

La Mort vint à la fin : Que veux-tu ? cria-t-elle.
Qui ? moi ! dit-il alors, prompt à se corriger : [1]
  Que tu m'aides à me charger. [2]

XXIX. Impromptu sur la prise de Mons.

N. B. Nous le rapportons à l'article des Pièces attribuées, n₀ 11.

XXX. Sur Homère.

ᾟιδον μὲν ἐγών, ἐχάρασσε δὲ θεῖος Ὅμηρος [3]
Cantabam quidem ego, scribebat autem dius Homerus. [4]

QUAND la dernière fois, dans le sacré vallon,
La troupe des neuf sœurs, par l'ordre d'Apollon,
  Lut l'Iliade et l'Odyssée,
Chacune à les louer se montrant empressée,

---

[1] *Prompt à se corriger* est une cheville qui ralentit la *chute* de cette pièce. Saint-Marc, V ; 461 (c'est un des vers qui ont été *notés* par d'Alembert).

[2] D'Alembert (III, 82, *note* 19) a indiqué par des lettres italiques les fautes qu'il trouve dans cette fable. Il n'y a que trois vers (4, 6 et 9) qui aient échappé à sa critique. « La sensibilité, dit-il, respire à chaque vers dans la fable de La Fontaine sur le même sujet (liv. I, fab. 16), fable que Boileau, s'il faut en croire Louis Racine, trouvait languissante. » MM. Daunou et Planche approuvent le jugement de d'Alembert.

[3] Vers grec de l'Anthologie. Boil., 1713.

F. N. R. On a omis ce vers dans une foule d'éditions, telles que 1732, G.; 1736, Br.; 1741, 1751 et 1766, A.; 1770, 1789 et 1803, P.; 1784, Evr.; 1781, 1788, 1800 et 1815, Did.; 1793, Pal.; 1800, Léviz.; 1808 et 1814, Le Br.; 1815, Lécr.; 1816, Avi.; 1818, Led.; 1823, Class.; 1824, Pl.; 1828, Thi.; 1829, A. L.

Après ce vers, on lit dans le manuscrit : 1. « Quatrain fait par M. Charpentier pour exprimer la pensée de ce fragment de l'Anthologie. » 2. Le même quatrain que nous rapportons au tome IV, lettre du 4 mars 1703... 3. Cette indication : « Dixain fait par M. Despréaux pour exprimer la même pensée (il est à Br., n. 39 ; S.-M., n. 26, E.; S.-S., II, 531.). »

[4] *F. N. R.* Cette traduction est ainsi placée dans le manuscrit et dans l'édition de 1713. Elle est aussi omise dans la plupart de celles qu'on a citées à la note 3.—Dans le manuscrit on lit *divus* ; dans l'édition de 1713, *dius*.

Apprenez un secret qu'ignore l'univers,
    Leur dit alors le dieu des vers : [1]
Jadis avec Homère, aux rives du Permesse,
Dans ce bois de lauriers où seul il me suivait,
Je les fis toutes deux plein d'une douce ivresse :
    Je chantais, Homère écrivait. [2]

XXXI. Plainte contre les Tuileries. [3]

Agréables jardins, où les Zéphirs et Flore
Se trouvent tous les jours au lever de l'aurore ;
Lieux charmans, qui pouvez dans vos sombres réduits
Des plus tristes amans adoucir les ennuis,
Cessez de rappeler dans mon âme insensée   5
De mon premier bonheur la gloire enfin passée.
Ce fut, je m'en souviens, dans cet antique bois,
Que Philis m'apparut pour la première fois ;
C'est ici que souvent, dissipant mes alarmes,
Elle arrêtait d'un mot mes soupirs et mes larmes ;   10
Et que, me regardant d'un œil si gracieux,
Elle m'offrait le ciel ouvert dans ses beaux yeux.
Aujourd'hui cependant, injustes que vous êtes,
Je sais qu'à mes rivaux vous prêtez vos retraites,
Et qu'avec elle assis sur vos tapis de fleurs,   15

---

[1] P. C. (Lettre de 1703). Au lieu des vers 5 et 6, il y avait seulement :

De leur auteur, dit-il, apprenez le vrai nom.

[2] *Voy.* au tome IV, lettres des 4 mars, 8 avril, 3 juillet et 2 août 1703.

[3] C'est le titre donné à cette pièce par Saint-Marc qui le premier l'a tirée de la lettre à Le Verrier (même tome IV, lett. de 1703) où elle était, dans l'édition de 1713, pour la placer parmi les poésies... Il a eu raison à notre avis, puisque, d'après la lettre, Boileau avait *remanié* le sujet traité originairement par Le Verrier, et en avait fait un ouvrage entièrement A LUI.

Ils triomphent contens de mes vaines douleurs.
Allez, jardins dressés par une main fatale,
Tristes enfans de l'art du malheureux Dédale,
Vos bois, jadis pour moi si charmans et si beaux
Ne sont plus qu'un désert, refuge de corbeaux,   20
Qu'un séjour infernal, où cent mille vipères,
Tous les jours en naissant, assassinent leurs mères. [1]

XXXII. Sur le comte de Grammont.

Fait d'un plus pur limon, Grammont à son printemps
N'a point vu succéder l'hiver de la vieillesse;
La cour le voit encor brillant, plein de noblesse,
  Dire les plus fins mots du temps,
Effacer ses rivaux auprès d'une maîtresse;   5
Sa course n'est au fond qu'une longue jeunesse,
Qu'il a déjà poussée à deux fois quarante ans. [2]

XXXIII. Fragmens du Chapelain décoiffé.

En cet affront, La Serre est le tondeur
  Et le tondu père de la Pucelle...
Mille et mille papiers dont ta table est couverte
Semblent porter écrit le destin de ma perte. [3]

---

[1] Les seize premiers vers sont un fort bon commencement d'élégie, mais le reste, pour être dans le goût de l'antiquité, ne m'en paraît pas meilleur. *S.-Marc.* (Le n° xxxi est à Br., II, 310 ; S.-M., n. 12, P.; S.-S., IV, 503).

[2] Les anciens éditeurs de Boileau n'ont point donné ces vers, et les éditeurs modernes les ont laissés dans la correspondance (t. IV, lett. du 8 févr. 1705). M. Daunou (IV, 83) *ignore* s'ils paraîtront assez dignes de Boileau.

[3] Ce sont les seuls vers de cette parodie que Boileau ait faits. *Voy.* tome I, viie préface ou catalogue; et tome IV, lettre du 10 décembre 1701 (ils sont à Br., II, 491; S.-M., II, 446; S.-S., II, 574).

ÉPIGRAMMES.[1]

I. A Climène.[2]

Tout me fait peine,
Et depuis un jour
Je crois, Climène,
Que j'ai de l'amour.

---

[1] Suivant, ainsi que nous l'avons dit (p. 406), l'ordre de l'édition de M. Daunou pour les petites pièces de poésie, nous prenons comme lui le mot épigramme, non dans le sens général qu'il avait autrefois (une inscription), mais dans l'acception moins étendue qu'il a communément, c'est-à-dire, comme désignant, d'après la définition même de Boileau (*Art poétique*, II, 103, p. 202), une petite pièce de vers terminée par un trait satirique. Le titre courant mis dans les éditions de 1701 et 1713 aux pages où sont d'autres pièces, est plutôt l'ouvrage des imprimeurs que de Boileau lui-même, car il est impossible qu'il ait considéré comme épigrammes proprement dites, une ode, une fable, des chansons, etc., qui s'y trouvent comprises.

Nous n'abandonnerons l'ordre de M. Daunou que pour quelques épigrammes sur les dates desquelles il s'est trompé, selon nous, et dont il nous a semblé qu'on saisirait mieux le sens si l'on s'attachait strictement à leur série chronologique, tandis qu'on n'a pas la même raison, on l'a dit (p. 430), pour les poésies diverses.

Il faut toutefois observer qu'en conservant cet ordre nous renvoyons à l'article des *Pièces attribuées* les épigrammes dont l'authenticité nous a paru douteuse.

Enfin nous rapporterons à la note du dernier numéro (p. 476) des observations sur le *talent* de Boileau pour l'épigramme.

[2] Br., n. 10; S.-M., n. 5, P.; S.-S., II, 516. — Il en est question au tome IV, lettre du 15 juillet 1702. — Elle a été supprimée aux *Boil. class.* et de *la jeunesse*. — Un éditeur d'Amsterdam (1772, III, 170), soutient que cette pièce n'étant épigramme que comme tous les couplets le sont, devrait plutôt être placée dans les poésies diverses.

Cette nouvelle
Vous met en courroux :
Tout beau, cruelle,
Ce n'est pas pour vous.

II. A une demoiselle.

N. B. Nous donnons cette épigramme à l'appendice de ce volume, article des Pièces attribuées, n° I.

III. Sur une personne fort connue.

De six amans contens et non jaloux,
Qui tour-à-tour servaient madame Claude,
Le moins volage était Jean, son époux.
Un jour pourtant, d'humeur un peu trop chaude,
Serrait de près sa servante aux yeux doux,
Lorsqu'un des six lui dit : Que faites-vous ?
Le jeu n'est sûr avec cette ribaude :
Ah ! voulez-vous, Jean-Jean, nous gâter tous ? [1]

---

[1] Br., I, 295; S.-M., n. 50, E.; S.-S., II, 559. — L'éditeur des lettres de J.-B. Rousseau blâme vivement (p. 39) Brossette d'avoir publié cette épigramme (*voy.* sa note sur l'*Art poét.*, ch. 1, v. 96, d'où nous l'avons tirée). Selon lui elle n'est pas l'ouvrage de Boileau mais d'une société de jeunes gens dont il était. « Jamais, dit-il, Boileau, n'eut ce style... » Mais comment s'en rapporter plutôt à cet éditeur qu'à Brossette, et surtout à J.-B. Rousseau ? « Je connaissais, dit ce dernier (p. 39), et je savais même par cœur la petite épigramme de M. Despréaux que vous avez la bonté de m'envoyer (l'envoi est à p. 34). On prétend que c'est un bon mot de M. Racine au comédien Champmeslé, dans le temps qu'il fréquentait la maison de celui-ci. M. Despréaux n'a point donné cette épigramme au public pour ne point donner prise aux censeurs trop scrupuleux, etc. (la lettre est datée du 15 octobre 1715). — Selon Brossette, c'est une imitation de l'*élégant badinage* de Marot dont Boileau parle dans le même vers 96.

« Cette épigramme est un peu leste pour le sévère Boileau ; mais ce n'est pas la plus mal tournée du recueil. » *Le Brun.*

IV. Sur[1] un frère aîné que j'avais, et avec qui j'étais brouillé.[2]

De mon frère, il est vrai, les écrits sont vantés;
   Il a cent belles qualités;
Mais il n'a point pour moi d'affection sincère.
   En lui je trouve un excellent auteur,
Un poète agréable, un très bon orateur;[3]   5
   Mais je n'y trouve point de frère.

V. Contre Saint-Sorlain.[4]

Dans le palais hier Bilain
Voulait gager contre Ménage,
Qu'il était faux que Saint-Sorlain[5]
Contre Arnauld eût fait un ouvrage.
Il en a fait, j'en sais le temps,[6]   5
Dit un des plus fameux libraires,
   Attendez.... C'est depuis vingt ans;

---

[1] Br., n. 47; S.-M., n. 46, E.; S.-S., II, 548.
[2] *P. C. O.* D'après le manuscrit ... *que j'avais*, qui était de l'Académie française, *et avec qui...*
Il s'agit de Gilles Boileau. Nous en parlons au tome III, *Explicat. général.*, n° 282, et art. des Erreurs de Brossette, n° 17.
[3] Éloges outrés... *Voy.* toutefois même n° 282 et au tome III, la préface de la traduct. de l'Enéide, liv. IV.
[4] Br., n. 3; S.-M., n. 19, E.; S.-S., 513. — V. O. 1685 à 1701. Il y a simplement *épigramme*, ou *autre*.
[5] Orthographe de 1685 à 1713 (pour Saint-Sorlin).
[6] Vers 1 à 5. P. C. d'après Brossette. Mais *voy.* le même art. de ses erreurs, n° 17.

   Hier un certain personnage
     Au palais voulait nier
   Qu'autrefois Boileau le rentier
   Sur Costar eût fait un ouvrage.
   Il en a fait, etc.

On en tira cent exemplaires.
C'est beaucoup, dis-je en m'approchant;
La pièce n'est pas si publique.
Il faut compter, dit le marchand,   10
Tout est encor dans ma boutique. ¹

VI. Sur la première représentation de l'Agésilas de M. de Corneille, que j'avais vue.

J'AI vu l'Agésilas.
Hélas!

VII. Sur la première représentation de l'Attila.

APRÈS l'Agésilas,
Hélas!
Mais après l'Attila,
Holà. ²

¹ Cette épigramme est une des meilleures et des mieux tournées de Boileau. *Saint-Marc.* — Elle serait assez plaisante, si elle n'était pas si délayée. *Le Brun.*

² Br., n. 13 et 14; S.-M., n. 14 et 15, E.; S.-S., II, 504. — V. O. Ces deux épigrammes, insérées pour la première fois dans l'édition de 1701, ont été supprimées dans celle de 1713. Boileau aurait-il reconnu que, selon la remarque suivante de Voltaire, elles ne méritaient pas les honneurs de l'impression?

« *Holà* a été mis à la deuxième, pour annoncer que la décadence du génie de Corneille se fait encore plus sentir dans Attila que dans Agésilas. Néanmoins, comme ce mot (Boileau l'employa dans cette intention) offre un peu d'ambiguïté, Corneille le prenait pour un éloge. *Brossette*, note du vers 177, sat. IX. — Attila est au-dessous des pièces de Danchet. Je m'en tiens au holà de Boileau. Je le loue de l'avoir dit, et je n'approuve pas de l'avoir imprimé, parce que cela n'en valait pas la peine. *Voltaire, lettre à d'Alembert,* 12 juillet 1762. — Boileau en disant ce holà parlait comme toute la France. *La Harpe, Lyc.,* in-12, 1820, V, 321.

Le Brun est d'un avis bien différent. Selon lui le sel de cette épigramme ne répare point le malheur de l'avoir faite..... Ailleurs (*Art poét.*, ch. II, v.

VIII. A monsieur Racine.

Racine, plains ma destinée :[1]
C'est demain la triste journée,[2]
Où le prophète Desmarais,[3]
Armé[4] de cette même foudre
Qui mit le Port-Royal en poudre,   5
Va me percer[5] de mille traits :
C'en est fait, mon heure est venue.
Non, que ma muse soutenue
De tes judicieux avis,

104) il demande si l'on peut appeler épigramme les deux mots que Boileau a rimés assez grotesquement... Et il répond : « C'est insulter et non critiquer le grand Corneille. Je passe condamnation sur *Agésilas;* mais *Attila* est une tragédie qui, au milieu d'une foule de mauvais vers, étincelle de beautés fortes et premières. Corneille, impatient de tracer la férocité du caractère d'Attila, peint ce monstre, dès le début, d'un trait sublime, en le faisant parler lui-même :

> Ils ne sont pas venus, nos deux rois : qu'on leur die
> Qu'Attila les attend, et qu'Attila s'ennuie.

L'ennui d'Attila est un arrêt de mort. » — M. Lemercier (I, 392) trouve aussi l'épigramme injuste.

[1] Br., n. 2 ; S.-M., n. 2, E.; S.-S., II, 449. — V. 1685 à 1713. *Plain* (sans *s*).

[2] *P. C. O.* D'après l'abbé de Brienne :

> Demain arrive la journée.

[3] Dans les mêmes éditions (ce qui a été imité dans celles de Brossette, Dumonteil et Saint-Marc) on a mis *Desmarais* (pour Desmarets) afin, dit Brossette, que la rime fût plus visible.

[4] *P. C. O.* D'après l'abbé de Brienne : *s'armant.*

[5] *P. C. O.* D'après le même : *me va percer.*

Desmarets avait écrit contre les religieuses de Port-Royal. *Bross.* — Il se préparait à publier sa critique des œuvres de Boileau (*Défense du poème*, etc., indiquée au tome I, *Notice bibl.*, § 2, n. 11).

Vers 4 à 6. Inexactitude : pour *percer de mille traits*, il n'est pas nécessaire d'être armé de la foudre... *Rosel*, p. 17.

N'ait assez de quoi le confondre :
Mais, cher ami, pour lui répondre,
Hélas! il faut lire Clovis. ¹

IX. A un médecin. ²

Oui, j'ai dit dans mes vers qu'un célèbre assassin,
Laissant de Galien la science infertile,
D'ignorant médecin devint maçon habile : ³
Mais de parler de vous je n'eus jamais dessein,
    Lubin, ⁴ ma muse est trop correcte;
Vous êtes, je l'avoue, ignorant médecin,
    Mais non pas habile architecte. ⁵

---

¹ Poëme de Desmarais, ennuyeux à la mort. *Boil.*, 1685 à 1713. — Dans quelques éditions on lit *envieux à la mort*, et cette faute d'impression fait une équivoque assez plaisante. *Bross.* — Nous ne l'avons trouvée qu'à 1688 et 1689, A., pet. in-12.

« Cette épigramme ne vaut pas grand'chose, je ne vois pas où est la pointe : il y a de plus beaux vers sans comparaison, dans le Clovis de M. Desmarets, que dans les satires du sieur Despréaux (N. B. ce qui suit est d'une autre encre)... Ce n'est pas qu'il n'y en ait aussi beaucoup de méchans. » *Brienne.*

² Br., n. 1; S.-M., n. 7, E.; S.-S., II, 499. — Il s'agit de Claude Perrault. On peut consulter à ce sujet, au tome IV, la deuxième lettre à Vivonne (1676), et au tome III, la première réflexion critique.

³ *Art poét.*, chant IV, vers 1 à 24, p. 249.

P. C. O. D'après un manuscrit de la bibliothèque royale.

    J'ai dit qu'un célèbre assassin,
      Quittant de Galien la science infertile
        S'était rendu maçon habile...

⁴ V. O. Texte de 1694 à 1713. Brossette y a substitué P**, en quoi il a été imité à 1717, Vest... Depuis l'édition de Dumonteil (1718), on a mis *Perrault*.

⁵ Boileau préférait cette épigramme à toutes les suivantes; Racine la xxvᵉ; le prince de Cônti, la xxiᵉ. *Bross.*

X. Contre Linière.[1]

Linière apporte de Senlis
Tous les mois trois couplets impies.
A quiconque en veut dans Paris,
Il en présente des copies :
Mais ses couplets, tout pleins d'ennui,   5
Seront brûlés même avant lui.

XI. Sur une satire très mauvaise,[2] que l'abbé Cotin avait faite, et qu'il faisait courir sous mon nom.

En vain par mille et mille outrages
Mes ennemis, dans leurs ouvrages,
Ont cru me rendre affreux aux yeux de l'univers.[3]
Cotin,[4] pour décrier mon style,
A pris un chemin plus facile :   5
C'est de m'attribuer ses vers.[5]

XII. Contre Cotin.[6]

A quoi bon tant d'efforts, de larmes et de cris,
Cotin,[7] pour faire ôter ton nom de mes ouvrages?

---

[1] S.-M., n. 13, P.; S.-S., II, 549. — C'est une réponse à des couplets faits par Linière (nous en parlons, p. 93, épît. VII, note du vers 89.). Elle est rapportée par Brossette dans une note sur l'*Art poét.*, ch. II, vers 194.

[2] Br., n. 5 ; S.-M., n. 16, E.; S.-S., 511. — V. O. 1685 à 1698. *Sur une méchante satire que* l'abbé *Kautain avait*...

[3] Ce vers, qui paraît d'une longueur démesurée, est par trop lâche, surtout pour un vers épigrammatique. *Le Brun.*

[4] V. O. 1685. *Kautain.*

[5] *Voy.* tome I, Essai, n° 159, et *Notice bibl.*, § 1, n° 20.

[6] Br., n° 6 ; S.-M., n° 17, E.; S.-S., 512.

[7] V. O. 1685. *Kautain.*

Cette épigramme, selon Brossette, avait été faite contre Quinault parce

Si tu veux du public éviter les outrages,
Fais effacer ton nom de tes propres écrits.

XIII. Contre un athée.[1]

ALIDOR, assis dans sa chaise,[2]
Médisant du ciel à son aise,
Peut bien médire aussi de moi.[3]
Je ris de ses discours frivoles :
On sait fort bien[4] que ses paroles
Ne sont pas articles de foi.[5]

XIV. Vers[6] en style de Chapelain, pour mettre à la fin de son poème de la Pucelle.

MAUDIT soit l'auteur dur, dont l'âpre et rude verve,
Son cerveau tenaillant, rima malgré Minerve;

qu'il demandait au roi que son nom fût ôté des satires; mais s'étant réconcilié avec l'auteur, ce dernier supprima le nom de Quinault et mit Cotin à sa place. — Il eût été mieux, dit un écrivain moderne, de supprimer l'épigramme, la couronne poétique de l'auteur n'aurait perdu, dans ce sacrifice, qu'une fleur sans éclat... *Semaine*, décembre 1824, 206 et suiv.

[1] Br., n° 7; S.-M., n° 18, E; S.-S., II, 512.

[2] *P. C. O.* D'après un recueil de pièces contre Despréaux (B. R., Y., 5893, f. 3) *Saint-Pavain guindé sur.* — D'après Brossette, *grimpé*.
Il était tellement goutteux qu'il ne pouvait marcher. *Boil.*, 1713.

[3] Choqué de se voir cité comme un incrédule dans la première satire (vers 128), Saint-Pavin avait critiqué Boileau, dans un sonnet qui, selon Saint-Marc et M. Daunou, est meilleur que l'épigramme ci-dessus, et dont voici les trois derniers vers :

En vérité je lui pardonne :
S'il n'eût mal parlé de personne,
On n'eût jamais parlé de lui.

[4] *P. C. O.* Même recueil : *chacun sait* bien.

[5] L'incrédulité de Saint-Pavin est assez prouvée par des vers que rapporte M. Daunou (I, 68).

[6] Br., n° 8; S.-M., n. 24, E; S.-S., 522.

ÉPIGRAMMES.

Et, de son lourd marteau martelant le bon sens, [1]
A fait de méchans vers douze fois douze cents. [2]

XV. Le débiteur reconnaissant. [3]

Je l'assistai dans l'indigence :
Il ne me rendit jamais rien.
Mais quoiqu'il me dût tout son bien,
Sans peine il souffrait ma présence. [4]
Oh! la rare reconnaissance! [5]   5

XVI. Parodie de Chapelle (*Voy.* ci-après les Pièces attribuées, n° IV).

---

[1] *Harmonie imitative. M. Thiébaut, Traité du style,* part. 1, p. 96.

[2] La Pucelle a douze livres, chacun de douze cents vers. *Boil.*, 1713. — Boileau ne savait pas que ce grand homme (Chapelain) en fit douze fois vingt-quatre cents, mais que par discrétion il n'en fit imprimer que la moitié. *Voltaire, Pucelle*, ch. I, note *b*. — Cette moitié, on l'a dit (tome I, Essai, n°s 62 à 66), avait eu pourtant beaucoup de succès (on en fit six éditions en dix-huit mois. *La Harpe, Lyc.*, VI, 222).

« Ces vers sont d'un homme qui faisait admirablement des vers : ils sont durs avec intention; combien d'auteurs en font tous les jours de plus durs encore, sans le faire exprès! » *Le Brun.*

[3] Br., n° 32; S.-M., n° 1, E; S.-S., II, 488.

[4] Il s'agit ici de Patru, dit Brossette... Nous répondrons avec d'Alembert (III, 174, note 37) et MM. Amar et Saint-Surin, que cela est improbable. Boileau fut toujours l'ami de Patru, et long-temps après la mort (1681) de celui-ci, dans une correspondance où rien ne l'obligeait à de la réserve (tome IV, lett. des 3 juill. et 2 août 1705), il en parlait encore dans des termes fort honorables.

[5] Ce dernier vers nous paraît bien dur : *la rare re...*

Saint-Marc dit que cette épigramme est bonne, mais qu'elle serait beaucoup meilleure, si l'auteur avait supprimé ce même vers. Nous répondrons avec M. Daunou, et en connaissance de cause, « Que ce vers exprime une vérité importante. C'est une *reconnaissance bien rare* en effet que de *souffrir sans peine la présence d'un bienfaiteur.* Les francs et parfaits ingrats en sont incapables. Il y a une ingratitude qui consiste moins à oublier les bienfaits qu'à s'en trop souvenir, et à en garder le ressentiment comme d'une injure. »

XVII. A messieurs Pradon et Bonnecorse,[1] qui firent en même temps paraître contre moi chacun un volume d'injures.[2]

    Venez, Pradon et Bonnecorse,
    Grands écrivains de même force,
    De vos vers recevoir le prix ;
    Venez prendre dans mes écrits [3]
    La place que vos noms demandent :   5
    Linière et Perrin vous attendent.[4]

XVIII. A la fontaine de Bourbon,[5] où l'auteur était allé prendre les eaux, et où il trouva un poète médiocre qui lui montra des vers de sa façon, (*il s'adresse à la fontaine*).

Oui, vous pouvez chasser l'humeur apoplectique,
Rendre le mouvement au corps [6] paralytique,
Et guérir tous les maux les plus invétérés ;
Mais quand je lis ces vers par votre onde inspirés,
    Il me paraît, admirable fontaine,   5
Que vous n'eûtes jamais la vertu d'Hippocrène.

XIX. Sur la manière de réciter du poète S*** (*Santeul*).[7]

    Quand j'aperçois sous ce portique
    Ce moine, au regard fanatique,

---

[1] Br., n° 4 ; S.-M., n° 6, E ; S.-S., II, 497.

[2] Les Nouvelles remarques (1684) et le Lutrigot (1686), cités au tome I, *Notice bibl.*, § 2, n°ˢ 21 à 23.

[3] *P. C. O.* D'après Bussy (lett. du 7 février 1686, tome VI, p. 164). *Allez tenir en mes écrits.*

[4] *P. C. O.* (même lettre) *Pinchesne et Cotin.*

Vers 1 à 6. C'est riposter bien faiblement à deux volumes d'injures. *Le Brun.*

[5] Br., n° 16 ; S.-M., n° 38, E ; S.-S., 542.

[6] *P. C. O.* D'après le manuscrit, *rendre sain le paralytique.*

[7] Br., n° 15 ; S.-M., n° 28, E ; S.-S., 533. — V. E. Il faut écrire *Santeul*

ÉPIGRAMMES.

Lisant ses vers audacieux
Faits pour les habitans des cieux,
Ouvrir une bouche effroyable, 5
S'agiter, se tordre les mains ;
Il me semble en lui voir le diable,
Que Dieu force à louer les saints.

XX. Imitée³ de celle de Martial qui commence par *Nuper erat medicus*, etc.⁴

PAUL, ce grand médecin, l'effroi de son quartier,
Qui causa plus de maux que la peste et la guerre,

---

¹ *voy.* tome IV, Pièce just. 204,, et non pas *Santeuil* comme on l'a fait dans plus de *quarante* éditions.

¹ Il a fait des hymnes latines à la louange des saints. *Boil.*, 1713. — Hymne est féminin quand il désigne les chants d'église, et masculin quand il s'agit des chants des anciens en l'honneur de leurs dieux. *Féraud*. — Ce mot est aujourd'hui le plus souvent masculin. *M. Daunou.*

² Cette épigramme fut d'abord faite impromptu en présence de Louis XIV, et de Santeul que le roi avait admis à lui réciter un de ses opuscules. Tel est le récit assez peu vraisemblable de Brossette (Louis XIV ne savait pas le latin). Quoi qu'il en soit, voici l'impromptu d'après le même Brossette :

> A voir de quel air effroyable
> Roulant les yeux, tordant les mains,
> Santeul nous lit ses hymnes vains,
> Dirait-on pas que c'est le diable
> Que Dieu force à louer les saints ?

P. C. O. Boursault (*Lettres*, II, 277 , rapporte ainsi l'épigramme, sans en désigner l'auteur :

> Qui ne dirait à voir sa grimace effroyable,
> Et ses contorsions et des pieds et des mains,
> Que c'est Dieu qui force le diable
> A faire l'éloge des saints ?

³ Br., n° 11; S.-M., n° 32, E.; S.-S., II, 535.

⁴ V. E. Texte de 1713 et du manuscrit. Quelques éditeurs ont substitué à

Est curé maintenant, et met les gens en terre :
Il n'a point changé de métier. [1]

XXI.[2] Sur ce qu'on avait lu à l'Académie des vers contre Homère et contre Virgile.[3]

CLIO vint, l'autre jour, se plaindre au dieu des vers
    Qu'en certain lieu de l'univers,
On traitait d'auteurs froids, de poètes stériles
    Les Homères et les Virgiles.
Cela ne saurait être ; on s'est moqué de vous,   5
    Reprit Apollon en courroux :
Où peut-on avoir dit une telle infamie ?[4]
Est-ce chez les Hurons, chez les Topinamboux ?
— C'est à Paris. — C'est donc dans l'hôpital des fous ?
    — Non, c'est au Louvre, en pleine académie.[5] 10

ces trois mots latins, toute l'épigramme (c'est la 48ᵉ du livre I). La voici :

> Nuper erat medicus, nunc est vespillo Diaulus :
> Quod vespillo facit, fecerat et medicus.

[1] On verra dans les notes de l'épigramme XXXI qu'on a prétendu que Boileau n'était pas l'auteur de celle-ci.

[2] Br., n° 18 ; S.-M., n° 13, E. ; S.-S., II, 507 ; D., 24, É.

D'après les raisons données page 451, nous sommes forcés d'abandonner, pour les épigrammes XXI à XXVII, l'ordre suivi par M. Daunou dans l'édition duquel elles ont les nᵒˢ 24, 25, 27, 22, 23, 26 et 21. Nous indiquons les vraies dates de ces pièces dans le tome I, Tableau chronologique, années 1687 à 1693.

[3] Le poème intitulé : *Le siècle de Louis-le-Grand*, par Charles Perrault, lu à l'Académie française, le 27 janvier 1687.

[4] Le mot *infamie* est employé ici d'une manière très impropre. *Saint-Marc.*

[5] Bien des gens regardent cette épigramme comme la meilleure de Boileau. *Bross.* (voyez les notes des épigrammes IX et XXII). — L'épigramme XXI fut faite en 1687 (Même Tableau chronol.). Boileau crut que les égards dus à l'Académie dont il était membre, s'opposaient à ce qu'il la publiât dans l'é-

ÉPIGRAMMES.

XXII. Sur le même sujet.[1]

J'AI traité de Topinamboux
Tous ces beaux censeurs, je l'avoue,
Qui, de l'antiquité si follement jaloux,
Aiment tout ce qu'on hait, blâment tout ce qu'on loue;[2]
    Et l'académie, entre nous,   5
    Souffrant chez soi[3] de si grands fous,
Me semble un peu *Topinamboue*.[4]

XXIII. Sur le même sujet.[5]

NE blâmez pas Perrault de condamner Homère,
    Virgile, Aristote, Platon.
    Il a pour lui, monsieur son frère,
G...., N...., Lavau, Caligula, Néron,
Et le gros Charpentier, dit-on.[6]   5

XXIV. A monsieur P**[7] sur les livres qu'il a faits contre les anciens.

POUR quelque vain discours, sottement avancé
Contre Homère, Platon, Cicéron ou Virgile,

---

dition suivante de ses œuvres qui parut en 1694 (tome IV, lett. à Maucroix, du 29 avril 1695); mais il oublia ceci dans l'édition de 1701.

[1] Br., n° 19; S.-M., n° 43, E.; S.-S., II, 508; D., n° 25, E. — Elle fut communiquée, sous le secret, à Maucroix (même lettre) et publiée dans la suite par Brossette.

[2] Ceci est furieusement hyperbolique. *Saint-Marc.*

[3] Quant à ce pronom, *voy.* tome I, Disc. au roi, note du vers 23.

[4] Ces épigrammes (les XXI et XXIIe) n'étaient pas assez bonnes pour indisposer l'Académie; on en a fait depuis de meilleures contre elle, sans qu'elle changeât rien à son allure. *Le Brun.*

[5] Br., n° 20; S.-M., n° 44, E.; S.-S., 552; D., n° 27, E.

[6] On ne sait qui est désigné par G.; on croit que N. est le duc de Nevers; Lavau est un membre inconnu, et Charpentier un membre fort peu connu de l'Académie.

[7] Br., n° 21; S.-M., n° 10, E.; S.-S., 501; D., n° 24, E.

464 ÉPIGRAMMES.

Caligula partout fut traité d'insensé,[1]
Néron de furieux,[2] Adrien d'imbécille.
    Vous donc qui, dans la même erreur,   5
Avec plus d'ignorance, et non moins de fureur,
Attaquez ces héros de la Grèce et de Rome,
    P**,[3] fussiez-vous empereur,
Comment voulez-vous qu'on vous nomme?[4]

XXV. Sur le même sujet.[5]

D'où vient que Cicéron, Platon, Virgile, Homère,
Et tous ces grands auteurs que l'univers révère,[6]
Traduits dans vos écrits nous paraissent si sots?
P**,[7] c'est qu'en prêtant à ces esprits sublimes
Vos façons de parler, vos bassesses, vos rimes,   5
    Vous les faites tous des P**.

XXVI. A M. P**.[8]

LE bruit court que Bacchus, Junon, Jupiter, Mars,
    Apollon, le dieu des beaux arts,

V. E. Texte de 1694 à 1713. — Brossette met P.... — Dumonteil (1718) est le premier qui ait nommé *Perrault,* dit M. de S.-S.; c'est une erreur : ce nom est tout au long, à 1697, 1701, 1702, 1707, 1708 et 1713, A; et à 1713, Br.

[1] Épigr. XXII à XXIV... Supprimées au *Boil. classique.*

[2] On ne lit rien de pareil sur Néron dans Suétone. *Saint-Marc.*

[3] *V. E.* Même observation qu'à la note ci-dessus du titre.

[4] Après *fussiez-vous*, il aurait fallu, pour parler dans les règles de la grammaire, et comme on s'exprime ordinairement, dire, comment *voudriez-vous qu'on vous nommât? Rosel,* p. 18.

[5] Br., n. 22; S.-M., n. 11, E.; S.-S., 502; D., n. 23, E.

[6] Vers très dur. *Saint-Marc.*

[7] *V. E.* Vers 4 et 6. Même observation qu'à la même note du titre.

[8] Br., n. 24; S.-M., n. 33, E.; S.-S., 536; D., n. 26, E. — Texte de

ÉPIGRAMMES.

Les Ris mêmes, les Jeux, les Grâces et leur mère,
 Et tous les dieux, enfans d'Homère,
  Résolus de venger leur père,[1]   5
Jettent déjà sur vous de dangereux regards.
P**,[2] craignez enfin[3] quelque triste aventure.
Comment soutiendrez-vous un choc si violent?[4]
  Il est vrai, Visé[5] vous assure

---

l'édition de 1713, à M. P**. Il y a *Perrault* dans celle d'Amsterdam, 1713.

[1] Trois rimes féminines de suite... C'est une faute qu'il est étonnant que l'auteur n'ait point corrigée. *Bross.* — J.-B. Rousseau ne partage point cette opinion. Il soutient que trois rimes de suite ne sont point une faute dans cet endroit, non plus que dans une infinité d'autres de Voiture, de Sarazin, de Chapelle et de La Fontaine...; qu'elles s'emploient souvent dans des vers de mesure égale; et que loin que ce soit une licence, elles sont souvent une beauté... Brossette objecte qu'on n'en a peut-être pas d'exemple dans l'épigramme, où la versification doit être fort régulière... Rousseau répond que si c'était une faute dans ce petit poème, c'en serait une aussi dans tous les autres (M. Daunou dit que cette dernière observation n'est peut-être pas fort juste), la longueur d'un ouvrage n'étant jamais une excuse pour le défaut de correction (quelque temps après Brossette trouva un exemple de la prétendue faute dans une épigramme de mademoiselle Scudéri). *J.-B. Rousseau*, II, 189, 212, 222, 231. Saint-Marc adopte l'avis de Rousseau, que réprouve au contraire l'éditeur d'Amsterdam (1772).

[2] Même observation pour le nom de Perrault, qu'à la première note du n° XXIV, p. 463 et 464.

[3] P. C. P** *je crains pour vous*. Ce dernier mot se rencontrait en trois vers de suite, précisément dans la césure, ou dans le repos du vers : ce qui était une autre faute. *Bross.*

[4] *F. N. R.* (en partie). Ce vers manque aux éditions de 1735 et 1740, de sorte que le dernier n'en a point avec qui rimer. *Saint-Marc.* — MM. Daunou, Viollet-le-Duc et Saint-Surin répètent la première partie de cette remarque, et le dernier cite aussi, comme ayant la même faute, l'édition de Glasgow, 1759. Il aurait pu en citer d'autres et notamment les suivantes : Paris, 1750, 1752, 1757 et 1767, et enfin le *Boileau de la jeunesse*, 1822 et 1824.

[5] Auteur du Mercure galant. *Boil.*, 1713. — Nous en parlons au tome I, *Essai*, n° 85.

Que vous avez pour vous Mercure,
Mais c'est le Mercure galant. ¹

XXVII. Au même. ²

Ton oncle, ³ dis-tu, l'assassin,
M'a guéri d'une maladie. ⁴
La preuve qu'il ne fut jamais mon médecin,
C'est que je suis encore en vie. ⁵

XXVIII. ⁶ Parodie burlesque ⁷ de la première ode de Pindare ; à la louange de M. P** (*Perrault*). ⁸

Malgré son fatras obscur,
Souvent Brébeuf ⁹ étincelle.
Un vers noble, quoique dur,

---

¹ Cette épigramme est ce que Boileau a fait de moins bien dans ce genre auquel il était peu propre. *Saint-Marc.* — Elle est supprimée dans le *Boileau classique*.

² Br., n. 23 ; S.-M., n. 12, E. ; S.-S., II, 503 ; D., n. 21, E.

³ V. E. 1694 à 1698. *Ton frère* (et non pas *ton oncle*, comme le dit Brossette). *Voy.* même *Essai*, n° 57.

⁴ Vers 1 et 2. P. C. D'après Brossette.

    Tu te vantes, Perrault, que ton frère assassin
    M'a guéri d'une affreuse et longue maladie.

⁵ C'est l'épigramme d'un homme du monde, et non pas celle d'un poète. *Le Brun.* — M. de S.-S. pense au contraire que ce n'est pas l'épigramme la moins saillante de Boileau.

⁶ Br., n. 25 ; S.-M., n. 8, P. ; S.-S., 520 ; D., n. 28, E.

⁷ *V. E.* Texte de l'édition de 1713 et du manuscrit (il est à la vérité de la main d'un copiste, mais il y a des notes de celle de Boileau)... On a omis le mot *burlesque* dans quelques éditions modernes.

⁸ J'avais résolu de parodier l'ode ; mais dans ce temps-là, nous nous raccommodâmes, M. P** et moi ; ainsi il n'y eut que ce couplet de fait. *Boil.*, 1713.

Il est supprimé au *Boileau classique*.

⁹ *Voy.* p. 382, note du vers 162, *Lutrin*, ch. v.

Peut s'offrir dans la Pucelle.
Mais, ô ma lyre fidèle! 5
Si du parfait ennuyeux
Tu veux trouver le modèle,
Ne cherche point dans les cieux
D'astre au soleil préférable ;
Ni, dans la foule innombrable 10
De tant d'écrivains divers
Chez Coignard [1] rongés des vers,
Un poète comparable
A l'auteur inimitable [2]
De Peau-d'Ane mis en vers. 15

XXIX. Sur la réconciliation de l'auteur et de M. Perrault. [3]

Tout le trouble poétique
A Paris s'en va cesser;
Perrault l'anti-pindarique
Et Despréaux l'homérique
Consentent de s'embrasser ; 5
Quelque aigreur qui les anime,
Quand, malgré l'emportement,

---

[1] Allusion à quelques-uns des vers de la satire x, que Boileau supprima après sa réconciliation avec Perrault, et que nous rapportons dans la note du vers 460 de cette satire. (Boileau y parle d'une précieuse, protectrice du faux bel-esprit, qui s'étonne de ce que le *Saint-Paulin* de Perrault, POURRIT *chez Coignard*, etc.)

[2] M. P** dans ce temps-là avait rimé le conte de *Peau-d'Ane*... Boil., 1713. — J.-B. Rousseau (p. 189) dit que pour la beauté de la rime il aurait voulu mettre :

Au chroniqueur mémorable.

[3] Br., n. 26 ; S.-M., n. 45, E.; S.-S., II, 554. — Elle fut publiée dans l'édition de 1701... *Voy*. au tome IV, la lettre à Perrault (1700).

Comme eux, l'un l'autre on s'estime,[1]
L'accord se fait aisément.
Mon embarras est comment   10
On pourra finir la guerre
De Pradon et du parterre.

XXX. Contre Boyer et La Chapelle.[2]

J'APPROUVE que chez vous, messieurs, on examine
Qui du pompeux Corneille ou du tendre Racine
Excita dans Paris plus d'applaudissemens :[3]
   Mais je voudrais qu'on cherchât tout d'un temps [4]
     (La question n'est pas moins belle)
Qui du fade Boyer ou du sec La Chapelle
   Excita plus de sifflemens.

---

[1] *V. E.* Texte de 1701 et 1713, et non pas *l'un l'autre s'estime* comme on lit dans quelques éditions modernes.

[2] S.-M., 51, E.; S.-S., II, 555. — Cette *épigramme* est certainement de M. *Despréaux*, quoiqu'elle ne se trouve dans aucune *édition* de ses *œuvres*. Peut-être ne l'a-t-il jamais fait imprimer par quelque raison de ménagement pour M. de La Chapelle. *Édition de* 1735. Telle est la note de Saint-Marc (II, 417). Il y a sans doute quelque faute d'impression, car, ainsi que le remarque M. de S.-S., on ne trouve pas cette épigramme dans l'édition citée, et ajoutons-le aussi, elle n'est pas non plus dans les éditions de 1745 et 1766 qui sont des copies de celle de 1735. Toutefois, la note n'en est pas moins exacte, car l'authenticité de l'épigramme est attestée par Brossette et par Louis Racine (lett. du 1er et 20 mars 1741, dans celles de J.-B. Rousseau, tome III, 316 et 319) à une variante près (nous la rapportons à la note du vers 4).

[3] L'Académie avait eu le dessein d'examiner leurs ouvrages. *J.-B. Rousseau*, mêmes lettres.

[4] V. D'après les mêmes lettres.

      Mais recherchez en même temps.

[5] Il a été question de Boyer, p. 253, note du vers 34; et de La Chapelle, au tome I, *Essai*, n° 144.

XXXI. Sur une harangue d'un magistrat dans laquelle les procureurs étaient fort maltraités. [1]

Lorsque dans ce sénat, à qui tout rend hommage,
　　Vous haranguez en vieux langage,
　　Paul, j'aime à vous voir, en fureur,
　　Gronder maint et maint procureur ;
　　Car leurs chicanes sans pareilles　　　　　　　　　5
　　Méritent bien ce traitement. [2]
　　Mais que vous ont fait nos oreilles
　　Pour les traiter si rudement ? [3]

XXXII. Épitaphe.

Ci-git justement regretté
　　Un savant homme sans science,

---

[1] Br., n. 12 ; S.-M., n. 35, E.; S.-S., II, 539.

[2] Vers 5 et 6. Ils ne sont là que pour rimer avec les deux derniers. *Saint-Marc.*

[3] V. E. Texte de 1713 et du manuscrit, et non pas *durement* comme on lit à 1740, Souch.; 1747, S.-M.; 1770, P.; 1772, A.; 1775, A. et P.; 1788, 1789, 1800, 1815 et 1819, Did.; 1808 et 1814, Le Br.; 1809 et 1825, Dau.; 1814, Bod.; 1818, Ny.; 1820, Men.; 1821 et 1823, Viol.; 1821 et 1828, Am.; 1822, Saintin; 1823, Class. et Levr.; 1824, Fro.; 1824 et 1825, Plan.; 1826, Mi. et Mart.; 1828, Thi.; 1829, B. ch. et A. L... (plus de *trente* éditions).

« Cette épigramme, assez bonne pour le fond, est très languissante. Elle est trop longue. Six petits vers auraient suffi pour dire tout ce qu'il fallait. *Saint-Marc.*

Selon l'éditeur d'Amsterdam, 1713, les épigrammes xx et xxxi ne sont pas de Boileau, « quoiqu'on les ait ajoutées, dit-il, dans la dernière édition (1713) de ses œuvres. » Mais il est démenti sur ce point par le manuscrit même de Boileau, où on les lit toutes deux de sa main et avec des corrections. — Une chose assez singulière c'est qu'on a répété la note de cet éditeur dans des éditions pour lesquelles celle de 1713 n'était plus depuis long-temps la *dernière*, telles que 1740, 1743, 1751, 1759 et 1766, A.; 1770, P.; 1772 et 1789, Lon.

Un gentilhomme sans naissance,
Un très bon homme sans bonté.¹

XXXIII. Sur un portrait de l'auteur.²

NE cherchez point comment s'appelle
L'écrivain peint dans ce tableau :
A l'air dont il regarde et montre la Pucelle
Qui ne reconnaîtrait Boileau?³

XXXIV. Pour mettre au bas d'une méchante gravure
qu'on a faite de moi.⁴

Du célèbre Boileau tu vois ici l'image.
Quoi! c'est là, diras-tu, ce critique achevé!⁵

---

¹ Br., n. 9; S.-M., n. 42, E.; S.-S., II, 556.

Cette épigramme, dit Brossette, ou plutôt Boileau (la note est écrite de sa main, tandis que les vers le sont d'une main étrangère), cette épigramme n'est bonne que pour ceux qui ont connu particulièrement celui dont on parle. — Ce n'était donc pas la peine de la faire imprimer, dit avec assez de raison Saint-Marc. — Quoi qu'il en soit, un coup-d'œil sur le manuscrit rend inutiles les diverses conjectures qu'on a faites (les commentateurs les rapportent) sur le personnage dont il est question ; car à travers des ratures, on y lit le nom de Gourville (ami de Fouquet) que Louis Racine (p. 214) et J.-B. Rousseau (II, 188) avaient désigné. Il ne savait rien, dit celui-ci, et parlait de tout avec esprit. Il était de très basse naissance et avait des manières fort nobles. Il faisait accueil à tout le monde et n'aimait personne.

² Br., n. 54; S.-M., n. 49, E.; S.-S., 558.

³ En 1699, Boileau me donna son portrait peint par Santerre. Il est représenté souriant et montrant du doigt la *Pucelle* ouverte sur une table. Il accompagna son présent de cette épigramme. *Bross.* (Il en est question au tome IV, lett. du 25 mars 1699.).

⁴ Br., n. 55; S.M., n. 36, E.; S.-S., 540. (*Voy. ib.*, lett. du 22 janv. 1705). — *P. C. O.* Manuscrit, *d'une* fort *méchante*.

⁵ Vers 1. Du *célèbre* Boileau... Texte de la même lettre et du manuscrit. — V. Édition de 1713... *Du poète Boileau.* — Il est sensible que, parlant de

D'où vient le noir[1] chagrin qu'on lit sur son visage?
C'est de se voir si mal gravé.[2]

XXXV. Aux révérends pères de ** qui m'avaient attaqué dans leurs écrits.[3]

MES révérends pères en Dieu,
Et mes confrères en satire,
Dans vos écrits, en plus d'un lieu,

lui-même, il n'aura pas voulu imprimer le mot *célèbre*. — Vers 2.. Critique *achevé*: je ne vois pas ce que cela peut signifier. *Saint-Marc.* — Est-ce en effet critique *accompli*, ou bien critique *outré?* Boileau, qui déclarait (Brossette, note, *ib.*) n'être ni assez fat pour dire du bien de lui, ni assez sot pour en dire du mal, ne pouvait penser à aucune de ces deux qualifications. *Éditeur de* 1772, A.

[1] *F. N. R.* Texte de 1713, de la lettre déjà citée et du manuscrit... Brossette (in-4°) a mis CE *noir*, ce qui a été imité à 1715, Mort; 1717, 1721 et 1741, Vest.; 1718, in-4° et in-f°, 1722 in-12, 1729 in-12 et in-f°, Dumont.; 1721 et 1736, Bru; 1726, Bill.; 1732, Gen.; 1735 et 1740, Souch.; 1745, 1750, 1752, 1757, 1766, 1767, 1768, 1769, 1775, 1780, 1782, 1787, 1789, 1793, 1798, 1800 et 1803, P.; 1746 et 1767, Dr.; 1735, 1749, 1751, 1759, 1762, 1766, 1770 et 1776, A; 1759, Gl.; 1768 et 1769, U; 1770, Barb.; 1772, 1780 et 1789, Lon.; 1777, Cas.; 1781, Did.; 1784, Evr.; 1793, S. Br.; 1801, Ri.; 1805, Ly.; 1810, Caill.; 1816, Avi.; 1822 et 1824, Jeun.; 1828, Thi.; 1829, B. ch. (plus de *soixante* éditions).

Du reste, Boileau, dans cet hémistiche, s'est copié lui-même (Lutrin, ch. II, vers 79, p. 321).

[2] Cette épigramme n'est au fond qu'une mauvaise pointe... *Saint-Marc.*— Les vers en sont très beaux. *Bross., Lett. fam.,* II, 82. — Ils ne sont pas dignes de Boileau. *Cizeron-Rival, ib.*

[3] Br., n. 27; S.-M., n. 47, E.; S.-S., II, 558. — *V. O.* Le titre ci-dessus est celui de quelques exemplaires de l'édition de 1713, in-4° (cette épigramme et la suivante, ce qu'on n'avait point encore remarqué, ont été supprimées à 1713, in-12)... Brossette, suivi par tous les éditeurs, met, d'après le manuscrit (il n'est pas de la main de Boileau) et d'après deux éditions étrangères (1712 et 1713, A) : *Aux RR. PP. jésuites, auteurs du Journal de Trévoux.*

Ce furent en effet les remarques malignes des journalistes de Trévoux dont

Je vois qu'à mes dépens vous affectez de rire.
Mais ne craignez-vous point que pour rire de vous, 5
Relisant Juvénal, refeuilletant Horace,
Je ne ranime encor ma satirique audace?
  Grands Aristarques de ***, [1]
N'allez point de nouveau faire courir aux armes [2]
Un athlète tout prêt à prendre son congé, 10
Qui par vos traits malins au combat rengagé,
Peut encore aux rieurs faire verser des larmes.
  Apprenez un mot de Regnier [3]
  Notre célèbre devancier :
  Corsaires attaquant corsaires 15
  Ne font pas, dit-il, leurs affaires. [4]

nous parlons au tome I (Essai, n° 105), qui engagèrent Boileau à faire cette épigramme (il l'appelait aussi une petite épître... *Bross.*). — *Voy.* tome IV, lett. du 7 nov. 1703.

[1] *V. O.* Texte des mêmes exemplaires. — Brossette et autres, d'après les éditions déjà citées, mettent *Trévoux* (dans ces éditions et dans la lettre de 1703, il n'y a point d'accent, mais depuis 1726, toutes les éditions, ainsi que les dictionnaires géographiques, mettent l'accent).

[2] *P. C. O.* D'après le *Boileau aux prises avec les jésuites* (il est cité au tome I, *Notice bibl.*, § 2, n. 53) :

  Ne faites point courir aux armes.

[3] *V. O.* Vers de Regnier. *Boil.*, mêmes exemplaires. — Cette note a été omise par tous les éditeurs. Regnier finit ainsi sa satire XII :

  Corsaires à corsaires,
 L'un l'autre s'attaquant, ne font pas leurs affaires.

[4] Vers 13 à 16. Ils sont dans les mêmes exemplaires, et à 1711 et 1713, A... Des éditeurs modernes les ont omis mal-à-propos.

Vers 1 à 16. Ces vers sont plutôt une petite épître assez maligne contre les jésuites, qu'une bonne épigramme. Le Brun (on a vu dans la note du titre, que Boileau les qualifiait aussi d'épître, et il paraît par la lettre citée, qu'il en faisait cas). — Les journalistes y répondirent par une épigramme qui se terminait ainsi :

XXXVI. Épigramme, ou Réponse à Deux RR. PP. CC. [1] qui avaient dit que la raison pour laquelle mon épître de l'amour de Dieu n'était pas de la force de mes autres écrits, c'est que je n'avais rien trouvé sur cette matière dans Horace, dans Perse, ni dans Juvénal. [2]

Non, pour montrer que Dieu veut être aimé de nous,
Je n'ai rien emprunté de Perse ni d'Horace,
Et je n'ai point suivi Juvénal à la trace.
Car bien qu'en leurs écrits ces auteurs mieux que vous,
Attaquent les erreurs dont nos âmes sont ivres,
 La nécessité d'aimer Dieu
Ne s'y trouve jamais prêchée en aucun lieu,
 Mes pères, non plus qu'en vos livres. [3]

 . . . Pour l'amour de vous, ils voudraient bien qu'Horace
  Eût traité de l'amour de Dieu.

Quoique ces deux vers suffisent pour comprendre la réplique de Boileau (c'est le n° XXXVI), Brossette a non-seulement imprimé toute l'épigramme des journalistes, mais il l'a placée dans son texte parmi les poésies de Boileau. C'est aussi ce qu'ont fait à son exemple Dumonteil (1718 et 1729), les éditeurs des satires et œuvres diverses, 1732, Gen., 1743, 1751, 1759, 1762 et 1766 A.; 1772 et 1789 Lond.; et même M. de Saint-Surin. Souchay et Saint-Marc ont, avec raison, relégué cette épigramme dans leurs notes.

[1] Br., n. 29; S.-M., n. 48, E.; S.-S., II, 560. — On pourrait répéter ici la remarque faite p. 442, note 1.

[2] *V. O.* Titre des mêmes exemplaires (1713 in-4°, p. 333). Aucun des éditeurs de Boileau (ils n'ont probablement connu que l'édition in-12 où l'épigramme est omise... *Voy.* les 1res notes des épigrammes XXXV et XXXVII) ne l'a donné, et presque chacun d'eux en a mis de différens (il en est de même à 1711 et 1712 A.).

P. C. O. Le même titre se lit ainsi dans le manuscrit (il est de la main de Boileau, tandis que l'épigramme est d'une main étrangère). « Réponse aux R. P. de T** qui avaient mis dans une épigramme contre moi, que la raison pourquoi j'ai si mal réussi dans mon épître sur l'amour de Dieu, c'est que je n'ai rien trouvé dans Horace, dans Perse, ni dans Juvénal, sur ce sujet que je leur pusse dérober. »

[3] Il paraît par une lettre de Boileau (7 décembre 1703, tome IV) que les journalistes ne répondirent point à ce reproche.

XXXVII. Aux révérends pères de **[1] sur le livre des Flagellans, composé par mon frère le docteur de Sorbonne.[2]

Non, le livre des Flagellans
N'a jamais condamné, lisez-le bien, mes pères,
    Ces rigidités salutaires,
Que, pour ravir le ciel, saintement violens,
Exercent sur leurs corps tant de chrétiens austères.   5
Il blâme seulement cet abus[3] odieux
    D'étaler et d'offrir aux yeux
Ce que leur doit toujours cacher la bienséance ;
Et combat vivement[4] la fausse piété,
Qui, sous couleur[5] d'éteindre en nous la volupté,   10

---

[1] Br., n. 30; S.-M., n. 25, E.; S.-S., II, 526. — De **, pour *de Trévoux*.

[2] *V. O.* Cette épigramme est placée dans les mêmes exemplaires, à la suite du n° xxxv (p. 471); et pour éviter une répétition que l'intercalation de l'épigramme xxxvi nous a obligés de faire, on y a mis simplement *aux mêmes*. Presque tous les éditeurs de Boileau, faute d'avoir consulté, peut-être même connu ces exemplaires (*voy.* note 3, p. 471), ont omis la première partie du titre de l'épigramme ; ou bien, en la répétant, lui donnent un sens qui n'est pas celui des mêmes exemplaires, parce qu'ils ne placent pas l'épigramme qu'elle précède à la suite du n° xxxv.

[3] *V. E.* Texte de 1713 et du manuscrit. On lit ces *abus* dans quelques éditions telles que 1712, A. et 1825, Daun. : c'est sans doute une faute d'impression.

[4] *P. C. O. Et ne saurait souffrir*... *Voy.* tome IV, lettre de novembre 1703, à Le Verrier, n° xxvi. — Il est assez singulier que Brossette qui avait cette lettre dans ses papiers, et les éditeurs modernes qui l'ont publiée, n'aient point noté cette première manière.

[5] Je voudrais bien, dit Clément (au sujet des mots vieillis qu'on n'emploie pas assez), qu'on n'eût pas négligé *sous couleur*, dont le tour est poétique. En vers, on ne saurait souffrir *sous prétexte* ; on est donc obligé de recourir à des circonlocutions traînantes, tandis que *sous couleur* est précis, est rapide. Il est par exemple employé élégamment dans ce vers de Boileau. *Lett.* ii, p. 58.

Par l'austérité même et par la pénitence,
Sait allumer le feu de la lubricité. [1]

XXXVIII. L'amateur d'horloges. [2]

Sans cesse autour de six pendules,
De deux montres, de trois cadrans,
Lubin, depuis trente et quatre ans,
Occupe ses soins ridicules.
Mais à ce métier, s'il vous plaît,
A-t-il acquis quelque science?
Sans doute; et c'est l'homme de France
Qui sait le mieux l'heure qu'il est. [3]

---

[1] Le mot *lubricité* est défendu par Boileau dans la même lettre de novembre 1703, où il ajoute qu'il n'a jamais fait quatre vers plus *sonores* que les vers 9 à 12 de cette épigramme (dans la lettre du 7 du même mois, il dit qu'elle n'est pas si bonne que le n° xxxv).

Épigrammes xxxv, xxxvi et xxxvii... Supprimées aux *Boileaux classique* et *de la jeunesse*.

[2] Br., n. 17; S.-M., n. 37, E.; S.-S., II, 541. — Cet amateur était un allié de Boileau nommé Targas. *Voy.* tome IV, lett. des 13 déc. 1704 et 6 mars 1705, et tome III, Explicat. généal., n° 401.

[3] Espèce de calembourg qu'on applaudirait dans ce siècle, mais qui n'était pas digne de celui de Boileau. *Le Brun.* — Ce jugement est mal fondé; il n'y a pas de calembourg dans ces vers. *M. Daunou.*

Boileau (mêmes lettres) observe, au sujet de cette épigramme, que, pour en faire une bonne, il faut dire en conversation le mot, et s'il frappe, le mettre en vers.

« Cette épigramme est à mon avis une des meilleures que je connaisse, et la règle que Boileau propose est excellente à suivre. » *Saint-Marc.* — Un ami de Boileau (J.-B. Rousseau) à qui il récita cette épigramme, en retourna sur-le-champ la fin de la manière suivante :

Mais à ce métier qui lui plaît
Loin d'acquérir quelque science,
C'est peut-être l'homme de France
Qui sait le moins l'heure qu'il est.

XXXIX. Contre Mauroi.[1]

Qui ne hait point les vers, ridicule Mauroi,
Pourrait bien, pour sa peine, aimer ceux de Fourcroi.[2]

C'est qu'il est difficile que tant d'horloges se rapportent juste les unes aux autres... Néanmoins la pensée de Boileau est beaucoup meilleure en ce qu'elle renferme une morale avec un ridicule. *J.-B. Rousseau*, II, 188 et 212.

[1] Tirée de Brossette (note du vers 45, satire VII).
[2] OBSERVATIONS GÉNÉRALES *sur les* ÉPIGRAMMES *de Boileau.*

A l'inverse de ce qu'on remarque trop souvent dans ces sortes de pièces, il n'y a pas une seule des épigrammes de Boileau qui soit ordurière et qui annonce la noirceur et un mauvais cœur. Elles n'attaquent et ne frondent que des travers et des ridicules. La plupart sont aiguisées et décochées contre des ouvrages prônés injustement, et contre des prétentions frivoles d'auteurs médiocres et orgueilleux. On peut dire en général, que ce sont d'innocentes malices, des espiègleries d'enfant. *Clairfons*, p. 38.

J'ai dit que Despréaux, si bien né pour la satire, n'a point connu l'art de l'épigramme; il avait négligé d'étudier chez Clément Marot, le père de ce genre, le mètre, le rhythme, le choix des mots, le tour et la richesse des rimes qui conviennent à ce piquant badinage. Le trait qu'il décoche, faute d'être affilé habilement, mollit dans sa course, et meurt avant d'avoir atteint le but. Quand Boileau tourne l'épigramme, il lui arrive souvent de couper le vers de huit syllabes par celui de douze. Cette marche peut convenir à la grâce élégiaque, mais non pas à l'allure épigrammatique. Le vers de dix syllabes est le vers par excellence qu'ont employé pour ce genre le naïf Marot, l'élégant et malin Racine, et le mordant J.-B. Rousseau. *Le Brun* (M. Daunou paraît approuver ce jugement).

FRAGMENT
D'UN PROLOGUE D'OPÉRA.[1]

AVERTISSEMENT AU LECTEUR.[2]

Madame de M** et madame de T**,[3] sa sœur, lasses des opéra de monsieur Quinault,[4] proposèrent au roi d'en faire faire un par monsieur Racine, qui s'engagea assez légèrement à leur donner cette satisfaction, ne songeant pas dans ce moment-là à une chose, dont il était plusieurs fois convenu avec moi, qu'on ne peut jamais faire un bon opéra, parce que la musique ne saurait narrer; que les passions n'y peuvent[5] être peintes dans toute l'étendue qu'elles demandent; que d'ailleurs elle ne saurait souvent mettre en chant les expressions vraiment sublimes et

---

[1] Ce titre n'est point dans l'édition de 1713, où pour la première fois on a publié et l'avertissement et le prologue. Saint-Marc, qui l'a le premier placé ici, a pensé avec raison qu'il était nécessaire pour annoncer la pièce suivante. MM. Daunou et Amar ont imité son exemple.

[2] Boileau a fait plusieurs corrections sur le manuscrit de cet avertissement, manuscrit qui est d'une main étrangère.

[3] Texte de 1713. — V. O. Les noms (Montespan et Thianges) ont été mis par Brossette et d'autres éditeurs.

[4] Ainsi ces dames, s'écrie d'Alembert (I, 62), étaient lasses, c'est-à-dire ennuyées d'Alceste, d'Atys, de Thésée et de Proserpine; car pour leur bonheur Armide n'existait pas encore (Armide fut donnée en 1686, lorsque madame de Montespan avait cessé d'être maîtresse en titre). C'est bien ici le cas du vers de la Métromanie : *Voilà de vos arrêts messieurs les gens de goût!*

[5] *F. N. R.* Texte de 1713. On a mis mal-à-propos *n'y pouvaient* dans une foule d'éditions, telles que 1716 in-4° et in-12, Bross.; 1717, Mort.; 1717 et 1721, Vest.; 1718, in-4 et in-f., 1722 et 1729, in-12 et in-f., Dum.; 1721, Bru.; 1726, Bill.; 1735, Souch.; 1745, 1750, 1757, 1766, 1767, 1768, 1769, 1780, 1782, 1787, 1789, 1793 et 1798, P.; 1746 et 1767, Dr.; 1749, A.; 1759, Gl.; 1770, Barb.; 1777, Cas.; 1780, Lon.; 1784. Evr.; 1816, Avi... (plus de *trente* éditions).

courageuses.[1] C'est ce que je lui représentai, quand il me déclara son engagement; et il m'avoua que j'avais raison; mais il était trop avancé pour reculer. Il commença dès-lors en effet un opéra, dont le sujet était la chute de Phaéton. Il en fit même quelques vers qu'il récita au roi qui en parut content. Mais comme M. Racine n'entreprenait cet ouvrage qu'à regret, il me témoigna résolûment qu'il ne l'achèverait point que je n'y travaillasse avec lui, et me déclara avant tout qu'il fallait que j'en composasse le prologue. J'eus beau lui représenter mon peu de talent pour ces sortes d'ouvrages,[2] et que je n'avais jamais fait de vers d'amourette, il persista dans sa résolution, et me dit qu'il me le ferait ordonner par le roi. Je songeai donc en moi-même à voir de quoi je serais capable, en cas que je fusse absolument obligé de travailler à un ouvrage si opposé à mon génie et à mon inclination. Ainsi, pour m'essayer, je traçai, sans en rien dire à personne, non pas même à M. Racine, le canevas d'un prologue; et j'en composai une première scène. Le sujet de cette scène était une dispute de la Poésie et de la Musique, qui se querellaient sur l'excellence de leur art, et étaient enfin toutes prêtes à se séparer, lorsque tout-à-coup la déesse des accords, je veux dire l'Harmonie, descendait du ciel avec tous ses charmes et ses agrémens, et les réconciliait.[3] Elle devait dire ensuite la raison qui la faisait venir sur la terre, qui n'était autre que de divertir le prince de l'univers le plus digne d'être servi, et à qui elle devait le plus, puisque c'était lui qui la maintenait dans la France où elle régnait en toutes choses.[4] Elle ajoutait ensuite

---

[1] Assertions aussi étranges que celles de Pascal sur la *Beauté poétique;* grande leçon aux plus heureux génies, et de ne point forcer leur talent, et de se taire sur ce qu'ils ignorent. *D'Alembert*, I, 62.

[2] Aveu justifié par le prologue lui-même, disent MM. Daunou et Amar, ce qui paraît conforme au sentiment de La Harpe et de Le Brun (*voy.* les notes suivantes); et toutefois, selon Monchesnay (*Bolœana*, p. 6), Boileau prétendait que tout ce qu'il y avait de bon dans l'opéra de Bellérophon, était de lui... Mais cela fut aussitôt démenti par Fontenelle (*Journ. des Savans*, mai 1741).

[3] Comment la Musique paraît-elle d'abord, sans l'Harmonie qui est un de ses principaux attributs? *D'Alembert*, III, 96, note 21.

[4] Elle *devait dire ensuite la raison*, etc. Voilà exactement, selon D'Alembert (*ib.*, 97), le maître de musique de M. Jourdain qui prétend que tous les

que, pour empêcher que quelque audacieux ne vînt troubler, en s'élevant contre un si grand prince, la gloire dont elle jouissait avec lui, elle voulait que dès aujourd'hui même, sans perdre de temps, on représentât sur la scène la chute de l'ambitieux Phaéton. Aussitôt tous les poètes et tous les musiciens, par son ordre, se retiraient, et s'allaient habiller. Voilà le sujet de mon prologue, auquel je travaillai trois ou quatre jours avec un assez grand dégoût, tandis que M. Racine de son côté, avec non moins de dégoût, continuait à disposer le plan de son opéra, sur lequel je lui prodiguais mes conseils. Nous étions occupés à ce misérable travail, dont je ne sais si nous nous serions bien tirés, lorsque tout-à-coup un heureux incident nous tira d'affaire. L'incident fut que M. Quinault s'étant présenté au roi les larmes aux yeux, et lui ayant remontré l'affront qu'il allait recevoir s'il ne travaillait plus au divertissement de sa majesté, le roi, touché de compassion, déclara franchement aux dames dont j'ai parlé, qu'il ne pouvait se résoudre à lui donner ce déplaisir. *Sic nos servavit Apollo.* Nous retournâmes donc, M. Racine et moi, à notre premier emploi, et il ne fut plus mention de notre opéra, dont il ne resta que quelques vers de M. Racine, qu'on n'a point trouvés dans ses papiers après sa mort, et que vraisemblablement il avait supprimés par délicatesse de conscience, à cause qu'il y était parlé d'amour. Pour moi, comme il n'était point question d'amourette dans la scène que j'avais composée, non-seulement je n'ai pas jugé à propos de la supprimer, mais je la donne ici au public, persuadé qu'elle fera plaisir aux lecteurs, qui ne seront peut-être pas fâchés de voir de quelle manière je m'y étais pris, pour adoucir l'amertume et la force de ma poésie satirique, et pour me jeter dans le style doucereux. C'est de quoi ils pourront juger par le fragment que je leur présente ici, et que je leur présente avec d'autant plus de confiance, qu'étant fort court, s'il ne les divertit, il ne leur laissera pas du moins le temps de s'ennuyer.

hommes devraient apprendre la musique pour être d'accord entre eux... On peut remarquer, ajoute-t-il, la négligence du style dans ce morceau de prose.

PROLOGUE.[1]

LA POÉSIE, LA MUSIQUE.

LA POÉSIE.

Quoi! par de vains accords et des sons impuissans,
Vous croyez exprimer tout ce que je sais dire!

LA MUSIQUE.

Aux doux transports, qu'Apollon vous inspire,
Je crois pouvoir mêler la douceur de mes chants.

LA POÉSIE.

Oui, vous pouvez aux bords d'une fontaine   5
Avec moi soupirer une amoureuse peine,
Faire gémir Thyrsis, faire plaindre Climène;[2]
Mais, quand je fais parler les héros et les dieux,
      Vos chants audacieux
Ne me sauraient prêter qu'une cadence vaine.   10
    Quittez ce soin ambitieux.

LA MUSIQUE.

Je sais l'art d'embellir vos plus rares merveilles.

LA POÉSIE.

On ne veut plus alors entendre votre voix.

---

[1] Texte de 1713... Des éditeurs ajoutent ici le mot *d'opéra*, qui est peu utile, à cause du titre courant.

« Boileau, dans ce prologue, est bien au-dessous de Quinault. *La Harpe, Lyc.*, II, 100.

[2] *V. E.* Texte de 1713 et du manuscrit, et non pas *faire* CRAINDRE *Climène*, faute étrange de deux éditions modernes (1821, S.-S.; 1825, Daun.), mais que nous sommes bien éloignés d'imputer aux éditeurs.

LA MUSIQUE.

Pour entendre mes sons, les rochers et les bois
　　Ont jadis trouvé des oreilles.　　　　　　　15

LA POÉSIE.

Ah! c'en est trop, ma sœur, il faut nous séparer :
　　Je vais me retirer.
Nous allons voir sans moi ce que vous saurez faire.

LA MUSIQUE.

　　Je saurai divertir et plaire;
Et mes chants, moins forcés, n'en seront que plus doux.¹

LA POÉSIE.

　　Hé bien, ma sœur, séparons-nous.

LA MUSIQUE.

　　　　Séparons-nous.

LA POÉSIE.

　　Séparons-nous.

CHOEUR DES POÈTES ET DES MUSICIENS.²

Séparons-nous, séparons-nous.

LA POÉSIE.

Mais quelle puissance inconnue　　　　　　　25
Malgré moi m'arrête en ces lieux?

---

¹ Vers 18 et 20. Boileau avait raison de ne pas vouloir joûter avec Quinault dans l'opéra. Il n'avait point de vocation pour ce genre, et je ne crois pas que ce prologue donne un démenti à ce que j'avance. Lulli, tout Lulli qu'il était, n'aurait pas mis facilement en musique ces deux vers. *Le Brun*, note sur le titre du Prologue.

² *V. E.* Texte de l'édition de 1713, suivi dans celle de 1740. Ce n'est point une faute, comme le dit M. de S.-S., qui met, avec Brossette et tous les autres éditeurs, *chœur* DE *poètes et* DE *musiciens*. Il suffisait, pour adopter la leçon de 1713, de prendre garde que, dans l'avertissement (p. 479), Boileau parle de *tous les* poètes et de *tous les* musiciens. Enfin, ce qui tranche toute difficulté, l'édition de 1713 est conforme au manuscrit du Prologue, lequel est en entier de la main de Boileau.

LA MUSIQUE.

Quelle divinité sort du sein de la nue?

LA POÉSIE.

Quels chants mélodieux
Font retentir ici leur douceur infinie?

LA MUSIQUE.

Ah! c'est la divine Harmonie,   30
Qui descend des cieux!

LA POÉSIE.

Qu'elle étale à nos yeux
De grâces naturelles!

LA MUSIQUE.

Quel bonheur imprévu la fait ici revoir!

LA POÉSIE ET LA MUSIQUE.

Oublions nos querelles,   35
Il faut nous accorder pour la bien recevoir.

CHOEUR DES POÈTES ET DES MUSICIENS.[1]

Oublions nos querelles,
Il faut nous accorder pour la bien recevoir.

---

[1] *V. E.* Texte de 1713 et du manuscrit... Même observation qu'à la note précédente.

POÉSIES LATINES.[1]

I. EPIGRAMMA.[2]
In novum Caussidicum,[3] rustici lictoris filium.

Dum puer iste fero natus lictore perorat,
  Et clamat medio, stante parente, foro;
Quæris, quid[4] sileat circumfusa undique turba?
  Non stupet ob natum, sed timet illa patrem.

II. ALTERUM.
In Marullum,[5] versibus phaleucis antea male laudatum.

Nostri quid placeant minus phaleuci,
Jamdudum tacitus, Marulle, quæro,
Quum nec sint stolidi, nec inficeti,
Nec pingui nimium fluant Minerva.
Tuas sed celebrant, Marulle, laudes :
O versus stolidos et inficetos !

---

[1] Cet intitulé a été mis par Brossette : la seule édition originale (1701) où soient les pièces latines, et seulement les deux premières, n'en donne point de commun à ces deux pièces. D'après cela, quelques éditeurs modernes n'auraient pas dû supprimer les mots *Epigramma* et *Alterum*, qui les précèdent dans l'édition de 1701.

[2] *Voy.* la note 1, et au tome IV, lettre du 9 avril 1702.

[3] *V. E.* Texte de 1701, et non pas *causidicum*, comme le mettent tous les éditeurs, excepté Saint-Marc.

[4] *V. E.* M. de S.-S. a relevé avec raison la faute de Brossette et de plusieurs éditeurs qui lisent *cur* au lieu de *quid*, mais il aurait dû conserver, comme Brossette, la virgule qui est après *quæris*, dans l'édition de 1701.

[5] L'explication du nom Marullus (Brienne) est dans la même lettre du 9 avril.

III. SATIRA.[1]

Quid numeris iterum me balbutire latinis
Longe Alpes citra natum de patre sicambro,
Musa, jubes? Istuc puero mihi profuit olim,
Verba mihi sævo nuper dictata magistro
Quum pedibus certis conclusa referre docebas.
Utile tunc Smetium manibus sordescere nostris;
Et mihi sæpe udo volvendus pollice Textor
Præbuit adsutis contexere carmina pannis.
Sic Maro, sic Flaccus, sic nostro sæpe Tibullus,
Carmine disjecti, vano pueriliter ore
Bullatas nugas sese stupuere loquentes... [2]

---

[1] Brossette a le premier rapporté ce commencement d'une satire contre les Français qui font des vers latins. *Voy.* au tome III le dialogue relatif au même sujet, et au tome IV, la lettre du 6 octobre 1701.

[2] On rapportera au tome IV (lettre du 15 juillet 1704, à Brossette), trois autres vers latins faits par Boileau.

A l'égard des traductions latines des poésies de Boileau, nous donnons au tome I (note dernière de la préface v) les raisons pour lesquelles nous ne les joignons point à notre édition.

APPENDICE AU TOME II.

PIÈCES ATTRIBUÉES A BOILEAU.

I. A une demoiselle.

Pensant à notre mariage,
Nous nous trompions très lourdement.
Vous me croyiez fort opulent,
Et je vous croyais sage. [1]

II. Impromptu, à une dame, sur la prise de Mons. [2]

Mons était, disait on, pucelle,
Qu'un roi gardait avec le dernier soin. [3]
Louis-le-Grand en eut besoin :
Mons se rendit, vous auriez fait comme elle.

III. Parodie de cinq vers de Chapelle.

Tout grand ivrogne du Marais
Fait des vers que l'on ne lit guère ;

---

[1] Cette épigramme, dit Saint-Marc, qui l'a publiée le premier, est tirée d'une lettre de Desforges Maillard au président Bouhier, etc., imprimée, en 1741, dans le XI⁰ tome des *Amusemens du cœur et de l'esprit*, p. 550 à 565. Desforges Maillard dit avoir appris cette épigramme et l'anecdote curieuse qui la concerne, d'un M. Roger... Saint-Marc ajoute que ce M. Roger était fort lié avec le marquis de la Caunelaye, lequel était aussi fort lié avec Boileau, et tenait de lui que dans sa jeunesse il avait recherché une demoiselle en mariage... Louis Racine (*voy.* tome I, Essai, n° 13) soutient au contraire que cette épigramme ne peut être de Boileau.

[2] Il a été publié dans les premières éditions du *Ménagiana* (1693, p. 214, et 1694, p. 184) avec la simple initiale D... La Monnoie (*ib.*, 1715, II, 409), critique en général exact, mais qui ne mérite pas une confiance aveugle (*voy. Remarques*, n°^{s} 3 et 4, p. 489), assure qu'il s'agit de Despréaux... Quoi qu'il en soit, D'Alembert (III, 79, note 17) trouve l'impromptu assez heureux. La finale en est, il est vrai, plaisante, mais les premiers vers nous paraissent bien pénibles et bien lourds.

[3] Texte du *Ménagiana*, 1693 et 1694, et non pas *avec le plus grand* soin, comme dans des éditions modernes.

Il les croit pourtant fort bien faits;
Et quand il cherche [1] à les mieux faire,
Il les fait encor plus mauvais. [2]

Nota. Les pièces suivantes n'ont encore été publiées dans aucune édition de Boileau.

IV. Vers pour le portrait de P. d'Hozier. [3]

Des illustres maisons il publia la gloire;
Ses talens surprendront tous les âges suivans.
Il rendit tous les morts vivans dans la mémoire;
Il ne mourra jamais dans celle des vivans. [4]

V. Fragment d'un sonnet en l'honneur de Colbert. [5]

En vain mille jaloux qu'offensa ta vertu,
Et dont on voit l'orgueil à tes pieds abattu,
De tes sages exploits veulent souiller la gloire.

L'univers qui les sait n'a qu'à les publier.
Contre tes ennemis laisse parler l'histoire,
C'est au ciel qui te guide à te justifier.

---

[1] *V. O.* Dans les manuscrits, cités plus bas, il y a : *quand il tâche à...*

[2] Publiée pour la première fois par Souchay (1740), sans citer aucune autorité. Ce qui rend d'ailleurs son témoignage un peu suspect, c'est qu'il cite les vers parodiés d'après une version inexacte. Voici la véritable d'après Saint-Marc :

> Tout bon habitant du Marais
> Fait des vers qui ne coûtent guère.
> Pour moi, c'est ainsi que j'en fais;
> Et si je les voulais mieux faire,
> Je les ferais bien plus mauvais.

Nous devons toutefois avouer que la parodie attribuée à Boileau se trouve dans les manuscrits de Brossette ; mais elle est d'une main étrangère, sans aucune correction de celle de Boileau.

[3] On en parle au tome I, note du vers 134, satire v.

[4] Ils ont été publiés dans l'Almanach littéraire de 1786 (Goigoux les a aussi insérés dans son article d'Hozier); mais l'éditeur n'indique pas la source où il les a puisés.

[5] Tiré d'une note de Brossette, publiée par Cizeron-Rival (*Récréat. litter.*, p. 132), et où il est question d'une discussion entre La Fontaine et Boileau sur le mérite d'un sonnet fait par son frère à la louange de Colbert. On y fait

VI. Stances à Iris.[1]

Oui, j'ai juré cent fois de mourir votre amant,
Et si les dieux, témoins de ma flamme fidèle,
Vous avaient fait, Iris, aussi douce que belle,
Je vous aimais assez pour garder mon serment.

Mais je crois que le ciel, à mes maux secourable,
Pour éteindre en mon âme une éternelle ardeur,
Accrut toujours en vous votre extrême froideur
Et par pitié pour moi vous fit impitoyable.

Certes quand je vous vis en vous rendant les armes,
Je pensais que le sort m'eût mis au rang des dieux ;
Et je crus, à juger par l'éclat de vos charmes,
Votre cœur pour le moins aussi doux que vos yeux.

Mais au lieu des faveurs où j'osais bien prétendre
J'appris qu'un cœur, Iris, qui cédait à vos coups,
En soupirant pour vous, ne devait rien attendre
Que le triste plaisir de soupirer pour vous.

D'abord dans les ardeurs d'une flamme ennemie
Je ne vis que la mort qui me pût secourir,
Et dans mon désespoir, l'espoir seul de mourir
Servit en ce moment à me rendre la vie.

Mais enfin mon dépit surmonta ma constance ;
Je rompis mes liens, je forçai ma prison,

---

ainsi parler notre poète : « Quoique je ne me pique pas d'impromptu, dis-je alors échauffé par la dispute, *je gage que je m'en vais faire sur-le-champ et sur le même sujet, un sonnet qui sera meilleur que celui-là, et afin que vous ne croyiez pas que j'ai un sonnet tout fait, donnez-moi la première rime. On me donna le mot monde ; et m'étant mis à l'écart un moment, je fis un sonnet qui fut préféré à celui de mon frère*, etc... » Il finissait ainsi (*voy.* le texte).

[1] Tirées du manuscrit français, B. R., suppl., n° 540, f. 51 et 52 (c'est un recueil de poésies fugitives de divers auteurs, que nous présumons avoir été fait vers 1670), où celle-ci a ce titre, *Stances du sieur Despréaux.*

Quoique nous ne garantissions nullement l'authenticité de ces stances, si on les compare avec le fragment de la relation du voyage à Saint-Prix et si l'on prend garde à la remarque de Boileau sur le style de la même relation (p. 446,

Et mon cœur, irrité de sa longue souffrance,
Dans l'excès de son mal trouva sa guérison.

Depuis, mon âme, Iris, que vous aviez charmée,
N'a plus formé pour vous de desirs superflus,
Et je me tiens heureux de vous avoir aimée
Pour avoir le plaisir de ne vous aimer plus.

Conservez donc toujours cette humeur inflexible
Dont l'heureuse rigueur m'a su tirer des fers;
Le ciel dont la bonté vous a fait insensible
A peut-être par là sauvé tout l'univers.

Je sais que mille amans font gloire de vous suivre
Et ne condamnent point leur amour ni leur choix :
Mais pour n'être point las de vivre sous vos lois,
Il faut, cruelle, il faut être bien las de vivre.

VII. Traduction d'une épigramme de Santeul sur la translation du cœur d'Arnauld à Port-Royal-des-Champs. [1]

Chassé, quoique vainqueur, du sein de sa patrie,
Il revient habiter une maison chérie,
Cet arbitre des mœurs, par qui la vérité
Triompha du mensonge et de l'impiété.
Au port et dans le sein d'une terre sacrée
Il goûte après l'orage une paix assurée.
Qu'en des lieux inconnus, le sort injurieux
Cache du corps d'Arnauld les restes précieux,
Ici l'amour divin sur ses rapides ailes
Lui-même a transporté les dépouilles mortelles
De ce cœur que l'exil n'a jamais détaché
Des saints lieux dont Arnauld fut par force arraché.

Poés. div., n° xxvi), on pourrait présumer qu'elles en faisaient partie (elles étaient assez dignes en effet d'être léguées à Benserade).

[1] Cette traduction est attribuée à Boileau dans l'édition de Cologne de 1716, page 47 (*Voy.* tome I, *Not. bibl.*, § 1, n° 112), où l'on rapporte aussi l'épigramme de Santeul; la voici :

      Ad sanctas rediit sedes ejectus et exul

REMARQUES

SUR D'AUTRES PIÈCES ATTRIBUÉES A BOILEAU.

Nous avons placé parmi les précédentes celles que leur style ou diverses circonstances autorisaient à conjecturer que Boileau pouvait en être l'auteur. Nous avons dû en conséquence exclure celles auxquelles il nous a paru évidemment devoir être étranger, et que nous allons indiquer.

I. L'épigramme suivante contre Pellisson, rapportée par Saint-Marc (n° 54) sans citer d'autorité positive. On a peine à croire, dit avec raison M. Daunou (1825, II, 373), que Boileau ait réellement écrit des lignes si grossièrement injurieuses.

> La figure de Pellisson
> Est une figure effroyable ;
> Mais quoique ce vilain garçon
> Soit plus laid qu'un singe et qu'un diable,
> Sapho lui trouve des appas :
> Mais je ne m'en étonne pas ;
> Car chacun aime son semblable.

II. Celle-ci contre un prédicateur, est citée par Bret, éditeur de Molière, qui n'étant point contemporain (il était né en 1717) ne peut faire autorité, et qui d'ailleurs renvoie à un ouvrage (*Mémoires de Choisy*) où l'on parle, il est vrai (II, 102), beaucoup du prédicateur, mais nullement de l'épigramme.

> On dit que l'abbé Roquette
> Prêche les sermons d'autrui :
> Moi, qui sais qu'il les achète,
> Je soutiens qu'ils sont à lui.

III et IV. A l'égard du *Chapelain décoiffé* et à plus forte raison de la *Métamorphose de la perruque de Chapelain*, lors même que nous n'aurions pas la déclaration formelle de Boileau (tome IV, lett. du 10 décembre 1701) qui n'en avoue que les

> Hoste triumphato ; tot tempestatibus actus
> Hoc portu in placido, hâc sacrâ tellure quiescit
> Arnaldus, veri defensor et arbiter æqui.
> Illius ossa memor sibi vindicet extera tellus.
> Huc cælestis amor rapidis cor transtulit alis,
> Cor nunquam avulsum nec amatis sedibus.

quatre vers déjà rapportés (p. 450), nous ne les aurions point insérés parce que d'autres circonstances démontrent combien il fut étranger à tout le reste. C'est dans la seconde édition du Ménagiana, faite en 1694 (p. 44 et suiv.), qu'on a pour la première fois attribué à Boileau le *Chapelain décoiffé*, et c'est sur cette seule autorité que les imprimeurs hollandais l'ont glissé dans les œuvres de notre poète (tome I, *Notice bibl.*, § 1, n. 73 et suiv.). Sur quoi se fondent les éditeurs du Ménagiana? Ils font parler ainsi Ménage (mort en 1692): « Ce fut pour divertir M. le premier président de Lamoignon, plus que pour toute autre chose, que M. Boileau parodia quelques endroits du Cid sur Chapelain, Cassagne et la Serre. On en a bien ri partout, vous me la demandez, je l'ai gardée dans ma mémoire, elle a été imprimée; la voici (ici, p. 45 à 57, on donne la parodie réimprimée par Brossette et les éditeurs suivans).

Mais les collecteurs des *bons mots* de Ménage lui font faire ici un petit anachronisme. Le Chapelain décoiffé avait été imprimé en 1665, dans un Recueil (même §, n. 4 et 5), et en 1666 (La Haye, petit in-12), à la suite de la Ménagerie de l'abbé Cotin (*ibid.*, p. 38), où l'on déclare (p. 54) que cette parodie et une autre du même genre ont été faites en 1664. Or Boileau ne commença, dit-il (Avis du Lutrin, p. 283), à connaître Lamoignon que dans le temps où ses satires faisaient le plus de bruit, et par conséquent après 1666, époque de leur première édition (même § 1, n. 7), de sorte qu'il ne put composer pour ce magistrat un opuscule qui existait en 1664, et avait été imprimé au moins dès 1665 (il est étonnant que La Monnoie, dans sa révision du Ménagiana, y ait laissé cette erreur).

V à IX. Il est presque inutile de citer encore parmi les opuscules dont il est évident que Boileau ne fut et ne put point être l'auteur, d'une part, cinq ou six mauvaises satires jointes aux éditions étrangères de ses œuvres (même § 1, n. 20, 77, etc.); et de l'autre, une épître au marquis de Termes publiée, en 1727, par Desmolets (*Mémoir.*, tome II) et reproduite, en 1769, dans le recueil intitulé : *Elite de poésies fugitives* (in-12, III, 49), quoique Desmolets eût reconnu, dans sa préface, que cette épître n'était pas de Boileau.

PLAN RIMÉ

Annoncé dans la note 1, page 390.[1]

Avant que le prélat, par son adresse heureuse,
Du chantre eût dissipé la phalange orgueilleuse,
Plusieurs des champions maltraités par Fabri,
Aux environs cherchaient des secours, un abri.
A l'hôtel du prélat, bientôt sa camérière,   5
La servante Alison, Anne la perruquière,
A l'aide des sirops, consommés, potions
Dont les gens biens pensans ont des provisions,
Leur rendent leur vigueur et leur première audace.
Mais le mal de Sidrac est beaucoup plus tenace.   10
De sa voix presqu'éteinte à peine on peut ouïr
Ces mots : on est vaincu, je n'ai plus qu'à mourir !...
Le trésorier soudain paraît brillant de gloire ;
Cent vivat répétés proclament sa victoire.
Le mourant se ranime à ce concert flatteur ;   15
La soif de se venger lui tient lieu de docteur :
Prélat, pour bien finir, dit-il, ce jour prospère,
Il faut tout à-la-fois, et sensible et sévère,
Honorer tes amis, et berner ton rival.
Premier point. Dès ce soir, fais-nous un grand régal,   20
Où tous seront admis, jusques au porte aiguière.
Quant au second... Voyons... Ah ! quel trait de lumière !
Au lieu d'un vil Surtout [2] décorons ce festin
D'un pâté colossal à forme de Lutrin.
On représentera sur sa première face   25
Le chantre prosterné, faisant laide grimace,
Tandis que le prélat, riant d'un air malin,
Le bras levé, lui dit : je te bénis, taquin.
Ailleurs, on voit s'enfuir les chanoines en nage,
Chacun greffé d'un nez plus long que son visage.   30
On remarque surtout le buveur d'eau Fabry ;
Le docte Alain coiffé d'un énorme Bauny ;
Le studieux Évrard, ce prêcheur d'abstinence,
S'efforçant à deux mains de soutenir sa panse...
Enfin sur le revers, un lutrin redressé,   35
De son ample contour tient le chantre éclipsé...
A ces mots le prélat ne se sentant pas d'aise,
Saute au cou de Sidrac, le caresse, le baise.
Messieurs, dit-il enfin, quel projet enchanteur !
Il nous faut décerner un prix à son auteur ;   40
Quel serait votre avis ? — Couronne triomphale ! —
Droit de mettre un coussin dans le fond de sa stalle ! —
Que dans nos grands repas il ait un plat d'honneur ! —

---

[1] On espère que quelque poète voudra bien le mettre en œuvre. On se borne à observer qu'à l'exception de Girot fils, on n'y a fait entrer que des personnages indiqués dans les cinq premiers chants, et qu'on a tâché de les faire agir et parler conformément au caractère qu'ils ont dans les mêmes chants.

[2] Ce terme est expliqué à la note du vers 155, p. 494.

Qu'il soit rétribué, même en dormant au chœur ! [1]
Dans tous leurs cris confus voilà ce qu'on démêle... 45
Il suffit, dit Sidrac, pour soutenir mon zèle,
D'un fragment du pâté. Réservez-moi la part,
Où sailliront le nez et la panse d'Évrard :
Les mâcher, les manger... Ah ! quelle jouissance !..
Laissons ces vains propos ; c'est de notre vengeance 50
Qu'il faut nous occuper, et sans perdre un moment.
Au collège Mignot faisait bien l'ornement,
Mais Vouet, quelques mois, son maître de peinture,
Jamais ne lui montra l'effet [2] ni la figure ;
Il se pourrait qu'il fît, guidé par un croûton, 55
Le nez camus du chantre ombrageant son menton;
Ou dirigeât ses yeux vers quelque bréviaire,
Au lieu de les darder sur une chambrière.
Que Girou, Marineau, Dodillon et Grandin,
Forts des doctes leçons qu'ils prirent de Poussin, 60
Du pâté, pour Mignot, dessinent chaque face !
Vite, crayons, papiers... Chut !... point de bruit ; par grâce !
J'y suis... Si nous cachions nos plans à l'ennemi,
Ce ne serait vraiment se venger qu'à demi.
Des bonnes les caquets sauront bien l'en instruire, 65
Dit-on... Mais de vains bruits ne peuvent nous suffire.
Je voudrais qu'un avis semi-officiel
Appesantît son deuil, envenimât son fiel.
J'imagine un moyen. Alizon est éprise
Du fils de cet huissier si pédant à l'église ; [3] 70
Chargeons-la d'ordonner le pâté chez Mignot :
Je crois déjà la voir auprès du fils Girot ;
Les ennemis troublés par leur déconvenue,
N'apercevront pas même une courte entrevue.
L'amant voit nos croquis, et retient un refrain 75
Qu'ajustera bientôt un Braillard [4] du lutrin
Aux stances où jadis ces pourceaux du chapitre
Furent tous habillés, du revers jusqu'au titre.
Dans chacune on traça de l'un d'eux un portrait ;
On peut sans nul travail en former un couplet, 80
Qu'en chœur nous redirons, pour finir nos bamboches,
En y joignant ces vers, chantés sur l'air des cloches :
« Enfin il a reçu la bénédiction ;
« Quel dindon ! quel dindon ! dindon, dindon, dindon ! »
De claquemens de mains une triple décharge 85
Suit cette motion.... Sidrac reçoit la charge
D'ingénieur en chef des travaux du festin ;

[1] D'anciens statuts prononçaient des amendes contre les chanoines et chantres qui s'endormaient au chœur.

[2] Apparence qui résulte d'un ouvrage de peinture, gravure, etc..... Ce résultat est dû, entre autres, à une bonne disposition des objets, à une heureuse distribution de la lumière... *Encyclopéd.*, *Beaux-Arts*, mot *effet*.

[3] Girot... Ce *fier huissier* à l'église (Lutrin, ch. IV, vers 10, p. 351).

[4] Nom vulgaire des grands choristes.

PLAN RIMÉ.

Il prend pour lieutenans Boirude et Gilotin,
Et de sa sainte bande excitant le courage,
Il veut qu'à l'instant même on se mette à l'ouvrage. 90
Il assigne à chacun sa place et fonction
Pour que tout marche vite et sans confusion.
Broutin dirigera décors et symétrie :
L'Amour doit empêcher toute baraterie,
Et sa femme avoir l'œil au dessert... Quant au vin, 95
Sidrac en veillera le surveillant Guérin.
Tel on vit Annibal aux champs de Trasimène,
Opposant son génie à la valeur romaine,
Assigner chaque poste au courage, au talent,
Et les observer tous de son œil vigilant. 100

  Pendant que chez l'évêque ainsi chacun s'apprête
A célébrer en pompe une piquante fête,
Son orgueilleux rival plein de confusion
De s'être vu donner la bénédiction,
Et par ce tour pieux, qui l'eût jamais pu croire! 105
Enlever en public, une insigne victoire ;
Et redoutant aussi les propos des malins,
Au fond de son hôtel dévorait ses chagrins.
Triste, sombre, absorbé dans un morne silence,
A tous ses affidés il refuse audience, 110
Au fier Girot lui-même, et pour être introduit,
A faire le valet ce grand homme est réduit.
Il prend un consommé des mains d'un domestique
Et déploie en l'offrant toute sa rhétorique :
Pourquoi donc, monseigneur, tant gémir d'un lutrin ? 115
Recevrez-vous d'Aï moins de pétillant vin ?
Mignot manquera-t-il crème et pâtisserie ?
Viendra-t-on fourrager votre faisanderie ?
On craint que pour jouir de votre déshonneur,
L'évêque plus souvent ne se présente au chœur, 120
Et ne réduise ainsi votre part d'assistance ! [1]
Ridicule terreur ! de telle diligence
Ce paresseux glouton dans peu se lassera.
Son lit, son déjeuner d'abord balancera
L'appétit de bénir, auprès de votre place, [2] 125
Des bigots du palais la lourde populace.
Parait-il y céder ? restez à la maison ;
Huit jours d'absence au chœur vous en feront raison ;
Ne pouvant vous narguer, il maudit les offices
Et n'abandonne plus ses premières délices. 130
Ces discours commençaient à calmer le vieillard,
Lorsque Jean le choriste et le sonneur Girard
Entrent subitement en forçant la consigne.
Que présage ceci ? quelque danger insigne,

---

[1] La part des absens accroissait aux présens (*Morand*, Hist. de la Sainte-Chapelle, part. 2, p. 123).

[2] Les places du chantre et du trésorier étaient voisines : on en indique le lieu au tome I, Essai, n° 21.

Dit la chantre inquiet. — Il est trop vrai, seigneur ; 135
D'un projet insolent encor saisis d'horreur,
Et voulant essayer d'en prévenir l'issue,
Avec vous il fallait avoir une entrevue.
Ainsi Girard s'excuse. Il répète aussitôt
Ce que par Alizon vient d'apprendre Girot, 140
Qui n'ose pas lui-même en informer son père,
Irrité de ses feux pour cette chambrière.
Le chantre est de colère à demi suffoqué.
Que le chapitre, amis, soit chez moi convoqué,
Dit-il en frémissant ; hâtez-vous et sur l'heure, 145
Courez les requérir chacun dans sa demeure,
Et ne négligez rien pour les tous amener.
Dites qu'il est prudent d'achever le dîner
Abandonné tantôt ¹ au deuxième service ;
Il en reste encor deux bien intacts dans l'office, ² 150
Plus liqueurs et café... Des glaces, un dessert,
Dont le parfum suave attirerait Lambert. ³ —
D'un avis de bon goût salutaire influence !
A le suivre chacun met tant de diligence,
Qu'avant que les grands plats ⁴ soient en ordre étalés, 155
Les Bénis au salon se trouvent rassemblés.
O toi, dont le génie et le crayon burlesques
Surent imaginer des êtres si grotesques,
Lorsqu'amenant Antoine au milieu des enfers,
Tu le fis assaillir par cent monstres divers, 160
Callot ! toi seul pourrais bien peindre les grimaces
Que ces clercs orgueilleux presqu'autant que voraces,
Firent dans l'assemblée au récit de Girard.
Pourrons-nous désormais nous montrer, dit Évrard,
Sans qu'un méchant gamin, même au chœur, ne figure, 165
En étirant son nez, des nôtres la mesure ?
Ou chante « il a reçu la bénédiction ! »
Et d'autres en chorus : « Quel dindon ! quel dindon ! »
Ce fâcheux pronostic fait éclater l'orage.
On ne respire plus que combats, que carnage... 170
Fabry voudrait qu'on fût au moment du festin

¹ C'est le dîner dont il est question au Lutrin, ch. v, v. 103, p. 378 (Évrard a beau gémir du repas déserté).

² Madame de Sévigné cite une fête où les repas furent à cinq services.

³ Boileau, note des vers 26 à 28 de la satire III, parle de l'extrême difficulté d'avoir ce convive.

⁴ On commence toujours le service par *établir* ces plats sur les quatre côtés de la pièce de vaisselle garnie de glaces et de fleurs, qu'on met au milieu des tables dans les grands repas, et que M. l'homme de bouche Viard (*Cuisinier royal*, IXᵉ édition, in-8°, 1817, p. 443) nomme *Dormant*, et la *Cuisinière bourgeoise* (XXIVᵉ édition in-12, p. 16), *Surtout*... Au reste, si M. l'Homme de Bouche ne s'accorde point avec la Cuisinière sur la dénomination de cette pièce de vaisselle si méprisable pour Sidrac (v. 23, p. 491), il confirme ce qu'elle nous avait appris sur *l'établissement* des grands plats.

PLAN RIMÉ.

Briser chez l'ennemi jusques aux brocs de vin...
Évrard se saisira du pâté satirique
Pour en faire un bonnet à ce vieil asthmatique,
Ce maraudeur de cire [1], auteur de tout le mal. 175
De tels exploits, dit Jean, devant l'official,
Pourraient vous susciter quelque méchante affaire.
Il est non moins piquant et plus sûr de soustraire
Le pâté quand Lison le prendra chez Mignot.
Elle est adroite et probe, il est vrai, mais Girot 180
La gagnerait sans doute, en approuvant sa flamme... —
Moi, je consentirais que mon fils prît pour femme
La bonne d'un merlan! fille... — Tais-toi, faquin!
Crie Évrard; oses-tu faire ici le roguin?
Mais débarrassons-nous de telles glorioles; 185
A Lisette assurons deux ou trois cents pistoles,
Et la voilà pour lui, fille d'un chevalier.
Cet avis plaît au chantre; il signe le premier.
Chacun l'imite; alors se plaçant à la porte,
Il est prudent, dit-il, qu'aucun d'ici ne sorte 190
Pendant que Jean ira vers Lise en mission.
Sauf à nous humecter de quelque ablution.
Ainsi, pour triompher du héros de Carthage,
Bien loin, grand Fabius, de repousser l'hommage
Des plans qu'avait conçus un soldat, un valet, 195
Tu savais empêcher d'en trahir le secret.

Jean réussit; l'amant lui prêtait assistance:
La soubrette tint peu contre son éloquence.
Éperdue, enivrée, au chapitre elle offrit
Le piquant relief cause de tant de bruit. 200
Laissons-les se livrer à leurs transports de joie
Et disposer la fête où brillera leur proie.
Passons chez le prélat. Dès long-temps tout est prêt;
Le pâté manque seul et le chef [2] inquiet,
Déjà craint que Mignot n'ait pas bien su l'entendre, [3] 205
Lorsqu'un sinistre bruit commence à se répandre
Que l'amoureuse Lise aura bien pu trahir...
La coiffeuse en frémit, vole s'en éclaircir;
Rentre presqu'aussitôt, s'écriant: ah! l'infâme!
Et dans les bras d'Amour fléchit, tombe et se pâme. 210
Soudain un bruit affreux de cloches, de tambours,
De cornets, de chaudrons, remplit les alentours.
Un essaim de marmots entrecoupe la fête
En chantant ou braillant ce refrain à tue-tête:
« Donnes-tu, sans pâté, la bénédiction, 215

---

[1] Sidrac avait soin de la cire (Lutrin, ch. 1, v. 152, note 3, p. 301).

[2] Quel est l'ignorant, ignorantissime, ignorantifiant, ignorantifié (*Molière, Mariage forcé*), à qui il faudrait apprendre ce que c'est qu'un *chef* (de cuisine)?

[3] Expression de M. Soufflé, dans le vaudeville intitulé: *Le Secrétaire et le Cuisinier.*

« Gros dindon? gros dindon? dindon, dindon, dindon?... »
Callot! c'est bien ici qu'écrivain mal habile,
Un trait de ton génie animerait mon style!
A ces charivaris par Évrard excités,
Tous sont chez le prélat de rage transportés. 220
Le cri de « vengeons-nous » s'entend dans le vacarme;
Chacun prend sous sa main ce qui peut servir d'arme,
Tenailles et marteaux, hachoirs et couperets,
Pinces, broches, pilons, bûches, rondins, cotrets.
Ainsi munis ils vont forcer l'hôtel du chantre, 225
Et reprendre le mets recélé dans cet antre.
Mais grâce au prompt renfort d'ais durs et quintuplés,
La clôture en résiste à leurs coups redoublés;
Et pour abattre aussi cette ardeur martiale,
Fabry, d'un réservoir de sauce peu loyale, [1] 230
Vil rebut des essais d'un aide-cuisinier,
Les arrose, couvert par l'auvent du portier.
Mais cette aspersion à maint habit fâcheuse
Stimule du prélat la valeur paresseuse.
Demeuré jusque-là témoin du démêlé, 235
Il y prend part sentant son rochet maculé.
Des sauces toutefois, voyant que la licence
Inspire à ses guerriers un peu trop de prudence,
Parmi les curieux il cherche des renforts.
Trente preux de la halle, inscrits parmi les Forts, 240
Jurent, pour quelque argent, après force risées,
De frayer un passage au travers des croisées,
De chasser l'ennemi du lieu de son festin,
Tandis qu'on en prendra les pâtés, plus le vin,
Dont les Forts altérés veulent mainte rasade. 245
Chacun d'eux aussitôt prépare l'escalade.
Tel qu'à l'assaut fatal à Bysance livré,
Par des succès d'abord Constantin rassuré,
Frissonna tout-à-coup aux houras sanguinaires,
Qu'en s'approchant poussaient les bouillans janissaires, [2] 250
Tel le chantre frémit de ce nouveau danger;
Ce ne sont point des Forts qu'il suffit d'asperger.
Pontifes, clercs, valets, tous sont en diligence,
Réunis dans la salle, armés pour sa défense.
Avec maints estafiers et l'épée au côté, 255
Près de chaque fenêtre un chanoine est posté.
Ailleurs... Mais dans les cours [3] on crie alors silence!
Du suprême sénat l'auguste chef s'avance.
Son palais peu distant du lieu de ce débat, [4]

---

[1] Dans les statuts donnés aux rôtisseurs et confirmés par le bon roi Louis XII, en 1514, il leur est enjoint de faire des *sauces loyales*.

[2] Constantin Paléologue repoussa vaillamment les premiers corps qui montèrent à l'assaut, et que peut-être Mahomet II avait sacrifiés pour lasser les Grecs... Tout fut décidé en peu de temps par l'attaque des janissaires.

[3] De la Sainte-Chapelle et du Palais, qui communiquent entre elles.

[4] La première présidence était dans le même bâtiment qu'occupe aujourd'hui

PLAN RIMÉ.

A retenti du bruit des apprêts du combat. 260
On en riait : de gens qu'une sauce intimide,
On ne peut, disait-on, craindre quelque homicide.
L'adjonction des Forts rend muets les railleurs;
Ariste marche en hâte au camp des travailleurs.
Il arrive à propos. Des échelles fraisées 265
Déjà du grand salon menaçaient les croisées,
Et jaloux de prouver son esprit martial,
Plus d'un Fort de l'assaut demandait le signal.
Sur l'ordre du héros [1] les apprêts se suspendent,
Et les deux chefs altiers en même temps se rendent 270
Dans la maison voisine avec des députés,
Par qui leurs partisans sont tous représentés.

Tout ceci, leur dit-il, est propre à me confondre
A guerroyer l'on voit ces messieurs se morfondre,
Et deux soupers sont prêts!.. Chacun sait ici-bas 275
Qu'un retard est mortel au bouquet [2] d'un repas,
Et vous n'y pensez point! voilà donc la prudence,
Qu'on admirait en vous! ah! tant d'imprévoyance
A peine se verrait chez un piètre écrivain,
Pour qui tout mets est bon s'il calme un peu sa faim. 280
Il est temps d'y pourvoir. J'ai reçu deux barriques,
Des celliers de Clairvaux vénérables reliques,
Choix du meilleur Pomard, dont l'abbé me fit don,
Pour avoir arbitré certain sot procillon. [3]
Il faut s'en occuper plutôt que d'un pupître. 285
Fondons les deux repas en un seul au chapitre;
Le chantre y prendra place avec le trésorier ;
Je me mets entr'eux deux, comme leur sommelier.
A siéger près de nous tout le clergé s'empresse,
Et dans le vestibule en même temps l'on dresse 290
Des tables où les Forts s'asseyant au hasard,
Avec les autres preux sableront le Pomard.
Chacun des conviés en boira sa bouteille.
Vous le savez aussi, le doux jus de la treille
Est un sûr lénitif lorsqu'on est en discord. 295
Le chantre sentira qu'il doit faire un effort
Par égard pour son chef. Demain, sous sa conduite,
On remet sur son banc le lutrin, et par suite,
Le trésorier prescrit, de ses respects content,

la préfecture de police. Il en est aussi question au Lutrin, ch. VI, v. 100 à 104, p. 396.

[1] Expression du Lutrin, ch. I, v. 13 ; ch. VI, v. 141; p. 287 et 398, et notes *ib.*

[2] On eût préféré dire avec l'illustre archi-gastronome Brillat-Savarin, dont tous les gens de goût déploreront à jamais la perte irréparable et prématurée, *l'arome* d'un repas : mais cette expression énergique ne se trouve encore que dans son ouvrage.

[3] On connaît ce passage de Dufresny dans sa Réconciliation normande : *Il achetait sous mains de petits procillons*, etc.

Que de ce banc fatal on l'enlève à l'instant. [1] 300
Un foudre de bravos de toute l'assistance
Couronne ce discours. En vain un froid silence
Dévoile le dépit des deux hautains rivaux,
Tous les cœurs sont gagnés par le don de Clairvaux.
Le député des Forts dit avec énergie 305
Que Pomard n'illustra jamais leur tabagie.
Dépourvus de soutiens il fallut bien céder ;
A disposer la fête on vit les chefs s'aider ;
A la paix, les bons mets, le vin les disposèrent ;
Et lors du dernier toast sans feinte ils s'embrassèrent. 310
O plaisirs de la table ! ô doux présens des cieux !
Vous seuls pouviez fléchir ces esprits orgueilleux ! [2]
   Tu les goûtais aussi, Lycurgue du Parnasse !
Moins friand, t'eût-on vu, comme autrefois Horace,
Abaisser ton génie à railler un dîner ? [3] 315
Qu'au moins leur souvenir te fasse pardonner
Au novice rimeur de cette rapsodie ;
Qui, trop plein du pouvoir de la gastronomie,
Osa remanier en style des Vatels, [4]
Un sujet illustré par tes vers immortels ! 320

[1] Vers 299 et 300... Copiés, avec quelques changemens, dans le Lutrin, ch. VI, vers 155, 156, p. 398.

[2] Imitation du Lutrin, ch. VI, vers 148, même page.

[3] Boileau, satire III ; Horace, livre II, satire VIII.

[4] Illustres maîtres-d'hôtel ou cuisiniers. L'un d'eux se transperça de son épée parce que la marée n'arrivait pas assez vite pour un des repas que le prince de Condé devait donner à Louis XIV... Et aucun biographe n'a daigné parler de ce grand homme (madame de Sévigné l'appelle le *grand* Vatel) !

N. B. Depuis la rédaction de cette note, MM. Scribe et Mazère ont réparé l'oubli honteux de nos historiens en produisant sur la scène (1825) le fils et le petit-fils de Vatel, dans un vaudeville auquel ils 'ont donné son nom.

EXPLICATION DES SIGNES ABRÉVIATIFS

EMPLOYÉS SOUVENT DANS LES NOTES.[1]

Expl. généal... Explication généalogique (au tome III).
F. N. R... Faute non relevée avant 1821.
F. N. R... Id., même après 1821.
Im. de B... Imitation de Boileau.
P. C... Première composition citée avant 1821.
P. C. O... *Id.*, omise avant 1821.
P. C. O... Id., omise même après 1821.
P. Just... Pièce justificative (au tome IV).
Tabl. Généal... Tableau généalogique (au tome III).
V... Variante citée avant 1821.
V. O... *Id.*, omise avant 1821.
V. O... Id., omise même après 1821.
V. E. *Id.*, erronnée ou fautive, avant 1821.
V. E... Id., erronnée ou fautive, même après 1821.

N. B. On indique à la fin du tome II, dans les premières notes des épigrammes et poésies diverses, par les initiales de leurs noms, les principaux commentateurs qui les ont insérées dans leurs éditions et les passages de ces éditions. Par exemple, Br., n° 1, signifie, Brossette, épigramme, n° 1. — D... M. Daunou. — S.-M... Saint-Marc. — S.-S... M. de Saint-Surin. — Les lettres P. et E. jointes à deux de ces noms, désignent les poésies diverses et les épigrammes.

[1] *Voy.* d'ailleurs l'avertissement du tome I, n°ˢ VII et XIII.

TABLE DU SECOND VOLUME.

	page
ÉPITRES.	3
Observations générales sur les épîtres.	5
Avis sur l'épître i.	7
Épître I. Au roi, contre les conquêtes.	9
Épître II. A l'abbé Des Roches, contre les procès.	24
Épître III. A Arnauld, sur la mauvaise honte.	28
Avis sur l'épître iv.	38
Épître IV. Au roi (passage du Rhin).	39
Épître V. A Guilleragues (connaissance de soi-même).	55
Épître VI. A Lamoignon (plaisirs de la campagne).	69
Épître VII. A Racine (profit à tirer des critiques).	85
Épître VIII. Au roi; remercîment.	97
Épître IX. A Seignelay (rien n'est beau que le vrai).	105
Préface des trois dernières épîtres.	120
Épître X. A mes vers (détails de la vie de l'auteur).	125
Épître XI. A mon jardinier (le travail).	136
Épître XII. A Renaudot (l'amour de Dieu).	146
L'ART POÉTIQUE, en vers.	159
Observations générales sur l'art poétique.	161
Chant premier.	169
Chant second.	191
Chant troisième.	212
Chant quatrième.	248
LE LUTRIN, poëme héroï-comique.	273
Observations générales sur le Lutrin.	275
Avis au lecteur (premières éditions).	279
Second avis au lecteur (dernières éditions).	282
Argument.	284
Chant premier.	285
Chant second.	311

Chant troisième.		331
Chant quatrième.		350
Chant cinquième.		370
Chant sixième.		390

ODES, ÉPIGRAMMES ET POÉSIES DIVERSES. 401

Avertissement (de l'éditeur).		402
Observations générales sur la première ode.		403
Discours sur l'ode.		405
Ode I, sur la prise de Namur.		409
Ode II, contre les Anglais.		427
Poésies diverses.		430
I.	Chanson à boire.	ib.
II.	Autre chanson à boire.	431
III.	Vers à mettre en chant.	ib.
IV.	Chanson à boire, faite à Bâville.	432
V.	Vers dans le style de Chapelain.	433
VI.	Sonnet sur la mort d'une parente.	434
VII.	Autre sur le même sujet.	435
VIII.	Stances à Molière, sur l'École des femmes.	436
IX.	Épitaphe de la mère de l'auteur.	437
X.	Vers pour mettre au bas du portrait de son père.	438
XI.	Vers pour mettre au bas du portrait de l'auteur.	ib.
XII.	Réponse à Le Verrier, au sujet de ces vers.	439
XIII.	Sur le buste de l'auteur, sculpté par Girardon.	440
XIV.	Vers au bas du portrait de Tavernier.	ib.
XV.	Vers au bas d'un portrait du duc du Maine.	ib.
XVI.	Vers pour celui de mademoiselle de Lamoignon.	441
XVII.	Vers au bas du portrait de M. Hamon, médecin.	442
XVIII.	Vers à mettre sous le buste du roi.	ib.
XIX.	Vers au bas du portrait de Racine.	ib.
XX.	Autres vers sur le même sujet.	443
XXI.	Vers au bas du portrait de La Bruyère.	ib.
XXII.	Épitaphe d'Arnauld.	444
XXIII.	A madame de Lamoignon (portrait de Bourdaloue).	445
XXIV.	Énigme.	ib.

TABLE DU SECOND VOLUME.

XXV.	Sur le cheval de Don Quichotte.	446
XXVI.	Fragment de la relation d'un voyage à Saint-Prix.	ib.
XXVII.	Vers pour mettre au-devant de la Macarise, roman.	447
XXVIII.	Fable d'Esope; le Bûcheron et la Mort.	ib.
XXIX.	Prise de Mons (*Voy*. Pièces attribuées, n° 11).	448
XXX.	Sur Homère.	ib.
XXXI.	Plainte contre les Tuileries.	449
XXXII.	Sur le comte de Grammont.	450
XXXIII.	Fragmens du Chapelain décoiffé.	ib.

ÉPIGRAMMES. 451

I.	A Climène.	ib.
II.	A une demoiselle (*Voy*. mêmes pièces, n° 1).	ib.
III.	Sur une personne fort connue.	452
IV.	Sur Gilles Boileau, frère de l'auteur.	453
V.	Contre Saint-Sorlin.	ib.
VI.	Sur l'Agésilas de Corneille.	454
VII.	Sur l'Attila du même.	ib.
VIII.	A Racine, contre Desmarets.	455
IX.	A un médecin (Claude Perrault).	456
X.	Contre Linière.	457
XI.	Contre Cotin.	ib.
XII.	Contre le même.	ib.
XIII.	Contre un athée (Saint-Pavin).	458
XIV.	Contre Chapelain.	ib.
XV.	Le débiteur reconnaissant.	459
XVI.	Parodie de Chapelle (*Voy*. pièces attrib., n° 111).	ib.
XVII.	Contre Pradon et Bonnecorse.	460
XVIII.	A la fontaine de Bourbon.	ib.
XIX.	Sur la manière de réciter du poète S. (Santeul).	ib.
XX.	Contre un médecin (imitation de Martial).	461
XXI.	Sur des vers contre Homère et Virgile.	462
XXII.	Sur le même sujet.	463
XXIII.	Contre Charles Perrault et ses partisans.	ib.
XXIV.	Id., sur les livres qu'il a faits contre les anciens.	ib.
XXV.	Sur le même sujet.	464
XXVI.	Au même.	ib.
XXVII.	Contre son frère (Claude Perrault).	466

XXVIII.	Parodie d'une ode de Pindare, à la louange de Perrault.	466
XXIX.	Sur la réconciliation de l'auteur et de Perrault.	467
XXX.	Contre Boyer et La Chapelle.	468
XXXI.	Sur une harangue d'un magistrat.	469
XXXII.	Épitaphe (de Gourville).	ib.
XXXIII.	Sur un portrait de l'auteur.	470
XXXIV.	Sur une méchante gravure du portrait de l'auteur.	ib.
XXXV.	Aux jésuites, auteurs du Journal de Trévoux.	471
XXXVI.	Réplique aux mêmes (amour de Dieu).	473
XXXVII.	Aux mêmes, sur le livre des flagellans.	474
XXXVIII.	L'amateur d'horloges.	475
XXXIX.	Contre Mauroy et Fourcroy.	476

Fragment d'un Prologue d'opéra... Avertissement. 477
Prologue d'opéra. 480

POÉSIES LATINES. 483

In novum caussidicum (Herbinot). ib.
In Marullum (Brienne). ib.
Satira (contre les versificateurs latins). 484

APPENDICE. Pièces attribuées à Boileau. 485

I.	A une demoiselle.	ib.
II.	Impromptu sur la prise de Mons.	ib.
III.	Parodie de cinq vers de Chapelle.	ib.
IV.	Vers pour le portrait de P. d'Hozier.	486
V.	Fragmens d'un sonnet (pour Colbert).	ib.
VI.	Stances à Iris.	487
VII.	Traduction d'une épigramme de Santeul (translation du cœur d'Arnauld)	488

REMARQUES sur d'autres pièces attribuées à Boileau (Pellisson... Roquette... Chapelain décoiffé... Satires diverses). 489
Plan rimé du chant VI du Lutrin. 491
Explication des signes abréviatifs. 499

FIN DE LA TABLE DU TOME SECOND.

www.ingramcontent.com/pod-product-compliance
Lightning Source LLC
Chambersburg PA
CBHW051404230426
43669CB00011B/1764